北京市教育委员会

京教函〔2017〕57号

北京市教育委员会
关于核准北京建筑大学章程的通知

北京建筑大学:

你校关于核准章程的请示和相关材料收悉。经市属高等学校章程建设领导小组和市属高等学校章程建设联席会议成员单位审议,现予核准。

本通知所附章程为正式文本,你校应当以章程作为依法自主办学、实施管理和履行公共职能的基本准则和依据,并按照有关程序和要求公布实施。

附件:北京建筑大学章程

北京市教育委员会
2017年2月14日

2月14日 《北京建筑大学章程》获北京市教委核准

2月28日 学校召开2017年年度工作会暨党风廉政建设工作会

3月7日至11日　校长张爱林率团出访美国夏威夷大学，会见夏威夷州长 DAVID Y. AGE 先生和夫人

3月14日　学校召开本科教学审核评估工作推进会

3月21日　学校聘请岳光溪院士为北京未来城市设计高精尖创新中心学术委员

3月24日　市委教育工委到校调研推进全面从严治党主体责任向基层延伸工作

4月14～15日　校长张爱林一行看望河南校友并走访校友企业

4月19日　北京市建筑设计研究院有限公司向北京建筑大学教育基金会捐赠签约仪式举行

5月2日　学校学习贯彻全国高校思想政治工作会议精神干部专题培训班开班

5月6日　北京高校党建专家及教工委领导到学校调研考察

5月17日　学校聘请翟婉明院士为发展咨询会委员与北京未来城市设计高精尖创新中心学术委员会委员

5月22日　学校聘请俄罗斯科学院 Mikhail Guzev 院士为兼职教授

6月5日　学校首位"建筑遗产保护理论与技术"博士研究生顺利通过学位论文答辩

6月19日　希腊理论与应用力学学会授予张爱林教授荣誉会员称号

6月27日　学校召开思想政治工作会议

6月29日　学校隆重举行2017年本科生毕业典礼暨学位授予仪式

6月30日　学校"建筑遗产保护理论与技术"服务国家特殊需求博士人才培养项目首位博士研究生如期毕业并获工学博士学位

6月30日　学校隆重举行2017年研究生毕业典礼暨博士、硕士学位授予仪式

7月15日　学校成功举办首次"毕业30周年校友值年返校"纪念活动

9月1日　北京建筑大学校训石落成

9月8日　学校举行庆祝第33个教师节大会暨优秀教师表彰会

9月11日　学校举行2017级新生开学典礼

10月10日　学校牵头发起的"一带一路"建筑类大学国际联盟成立

10月21日　学校纪念办学110周年座谈会隆重举行

10月27日　学校召开学习宣传贯彻党的十九大精神动员部署会

11月1日　市纪委、市监委来校检查巡视整改完成情况和党风廉政建设责任制落实情况

11月7～8日　2017年全国博士后学术交流会在学校召开

11月13日　学校召开本科教学工作审核评估专家见面会

11月24日　校长张爱林受邀参加中法高级别人文交流机制第四次会议中法高水平应用型人才培养合作论坛并作主题演讲

11月28日　学校接受《北京普通高等学校党建和思想政治工作基本标准》入校检查

12月26日　中国共产党北京建筑大学第一次党员代表大会隆重开幕

12月28日　学校入选教育部"全国实践育人创新创业基地"

北京建筑大学 2017 年年鉴

北京建筑大学年鉴编委会　编

中国建筑工业出版社

图书在版编目(CIP)数据

北京建筑大学 2017 年年鉴 / 北京建筑大学年鉴编委会编. — 北京：中国建筑工业出版社，2021.9
 ISBN 978-7-112-26427-8

Ⅰ.①北… Ⅱ.①北… Ⅲ.①北京建筑大学－2017－年鉴 Ⅳ.①G649.281－54

中国版本图书馆 CIP 数据核字（2021）第 154903 号

责任编辑：蔡华民
责任校对：姜小莲

北京建筑大学 2017 年年鉴
北京建筑大学年鉴编委会　编

*

中国建筑工业出版社出版、发行(北京海淀三里河路 9 号)
各地新华书店、建筑书店经销
北京红光制版公司制版
天津翔远印刷有限公司印刷

*

开本：787 毫米×1092 毫米　1/16　印张：40　插页：8　字数：998 千字
2021 年 9 月第一版　2021 年 9 月第一次印刷
定价：138.00 元
ISBN 978-7-112-26427-8
（37642）

版权所有　翻印必究
如有印装质量问题，可寄本社图书出版中心退换
（邮政编码　100037）

《北京建筑大学 2017 年年鉴》编纂委员会

主　任：王建中　张爱林
副主任：黄京红　汪　苏　李维平　张启鸿　张大玉　李爱群
　　　　吕晨飞

委　员：白　莽　孙景仙　孙冬梅　高春花　黄尚荣　牛　磊
　　　　王德中　朱　静　郝　莹　冯宏岳　刘艳华　戚承志
　　　　邹积亭　李雪华　高　岩　陈红兵　贝裕文　孙文贤
　　　　刘　蔚　周　春　赵晓红　牛志霖　吴海燕　沈　茜
　　　　魏楚元　王锐英　丛小密　田　林　何立新　李俊奇
　　　　杨　光　郭茂祖　姜　军　杜明义　杨建伟　孙希磊
　　　　崔景安　杨慈洲　赵静野

《北京建筑大学 2017 年年鉴》编委会

主　任：张爱林
副主任：张启鸿　白　莽
委　员：沈　茜　吴建国　扈恒畅　王　燕　何其锋　吴　菁
　　　　任　晴　马利光

《北京建筑大学 2017 年年鉴》撰稿人、审稿人名录

撰 稿 人（按姓氏笔画排序）：

丁建峰　毛发虎　王子岳　王东志　王东亮　王志东
王明玮　王恒友　王晓辉　王梦鸽　王鲜云　王德中
王震远　左一多　冯永龙　冯萃敏　刘小红　刘文硕
刘志刚　刘海凌　师洪洪　朱晓娜　关海琳　孙慧超
李子墨　汪长征　陈亚飞　芦玉海　花园园　杜明义
吴金金　宋宗耀　杨洁华　李小虎　李守玉　李学芳
李俊奇　李海燕　汪洋海容　汪琼枝　杨益东　陈笑彤
张媛媛　张群力　张瑶宁　陈雍军　何静涵　郑环环
周理安　郝永军　赵文兵　赵江洪　赵京明　赵林琳
赵翠英　郭茂祖　胡保华　荆培轩　胡德俊　袁伟峰
贾海燕　聂跃梅　徐加佳　徐敬明　高瑞静　郭燕平
黄庭晚　曹洪涛　曹鑫浩　董天义　韩京京　詹宏伟

审 稿 人（按姓氏笔画排序）：

丁　奇　毛发虎　牛志霖　王秉楠　王崇臣　冯宏岳
田　林　白　莽　何立新　那　威　刘　伟　刘国朝
刘艳华　孙冬梅　孙希磊　孙景仙　朱　静　杨　光
张　军　陈红兵　沈　茜　李俊奇　李春青　李雪华
邹积亭　吴海燕　杨慈洲　祖维中　赵静野　高春花
高瑞静　聂跃梅　戚承志　焦驰宇　韩　淼　彭　磊

编 辑 说 明

一、《北京建筑大学 2017 年年鉴》是一部综合性资料工具书，是学校教育全面发展的史料文献；在学校党委领导下，由北京建筑大学年鉴编纂委员会主持编写，由中国建筑工业出版社正式出版。

二、本年鉴汇集了学校各方面工作状况的重要资料，全面反映了北京建筑大学 2017 年在党建与思想政治工作、教育教学、学科建设、科学研究、人才培养、国际交流与合作等方面的发展状况和取得的主要成绩。

三、年鉴收录了学校各单位 2017 年 1 月 1 日～12 月 31 日期间的情况。选入的文章、条目和图表均由学校各单位、各部门组织编写和提供，并经单位领导审核确认。统计数据由学校各职能部门提供。学校重要事件、重要活动的主题图片由党委宣传部等提供。

本年鉴的编写和出版得到了学校各级领导的高度重视和各单位的大力支持，在此表示衷心感谢。由于编辑力量和水平有限，经验不足，书中疏漏、错误之处在所难免，恳请广大师生和读者批评指正。

目　　录

第一章　北京建筑大学概况 ... 1
第二章　特载 ... 4
一、学校 2017 年党政工作要点（北建大党发〔2017〕9 号） ... 4
二、学校 2017 年党政工作总结（北建大党发〔2018〕20 号） ... 13
三、校长张爱林在北京建筑大学新春团拜会上的讲话 ... 19
四、党委书记王建中在北京建筑大学 2017 年工作会暨党风廉政建设工作会上的讲话 ... 21
五、校长张爱林在北京建筑大学 2017 年年度工作会暨党风廉政建设工作会上的讲话 ... 28
六、校长张爱林在本科教学审核评估工作推进会上的讲话——聚焦人才培养核心使命，查找短板，狠抓整改，以评促建 ... 34
七、党委书记王建中在教代会、工会执委会委员和各分工会主席科贸楼二期（万容天地市场）疏解工作情况通报会上的讲话 ... 40
八、党委书记王建中在北京建筑大学思想政治工作会议暨纪念建党 96 周年大会上的讲话 ... 43
九、党委书记王建中关于《夯实基础 强化落实 突出创新以首善标准推进基层党建工作全面进步全面过硬》的讲话 ... 50
十、校长张爱林在 2017 届本科毕业典礼暨学位授予仪式上的讲话——抓住机遇，勇攀高峰，用智慧和汗水铸就梦想 ... 53
十一、校长张爱林在 2017 年研究生毕业典礼暨博士、硕士学位授予仪式上的讲话——抓住机遇，大胆创新，用智慧和汗水铸就梦想 ... 55
十二、党委书记王建中在北京建筑大学 2017 年秋季学期工作会上的讲话 ... 57
十三、党委书记王建中在北京建筑大学校办企业党的建设工作会议上的讲话 ... 62
十四、校长张爱林在"一带一路"建筑类大学国际联盟成立大会上的讲话——把倡议变为我们的行动，把愿景变为我们的现实，创新推进"一带一路"建筑类大学国际交流合作 ... 68
十五、校长张爱林在"一带一路"建筑类大学国际联盟成立大会校长论坛上的报告——把准未来导向，创新合作机制，培养建筑类创新人才 ... 71
十六、党委书记王建中在纪念北京建筑大学办学 110 周年座谈会上的讲话 ... 75
十七、党委书记王建中关于《以党的十九大精神为指引，全面加强党建和思想政治工作 奋力建设国内一流、国际知名、具有鲜明建筑特色的高水平、开放式、创新型大学》的汇报报告 ... 78
十八、党委书记王建中在中国共产党北京建筑大学第一次党员代表大会上的报告——《以党的十九大精神为指引 加快建设国内一流、国际知名、具有鲜明建筑特色的高水平、开放式、创新型大学》 ... 85

第三章　机构设置 ... 102
一、学校党群、行政机构 ... 102

二、学校教学、教辅、附属及产业机构 ………………………………………… 103
　　三、党委工作相关领导小组 ……………………………………………………… 103
　　四、行政工作相关领导小组 ……………………………………………………… 113
第四章　教育教学 …………………………………………………………………… 127
　　一、本科生教育 …………………………………………………………………… 127
　　二、研究生教育 …………………………………………………………………… 140
　　三、研究生管理 …………………………………………………………………… 146
　　四、继续教育 ……………………………………………………………………… 148
　　五、体育教育 ……………………………………………………………………… 151
　　六、工程实践创新 ………………………………………………………………… 160
第五章　科学研究 …………………………………………………………………… 162
　　一、概况 …………………………………………………………………………… 162
　　二、科研项目和经费 ……………………………………………………………… 162
　　三、科研成果 ……………………………………………………………………… 165
　　四、成果转化和社会服务 ………………………………………………………… 167
　　五、学术交流 ……………………………………………………………………… 167
　　六、日常管理 ……………………………………………………………………… 169
第六章　人才队伍建设 ……………………………………………………………… 172
　　一、基本情况 ……………………………………………………………………… 172
　　二、教师培养 ……………………………………………………………………… 180
　　三、人事管理 ……………………………………………………………………… 187
　　四、教师思想政治工作 …………………………………………………………… 187
　　五、其他重要事项 ………………………………………………………………… 188
第七章　对外交流合作 ……………………………………………………………… 190
　　一、国际交流与合作 ……………………………………………………………… 190
　　二、港澳台交流与合作 …………………………………………………………… 192
　　三、国际友好往来 ………………………………………………………………… 192
　　四、因公出国 ……………………………………………………………………… 193
　　五、因公出境 ……………………………………………………………………… 194
　　六、学生出国 ……………………………………………………………………… 195
　　七、来华留学 ……………………………………………………………………… 196
　　八、外国专家 ……………………………………………………………………… 197
　　九、港澳台专家 …………………………………………………………………… 197
第八章　招生就业 …………………………………………………………………… 198
　　一、本科生招生工作 ……………………………………………………………… 198
　　二、就业工作 ……………………………………………………………………… 205
第九章　校友工作 …………………………………………………………………… 216
　　一、概况 …………………………………………………………………………… 216
　　二、校友会工作 …………………………………………………………………… 216

三、基金会工作 …………………………………………………………… 217
　　四、校友风采 …………………………………………………………… 218
第十章　管理与服务 ……………………………………………………………… 219
　　一、党政管理 …………………………………………………………… 219
　　二、网络信息化工作 …………………………………………………… 221
　　三、财务工作 …………………………………………………………… 224
　　四、审计监督 …………………………………………………………… 227
　　五、资产管理 …………………………………………………………… 228
　　六、后勤服务 …………………………………………………………… 230
　　七、校园建设 …………………………………………………………… 233
　　八、安全稳定工作 ……………………………………………………… 234
　　九、场馆运行管理服务 ………………………………………………… 238
　　十、发展规划研究中心 ………………………………………………… 239
　　十一、档案馆工作 ……………………………………………………… 239
第十一章　党建与群团工作 ……………………………………………………… 241
　　一、组织工作 …………………………………………………………… 241
　　二、思想宣传工作 ……………………………………………………… 245
　　三、统战工作 …………………………………………………………… 251
　　四、纪检监察工作 ……………………………………………………… 253
　　五、工会、教代会工作 ………………………………………………… 257
　　六、学生工作 …………………………………………………………… 261
　　七、离退休工作 ………………………………………………………… 272
　　八、机关党委工作 ……………………………………………………… 274
　　九、共青团工作 ………………………………………………………… 277
第十二章　学院工作 ……………………………………………………………… 292
　　一、建筑与城市规划学院 ……………………………………………… 292
　　二、土木与交通工程学院 ……………………………………………… 325
　　三、环境与能源工程学院 ……………………………………………… 340
　　四、电气与信息工程学院 ……………………………………………… 381
　　五、经济与管理工程学院 ……………………………………………… 389
　　六、测绘与城市空间信息学院 ………………………………………… 402
　　七、机电与车辆工程学院 ……………………………………………… 414
　　八、文法学院 …………………………………………………………… 421
　　九、理学院 ……………………………………………………………… 439
　　十、马克思主义学院 …………………………………………………… 462
　　十一、创新创业教育学院 ……………………………………………… 468
第十三章　教学辅助工作 ………………………………………………………… 473
　　一、图书馆 ……………………………………………………………… 473
　　二、学报编辑部 ………………………………………………………… 479

第十四章 科研机构 ·· 481
　一、建筑遗产研究院 ·· 481
　二、海绵城市研究院 ·· 485
　三、北京未来城市设计高精尖创新中心 ·· 488
第十五章 社会服务 ·· 492
　一、北京建大资产经营管理有限公司 ·· 492
　二、科技型企业 ··· 493
　三、服务型企业 ··· 514
第十六章 2017年学校十大新闻 ·· 518
第十七章 毕业生名单 ·· 520
　一、2017年北京建筑大学博士硕士毕业名单 ·· 520
　二、2017年北京建筑大学博士硕士学位名单 ·· 534
　三、2017年北京建筑大学本科毕业生（结业生）名单 ·· 554
　四、2017年北京建筑大学继续教育学院毕业生名单 ·· 607
　五、2017年北京建筑大学继续教育学院本科毕业生获得学士学位名单 ·························· 623

第一章　北京建筑大学概况

北京建筑大学是北京市和住房城乡建设部共建高校、教育部"卓越工程师教育培养计划"试点高校和北京市党的建设和思想政治工作先进高校，是一所具有鲜明建筑特色、以工为主的多科性大学，是"北京城市规划、建设、管理的人才培养基地和科技服务基地""北京应对气候变化研究和人才培养基地"和"国家建筑遗产保护研究和人才培养基地"，是北京地区唯一一所建筑类高等学校。

学校源于1907年清政府成立的京师初等工业学堂，1933年更名为北平市市立高级职业学校，1936年增设土木工程科，后历经北京市市立工业学校、北京市建筑专科学校、北京市土木建筑工程学校、北京建筑工程学校、北京建筑工程学院等发展阶段。2013年4月经教育部批准更名为北京建筑大学。学校1977年恢复本科招生，1982年被确定为国家首批学士学位授予高校，1986年获准为硕士学位授予单位。2011年被确定为教育部"卓越工程师教育培养计划"试点高校。2012年"建筑遗产保护理论与技术"获批服务国家特殊需求博士人才培养项目，成为博士人才培养单位。2014年获批设立"建筑学"博士后科研流动站。2015年10月北京市人民政府和住房城乡建设部签署共建协议，学校正式进入省部共建高校行列。2016年5月，学校"未来城市设计高精尖创新中心"获批"北京高等学校高精尖创新中心"。2017年获批推荐优秀应届本科毕业生免试攻读研究生资格。

学校有西城和大兴两个校区。西城校区占地12.3万平方米，大兴校区占地50.1万平方米；校舍建筑总面积48.8万平方米。目前，学校正按照"大兴校区建成高质量本科人才培养基地，西城校区建成高水平研究生培养、科技协同创新及成果转化基地"的"两高"布局目标加快推进两校区建设。学校图书馆纸质藏书142.8万册、电子图书185万册，大型电子文献数据库52个，学校与住房城乡建设部共建中国建筑图书馆，是全国建筑类图书种类最为齐全的高校。

学校学科专业特色鲜明，人才培养体系完备。学校现有10个学院和1个基础教学单位，另设有继续教育学院、国际教育学院和创新创业教育学院。现有35个本科专业，其中国家级特色专业3个——建筑学、土木工程、建筑环境与能源应用工程；北京市特色专业7个——建筑学、土木工程、建筑环境与设备工程、给水排水工程、工程管理、测绘工程、自动化。学校设有研究生院，有1个服务国家特殊需求博士人才培养项目，1个博士后科研流动站，12个一级学科硕士学位授权点，涵盖55个硕士学位授权二级学科点，有1个硕士学位授权交叉学科点，5个专业学位授权类别点和8个工程专业学位授权领域点。拥有一级学科北京市重点学科3个——建筑学、土木工程、测绘科学与技术，一级学科北京市重点建设学科2个——管理科学与工程、城市规划与设计。在2012年教育部组织的全国学科评估中，建筑学、测绘科学与技术名列第9名，城乡规划学名列第12名，风景园林学名列第15名。

学校名师荟萃、师资队伍实力雄厚。现有教职工1021人，其中专任教师595名。专任教师中具有博士学位的教师389人，具有高级专业技术职务的教师340人（正高级107人，副高级233人），博士生导师27人。拥有长江学者1人，国家杰出青年科学基金获得者1人，国家"千人计划"入选者1人，国家级教学名师1人，全国优秀教师1人，百千万人才工程国家级人选3人，中国科学院"百人计划"1人，北京学者2人，中青年科技领军人才1人，教育部新世纪优秀人才计划入选者1人，北京市高创计划杰出人才获得者1人，科技北京百名领军人才1人，北京市留学人员创新创业特别贡献奖获得者1人、百千万人才工程市级人才8人，长城学者5人，享受政府特殊津贴专家33人，教育部、住房城乡建设部专业指导和评估委员会委员9人，省部级优秀教师、教学名师、优秀青年知识分子、高层次人才、学术创新人才、科技新星、青年拔尖人才等80余人，拥有教育部创新团队1个，北京市优秀教学团队、学术创新团队、管理创新团队27个。

学校坚持质量立校，教育教学成果丰硕。学校2014年获得国家教学成果一等奖，近年来获得省部级教学成果奖29项，其中一等奖13项。学校是首批国家级工程实践教育中心建设高校，拥有国家级实验教学示范中心、国家级土建类人才培养模式创新试验区、国家级虚拟仿真实验教学中心、国家级校外人才培养基地等10个国家级本科教学工程项目。另有4个北京市实验教学示范中心、7个市级校外人才培养基地、2个市级校内创新实践基地、1个北京高等学校市级人才培养模式创新试验区、1个北京市"一带一路"国家人才培养基地。102个校内外实践教学基地。近五年来，学生在全国和首都高校"挑战杯""创青春"等科技文化活动中获得国家级奖项14项、省部级以上奖励743项。

学校坚持立德树人，培育精英良才。现有各类在校生11842人，其中全日制本科生7717人，硕士研究生2171人，博士研究生20人，成人教育学生1842人，留学生92人，已形成从本科生、硕士生到博士生，从全日制到成人教育、留学生教育全方位、多层次的办学格局和教育体系。多年来，学校遵循"立德树人、开放创新"的办学理念和"团结、勤奋、求实、创新"的校风，秉承"实事求是、精益求精"的校训和"爱国奉献、坚毅笃行、诚信朴实、敢为人先"的北建大精神，为国家培养了6万多名优秀毕业生，他们参与了北京60年来重大城市建设工程，成为国家和首都城市建设系统的骨干力量。校友中涌现出了被称为"当代鲁班"的李瑞环，核工业基地建设的奠基人赵宏，中国工程院院士张在明，全国工程勘察设计大师刘桂生、沈小克、张宇、罗玲、胡越、包琦玮、高士国、杨伯钢，在国际上有重要影响的中国建筑师马岩松等一大批优秀人才。学校毕业生全员就业率多年来一直保持在95%以上，2014年进入"全国高校就业50强"行列。

学校坚持科技兴校，科学研究硕果累累，不断强化面向需求办学的特色，形成了建筑遗产保护、城乡规划与建筑设计、城市交通基础设施及地下工程、海绵城市建设、现代城市测绘、固体废弃物资源化技术、绿色建筑与节能技术为代表的若干在全国具有比较优势的特色学科领域、科研方向和创新团队。学校现有北京未来城市设计高精尖创新中心以及城市雨水系统与水环境教育部重点实验室、代表性建筑与古建筑数据库教育部工程研究中心、现代城市测绘国家测绘地理信息局重点实验室、北京市应对气候变化研究及人才培养基地等26个省部级重点实验室、工程研究中心和研究基地。近年来，我校教师荣获省部级以上科技成果奖励70余项，其中国家技术发明奖、国家科技进步奖共13项，2010年、2011年、2012年连续三年以第一主持单位获得国家科技进步二等奖，2014年以第一主持单位获得国家技术发明奖。近五年，学校新增各类科技项目2000余项，其中国家重大专项、国家重点研发计划项目、国家自然科学基金项目、国家社科基金项目、教育部人文社科项目、北京市自然科学基金项目、北京市科技计划项目、国际合作项目等省部级及以上科研项目490余项；科技服务经费连年超过2亿元。学校重视科技成果转化，不断提高服务社会的能力和水平，建设具有建筑行业特色的大学科技园，是中关村国家自主创新示范区股权激励改革工作首批试点的两所高校之一。

学校面向国际，办学形式多样。学校始终坚持开放办学战略，广泛开展国际教育交流与合作。目前已与美国、法国、英国、德国等30个国家和地区的64所大学建立了校际交流与合作关系。

学校全面加强党的建设，党建和思想政治工作成效显著。近年来，获评北京市"党的建设和思想政治工作先进高等学校""首都高校平安校园示范校""全国厂务公开民主管理先进单位""北京市厂务公开民主管理示范单位""首都文明单位标兵""北京市文明校园"等荣誉称号。

站在新的历史起点上，学校将以党的十九大精神为指引，深入学习贯彻习近平新时代中国特色社会主义思想，按照"提质、转型、升级"的工作方针，围绕立德树人的根本任务，全面推进内涵建设，全面深化综合改革，全面实施依法治校，全面加强党的建设，持续增强学校的办学实力、核心竞争力和社会影响力，以首善标准推动学校各项事业上层次、上水平，向着把学校建设成为国内一流、国际知名、具有鲜明建筑特色的高水平、开放式、创新型大学的宏伟目标奋进。

第二章 特 载

一、学校2017年党政工作要点（北建大党发〔2017〕9号）

2017年是推进"十三五"规划落实的重要一年，是推动全面从严治党向纵深发展的重要一年，也是学校深入推进"两高"布局建设的关键一年，是扎实推进提质转型升级的攻坚之年，是学校全面提升办学质量年。根据教育部和市委教育工委、市教委、市教育督导室2017年工作要点精神，结合学校发展实际，制定本工作要点。

总体要求：全面贯彻党的十八大和十八届三中、四中、五中、六中全会精神和全国高校思想政治工作会议精神，深入学习贯彻习近平总书记系列重要讲话精神和治国理政新理念新思想新战略，贯彻市委决策部署，增强"四个意识"，按照"五位一体"总体布局和"四个全面"战略布局，坚持稳中求进的总基调，坚持社会主义办学方向和立德树人根本任务，坚持"提质、转型、升级"工作方针，以召开学校第六次党代会为契机，加强和改进思想政治工作，落实意识形态工作责任制，扎实推进全面从严治党向纵深发展，抢抓发展机遇，加强内涵建设，深入推进"两高"布局和"双一流"建设，突出人才培养改革创新，全面提高质量和效益，强化担当作为、攻坚克难、重点突破，加快推进"十三五"规划任务落地见效，奋力推进国内一流、国际知名、具有鲜明建筑特色的高水平、开放式、创新型大学建设，以优异的成绩迎接党的十九大胜利召开。

关键词：质量 特色 创新

质量：坚持质量立校战略，按照"高标准、高品质"要求，通过抓改革落地见效，全面提升质量效益，以质量促发展，全面推进实现党建从严化、人才卓越化、科技创新化、管理精细化、服务专业化、文化精品化、环境园林化，努力创建质量一流的高水平大学。

特色：坚持特色兴校战略，按照"规范化、特色化"要求，通过抓改革落地见效，筑牢基础，突出优势，强化特色，以特色求发展、以特色树品牌、以特色创一流，努力创建具有鲜明建筑特色的高水平大学。

创新：坚持创新领校战略，按照"敢担当、敢突破"要求，通过抓改革落地见效，全面强化创新引领，以理念创新、体制机制创新、模式方法创新推动学校提质转型升级，大力营造创新文化和创新环境，努力创建创新型高水平大学。

（一）坚定不移地推进全面从严治党，提升党建工作科学化水平

1. 贯彻从严要求，推进全面从严治党向纵深发展

深入推进"全面从严治党工程"，加强和改善党对学校的领导，把"六个从严"的要求贯彻到学校管党治党全过程、落实到党的建设各个方面，不断增强全面从严治党的系统性、创造性、实效性。贯彻落实《关于新形势下党内政治生活的若干准则》，研究制定学校工作细则，以严的态度、严的标准加强和规范党内政治生活。层层压实全面从严治党政

治责任，层层传导责任压力，健全责任落实机制，完善党建工作述职评议考核测评机制、党员民主评议和党支部考核问责机制，推动基层党建各项任务落地生根。（责任单位：组织部）

2. 加强基层党组织建设，充分发挥党组织战斗堡垒作用和党员先锋模范作用

推动"两学一做"学习教育常态化制度化，教育引导广大党员围绕学校中心工作践行"四讲四有"做到"四个合格"，切实发挥好先锋模范作用。持续抓好基层党组织建设，落实好《关于进一步加强基层党支部建设的意见》和《基层党建工作经费使用和管理实施细则》，加强基层党建条件保障，进一步发挥二级单位党组织的政治核心和党支部的战斗堡垒作用，保证监督党委决策部署和上级党组织决定的贯彻执行。定期排查整顿软弱涣散基层党组织，加强对党支部书记工作的考核，加大培训和激励力度。深入推进学生党员先锋工程，健全党员发展质量保证体系。积极开展党建工作研究，进一步探索党建和思想政治工作规律。做好迎接《北京高校党建和思想政治工作基本标准》集中检查工作。（责任单位：组织部）

3. 强化作风建设成效，加强干部队伍建设

围绕学校"十三五"时期的战略目标，适时调整补充干部队伍，持续调整优化干部队伍结构和成长路径。按照统一和分类培训相结合的原则，围绕学校党代会、本科教学审核评估等重点工作，对党务干部、教学管理干部、学生工作干部分类开展精准化培训。加强干部队伍作风建设，坚持选人用人和严格管理相统一，从严干部管理监督，健全追责问责机制，推动干部能上能下。统筹学校思想政治工作队伍和党务队伍建设，研究制定队伍专业化职业化发展规划，不断健全完善选拔、培养、激励机制。（责任单位：组织部）

4. 强化监督执纪问责，深入推进党风廉政建设

坚决落实全面从严治党决策部署，重点抓好对学校党委决策部署执行情况的检查。加强监督体制机制建设，不断完善党内监督体系，全面落实党内监督责任，建立监督信息联网，抓好"关键少数"，做好对党员领导干部的监督工作。贯彻执行《党纪处分条例》，科学运用"四种形态"。严格落实《问责条例》，重点对党的领导弱化、党的建设缺失、从严治党不力等突出问题进行问责。加强权力制约，深化专项治理，进一步推进惩防体系建设，加大对国有资产出租出借、合同管理等领域的风险防控，确保权力正确行使。加强宣传教育，切实把党风廉政建设各项要求部署覆盖到全体干部和每一名党员。充分发挥案件警示作用，着力营造不敢腐、不能腐、不想腐的政治氛围。（责任单位：纪委办公室）

锲而不舍地落实中央八项规定精神和市委实施意见，持之以恒抓好作风建设，构建长效机制建设。强化巡视反馈意见和"两学一做"学习教育相关问题整改落实，确保各项整改任务落到实处。不断精简会议活动，提高会议效率。（责任单位：纪委办公室、党政办）

5. 筹备召开第六次党代会，凝心聚力、引领发展

以高度的政治责任感做好第六次党代会的各项筹备工作。深入开展宣传发动工作，按要求高标准做好党代表和"两委"委员候选人的推荐工作，汇集全校之智组织起草好党代会报告，统一思想、凝聚共识，确保召开一次团结奋进、引领发展的党代会。（责任单位：组织部）

（二）加强和改进学校思想政治工作，提升学校思想政治工作水平

1. 加强理想信念教育，培育和践行社会主义核心价值观

深入学习宣传贯彻党的十八届六中全会精神和十九大精神，认真学习贯彻习近平总书记系列重要讲话精神和治国理政新理念新思想新战略。突出党委理论学习中心组政治理论学习主题，推进"互联网＋思想政治教育"，着力加强新闻网"理论学习"栏目及官方微信微博等新媒体在教职工理论学习中的平台作用。深入推进"中国梦和社会主义核心价值观引领计划"，坚持完善"融入式"教育模式。贯彻落实高校思想政治工作会议精神，构建校院两级新闻宣传工作队伍，明确责任人和岗位职责。加强新媒体与传统媒体融合的融媒体平台建设，继续探索分众化传播，成立学校新媒体联盟。加大对学校重大决策部署以及第六次党代会、本科教学审核评估、"双一流"建设等重要工作的宣传力度，全面提高新闻宣传工作的针对性和实效性。严格落实意识形态工作责任制，加强对课堂教学和各类思想文化阵地的管理。（责任单位：宣传部）

深入推进"大学文化提升计划"，进一步健全和完善文化建设体制机制，持续实施文化塑院计划，全面加强学生宿舍楼宇文化建设，培育具有鲜明特色的学院文化品牌，建设主题鲜明的校园文化景观和文化传播阵地，进一步普及、规范学校识别系统使用，编印《北京建筑大学视觉形象识别系统管理手册（2017版）》。举办纪念办学110周年座谈会，继续开展建大人物访谈，强化学校精神文化体系育人功能。改版学校网站，运用新媒体技术打造网络文化育人平台。深化与中国建筑学会和各级政府在文化建设领域的联系与合作，参与组织中国设计节，联合举办"一带一路"历史建筑摄影展、"住建部田园建筑优秀实例展"等文化活动。汇聚校友力量，拓展办学资源，提振学校发展精气神。（责任单位：宣传部、校友办）

2. 实施思想政治理论课建设体系创新计划，充分发挥思政课主渠道作用

充分发挥思想政治理论课主渠道作用，聘请若干教学名师进课堂，开展"课中课"。实施以问题为导向的专题式教学、慕课、翻转课堂、案例教学、微课等，努力推动教学方法和手段的改革和创新。全面启动与实施北京市思想政治理论课教学改革重大创新项目，协同学生工作队伍，进一步强化实践教学，不断增强教学的亲和力和针对性。进一步凝练马克思主义理论学科建设方向，建设高水平的师资队伍，提升马克思主义学科建设水平。（责任单位：马克思主义学院）

3. 坚持全员全过程全方位育人，增强思想政治工作时代感和实效性

召开学校思想政治工作会，研究制定学校关于加强学生思想政治工作的意见，实施大学生思想政治教育质量提升工程，系统构建制度体系和大思政工作格局。实施"学生党建引领计划"，培育学生党建品牌项目，评选十佳党支部、十佳品牌项目等，引导形成"一院一品牌、一支部一特色"。实施"学风建设质量提升计划"，落实《关于进一步加强教风学风联动建设的实施意见》，加强班主任、辅导员队伍、学生干部、学生党员管理，实施"卓越辅导员培育计划"项目，举办辅导员班主任专题培训班，建立奖优罚劣学风推进机制。深入推进"最爱学生"工作体系建设，加强心理健康教育中心、学生深度辅导和爱生精细化服务项目建设。实施"学工网络融合行动"，组建学生网络思政工作室，改进学生管理服务信息化平台，推进iStudent辅导员微社区的建设。实施"1＋1困难学生帮扶计划"，强化资助帮扶工作的发展性和精准性。（责任单位：学工部、研工部）

建立健全研究生思想政治工作体系，完善制度建设，配齐建强工作队伍。修订《研究生国家奖学金管理办法》，发挥导向作用。举办研究生学术论坛，深化产学研联合研究生

培养基地项目，丰富研究生校园文化生活，提升研究生在党建、学术和文化建设中的贡献力。（责任单位：研工部）

强化实践育人功能，以"三下乡"实践活动为主要品牌，加强项目管理和成果转化。开展特色志愿服务，完善志愿服务管理机制。发挥艺术教育优势，继续打造"大学生艺术节"系列品牌，在2017年北京大学生舞蹈节、戏剧节满额参赛，力争突破。创新团务工作模式，推进基层"活力提升"工程，全面提升团建影响力。营造全民健身的良好校园氛围，提高师生身体素质，促进竞技体育和群众体育同步发展。推进校园足球运动，提高足球运动水平。（责任单位：校团委、体育部）

（三）全面深化综合改革和依法治校，提升治理能力和办学水平

1. 全面落实学校章程，推进现代大学制度建设

做好学校章程的颁布实施和宣传工作，推动学校依法依章治校。继续完善学校章程配套制度建设，坚持党委领导下的校长负责制，健全学院集体领导、党政分工合作、协调运行的工作机制，提升各级班子整体功能和议事决策水平。完善学校治理构建，发挥好学校发展咨询委员会在学校决策中的咨询作用，加强学院学术组织建设。加强党外代表人士队伍建设，成立留学归国人员联谊会和党外知识分子联谊会，进一步提升统战工作水平。加强工会工作规范化建设，增强工会工作的政治性、先进性和群众性，召开第七届教代会（工代会）第五次会议，加大在"两高"办学布局调整中建家工作的保障力度，实施"员工帮助计划"，组织"社团文化年"系列文体活动，充分发挥工会、教代会在民主管理和科学决策中的作用。（责任单位：党政办、统战部、校工会）

2. 推进管理服务体系改革，健全"两高"校园常态化运行机制

深入推进"卓越管理服务工程"，统筹两校区运行管理，积极构建与"两高"办学布局相适应的管理体制和运行机制。成立西城校区规划发展工作领导小组，统筹高水平研究生培养、科技协同创新及成果转化基地建设。成立大兴校区规划发展工作领导小组，统筹高质量本科人才培养基地建设。深入实施"卓越管理行动计划"，持续推进管理体制改革。做好大兴校区综合行管楼启用工作，在大兴校区建设好便捷、高效的一站式服务大厅，加大信息化助推管理服务变革的力度。建设运行北京建筑大学档案馆，建立学校档案工作收集、存储、管理、利用和服务体系。成立学校场馆运行中心，全面负责两校区公共办公空间和公共服务空间运行、维护和管理，提高管理水平和运行效益。运用信息化手段强化督察效应，把督任务、督进度、督成效和察认识、察责任、察作风结合起来。（责任单位：党政办、档案馆、机关党委）

3. 推进信息化建设提质转型升级，建设信息化大学

全面实施"信息助校"战略，贯彻落实信息化工作会议的精神，统筹推进"十三五"信息化发展规划任务。建成智慧校园中心。配合各相关部处重点做好智慧教室、教务管理信息平台、科研管理服务信息平台、人事综合管理服务信息平台、财政专项经费监管与预算执行、云数据中心应用、网上综合办事服务大厅等信息平台的建设。以数据治理为主线，推进一张表工程建设和大数据分析平台建设，确保网络安全和教育资源内容安全。（责任单位：网信中心）

4. 深化国际化办学体制机制改革，提升国际化办学水平

深入推进"国际化拓展计划"，召开国际化办学工作会，构建国际化办学工作体系和

制度体系，落实国际化办学指标体系任务，力争2017年各项指标翻一番。牵头成立"一带一路"建筑类高校联盟，稳步扩大沿线国家留学生的规模。推进与英美地区高校合作取得实质性进展，积极推进法国夏斗湖"中法国际大学城"海外办学项目，与法国HEI教育集团和马恩河谷大学，开展中法工程师联合培养项目，在设计学专业学生打造2+2的中英联合培养项目。与国家外专局及美国公立大学协会合作举办"大学创新能力及对经济发展贡献评估暨国际技术创新与转化峰会"。继续举办暑期国际学校。（责任单位：国交处、国际教育学院）

（四）坚持立德树人根本任务，全面提升人才培养质量

1. 持续推进教育教学改革，不断提升人才培养质量

深入推进"创新人才培养工程"，严格按照本科教学审核评估各项要求，标准规范，突出特色，扎实做好迎评、进校考察、整改工作。开展校内专业自评估，稳步推进环境工程专业工程专业认证。积极申报北京市高等教育教学成果奖。深入推进2016版本科人才培养方案和各项改革举措具体落实，全面完成课程大纲制定评审。继续推进通识教育课程体系建设。加大课堂教学改革，改革学生成绩评定方法，较大幅度提高过程评价所占比例。加强课程中心、翻转课堂和智慧教室建设。（责任单位：教务处）

强化教学研讨机制，落实专业教学沙龙周计划，落实优秀教师授课观摩活动。继续推进教授导师制度，加强重点规划教材、课程、课件建设。完善校院两级创新开放平台。强化毕业设计选题和实践环节质量监管。（责任单位：教务处，工程实践中心）

深入推进"育人质量提升计划"，全面推进教风学风联动机制建设。建立教风、学风、班风、舍风评价机制。持续提高考研率、英语四级通过率和课程及格率。开展职能部门、学院领导、专业负责人牵头教改，教师人人投身教改的活动。完善导师制个性化培养保障机制。健全教学过程管理与信息反馈系统，实现教学管理、评价、督导和反馈的全过程控制。（责任单位：教务处、学工部）

推进国家级、市级实验教学中心（虚拟仿真实验中心）创新性实验项目规划建设。推进标准化实验室、校企合作实验室建设和信息化管理。推进科教协同，落实省部级科研基地开放课题和开放机制，发挥土建类卓越工程师联盟优势，进一步提高实验班个性化、国际化培养水平。（责任单位：教务处、科技处、工程实践创新中心、国交处）

2. 强化质量保障体系，提高研究生培养质量

强化导师考核和培训制度，落实研究生指标分配与培养质量挂钩的措施。研究制定《研究生教育教学督导工作制度》，健全评估督导监测体系。完善科教融合的课程建设机制，加强课程建设，重视发挥课程教学在研究生培养中的基础性作用。修订研究生培养方案，加强不同类型不同学科高质量研究生培养模式的探索和改革。坚持质量导向，构建更完善的研究生教育评价指标体系和质量保障体系。推进科研诚信和学术道德教育，严格执行学术道德规范，惩戒不端行为。重点强化对博士研究生培养管理，实现首届博士生毕业。（责任单位：研究生院）

3. 深入推进创新创业教育，提升学生的创新意识和创业能力

深入推进创新创业教育体制机制建设，做到有课程、有基地、有导师、有项目、有团队，推进师生参加"双创"教育全覆盖。加强校院两级"双创"平台的标准化建设，深入推进创新创业教育与人才培养过程全面融合、与专业教育全面融合。开展学生科技竞赛活

动。完善众创空间运行管理机制，依托中国青年创业社区高端平台，使学校"双创"教育融入全国"双创"平台，争取获批全国创新创业教育类基地认证。（责任单位：创新创业教育学院、校团委、教务处）

4. 推进招生制度改革，实现生源和就业质量双提升

落实招生改革系列政策，优化专业结构，引入专业竞争和动态调整机制，推进大类招生、实验班招生以及多学科复合型人才培养试点招生。落实校院两级宣传责任机制，拓宽宣传渠道，加强招生宣传团队和重点生源基地建设，稳步提高生源质量。进一步优化职业类课程体系，增强就业指导针对性。强化重点行业企业联系，统筹京内外就业市场。完善"招生－培养－就业"联动机制建设。建立两校区本研一体化就业工作模式，稳步提升就业质量。（责任单位：招就处、教务处）

（五）强化学科特色方向，提升学科建设水平

1. 聚焦优势特色学科建设，打造学科建设高峰

深入推进"一流学科建设工程"，按照国家和北京市"双一流"建设方案，以重点学科特色和方向、高端学科团队和平台，打造学科高峰，确保进入北京"双一流"建设高校和学科，力争特色学科进入国家"双一流"建设计划。举全校之力，重点做好博士授权单位及建筑学、土木工程、测绘科学与技术、环境科学与工程4个一级学科博士学位授权一级学科点申报工作，加大工作和保障力度，高标准和高效率做好材料准备等相关工作，迎难而上，力争突破。高质量完成博士项目建设任务。坚持学科和专业并重发展，以学科建设带动专业建设，以高水平的学科提升高质量人才培养。（责任单位：研究生院）

2. 优化学科分类建设机制，强化学科交叉融合

持续优化学科布局结构，强化学科交叉、融合与渗透，进一步强化"建筑遗产保护理论与技术"交叉建设。依托优势学科，培育新的学科增长点，以高精尖创新中心为平台，面向国家重大需求组建跨学科团队，建设一批问题导向的跨学科综合交叉平台，发挥学科群优势，按照学科群集中建设和配置学科资源，形成特色突出、优势明显的学科团队。（责任单位：研究生院）

（六）提升专业队伍能力，建设高端人才队伍

1. 落实"三定"方案，建设三支高水平专业队伍

深入推进"高端人才引育计划"，进一步调整学校人才工作相关政策，按照"三定"方案建设教学、科研、管理三支高水平专业队伍。加大高层次人才的引进力度，实现攻博学科全部拥有国家级人才称号教师。海聚人才数量和质量进一步提升。加强学科领军人才和团队建设。（责任单位：人事处）

2. 强化教师发展中心建设，促进人才持续发展

推进校院两级专任教师、双肩挑教师岗位职责考核及团队聘任考核。大力建设教师发展中心，实施教师师德修养、国际化能力、教学能力、科技创新能力、实践能力系列提升计划。加大博士后工作力度，承办全国博士后学术会议。（责任单位：人事处）

3. 推进收入分配制度改革，激发师资队伍活力

强化绩效导向，加大绩效考核和分配制度改革，稳步提升教职工薪酬，扩大二级单位收入分配自主权，构建多元化分系列人才评价体系和量化指标。（责任单位：人事处）

（七）坚持创新驱动发展，推进科研模式转型

1. 推进科技评价、考核、激励机制改革，激发科技创新活力

落实教育部《关于深化高等学校科技评价改革的意见》、北京市《关于进一步完善财政科研项目和经费管理的若干政策措施》，建立以创新质量、贡献、绩效为导向的分类评价体系。建立独立的科研经费管理体系，完善科研服务与监管体系。加强科研团队建设，引导教师面向国家和行业重大需求，组建科研大团队，承担大项目，形成团队作战、平面推进的体制机制。建立以团队为导向的考核评价体系，形成有利于团队建设和发展的制度和文化。强化科技成果转化工作。改革科技转化收益分配制度，推动建立科学合理的科技成果转化组织模式和政策机制，激发教师的科技创新活力。深入推进"双协同推进计划"，深化科教融合，出台推进学校科教融合相关制度文件，支持鼓励科研成果尽快转变为教学资源，支撑人才培养质量持续提升。（责任单位：科技处）

2. 推进科研平台基地管理改革，加大高端平台建设力度

深入推动"高端平台建设工程"，召开全校实验室工作会议，深入推进科研基地管理体制机制改革，健全科研基地的评价体系、管理模式和支持方式。继续完善现有各类创新基地的建设布局，加强国家级科研平台基地的组织培育。推动大型仪器设备、科研基地开放共享。（责任单位：科技处、资后处）

3. 聚焦国家和行业需求，推进科研成果可持续发展

促进产学研用紧密结合，在学校优势领域，组建面向区域发展的产学研协同创新联盟。聚焦一流学科建设目标，组织承担重大科技计划项目任务。力争竞争性科研经费增长6%，国家重点研发计划课题1项，国家自然科学基金项目、哲社科项目达到24项，北京市自然科学基金项目、哲社科项目超过16项。力争新增高水平论文90篇，新增授权发明专利30项，国家级科技奖励1项，省部级科技奖励7项（其中一等奖2项）。（责任单位：科技处）

4. 创新体制机制，深入推进高精尖创新中心建设

落实高精尖创新中心管理文件，加强"科技特区"建设，以评聘、考核、薪酬制度创新保障高水平、多元化、结构合理的创新团队建设。把西城校区科研楼建设成为高精尖创新中心实体平台，全面启动高精尖创新中心5大领域的科技研发工作。汇聚国内外高校及研发机构的创新资源、领军创新人才，强化"双PI"科研团队管理与运行模式，逐步打造10个左右在国际上具有重要影响的科研团队。聚焦服务北京科技创新之都、设计之都及城市副中心建设，努力在旧城更新、绿色建筑、综合管廊、海绵城市与智慧城市建设等领域取得一批标志性科研成果。组织召开"第二届北京城市设计国际高峰论坛"。（责任单位：高精尖创新中心办公室）

（八）加强办学条件保障和民生工程建设，凝聚发展合力

1. 优化校园功能布局，加大"两高"校园建设力度

深入推进"两高校园建设工程"，按照整体规划、分步实施、有序推进的原则，完成两校区总规及园林景观、照明、交通等规划设计任务。分阶段推进大兴校区学生宿舍、科研楼、留学生和研究生公寓、学术中心、国际文化中心、大学生活动中心与创新创业基地等项目立项建设。上半年完成大兴校区图书馆周边、静园和校区北围墙外环境提升项目，下半年完成行管楼、体育馆环境提升项目。6月行管楼竣工并交付使用，体育馆8月底竣

工并交付使用，确保开学典礼使用，12月完成振动台实验室第一台设备安装调试，完成十号配电室的建设，力争上半年完成大兴校区学生宿舍立项。推进西城校区校园提升改造和功能优化，3月底完成学生宿舍4、5号楼及周边环境改造工程，2月启动教4加固改造和食堂地下空间改造、机房改造等工程，8月底前完成学生宿舍3号楼住宿条件提升改造、食堂环境提升改造工程，全力推进教2、教3、图书馆等抗震加固工程以及科研楼（高精尖创新中心）和大学生活动中心及周边环境升级改造工程。年底完成西城校区图书馆改造、地下综合服务中心项目立项，力争启动建设。（责任单位：基建处）

按照市委坚持疏解非首都功能，提升首都核心功能的部署要求，全面落实疏解工作方案，完成"两高"办学布局调整，加大办学条件保障，同步提升师生学习、工作、生活条件。建立适应两校区办学的后勤服务保障体系，调整物业服务模式，进一步完善物业监管体系，提升物业服务管理水平。（责任单位：资后处）

2. 加强资源拓展，提升办学服务保障水平

坚持目标导向，推进以"十三五"规划为导向的预算改革。开展项目立项论证，完成五年滚动项目库的建设。加强支出进度管理，实施预算与支出进度挂钩的机制。制定增收节支工作方案，积极争取各类财政资金，多渠道筹措办学资金，提高资金使用效益。继续推进"智慧财务"体系建设，新建财务决策实时支持系统，建成一流水平的"智慧财务"网络支撑体系。进一步优化财务管理服务，继续提升师生对财务服务的满意度。（责任单位：财务处）

深化大资产改革，加大固定资产管理信息化建设力度，推进财政预算与执行监管平台的试运行和固定资产动态管理信息系统的升级改造工作，进一步提升固定资产精细化管理水平。认真落实国家、北京市有关科研经费使用管理的法规政策，修订并完善学校采购管理办法。（责任单位：资后处）

进一步完善校办产业管理体制机制，确保校办产业健康稳定持续发展。抓住"双创"机遇，全力推进大学科技园建设，系统构建大学科技园体制机制和制度体系，形成大学科技园专业化运行平台，完善科技成果转化机制，孵化和扶植一批高新科技企业。按照市委市政府决策部署，全力推进科贸楼二期非首都功能疏解。（责任单位：资产公司党委）

3. 加强民生保障，坚持为师生办实事

坚持为师生办实事、解难事，做好改善大兴校区自来水水质、提升西城校区师生就餐环境品质、建设大兴校区综合服务大厅及两校区视频会议系统等实事，持续改善师生工作生活学习环境。（责任单位：校工会）

4. 深入推进"平安校园"建设，切实维护学校安全稳定

落实安全稳定主体责任，健全安全生产责任体系。全力做好重大活动、重点领域维护安全稳定工作，为党的十九大胜利召开营造良好氛围。推进技防、消防设施建设和升级改造，加强校园管控，提升校园应急反应水平。加大与驻区相关部门的沟通，不断改善校园及周边安全环境与秩序。加强保密和安全教育。（责任单位：保卫部）

5. 协同推进其他各项工作，统筹学校全面发展

提高大兴校区精细化管理水平，加强与大兴区及校区周边各单位的联络，深入推进学校与属地单位的合作，统筹推进区校共建和协同发展工作。（责任单位：大兴校区管委会）

深入开展审计培训工作，把审计培训纳入学校干部和教师培训体系。加强审计制度建

设，建立审计整改"对账销号"机制，实行"问题清单"与"整改清单"对接。强化审计结果利用，加强干部离任审计，将落实审计整改情况作为考核、干部任免、班子成员述职述廉的重要依据，纳入党风廉政建设责任制检查考核内容。（责任单位：审计处）

  贯彻落实离退休干部工作领导责任制，落实两项待遇，加大保障力度，提高大病特困补贴额度。调整继续教育专业设置，加强信息化建设，做好高等教育自学考试新专业建设工作，继续探索远程教育项目，拓展非学历继续教育市场。加强和优化图书馆管理队伍建设和文献信息资源服务能力建设，统筹做好两校区图书资源管理和服务工作，建设建筑特色鲜明的智慧图书馆，持续开展系列读书、文化展览、学科服务等品牌活动，承办"北京桥梁博物馆筹建前期展"。发挥学报编委的作用，吸引高质量稿件，努力提升办刊质量。（责任单位：离退办、继续教育学院、图书馆、学报编辑部）

二、学校 2017 年党政工作总结（北建大党发〔2018〕20 号）

2017年，在市委、市政府的坚强领导下，根据市委教育工委、市教委等上级部门的部署要求，学校党委全面学习宣传贯彻落实党的十九大精神，以习近平新时代中国特色社会主义思想为指引，深入贯彻落实全国和北京高校思想政治工作会议精神、北京市第十二次党代会精神，按照"五位一体"总体布局和"四个全面"战略布局要求，坚持稳中求进的总基调，坚持社会主义办学方向和立德树人根本任务，坚持和加强党对学校工作的全面领导，坚持党要管党、全面从严治党，以召开学校第一次党代会为契机，全面提升学校党建和思想政治工作质量，切实以党的建设新进展、新成效推动学校全面提质转型升级。学校博士授权单位和一级学科博士点建设取得重大突破，本科教学审核评估工作受到专家组、市政府督导室的高度评价，学校承担的疏解非首都功能重大政治任务圆满完成，为北京市疏解非首都功能啃下了硬骨头，受到市领导高度评价。学校还同时荣获教育部"全国实践育人创新创业基地"，获评教育部2017年全国教育信息化应用优秀案例，获批成为推荐优秀应届本科毕业生免试攻读研究生普通高等学校，牵头组建"一带一路"建筑类大学国际联盟，获批北京市首批"一带一路"国家人才培养基地，获北京市高等教育教学成果一等奖2项、二等奖8项，各项事业发展迈上了新台阶，进入了更高层次、更高水平的发展阶段。

一年来，学校党委在全面推进学校党建和思想政治各项工作的同时，重点抓了以下五件大事。

（一）深入学习宣传贯彻党的十九大精神

学校党委把学习宣传贯彻党的十九大精神作为首要政治任务和头等大事，认真组织开展党的十九大精神学习宣传贯彻工作，按照蔡奇书记提出的"七个环节""五个结合""六个学"的要求，精心组织、周密部署，以上率下、步步深入，制定详细工作方案，第一时间召开学习宣传贯彻工作部署会和学习宣讲报告会，着力在"五个聚焦"和学懂弄通做实上下功夫，常委会专题研究部署3次，党委理论学习中心组专题学习4次，校领导班子成员深入基层宣讲调研15次，通过理论中心组学习、专题学习研讨、组建校内宣讲团宣讲、干部培训、媒体和网络宣传等多种途径，迅速掀起了学习宣传贯彻党的十九大精神的热潮，切实做到了收听收看全覆盖、传达学习全覆盖、宣传宣讲全覆盖、基层调研全覆盖。市委常委、组织部长魏小东同志亲临学校宣讲十九大精神，指导学校改革发展工作。

（二）全面贯彻落实全国和北京高校思想政治工作会议精神

学校党委认真贯彻落实全国和北京高校思想政治工作会议精神，把中央和市委的要求逐条落到实处，研究制定了学校《关于全面贯彻落实〈加强和改进新形势下高校思想政治工作的意见〉的实施方案》《关于加强和改进新形势下教师思想政治工作的实施意见》《关于加强和改进新形势下研究生思想政治工作的实施意见》等系列文件，召开学校思想政治工作会议以及加强辅导员队伍建设座谈会、加强学风教风互动提升推进会、加强教师发展中心建设研讨会、加强和改进研究生思想政治工作研讨会、推进思政课教学改革研讨会等，在全校范围内征集意见127条、改进建议134条，明确整改措施72条，迅速凝聚起全员、全过程、全方位抓思想政治工作的浓厚氛围，扎实推进思想政治工作各项任务落地见效。中央政策研究室来校调研思政会落实情况时给予了高度评价。

(三) 高质量筹备召开学校更名大学后的第一次党代会

学校党委严格按照上级要求，以高度的政治责任感，高标准、高质量组织筹备和召开了学校第一次党代会，各单位、各部门齐心协力、认真细致地做好报告、选举、宣传、会务等工作，营造了风清气正的换届环境，切实形成了一次团结、鼓劲、胜利的大会。大会全面总结了过去七年的工作，描绘了未来五年的发展蓝图，确立了建设国内一流、国际知名、具有鲜明建筑特色的高水平、开放式、创新型大学的奋斗目标，选举产生了新一届党委、纪委领导班子，团结带领全校师生，全力聚焦内涵发展、特色发展和创新发展，推动学校全面提质转型升级，引领学校进入了新的发展阶段。

(四) 高标准完成北京普通高校党建和思想政治工作基本标准入校检查工作

学校党委把迎接《基本标准》入校检查作为全面加强党建和思想政治工作的重要契机，按照高标准、严要求、精细化、卓越化的工作原则，严格对照指标体系，深入总结经验、强化特色、树立品牌，进一步强化学校各级党组织工作机制建设，不断完善学校党建和思想政治工作各项制度，进一步凝练提升学校党建品牌特色，高标准完成《基本标准》入校检查各项任务，受到检查组高度评价，切实以迎评促建工作新成效推动学校党建工作取得新进展。

(五) 扎实推进"两学一做"学习教育常态化制度化

学校党委把"两学一做"学习教育作为全面从严治党的战略性、基础性工程，把推进"两学一做"学习教育常态化制度化与落实基层党建工作重点任务结合起来，制定实施学校《关于推进"两学一做"学习教育常态化制度化实施方案》，明确4类主体20项具体内容，召开动员部署会、推进交流会、基层党建重点工作任务推进会、加强基层党支部建设座谈会等，建立专题网站，构建融合互促型党建模式，强化学院党政联席会机制建设，制定《提高组织生活质量指导意见》，建立每月固定党支部活动日制度，深入推进党支部规范化建设，全面推行"主讲主问制"党支部理论学习新模式，实行全程纪实制度，扎实推进"两学一做"学习教育常态化制度化。

在抓好几件大事的同时，学校党委狠抓党建责任制落实，统筹推进全校党建和思想政治工作各项任务落地见效，主要做了以下工作。

(一) 全面提升党的建设质量，推动全面从严治党向纵深发展

学校党委深入学习贯彻习近平总书记关于全面从严治党、加强基层党建工作的重要讲话和指示精神，全面落实管党治党、从严治党主体责任，不断健全制度、强化机制、夯实基础，狠抓落实、突出创新，以首善标准推进基层党建工作全面进步、全面过硬，为学校改革发展稳定提供了坚强的政治保证和组织保证。中组部齐玉副部长来校调研时，对学校基层党组织建设给予高度肯定。

1. 突出政治建设首位，切实加强党对学校工作的全面领导。学校党委自觉维护以习近平同志为核心的党中央权威和集中统一领导，坚持以上率下，切实做到"三个一"和"四个决不允许"。严格落实学校重要情况和重大问题请示报告制度，进一步严肃政治纪律和政治规矩，坚定执行中央和市委决策部署，切实做到令行禁止。特别是在落实疏解非首都功能重大政治任务中，始终站在讲政治、讲大局的高度，深入贯彻落实市十二次党代会精神，牢固树立"四个意识"，提高政治站位，顶住内外压力，克服重重困难，圆满完成

了所承担的动物园批发市场疏解任务，在关键时刻经受住了考验，为北京市疏解非首都功能啃下了硬骨头，做出了重大贡献，受到市领导高度评价。

坚持民主集中制原则，严格执行党委领导下的校长负责制，充分发挥党委总揽全局、协调各方的领导核心作用，切实做到把方向、管大局、作决策、保落实。制定《常委会带头落实全面从严治党主体责任的实施意见》等党建制度文件20项，召开党建工作例会10次，系统推进党建重点工作任务落实，进一步压实管党治党主体责任，推动形成层层传导压力、层层狠抓落实的工作格局。建立书记专题会议制度，进一步提高党委工作的制度化、规范化和科学化水平。进一步强化党委常委和各级党员干部党建工作基层联系点制度，全面落实各级党组织书记党建述职考核评议制度，承担北京高校党建难点项目支持计划重大课题，不断健全学校党委抓基层党建工作机制，深入推进全面从严治党向纵深发展。

2. 加强思想建设，强化理论武装。学校党委始终坚持以坚定理想信念、增强"四个自信"和解决好世界观、人生观、价值观这个"总开关"问题为根本，教育引导全校党员干部不忘初心、牢记使命，补足精神之"钙"，筑牢思想根基。认真落实校院两级理论学习中心组学习制度，把理论学习纳入干部培训、党支部"三会一课"基本内容，坚持把学党章、条例和准则作为必学内容，组织党员干部读原著、学原文、悟原理，切实用习近平新时代中国特色社会主义思想武装头脑、指导实践、推动工作。

3. 以提升组织力为重点，大力提升基层党建工作质量和水平。学校党委扎实推进全面从严治党向纵深发展，着力强化基层党组织的政治功能，制定学院党政联席会和系务会决策制度规范和纪要模板，明确规定加强各项政治把关的具体流程和制度办法，做实党支部书记参与决策的运行机制。出台《提高组织生活质量指导意见》，推进党支部建设标准化、规范化。选优配强党支部书记，根据学校实际优化党支部设置，认真执行"三会一课"、组织生活会、谈心谈话、民主评议党员等制度，全面开展支部主题党日活动，推动支部工作模式创新，确定21项内容具体、操作性强、成效显著的组织生活项目形式，开展基层党建规范动作和创新活动特色展演交流，创建党支部书记论坛，打造党建全流程各环节活动样板。全面落实每周二下午固定党支部活动日制度，设立200万元学校党建专项经费，足额配备党支部活动经费和党员教育经费，建立校院两级党员之家，推动党建工作与信息化有机融合，切实以制度上的固化、机制上的实化、保障上的物化，破解高校基层党组织建设弱化、虚化、边缘化的问题。学生党支部在北京高校红色"1+1"示范活动评比中实现三连冠。

（二）加强思想政治引领，大力提升思想政治工作质量和水平

学校党委全面贯彻落实全国和北京高校思想政治工作会议精神，落实立德树人根本任务，教育引领广大师生增强"四个自信"，把思想政治工作贯穿教育教学全过程，推动思想政治工作改革创新，大力增强思想政治工作的时代感和实效性，深入推动全国和北京高校思想政治工作会议精神落地见效。

1. 构建层层落实的工作体系，推动全员全过程全方位育人落地见效。召开学校思想政治工作会议，研究制定了学校实施方案等17项制度文件，构建党委统一领导、党政齐抓共管、各部门各方面密切配合、同频共振的工作格局。把思政和党务干部队伍纳入学校人才队伍建设总体规划，严格按照中央的要求配齐建强，全面落实思政课教师、辅导员和

保卫干部各项津贴待遇，严格落实"双线"晋升和职称评审单列计划、单设标准、单独评审。设立200万元学生思政教育专项经费，推进实施一批思政工作重点项目，在体制机制、政策引导、组织保障等层面推进思政会精神落到实处。学校贯彻落实全国高校思想政治工作会议精神工作获得市教工委专项督查调研组的好评，中央政策研究室来校调研思政会落实情况时给予了高度评价。

2. 落实意识形态工作责任制，大力培育和践行社会主义核心价值观。牢牢把握学校意识形态工作的领导权、管理权和话语权，召开加强意识形态工作座谈会，按照"四个纳入"要求完善制度体系和责任体系，逐级签订意识形态责任书，成立网络新媒体工作联盟，制定新媒体章程，强化各类意识形态阵地管理，有效化解舆情风险，切实做到守土有责、守土负责、守土尽责。深入推进社会主义核心价值观"融入式"教育模式，持续开展"服务延庆'秀美乡村　成风化人'行动"，完成延庆区井庄镇艾官营村部分区域墙绘项目，《传统技艺保护与创新实习》课程开设到新农村现场，切实将社会主义核心价值观融入课程体系中，融入学生学习生活中，融入校园文化建设中。

3. 系统凝练精神文化体系，推进校园文化建设。举办纪念办学110周年座谈会，确立学校办学历史起点，编纂出版学校校史，传承百余年大学精神文脉，进一步增强北建大人的文化自信和发展自信。成立启骧书画艺术研究院，加强中华优秀传统文化教育。校训石落成，打造"星空间"、"艺空间"等文化传播阵地，举办"一带一路"历史建筑摄影·手绘艺术作品展、"住房城乡建设部第二届田园建筑优秀实例展"等15场高水平文化艺术展览，组织参加中国设计节和北京高校师生主题创作展，着力打造文化景观、学院楼宇文化和学生公寓文化育人环境。大学生艺术团在北京市大学生舞蹈节中斩获1金3银。

4. 推进思想政治工作改革创新，大力提升思想政治工作的时代感和实效性。以"最爱学生的大学"理念系统构建以学生为中心的发展辅导体系，统筹规划建设一流的学生发展辅导中心和学业辅导中心，深化"iStudent（爱生）"网络社区建设成果，推进网络思政教育工作，加强信息化和大数据与学生教育管理的融合，推进建立学生发展和支持服务机制。学校获批首批北京高校学业辅导示范中心、获评教育部"全国国防教育特色校"，土实151班荣获北京高校"我的班级我的家"优秀示范班集体。深入推进思想政治理论课教育教学改革，发挥课堂主渠道作用，切实增强思政课的亲和力和针对性，马克思主义理论一级学科硕士点建设取得重要进展，获批北京高校思想政治理论课教育教学改革示范点、教学改革创新重大项目和"扬帆资助计划"项目，1名教师获评北京高校思想政治理论课特级教授，1名教师获评特级教师。

5. 加强教师思想政治工作，建设高素质师资队伍。成立党委教师工作部，全面加强教师发展中心建设，制定《关于加强和改进新形势下教师思想政治工作的实施意见》《建立健全师德建设长效机制的实施细则》等制度，建立星期二下午教职工集中理论学习制度，实行新教师入职宣誓，把师德作为教师上岗培训、年度考核、职务聘任、派出进修和评优奖先等的首要考核指标，严格落实"师德一票否决制"。持续开展师德榜样和学生心中最喜爱的教师评选，引导广大教师按照"四个相统一"的要求，争做"四有好老师"。

（三）坚持"好干部"标准，打造高素质专业化干部队伍

学校党委始终坚持"党管干部"原则和"好干部"标准，突出政治标准，严格规范选拔任用程序，落实干部选任工作纪实制度，加强干部培训和交流任职，从严教育管理监督

干部，着力打造与实现"两个一百年"奋斗目标相适应、与首都地位相匹配、忠诚干净担当的高素质专业化干部队伍。

1. 坚持党管干部原则，着力打造高素质专业化干部队伍。修订制定《处级党政领导干部选拔任用实施办法》《处级干部选拔任用工作纪实办法》《处级单位和处级干部考核办法》等配套制度，切实强化党委在选人用人中的领导和把关作用，着重把好政治关、品行关、廉洁关，严格按照干部选任程序，认真做好干部选拔、培养和考核工作。2017年，学校提任和交流处级干部33人，向校外推荐干部1人，挂职锻炼7人，选拔和交流科级干部18人。加强干部梯队建设，出台《后备干部队伍建设实施办法》，按照规定程序完成后备干部调整补充，确定后备干部97人。

2. 坚持干部培养与使用并重，建立干部教育培训长效机制。在全校干部中开展党的十九大精神学习培训，举办处级干部贯彻落实全国思政工作会议专题研讨班、临沂处级干部党性教育专题培训班、兰考科级干部专题培训班等专题培训班，着力提升干部队伍政治能力和履职能力，组织校级领导干部参加中组部、市委组织部举办党的十九大精神轮训等培训班次29人次。创新教育培训形式，举办青年干部读书班，由党委书记担任班主任，通过领导领学、研讨深学、个人自学，学深悟透习近平新时代中国特色社会主义思想，切实以科学理论武装头脑、指导实践。主动服务首都高校干部教育培训工作，承担"两委一室"委托课题《北京高校干部教育培训状况研究》，以及《北京高校2018～2022干部教育培训规划》起草工作。

3. 坚持从严管理干部，系统构建干部监督管理工作体系。把全面从严贯彻干部监督管理各个环节、各项工作，全年完成22名处级干部个人有关事项抽查核实工作，校级领导干部、处级干部以及离退休干部的兼职清理等工作，完成处级干部经商办企业专项清理核查工作。严格处级干部因私出国（境）管理工作，完成干部出国（境）审核备案58人次。进一步修改完善考核指标体系，加大党建工作权重，切实发挥考核工作的导向作用。

（四）持之以恒正风肃纪，深入推进党风廉政建设向纵深发展

学校党委坚持把纪律和规矩挺在前面，深入学习贯彻习近平总书记关于进一步纠正"四风"、加强作风建设重要批示精神，驰而不息加强作风建设，不断完善党风廉政建设责任体系，扎实推进学校党风廉政建设取得新成效。

1. 持续加强作风建设，不断完善作风建设长效机制。严格落实中央八项规定精神和市委实施办法，制定学校实施细则，深入开展"为官不为、为官乱为"专项检查和"群众身边的不正之风专项整治"工作，深挖"慢作为"、慵懒散等隐形变异"四风"问题，特别是形式主义、官僚主义的新表现，采取过硬措施坚决加以整改，着力提高作风建设成效。

2. 深入开展廉洁纪律教育，筑牢拒腐防变的思想防线。召开全校警示教育大会，深刻剖析北京农产品中央批发市场管委会党委等违纪案例。积极开展党风廉政宣传教育活动月，在两校区制作宣传展板，组织全校党员观看《镜鉴》等警示教育片，教育引导全校各级党组织、广大党员干部必须引以为戒、深刻反省，打牢"不想腐"的思想基础。

3. 深入推进党风廉政建设责任制落实，积极践行监督执纪"四种形态"。健全党风廉政建设责任体系和工作体系，落实党风廉政建设各项制度，强化检查与监督，逐级签订"党风廉政建设责任书"和"经济责任书"，层层压实责任，层层传导压力。切实加强党内

监督，全面推行领导干部落实党风廉政建设责任制全程纪实制度，探索实施"三联动"监督工作机制，实现党内监督全覆盖，发挥审计监督作用，形成监督合力。系统梳理廉政风险点，强化内控制度建设，通过信息化手段把党风廉政建设的有关要求和工作职责，全面嵌入各项规章制度和业务流程之中。有效运行监督执纪"四种形态"，坚持抓早抓小、防微杜渐。对33名新任和轮岗交流干部进行了廉政谈话，针对信访举报件反映的问题，对7名干部进行了警示约谈。坚持问题导向，圆满完成全面从严治党专项整治自查整改、党风廉政建设责任制落实情况检查和各项日常监督检查任务，以检查促整改、以检查促提升。顺利完成入校调研任务并得到高度评价。

（五）加强统筹协调、汇聚发展合力，大力推进平安和谐校园建设

学校坚持发展以师生为中心，牢固树立安全发展理念，始终把维护校园安全稳定和谐作为学校事业发展的坚实基础，加强工作统筹协调，凝聚各方力量，推进学校事业全面发展。

1. 充分发挥统战人士的积极性，大力加强统战工作。独立设置党委统战部，成立港澳台侨工作领导小组、党外知识分子联谊会，积极发挥党外人士作用，促进和谐校园建设，6人当选市、区两级人大代表和政协委员，2名民主党派人士被推荐为北京市十三届全国人大代表和全国政协委员考察人选。

2. 深化群团组织改革，着力增强工会、共青团工作的政治性、先进性和群众性。制定工会改革工作实施方案，全面落实工会、教代会各项民主管理制度，召开第七届教代会（工代会）第五次会议，全面落实师生的知情权、参与权和监督权。持续推进为师生办实事制度落实，加强校院两级教工之家建设，测绘学院、环能学院分工会获评北京市先进职工小家。充分发挥各级团组织在团员教育、管理、服务、推优等工作中的作用，深化中国梦、社会主义核心价值观宣传教育，抓好大学生思想引领和价值引领，持续推进实践育人工作，营132班团支部荣获全国高校"活力团支部"称号，获评全国大中专学生"三下乡"社会实践"千校千项"成果遴选活动最具影响好项目1项，1支团队获得"井冈情·中国梦"全国大学生暑期实践季专项行动优秀实践团队。大力推进创新创业教育，成功入选教育部"全国高校实践育人创新创业实践基地"，获评全国大学生"小平科技创新团队"荣誉称号，获评北京市深化创新创业教育改革示范高校、北京市众创空间。

3. 落实安全稳定责任制，持续推进平安校园建设。狠抓安全生产责任制落实，与二级单位逐一签署安全生产责任书，推动学校全部办学空间安全责任到人，学校实验室全部实现挂牌管理。召开全校安全生产专题会议，开展安全隐患大排查大清理大整治专项行动，建立安全隐患台账，全面推进86项整改任务落实，持续巩固平安校园建设成果。

4. 全面落实离退休人员各项待遇，充分发挥离退休人员的重要作用。加强离退休干部思想政治引领，积极搭建平台，创造条件，充分发挥老同志在党的建设、大学生思想政治工作、人才培养、校园文化传承等方面的积极作用。修订完善《贯彻落实离退休干部工作领导责任制实施细则》，切实落实离退休干部工作领导责任制，加大保障力度，提高离退休人员大病困难补助基金和福利费，改善离退休人员活动条件，为老同志开展活动、发挥作用提供更好的保障。

三、校长张爱林在北京建筑大学新春团拜会上的讲话

亲爱的老师们、同学们、朋友们：

今天我们欢聚一堂，畅叙友情，喜迎新年。我谨代表北京建筑大学向全体师生员工、离退休老同志，向广大海内外校友、长期关心支持我校事业发展的社会各界人士，致以最亲切的问候和最诚挚的新年祝福！

2016年是"十三五"开局之年。我们深入学习贯彻党的十八届五中、六中全会精神，认真学习贯彻落实习近平总书记系列重要讲话精神，落实全面从严治党要求，以五大发展理念引领，把准京津冀协同发展、"双一流"建设、国家建筑业转型升级，特别是首都北京新定位和城市副中心建设重大机遇，开拓创新，攻坚克难，学校在发展规划、人才培养、学科建设、科技创新和党的建设取得新的成就，我校"十三五"开局之年实现了开门红。

这一年，我们科学编制"十三五"事业发展规划，绘制学校发展宏伟蓝图。我们确定了建设"国内一流、国际知名、具有鲜明建筑特色的高水平、开放式、创新型大学"的奋斗目标，明确提出了"十三五"时期要实现向教学研究型大学转型。

这一年，我们持续深化人才培养模式改革，取得新进展。2016版培养方案已经开始实施，"通识教育＋专业教育＋双创教育"三位一体的人才培养机制、大类招生、实验班、通识核心课、双创教育、研究生创新培育项目、暑期国际学校等全面展开。测绘工程专业顺利通过中国工程教育专业认证，土木工程专业顺利通过住建部专业复评。建筑用能虚拟仿真实验中心获批国家级虚拟仿真实验中心，还获得"北京地区高校创业示范中心"等一系列市级成果。

这一年，我校稳步提高学科建设水平。在国家文物局指导下，依托"建筑遗产保护理论与技术"博士项目建设，扎实推进博士授予权单位建设和建筑学、土木工程、环境科学与工程、测绘科学与技术4个一级学科按照博士授权学科水平建设。完成8个工学学科参评第四轮全国学科评估工作。制定博士研究生管理系列文件，新增博士生导师10人。

这一年，我校科技创新实力和服务社会能力再上新台阶。高端平台建设获得重大突破，获批建设世界一流的"大型多功能振动台阵实验室"。全年到校科研经费达到1.26亿元，获得省部级以上科技奖励10项，新增授权发明专利164项。参与申报国家重点研发计划课题任务立项12项，获批国家自然科学基金、社科基金项目27项，创历史新高。校办企业承担各类项目近600项。5项关键技术成果亮相国家"十二五"科技成就展和中国智慧城市国际博览会。

这一年，我校师资队伍建设成果显著。实施两批金字塔人才工程培养计划和主讲教师支持计划，支持各类优秀人才56名，全年晋升正高级职称10人、副高级职称26人。按学科方向引进国家百千万人才工程曾德民教授，"千人计划"入选者周惠兴教授。季节教授入选国家中青年科技领军人才并获"首都劳动奖章"。2016年北京"高创计划"中，欧阳文教授入选教学名师，刘永峰、王崇臣、侯妙乐三位教授入选百千万工程领军人才，王利萍老师入选青年拔尖人才。8名优秀人才入选"海聚工程"。还有王文海、韩森两位老师获评北京市师德先锋，张华老师获评首批北京高校思想政治理论课特级教师。

在北京建筑大学发展历程中，2016年是值得我们记忆的一年。这一年，还有很多让

我们倍受鼓舞，增强自信的大事。

——我们成功举办八十周年校庆活动，得到社会各界高度评价。我们全面总结学校历史发展阶段，凝练深厚的文化沉积底蕴和突出的办学特色，成功举行庆祝建校80周年大会。看望李瑞环同志等一批杰出和知名校友，成立北京建筑大学教育基金会。举办北京城市设计国际高峰论坛等多场高端学术论坛以及"未来城市"校庆嘉年华、校庆文艺晚会，建成了校史馆、艺术馆、中国建筑师作品展示馆，推进了校园文化建设。

——我们获批北京未来城市设计高精尖创新中心，面向学科前沿和服务重大需求的学术引领取得突破。高标准、高质量的筹建工作得到了北京市和市教委领导、论证专家的高度肯定。我校建设高精尖创新中心就是落实习近平总书记系列重要讲话精神和中央城市工作会议精神的重大举措，是落实北京市和住建部共建北京建筑大学的重大举措，更是我校创新服务首都北京新定位、服务国家建筑业转型升级的重大平台。2016年聘任了包括9位院士在内的15位国内外著名专家担任中心学术委员会委员和国际咨询委员会委员。举全校之力全过程服务北京城市副中心规划建设。与通州区签署战略合作协议，目前在城市设计、绿色建筑、海绵城市、地下综合管廊、交通规划等多领域全面深度参与。

——我们精心制定两校区校园规划，科学定位两校区办学布局。落实京津冀协同发展纲要，召开两校区办学工作会，确定大兴校区建成高质量本科人才培养基地，西城校区建成高水平研究生培养、科技协同创新及成果转化基地，切实做到"两高"校区发展建设并重、协调统一。按照北京市政府和市教委的统一部署，全校上下克服重重困难，稳步推进疏解工作，方案已提交市政府审批。我们还完成了西城校区更新改造方案设计和大兴校区总体规划调整方案设计。

——我们的学生们捷报频传，育人质量持续提高。获评北京地区高校唯一一个全国五四红旗团支部，荣获2016年北京高校红色"1+1"示范活动一等奖第一名。学生在重大赛事中摘金夺银，2016年"创青春"全国大学生创业大赛获两银两铜。获得国际竞赛奖3项、国家级奖项184项。全员就业率96.79%。

回顾2016年，我们付出了辛勤和汗水，但是充满了歌声与微笑。这是我们全体北建大人开拓创新、辛勤耕耘的成果，也是北建大"实事求是、精益求精"的最好见证，更是在各级领导、社会各界和广大校友大力支持下取得的成果。在此，我代表学校向你们表示最衷心的感谢。

展望2017年，任重道远。2017年是学校全面提升质量年。我们将全面贯彻落实全国高校思想政治工作会议精神，坚持立德树人，牢牢把准提升人才培养质量这个核心，加快推进一流大学和一流学科建设，加快推进"两高"办学布局建设，加快推进北京未来城市设计高精尖创新中心建设，接受本科教育审核评估，召开学校第六次党代会。

我相信，在北京市委市政府的领导下，在教育部、住房城乡建设部、国家文物局大力支持和指导下，在社会各界和广大校友的关心下，我们北建大人撸起袖子加油干，就一定会创新推动学校事业蓬勃发展，以优异成绩迎接党的十九大胜利召开。

老师们、同学们、同志们，再有两周就是春节，听烧爆竹童心在，看换桃符老兴偏。春回大地，万象更新，建大昌盛，祖国富强。我在这里提前给大家拜年，祝大家身体健康，家庭美满，事业辉煌！

2017年1月13日

四、党委书记王建中在北京建筑大学2017年工作会暨党风廉政建设工作会上的讲话

老师们、同学们、同志们，大家好！

今天，我们召开全校年度工作会暨党风廉政建设工作会，主要任务是总结去年工作，分析当前形势，全面部署学校今年工作。

刚才，开会前，大家一起观看了学校2016年工作总结短片，回顾了一年来全校师生共同奋斗的历程和学校发展取得的新进展、新成效，用一句话来概括，就是在上级领导的坚强领导和支持下，在全体建大人的共同努力下，学校实现了"十三五"发展的良好开局，学校的办学实力、核心竞争力和社会影响力得到进一步提升，为"十三五"发展奠定了坚实基础。在此，我代表学校党委向全体师生员工为学校发展所付出的辛勤汗水和突出贡献致以崇高的敬意和衷心的感谢！

2017年，学校仍处在难得的发展机遇期，党的十八届六中全会对全面从严治党做出战略部署，全国高校思想政治工作会议对高等教育事业发展和高校思想政治工作作出全面部署，中央确定了坚持稳中求进的总基调，以供给侧结构性改革为主线引领经济发展新常态，"一带一路"建设、京津冀协同发展战略深入推进，北京"四个中心"建设特别是疏解非首都功能、提升首都核心功能以及城市副中心建设加快推进，高校"双一流"建设进入实质性阶段，建筑产业现代化转型升级发展迅猛，这些大背景、大趋势、新形势、新要求，都为我们建筑大学提质转型升级提供了大机遇、大平台、大空间，为我们顺势而为、乘势而上创造了很好的发展环境。学校领导班子经过认真的分析研究，一致认为，2017年是实施"十三五"规划的重要一年，是巩固扩大管党治党成果、推动全面从严治党向纵深发展的重要一年，也是学校深入推进"两高"布局建设的关键一年，是扎实推进提质转型升级的攻坚之年，是学校全面提升办学质量年。做好今年的工作，对实现学校"十三五"发展目标，意义深远而重大。

学校全委会已审议通过《北京建筑大学2017年党政工作要点》，对今年的工作作了全面的部署和要求，大家要认真学习，切实贯彻落实。今年工作的总体要求：全面贯彻党的十八大和十八届三中、四中、五中、六中全会精神和全国高校思想政治工作会议精神，深入学习贯彻习近平总书记系列重要讲话精神和治国理政新理念新思想新战略，贯彻市委决策部署，增强"四个意识"，按照"五位一体"总体布局和"四个全面"战略布局，坚持稳中求进的总基调，坚持社会主义办学方向和立德树人根本任务，坚持"提质、转型、升级"工作方针，以筹备开好学校第六次党代会为契机，加强和改进思想政治工作，落实意识形态工作责任制，扎实推进全面从严治党向纵深发展，抢抓发展机遇，深入推进"两高"布局和"双一流"建设，突出人才培养改革创新，全面提高质量和效益，强化担当作为、攻坚克难、重点突破，加快推进"十三五"规划任务落地见效，奋力推进国内一流、国际知名、具有鲜明建筑特色的高水平、开放式、创新型大学建设，以优异的成绩迎接党的十九大胜利召开。

关键词：质量　特色　创新

质量：坚持质量立校战略，按照"高标准、高品质"要求，通过抓改革落地见效，全

面提升质量效益，以质量促发展，全面推进实现党建从严化、人才卓越化、科技创新化、管理精细化、服务专业化、文化精品化、环境园林化，努力创建质量一流的高水平大学。

特色：坚持特色兴校战略，按照"规范化、特色化"要求，通过抓改革落地见效，全面突出优势特色，以特色求发展、以特色树品牌、以特色创一流，努力创建具有鲜明建筑特色的高水平大学。

创新：坚持创新领校战略，按照"敢担当、敢突破"要求，通过抓改革落地见效，全面强化创新引领，以理念创新、体制机制创新、模式方法创新推动学校提质转型升级，大力营造创新文化和创新环境，努力创建创新型高水平大学。

刚才，爱林校长深入分析了当前学校面临的形势，代表学校全面部署了学校2017年工作，何书记代表学校全面部署了2017年党风廉政建设与反腐败工作，大家会后要认真学习、领会、传达，结合本部门、本单位实际情况细化工作方案，抓好贯彻落实。下面，结合最近上级会议精神和学习体会，就做好今年的各项工作，我讲几点意见。

一、认真贯彻落实十八届六中全会精神和全国高校思想政治工作会议精神，全面加强学校党的建设

学习贯彻落实十八届六中全会精神和全国高校思想政治工作会议精神，是当前和今后一个时期学校的首要政治任务，核心是把贯彻会议精神与深入学习领会习近平总书记系列重要讲话精神结合起来，把握思想内涵、吃透基本精神、领悟核心要义，切实把思想和行动统一到中央的决策部署上来，全面加强学校党的建设。

一是深入学习十八届六中全会精神，推进全面从严治党向纵深发展。习近平总书记指出，贯彻好党的十八届六中全会精神，对顺利推进具有许多新的历史特点的伟大斗争、党的建设新的伟大工程、中国特色社会主义伟大事业，具有重大而深远的意义，要以主要领导干部思想到位、行动对标带动全党贯彻落实，以解决突出问题为突破口和主抓手，推动全会精神落到实处。贯彻全会精神，推动全面从严治党向纵深发展，前提是必须旗帜鲜明讲政治，切实增强"四个意识"、坚决维护党中央权威、保证全党令行禁止；关键是要加强和规范党内政治生活，着力增强党内政治生活的政治性、时代性、原则性、战斗性，使每个党组织都成为激浊扬清的战斗堡垒，使每个党员都成为扶正祛邪的战斗员；基础是把握准、把握精《准则》和《条例》的各项规定，使其成为每一个党组织、每一名党员的自觉行动；重点是层层压实全面从严治党政治责任，层层传导责任压力，健全责任落实机制，从严问责倒逼落实，以强有力的问责激发担当精神，推动管党治党责任落实到学校每一个党组织。

二是推动"两学一做"学习教育常态化制度化，从严从实加强基层党组织建设。习近平总书记指出，开展"两学一做"学习教育，是坚持思想建党、组织建党、制度治党紧密结合的有力抓手，是不断加强党的思想政治建设的有效途径。深入开展"两学一做"学习教育，既是落实中央决策部署的需要，也是学校加强基层党组织建设，扎实推进全面从严治党的战略性、基础性工程，关键是必须发挥好党支部的主体作用。要树立学校的一切工作到支部的鲜明导向，把党支部建设作为学校今年基层党建最重要的基础性工作，以"三会一课"为基本制度，以解决问题、发挥作用为基本目标，把思想政治工作、从严教育管

理党员、学校中心工作等全面落到支部，教育引导广大党员做到政治合格、执行纪律合格、品德合格、发挥作用合格，切实发挥党支部的战斗堡垒和党员的先锋模范作用。学校各级党组织要切实把"两学一做"，融入日常，抓在经常，每年要对开展"两学一做"学习教育情况进行评估总结，一级抓一级，层层抓落实。

三是要牢牢把握意识形态工作主动权、主导权，切实维护学校安全稳定。习近平总书记指出，办好我们的高校，必须坚持以马克思主义为指导，全面贯彻党的教育方针。这就要求我们要清醒认识意识形态领域斗争博弈的长期性、复杂性，牢牢把握马克思主义在意识形态领域的主导地位，始终坚持社会主义办学方向，关键是要增强政治敏锐性和政治鉴别力，高度警惕、坚决防止各种形式在学校抢滩登陆。学校各级党组织要认真落实意识形态工作责任制，进一步强化课堂、讲座、论坛、报告会、网络等阵地管理，做到守土有责、守土负责、守土尽责。要关注今年中央、北京重大活动多以及学校大事汇集、难事叠加的特点，切实维护学校和谐稳定。

四是深入学习贯彻全国高校思想政治工作会议精神，推动思想政治工作改革创新。习近平总书记指出，做好高校思想政治工作，要因事而化、因时而进、因势而新，遵循思想政治工作规律，遵循教书育人规律，遵循学生成长规律，沿用好办法，改进老办法，探索新办法，不断提高工作能力和水平。上周，北京市也召开了思想政治工作会议，学校今年也将召开思想政治工作会议，出台系列制度举措，系统构建全员全方位全过程育人格局。下面，关键是抓好落实，围绕贯彻会议精神出实招提高思想政治工作的针对性和实效性，提高人才培养质量。比如，如何系统打造大思政工作格局、推进思政工作队伍专业化职业化建设、提高学生素质能力、提升思政工作亲和力和针对性、推进思想政治工作与人才培养工作融合创新、提高思政课质量和水平等等，都需要我们加强深入研究，积极探索实践。

五是强化责任担当，加强干部队伍和师资队伍建设。习近平总书记强调，领导干部特别是一把手要亲自抓、亲自管，确保贯彻落实不走偏、不走样。要以身作则、率先垂范。高校教师要坚持教育者先受教育，努力成为先进思想文化的传播者、党执政的坚定支持者，更好担起学生健康成长指导者和引路人的责任。所以，学校今年抓干部队伍建设，核心就是抓干部作风建设，通过优化干部队伍结构、完善干部考核问责机制、健全干部监督管理各项制度、分类开展精准化培训、提升政治能力、从严干部管理等，切实增强使命责任意识和担当精神，以各级干部的奋发有为和务实担当推动学校各项工作落实。广大教师也要按照习近平总书记"四讲四有"好教师标准和"四个统一"的要求，进一步加强师德师风建设，不断铸就教书育人的使命担当。

六是强化监督执纪问责，深入推进党风廉政建设和反腐败斗争。习近平总书记对今年党风廉政建设的要求是：严肃党内政治生活，强化党内监督，推进标本兼治，全面加强纪律建设，持之以恒抓好作风建设，把反腐败斗争引向深入，不断增强全面从严治党的系统性、创造性、实效性。做好今年的党风廉政建设工作，第一，要严格遵守政治纪律和政治规矩，更加自觉地在思想上政治上行动上同以习近平同志为核心的党中央保持高度一致。第二，要落实好《问责条例》，强化监督执纪问责，科学实践"四种形态"，以强有力的问责压实全面从严治党政治责任，坚持把全面从严治党主体责任落实情况作为执纪监督的重点，重点做好学校重要决策部署落实的监督检查工作。第三，要全面落实党内监督责任，构建学校党内监督体系。加强党风廉政建设宣传教育，切实覆盖到全体干部和每一名党员，着力营造不敢腐、不能腐、不想腐的政治氛围，为学校发展共同营造风清气正的发展环境。

七是以高度的政治责任感做好第六次党代会的各项筹备工作，把第六次党代会开成一次团结的大会、奋进的大会，为学校"提质、转型、升级"提供坚强保证。

二、全面强化"质量、特色、创新"，大力推进学校提质转型升级

今年是学校的"质量年"，做好工作的关键词是"质量、特色、创新"，就是希望通过抓各项改革举措落地见效，全面提升质量效益，全面突出优势特色，全面强化创新引领，大力提升学校的办学实力和核心竞争力。

一是狠抓内涵建设，全面提升办学质量。习近平总书记在今年的中央经济工作会议上强调，要树立质量第一的强烈意识，下最大力气全面提高质量，开展质量提升行动，提高质量标准，加强全面质量管理，一个行业一个行业抓，直到抓出成效。我们要充分认识提高办学质量的重要性和紧迫性，不论是国家经济发展层面，推进供给侧结构性改革，调整发展方式，提高供给质量，满足发展需求，还是高等教育发展方式逐渐由原来规模扩张的外延发展转变为提高质量的内涵式发展，并自2012年推出全面提升高等教育质量若干意见起，连续实施本科教学质量工程，尤其是近期发布的"双一流"建设实施办法，都把提高质量放在首要位置。近年来，学校围绕质量建设开展了大量卓有成效的工作，获得了国家级教学成果一等奖、获批了100多个市级以上质量工程项目等，但是对照"十三五"目标，还有一定的距离，尤其是人才培养质量，作为学校提质转型升级的核心目标，既是出发点也是落脚点，需要下大力气增强，我们要顺应国际发展需要和高等教育发展要求，牢固树立质量意识，以提高人才培养质量为核心，把提高办学质量作为一项系统工程，系统构建办学质量保障体系，不断明确质量方针、质量控制、质量保证和质量评估标准，以科学的方法推进办学质量全面提升。人才培养方面，就是要围绕本科教学审核评估指标体系，狠抓教风学风联动建设，花大力气降低不及格率、提高英四、英六通过率，彻底扭转风气；学科建设方面，就是围绕国家、北京市"双一流"建设方案，大力提升学科建设水平，力争进入北京"双一流"建设高校。深入推进申博攻坚战，举全校之力不惜一切代价确保实现突破，彻底摆脱这一长期制约北建大发展的最大瓶颈；师资队伍建设方面，就是大力提升师资队伍能力，优化师资队伍结构，加大高层次人才引育，打造高水平的师资队伍；科技创新方面，就是抓成果培育、抓团队建设、抓科教融合、抓科研平台管理；管理服务方面，就是深入推进卓越管理行动计划，进一步提升管理服务品质，为师生提供便捷高效的服务。

二是树立品牌意识，着力打造办学特色。当前高校之间的竞争如火如荼，可以说是没有特色，就没有发展，尤其是"双一流"推出以来，高校之间的竞争更加激烈。我们北建大作为行业特色高校，要想实现又好又快发展，必须打好特色牌，坚定不移地走以质量和特色取胜的内涵式发展道路，特色兴校也是学校"十三五"规划确定的六大办学战略之一，就是希望通过进一步强化办学特色，突出办学优势，以特色求发展。具体而言，第一，重点突破，凝练学科发展特色。要突出建筑特色，聚焦4个攻博一级学科，加大统筹

协调力度，集中力量把优势做大、特色做强，使之成为有效提升学校整体办学水平的战略基点和突破点。还有就是走学科交叉融合发展之路，围绕建筑领域，推进多学科交叉融合。第二，深化改革，强化人才培养特色。既要继承好学校培养人才基础扎实、实践能力强的优良传统，突出实践应用能力，加大校企协同育人力度，又要推进人才培养创新改革，全面落实2016版人才培养方案，全面提升学生的社会责任感、法治意识、创新精神和实践能力。第三，立足北京，突出科技创新特色。学校科技创新的最大特色就是服务北京和行业需求，获批高精尖创新中心、获评10多个国家奖，都是学校以科技服务北京和行业发展的体现。下一步，还是要强化科技服务需求和应用的导向，推动科研模式转型，聚焦北京"四个中心"特别是城市副中心建设，发挥好高精尖创新中心重大平台作用，努力在服务国家需求中取得一批行业领域重大标志性成果，以服务求支持、以贡献求发展。第四，传承历史，构建大学文化特色。去年，围绕80周年校庆，学校系统构建了精神文化体系，彰显了学校办学特色，凝聚了师生校友精神之魂。今年，学校将迎来办学110周年，仍需要进一步深入挖掘学校办学历史，加强学校精神文化体系建设，要围绕"十三五"校园文化规划，不断健全具有鲜明建筑特色的大学精神文化体系，建设主题鲜明的校园文化景观和文化传播阵地，发挥好文化育人作用，为学校长远发展提供强大精神动力。第五，追求卓越，打造管理服务特色。要围绕服务师生、关爱师生，持续提升服务品质和工作标准，比如深入推进最爱学生工作体系建设，建设好大兴校区一站式服务大厅、统筹全校档案资源管理、成立学校场馆运行中心，提高管理水平和效益等。

三是深化综合改革，加快推进创新发展。当今时代，唯改革者进，唯创新者强，唯改革创新者胜。坚持创新发展，不仅是国家五大发展理念的核心，也是学校重大办学战略，在全校上下已经形成普遍共识，关键是如何把创新的发展理念体现到学校发展的方方面面，以创新引领和推动学校各项事业发展。全校干部师生要牢固树立创新意识和改革精神，既当改革促进派、又当创新实干家，以创新的理念、内容、方法、举措、体制、机制推进工作，增强针对性和实效性。以钉钉子精神抓好改革落实，扭住关键、精准发力，推进学校各项改革举措落地见效。对于学校2017年工作来说，就是深化人才培养模式改革，系统推进"专业教育＋通识教育＋创新创业教育"三位一体人才培养新模式；深入推进人才队伍建设改革，实施新的"三定"方案，以教师发展中心为依托，进一步理顺师资队伍建设体制机制，打造教学、科研、管理三支卓越队伍；推进科技评价、考核、激励机制改革，建立重质量、重实质、重创新的科研评价体系以及科技成果转化组织模式和政策机制；深化国际化办学体制改革，构建国际化办学工作体系和制度体系，落实国际化办学指标体系任务；深入推进管理体制机制改革，创新两校区常态化运行管理机制；推进资源配置改革，推动资源平台、大型仪器、科研基地开放共享，实施全面预算管理，完善预算执行进度督导机制和经费使用动态调整机制，构建以绩效为导向的资源分配机制。

三、锤炼优良作风，奋力推进"十三五"规划目标实现

老师们、同志们，学校今年大事汇集、难事叠加，机遇重大、挑战众多，将面临多场大考，多项重点工作都是临门一脚，是一个更加需要拼搏奋斗的年份。习近平总书记在新年贺词中讲到，"天上不会掉馅饼，努力奋斗才能梦想成真"，要求大家撸起袖子加油干。

对于我们学校来说，更是如此，新年一年，无论是博士点申报、本科教学审核评估，还是党代会筹备、"两高"校园建设等等，都进入了关键阶段，各种挑战问题扑面而来。只有我们以优良的作风，饱满的精神状态，撸起袖子加油干，才能不辜负广大师生校友的期望。借此机会，我就如何狠抓落实，推进学校各项工作落地见效再强调三点意见，与大家共勉。

一是以优良的作风抓落实，进一步增强工作的使命感和责任感。作风是干事之基，也是成事之本。抓不抓落实，是作风好坏的分水岭。党的十八大以来，中央反复强调抓作风建设，通过三次专题教育活动持续推动作风好转。习近平总书记也多次强调，如果不沉下心来抓落实，再好的目标、再好的蓝图，也只是镜中花、水中月。"落实"是做好一切工作的基础和保障。工作"落得实"，才能把党的路线方针政策转化为推动事业发展、服务人民群众的生动实践。从学校各级党组织和广大党员干部工作方面来讲，抓落实就是抓学校"十三五"规划的落实，抓学校党政各项工作部署和措施要求的落实，把其落实到工作实践中去，落实到基层中去，落实到广大师生中去，使之成为广大党员干部、师生群众的自觉行动，既要想到更要做到，既要表态更要行动，决不能坐而论道，"空喊嗓子""嘴到腿不到"。想想看，如果我们每个单位、部门都做到马上就办，人人都敢于争先，事事都不甘落后，个个都干劲儿十足，北建大提质转型升级的目标何愁不能实现？所以，大家要进一步增强使命感和责任感，主动融入奋勇向前、真抓实干的氛围中去。

二是以敢于担当的精神抓落实，进一步增强工作的归属感和自信心。抓落实的核心是抓责任，强调的是真抓实干和敢于担当。习近平总书记强调，"党政主要负责同志是抓改革的关键，要把改革放在更加突出位置来抓，不仅亲自抓、带头干，还要勇于挑最重的担子、啃最硬的骨头"。这里强调的是关键少数要作关键表率，要起关键作用。对于我们学校当前发展的阶段来说，就是弘扬敢担当、肯实干、求卓越、创一流的优良传统，以实干的业绩增强自信心和归属感，推动学校迈上新的台阶。我们的各级干部必须有新的使命担当与责任担当，尤其是党政主要干部要以身作则、率先垂范，第一时间传达贯彻学校精神，不折不扣落实学校决策部署，始终把"扑下身子、狠抓落实"当作不可懈怠的政治责任和一以贯之的精神状态。广大教师要以功成不必在我的境界和胸怀，以建功必须有我的担当和作为，坚持"一张蓝图绘到底、一茬接着一茬干"，从一个一个项目、一件一件实事抓起，做到定一件、干一件、成一件。要对学校确定的每一项目标，逐一细化分解任务，明确责任单位，落实责任领导，设定完成时限，形成一级抓一级、层层抓落实的工作格局。学校也要为敢于担当的同志担当，逐步建立起"容错机制"和"激励机制"，给改革创新和敢于担当者撑腰鼓劲，让信念坚定、从严从实的好干部大展身手，让广大干部真正愿干事、敢干事、能干成事。

三是以创新的方法抓落实，进一步增强工作的创新力和执行力。干任何事，找对方法，找准路径，就会事半功倍；方法不当，路径错误，再苦干实干，效果也难如人意。所以，我们既要苦干实干拼命干，也要善干巧干科学干。学校"十三五"时期正在面临一场深刻全面的变革，发展目标、办学格局、治理方式、办学规格、工作模式等方面都将经历一次深刻的变革和调整，学校各级领导干部和广大教师要尽快适应学校发展变革带来的变化，以创新的理念全面审视、改进各项工作，按照新的规范、新的标准、新的要求来谋划和推进工作。希望在座各位切实行动起来，不断增强工作的创新力和执行力，面对新情况、解决新问题，一步一个脚印，用事实和成绩说话，扎扎实实地推进学校各项事业快速发展。

老师们、同志们，责任重于泰山，事业任重道远。让我们紧密团结在以习近平同志为核心的党中央周围，在市委、市政府、市委教育工委、市教委的坚强领导下，不忘初心、开拓进取、奋发有为，为实现学校"十三五"发展目标、为把学校早日建成国内一流、国际知名、具有鲜明建筑特色的高水平、开放式、创新型大学而不懈地努力奋斗。

借此机会，也祝愿全体建大师生新的一年身心健康、生活满意、事业发展！谢谢！

2017 年 2 月 28 日

五、校长张爱林在北京建筑大学2017年年度工作会暨党风廉政建设工作会上的讲话

老师们、同志们：

今天是非常重要的一个会议，在2017年新学期开学之际，布置2017年全年工作，我报告的题目是《攻坚克难，重点突破，提升质量，推动我校发展再上新台阶》，其中"攻坚克难，重点突破，提升质量"也是学校2017年党政工作要点主题词的内容，目的是推动学校发展再上新台阶。

一、2016年工作简要总结

会前，给大家印发了学校2016年党政工作总结，今天在简要总结2016年完成的主要工作时重点谈一些我们的想法，干得好的、路子对的继续干，还有一些是需要在2017年我们要继续把它做得更好。

（一）科学编制"十三五"规划，绘制学校发展宏伟蓝图

"十三五"规划中我们虽然没有写入北建大的中长期发展战略规划，实际已经描述了到建校一百年、建国一百年时北建大发展的总体目标和愿景，这是一个宏伟蓝图。实现路径就是"十三五"要从教学型大学向教学研究大学转型，其中有九个专项规划，十个学院的规划以及六大工程、六大计划。通过"十三五"规划编制，全校师生员工达成了按照这个远景战略目标来发展和建设学校的共识，目标是符合国家建筑业、北京市以及高等教育事业的整体指向，是我们2017年开展各项工作的总指南。

（二）科学定位"两高"办学布局

这是学校现阶段的特殊性，关系到学校"十三五"乃至更长时间如何办学？特别是完成疏解非首都功能任务过程中遇到挑战和困难。我们按照《京津冀协同发展规划纲要》中"推动在京部分普通高等学校本科教育有序迁出，老校区向研究生培养基地、研发创新基地和重要智库转型"的要求，经过一年多时间，研究确立了"大兴校区建成高质量本科人才培养基地，西城校区建成高水平研究生培养、科技协同创新及成果转化基地"的"两高"布局。目前，按照事业规划对应校园规划原则，基本完成了两校区的总体规划以及绿化、照明、交通等分项规划。

（三）获批北京高校高精尖创新中心

我校未来城市设计高精尖创新中心获批北京高校高精尖创新中心，这是一个重大的机遇。当时竞争非常激烈，信心是有，但是我们的实力还与高精尖的要求还有差距。比如，我们没有院士、长江学者，高水平学术带头人和建筑类的领军人物都少。我们一方面充分发挥了北建大原来积累的优势，更多的是借外势，去年我们聘了十多位院士，特别是崔愷院士、王建国院士，一个任中心主任，一个任学术委员会主任，就是要把国内外的一流专家和学科前沿的领军人物汇聚起来，不断提升学校的学科建设水平。在市委、市政府领导的理解支持下，我们举全校之力，发挥校内校外两个优势，多学院合作，与博士项目结合起来，成功获批，充分说明了我们北建大是能干大事的，能干成大事的。目前，我们中心

与通州区人民政府签署了参与北京城市副中心建设全面合作协议，已经开始多领域精准对接服务城市副中心规划建设，这里就不细说了。

（四）具体落实省部共建和中央城市工作会精神

2015年我们成为省部共建高校以后配合城乡规划司、标准定额司、城市建设司、村镇建设司等开展项目研究及业务合作，参与"中国城市地下综合管廊产业联盟"、共同组织"中国城市建设发展论坛"、共同申报国家重点研发计划项目等。这里我最重要强调一点是中国建筑学会要进驻西城校区，中国建筑学会的影响力很大，比如梁思成建筑奖是世界国际组织认证的中国唯一一个建筑类奖项。这对提升我们在国内建筑领域影响力是极为重要的。

（五）学科建设与研究生教育工作扎实推进

我们完成了第四轮全国学科评估材料申报工作，各个学科都非常努力。博士项目实施指导委员换届并完整的制定了博士研究生的管理文件，新增了博士导师，特别是从去年开始实行了研究生导师年报制，2017年导师还要继续这样做，按年报进行下一届招生，这是一个很好的考核机制。

（六）科技创新能力与日俱增，成效显著

大家知道，我们的科技成果是比较突出的。在这方面我特别要强调国家和北京市的人文社科基金，我们去年取得三项基金的成绩在市属高校当中排在前面。大家过去都说哪些是强势学科，哪些是弱势学科，去年我们人文社会学科也证明自己可以做得很好。还有我们"大型多功能振动台阵实验室"建设项目，项目投资比较大，可以说原来211高校的项目，单体、单个的实验室都没有投入过这么多钱，还新增了三个北京市重点实验室，其他的奖励就不细说了。

（七）人才培养模式改革和教风学风建设同步推进

2016年本科人才培养一项重要工作就是制定2016版本科人才培养方案，这是一个纲领性的方案，核心是"三增、三减、三优化"。第二是教风学风建设，从上学期开学抓的时候有些同志还不太理解，所以历时一个多月时间，多次专题研究，全体校领导专门参加各学院的座谈会研讨，从教、管、学三个方面把存在的问题都查清楚，大家也都重视起来。有时候说我们的学生不学习，我在参加一些座谈会的时候，学生提的建议很有见解，这些孩子作为被教育者有自己的认识，他不见得比我们当"先生"的就差，所以我们在人才培养方面要转变老的观念。

（八）师资队伍建设成果丰硕

人才方面的成绩还是很突出的。我们完成"三定"方案核编工作，在"十三五"期间新增加人员编制100人，这对我们学校来说是一个很大的数。实施启动两批金字塔人才工程培养计划和主讲教师支持计划，支持各类优秀人才56名；全年破格晋升教授4人，副教授5人；入选国家中青年科技领军人才1人，北京市"高创计划"教学名师1人、百千万工程领军人才3人、青年拔尖人才2人，8名优秀人才入选"海聚工程"，1名教师获批首批北京高校思想政治理论课特级教师。

（九）国际化办学工作积极推进

我们的努力目标是在保持与法国的高校建立密切合作的基础上，争取在英美国家取得更大进展。我们以此为目标，也开展了一些工作，与夏威夷大学、英国伦敦艺术大学的合作也在稳步推进。

（十）"智慧建大"建设全面铺开

这项工作目前已经开始按照"十三五"规划推开，这里不再细讲。

（十一）凝练办学历史和理念，圆满完成八十周年校庆

通过八十周年校庆，我们凝练了学校的办学历史和学术沉积，挖掘了学校历史上很多"金子"，包括我们的办学理念、"实事求是，精益求精"的校训、很多杰出校友等，都是有历史根据和证明的。今年是我们办学110年，中间有很多曲折，有倒退，从本科到大专，后来又从大专恢复到本科，历史道路是曲折的，最重要的是增强了我们北建大人自信，我们是一个历史非常悠久的大学，有深厚的学术功底。

（十二）营造良好环境，服务师生员工

为广大师生员工营造了良好的环境方面，有些我们做得还不够好，但是有些我们做的确实很好，比如，有些环境和条件确实改善了，也为大家办了一些实事，我就不再一一讲到。

老师们，同志们，总的一句话，2016年北京建筑大学实现了"十三五"开门红。学校所取得的各项成绩归功于全校师生员工的共同努力和勤奋工作，我借这个机会向全体同志表示衷心的感谢！

2016年的工作体会，我想说以下几点。第一，把准定位，规划引领。"十三五"规划我们从2015年就开始编制，历时一年多的时间，是不断编制，不断研讨，不断聚焦目标以及实施中体验、实践的过程，我们在开展工作的过程中，可能会有新的认识，还需要适当调整，但这是我们未来发展的引领。第二，用好校内校外两个资源。《劝学》中说："登高而招，臂非加长也，而见者远；顺风而呼，声非加疾也，而闻者彰。"说明借助外势，影响力就可以翻很多倍，今年我们这么做，明年我们还是要这样做，你只靠自己不借外力是做不成的。第三，举全校之力办大事。刚才我讲过，北建大是能干大事的，我们搞不了"两弹一星"，我们搞不了量子卫星，但我们可以给北京副中心做很好的城市规划，可以把北京的建筑文物好好保护起来，比如，我们参与北京城市副中心建设，把运河文化保护起来就是给首都做出的巨大贡献。最后，全心全意的依靠和服务全体师生员工。工作靠谁呢？靠的是我们师生员工来做，是大家来做的，大家在工作中取得了好的成果，因此我们北建大人就更加自信和自强，这是我们总结80年建校和110年办学历史得出的经验，一定要自信和自强，应该成为自己的骨气才能行。

二、2017年重点工作布置

（一）认清2017年工作面临的新形势和新挑战

首先要把准中国高等教育新形势，一是供求关系的变化，人民对优质教育、多样化教育的要求在变化；二是外部需求变化，国家、行业、区域创新驱动发展需求在变化；三是竞争环境变化，国际舞台上的国际标准在变化；四是教育对象变化，更多的是独生子女群体、网民群体；五是资源条件变化，每年财政教育经费占比稳定在4%以上。其次要迎接中国高等教育两大新挑战，一是信息革命对教育模式的挑战，2015年我来的时候就讲这件事，但是我今天还不得不讲，因为我们很多同志我觉得包括我，认识的还不够深刻，还

需要不断深化。二是科技革命对教育内容的挑战。我们国内的很多最新科技成果，在工程中已经投入使用了，我们教科书里还没有，老师就应当把这些最新成果整理出来融入教学实践环节，提升我们的人才培养质量。

（二）我校2017年工作总体定位

2017年是北京建筑大学的质量年，我们总要求是提升质量，这是我们方方面面的总要求；总思路是攻坚克难，重点突破，2017年大事多，难事多；总节奏是加快发展，我校层次不太高，在学科建设，学科点方面对比高水平大学是比较落后的，也可以说北建大在发展历史上丧失了一些机遇，你不加快发展就赶不上时代的步伐。这些与我们2017年党政工作要点是一致的。

（三）我校2017年六大重点任务

给大家印发的《2017年学校党政工作要点》中，2017年的任务一共八个方面三十条，在这里我强调几项重点任务。

第一，贯彻落实全国高校思想政治工作会议精神，全面提升人才培养质量。这次会议的名字叫高校思想政治工作会议，实际上谈的不光是思想政治工作，是我们整个中国高等教育的全面工作，这是我学习会议精神和习总书记讲话的认识，为什么？习总书记亲自给我们回答了两个最关键的问题，第一是为谁办教育？第二是怎样办教育？那么对我们北建大的领导和老师来说，我们下沉一级，我们为什么办这个大学？北建大的学生为什么要上大学？大学职能有很多定义，这次全国高校思想政治工作会议最精彩的是习总书记旗帜鲜明的告诉你什么是一流大学：培养一流人才的大学就是一流大学。就这一个指标。根本任务就是立德树人，要德行好还要培养人才，核心任务就是提升人才培养质量。

我们教风学风建设，从教师到学生到管理，要抓好以下四个方面。一是抓质量与责任。比如我们的学风建设，我们班主任、辅导员负责的班级有多少学生报名参加开学前补考，都要提前联系好，做到心中有数，除了生病，或者其他特殊情况，都得参加，不参加的一律算不及格，给零分。同时我们的补考只能有一次，2014级只能参加2015年一次补考，不及格就重修。二是抓质量与标准。三是抓激励机制，奖优罚劣，学习好的要奖励，差的、有问题的要惩治。对于旷课学生在各类评奖评优中实行一票否决，对教师也如此，今后教师晋升职称要先进行教学考核。四是抓以评促建。

关于提升人才培养质量，一是落实人才培养的改革举措，这些举措我们都有，要真正抓实。二是创新创业、课程、基地、导师、项目、团队和特色。三是教育教学成果奖。四是教务管理信息建设。五是本科教学工作审核评估。我们要吸取前两次评估的教训，98年本科合格评估暂缓通过，1999年复评才给通过，2006年本科水平评估个别指标没达到要求，只得到一个良好。上学期已经启动，布置了相关工作，我们的规定动作必须标准规范，而且一定要有证据。整体分为启动谋划、调研准备、自评自建等阶段，7月份请校外专家进行预评估，然后我们进行整改，11月份迎接正式评估。

第二，加快推进一流大学和一流学科建设。围绕"双一流"建设，我们大力推进以下几项工作：一是举全校之力抓好博士授权单位和博士授权学科，这是我们几十年来的一块心病，我们从来也没有出去冲出北京去参评，想要实现很不容易。二是博士人才培养项目验收，今年我们应当把这件事做好，当然，这与申请博士点是分开而论的，我们博士项目要按照原来目标建好，这项工作我们抓了一些，但目前来看还是有差距的。三是优化学科结构，促进学科交叉，我们现在一流的学科团队和学科人才还不够。

第三，加快推进"两高"办学布局建设。一是大兴校区的总体规划，园林景观、照明、交通等规划都进入了收官阶段，要确保3月份上报定稿。二是行管楼和体育馆等主要建设项目，最重要的是体育馆，争取8月底竣工，确保开学典礼正常使用。三是西城校区的整体规划，园林、照明和交通分项目都在紧张进行，要给师生营造一个安心做学问和学习的环境。还有西城校区今年工作的难点是要完成1.4万平方米教2、3、4和学生食堂等建筑单体加固改造工程以及启动7.4万平方米图书馆、地下综合利用中心等项目提升改造。四是各个学院的两高办学布局、平台等等，还需要做好。

第四，加快推进北京未来城市设计高精尖创新中心建设。关于高精尖中心建设，我要说两点，一是高精尖创新中心的实体建设，这是我们北建大高精尖创新中心的软肋，北建大的高精尖中心在哪？我们要把实体建设搞好。二是要深度服务北京城市副中心建设，我们高精尖中心已经全面参与了服务北京城市副中心建设，但是合作的重大工程参与还不够，特别是核心团队建设刚刚起步，而且这些跟我们博士学科建设的关系还要进一步理顺。

第五，加大队伍建设力度，汇聚高端人才队伍。虽然我们去年也引进了一些高层次人才，但是突破的重点还不够。继续按照学科方向加大高层次人才引进力度，大力加强领军人才和拔尖青年人才队伍建设。上学期我们正式成立教师发展中心，与人事处合署办公，为的就是提升我们教师的国际化能力、教学能力、科技创新能力、工程实践能力和指导学生发展的能力。比如，副教授要晋升教授，就至少需要出国进修半年，提高语言能力、国际发表成果能力，要不然怎么指导学生？我们的教授再忙也要争取短的出国访学机会，否则你就不是国际化的，怎么指导国际化的学生？

办大学教师是关键，一定要给老师提供更好的发展机遇和条件。要支持教师发展，教师的最大发展、取得的最大成果就是我们抓教学人才培养的最好体现，老师们在学校的帮助下实现了个人发展，取得了好成绩，他们肯定会好好教学和科研，为学校培养高质量人才。

第六，提升国际化办学水平。国际化能力也是我们的一个短板，虽然这两年发展得比较快，但是离我们的目标还有差距。一是要紧紧抓住"一带一路"的机遇，牵头成立"一带一路"建筑类高校联盟。二是召开国际化办学工作会，我们要明确开会不是最重要的，开会谋划是要我们怎么发展、怎么干才是重要的，我们要在英、美的高水平大学取得实质性合作的方面取得突破。

三、2017年工作要求

最后一部分讲一下工作要求。一会儿王书记还要结合中央和北京市在更高的位置提要求，我先对工作方面提几点要求。

（一）目标引领，落实规划

今年2月23~24日，习总书记视察北京说了两件事，一是抓好北京的城市规划建设，二是抓好2020年冬奥会。他强调，要坚决维护规划的严肃性和权威性。这一点，我刚到北建大就讲，要整体规划、整体设计，分步实施，无论是事业规划还是校园规划都要这样办，必须规划统一，不能随便改，不按规划就是胡来。第二，遵守整体规划，我们每年的任务要按照规划去落实。第三，我们分步实施项目，刚才讲大兴校区今年建什么，西城校区今年改什么，2018年干什么，要按照总体规划来。

（二）以上率下，真抓实干

大家要思考老板（Boss）和领导（Leader）有什么区别？老板是高高在上，恨不得拿个鞭子抽你往前赶；领导是带头在前面跟大伙儿一块干，特别是共产党的干部，就是要和大家一起干。所以，我们的领导必须亲自抓，不能为官不为，校院领导重心下沉，必须沉下心去，钉钉子、接地气，领导要当实干家，把理念变成行动，把纸面变成地面。

（三）问题导向，重点突破

我们说抓牛鼻子，抓什么，就是抓突出问题，以解决突出问题为突破口。首先是找出突出问题是什么？我们的短板是什么？一定要把短板补上，短板补上去，我们的整体水平就高了。最后是抓住重点。

（四）攻坚克难

今年我们的难事比较多，大事比较多，难在哪呢？很多工作受到外部制约，比如博士授权单位，首先是北京要有指标。其实是我们自己内部转型升级，我们的自觉性还不太强，有一部分同志做得很好，有一部分同志还不行。比如，西城校区的科研楼内部调整，图书馆房屋的调整等，给我们会带来很多困难和不便，必须要克服困难，要有充足的心理准备，不光我们的领导干部，包括师生员工的思想工作，否则各项工作无法推进。

（五）精益求精，注重细节

我们的每一项工作要精细，追求高品质，只有这样我们才能够培养出好的人才，要树立工匠精神，质量第一，钉钉子的精神，落到实处，同时突出业绩导向，奖优罚劣，干得好的要奖励，干得不好的我们要有办法和机制去约束。

（六）快马加鞭，提高效率

习总书记讲，我们要少做低效的工作，不做无效的工作。对可开可不开的会一定要精减，要有一个雷厉风行的作风，做好自己的本职工作，不要种别人的田荒自己的地。

（七）少说空话，多干实事

我们所做的工作也都要变成实事，每个人都当实干家。一是要我们要谋划未来，是长远也是当前的，积极争取地铁9号线南延要设北建大站。二是今年要在大兴体育馆建成师生健身中心，建立大兴校区综合服务大厅，大兴图书馆建咖啡厅，营造西城食堂舒适环境和高品质餐饮，提升离退休人员大病困难补助至每年30万元，提高教职工聘任津贴标准等。

最后，上半句我引用习总书记的话，下半句我用新华社在《以习近平同志为核心的党中央2016年推进全面深化改革工作述评》中的标题，也是毛主席的诗词，来为大家鼓鼓劲，希望大家2017年"撸起袖子加油干，快马加鞭未下鞍"。

谢谢大家！

2017年2月28日

六、校长张爱林在本科教学审核评估工作推进会上的讲话——聚焦人才培养核心使命，查找短板，狠抓整改，以评促建

老师们、同学们：

今天召开本科教学工作审核评估工作推进大会，这是一个非常重要的大会，是学校近年来开学典礼和毕业典礼之外最大规模的会议。多年来，我们在人才培养方面取得了辉煌成就，去年在我们建校 80 周年大会上，对我校人才培养成果做了简要总结，对全体北建大人做出的重要贡献表示了感谢，今天是推进本科教学审核评估工作，由于时间关系，我不再详细具体总结在这方面的成绩，主要聚焦如何做好审核评估工作，今天我报告题目是《聚焦人才培养核心使命，查找短板，狠抓整改，以评促建》。

一、聚焦人才培养核心使命，回答两大问题

去年召开的全国高校思想政治工作会议，谈的不仅是思想政治工作，更是我国高等教育的全面工作，习总书记亲自给我们回答了两个最关键的问题，一是为谁办教育？二是怎样办教育？要想做好审核评估工作，我们首先要回答我们为什么办大学和学生为什么上大学两大问题。我国自古以来都非常重视教育，伟大思想家孔子两千多年前，就弟子三千，贤人七十有二，通过办教育来培养人传承思想。《武训传》中讲述了武训"行乞兴学"的感人故事，更是为了提升国民素质。还有大家知道的有八百多年历史的牛津大学是从宗教发展起来的，神父们通过办大学来传递宗教思想，最后逐步演变和扩展到自然科学。还有近现代工业与产业结合发展起来的世界第一所大学德国洪堡大学。

1. 我们为什么办大学？

我们今天就是要扎根中国大地办有中国特色的大学，建设一流的"中国的北大"、"中国的清华"、"中国的北建大"，而不是"中国的哈佛"，其根本就是在于要培养符合社会主义价值取向、适应中国国情、能服务于社会主义建设的高级人才。这一点在中国高等教育法和党的十八大报告对高等教育做了全面阐述。就我们学校而言，从1907办学至今整整110年，是在积贫积弱，需要兴学储才的时代背景下应运而生，这是北建大的起点。

2. 学生为什么上大学？

今年是恢复高考 40 周年，那个时代国家提出要到 2000 年实现四个现代化，当时青年人热血沸腾，立志考大学，实现四个现代化是国家的理想，也是那一代青年人的理想。今天，我们的国家要实现伟大复兴的中国梦，在建党一百年时全面建成小康社会，在建国一百年时建成富强民主文明和谐的社会主义现代化国家，需要你们这一代青年人肩负起重任，要敢于面向未来与英美、欧洲发达国家人才竞争。

这里我谈一下学习，我们很多人认为别人传授新的知识就是学习，这是非常狭窄的。心理学给学习的定义就是动物通过探索和失败找到成功方法的过程，其有三个突出特点，一个是主动性，不是被动性的别人让你学，也不是被动地接受知识，再有就是具有挫折性、探索性，强调你自己主动试，你不试你学不到，最后是实践性，要去体验实践，不能纸上谈兵。

3. 认真落实全国高校思想政治工作会议精神，全面提升人才培养质量

全国高校思想政治工作会明确指出培养一流人才的大学就是一流大学，大学的根本任务就是立德树人，核心就是提升人才培养质量。我们办大学不要纠结在指标和排名上，培养不出一流人才就不是一流大学，迷失的大学教育要回归本体，大学第一要务是本科人才培养。我们应该去反思评估大学的标准还缺少为学生做了什么，一所大学更应该寻求为其学生做些什么。

二、把准建设高等教育强国的未来需求导向

1. 全球未来教育发展导向

联合国教科文组织第38届大会上发布的《教育2030行动框架》描述了在全球化加速推进和信息化迅猛发展背景下，教育将更加重视学生的个性化和多样性，更加关注学生的心灵和幸福，人人都能享受到优质教育资源，更加注重学习能力的养成和终身教育。全球未来教育的模样是开放、适合、人本、平等和可持续的教育，核心是迈向全纳、公平、有质量的教育和全民终身学习。

2. 我国高等教育发展问题导向和需求导向

去年发布的首份《中国高等教育质量报告》中明确指出，我国高等教育毛入学率已达40%，高于全球平均水平，各类高校2852所，位居世界第二，在校生规模达3700万人，位居世界第一，体现了体量大，有成果等特点，但是还存在很多短板，高校自身形态呈现出"四不够、一不高"特点，学科专业设置优化不够，科研水平和成果转化率，创新人才培养力度不够，创新创业教育仍是"软肋"，高水平教师和创新团队不够，教学经费和实践资源不足，质量意识和质量文化不够，绩效评价不力，就业与所学专业相关性不高。面向未来，中国高等教育面临的两大新挑战，一是信息革命对教育模式的挑战，二是科技革命对教育内容的挑战。比如我们国内的很多最新科技成果，在工程中已经投入使用了，我们教科书里还没有。

我们本科人才培养最大短板是未能真正落实以学生成长成才为中心，很多时候只是停留在关注每一个学生成长，个性和全面同发展的理念上，在创新人才培养模式，创新教学手段与方法的举措没有很好落实，特别是在引导学生自主性学习，关注学生学习效果方面还有很大差距，以及如何构建从入校到毕业的全过程全方位的质量保障体系建设方面还需要进一步强化。这些突出问题带来的后果就是高校的人才供给与社会需求、学生需求从规模到质量还不相适应，所以要深入推进高等教育领域的供给侧改革，改革推进教育结构调整，增强供给结构对人才需求变化的适应性和灵活性，使大学供给更好满足国家、建筑行业、北京、学生日益增长、不断升级和个性化的高等教育需要。

3. 全面理解审核评估实质内涵

我们学校发展过程中接受了本科教学工作合格评估和本科教学工作水平评估。1998年参加本科教学工作合格评估，结论是"暂缓通过"，1999年复评时通过；2006年参加本科教学工作水平评估，只获"良好"等级。今年11月我们将接受本科教学工作审核评估，目的就是大家常说的用自己的尺子量自己，对学校进行全面的体检；评估的路线一是入校前先"品"，专家审阅学校自评报告、质量报告等，二是进校后的"视"，主要是结合6+

1审核项目、24个审核要素和64个审核要点的指标体系来审核；最后到"评"，反馈给学校评估报告。从提升人才培养质量角度来看，办学理念、文化环境、学生学习、人才培养模式特色、教学改革举措，持续改进提升机制运行等都是关注的重点，我们要按照运筹"可行"、运理"健康"、运转"实效"、运力"十足"的要求来准备审核评估各类材料，支撑我们本科人才培养。

三、抓住审核评估机遇，查找短板，全面提高人才培养质量

1. 强化学校办学目标和人才培养定位、目标

办学目标定位是学校发展的头等大事，我们已经明确提出了要努力建成"国内一流、国际知名、具有鲜明建筑特色的高水平、开放式、创新型大学"的远景目标，实现路径就是"十三五"要从教学型大学向教学研究大学转型。我们建校80年以来，为国家培养了6万多名优秀毕业生，他们参与了北京重大城市建设工程，成为国家和首都城市建设系统的骨干力量，可以说我们的人才培养定位就是培养和造就古都北京的保护者、宜居北京的营造者、现代北京的管理者、未来北京的设计者、创新北京的实践者。我们在制定2016版本科人才培养方案提出了培养具有"高工程素质"和"强实践能力"的卓越化、创新型、实践型、复合型高级专门人才的培养目标，在制定"十三五"人才培养规划凝练为着力培养基础知识扎实，具有工程实践能力、创新创业意识、北京精神和国际视野的建筑业骨干人才的培养目标，二者表述上需要进一步达成一致，最核心的是如何保障我们达成度的实现。

2. 加快推进人才培养改革落实、落地

我们2016版本科人才培养方案是学校现阶段人才培养纲领性文件，每个专业依据专业建设指导委员会和专业教学指导委员会要求，结合我们人才培养的定位与特色，制定了具体可操作的实施方案。一方面我们要认真思考和推进学校人才培养总目标如何落实在各专业培养方案中，支撑我们的总目标；另一方面，我们要针对大师实验班、大类招生、卓越工程师项目、USPS计划等各类创新人才培养模式改革，进行系统总结，分析人才培养全过程的各个环节特色与不足，做得好的地方要形成我们好经验，还有没有落实到位的要进一步加快整改落实。

3. 紧紧抓住教风学风建设瓶颈

我们历时大半年开展提升教风学风建设，全体校领导深入一线，专门参加各学院的座谈会研讨，校长办公会多次专题研究，全面梳理教风学风存在的突出问题，可以说基本上从教、管、学三个方面把存在的问题都查清楚，我们抓了很多工作也取得了一定成绩，但是还有些工作没有抓住要害。比如我们的管理还存在缺位，该管严的没管严，该管好的没管好，为师生服务的意识还有待加强；我们的部分教师没有做表率，态度不端正，精力投入少，教学质量差；在学风方面还存在学习态度不端正，自主性不强，补考率高，甚至还有学生干部带头旷课等现象。这些都是影响和制约我们人才培养质量提升的瓶颈，必须要花大力气，出重拳予以彻底解决。

4. 抓住师资队伍建设关键

办大学教师是关键，一定要给教师提供更好的发展机遇和条件。要支持教师发展，教

师的最大发展、取得的最大成果就是我们抓教学和人才培养的最好体现。大家知道今年开学我们正式成立教师发展中心，与人事处合署办公，目的就是提升教师的国际化能力、教学能力、科技创新能力、工程实践能力和指导学生发展的能力。今年暑期将集中组织60名教师出国访学，提升国际化水平，后续还要多途径提升教师教学能力和技能，比如师生互动、PPT以及翻转课堂教学、探索式教学、研究型教学的转变等，还要提升教师工程实践能力，将以往青年教师到行业企事业单位参与实际工程实践等好做法继续深入，还要积极引导教师注重教科融合，将自身科研优势转化为人才培养优势。

5. 建章立制，系统梳理本科人才培养质量保障体系

审核评估强调过程的改进和内涵提升，也就是我们常说的高效的本科人才培养质量保障体系体制机制建设。面向国家、社会和学生的要求，我们的教学质量目标和管理职责如何通过我们教学资源和教学过程管理来实现，来进行教学质量监测分析与改进，从而反馈到我们教学质量目标和管理职责，形成一个教学质量保障体系的持续改进的闭环，从而实现国家、社会和学生满意的办学目标。可以说，我们学校经过2006年水平评估以来，在制度建设方面特别是保障体系建设有所改进，但还存在很多"漏洞"，需要进行全面梳理和修订，进步补充完善。比如，校院两级本科教学质量保证体系、校院两级教学质量目标和管理职责质量保证体系、校院两级教学过程管理质量保证体系、校院两级教学质量监控、分析和改进质量保证体系等。

四、用全面质量管理手段抓实抓细审核评估各项工作

1. 全面质量管理的程序和步骤

我在2015年学校秋季学期工作会讲过全面质量管理，今天还是要重点和大家强调一下如何在审核评估中树立全面质量管理意识，运用全面质量管理手段，系统性抓好审核评估各项工作。全面质量管理是全行业、全体人员参加、生产全过程的质量控制，包括计划、实施、检查、处理四个阶段。第一个阶段计划（Plan）包括确定质量目标、方针，制定质量活动计划和管理项目等；第二个阶段实施（Do）主要是根据第一阶段的计划，组织大家付诸行动；第三个阶段检查（Check）主要是对实施的情况进行检查，总结，肯定成绩和经验，找出存在的问题和原因；第四个阶段处理（Action）主要是根据检查的结果，采取相应的措施，成功的经验，制订成标准，不成功的问题，采取措施解决，不能解决的问题，找出原因，为下一期计划提供资料。四个阶段循环往复，没有终点，只有起点，简称PDCA。所呈现的特点主要有以下三点：一是计划、实施、检查、处理，缺一不可，各阶段的工作依次进行，不可颠倒；二是大圈套小圈循环。对于整个质量管理工作，要按照计划、实施、检查、处理四个阶段；三是PDCA循环圈每循环一次，就提高一步，循环圈也随之不断地上升。

2. 本科人才培养PDCA循环

我们运用全面质量管理的核心是以学生为中心，下面我重点就本科人才培养关键环节讲一讲全面质量管理的管理程序。一是本科教育教学办学目标PDCA循环，围绕学生这个中心，首先是要明确办学定位与目标以及本科人才培养规划，这是计划，到具体实施阶段就是各专业人才培养方案和课程体系等，重点检查的是前面方案对目标支撑度和目标的

达成度，处理阶段就是要再一次理解目标，修订完善培养方案。二是本科教育教学中我们教师发展的 PDCA 循环中同样也是围绕学生这个中心，计划阶段主要涉及师资队伍建设规划和教师教育教学发展，通过教师授课和开展教学研究来实施，检查的是教师教育教学能力与水平的提升，比如教师的教育教学成果和课堂教学效果等，最后就是针对问题通过教学方法和技能培养以及国际化、工程实践培养等补齐短板，进行处理。三是本科教育教学质量保障 PDCA 循环主要做法就是在计划阶段制定好校院两级质量保障体系，比如教学资料规划管理制度等，这个环节重点是要建立奖优罚劣的规范化制度，实施阶段主要是教师授课、辅导答疑、教学检查以及督导听课、评教评估等；检查的重点是教育教学工作制度、运行情况、教育教学参与体系、实效性，落实到处理环节主要是加大教育教学评估力度、系统完善保障体系和工作制度，形成闭环。四是本科教育教学组织 PDCA 循环。围绕本科人才培养核心任务，我们的教师、专业、学生工作和学院都在学校发展大循环内，学校层面的 PDCA 循环要落实到各层面的小循环里面去推进。

3. 基于审核评估的 PDCA 循环

审核评估目的是"以评促建、以评促改、以评促管、评建结合、重在建设"。按照全面质量管理理论，系统构建评估评价、以评促改、以评促建、以评促管四个关联部分和以学生为中心的教师、学院、学校四个层级的循环工作流程。评估评价部分主要从四个层级细化评估的审核要素，比如生源质量、师资队伍、学科专业、教学条件等，这是起点；以评促改部分是根据评估评价结果，采取相应的整改举措，比如学生评教、优化教学内容、修订培养方案、加大经费保障等；以评促建部分对应的是从顶层设计、机制体制等方面进一步优化质量目标、发展规划、建设计划等，比如学生每年修读计划、教师发展、专业建设计划、本科人才规划和质量保障等；最后的以评促管部分要求的是根据计划如何推进实施，比如上课实习、教师授课、专业建设调整、规划实施和校院两级管理体系等。总体的核心思想一是所有要素均体现以人才培养为中心，二是闭合的循环系统突出了质量持续改进的理念。

4. 本科人才培养因素分析

我们本科人才培养因素按照全面质量管理理论来看主要取决于人、机、环、法、料五大因素。任何管理任何工作第一是人，"人"对应的是教师、学生、辅导员和班主任以及管理人员等全校教职员工，"机"是我们现代化、信息化工作，科教融合开放平台等，"环"主要四我们的校园环境和校园文化等，"法"指的是我们各类人才培养的模式以及保障实现的培养方案等，比如本科人才培养方案、学分制、实验班、大类招生、USPS 育人计划等，"料"主要体现在我们的课程、教材、实践环节、毕业设计等方面。

这里我重点强调一下我们的"人"和"环"。"人"的方面必须要颠覆式创新如何改变教育，必须打破标准化的工厂式教育，学生不是不爱学习，而是没有找到学习的理由。要发挥我们教师主导作用，为人师表，做学生的榜样，教师既是"讲台上的智者"，又是"学生成长的指导者"，更是"学生创新的示范者"，要点燃学生的激情。我们的老师不要循规蹈矩，要敢于突破，把创新理念融入人才培养的全过程，老师不创新，学生何来创新？还有一点就是全员育人，我举个例子，2015 年 11 月底一天早晨不到 7 点，我们一个清洁工人拎着一个热水桶，拿抹布一个个擦垃圾筒。我想说的是北建大教职员工都能像这个工人一样，我们的人才培养质量是不会有任何质疑的。还有《狼图腾》拍成电影时请来的加拿大世界顶级驯兽大师安德鲁讲到，驯狼最重要的武器就是爱，确切地说就是对狼的爱。反映到我们人才培养上，教育的最高境界在爱学生，爱是施教的必要条件，没有爱就没有教育。"环"的方面强调的环境育人，我曾讲过育人就是育苗，环境就是春雨，要有润物细无声的境界。特别同意环能学院郝晓地教授讲的种地理论，培养学生与种地是一个道理，怎么好好的种地你就怎么好好的培养学生。近一年来，我们两校区整体规划调整基本完成，大兴校区体育馆在8月底前竣工，要给全体师生营造一个全民健身的文体活动中心，西城校区学生宿舍改造基本完成，今年暑假还将对食堂、宿舍区园林景观等改造，长远的目标是要建无车校园，目的就是为了给师生营造一个优美的学习生活环境。

最后再强调一点审核评估的认识，也是要求。评估重点是检验方方面面的达成度，我们要按照"实事求是，精益求精"的校训，全校上下实实在在干，认真总结我们在人才培养中的经验、不足和短板，找出我们的规律，树立"没有最好，只有更好"的工作理念，精心筹备，扎实做好评估的各项工作。

老师们、同学们，"十三五"我校要实现向教学研究型大学转型，人才培养质量是核心，今年的审核评估将对我校本科人才培养质量进行一次全面的体检。这对我校是一次严峻挑战，因为我们目前的差距很大，这更是我们提升质量的重大机遇，因为有追求的人一定会知耻而后勇。全校要聚焦人才培养核心使命，积极查找短板，狠抓整改落实，实现以评促建，显著提高人才培养质量。

2017年3月14日

七、党委书记王建中在教代会、工会执委会委员和各分工会主席科贸楼二期（万容天地市场）疏解工作情况通报会上的讲话

各位教代会、工会执委会委员、各位分工会主席：

今天我们在这里召开科贸楼二期（万容天地市场）疏解工作情况通报会，进一步听取教代会、工会执委会委员和各分工会主席的意见建议，其目的就是落实学校全心全意依靠广大教职工办学，全心全意依靠广大教职工克服困难，推进学校持续快速发展，意义十分重要。刚才维平副校长通报了科贸楼二期（万容天地市场）疏解工作的意义、背景、上级的要求和学校近三年所做的工作，爱林校长就贯彻落实好市领导批示精神强调了四点认识和意见。可以看出，我们北建大围绕着万容天地市场疏解，又将面临一次严峻的考验，又要经历一次严峻的考验，就像郭金龙书记在北京市委全会上所讲，"疏解非首都功能是北京面临的一次大考"。这次疏解工作处理好了，将为学校可持续发展赢得更好的环境和打下更坚实的基础；如果处理不好，也可能给学校发展带来较大的负面影响和更为严峻的挑战，这就是学校现在对这个事情的基本判断。

大家都知道，我们北建大经过几代人艰苦卓绝的努力，克服了重重困难和挑战，学校发展越来越好，实力越来越强，影响力越来越大，发展到今天的局面，可以说实属不易，大家都做出了重要贡献。规划和立项建设了科贸楼一期二期、建设大兴校区、与西城区签订西城校区操场一带土地出让协议，这些都是学校在当时的历史条件下为推进学校发展做出的重大决策。应该说，这些决策为学校当前的发展奠定了坚实的基础，这个也都得到了历届班子和广大师生的认可。前几天，我们把学校的老书记、老校长们请来，请他们对学校当前面临的困难进行指导，老领导们对学校当时的情况都历历在目，对当前面临的困难和存在的问题也都谈得都十分中肯。老领导们以很高的政治站位和大局意识，对学校当前面临的问题提出了积极建议，认为科贸楼二期（万容天地市场）疏解工作不能影响学校发展的大局和全局，要坚决落实市委、市政府的决策部署，全力按上级指示完成疏解任务，为学校长远可持续发展赢得更好的发展环境和支持。就像刚才爱林校长说的，我们在大事上不能糊涂，完成好这次疏解工作主要还是为了学校长远发展、可持续发展，这是学校的大局，我们必须从全局大局来看待学校发展面临的问题和挑战。刚才维平副校长也介绍了，我们学校发展很快，影响力也越来越大，但是在发展过程中也存在一些隐忧，我们也正是在不断地克服困难，不断地消除隐忧和隐患中获得发展的，这是北建大发展的历史，也是北建大人不可逃避的现实。比如，摆在学校当前的就有三大隐患，这些问题都和动批疏解有着千丝万缕的联系，始终相互影响，成为影响学校发展的隐患，如果我们借助这次科贸楼二期（万容天地市场）疏解，把这些隐患彻底消除了，那么对于学校未来的发展将是十分有利。刚才维平副校长在通报中也提到了，这些我们都必须给我们的广大教职工讲清楚。

关于科贸楼二期（万容天地市场）的疏解工作，历经三个阶段，期间学校与西城区、市场方多次沟通协商，多轮艰苦谈判，提出了多套疏解方案，都由于种种原因未能实现，发展到今天，政策环境发生了变化，疏解工作的形势更加严峻，时间也越来越紧迫，对于学校而言，任务十分艰巨，情况比较复杂，我们没有能力去完成疏解任务。大家这两年也

都看到了，这些商户在各方利益的推动和组织之下，围攻教委，围攻学校，学校根本没有手段去处理这个事儿，没有公检法的介入，没有政府的强力推动，学校不可能完成疏解任务，更不会有安定的办学局面。况且，学校自身在科贸楼二期上也存在短板，这座楼当时规划立项审批下来的是教学科研用地，后来市场方在未经过规划、竣工甚至消防验收的情况下，就办理下来了营业执照开始营业了，违背了教学科研性质，安全隐患很大，这些都不是学校所能控制的，可以说是挑战和问题同时存在，如果处理不好，将会影响学校办学的大局和发展的全局。

进入"十三五"以后，学校发展的势头非常强劲，办学实力、社会影响力与日俱增，我们实现了市部共建，获批了北京"未来城市设计高精尖创新中心"，最近又与中国建筑学会签署全面战略合作协议，开展全方位的合作等，学校办学层次和地位持续上升。特别是去年80周年校庆以后，我们的文化底蕴和内涵充分挖掘，大家信心倍增。可以说，当前全校干部师生团结一致、充满信心、干劲十足，正在抓住新一轮城市发展的大好机遇，为实现学校提质转型升级奋力拼搏，推动学校发展进入了提质转型升级的关键期，上层次上水平的关键期，迈入了新一轮快速发展的新阶段，这是学校当前的大局和根本利益。在这样一个大好的发展局面下，我们赶上了疏解非首都功能大形势，遇到了科贸楼二期（万容天地市场）疏解的硬任务。从现象上来看，我们遇到了这样一个不大不小的危机；从全局判断，我们必须保持清醒的头脑，理性分析把握，团结一致，统一思想，从学校发展长远和全局考虑，排除各方面的干扰，把对学校发展的影响降到最低。要抓住这次机遇，转危为机，谋求学校更大的发展，保持我们强劲的发展势头。事实上学校也一直在这么做，到目前为止，我们借助疏解工作，已经通过疏解专项为学校发展争取到接近三个亿的资金，这还不包括高精尖创新中心、振动台项目等的支持，下面，还要抓住这个机遇，为学校发展争取更多的资金和资源。

同志们，完成好科贸楼二期（万容天地市场）疏解任务，并以此为契机推动谋划好学校长远的发展是学校领导班子的责任，是各级党组织、各单位、各部门的责任，是广大党员干部的责任，也是我们教代会、工代会的责任，更是我们全校师生共同的责任。今天召开这个会议，系统地向教代会、工会通报情况，进一步传达市政府的要求和市领导的指示，就是要充分尊重教代会、工会的知情权和意见，充分发挥教代会、工会在学校建设和发展中的作用，充分赢得大家的理解和支持，全心全意地依靠全校教职员工办好北建大。刚才，我就如何从全局和长远认识和把握科贸楼二期（万容天地市场）疏解工作，和大家谈了认识。下面，就进一步做好下一步的疏解工作，我再讲几点意见。

一是讲政治，顾大局，坚定不移推进有序疏解工作。疏解非首都功能是国家战略，是国家意志。习近平总书记两次视察北京，特别是第二次视察北京时强调，"疏解非首都功能是"牛鼻子"，是主要矛盾，只有加快疏解，才能为提升核心功能、提升发展水平腾出空间"。我们京津冀协同发展也好，解决大城市病，疏解是前提。郭金龙书记在市委全会上也反复强调，疏解是头等大事，是大考，是考验，是衡量我们"四个意识"的试金石。这些都要求我们在疏解非首都功能上认识进一步提高，思想进一步统一，主动性、自觉性、积极性进一步加强。我们必须站在讲政治、讲大局的高度看待和认识这个问题，切实增强"四个意识"，尽到我们的责任，做到敢于担当。

二是依法依规，严密组织，有序推进。习近平总书记第二次视察北京讲话时强调，

"疏解北京非首都功能是个复杂的系统工程，涉及面广、社会关注度高、推进难度大，要注意工作方式方法，避免什么事还没做就闹得满城风雨。要放眼长远、从长计议，稳扎稳打推进。"刚才校长讲得很好，我完全同意，就是要有序疏解，严格按照市领导的批示落实疏解工作，遵循司法程序处理学校和西城区、市场方的合同关系，确保行政程序、经济程序等合法合规，切实防范法律、资金、安全和廉政风险。要加强与市场方的沟通，要求市场方切实做好商户签约撤市等各项疏解工作，做好风险防控预案，确保疏解有序平稳推进。要加强与西城区政府的沟通协作，全力争取法院、公安等系统对疏解工作的支持。还要加强与校内广大干部和教职工的沟通解释工作，主动听取大家的意见和建议，最大范围内争取理解和支持，确保校园和谐稳定。

三是抓住"疏解整治促提升"的机遇，积极反映广大师生的诉求，争取更多的支持。我们要继续抓住北京"疏解整治促提升"的重要机遇，积极争取北京市对学校办学的更大支持，扎实推进学校博士点申报、"双一流"建设、大兴校区办学功能完善、西城校区改造升级等重点工作，为学校以后的发展奠定更加坚实的基础。

四是认真听取广大师生的意见和建议，强化思想政治工作，凝聚发展共识。要把这次开展工作的过程变成进一步凝聚共识、统一思想、推进发展的良好机会，深入细致地做好学校广大教职员工的思想政治工作。要把科贸楼二期（万容天地市场）疏解工作的意义、形势、背景、历程、市政府的决定、学校下一步的举措讲清楚，让广大教职员工深刻领会市委、市政府的精神，切实提高认识，形成共识。下面统一思想的任务还很重，大家要本着对历史负责的态度，把这件事处理好，各分工会主席要尽快代表学校尽快召开本单位教代会、工会成员的通报会，进一步听取、收集大家的意见和建议，最大范围地形成共识，最大限度地争取理解和支持，共同做好全校师生的工作。

五是加强领导，尽职尽责，确保学校安全稳定。学校已经根据上级的指示成立了疏解工作专项组合六个工作小组，在市教委、学校疏解工作领导小组的领导下，按照工作方案积极向前推进工作，认真将这个事情处理好。学校各级党组织，教代会、工会组织，各单位、各部门也要高度重视，加强组织领导，切实把职责尽到，责任尽到，确保疏解工作平稳推进。

同志们，我相信在市委、市政府的领导下，在市教委的直接领导下，在学校党政的坚强领导下，在各级党组织认真工作之下，在教代会、工会大力支持之下，经过全校党员干部和广大师生的共同努力，我们一定能够发扬北建大优良传统，团结一致，攻坚克难，一定能够完成市委、市政府下达的疏解任务，为落实京津冀协同发展战略，为落实习近平总书记视察北京重要讲话精神，为推进疏解非首都功能，治理"大城市病"，做出北建大应有的贡献。我们也一定能够抓住机遇，以更强的担当精神，更高的干事创业激情，更大的工作成效，推进学校提质转型升级，以优异成绩迎接党的十九大召开！谢谢！

2017年5月22日

八、党委书记王建中在北京建筑大学思想政治工作会议暨纪念建党96周年大会上的讲话

各位老师们、同学们、同志们：

大家下午好！

上周，北京市第十二次党代会胜利召开，大会高举中国特色社会主义伟大旗帜，以邓小平理论、"三个代表"重要思想、科学发展观为指导，深入贯彻习近平总书记系列重要讲话精神和治国理政新理念新思想新战略，深入学习贯彻习近平总书记两次视察北京重要讲话精神，全面总结了市第十一次党代会以来取得的重要成就和深切体会，深刻分析了面临的形势和机遇挑战，明确了今后五年的指导思想、奋斗目标和主要任务，勾画了首都发展的美好蓝图，令人鼓舞，催人奋进。再过3天，我们即将迎来中国共产党成立96周年，今天，我们隆重召开学校思想政治工作会议暨纪念建党96周年大会，表彰先进学生党支部和优秀学生党员，以此来纪念党的96岁生日，意义十分重大。这次会议的主要任务是深入学习贯彻习近平总书记系列重要讲话精神和治国理政新理念新思想新战略，深入贯彻落实全国高校思想政治工作会议精神，落实中央和市委关于加强和改进新形势下高校思想政治工作的相关文件精神，紧紧围绕立德树人根本任务，研究部署学校党建和思想政治工作，进一步增强"四个意识"、提高政治站位、强化政治担当，进一步提升加强和改进思想政治工作的政治自觉、思想自觉和行动自觉，以首善标准努力开创学校思想政治工作和事业发展的新局面。

刚才，我们表彰了一批先进学生党支部和优秀学生党员，启鸿书记详细介绍了学校加强和改进思想政治工作的实施方案，6位同志从不同侧面交流了加强学校党建和思想政治工作的经验和体会，充分彰显了学校各级党组织和广大党员的奋斗风采、取得的工作成绩和昂扬向上的精神风貌。在此，我代表学校党委，向受表彰的"十佳学生党支部"和"十佳学生党员"表示热烈祝贺！向全校广大党员致以节日的问候！向全校师生员工为学校改革发展稳定事业做出的卓越贡献表示崇高的敬意和衷心的感谢！

回顾中国共产党96年波澜壮阔的历史历程，我们心潮澎湃、感慨万千。96年来，我们党团结带领全国各族人民，历经千辛万苦、闯过千难万险，胜利完成了新民主主义革命、社会主义革命，胜利进行了改革开放新的伟大革命，成功开辟了中国特色社会主义发展道路，谱写了中华民族自强不息、顽强奋进的壮丽史诗，使中华民族的命运发生了历史性变化，使中华民族伟大复兴展现出前所未有的光明前景。走过近百年风雨历程，我们党始终不忘初心，不负使命，带领人民在复兴之路上接续奋斗、砥砺前行。特别是党的十八大以来，以习近平同志为核心的党中央接过历史的接力棒，高举中国特色社会主义伟大旗帜，以对党、对人民、对民族高度的历史担当精神，总揽全局、运筹帷幄、励精图治、奋发有为，提出了一系列治国理政新理念新思想新战略，带领全党全国各族人民开创了党和国家事业发展的崭新局面。高校作为巩固马克思主义指导地位、发展社会主义意识形态的重要阵地，肩负着人才培养、科学研究、社会服务、文化传承创新、国际交流合作的重要使命，加强和改进高校思想政治工作事关党对高校的领导，事关中国特色社会主义事业后继有人，历来受到我们党的高度重视。党的十八大以来，以习近平同志为核心的党中央审

时度势、高瞻远瞩，从培养中国特色社会主义事业合格建设者和可靠接班人的战略高度，将保障中国特色社会主义事业后继有人作为一项重大战略任务，专门召开全国高校思想政治工作会议，对加强高校思想政治工作作出一系列重大部署，为高校发展指明了方向，提供了根本遵循。学校党委高度重视思想政治工作，认真学习宣传习近平总书记重要讲话精神，落实全国高校思想政治工作会议精神，按照中央、教育部和北京市委的文件精神和部署要求，制定系统工作方案，举办了专题研讨班，分阶段、分层次深入推进，坚持全员覆盖和问题导向，边学习领会、边调查研究、边整改提升、边改革创新，形成了浓厚的学习贯彻落实氛围。这学期以来，学校对习总书记讲话、31号文、北京市三个文件要求，逐条逐项分析，深入调查研究，成立专门工作组，制定学校加强和改进思想政治工作实施方案。本学期以来，学校对处级干部、支部书记、思政课教师、辅导员、班主任进行了全员轮训，使大家能够深入全面领会思想政治工作会议精神，特别是习近平总书记的重要讲话精神。对重点工作进行了研究和推进，先后召开了辅导员队伍建设座谈会、加强意识形态工作座谈会、研究生思想政治工作座谈会，并对思政课改革创新、教师发展中心建设、基层党建工作、"两学一做"学习教育进行了专题研究和工作推进，始终坚持目标导向和问题导向，明要求、提标准、查问题、补短板，常委会也对党务干部队伍建设、基层党支部建设进行了多次专题研究和部署，学校思想政治工作有了新的进展。在大家的共同努力下，结合学校办学实际和优势特色，学校研究制定并不断完善了学校加强和改进新形势下思想政治工作的实施方案，进一步强化了责任清单和任务清单，昨天，常委会已经通过了这一实施方案，刚才启鸿同志也做了详细的部署和说明。下面，我就深入推进全国高校思想政治工作会议精神落细、落小、落实，不折不扣贯彻落实好学校思想政治工作各项任务，确保实施方案落地生根、取得实效再讲几点意见。

一、深入学习贯彻习近平总书记重要讲话精神，切实增强思想政治工作的使命感和责任感

2016年12月召开的全国高校思想政治工作会议，是党中央召开的一次十分重要的会议，是我国高等教育改革发展中的一件大事。习近平总书记的重要讲话，深刻阐述了加强和改进高校思想政治工作的重大意义、根本方向、目标任务和基本要求，科学回答了高校培养什么样的人、如何培养人以及为谁培养人这一根本问题，旗帜鲜明地强调要坚持把立德树人作为中心环节，把思想政治工作贯穿教育教学全过程，实现全程育人、全方位育人，努力开创我国高等教育事业发展的新局面。讲话具有很强的思想性、理论性和针对性，是指导做好新形势下高校思想政治工作的纲领性文献，为我们指明了方向、提供了根本遵循。我们要站在推进伟大事业、建设伟大工程、夺取伟大斗争胜利的高度，深刻认识到加强和改进思想政治工作，是遵循"四个服务"、培养造就一大批中国特色社会主义合格建设者和可靠接班人的迫切需要，是牢固树立"四个意识"、坚决贯彻落实习近平总书记系列重要讲话精神和治国理政新理念新思想新战略的根本要求，是着力增强"四个自信"、扎根中国大地办一流大学的根本保证，大力增强做好思想政治工作的思想自觉和行动自觉，切实履行好肩负的职责使命。

我校作为中国近现代职业教育的"先行者"，诞生于救亡图存的历史大潮之中，学校创立之初即担负着兴学储才、教育救国、实业强国的历史使命。办学110年来，学校始终

与民族同呼吸、共命运，与时代同发展、共奋进，学校风云沧桑、不绝如缕的办学历史，薪火相传、砥砺前行的优良传统，根植于博大精深的中华优秀历史文化土壤之中，见证了近代中国的屈辱与战乱，见证了新中国走向中华民族伟大复兴的历史步伐，锻造了以"爱国奉献、坚毅笃行、诚信朴实、敢为人先"北建大精神和"实事求是、精益求精"北建大校训为核心的光荣传统和优秀品质，培养了一大批爱国爱校爱生的教师典范和爱国荣校的杰出校友，这是学校110年办学历史中，始终能够战胜各种艰难险阻，始终做到不忘初心、把准航向，继续前行，始终保持与祖国和人民风雨同舟坚定信念的根本保证，这也是学校加强和改进新形势下思想政治工作的历史根基和文化根基。特别是党的十八大以来，学校党委认真学习贯彻习近平总书记系列重要讲话精神，深入贯彻落实中央、教育部和北京市委关于高校思想政治工作的系列重大决策部署，把责任扛在肩上，把工作抓到实处，在推进思想政治工作方面进行了许多新的探索，以"立德树人"为根本任务，以贯彻落实"四个服务"为根本要求，以教育引导学生不断增强"四个自信"为目标，坚定不移推动马克思主义理论宣传教育，实施"全面从严治党工程"和"中国梦和社会主义核心价值观引领计划"，制定《进一步加强和改进大学生思想政治教育的意见》《进一步加强和改进新形势下宣传思想工作的实施方案》《进一步加强和改进思想政治理论课建设实施方案》等一系列文件，加强学校思想政治工作顶层设计，选优配强思想政治工作队伍，抓紧抓好教师思想政治工作，推进思想政治工作方法和手段创新，巩固"第一课堂"的主渠道作用，加强各门课程育人作用发挥，增强"第二课堂"育人效果，学校思想政治工作体系不断完善，工作成效得到持续提升，广大师生思想主流积极向上，校园和谐稳定，各项事业得到快速发展，为学校改革、发展、稳定奠定了坚实基础。学校2014年获得了北京市党建先进校的荣誉称号，刚才也表彰了一批先进学生党支部和优秀学生党员，在学校发展中也涌现了一大批先进的典型和榜样，都为我们树立了奋斗的目标。在总结成绩的同时，面对新形势新情况新问题，我们要看到新的挑战，要看到学校思想政治工作中仍然存在一些薄弱环节和亟待解决的问题，习近平总书记在全国高校思想政治工作会议上指出的一些问题和不足，在我校不同程度地存在：一是思想重视不够，重教书轻育人，重科研轻教学，重智育轻德育的现象依然存在。二是工作方法针对性不强，思想政治工作距离因事而化、因时而进、因势而新还有一定的距离，工作的针对性和吸引力需要进一步加强。三是全员、全程、全方位育人意识需要进一步加强，"大思政"格局需要进一步强化，"七育人"的工作联动和协同配合工作机制还需进一步加强和改进，教师思想政治工作体制机制需要进一步完善。四是文化阵地和网络思想政治教育阵地建设不足，思想政治工作创新驱动机制和大思路还需完善。五是党建工作责任制还需进一步层层压实，基层党支部的战斗堡垒作用发挥仍需加强，基层党组织建设水平还需大力提升。加强和改进学校思想政治工作的任务依然十分紧迫和繁重，我们要立足学校现阶段思想政治工作实际，着眼学校长远发展，深入细致地做好学校思想政治工作。

当前和今后一个时期，做好学校思想政治工作的总体要求是：深入学习贯彻习近平总书记系列重要讲话，特别是在全国高校思想政治工作会议上的重要讲话精神，全面贯彻党的教育方针，坚持社会主义办学方向，以立德树人为根本，以理想信念教育为核心，以社会主义核心价值观为引领，以"主渠道，主阵地、专门队伍"建设为重点，以学风校风、师德师风建设为切入口，以改革创新体制机制为保障，加强党的领导，加强党的建设，全面提升思想政治工作水平，不断提升全校师生的思想政治素质，增强学校凝聚力和向心力，加快推进学校改革和发展，为培养又红又专，德才兼备，全面发展的中国特色社会主义合格建设者和可靠接班人，为建设国内一流、国际知名、具有鲜明建筑特色的高水平、开放式、创新型大学而不懈奋斗。

二、准确把握加强和改进思想政治工作的目标要求，推动学校思想政治教育各项任务落地见效

中央和市委关于加强和改进高校思想政治工作的部署要求已经十分明确，学校的工作实施方案也做了系统部署，关键是狠抓落实。我们要主动对照习近平总书记重要讲话精神，对标中央和市委的文件要求，紧密结合学校实际，在强化执行、落地见效上下大力气，奋力开创学校思想政治工作坚强有力的生动局面。

一是提高政治站位，增强"四个意识"。中国共产党已经建党96周年，习总书记反复强调，不忘初心，为实现共产主义而奋斗，就是要坚定不移地走中国特色社会主义道路。对我们高校来说，就是要坚持社会主义办学方向，扎根中国大地办一流大学，这个方向是不能动摇的。在世界发展大趋势中，中国的发展势头非常好，这证明我们的道路是正确的，是符合中国发展实际的。在这样的形势下，全党全国各族人民要更加坚定四个自信，坚定我们的发展道路，不能有丝毫动摇。在高校课堂上，教师和学生要和党指引的方向同向同行，凝心聚力，决不允许有任何违背党的教育方针的言行。在事业层面来看，现阶段，中国发生了巨大而深刻的变化，提出了两个一百年的奋斗目标和实现中华民族伟大复兴的中国梦。习近平总书记反复强调，中国梦是中华民族团结奋斗的最大公约数，从党中央、市委到学校，为了实现两个一百年的奋斗目标和中华民族伟大复兴的中国梦，做出了一系列部署，推进了各项改革。改革必然涉及利益的调整，这就需要我们提高政治站位，树立大局观和全局观，坚决维护习近平总书记的核心地位，更加紧密地团结在以习近平同志为核心的党中央周围，更加坚定地维护党中央权威，更加自觉地在思想上政治上行动上同党中央保持高度一致。上周，北京市召开了第十二次党代会，北京作为一个大国首都，正在面临着深刻的城市转型，目标是把北京建成超大城市可持续发展的典范，建设国际一流的和谐宜居之都，就要调整格局，现有的历史格局和空间格局都会发生变化，会对每一个人产生影响。因此，增强"四个意识"，提高政治站位，坚持社会主义办学方向，意义尤为重要。按照习总书记重要讲话精神和全国思想政治工作会议精神要求，高校必须坚持马克思主义指导地位，弘扬社会主义核心价值观。把贯彻习近平总书记提出的"四个服务""四个坚持不懈"作为学校一切工作的出发点，从"四个全面"战略布局、实现"五位一体"总体布局的大局观出发，确定办学目标和发展规划。就是要坚定地把德才兼备、又红又专、全面发展作为人才培养的总定位和总规格。学校制定了"十三五"发展规划，明确了未来的发展目标，这就需要凝聚全校师生特别是广大党员干部的思想，共同为之奋斗。我们面临着疏解非首都功能的任务，面临着"两高"布局的调整，面临着提质转型升级的艰巨任务，这都需要有更高的政治站位、更高的全局意识，学校的发展目标才能实现。

二是始终坚持立德树人这一根本任务，把思想政治工作贯穿于办学育人全过程。习近平总书记强调，高校立身之本在于立德树人，高校思想政治工作从根本上说是做人的工作，并对教师和学生提出了"四个统一"和"四个正确认识"的要求。落实立德树人根本任务，关键是坚持两大群体并进，一方面围绕学生、关照学生、服务学生，不断提高学生思想水平、政治觉悟、道德品质、文化素养；另一方面坚持教育者先受教育，加强师资队伍建设，加强思想政治工作队伍和专门力量建设，强化思想教育和价值引领，提高广大教师的思想政治素质。一要大力实施思想政治素质提升工程，着力提升学生思想政治素质。要把理想信念教育放在首位，积极培育和践行社会主义核心价值观，引导学生成为社会主义核心价值观的坚定信仰者、积极传播者、模范践行者。要推进中华优秀传统文化融入教育教学，弘扬以爱国主义为核心的民族精神和以改革创新为核心的时代精神，用"中国梦"点燃"青春梦"，为学生点亮理想的灯、照亮前行的路。要更加注重人文关怀和心理疏导，引导师生正确认识义和利、群和己、成和败、得和失，不断提升思想政治素质和心理健康素质。二要大力实施课堂教学引领工程，充分发挥思想政治理论课主渠道作用。要把思想政治理论课作为"第一课程"来抓，全面加强马克思主义学科建设、思想政治理论课课程建设、教材建设和教师队伍建设，不断创新教学模式，改革教学内容，改进教学方法，改善教学手段，把理论武装与实践育人结合起来，把基本原理变成身边道理，切实增强思政课课堂教学的生动性和感染力。要重视发挥各门课程教学的育人功能，充分发掘和运用各学科蕴含的思想政治教育资源，使各类课程与思想政治理论课同向同行，形成协同效应。三要大力推进师德师风铸魂工程，着重培养"四有"好老师。要强化言传身教，用自己的真才实学和模范言行启发学生引导学生。要强化教育引导，引导广大教师把知识教育同价值观教育、能力培养结合起来，把思想引导和价值观塑造融入每一门课程的教学之中。要强化考核激励和典型示范，建立健全教师思想政治工作体系和长效机制，将政治标准、道德规范作为教师聘用的基本条件和重要内容，大力加强学术道德建设，严格执行师德师风"一票否决制"，广泛宣传师德典型，引导教师更好地担负起学生健康成长的指导者和引路人的职责。要加强教风学风联动工程建设，坚持不懈地培育优良校风和学风。四要大力实施校园文化引领和阵地建设工程，深入推进以文化人、以文育人。要打造校园文化品牌，强化环境育人，整体提升校园环境文化品质和育人功能，让北建大的历史"活起来"，成为学生成长的思想营养，让校园的一楼一园、一林一水、一草一木、一砖一瓦都成为培养学生立志、感恩、快乐、健康心态的生动教材，让形式多样、健康向上、格调高雅的文化成为熏陶、感化、引导学生成长成才的育人方式。要加强校园各类阵地的建设与管理，狠抓意识形态工作责任制落实，坚决防范和抵御意识形态渗透，确保学校安全稳定和谐。

  三是勇于改革创新，不断增强思想政治工作的时代感和针对性。习近平总书记指出，做好思想政治工作，要因事而化、因时而进、因势而新，要遵循思想政治工作规律、教书育人规律、学生成长规律，沿用好办法，改进老办法，探索新办法。推进思想政治工作改革创新，就是要坚持三种方法并用，着眼环境条件的变化，紧扣学校育人各个环节，不断推动学校思想政治工作理念创新、手段创新、基层工作创新。要根据学校加强和改进思想政治工作的实施方案的要求，狠抓落实。

  四是加强党的领导，提升思想政治工作科学化水平。习近平总书记强调，办好我国高等教育，必须坚持党的领导，牢牢掌握党对高校工作的领导权，使高校成为坚持党的领导的坚强阵地。坚持党的领导、加强党的建设，关键是坚持四级主体联动，全面加强学校党的思想建设、组织建设、作风建设、反腐倡廉建设、制度建设，把党对学校的政治、思想和组织领导落到实处。一要坚持和完善党委领导下的校长负责制，充分发挥党委领导核心作用。学校党委对学校工作实行全面领导，履行管党治党、办学治校主体责任，要严格执行和维护政治纪律和政治规矩，落实党建工作责任制，把方向、管大事、作决策、保落实，切实发挥领导核心作用。要坚决贯彻民主集中制，严格执行"三重一大"决策制度，形成党委统一领导、党政分工合作、协调运行的工作机制。要突出抓好政治领导和思想领导，确保学校始终是培养社会主义建设者和接班人的坚强阵地。二要突出二级党组织政治功能，在办学重大问题上把好政治关。二级党组织要把履行政治责任摆在第一位，保证监督党的路线方针政策及上级党组织决定的贯彻执行，把握好教学科研管理等工作中的政治原则、政治立场、政治方向。要加强二级党组织领导班子建设，完善党政联席会议制度，明确议事决策范围、规范议事决策程序，提升班子整体功能和议事决策水平。三要加强基层党建工作，充分发挥好党支部的战斗堡垒作用。要突出支部主体地位，牢固树立一切工作到支部的鲜明导向，深入推进"两学一做"学习教育常态化制度化，严格规范"三会一课"制度，抓实支部组织生活，使之成为党员政治学习的阵地、思想交流的平台、党性锻炼的熔炉。要强化基层支部建设，选好配强党支部书记，持续加强党支部书记培训，切实落实好活动场所、日常活动经费等条件保障，真正把支部建强、把基础夯实，使每个党组织都成为激浊扬清的战斗堡垒。四要践行"四讲四有"，切实发挥党员的先锋模范作用。要加强党员队伍教育管理，严肃党的政治纪律和政治规矩，按照"四个合格"的要求，加强党性锻炼，把党员身份亮出来，把先进标尺立起来，把先锋形象树起来，使每个师生党员都做到在党爱党、在党言党、在党为党。

三、切实加强组织领导和责任落实，为学校思想政治工作提供坚实保障

贯彻落实全国高校思想政治工作会议精神，加强和改进学校思想政治工作，要坚持守土有责、守土负责、守土尽责，形成具体明确、环环相扣的"责任链"和上下联动、齐抓共管的工作格局，确保不讲条件、不打折扣、锲而不舍、千方百计地把思想政治工作的各项任务落到实处，以贯彻落实的有力行动和实际成效体现"四个意识"的坚定性。

一是增强责任意识，形成"环环相扣"的责任体系。学校各级党组织要切实担负起政治责任和领导责任，夯实"学校党委主导、学院党委主体、党支部主心骨、党员主人翁"的基层思想政治工作责任体系，切实把责任压实、要求提实、考核抓实，推动工作不断向"严紧硬"发展。学校党委将带头把主体责任放在心上、扛在肩上、抓在手上，切实抓好政治领导和思想领导，担负起把关定向、统筹指导、建强班子的职责。各二级单位党组织要提高抓思想政治工作的主业主责意识和攻坚克难的能力，确保上级和学校党委的决策部署不折不扣贯彻执行，着力提升做思想政治工作的意识和能力。党支部要切实发挥抓思想政治工作的主心骨作用，促进思想政治工作和中心工作深度融合，确保中心任务到哪里、党的建设就跟进到哪里、思想政治工作就管用到哪里、党支部的战斗堡垒作用就体现到哪里，真正把思想政治工作做到师生心坎上。广大党员要不断增强带头做好思想政治工作的主人翁意识，努力成为扶正祛邪的战斗员，自觉当好加强和改进思想政治工作的排头兵，切实发挥好先锋模范作用，以实际行动诠释好共产党员的光辉形象。

习总书记最近考察山西时强调，各级党组织要着力把严肃党内政治生活的成果转化为促进党的事业发展的持续动力，把广大党员干部的精气神引导到改革发展上来，让干净的

人有更多干事的机会，让干事的人有更干净的环境，让那些既干净又干事的人能够心无旁骛地施展才华、脱颖而出，真正实现党的建设和党的事业互促共进。狠抓党的建设，就是要保证党的事业健康快速发展。我们一直强调，要围绕中心抓党建，抓好党建促中心，就是要求各级党组织和广大党员在学校事业发展中走在前面，切实发挥先锋模范带头作用。现在学校发展任务重，机遇好，各级党组织在加强支部建设和加强党员教育管理中，要特别注重把党的建设与学校中心工作相融合、相促进。

二是强化"大思政"理念，构建全员齐抓共管的大思政工作格局。要树立全校"一盘棋"思想，建立部门协同常态机制，组织、宣传、统战部门要统筹指导学校党建、意识形态和统战工作，学工、研工部门要抓好学校思想政治工作各项任务的贯彻落实和督导检查，纪检监察部门要强化监督执纪问责，工会、共青团等要充分发挥群团组织作用，切实形成党委统一领导、党政齐抓共管、各部门各方面密切配合、同频共振的工作格局。

三是加强队伍建设，构建"协同融合"的工作队伍。要拓展选拔视野，抓好教育培训，强化实践锻炼，健全体制机制，整体推进学校党政干部和共青团干部、思想政治理论课教师和哲学社会科学课教师、辅导员班主任和心理咨询教师等队伍建设，保证这支队伍后继有人、源源不断。要着力加强思想政治工作队伍和党务工作队伍建设，既要加强"量"的配备，又要保证"质"的提高，不断完善大学生思想政治教育专职队伍的激励和保障机制，推进专业化、职业化建设，使这支队伍成为思想政治教育方面的行家里手。要不断增强各支队伍之间的协同和融合渗透，努力形成一支专职为主、专兼结合、数量充足、素质优良的思想政治工作专门力量以及"七育人"相统一的全员工作体系。对照上级要求，学校进一步研究加强辅导员队伍建设，特别是加强研究生辅导员队伍建设，目前，辅导员队伍编制已经满足了各项要求。同时，辅导员队伍职级晋升、工作津贴都有比较大的提升，提供了很好的条件保障。

四是强化考核激励，健全思想政治工作评价体系。要加快完善具有北建大特色的思想政治工作制度体系，深入研究制定目标管理与过程管理相结合、创新成果评价与绩效评价相结合的思想政治工作评价考核体系，坚持定性分析和定量分析相结合、工作评价和效果评估相结合，推动学校思想政治工作科学化制度化。要进一步发挥二级单位党组织书记党建述职评议考核的作用，不断完善党建述职评议考核办法，将落实意识形态工作和思想政治工作作为领导班子和领导干部任期考核的重要内容，健全完善明责、履责、考核机制，强化监督检查制度，既要分解到点、责任到人，更要实时跟进、督查到位，推动形成有责必担、履责必严、失责必究的责任链条。昨天，常委会研究通过了今年的处级单位和处级干部考核工作方案，明确把抓思想政治工作和党建工作的分值进一步提高。

同志们，加强和改进新形势下学校思想政治工作，燃亮建大学子的信仰之炬，激发广大师生的智慧力量，推动学校科学快速发展，责任重大、使命光荣。让我们紧密团结在以习近平同志为核心的党中央周围，牢固树立"四个意识"，全面贯彻党的教育方针，开拓创新，奋力拼搏，推动学校思想政治工作向更高水平发展，为创建国内一流、国际知名、具有鲜明建筑特色的高水平、开放式、创新型大学提供强大动力和根本保障，以优异的成绩迎接党的十九大胜利召开！

最后，祝愿我们党永葆生机！祝愿北京建筑大学明天更美好！谢谢大家！

2017年6月27日

九、党委书记王建中关于《夯实基础 强化落实 突出创新以首善标准推进基层党建工作全面进步全面过硬》的讲话

北京建筑大学党委深入学习贯彻习近平总书记关于全面从严治党、加强基层党建工作的重要讲话和指示精神,深入贯彻落实全国和北京市高校思想政治工作会议精神,不断夯实基础、强化落实、突出创新,以首善标准推进基层党建工作全面进步、全面过硬,特别是在基层党建机制优化和载体拓展方面做了重要探索,现把有关情况汇报如下:

一、坚持首善标准,推动思想政治工作各项任务落地见效

一是抓学习领会和调查研究。制定学习贯彻实施方案,举办处级干部专题培训班,分别召开学校加强辅导员队伍建设座谈会、加强意识形态工作座谈会、加强学风教风互动提升推进会、加强和改进研究生思想政治工作研讨会、推进思政课教学改革研讨会,对标中央要求,深入调查研究,收集问题和建议127条、明确改进项目134项,全校积极行动起来,迅速凝聚起全员、全过程、全方位抓思想政治工作的浓厚氛围,中央政策研究室来校调研思政会落实情况时给予了高度评价。

二是抓顶层设计和系统推进。召开学校思想政治工作会议,出台加强和改进新形势下思想政治工作的实施方案及系列配套文件,确定了74条具体落实措施,建立问题清单、任务清单、责任清单。落实领导班子抓思政工作"一岗双责",强化院系党组织抓思想政治工作主体责任,明确教师思想政治工作职责,进一步完善学校大思政工作格局。

三是抓组织保障和条件建设。加强学生、教师思想政治工作领导机构,全面加强教师发展中心建设,配备专职组织员队伍,全面落实思政课教师、辅导员、党务干部、保卫干部各项津贴待遇,以及职称评定各项政策要求。设立200万元思政教育专项经费和200万元党建专项经费,推进实施一批党建和思政工作重点项目。

二、强化责任落实,全面提升基层党建工作水平

一是实施"两首问",系统构建全面从严治党责任体系。实施"党建首问制"和"廉政首问制",推动各级党组织书记养成抓党建抓廉政的思维模式和工作习惯。实施"全面从严治党工程",出台系列责任制落实制度,构建三级党建责任体系,全面实施党建述职评议考核,推动全面从严治党向纵深发展。

二是强化"三协同",加强各级组织工作机制建设。加强学校三级党组织决策机制建设,构建党政、党群、党团协同工作机制,完善党委领导下的校长负责制,制定学院党政联席会和系务会决策制度规范和纪要模板,明确规定加强各项政治把关的具体流程和制度办法,做实党支部书记参与决策的运行机制。全面建立校院两级领导联系师生、离退休党支部工作制度,切实把中央关于基层党建的部署要求按照从严标准一项项落到实处。

三是实施"三对接",推进党建与业务工作深度融合。深入推进基层组织全覆盖深度调研,全面摸清基层组织的家底,建立3个"2"对接融合机制,即学术组织、学科人才

状态表和党组织、党员状态表（2张状态表），事业发展路线图和党建工作路线图（2张路线图），事业发展问题整改任务单和党建工作问题整改任务单（2张任务单）对接融合，逐步做到"制度上固化，机制上融合，检查上同时，考核上并重"，力求从体制机制上解决"一手软一手硬"和"两张皮"问题。

四是坚持"三结合"，扎实推进"两学一做"学习教育常态化制度化。坚持思想引领和"学、做、改"三结合，在持续学、深入学上下功夫，认真抓好习近平总书记系列重要讲话精神的学习，牢固树立"四个意识"，坚定"四个自信"。强化党章学习和《准则》、《条例》贯彻落实，严格规范党内政治生活；在做合格党员上深化拓展，树立党员模范标杆；在查找整改问题上持续用力，强化精准整改落实。学校主讲主问制理论学习模式写入《中共北京市委关于加强和改进新形势下北京高校党建工作若干意见》之中，"两学一做"学习教育有关经验做法在《北京教育》上专题报道、学生党支部专业教育和党建工作相互融入模式在《支部生活》上专题报道。

三、树立党的一切工作到支部的鲜明导向，大力加强党支部建设

一是选优配强党支部班子。合理设置党支部，做到规模适当，有利于支部活动的开展；做到结构优化，有利于发挥战斗堡垒作用。实施教师党支部书记"双带头人"培育工程，按期完成143个党支部的换届工作，严格选任高级职称教师和学术带头人担任党支部书记，实行教师党支部书记津贴和减免工作量制度。强化党支部书记培训，举办专题培训班，实行全员校内参训和参加上级单位集中轮训，着力增强党支部书记的责任意识、岗位意识和履职能力。

二是完善党支部活动机制。召开加强基层党支部建设座谈会，出台《关于进一步加强和改进党支部工作的意见》和《提高组织生活质量指导意见》，明确党支部工作基本规范，建立每月固定党支部活动日制度，实行全程纪实制度，推动"三会一课"模式创新，确定21项内容具体、操作性强、成效显著的组织生活项目形式，开展基层党建规范动作和创新活动特色展演交流，创建党支部书记论坛，打造党建全流程各环节活动样板，推动星级党支部评定。

三是做好党支部工作条件保障。制定党建经费使用细则，扩大基层党组织经费使用自主权，按照人均200元和100元标准足额配备党支部活动经费和党员教育经费，确保党建经费切实发挥成效。在校院两级挂牌一批党员之家，统一标准、集中建设，不断物化基层党建工作成果，努力把党员之家打造成为党建教育基地、支部活动平台、制度展示空间、廉政教育窗口，增强党员的归属感和支部的凝聚力，在校园中形成一道党的建设的亮丽风景线。推进基层党建与信息化有机融合，整合线下线上阵地，建设网上理论学习平台和新媒体联盟，聚合新媒体资源，形成覆盖全体党员的红色信息网络。

四是强化党支部作用发挥。突出思想引领，强化组织保障，抓住队伍建设这个党建与业务工作的最佳结合点，通过党建大力提升党员干部队伍的政治意识和能力素质，激发干事创业精气神，以点带面，实现党建与中心工作同向发力、互促共进。建筑系和城乡规划系教工党支部发挥学科专业优势全力服务城市副中心建设，承担了通州旧城地区城市设计项目，组织首届北京城市设计国际联合工作营、北京城市副中心交通规划国际专家咨询论

证会；环境工程系教工党支部投身城市副中心海绵城市专项规划；学校资产公司党委一班人带头战斗在动批万容市场疏解第一线；团委党支部把党建工作和"双创"教育紧密融合，推进学校"双创"教育实现新的突破，相关成果获北京高校党建和思想政治工作优秀成果奖和创新成果奖；宣传部－工会党支部把党建工作与文化建设相结合，建设校史馆、艺术馆，联合中国建筑学会建设中国建筑师作品展示馆，举办"一带一路"历史建筑摄影展等高品质展览，在以文化人、以文育人方面取得新的成效；科技处党支部带领学校主干学科力量，聚焦北京"四个中心"建设，发挥城市规划建设管理学科科研优势，获批北京"未来城市设计高精尖创新中心"；测绘工程专业学生党支部与焦裕禄纪念馆开展共建，利用三维激光技术制作 3D 版网上焦裕禄纪念馆，获得北京高校红色 1＋1 一等奖；设计艺术系学生党支部深入延庆乡村一线，开展公共区域墙体绘制活动，全面参与延庆"秀美乡村 成风化人"行动，为延庆美丽乡村建设做贡献等。

基层党组织是我们党全部工作和战斗力的基础，必须树立党的一切工作到支部的鲜明导向，扎实推动基层建设全面进步全面过硬。当前，学校正在全校范围内深入学习贯彻落实市第十二次党代会精神，按照市委党建工作领导小组会和基层党建重点任务推进会的部署，全面落实党建主体责任，坚持目标导向和问题导向，不断创新党建工作思路和方法，进一步突出学校规范型、实践型、融合型、互促共进型、信息化等党建特色工作模式，在狠抓一线落实上下更大功夫，进一步巩固拓展学校党建先进校建设成果，以党的建设成效，推进学校全面提质转型升级发展，以事业发展的新成效以及学科科研特色优势，全力服务北京"四个中心"建设，为北京建设国际一流的和谐宜居之都做出应有的贡献。

2017 年 6 月 28 日

十、校长张爱林在 2017 届本科毕业典礼暨学位授予仪式上的讲话
——抓住机遇，勇攀高峰，用智慧和汗水铸就梦想

亲爱的 2017 届本科毕业生同学们：

今天我们隆重举行 2017 届本科毕业典礼暨学位授予仪式，共同见证你们学业生涯的里程碑，共同奏响你们新的人生乐章。我代表全校师生员工，向你们表示最热烈的祝贺！向辛勤养育你们的父母、悉心指导你们的老师表示衷心的感谢和崇高的敬意！

同学们，伴随着你们的大学生活，我们一起见证了学校的发展，大兴校区图书馆建成开馆，学校获批"建筑学"博士后科研流动站、成为北京市人民政府和住房城乡建设部共建高校、获批北京"未来城市设计高精尖创新中心"，同学们体验了由狭小拥挤的食堂到明亮舒适的臻园餐厅，西城校区宿舍空调从无到有。

你们当中不乏北建大学子的优秀代表，我们的水131班获得全国五四红旗团支部荣誉称号，我校与美国奥本大学合作办学的24名学生，有18名申请成功美国和加拿大大学的硕士研究生，将继续深造。你们当中还有一批考取北京大学、同济大学、天津大学等国内知名高校的研究生，你们在国内大学生各类重大赛事中摘金夺银，为北建大增光添彩。

当然，你们的大学生涯也有遗憾，在你们即将毕业之际，银行才刚刚给大兴校区装上自助存取款机，你们中优秀的学生未能享受本科直接推免研究生的政策，你们也未能赶上带游泳池的新体育馆投入使用，你们是北建大在室外举行毕业典礼的最后一届毕业生。

这就是我们真实的北建大，这就是我们真实的北建大学子。

同学们，今年是北京建筑大学办学110周年，你们是学校办学历程中具有标志性时间节点的一届毕业生，在你们成为北建大校友之际，我要再次提醒你们记住，你们的母校北京建筑大学是一所学术沉积深厚的百年老校，北建大人是自强、自信和自豪的！为什么？因为我校起源于1907年成立的京师初等工业学堂，在那个内忧外患、积贫积弱、亟须兴学储才、实业救国的时代，北建大人不忘初心、开通风气、历经坎坷、砥砺前行，以敢为人先的开放胸怀和创新精神，形成"实事求是，精益求精"的校训，这是学校110年办学历史的最好诠释。在百年奋斗历程中，在民族解放、国家富强的道路上，从古都北京保护到新中国十大建筑，从北京亚运会工程到奥运会工程建设的磅礴历程中。6万多名北建大人用智慧和汗水为首都北京建设和国家建设筑起一座座丰碑，做出了可歌可泣的巨大贡献！激励了一代又一代的北建大人自信、自强和自豪！北建大的宏伟蓝图就是建设国内一流、国际知名、具有鲜明建筑特色的高水平、开放式、创新型大学。

同学们，毕业典礼上的校长讲话，不管是"最后一课"，还是社会关注的热点，这都不重要。最重要的是，你们在新的人生道路上，要抓住机遇，勇攀高峰，用智慧和汗水铸就梦想。

1977年恢复高考至2017年已整整40年，恢复高考、改革开放、科教兴国为我们这一代人，也包括上一代人提供了无数的发展机遇和施展才干的广阔舞台。激变的中国为著名建筑学家何镜堂院士展现创新设计才华提供了前所未有的重大机遇。今年5月25日，何镜堂院士建筑展在北京大学百年大讲堂举行，主题是"地域性、文化性、时代性——为激变的中国而设计"，我荣幸地受邀作为嘉宾参加开幕式，"激变"形象而生动地呈现了中

国发展，上海世博会中国馆是何镜堂院士建筑设计的杰作，展现了中国文化的魅力，为世界树立了伟大的中国建筑形象。

给大家讲一个年轻校友的故事。去年6月12日，北京奥林匹克公园246.8米高的标志塔被国际奥委会正式命名为"北京奥林匹克塔"并永久悬挂奥运五环标志。不知道大家是否知道，这是我校建筑学院2002届毕业生康凯，他在中国建筑设计研究院率领的团队中标并设计的"生命之树"方案。康凯是业余登山运动员，他敢于挑战，成功攀登了珠穆朗玛峰，他讲到"要勇于挑战自己，有了目标，做什么事情就会有计划"。

还有一位年轻校友武润泽，2010年测绘学院测绘工程专业毕业，现在北京市测绘设计研究院，毕业7年就获"全国五一劳动奖章"、"全国技术能手"、"全国青年岗位能手"、"全国测绘地理信息技术能手"和第三届全国测绘地理信息行业职业技能竞赛个人第一名等多项荣誉。康凯和武润泽展现了新一代北建大人的人生态度和"工匠精神"。

亲爱的同学们，明湖水清，留下了你们韶华的身影，静园自然，诉说着你们青春的别离。

亲爱的同学们，北京建设国际一流的和谐宜居之都、雄安新区建设、京津冀协同发展、一带一路建设、实现中华民族的伟大复兴，这是几百年才有的重大发展机遇，这是一个伟大的复兴时代。北京的未来、中国的未来为你们提供了人生出彩的无数机遇和梦想成真的广阔舞台。抓住机遇，勇攀高峰，用智慧和汗水铸就梦想，你们就一定能够成功！

2017年6月29日

十一、校长张爱林在2017年研究生毕业典礼暨博士、硕士学位授予仪式上的讲话——抓住机遇，大胆创新，用智慧和汗水铸就梦想

亲爱的同学们：

今天我们隆重举行2017届研究生毕业典礼暨博士、硕士学位授予仪式，共同见证你们学业生涯的里程碑，共同奏响你们新的人生乐章。我代表全校师生员工，向你们表示最热烈的祝贺！我提议，让我们以最热烈的掌声向辛勤养育你们的父母、悉心指导你们的导师和全体老师表示最崇高的敬意！

今天是北京建筑大学办学历史上永远值得纪念并载入史册的日子，我校"建筑遗产保护理论与技术"服务国家特殊需求博士人才培养项目培养的博士研究生戚军同学如期毕业，获得建筑学博士学位，成为北京建筑大学培养的第一位工学博士，这使我校具有了完整的学士、硕士、博士学位体系，也达到了国民教育系列的最高级。这是我校作为国家建筑遗产保护研究和人才培养基地的重大标志性成果，这是北京建筑大学学位与研究生教育的里程碑，更是北京建筑大学学科建设的里程碑，我也代表学校向博士导师汤羽扬教授和戚军同学表示热烈的祝贺！

同学们，伴随着你们的学习生涯，我们一起见证了学校的发展，学校获批"建筑学"博士后科研流动站、成为北京市人民政府和住房城乡建设部共建高校、获批北京"未来城市设计高精尖创新中心"。也见证了你们的成长与进步，环能学院研究生张磊同学在国际顶级一区SCI专业期刊发表了高水平论文，土木学院研究生石越峰同学获得授权国家发明专利2项、发表EI检索论文4篇、获得研究生国家奖学金，你们中还有一批考取清华大学、北京大学等国内知名高校博士研究生的建大优秀学子。

同学们，今年是北京建筑大学办学110周年，你们是学校办学历程中具有标志性时间节点的一届毕业生，在你们成为北建大校友之际，我要再次提醒你们记住，你们的母校北京建筑大学是一所学术沉积深厚的百年老校，北建大人是自强、自信和自豪的！为什么？因为我校起源于1907年成立的京师初等工业学堂，在那个内忧外患、积贫积弱，亟须兴学储才、实业救国的时代，北建大人不忘初心、开通风气、历经坎坷、砥砺前行，以敢为人先的开放胸怀和创新精神，形成"实事求是，精益求精"的校训，这是学校110年办学历史的最好诠释。在百年奋斗历程中，在民族解放、国家富强的道路上，从古都北京保护到新中国十大建筑，从北京亚运会工程到奥运会工程建设的磅礴历程中，6万多名北建大人用智慧和汗水为首都北京建设和国家建设筑起一座座丰碑，做出了可歌可泣的巨大贡献！激励了一代又一代的北建大人自信、自强和自豪！北建大的宏伟蓝图就是建设国内一流、国际知名、具有鲜明建筑特色的高水平、开放式、创新型大学。

同学们，毕业典礼上的校长讲话，不管是"最后一课"，还是社会关注热点，这都不重要。最重要的，是你们在新的人生道路上，要抓住机遇，大胆创新，用智慧和汗水铸就梦想。

1977年恢复高考到2017年已整整40年，恢复高考、改革开放、科教兴国为我们这一代人，也包括上一代人提供了无数的发展机遇和施展才干的广阔舞台。今年5月25日，著名建筑学家何镜堂院士建筑作品展在北京大学百年大讲堂举行，主题是"地域性、文化

性、时代性——为激变的中国而设计",我跟何院士很熟,筹办北京奥运会时,我们就讨论研究过奥运场馆的创新设计,我荣幸地受何院士邀请作为嘉宾参加开幕式,"激变"形象而生动地描述了中国的快速发展,"激变"的中国为何院士提供了前所未有的重大机遇。上海世博会中国馆、玉树博物馆等都是何镜堂院士建筑设计的杰作,展现了中国文化的魅力,为世界树立了伟大的中国建筑形象。

机遇并不是天上掉馅饼,机遇总是与挑战并存,甚至可以说挑战本身就是机遇。给大家讲一个年轻校友赵保庆的故事。2016 年 4 月我应邀去参观国家大科学工程项目——世界最大的 500 米口径球面射电望远镜(FAST)工程建设认识他,他 2008 年土木学院结构工程专业研究生毕业,导师是戚承志教授,就职中科院国家天文台,担任 FAST 工程挡风墙子系统负责人和组织协调人。他敢想敢干,克服保守,大胆创新,研究实践成果获 5 项国家发明专利,今年获北京市科学技术一等奖。

梦想需要不断地超越自我才能实现。再给大家讲一个年轻校友康凯的故事。去年 6 月 12 日,北京奥林匹克公园 246.8 米高的标志塔被国际奥委会正式命名为"北京奥林匹克塔"并永久悬挂奥运五环标志。大家可能不知道,这是我校建筑学院 2002 届毕业生康凯,率领的中国建筑设计研究院团队中标并设计的"生命之树"方案。康凯是业余登山运动员,他敢于挑战,成功攀登了珠穆朗玛峰,他讲到"要勇于挑战自己,有了目标,做什么事情就会有计划"。赵保庆和康凯展现了新一代北建大人的人生态度和创新精神。

6 月 19 日,在希腊召开的第 14 届国际断裂力学大会(ICF14)开幕式和颁奖典礼上,希腊理论与应用力学学会(HSTAM)授予我"荣誉会员"这一最高学术荣誉称号,作为中国人,我感到非常自豪,我在致辞中说,这一最高学术荣誉不仅属于我个人,更属于中国,毕竟是中国的快速发展建设为我们的科技创新研究和工程应用提供了无数的机遇和舞台。

亲爱的同学们,北京建设国际一流的和谐宜居之都、雄安新区建设、京津冀协同发展、一带一路建设、实现中华民族的伟大复兴,这是几百年才有的重大发展机遇,这是一个伟大的复兴时代。北京的未来、中国的未来为你们提供了人生出彩的无数机遇和梦想成真的广阔舞台。"将来世界工学,还以我国为大宗",只要你们点燃激情,抓住机遇,大胆创新,用智慧和汗水铸就梦想,你们就一定能够成功!

2017 年 6 月 30 日

十二、党委书记王建中在北京建筑大学2017年秋季学期工作会上的讲话

老师们、同志们,大家好!

新的学期,我们迎来了学校发展的新气象。在大家的共同努力下,特别是在基建和后勤同志们的努力下,西城校区的学生宿舍环境、就餐环境有了明显的改善,大兴校区综合行管楼建成并投入使用,体育馆竣工在即,两校区的办学条件进一步改善,环境品质进一步提升。新的学期,全校师生以更加坚定的信心、更加饱满的热情、更大的干劲全力投身到学校提质转型升级的伟大事业中。在这样一个催人奋进的时刻,召开新学期工作会,全面部署下半年工作,意义十分重大。会议的主要任务是深入学习贯彻习近平总书记系列重要讲话精神和治国理政新理念新思想新战略,扎实做好"两贯彻一落实"工作,进一步分析学校面临的机遇和挑战,总结工作经验,查找问题和不足,扎实推进学校下半年工作落实,不断开创学校各项工作新局面,以优异成绩迎接党的十九大胜利召开。刚才爱林校长全面总结回顾了学校上半年的工作,深刻分析了学校发展面临的形势,对本学期工作进行了全面部署,提出了明确的要求,讲得非常精彩、非常透彻,所讲意见,我完全同意,希望大家回去之后认真学习领会,切实贯彻落实到下半年的各项工作之中。

2017年在学校办学历史上具有极其重要的特殊性,是学校发展历史上极为不平凡的一年。学校高度重视北建大历史的挖掘,深入思考我们从哪里来,到哪里去,进一步明确历史方位和发展目标,切实增强北建大人的使命感。纵观学校办学110年的历史,历经50年专科、60年本科、30年硕士、5年博士的培养历程,今年第一名博士生顺利毕业,学校的办学层次越来越高,办学实力越来越强,社会影响力越来越大,经过几代北建大人的努力,为国家特别是北京市的城乡建设培养大批优秀人才做出了重要贡献,进一步坚定了我们建设国内一流、国际知名、具有鲜明建筑特色的高水平、开放式、创新型大学的自信。之所以说今年是极不平凡的一年,一方面,学校处在难得的机遇期,国家、北京和建筑行业发展的大背景、大趋势、新形势、新要求,都为我们建筑大学提质转型升级提供了大机遇、大平台、大空间,为我们顺势而为、乘势而上创造了很好的发展环境;另一方面,学校处在提质转型升级爬坡的关键期,申博、审核评估、党建评估、双一流建设等大事要事交织、各项重点任务叠加、多项重要指标都需要在今年完成,攻坚克难任务艰巨。上半年,在市委、市政府的坚强领导下,在市委教育工委、市教委的直接领导下,学校领导班子全心全意谋划发展,全心全意依靠全校师生办学,全校师生振奋精神、顶住压力、抢抓机遇、奋力拼搏,按照中央和市委稳中求进的工作总基调,贯彻落实新发展理念,以全面提升办学质量为主题,突出特色和创新,有效推进各项工作,推动学校发展又取得了一系列新的成效。

刚才张校长已经做了全面的总结和阐述。我归纳了一下主要有7个方面的发展。一是深入贯彻落实全国和北京高校思想政治工作会议精神,全面提升学校思想政治工作质量。召开了思想政治工作会议、辅导员队伍建设座谈会、加强意识形态工作座谈会、研究生思想政治工作座谈会,举办专题研讨班,制定加强和改进思想政治工作实施方案,调整党委统战部、教师工作部等机构设置,进一步加强了队伍建设。圆满完成中央政策研究室专项

调研和市委专项督查，受到一致好评。二是全力做好申博、学科评估和北京市"双一流"建设各项准备工作。张校长亲自率队，带领一班人马，凝练学科方向、加强材料论证、校内外积极沟通协调，各项工作稳步向前推进。学校办学历史上独立培养出的第一名博士也顺利毕业。三是人才培养方面，全面推进本科审核评估准备工作，正式获批硕士生推免资格，获评北京市深化创新创业教育改革示范高校，西城金点创空间获批"北京市众创空间"，两名教师入选全国万名优秀双创导师人才库。北建大学子在很多全国性的创新创业大赛中获得了优异的成绩，比如首次获得首都挑战杯"优胜杯"，总成绩排名跃升至北京地区高校第12位，实现了历史的最好成绩。四是科技创新方面，获批"大土木工程与地下建筑工程教育部创新团队"，成立城市地下空间与综合管廊研究中心、城市综合管廊实验室及中—荷未来污水处理技术研究中心等一批研究平台，新增4项国家重点研发计划项目，获批国家自然科学基金项目20项，成立雄安创新研究院，服务城市副中心和雄安新区建设深入向前推进。五是人才队伍建设方面。引进中央"千人计划"专家、教育部新世纪优秀人才等多位高层次人才、1名教师当选北京学者、多位教师获得省部级的荣誉称号。六是各项疏解工作取得实质性进展，全力落实疏解整治促提升计划，"两高"校园建设扎实推进。在市委、市政府的领导下，在全校师生的支持下，基本完成科贸楼二期（动批万容天地市场）疏解工作这项市委下达的重大政治任务。本科生疏解工作按计划稳步推进，将于年底全面完成，学校同步争取疏解专项资金1个多亿元、抗震加固改造资金3000多万元，完成了西城校区教5、实验3号楼、科研楼、学生宿舍3、4、5号楼和餐厅、浴室的升级改造和品质提升，启动了教2、3、4楼和西城图书馆改造升级项目。大兴校区综合行管楼交付使用，基础楼B座智慧校园中心初步建成，体育馆也即将竣工，大兴校区新学生宿舍楼也在立项过程之中。七是全面从严治党向纵深发展。扎实推进"两学一做"学习教育常态化制度化，基层党建和党支部生活规范化建设取得新的成效，推进了党建工作和业务工作深度融合。

通过大家的努力，我们在上半年取得了一系列成绩，体现了北建大精神，这种精神在假期体现得尤为突出，两个校区的校园里经常可以看到广大教职员工们加班加点忙评估、做实验、搞科研、备新课的身影，两校区校园到处都呈现出生机勃勃、催人奋进的景象。希望大家能够进一步增强发展自信力，攻坚克难，努力完成今年各项工作任务，在关键节点上实现学校更大提升。在此，我代表学校党委，向广大教师和各级干部为学校提质转型升级付出的艰辛努力表示崇高的敬意和衷心的感谢！

下面，结合学校发展面临的最新形势，特别是结合学校发展中面临的实际情况，我再和大家在理念和思路层面沟通一些想法，进一步统一思想，提高认识，振奋精神，切实把下半年重点工作任务落到实处。

一、牢牢把握正确办学方向，科学研判发展形势，进一步增强责任感和使命感

习近平总书记指出，谋划和推进党和国家各项工作，必须深入分析和准确判断当前世情国情党情。我们强调重视形势分析，对形势做出科学判断，是为制定方针、描绘蓝图提供依据，也是为了使全党同志特别是各级领导干部增强忧患意识，做到居安思危、知危图安。深入分析研判发展形势，对于学校发展至关重要，我们既要看到成绩和机遇，更要看

到短板和不足、困难和挑战，同时看到形势发展变化给我们带来的新挑战和新要求，做好充分准备。

一是深入学习习近平总书记系列重要讲话精神和治国理政新理念新思想新战略，进一步增强推进学校提质转型升级的信心和决心。首先要明确学校的办学方向，一要贯彻落实全国高校思想政治工作会议要求，以习总书记在全国高校思想政治工作会议上的讲话精神为指引，深入推进学校思想政治工作，进一步学习领会习总书记重要讲话精神，进一步明确培养什么样的人、如何培养人以及为谁培养人这个根本问题，坚定不移地办中国特色社会主义大学。二要深入贯彻习近平总书记7·26重要讲话精神，增强"四个意识"，坚定"四个自信"。2017年7月26日，习近平总书记在省部级主要领导干部专题研讨班上发表了重要讲话，讲话为党的十九大胜利召开奠定了重要的政治、思想和理论基础，提出了一系列新的重要思想、重要观点、重大判断、重大举措。习近平总书记在讲话中提出了"三个一系列""三个意味着""四个伟大"和"三个攻坚战"等一系列重要论断，并做出了"党和国家事业发生历史性变革，我国发展站到了新的历史起点上，中国特色社会主义进入了新的发展阶段"的重大历史判断。习近平总书记的重要论断，着重强调中国的发展实践、中国特色社会主义道路为解决人类问题贡献了中国智慧、提供了中国方案。这就意味着我们的发展格局、标准和要求都将发生重要变化，学校要与之相适应、相匹配，以习总书记重要讲话精神指导工作，把握方向，谋划工作，完善发展战略和各项政策，以新的精神状态和奋斗姿态把学校各项事业推向前进。

二是深刻领会北京市第十二次党代会的精神实质，紧密围绕首都城市战略定位来谋划推进学校发展。当前，首都北京也进入了新的发展阶段，这个"新"主要体现在，北京城市发展正在按照首都城市战略定位，进行一场深刻的转型，由城市发展转向首都发展，实现从聚集资源求增长到疏解功能谋发展的重大转变，核心就是按照习近平总书记两次视察北京重要讲话精神，进一步强化"四个中心"功能建设，大力推进疏解整治促提升工作，建设大国首都。要全面服务北京"四个中心"特别是文化中心和科技中心战略定位和首都"一核两翼"格局，不断提高服务能力和水平，全力对接城市副中心和雄安新区建设，以北京未来城市设计高精尖创新中心和雄安创新研究院为平台，抢抓机遇，推动学校发展。

三是深刻把握国家高等教育的新部署，科学确定新时期学校的办学定位和目标。当前国家高等教育领域四件主要大事，一是按照中央31号文和北京市三个文件要求，把全面贯彻落实全国高校思想政治工作会议精神不断引向深入，扎根中国大地办社会主义大学。二是《中央关于深化教育体制机制改革的意见》正式印发，确定了教育体制机制未来改革的顶层设计，教育领域综合改革深入推进，各项重点改革任务逐步落实落地。三是"双一流"建设名单即将公布，高等教育格局面临新一轮调整。四是全国教育工作大会即将召开，教育领域面临新的重大部署。这些也都将带来一些新的变化和要求。在这些大背景下，学校如何定位、如何发展需要深入思考。经过在全校范围内深入研讨，反复论证，多轮修改，学校确定了新的办学定位和人才培养目标，新的办学定位："秉承'立德树人、开放创新'办学理念，坚持'服务首都城市战略定位、服务国家新型城镇化'，建设教学研究型大学，努力实现国内一流、国际知名、具有鲜明建筑特色的高水平、开放式、创新型大学的发展目标"。新的人才培养目标："以立德树人为根本任务，弘扬'实事求是、精益求精'校训精神，注重知识、能力、素质协调发展，培养具有社会责任感、创新精神和国际视野的城乡建设领域高级专业骨干和领军人才"。要围绕新的办学定位和新的人才培养目标，推进教育教学改革，推进管理服务升级，不断提升人才培养质量，各项工作都要与之相适应。

二、坚持内涵发展，深入推进综合改革，全面提升办学能力

习近平总书记在全国高校思想政治工作会议上指出，"办好我国高校，办出世界一流大学，必须牢牢抓住全面提高人才培养能力这个核心点，并以此来带动高校其他工作。"自2015年以来，学校按照党和国家关于深化教育领域综合改革的重大部署，全面启动学校综合改革工作，制定了《卓越管理行动计划》、召开系列改革动员部署会，统筹推进管理体制机制、人才队伍建设、本科人才培养、学科与科技、国际化办学、信息化办学、财务、资产与后勤、校办企业等系列改革，取得了阶段性的成果。当前，学校已经进入能力导向的阶段。正如刚才张校长所说，全校上下对提质转型升级理念已经形成共识，要建设高水平大学，就必须深化综合改革，推进内涵发展，核心就是扭住能力不放。

一是不断提升人才培养能力。核心是抓教改，要以本科教学审核评估为契机，全面系统地推进教改，形成人人参与教改的局面，加大教改激励力度，更好地完成立德树人根本任务。二是不断提升科技创新能力。一方面要推进科技体制机制改革，实现以个人为主体的自发性科研向有组织的系统性科研转型。另一方面要加强科研平台建设，摸清家底，查找问题，明确建设规划，不断提升基础科研能力，开好实验室工作会。三是不断提升治理和服务保障能力。以师生为中心，以卓越的标准和信息化的手段推进学校治理结构和管理服务的转型，建设好两校区一站式综合服务中心和智慧校园中心。四是不断提升招才聚才用才的能力。面向"十三五"发展目标，建设符合教学研究型大学的卓越人才队伍。加强预算体制改革，提升学校自主创收的能力。五是不断提升国际交流合作能力。按照上半年召开的国际交流合作工作会的部署，对照指标体系，下大力气补短板，强化落实，努力开创学校国际交流合作新局面。六是不断提升党建和思想政治工作能力。上半年我们召开了学校思想政治工作会议，全面部署了学校党建和思想政治工作。要按照中央和市委的部署要求，大力加强党支部建设，加强教师思想政治教育，真正做到党建和思想政治工作与中心工作融合发展，不断推进全面从严治党向纵深发展。全校各级干部要深刻认识与实现"两个一百年"发展目标相适应、与首都地位相匹配高素质干部队伍的内涵和要求，围绕学校发展目标，不断提升个人能力素质。

三、牢固树立"四个意识"，凝聚强大合力，全力做好下半年各项工作

一是以高度的政治责任感开好学校第六次党代会。学校第六次党代会是在学校发展关键时期召开的一次大会。会议将紧紧围绕建设国内一流、国际知名、具有鲜明建筑特色的高水平、开放式、创新型大学的战略目标，全面总结过去七年的工作，全面部署未来五年的各项任务，对在新的历史起点上推进学校提质转型升级具有重大而深远的意义。

二是高质量完成党建基本标准，集中检查和本科教学审核评估工作。这两项评估涉及学校发展命脉，希望大家能够自觉主动，全力投入。经过各职能部门和二级单位一个假期

的认真准备，两项评估的前期准备工作基本到位，相关基础性工作也得到了系统加强。接下来，要继续对照上级的要求和学校的目标，按照北京市党建先进校的标准和一流本科教育的标准，进一步完善凝练提高，积极主动做好专家入校检查前的各项准备工作，切实达到精益求精的地步，以评估推动学校事业发展新进步。

三是精心做好办学110周年各项纪念活动。去年，学校成功举办了80周年校庆，在广大师生校友中产生了重要影响。校庆之后，关于学校的办学历史起点定在1907年，各方面的呼声很高，经过校史工作组近一年的研究，各项史实也充分证明了这样一个时间节点，大家也都认为今年举办纪念办学110周年相关活动比较成熟和合适，这是学校办学重要时间节点的纪念活动，非常利于提振信心，促进学校发展。接下来，要本着尊重历史，传承文脉的原则，做好办学110周年的各项纪念活动，以此为契机，不断凝聚人心、增强自信、推进学校发展。

四是深入推进"两高"布局建设。"两高"布局是物理格局也是政治格局，年底必须完成市委下达的疏解任务。要牢固树立"四个意识"，从讲政治，讲大局的高度，圆满完成学校市委下达的疏解任务。"两高"办学布局是学校"十三五"规划的两大发展目标之一，全校师生要进一步统一思想，主动调整到位，提高房产利用率，切实把大兴校区建成高质量本科人才培养基地，西城校区建成高水平研究生培养、科技协同创新及成果转化基地。

五是推进全面从严治党向纵深发展。下半年，要重点做好以下几个方面，一是认真做好十九大精神的学习宣传贯彻落实工作，坚持不懈地用习近平总书记系列重要讲话精神和治国理政新理念新思想新战略武装头脑、指导实践。二是扎实推进"两学一做"学习教育常态化制度化，抓好党支部规范化建设，层层传导压力，推动基层党的建设全面进步、全面过硬。三是加强领导班子和干部队伍建设，锻造一支与实现学校办学目标相适应、与当前发展阶段相匹配、忠诚干净担当的高素质干部队伍。

六是全面做好安全稳定工作。党的十九大即将召开，要把安全稳定工作放在首要位置，严守意识形态阵地，严格执行安全稳定各项制度，落实安全生产责任制，严格执行信息上报制度，确保万无一失，确保校园安全和谐稳定。

老师们、同志们：下半年各项重点工作叠加，发展任务十分繁重，需要我们积蓄起更加强大的力量，在北建大精神的引领下，以更加奋发有为的状态，推进各项重点工作高质量完成，为学校提质转型升级发展奠定坚实的基础。让我们更加紧密地团结在以习近平同志为核心的党中央周围，在市委市政府的坚强领导下，牢固树立"四个意识"，抢抓历史机遇，振奋精神，鼓足干劲，攻坚克难，推动下半年各项工作的落实，以优异成绩迎接学校第六次党代会和党的十九大胜利召开！谢谢！

2017年9月1日

十三、党委书记王建中在北京建筑大学校办企业党的建设工作会议上的讲话

同志们：

大家下午好！

今天我们在这里隆重召开北京建筑大学校办企业党的建设工作会议，主要任务是深入学习贯彻习近平总书记关于国有企业党的建设工作重要讲话精神和全国国有企业党的建设工作会议精神，贯彻落实中央、市委决策部署，交流工作经验，分析形势任务，对加强和改进校办企业党的建设工作进行动员部署，奋力开创学校校办企业党建工作的新局面。这是我校历史上第一次就校办企业党的建设召开的专门工作会议，也是全校上下奋力拼搏、攻坚克难、开拓创新，以优异的成绩喜迎党的十九大和学校第六次党代会胜利召开之际召开的一次重要会议，意义十分重大。

刚才，祖维中书记代表资产公司党委做了工作报告，系统总结了校办企业的党建工作，并就下一步加强和改进校办企业的党建工作做了部署。我们还有三位代表结合所在企业和岗位实际，分别谈了在企业一线开展党建工作的经验体会和特色党建活动，充分展示了校办企业广大党员干部和一线员工的奉献精神和良好精神面貌，三位代表讲得非常好。刚才，我们还一起表彰了16位优秀党务工作者和优秀共产党员。借此机会，我代表学校党委，向受表彰的同志们表示热烈的祝贺！向校办企业全体党务工作者和广大党员，向长期以来为学校事业发展做出重要贡献的校办企业全体员工致以亲切的问候和衷心的感谢！

今天的会议进行了充分的准备，开得非常成功，既总结了校办企业的成绩和经验，又按照新的要求、新的标准深入分析了存在的问题，对做好下一步工作进行了部署，达到了统一思想、凝聚共识、坚定信心的会议目的，进一步增强了做好校办企业党的建设的使命感、责任感和紧迫感。大家会后要认真学习领会会议精神，结合各自实际做好贯彻落实工作。下面，我就深入贯彻落实中央、市委关于加强国有企业党的建设相关精神，扎实推进学校校办企业党的建设再强调几点意见和要求。

一、深入学习贯彻习近平总书记重要讲话精神，充分认识加强校办企业党的建设的重要意义

党的十八大以来，以习近平同志为核心的党中央高度重视国有企业改革，从进行伟大斗争、建设伟大工程、实现伟大梦想的高度来看待国有企业，旗帜鲜明地提出要毫不动摇地支持国有企业发展壮大，毫不动摇坚持党对国有企业的领导，把我们对国有企业的认识提升到了一个新的高度。近期，中央和市委围绕国企改革和国企党建，不断完善顶层设计，进行全面部署，先后印发了《关于深化国有企业改革的指导意见》《关于深化国有企业改革中坚持党的领导加强党的建设的若干意见》和《中央企业党建工作责任制实施办法》等一系列重要制度文件，形成了一整套相互衔接配套的政策体系。特别是2016年10月，中央专门召开全国国有企业党的建设工作会议，习近平总书记发表重要讲话，从坚持和发展中国特色社会主义、巩固党的执政基础和执政地位的高度，从统筹推进"五位一体"总体布局和协调推进"四个全面"战略布局的高度，深刻分析了国有企业的重要地位

和重大历史使命，精辟阐述了加强和改进国有企业党的建设的重要意义、目标任务和基本要求，深刻回答了事关国有企业改革发展和党的建设的一系列重大问题，是新形势下国有企业坚持党的领导、加强党的建设的纲领性文献，对于做强做优做大国有企业，对于加强国有企业党的建设具有重大而深远的意义，为我们加强和改进校办企业党建工作指明了方向，提供了根本遵循，所以我们要深刻学习领会习近平总书记重要讲话精神，努力把握基本内涵、吃透精神实质、领悟核心要义，切实把思想和行动统一到中央和市委要求上来，进一步增强做好校办企业党的建设的思想和行动自觉，为做强做优做大校办企业提供坚强的组织保证。

一是切实提高对校办企业重要地位作用的认识。校办企业是学校事业发展的重要组成部分，是提升学校综合实力、推进学校提质转型升级的重要力量，是教学科研和服务社会的重要平台，在学校的改革和发展中发挥了重要作用。从发展历程和自身建设上看，我校校办企业自20世纪80年代末创办以来，不断健全体制机制、规范管理、拓展市场、提高效益，历经30年的发展，取得了显著的成绩。近年来，以建立现代企业管理制度为目标，不断深化体制机制改革，治理能力和经营管理水平不断提高，规范化建设不断取得新进展，特别是企业内部控制水平有了进一步提升，在全市校办产业系统内率先推行财务统一管理和预算管理，在北京市教委组织的全市校办企业内控评价中获得优异成绩。从工作业绩和服务学校发展上看，校办企业现已发展成为拥有11家企业，涵盖城乡规划设计、施工、监理、项目管理、检测、造价、招投标代理、物业管理、培训和科技园运营等13个方面，具备27项资质，其中综合、甲级、一级资质7项，年均产值4.14亿元，产业服务覆盖范围和资质体系不断拓展。近五年，累计支持学校1.3亿多元建设发展资金，分别出资300万元和1200万元，为学校建设了雨水实验室和土木地下交通实验室，积极承担了学校大兴校区体育馆、图书馆、综合行管楼、臻园餐厅等重大工程的设计、施工、监理等工作，包括西城校区系列改造工程，校办企业给予了重大支持。应该说，校办企业有力支持了学校的教学科研工作，成为学校事业发展的重要组成部分。特别是两年多来，在完成市委市政府下达的科贸楼二期（万容市场）疏解的重大政治任务中发挥了重要作用，做出了特殊的贡献。从服务社会和行业影响力上看，校办企业积极服务国家城乡建设，仅"十二五"期间，总计承担各类项目2600多项，全面服务北京城市副中心和雄安新区建设，承担了北京城市副中心市人大和市政协新址项目、国家体育馆、凤凰国际传媒中心、雁栖湖国际会展中心、天安门城楼修缮等一大批重点工程，主持和参与完成60多项国家和行业标准以及地方法规的起草工作，获得"国家土木工程詹天佑奖"、建筑类工程国家工程质量最高奖"鲁班奖"14项、国家优质工程奖等省部级奖项近700项，为学校赢得了荣誉和广泛的社会影响力，成为首都北京乃至国家城乡建设的一支重要力量。所以说，校办企业是学校事业发展的重要组成部分，我们要按照有利于提高校办企业经济竞争力、有利于校办企业功能发展的方针，深入推动校办企业改革、持续提高经营管理水平，坚定不移地把校办企业做强做优做大。

二是切实提高对加强校办企业党的建设重要性紧迫性的认识。习近平总书记指出，国有企业是党领导的国家治理体系的重要组成部分，理所当然要坚持党的领导，坚持党的领导、加强党的建设是国有企业的"根"和"魂"，是国有企业的光荣传统和独特优势。学校党委一直高度重视校办企业发展及校办企业党的建设工作。近年来，学校以制定和完善

《北京建筑大学校办产业管理办法》为重要抓手，不断推进校办企业规范化建设，实施了一系列重大改革和调整措施，多次调整充实资产公司经营班子和党委领导班子。为进一步加强校办企业党的建设，促进校办企业健康发展，近期又专门制定了《中共北京建筑大学委员会关于进一步加强和改进新形势下校办企业党建工作的实施意见》，对加强和改进校办企业党的建设做出了一系列新的部署安排，提出了一系列新的措施。校办企业各级党组织坚持融入中心、服务大局，积极探索加强改进党建和思想政治工作的新思路、新途径、新方法，在把关定向、动员组织、服务群众、促进和谐等方面发挥了不可替代的作用，校办企业党的建设水平得到显著提高，党组织政治核心作用和党员先锋模范作用得到充分发挥，为保障学校教学科研、促进科技成果转化、实现学校国有资产保值增值做出了重要贡献。但是面对学校提质转型升级的发展任务，面对全面从严治党的新要求，特别是面对中央、市委全面加强国有企业党的建设的新部署，校办企业党建工作中仍然存在着一些亟待解决的问题，主要表现为：党的建设工作体系、制度体系和责任落实体系仍需要进一步完善，考核评价机制需要进一步健全，党建责任制还需进一步强化，与生产经营的融合仍需不断深化；部分企业加强党建工作的意识还需进一步加强，不同企业之间党建工作不平衡，企业管理新体制下党建工作的规律还需进一步探索和研究；个别企业党组织的政治核心作用还需进一步加强，有的基层党组织缺乏活力，少数党员的先锋模范作用不明显；基层党组织负责人兼职多专职少，部分企业党建工作队伍力量薄弱，党建工作队伍需要不断加强。大家要进一步提高政治站位，充分认识到坚持党的领导、加强党的建设既是校办企业工作的重要经验，也是校办产业健康发展的重要优势；充分认识到加强校办企业党的建设是主动适应全面从严治党新形势的客观需要和重大政治任务，也是适应学校事业新发展承担更重要角色的客观需要，按照中央和市委要求，采取有效措施，切实加强校办企业党的建设。

　　三是切实提高对加强党的领导和完善公司治理结构的认识。习近平总书记强调，坚持党对国有企业的领导是重大政治原则，必须一以贯之；建立现代企业制度是国有企业改革的方向，也必须一以贯之。现代企业制度完全不同于计划经济下旧的企业制度，也不同于西方的企业制度。建立中国特色现代国有企业制度，是国有企业的改革方向，是现代企业制度的重大理论创新和实践创新，其核心就在于党组织是公司法人治理结构的重要组成部分，就在于充分发挥党建工作与公司治理两个优势，这是我们必须坚定的立场。我们要切实把加强党的领导和完善公司治理统一起来，明确企业党组织在公司法人治理结构中的法定地位，坚持校办企业改革与加强党的建设同步谋划，着力把党政治优势与现代企业制度有机融合、组织体系与法人治理结构有机融合，"党管干部""党管人才"与企业人力资源管理有机融合，思想政治工作与企业文化建设有机融合，实现体制对接、机制对接、制度对接和工作对接，充分发挥资产公司党委政治核心、各企业党组织战斗堡垒和党员先锋模范作用，不断开辟校办企业改革发展的广阔天空。

二、切实加强对校办企业党建工作的领导，努力把校办企业党组织建设成为坚强战斗堡垒

　　坚持党的领导、加强党的建设，始终是学校校办企业的光荣传统，也是学校下一步做强做优做大校办企业的根本保证。"十三五"时期，学校要实现由教学型向教学研究型大

学转型和"两高"办学布局的目标，深入推进"六大工程""六大计划"实施，全面推进学校提质转型升级，都迫切需要校办企业参与其中，校办企业既担负着光荣繁重的任务，也面临着难得的发展机遇。我们要切实加强对校办企业党建工作的领导，坚定不移地发展壮大校办企业，为学校新时期更好更快发展提供重要支撑和保障。

一是牢固确立党组织的政治核心地位。习近平总书记指出，坚持党对国有企业的领导，是一个带有根本性、方向性的原则问题，是国有企业党的建设首先要解决好的重大问题，党对国有企业的领导是政治领导、思想领导、组织领导的有机统一。加强党对校办企业的领导，关键是要充分发挥国有企业党组织的政治核心作用，切实履行好把方向、管大局、保落实的重要职责。核心是要明确企业党组织在公司法人治理结构中的法定地位，围绕加强党的政治领导、思想领导、组织领导，推动党组织领导核心和政治核心作用组织化、制度化、具体化。要通过科学有效的制度设计和组织安排，把党的领导融入公司治理各环节、内嵌到公司的治理结构中去，将党组织的机构设置、工作任务纳入企业的管理体制、管理制度、工作规范，着力构建党建工作与生产经营同步规划、同步部署、同步管理、同步考核的新模式。资产公司党委和校办企业各党组织要自觉在思想上政治上行动上同党中央保持高度一致，坚决贯彻党的理论和路线方针政策，确保中央精神、市委部署和党委要求不折不扣落到实处。要坚持在大局下行动，谋全局、议大事、抓重点，加强集体领导、推进科学决策，切实把好企业重大问题和事项的政治关、原则关，确保企业始终保持正确的政治方向。要充分发挥"主心骨"作用，坚持管干部聚人才、建班子带队伍、抓基层打基础，与经营班子一道团结带领广大职工凝心聚力、攻坚克难，为企业更好发展贡献力量。

二是健全完善党组织发挥作用的机制。党对国有企业的领导是具体的而不是抽象的，要有科学的制度设计进而组织安排，明确党组织在企业决策、执行、监督各环节的权责和工作方式，确保党组织作用在决策层、执行层、监督层都能得到有效发挥。要抓紧健全党组织议事决策机制，健全"三重一大"决策制度，对党组织参与"三重一大"事项决策的内容和程序做出具体规定，明确把党组织研究讨论作为董事会、经理层决策的前置程序，确保党组织的把关定向作用得到充分发挥。要处理好党组织与其他治理主体的关系，进一步理清权责边界，不断探索完善各司其职、各负其责、协调运转、有效制衡的公司治理机制，形成科学治理企业的合力。

三是着力夯实党的建设的工作基础。要进一步完善校办企业党组织设置，完善基层组织体系，实现党的组织和党的工作全面覆盖、有效覆盖。要在企业改革发展过程中同步规划党组织设置、同步开展党的工作，确保校办企业各个层面都建立起严密的党建网络。要按照有利于发挥作用的原则，探索在项目部、施工班组设立党支部、党小组，实施项目党建、班组党建等模式，积极推广京精大房监理公司在北京城市副中心项目部设立党小组的好做法好经验，不断优化和动态调整党组织设置，切实发挥党支部的战斗堡垒和党员的先锋模范作用。要严格组织生活各项制度，扎实推进"两学一做"学习教育常态化制度化，不断提升组织生活质量。要紧紧围绕企业生产经营，创新工作载体、搭建活动平台，切实增强党组织活动的吸引力感染力和针对性实效性，使校办企业各级党组织成为团结群众的核心、教育党员的学校、攻坚克难的堡垒。

三、深入推进校办企业党建责任制落实，着力推进校办企业党的建设各项工作落实落地

中央和市委关于新形势下国有企业党建工作的部署要求十分明确，学校也出台了相关文件，关键是要抓好落实，增强工作的主动性和自觉性，提高工作的执行力，坚持以首善标准奋力开创学校校办企业党建工作新局面。

一是着力健全体制机制，切实担负起校办企业党建工作的责任。加强和改进校办企业党建工作，关键还是要抓住党建责任制这个"牛鼻子"，始终强化责任担当，始终保持全面从严治党的使命感和责任感，真正把校办企业党建工作责任扛在肩上、落到实处。首先，要在学校党委统一领导下，资产公司党委切实担负起主体责任，各企业党组织要履职尽责，坚持把党的建设作为主业，聚精会神抓党建，认真落实管党治党各项任务，切实做到真管真严、敢管敢严、长管长严。其次，要不断压实责任，各企业党组织书记要牢固树立抓好党建是本职、不抓党建是失职、抓不好党建是不称职的责任意识，真正当好第一责任人，扑下身子亲自抓、带头干。其他党员领导干部也要履行"一岗双责"，积极支持、主动做好分管领域的党建工作。最后，还要用好考核这个"指挥棒"，加快完善考核评价机制，强化考核结果应用，推动考核结果与薪酬、奖惩等挂钩，使党建工作由软指标变成硬约束。

这里，我还要特别强调一点，资产公司党委还要深入推进党风廉政建设，不断健全制度体系，切实履行好党风廉政建设主体责任和监督责任，通过不断健全企业监事会、审计等部门联动的监督体系，形成监督合力。要完善企业领导人责任追究机制，对违反政治纪律、政治规矩，出现"四风"问题和违纪问题的要严肃追责。要加强党风党纪和廉洁从业教育，着力营造风清气正的发展环境。

二是突出抓好关键少数，切实加强企业领导班子和党员干部队伍建设。今天参加会议的全体校办企业领导班子成员，是校办企业的领路人，是学校在经营和社会服务领域的骨干人才，肩负着经营管理国有资产、实现保值增值的重要责任。你们这支队伍素质如何，对于加强校办企业党的建设，对做强做优做大校办企业至关重要。资产公司党委要坚持把校办企业领导班子和领导干部队伍建设摆在突出位置，按照习近平总书记提出的"对党忠诚、勇于创新、治企有方、兴企有为、清正廉洁"国企好干部标准，着力建设一支勇于攻坚克难、建功立业，能够得到广大校产职工衷心拥护的企业领导人队伍，为校办企业发展提供坚强的组织保障。每一位校办企业领导人员都要对照标准，时常检视自己，不断加强自身修养，努力提高能力水平，担当好责任使命。学校把经营管理国有资产的责任交给你们，既是莫大的信任，更是沉甸甸的责任。你们要着力提高职业化、专业化水平，不断深化对校办企业经营管理规律的认识，锐意进取、开拓创新，努力创造出优异业绩。还要建强基层堡垒，加强校办企业党干部队伍建设，尤其是选好配强党支部书记，加大培养力度，努力建设一支善于围绕企业生产经营开展党建工作的高素质、复合型党支部书记队伍。还要注重做好企业党员的发展教育培训和管理工作，努力把生产经营骨干培养成党员，把党员培养成生产经营骨干。

三是始终坚持问题导向，着力解决校办企业党建当前存在的突出问题。抓落实就是要研究问题、解决问题。要对照习近平总书记重要讲话中提出的目前企业党建中存在的弱

化、淡化、虚化、边缘化四个方面的问题，以及学校查摆出来的问题，深入分析查找问题产生的根源，有针对性地采取措施，切实加以整改落实，在破解难题中不断实现校办企业党建工作的新进展，实现校产工作的新突破。前段时间，资产公司党委组织了一次问卷调查，结果显示：党员中认为企业党建工作和党组织作用发挥"好"的仅为40%，56%的党员认为党的活动时间、地点得不到保证。企业思想政治工作内容、手段单一，缺乏实效，致使企业党支部缺乏应有的向心力、凝聚力和感召力。认为党员发挥作用"好"的仅为32%。甚至有部分党员不愿亮明身份，23%的党员认为亮明身份会给自己带来麻烦，54%的党员认为亮不亮明身份没什么区别。据统计，各企业总计还有100多名党员没有转入组织关系，等等。这些情况发人深思、令人警醒，充分说明我们加强和改进校办企业党建工作的必要性和紧迫性。我们要增强忧患意识，增强责任感紧迫感，对照问题，对症下药，标本兼治，因企施策，切实推动校办企业党的建设从根本上强起来。各企业要坚持举一反三，自我施压，对照上级精神、学校党委实施意见，认真分析，逐项细化梳理问题，拉出清单，落实责任，一件件地推动整改，深入剖析问题产生的深层次原因，坚决澄清、纠正思想认识问题，为加强校办企业党的领导和党的建设彻底扫清障碍，为校办企业长期健康发展和做强做优做大奠定更加长远坚实的基础。

同志们，"一带一路"战略、京津冀协同发展战略、全国城市工作会议、首都城市战略新定位，城市副中心建设、雄安新区建设、建筑业的转型升级发展，为学校发展带来了前所未有的机遇，也为校办企业带来了前所未有的机遇。当前，全校上下正在奋力推进提质转型升级，各项事业呈现出了欣欣向荣的发展新局面，同样，校办企业也处在提质转型升级的关键历史转折期，任务艰巨，前景光明。在这一大背景下，坚持党对校办企业的领导，进一步加强和改进新形势下的校办企业党建工作，为校办企业的发展提供坚强的思想和组织保障，意义尤为重大。这是学校事业改革发展的一项重大任务，是校办企业各级党组织和全体党员的共同责任。各企业党组织和全体党员要牢牢树立"四个意识"，扎实推进全面党员治党向纵深发展，以更加开阔的视野、更加创新的思维、更加坚定的信心，把党建工作放到企业发展大环境中去思考谋划，扎实推动校办企业党的建设全面加强、全面进步，奋力开创党建工作和企业发展的新局面，以优异成绩迎接党的十九大和学校第六次党代会的胜利召开！

谢谢！

2017年9月29日

十四、校长张爱林在"一带一路"建筑类大学国际联盟成立大会上的讲话——把倡议变为我们的行动,把愿景变为我们的现实,创新推进"一带一路"建筑类大学国际交流合作

尊敬的北京市教委葛巨众副主任,尊敬的各位大学校长、各位嘉宾,女士们,先生们:

今天我们相聚在北京建筑大学,共同见证"一带一路"建筑类大学国际联盟的成立,共同研讨创新推进"一带一路"建筑类大学国际交流合作及创新人才培养。我谨代表北京建筑大学和联盟所有的发起单位,对大家积极支持成立"一带一路"建筑类大学国际联盟表示衷心的感谢!对大家亲自出席今天的成立大会和校长论坛表示热烈的欢迎!

2013年9月和10月,中国国家主席习近平在出访中亚和东南亚国家期间,提出了"一带一路"倡议,就是共建"丝绸之路经济带"和"21世纪海上丝绸之路"倡议。今年5月,在北京成功举办了举世瞩目的"一带一路"国际合作高峰论坛,习近平主席提议将"一带一路"建成和平之路、繁荣之路、开放之路、创新之路和文明之路。与会各方对外发出了合力推动"一带一路"国际合作、携手共建人类命运共同体的积极信号,这一次高峰论坛进一步明确了未来"一带一路"国家的合作方向,规划了"一带一路"建设的具体路线图,确定了一批"一带一路"将实施的重点项目

"一带一路"倡议有三个内涵要义:一是突出互联互通的21世纪特色;二是建设经济发展带;三是得道多助,互利多赢。"一带一路"是合作发展的理念和倡议,是和平合作、开放包容、互学互鉴、互利共赢的理念,为沿线国家和地区带来共同的发展机会,拓展更加广阔的发展空间。

我们常说,少年强则国家强,各国青年的互鉴交流、开拓创新是实施"一带一路"倡议、推动"一带一路"可持续发展的重要力量。我们要坚持为互联网时代、未来一代的各国青年成就青春梦想,搭建更多合作平台,开辟更多合作渠道,推动高等教育实质国际合作,提升高等教育国际交流水平。

作为北京地区唯一的建筑大学,是国家住房城乡建设部和北京市共建大学,北京建筑大学始于1907年,今年建校110年,建筑类学科具有悠久的历史。目前已与28个国家和地区63所大学建立长期合作关系,1999年与法国政府共建中法能源培训中心,拥有"北京未来城市设计高精尖创新中心"、"代表性古建筑与古建筑数据库"教育部工程研究中心等26个省部级高端科研平台,特别是针对丝绸之路沿线建筑遗产保护开展了大量极具价值的研究和保护工作,先后完成了世界最大的线性遗产廊道项目——丝绸之路新疆地区古代寺庙遗址保护规划、长城保护规划、云冈石窟保护研究以及柬埔寨周萨神殿保护维修工程等多个世界文化遗产项目的保护规划等工作。

最近两年,我校与"一带一路"沿线国家高校开展了广泛合作,发展了一批新的友好伙伴高校,签署校际合作协议,双方进行师生交流、开展科研合作、共同举办国际会议,开启了交流合作的新篇章。我们主办了北京城市设计国际高峰论坛、建筑与土木热点问题国际研讨会、亚太城市建设与管理实务论坛、"空间数据基础设施建设与应用"国际研讨会、"一带一路"历史建筑摄影·手绘艺术展等。

2016年,我校获得北京市教委"一带一路"沿线国家留学生专项奖学金,用于资助

"一带一路"沿线国家有志青年来京留学。今年9月，我校成为北京市首批"一带一路"国家人才培养基地，获得专项资金进行国际建筑土木工程师人才培养和学科建设。我们还聘请了多位知名国际专家驻校讲学，派出"教师能力提升团组"赴外进修，带动学校科研合作水平和教师整体能力提升。这些工作为成立"一带一路"建筑类大学国际联盟奠定了良好的基础。

北京建筑大学面临难得的四个重大发展机遇，一是"一带一路"发展倡议加快"一带一路"基础设施建设；二是中国的建筑业向信息化、绿色化、工业化转型升级；三是首都北京新定位，建设世界一流的和谐宜居之都；四是京津冀协同发展，加快建设雄安新区。这要求我校努力建设国际知名的开放式、创新型建筑大学，要求我们推进与各个国家的大学全面交流与合作，推动教育综合改革和教育国际化进程，搭建国际化人才培养、科研协同创新及人文交流的开放共享平台。因此我们产生了成立"一带一路"建筑大学国际联盟的意向，立即得到了北京市政府教委、北京市外办的肯定和大力支持。我们发起了成立"一带一路"建筑类大学国际联盟的倡议，起草了联盟章程，迅速得到了国内外各兄弟院校的积极响应和大力支持。从今年5月份开始，我们陆续收到各兄弟院校加入联盟的确认函，截至目前，已有来自俄罗斯、波兰、法国、美国、英国、亚美尼亚、保加利亚、捷克、韩国、马来西亚、希腊、尼泊尔、以色列等19个国家的44所大学同意成立并加入联盟。今天，有25所大学的51位代表参会，共同见证"一带一路"建筑类大学国际联盟的正式成立。我们相信，随着联盟的进一步发展扩大，将有更多的中国高校和"一带一路"沿线其他国家的高校加入进来。

为推动"一带一路"建筑类大学国际联盟可持续发展，我们提出如下四点建议：

第一，建立"一带一路"建筑类大学国际联盟可持续发展与管理运行机制，建立开放基金制度。联盟理事会主席和秘书处常任制与联盟轮值主席制相结合。我校设立专项资金用于联盟常任秘书处的运行。

第二，以信息化推动联盟及成员单位的资源开放共享。以"一带一路"建筑类大学国际联盟网站建设为平台，发布各理事单位的工作动态、活动预报、最新成果。实现信息互联互通，资源开放共享，优势互补互鉴。更好契合联盟成员需求，在政策信息服务、双边（多边）联络协调机制、项目和人员交流等领域提供优质服务。

第三，设立开放基金，推进联盟成员协同创新研究。我校首批设立50万美元开放基金，用于联盟在人才培养、科学研究、师资队伍建设、校园文化、社会服务等方面开展实质合作研究，促进不同学校优势特色学科的交叉融合，欢迎联盟成员大学投入开放基金。

第四，建立"一带一路"建筑类大学国际联盟校长论坛成果落地机制。明确每年校长论坛主题，论坛成果可由联盟成员大学牵头分项推进落地。

中国人有两句古语，一句是"良好的开端等于成功的一半"，今天，"一带一路"建筑类大学国际联盟成立了，联盟的建设已经迈出坚实的第一步，有了良好的开端，我们充满信心。另一句是"行百里者半九十"，未来的路还很长，任务还很艰巨，我们要鼓足干劲，乘势而上，快马加鞭，推动"一带一路"建筑类大学国际联盟建设行稳致远，迈向更加美好的未来。

昨天晚上我们召开了预备会，与会专家对成立"一带一路"建筑类大学国际联盟给予高度评价，特别非常感谢联盟成员大学的信任，同意我校担任"一带一路"建筑类大学国际联盟秘书长单位和首任轮值主席单位。借此机会，作为联盟秘书长和首任轮值主席，我愿真诚地承诺，北京建筑大学将积极发展与联盟成员的合作伙伴关系，竭尽全力搭建开放共享的交流合作平台，为"一带一路"建筑类大学国际联盟的顺利推进贡献力量，为成员做好服务工作。

今天下午，各位代表还将紧密围绕"在一带一路发展倡议下，开展建筑类大学国际交流合作与创新人才培养"这一主题，进行深入的交流，希望大家畅所欲言、深入研讨、相互借鉴，为推进联盟的下一步工作和可持续发展，积极献计献策。

让我们把"一带一路"倡议变成行动，把"一带一路"愿景变成现实，为建设更加和谐宜居的地球、建设更加美好的世界培养更多的创新人才，做出我们更大的贡献！共同铸就"一带一路"发展的新丰碑！

谢谢大家！

2017 年 10 月 10 日

十五、校长张爱林在"一带一路"建筑类大学国际联盟成立大会校长论坛上的报告——把准未来导向，创新合作机制，培养建筑类创新人才

尊敬的各位校长，各位同事：

按照原来的计划，首先由俄罗斯建筑科学院副院长做报告，但是因为航班调整，他现在还没到，所以我变成了第一个发言。中国有一句话，叫抛砖引玉，第一个讲的都是抛砖引玉，我先抛个"砖"，引出接下来演讲者的"玉"。我的报告题目是《把准未来导向，创新合作机制，培养建筑类创新人才》，报告内容主要包括三个方面。

第一部分，就是北京建筑大学概况。给大家发的材料当中，已经介绍了我校的基本情况，北京建筑大学始建于1907年，叫京师初等工业学堂，当时就有木工科，就是土木和木结构建筑专业。今年是建校110周年，我校建筑类专业同样历史悠久，详细过程我就不细讲了。

与今天报告相关的，也是我们重要的创新，除了我们从本科生、硕士研究生、博士研究生到博士后流动站的全过程人才培养体系以外，去年学校还获批北京未来城市设计高精尖创新中心。另外，我们跟国家文物局合作的"建筑遗产保护理论与技术"服务国家特殊需求博士人才培养项目也取得了不错的成绩。

从中华人民共和国成立之初的"十大建筑"，到1990年的北京亚运会工程，再到2008年的北京奥运会工程，我校师生和校友都做出了重大的贡献。20世纪50年代，我校教授和老师也为北京市建设做出了重要贡献，北京市规划展览馆中就有我校校友赵冬日（1949~1958年任教）与朱兆雪提出的北京城规划方案，跟梁思成先生的北京城市规划方案挂在一起。他们的方案虽有不同，但指导思想都是把北京古都保护好，在古城外面规划建设一个新城。非常遗憾，他们的方案没有实施。

我们学校有两大特色，一是从区域定位上长期服务首都北京的城市建设，就是北京味十足；二是从行业定位上服务国家建筑业转型升级，就是建筑味十足。去年，我校"未来城市设计高精尖创新中心"获批"北京高等学校高精尖创新中心"。作为科技创新特区，以五年为一周期，北京市每年给予5000万元至1亿元的经费投入，经费额度原则上不低于70%用于聘任国内外高端人才，不低于50%的经费要用于引进国际顶尖创新人才。我校高精尖中心有五大研究方向，包括文化遗产保护与城市有机更新、绿色城市与绿色建筑、城市地下基础设施更新与海绵城市建设、城市设计与管理大数据支撑技术以及城市设计理论方法体系。

借助这样一个创新平台，我们创新科研组织运行模式，实行PI（学术带头人）负责制和组阁制，首先由首席科学家组成大学科团队，称为"一级PI"，下面是学术带头人组成PI学术团队，称为"二级PI"。我们已经聘请了国内外著名专家加入高精尖中心学术委员会和国际咨询委员会，比如荷兰代尔伏特大学的马克教授、美国哈佛大学的科克武德教授、宾夕法尼亚大学的迈克尔教授等。

我们服务国家和北京重大工程包括：北京通州副中心旧城城市设计与更新、张家口崇礼2022年冬奥会越野滑雪场长城保护规划、故宫古建筑群数字化及三维重建、国家体育

场（鸟巢）精密安装测量与安全监测、北京海绵城市建设试点项目、中—荷未来污水处理技术研发中心、北京城市副中心综合管廊工程、北京大兴国际机场新型大跨度钢结构工程等。

经过深入研究，我校中长期发展规划确定学校的发展目标就是要建设"国内一流、国际知名、具有鲜明建筑特色的高水平、开放式、创新型大学"，这和"一带一路"倡议理念是相通的。

我要讲的第二部分，就是把准建筑类大学发展的未来导向和问题导向。

为什么要把准未来的导向？我们今天教的学生是为未来储备的人才，他们是现在的学生，学校也是现在的大学。那么，我们应该教什么？学生应该学什么？我们应该怎么教学？怎么管理？我认为，应该努力为学生构造一个知识、能力、素质三位一体的培养方案，让他们能够满足未来的需求，既包括学生作为个体的未来，也包括世界、国家、教育、行业和区域的未来。他们在今天学到了什么，会做什么，将来才能学有所用？所以我们的教育是为未来储备人才，而不是我们今天教什么，他们学什么，今天马上就用什么、会什么。这就是我们遇到的挑战，可能学生一毕业时，他们掌握的知识就成了过时的知识，而他们对新产生的知识怎么获取？

关于全球未来教育发展，大家都知道，联合国教科文组织第38届大会发布了《教育2030行动框架》。它的核心是迈向全纳、公平、有质量的教育和全民终身学习。它提倡开放的教育、可持续的教育、平等的教育、人本的教育和适合的教育。这是全球未来教育的蓝图。未来教育还有一个重要特点，就是信息技术革命推动教育革命和全球化，信息技术学习环境正建构趋于开放、连接式教学模式，教师的角色从讲台上的讲解者，变成了引领者、示范者。在座有来自中国、日本、韩国的参会代表，围棋高手众多。世界围棋高手李世石几次被人工智能机器阿尔法狗（AlphaGo）击败，赛后他对记者谈感受，他说他要让他的女儿和阿尔法狗（AlphaGo）学习下围棋，而不是跟他下围棋，因为阿尔法狗（AlphaGo）的计算能力和速度远远超过他，他这个老师在某种程度上失去了作用，机器战胜了他。这就是信息革命带来的挑战。

2000年，中国的国民生产总值人均1000美元，人民生活达到总体小康水平；2020年，中国要全面建成小康社会，国民生产总值人均近10000美元；2035年，我们要进入高收入国家门槛；2050年，要建成现代化强国，达到中等发达国家水平的建设目标。这就是中国的未来，这样的未来对于未来学生培养，对于建筑业发展的需求是什么呢？今天上午，我们已经讲到了"一带一路"倡议，今天下午各位专家还会进一步阐述"一带一路"的概念。一句话，我们要在全球化的视野下考虑我们的问题。

关于中国的城市化进程，1949年中华人民共和国成立的时候，我国城市化率仅有10.64%；经过漫长而曲折的城市发展时期，到1981年才增加到20.16%；改革开放40多年以后，城市化率在2016年达到了57.35%，预计这一百分比在2020年将达到60%左右，到2030年将达到70%左右。虽然跟世界发达国家80%左右的城市化率相比，还有很大差距，但是对于我们而言是巨大的城市化发展。

为了实现这个目标，中国建筑业必须转型升级，转变发展方式。我们要向绿色化、工业化、信息化转型升级，2020年新建建筑50%达到绿色建筑要求。我们还要以推广装配式建筑为重点，大力推动建造方式创新。装配式建筑比例要达到30%，钢结构比例要达到10%。

另外，首都北京刚刚通过了新的总体规划，即《北京城市总体规划（2016年～2035年）》，其中包括北京城市副中心和河北雄安新区建设。《北京市城市总体规划（2016年～2035年）》提出，北京2020年发展目标是建设国际一流的和谐宜居之都实现阶段性目标。什么叫阶段性目标？就是"大城市病"等突出问题得到缓解，初步形成京津冀协同发展、互利共赢的新局面。2030年，北京基本建成国际一流的和谐宜居之都，治理"大城市病"取得显著成效，首都核心功能更加优化，京津冀区域一体化格局基本形成。到2050年，全面建成国际一流的和谐宜居之都，京津冀区域实现高水平协同发展，建成以首都为核心的世界级城市群。

以上就是我讲的"未来导向"，下面我们要进一步把准问题导向。问题很多，我主要归纳以下几条：第一，我们世界眼光、国际标准意识还不够，一方面是中国的教授和学生走出去比较少，另一方面我们将国际专家请进来，这次联盟校长论坛就是"请进来"，未来我们还要持续请更多国际知名专家学者，经常请你们到中国来，到北京建筑大学来。第二，就是我们的学科专业划分过细，因此割裂了多学科的有机融合。我举个例子，比如说智慧城市，你说是计算机专业研究智慧城市，还是信息控制专业、环境专业、建筑专业、土木专业的人研究智慧城市？其实，智慧城市是个多学科交叉领域，靠单一学科、单一专业解决不了的问题。现在我们提出一个概念，叫"新工科"，这个具体定义目前正在讨论，但是它就是要回归到过去的大学科和多学科的概念。第三，就是创新实践解决复杂问题能力培养方面的不足。大家都知道《华盛顿协议》，去年中国也加入了《华盛顿协议》，就是要以学生为中心，培养他们通过理论分析解决复杂工程问题的能力，而且要将这个能力的培养要贯穿学生成长的全过程。建筑类大学未来发展，也要讲未来导向、问题导向、目标导向，就是要建设创新型建筑大学、建设一流建筑类学科、培养具有国际视野和通晓国际规则的一流建筑类创新人才。这与我们"一带一路"倡议中互联互通的理念是相通的。

大家都知道，大学有四项最基本的职能：人才培养，科学研究，社会服务，文化传承。今天我们"一带一路"建筑类大学国际联盟的成立就是大学第五大基本职能——国际交流与合作的体现。实际上，国际交流与合作职能是贯穿在人才培养，科学研究，社会服务，文化传承所有方面，每个方面都需要国际交流与合作，都需要互联互通，都需要资源开放与共享。

那么，建筑类大学发展途径选择就是开放、创新、合作。开放才能实现共赢，资源共享，是我们实现提质转型升级的必由之路；只有创新，才能解决新问题，解决了老问题，又产生了新问题，所以要不断创新，不断解决新问题。合作，就是一加一大于二，一加一再加一大于三，甚至大于N，也就是多赢的理念。

第三部分，上午我也讲到，要落实"一带一路"的理念，就要创新机制，培养建筑类创新人才。因此我们发起成立建筑类大学国际联盟，在"共建、共享、共赢"的建设原则指导下，深度合作，培养建筑类创新人才。我们要全方位推动联盟合作，互联互通。在座各位都是大学校长，是大学的管理者和领导者。在教育管理与服务方面，我们要推进发展战略和愿景对接，促进教育的理念和资源互通，共建合作办学及学分互认项目。创新型人才培养方面，我们的合作形式也有很多，比如暑期学校、工作营、交换学习、短期访学、海外实习等。还有教师能力提升与发展方面的合作，包括教师互派、长短期访学、学术交流研讨等。教师是最关键的，只有我们的教师有创新能力，我们的学生才能有创新能力，我们的教师有国际视野，我们的学生才能有国际视野，我们的校长有国际视野，我们的管理团队才能有国际视野。在科技创新与社会服务上，当然更需要共同开展国际合作项目研究，我们希望依托北京建筑大学北京未来城市设计高精尖创新中心平台，邀请在座各个大学的专家都到北建大当教授。最后就是文化桥梁与纽带，就像我们联盟这个 logo 一样，我们真正变成桥梁，变成纽带。

最后，我想再次重复我上午讲过的一句话，就是我们要把倡议变为我们的行动，把愿景变为我们的现实，创新机制推进"一带一路"建筑类大学国际交流合作！我有信心，我们一定会成功！谢谢大家！

2017 年 10 月 10 日下午

十六、党委书记王建中在纪念北京建筑大学办学110周年座谈会上的讲话

尊敬的大明主席、各位老学长、各位校友,亲爱的老师们、同学们:

大家上午好!

金秋十月,丹桂飘香。在这样一个美好的时节里,在举世瞩目的党的十九大隆重召开之际,我们共同迎来了北建大校庆日,我们老中青北建大人济济一堂,召开纪念学校办学110周年座谈会,共同为母校庆生,共同回顾学校办学历程,重温北建大人的奋斗历史,传承百余年大学精神文脉,进一步增强北建大人的文化自信,以十九大精神为指引,在中国特色社会主义新时代,继续推进学校朝着国内一流、国际知名、具有鲜明特色的高水平、开放式、创新型大学的目标奋进,意义十分重大。

今天,阳光明媚,秋高气爽,整个校园都沉浸在喜庆的氛围之中,特别是大明主席等多位高龄老学长的到来使母校蓬荜生辉,更加彰显了我们深厚的办学底蕴。刚才几位老学长、在校老师、同学都做了很好的发言。一代代北建大人共同努力使我们走到了今天,推动学校发展在不同时期迈上一个又一个新的台阶,迸发出蓬勃的生机和活力。在此,我代表学校对校友返校特别是各位老校友能够光临学校表示敬意和感谢,对为北建大发展付出艰辛努力和做出卓越贡献一代代北建大人表示衷心的感谢和诚挚的敬意!

习近平总书记指出,文化自信是一个国家、一个民族发展中更基本、更深沉、更持久的自信。今天,我们一起在这里重温历史、弘扬传统,就是为了进一步理清北建大从哪里来、怎么走到现在、今后要到哪里去,引领北建大更好的发展,不断增强广大校友和师生的文化自信、发展自信。今天,在我们纪念办学110周年的重要历史时刻,我代表学校和大家一起抚今追昔,借此机会向全体北建大人发出三点倡议。

一、不忘初心,坚定自信,大力弘扬北建大精神

110年前,在甲午战争失败,洋务运动破产,国力趋于衰落,国家面临内忧外患、千疮百孔的背景下,北京建筑大学的前身——京师初等工业学堂应运而生。从这一年开始,我们这所诞生在危难之秋的新式学堂就与国家民族的前途命运始终紧密相连。从这一年开始,回响在什锦花园办学旧址上的琅琅书声开启了北建大兴学储才、实业报国的征程。

在救亡图存、实业报国的历史大潮中,京师初等工业学堂挣脱科举制度的束缚,制定了内容完备的《京师初等工业学堂章程》,并提出了志向高远的办学宗旨——"意在开通风气、振兴实业,为廿(与"念"同音)二行省之先导"(出自《京师工业学堂成绩初集》),无不体现了我们学校因强国需求而生的历史使命,开创了北京乃至全国职业教育的先河。1933年学校更名为北平市市立高级职业学校,名声盛极一时,并在那个时期确立了学校校歌,老校歌歌词"将来世界工学,还以我国为大宗",充分彰显了学校所倡导实业报国的远大抱负和宏大的办学气魄。如今这首老校歌重新在师生中传唱,激励新一代北建大学子不忘初心,牢记使命,为实现中华民族伟大复兴的中国梦而不懈奋斗!

我校也是较早接受党的领导并建立党的组织的学校之一。学校的党组织诞生于中华民

族危机四伏、社会矛盾尖锐之时。新中国成立前，1946年，中共北平地下党组织在学校建立了地下党支部，1944级在校学生王大明任首任支部书记。学校地下党组织积极宣传进步思想、发展党员、卓有成效开展和平民主运动，为迎接北平和平解放发挥了重要作用。自此，学校始终在党的领导开展工作，兴办教育，教书育人。

中华人民共和国成立后，百废待兴，师生们关心国家命运，把爱国热情转到投身新中国、新北京、新校园的建设中。学校又先后经历北京工业学校、北京建筑专科学校等时期，辗转于黄化门、西什库、南礼士路等多个地点办学。20世纪50年代学校迁往位于西直门外展览馆路的新校区，师生们发扬自力更生、艰苦奋斗的精神，徒步从复兴门外将课桌椅、行李、图书等搬运到西直门外展览馆路，仅用三天时间完成了整个校区的搬迁。此后的十几年间，师生自行设计、参与建设了学校实验楼、教学主楼、机械楼、大礼堂、师生宿舍、体育场等。同期，在北京展览馆广场施工、龙须沟排水工程建设、御河暗沟改造及道路工程施工、怀柔水库施工等现场都留下了师生的身影，为北京市的发展做出了重大贡献。

回顾和总结学校百余年办学历史，我们发现，学校经历了几易校址、数易校名，从初等职业学校、中等专科学校到升格为本科学校，而后又降级为中等专科学校到再恢复本科学校，如今已发展成为涵盖本科、硕士、博士到博士后完整人才培养体系，以工为主，工、管、理、法、艺多学科协调发展的多科性大学，并成为北京市和住房城乡建设部共建高校。虽然办学历程艰辛曲折，学校始终坚持坚毅的性格，栉风沐雨、砥砺前行走到今天，不平凡的历史造就了"北建大人"所特有的刚毅倔强的品格气质。110年，学校始终与国家发展和民族进步同呼吸共命运，始终与国家和时代同频共振、与北京城乡建设同心同向，始终以无私奉献和勇于担当的精神投身国家富强和民族复兴大业；始终以坚毅笃行的奋斗精神和敢为人先的开拓气魄推进发展；始终以诚信朴实的做人做事品质创造着无数奇迹，孕育了以实业救国、科技强国为特点的优秀文化基因，形成了以爱国奉献为核心、以坚毅笃行为品格、以诚信朴实为本色、以敢为人先为追求的北建大精神，充分体现了一代代"北建大人"共同的价值追求和精神风貌。

二、志存高远，追求卓越，大力弘扬"实事求是、精益求精"的校训精神

校训是一所大学办学理念、治校精神的集中反映，是一所大学教风、学风、校风的集中表现，是一所大学精神文化的核心内容。每一所大学都有自己的校训，北建大有着百余年的办学历史，我们的校训是什么呢？

经过学校校史工作组的长期考证，我们发现学校在办学之初，就曾经有一个校训，就是实事求是、精益求精。据校史考证，1948年曹安礼校长给毕业生纪念册题写校训"精益求精"。1949届校友杨树杭在回忆当年老师带着学生去景山公园实习时说："当年在景山实习测量期间，每天早出晚归，爬山穿林，同学们三五成群，老师跟随其后，或观角，或抄平，或……爬上跑下，认真操作，一丝不苟，按照校长曹安礼多次提到的'实事求是，精益求精'的校训精神进行测量，完成了合乎要求的景山公园测绘全图。"后来，在校友办组织的多次老校友访谈中，也均印证了这一事实。学校百余年的办学历程和人才培养特色，也充分印证了"实事求是，精益求精"的校训精神。李瑞环校友在回忆母校求学时指出，"学校培养人才注重传授原理并引导应用，坚持理论和实践相结合、坚持创新，并把原理和生活实际

相结合，在使用原理中继续学习创新，反复琢磨研究，力求精益求精。"王大明校友在回忆母校求学时也指出"学校教学上坚持以技术为导向，注重培养学生理论联系实际的能力和吃苦耐劳、勤奋好学的精神。"包括后来学校为国家城乡建设培养的数万名骨干人才，都充分印证了在这一精神感召下，形成的突出人才培养特色。所以说我们确立实事求是、精益求精，既是一代代北建大学生，崇尚科学，遵循规律，追求真理，勇于创新，锻造匠心，追求真实的知识写照，又体现我们北建大未来发展的价值趋向和精神追求。

"实事求是"是治学品格，"精益求精"是做事品格，与今天国家倡导的"工匠精神"一脉相承。"实事求是、精益求精"的校训精神代代相传，培养和塑造了师生求真务实的品格，成为引领北建大人学习工作生活一生的价值追求。

在"实事求是、精益求精"校训精神的感召下，学校培养出大批建设领域高级专业骨干以及建设领域的领军人才，在北京城乡建设的核心岗位上发挥重要作用。其中有新中国的青年鲁班、核工业基地建设的奠基人、中国工程院院士、北京各区县、委办局、大型国有企业的负责人以及11位全国工程勘察设计大师和建筑大师。从新中国成立之初的人民大会堂等十大建筑到北京亚运会、奥运会等重大工程，从首都总体规划到北京旧城改造、怀柔雁栖湖APEC中心规划建设、天安门城楼改造，从新型城镇化到海绵城市、智慧城市建设，从北京城市副中心旧城更新设计到雄安新区规划等，都凝结着学校师生和校友们的智慧与汗水。继承老一代光荣传统，一代代"北建大人"不懈奋斗，教师中也先后涌现了国家级名师、长江学者、国家杰青、百千万工程领军人才、北京学者、长城学者等一大批优秀人才。北建大人成为北京市乃至国家城乡建设发展的重要力量，为国家城乡建设发展做出了突出贡献。

习近平总书记在党的十九大报告中指出："文化是一个国家、一个民族的灵魂。文化兴国运兴，文化强民族强。"一所大学砥砺奋进，更离不开精神文化的滋养和浇灌，110年来，正是依靠独特的精神品质和文化自信的引领和支撑，才成就了学校百余年的薪火相传；正是依靠独特的精神品质和文化自信的引领和支撑，才铸就了学校一个又一个辉煌。这是学校弥足珍贵的精神财富，也是学校生生不息、不断前行的强大动力。

三、立德树人，开放创新，奋力开创北建大发展新境界

风雨沧桑百余载，砥砺奋进一世纪。我们北建大人要以十九大精神为指引，坚持"立德树人、开放创新"的办学理念，秉承"实事求是、精益求精"的校训精神，弘扬"团结、勤奋、求实、创新"的校风，坚持"服务首都城市战略定位、服务国家城镇科学发展、服务人类和谐宜居福祉"办学定位，以培养知识、能力、素质协调发展，具有社会责任感、实践能力、创新精神和国际视野的建设领域高级专业骨干和领军人才为己任，勇于担当，奋发图强，以无愧于先贤、无愧于历史的奋斗业绩，大力推进教学研究型大学建设，为实现国内一流、国际知名、具有鲜明建筑特色的高水平、开放式、创新型大学的发展目标不懈努力！为北京建设国际一流和谐宜居之都，为国家建筑业转型升级发展，为实现中华民族伟大复兴的中国梦做出北建大人应有的贡献！谢谢！

2017年10月21日

十七、党委书记王建中关于《以党的十九大精神为指引,全面加强党建和思想政治工作 奋力建设国内一流、国际知名、具有鲜明建筑特色的高水平、开放式、创新型大学》的汇报报告

五年来,学校党委深入学习贯彻习近平新时代中国特色社会主义思想,深入贯彻落实全国和北京高校思想政治工作会议精神、北京市第十二次党代会精神,在市委、市政府以及"两委一室"的正确领导下,坚持社会主义办学方向,坚持立德树人根本任务,坚持党委对学校工作的全面领导,聚焦内涵发展和特色发展,不断深化综合改革,扎实推进依法治校,全面履行管党治党、办学治校主体责任。严格按照《基本标准》要求,大力提升学校党建和思想政治工作水平,扎实推进全面从严治党向纵深发展,切实以党的建设新成效推进学校全面提质转型升级,团结带领全校师生员工,凝心聚力、奋力拼搏,实现了学校又好又快发展,学校办学实力、核心竞争力和社会影响力显著提升,是学校办学110年历程中发展最快的时期之一。2012年实现大兴新校区办学,学校占地面积增加了5倍,建筑面积和总资产都增加了4.8倍,获得博士人才培养项目,4个学科进入全国前15名,其中建筑学和测绘科学与技术名列全国第9名;2013年实现更名大学,获批国家级水环境实验教学示范中心和国家级大学生校外实践教育基地;2014年获得国家级教学成果一等奖、国家技术发明二等奖,获批博士后流动站和建筑全过程国家级虚拟仿真实验教学中心,获评北京市党建先进校和全国毕业生就业典型经验高校;2015年实现住建部与北京市共建,获批智慧城市国家级虚拟仿真实验教学中心,组建京津冀建筑类高校协同创新联盟;2016年获批北京"未来城市设计高精尖创新中心",获批建筑用能国家级虚拟仿真实验教学中心,学校国家级教学基地达到8个,省部级科研基地达到26个,建立团中央第一个高校全国青年创业社区,获评北京市深化创新创业教育改革示范高校;2017年获批5项国家重点研发计划课题,年均科研经费达到1.67亿元,获得推荐本科生免试攻读研究生资格,组建"一带一路"建筑类大学国际联盟,入选北京市"一带一路"国家人才培养基地,获评教育部教育管理信息化应用优秀案例,信息化大学建设步入全国高校先进行列。

截至2017年10月31日,学校共有党员2140名,二级单位党组织16个、党支部141个,其中,教师党支部书记中具有高级职称的占比80%,国家级科技成果奖和教学成果奖获奖学术带头人中党员占比93%,省部级科技成果奖和教学成果奖获奖学术带头人中党员占比84%,涌现出了北京市模范集体、北京高校先进基层党组织、北京市优秀党务工作者、北京高校优秀共产党员等一批模范集体和先进个人。

学校党委认真组织开展党的十九大精神学习宣传贯彻工作,按照蔡奇书记提出的"七个环节""五个结合""六个学"的要求,精心组织、周密部署,以上率下、步步深入,制定详细工作方案,着力在"五个聚焦"和学懂弄通做实下功夫,市委常委、组织部长魏小东同志亲临学校宣讲十九大精神,学校领导班子成员全部深入基层宣讲调研,迅速掀起了学习宣传贯彻党的十九大精神的热潮,做到了收听收看全覆盖、传达学习全覆盖、宣传宣讲全覆盖、基层调研全覆盖。

学校党委按照市十二次党代会精神,牢固树立"四个意识",提高政治站位,深入推

进"两贯彻一落实"，全面完成学校巡视整改任务，全面完成学校承担的疏解非首都功能各项任务，突出学科专业优势，全力服务城市副中心和雄安新区建设，与通州区签订战略合作协议，开展城市副中心建设活动和项目23个，成立雄安创新研究院，开展雄安新区建设活动和项目13个，得到蔡奇书记两次批示肯定。

下面，我分五个方面重点汇报学校党的建设和思想政治工作情况。

一、坚持党的全面领导，把握正确办学方向，全面推进学校提质转型升级发展

一是坚持社会主义办学方向，全面履行管党治党、办学治校主体责任。学校党委旗帜鲜明讲政治，把政治建设摆在首位，牢固树立"四个意识"，坚定"四个自信"，始终与以习近平同志为核心的党中央保持高度一致。坚持对学校工作的全面领导，坚持马克思主义指导地位和社会主义办学方向，全面贯彻党的教育方针，坚持立德树人根本任务，把办好中国特色社会主义大学作为根本使命，坚决落实中央、市委决策部署，把"四个服务"的要求贯彻落实到办学治校全过程，确保学校始终沿着正确的方向前进。

二是统筹学校改革发展大局，精心绘制学校美好发展蓝图。学校党委高度重视学校发展顶层设计，始终坚持以科学规划引领学校发展，科学分析学校发展面临的机遇和挑战，深刻把握学校发展阶段性特征，广泛开展办学思想大讨论，召开人才培养、学科科技等10余个办学工作会，汇聚师生校友智慧科学编制学校"十三五"发展规划，提出了"提质、转型、升级"工作方针，确定了建设"国内一流、国际知名、具有鲜明建筑特色的高水平、开放式、创新型大学"的远景发展目标和三步走发展路径，确立了建成教学研究型大学和"两高"办学布局两大发展目标，推进实施"六大战略""六大工程"和"六大计划"。紧紧围绕中国特色社会主义新时代的特征和北京发展战略需求，明确"服务首都城市战略定位，服务国家城镇科学发展，服务人类和谐宜居福祉"的办学定位，以及"培养具有社会责任感、实践能力、创新精神和国际视野的建设领域高级专业骨干和领军人才"的人才培养目标，确立"通识教育＋专业教育＋双创教育"三位一体人才培养新模式，系统推进人才培养改革创新。

三是坚持民主集中制原则，提升科学民主决策水平。严格执行党委领导下的校长负责制，制定学校章程，修订完善党委常委会、校长办公会议事规则，严格落实"三重一大"决策制度，制定修订规章制度240项，构建了以章程为核心的现代大学制度体系，形成了党委统一领导、党政分工合作、协调运行的工作机制。成立学校发展咨询委员会，聘任12位院士、国务院参事、国际著名学者、企事业单位领导、杰出校友及校内资深教授担任委员。加强学术组织建设，完善学术管理运行机制，充分发挥学术委员会和教学指导委员会的作用。建立督查督办机制和量化评估考核体系，强化责任制和绩效导向。全面推进业务流程优化和再造，建成智慧校园中心和两校区一站式服务大厅，推进学校治理体系和治理能力现代化水平持续提升。

四是全面深化综合改革，着力破解发展难题。每年按照主题年方式，突出重点，步步深入，系统推进综合改革。2014年启动办学思想大讨论，举办发展规划研讨班，系统谋划学校"十三五"发展；2015年为"综合改革年"，实施"提质、转型、升级"工作方针，制定实施《卓越管理行动计划》，召开系列改革工作会，统筹推进管理体制机制、人

才队伍建设、本科人才培养等11个方面的改革，出台各类改革制度文件78项，推进业务流程优化再造338项；2016年为"创新年"，以"优化、执行、绩效"为突破点，以新理念新标准新要求提升改革创新实效，调整优化组织机构15个，全面落实"两高"办学布局，推动形成学校治理体系新格局。2017年为"质量年"，聚焦"质量、特色、创新"发展重点，以人才培养质量提升为核心，全面提升办学质量，顺利完成本科教学审核评估、博士学位授权单位和授权点申报等重大任务，内涵建设和特色发展持续增强。

二、坚持全面从严治党，落实主体责任，大力提升学校基层党建科学化规范化水平

一是坚持政治建设首位，强化思想理论武装。学校党委把学习贯彻党的十八届历次全会精神和党的十九大精神作为思想理论武装的首要任务，制定周密学习计划和方案，开展校院两级中心组学习和专题调研114次，举办处级干部专题研讨班6期、党支部书记培训班4期，组织党员干部读原著、学原文、悟原理，坚定理想信念，不忘初心、牢记使命，增强"四个自信"，切实用习近平新时代中国特色社会主义思想武装头脑、指导实践、推动工作。在全校范围内认真组织学习贯彻落实《党章》《准则》《条例》等党内法规，把严格党内政治生活、加强党内监督作为加强领导班子政治建设和思想建设的重大法宝，着力提高党员干部的思想理论水平和党性修养。

二是构建全面从严治党责任体系，推动全面从严治党向纵深发展。召开学校党建工作会，制定《贯彻落实全面从严治党要求，建立健全党建工作责任制实施意见》等一系列制度，实施"理想信念铸魂、全面从严建章立制、政治生活质量提升、卓越队伍建设、从严从实作风建设、清廉建大"六大党建工程，明确将指导二级单位党组织建设列入党委常委分工，建立校领导联系师生党支部制度，系统构建学校党建工作体系。制定学校党建工作计划，建立党委书记专题会、党建工作例会制度，扎实推进党建工作举措落地见效。

三是狠抓责任落实，健全系列党建责任落实工作机制。实施"党建首问制"和"廉政首问制"，推动各级党组织书记养成抓党建抓廉政的思维模式和工作习惯。建立党政、党群、党团"三协同"工作机制。全面推行党建述职考核评议制度，明确各级党组织书记的"第一责任"。深入推进基层组织全覆盖深度调研，建立3个"2"对接融合机制，推进党建与中心工作深度融合，切实以制度固化、责任实化、机制物化等强化举措破解党的建设弱化、虚化、淡化等薄弱环节。加强党建工作规律研究，获批9项北京高校党建难点攻关以及重大和重点课题，立项119项校级党建课题，相关成果获评北京高等学校党的建设和思想政治工作优秀成果奖二等奖、创新成果奖。

四是坚持党管干部、党管人才，打造高素质的干部人才队伍。着力建设坚强有力的领导班子，以持续深化团结协作型、学习研究型、民主和谐型、创新发展型、求真务实型、阳光廉洁型"六型"领导班子建设为引领，不断提高政治站位和政治能力，学院党委书记中教学科研骨干占50%。坚持正确用人导向，严格执行干部选任程序，制定实施《处级党政领导干部选拔任用实施办法》《处级干部选拔任用工作纪实办法》《党政干部容错纠错实施细则》等制度，坚持"好干部"标准，突出政治标准，按照"政治忠诚、政治定力、政治担当、政治能力、政治自律"的"五看"要求，严格干部选任程序，严把干部选任政治关、能力关、作风关、廉洁关，着力打造与"两个一百年"奋斗目标相适应、与首都定

位相匹配的高素质干部队伍。系统构建多维一体的干部教育培训体系，创新开展青年干部读书班，承担《北京高校2018~2022年干部教育培训规划》课题研究及规划起草工作，增强干部培训的针对性和实效性。制定修订《关于进一步从严管理干部的若干规定》《处级单位和处级干部考核办法》等制度，系统构建干部监督管理工作体系和考核指标体系，加强干部考核和监督管理，建设忠诚干净担当的干部队伍。实施高端人才引育计划、131人才工程、金字塔人才培养工程及主讲教师支持双塔计划，确定新的"三定方案"，实现了独立培养长江学者的突破，新增国家杰青、中央"千人计划"专家等国家级人才8人、北京学者2人，省部级称号人才9人，海聚工程人才14人，新增国家级创新团队1个、省部级创新团队5个，专任教师中具有博士学位的比例提高了26.7%，高级职称比提高到65%。

五是严肃党内政治生活，深入推进基层党组织规范化建设。选优配强党支部书记，优化党支部设置，落实薄弱党支部整改措施，实现党支部按期换届全覆盖。认真开展党的群众路线教育实践活动、"三严三实"专题教育和"两学一做"学习教育，扎实推进"两学一做"学习教育常态化制度化。深入推进党支部规范化建设，召开加强基层党支部建设座谈会，出台《关于进一步加强和改进党支部工作的意见》和《提高组织生活质量指导意见》，明确党支部工作基本规范，建立每月固定党支部活动日制度，实行全程纪实制度。推动"三会一课"模式创新，确定21项内容具体、操作性强、成效显著的组织生活项目形式，打造党建全流程各环节活动样板。构建基层党组织发挥作用的机制，不断完善学院党政联席会和系务会制度，制定学院党政联席会和系务会决策制度规范和纪要模板，明确规定加强各项政治把关的具体流程和制度办法，做实党支部书记参与决策的运行机制。强化基层党组织作用发挥，加强党支部工作条件保障，配备专职组织员队伍，足额配备党支部活动经费和党员教育经费，落实党务干部各项待遇，在校院两级挂牌一批党员之家，推进基层党建与信息化有机融合，确保基层党组织干事有平台、落实有机制、待遇有保障、发展有空间。打造学校基层党建系列品牌项目，探索凝练了学校规范型、实践型、融合型、互促共进型、信息化等党建特色工作模式。创新提出"主讲主问制"理论学习模式，被评为"北京市优秀党建工作创新项目"，写入《中共北京市委关于加强和改进新形势下北京高校党建工作若干意见》之中。实施"党建路桥工程"，获得北京高校党建创新成果奖。社会主义核心价值观"融入式"工作模式，入选教育部培育和践行社会主义核心价值观典型案例和北京高校社会主义核心价值观宣传教育优秀项目。学生党支部在北京高校红色1+1示范活动评比中实现三连冠。基层党组织全覆盖深度调研以及党建与业务工作对接融合机制，得到广泛关注，"两学一做"学习教育有关经验做法在《北京教育》和《支部生活》上专题报道。

三、坚持立德树人根本任务，推进思想政治工作改革创新，深入推动全员全过程全方位育人落地见效

一是全面贯彻全国高校思想政治工作会议精神，构建层层落实的工作体系。召开学校思想政治工作会议，研究制定了学校实施方案等17项制度文件，突出夯实基础和重点建设，先后召开加强辅导员队伍建设座谈会、加强学风教风互动提升推进会、加强教师发展

中心建设研讨会、加强和改进研究生思想政治工作研讨会、推进思政课教学改革研讨会等，在全校范围内征集意见127条、改进建议134条，明确整改措施72条，扎实推进思想政治工作各项任务落地见效。建立校、处两级干部联系班级和学生制度、专业教师担任学生导师制度，全体校、处级干部都参加每学期开学前一天举行的学生主题班会活动，统筹推进"七育人"工作，强化全员育人责任。

二是落实意识形态工作责任制，牢牢把握学校意识形态工作的领导权、管理权和话语权。制定《进一步加强意识形态工作责任制实施细则》，按照"四个纳入"要求完善制度体系和责任体系，逐级签订意识形态责任书，召开加强意识形态工作座谈会，成立网络新媒体工作联盟，强化课堂、报告会、研讨会、讲座论坛、演出活动以及网络媒体等各类意识形态阵地管理，切实做到守土有责、守土负责、守土尽责。

三是大力培育和践行社会主义核心价值观，推进以文化人以文育人。实施"中国梦和社会主义核心价值观引领计划"，提出"融入式"工作模式，多次获得教育部和北京市的表彰和交流。实施"校园文化提升计划"，系统构建"两季六节"校园文化育人体系，学生艺术团在近两届北京市大学生艺术节各项赛事中斩获5金11银。系统构建学校精神文化体系，持续开展"文化塑校"活动，建成以校史馆、艺术馆、中国建筑师作品展示馆、启骧书画艺术研究院为标志的文化基地，着力打造学院楼宇文化和学生公寓文化育人环境。系统构建学校通识教育体系，成立通识教育中心，着力加强中华优秀传统文化教育，着力提升学生的人文艺术素养。

四是加强教师思想政治工作，建设高素质师资队伍。成立党委教师工作部，全面加强教师发展中心建设，制定《关于加强和改进新形势下教师思想政治工作的实施意见》《建立健全师德建设长效机制的实施细则》等制度，建立星期二下午教职工集中理论学习制度，实行新教师入职宣誓，把师德作为教师上岗培训、年度考核、职务聘任、派出进修和评优奖先等的首要考核指标，严格落实"师德一票否决制"。持续开展师德榜样和学生心中最喜爱的教师评选，引导广大教师按照"四个相统一"的要求，争做"四有好老师"，涌现出全国优秀教师等一批先进模范典型。

五是推进理念方法创新，大力提升思想政治工作的时代感和实效性。提出"建设最爱学生大学"工作理念，系统构建以学生为中心的发展辅导体系，统筹规划建设一流的学生发展辅导中心和学业辅导中心。实施教风学风建设联动工程，系统推进33个项目，全方位强化教育管理基础工作。系统构建"双创"教育体系，成立创新创业教育学院，打造"双创"校园，获批团中央青创社区、北京市创新创业示范高校、北京市众创空间等一系列"双创"品牌基地，学生在北京市"挑战杯"创新和创业竞赛中双双捧获优胜杯，并获得全国"挑战杯"国际专项赛一等奖和主体赛二等奖，相关经验在北京市就业创业工作推进会上作经验交流。建设"iStudent"网络社区，构建系统的网络思政工作体系，实行"1-3-5"学生事务限时反馈制度，把思想政治工作融入学校日常管理服务各环节。

六是深入推进思政课教学改革，着力提升思政课教学质量和水平。独立设置马克思主义学院，足额配备思政课教师编制，大力引进马克思主义理论学科骨干教师，认真落实校领导听课、讲课制度，构建"两渗透、两结合、两对接"的思政课育人模式，着力提升思政课的亲和力和针对性。获批北京市"思政课"教学改革示范点、北京市"思政课"教学改革重大创新项目，与北京大学共建"中国特色社会主义理论大众化和国际传播协同创新中心",顺利完成马克思主义理论一级学科硕士点申报工作。

七是强化条件保障,夯实思想政治工作基础。把思政和党务干部队伍纳入学校人才队伍建设总体规划,严格按照中央的要求配齐建强,全面落实思政课教师、辅导员、保卫干部各项津贴待遇,严格落实"双线"晋升和职称评审单列计划、单设标准、单独评审。设立200万元学生思政教育专项经费和200万元党建专项经费,推进实施一批党建和思政工作重点项目,在体制机制、政策引导、组织保障等层面推进思政会精神落到实处。

四、强化两个责任,坚持标本兼治,深入推进党风廉政建设向纵深发展

一是加强制度建设,系统构建党风廉政建设责任体系。强化"廉政首问"意识,制定实施学校《关于落实党风廉政建设党委主体责任纪委监督责任的实施办法》等21项制度文件,建立健全党风廉政建设和反腐败工作责任体系。坚持把党风廉政建设工作列入重要议事日程、纳入学校总体规划,与中心工作同部署、同落实、同考核,认真履行"两个责任",领导班子成员带头落实"一岗双责",逐级签订"党风廉政建设责任书"和"经济责任书",统一制作记实手册,实行全程记实制度,强化责任制落实情况检查,扎实推动整改落实。2016年,师生对二级单位党风廉政建设工作满意率为99.67%。

二是强化廉洁纪律教育,大力加强惩防体系建设。建立廉洁教育联席会议制度,开展党风廉政建设宣传教育月活动,召开全校警示教育大会,实现廉洁教育全覆盖,教育纪工委简报先后7次报道我校宣传教育情况。加强"三大体系"建设,制定实施《深入推进惩治和预防腐败体系建设实施方案》,加强对招生录取、基建招投标、物资采购等重点领域的监督,系统梳理廉政风险点,通过信息化手段嵌入管理业务流程。探索实施"联防联动"机制,推进党内监督与审计监督有效衔接。

三是构建长效机制,持续加强作风建设。严格落实中央八项规定精神和市委实施意见,制定实施细则,先后开展公务接待等专项整治工作23项,从严约束领导干部管理行为,持续释放执纪必严、越往后越严的信号。建立密切联系群众长效机制,构建校领导联系院部、党支部、学生、教师、离退休老干部"五联一体"党建联系点制度,以及机关联系基层、干部联系群众"双联系"制度。学校教育活动经验在北京市党的群众路线教育实践活动总结会议上作经验交流。

四是坚持抓早抓小,积极践行监督执纪"四种形态"。积极配合市委巡视组完成专项巡视工作,系统制定整改方案,全面落实责任制,全面完成巡视整改任务。推动纪委实现"转职能、转方式、转作风",支持纪委退出与主业无关的议事协调机构13个,减少率达到62%。支持纪委依纪依法履行职责,坚持有案必查、一查到底,绝不姑息。制定实施《关于践行监督执纪"四种形态"的实施办法》,坚持抓早抓小,及时对存在苗头性问题的党员干部进行提醒批评教育,对处级干部进行廉政谈话144人次,诫勉谈话13人次,警示约谈干部8人次,推动实现"咬耳扯袖"常态化。

五、坚持以人为本,凝聚发展合力,大力推进平安和谐校园建设

一是全面加强"平安校园"建设。实施"平安校园"建设提升工程,扎实推进"平安

校园"六大体系建设，构建了校园安全网格化管理平台，建立了矛盾纠纷排查化解、重大事项风险评估、每月形势会商研判等工作机制，构筑以安全教育课为核心的安全教育体系，实现了两校区视频联防联动、远程指挥和110互动，完善了图像互调、资源共享、实时指挥、统一管理的两校区安全稳定管理模式。获评北京市"平安校园示范校"、"首都文明标兵"和"首都文明校园"等荣誉称号。

　　二是全面推进和谐校园建设。独立设置统战部，建立校领导联系统战人士制度，在学院党委设立统战委员，充分发挥统战人士在学校改革发展稳定中的作用，5人当选市、区两级人大代表和政协委员。高度重视离退休工作，全面落实老同志各项待遇，持续改善离退休教工活动保障条件，离退休工作多次得到国家和北京市表彰。着力增强工会、共青团工作的政治性、先进性和群众性，全面落实工会、教代会各项民主管理制度，全面落实师生的知情权、参与权和监督权，深化"全国模范职工之家"建设成果，获评"全国厂务公开民主管理工作先进单位"。深化共青团组织改革，充分发挥各级团组织在团员教育、管理、服务、推优等工作中的作用，获评"北京市五四红旗团委"、"全国五四红旗团支部"等多项荣誉称号。

　　总结回顾五年来学校党建和思想政治工作，我们既感到全面从严治党取得了显著成效，又深刻认识到全面从严治党永远在路上，学校在党建和思想政治工作方面还存在一些薄弱环节，加强和改进新形势下党建和思想政治工作，责任重大、使命光荣。当前，全校上下正在深入学习贯彻党的十九大精神，认真筹备召开学校第六次党代会，学校正面临着新的发展机遇，步入新的发展阶段。在这一关键时刻，各位专家莅临学校检查指导，为学校发展问诊把脉，对学校在新的起点上赢得更好更快发展具有重要意义。我们坚信，有上级党组织的正确领导，有各位专家的悉心指导，有全校党员干部师生的奋力拼搏，学校党建和思想政治工作一定会开创新局面、再上新台阶，为加快建设国内一流、国际知名、具有鲜明建筑特色的高水平、开放式、创新型大学提供更加坚强有力的保证。我们将更加紧密地团结在以习近平同志为核心的党中央周围，深入学习贯彻党的十九大精神，不忘初心，牢记使命，全面加强党建和思想政治工作，为北京建设国际一流和谐宜居之都，为实现"两个一百年"奋斗目标和中华民族伟大复兴的中国梦做出更大贡献！

　　谢谢！

2017年11月28日

十八、党委书记王建中在中国共产党北京建筑大学第一次党员代表大会上的报告——《以党的十九大精神为指引 加快建设国内一流、国际知名、具有鲜明建筑特色的高水平、开放式、创新型大学》

各位代表、同志们：

现在，我代表上届党委向大会做报告，请审议。

中国共产党北京建筑大学第一次党员代表大会，是在学校全面贯彻落实党的十九大精神，深入推进提质转型升级发展的关键时期，召开的一次十分重要的大会。大会的主题是：全面贯彻党的十九大精神，以习近平新时代中国特色社会主义思想为指引，全面落实全国高校思想政治工作会议精神，全面落实立德树人根本任务，扎实推进内涵发展和特色发展，凝心聚力、改革创新，加快建设国内一流、国际知名、具有鲜明建筑特色的高水平、开放式、创新型大学，为实现中华民族伟大复兴的中国梦不懈奋斗。

风雨沧桑百年史，砥砺奋进一世纪。北京建筑大学走过了110年的办学历程，始终不忘初心，牢记实业报国、科技强国、兴学储才的使命，始终与国家发展和民族进步同呼吸、共命运，始终与北京城乡建设和首都发展同搏击、共奋进，始终以无私奉献和勇于担当的精神投身国家富强和民族复兴大业，一代又一代北建大人推动学校发展跃上一个又一个新台阶，为北京乃至国家城乡建设发展做出了重要贡献。

当前，中国特色社会主义进入新时代，全面建成小康社会进入决胜期，全面建设社会主义现代化国家开启新征程，北京建设国际一流的和谐宜居之都迈入新阶段，高等教育强国建设掀开新篇章，学校又迎来了难得的发展机遇，处在提质转型升级的关键时期。全体北建大人要以党的十九大精神为指引，志存高远、坚定信心，抢抓机遇、迎难而上，开拓创新、埋头苦干，奋力开创建设国内一流、国际知名、具有鲜明建筑特色的高水平、开放式、创新型大学的新局面。

一、过去七年工作回顾

自2010年召开党代会以来的七年，是学校办学历史上发展最快的时期之一，学校事业实现了又好又快发展。七年来，在市委、市政府以及市委教育工委、市教委的正确领导下，学校党委全面贯彻落实党的十八大、十八届历次中央全会和十九大精神，深入贯彻落实习近平新时代中国特色社会主义思想，全面落实全国高校思想政治工作会议精神，全面贯彻党的教育方针，坚持立德树人根本任务，牢牢把握发展机遇，科学谋划学校发展战略，团结带领全校师生员工，锐意进取，攻坚克难，胜利完成"十二五"规划，顺利实施"十三五"规划。学校更名为大学，体现北建大综合实力跃上了新的台阶；进入市部共建高校行列，赢得了更为广阔的发展平台；建设大兴新校区，破解了长期制约学校发展的空间瓶颈难题；获批北京"未来城市设计高精尖创新中心"，为学校"双一流"建设奠定了坚实基础；构建了"两高"办学新格局，推进学校提质转型升级步入新阶段；获评北京市党建先进校，扎实推进学校党的建设取得新成效，学校办学实力、核心竞争力和社会影响力显著提升，各项事业发展迈上新台阶。

（一）坚持内涵发展，人才培养质量进一步提升

坚持立德树人根本任务，大力实施质量立校战略，深入推进创新人才培养工程和育人质量提升计划，以创新创业教育为突破口，扎实推进教育教学改革，进一步明确了人才培养目标，不断优化和完善人才培养方案，构建了"通识教育＋专业教育＋双创教育"三位一体的人才培养新模式，成立创新创业教育学院和通识教育中心。生源质量持续提升，人才培养得到社会广泛认可，毕业生就业率连续七年达到97％以上，顺利完成本科教学工作审核评估任务。被教育部批准为"卓越工程师教育培养计划"试点院校以及推荐优秀应届本科毕业生免试攻读研究生资格高校，新增国家级和省部级质量工程建设项目66个，荣获国家级教学成果一等奖和23项省部级教学成果奖，获批6个国家级教学基地，获评全国高校实践育人创新创业基地、北京市深化创新创业教育改革示范高校，获评教育部"2014年度全国毕业生就业典型经验高校"，与住建部中国建筑文化中心共建中国建筑图书馆。大学生在"挑战杯"等国家级和市级竞赛中不断取得突破，创新和创业类竞赛双双捧得北京市"优胜杯"。

全面加强和改进学生思想政治工作，着力构建全员全过程全方位育人工作格局。召开学校思想政治工作会议和育人质量提升座谈会，制定并落实加强和改进新形势下思想政治工作实施方案，大力实施教风学风建设联动工程，相关经验在北京高校党的建设工作座谈会上作交流发言。提出建设"最爱学生的大学"理念，系统构建以学生为中心的发展辅导体系，统筹规划建设一流的学生发展辅导中心和学业辅导中心，获批首批北京高校学业辅导示范中心。成立马克思主义学院，推进思想政治理论课改革，获批北京高校思想政治理论课教育教学改革示范点和北京高校思想政治理论课教学改革创新重大项目。

（二）坚持学科特色发展，学科建设水平显著提升

坚持以学科建设为龙头，聚焦博士授权单位和一级学科博士点建设，深入实施一流学科建设工程，持续强化学科发展特色，不断优化学科布局，构建了重点学科、支撑学科、特色学科、交叉学科协调发展、特色鲜明的建筑类大学学科体系。成立研究生院，获批服务国家特殊需求"建筑遗产保护理论与技术博士人才培养项目"，获批"建筑学"博士后科研流动站，在2012年教育部组织的全国学科评估中，建筑学、测绘科学与技术2个学科排名位列全国第9。新增学科门类3个，新增一级学科硕士点9个、专业学位点8个、交叉学科点1个，新增一级学科北京市重点学科3个、一级学科北京市重点建设学科2个。硕士研究生招生规模增加了55％，独立培养的第一名博士生毕业并获得博士学位。

（三）坚持科技创新突破，科研创新能力显著增强

实施创新领校战略，深入推动高端平台建设工程，召开学科科技工作会议，不断深化科技体制机制改革，系统构建科技创新工作体系，科研项目和经费持续增长，成果数量和质量同步提高，科研水平显著提升。成功获批北京"未来城市设计高精尖创新中心"，获评"大土木工程与地下建筑工程"教育部创新团队，获市级立项建设大型多功能振动台阵实验室，新增18个省部级科研平台，累计达到26个，是2010年之前的3.3倍；获国家级科技奖励11项，是2010年之前的3.7倍，其中主持完成4项；获省部级科技奖励81项，各类知识产权646项，其中发明专利167项。获批"十二五"和"十三五"国家重大科技专项、国家科技研发项目及课题34项，获批国家自然科学基金项目147项、社科基

金项目 9 项，科研经费连续 7 年突破亿元，据教育部最新发布的统计报告，我校科技经费位列全国高校第 100 名。累计发表 SCI 论文 462 篇、EI 论文 1095 篇。

服务经济社会发展水平显著提高。深入推进北京市"两贯彻一落实"，全面完成学校承担的疏解非首都功能各项任务，突出学科专业优势，全力服务城市副中心和雄安新区建设，与通州区签订战略合作协议，开展城市副中心建设活动和项目 23 个，成立雄安创新研究院，开展雄安新区建设活动和项目 13 个。与通州、西城、大兴、丰台等城区签署全面合作协议，主动服务通州旧城更新改造、北京新机场工程等重大项目建设，承担长城保护规划等一批重大社会服务项目，承担的西城区街道设计导则得到市委书记蔡奇批示肯定，服务雄安新区建设得到京津冀教育协同发展工作简报专题报道。开展国家建筑遗产和文物保护高端人才培训，获批国家文博人才培养基地。召开校办企业党建工作会，深化校办企业改革，全面加强校办企业党的建设，不断完善现代企业经营管理制度，2017 年比 2010 年经营收入增长 3 倍。

（四）坚持人才强校，师资队伍水平稳步提高

坚持党管人才原则，实施人才强校战略，深入推动高端人才引育计划，召开人事工作会议，大力推进人事制度综合改革，逐步完善教职工聘用、培养、晋升、流动等制度体系，实施"金字塔人才培养项目"和"主讲教师支持项目"双塔计划，推进建立"人才特区"和"绿色通道"，确立新的"三定方案"，大力推进教学、科研、管理三支队伍建设，实现了教师队伍整体数量和质量的稳步增长。新增长江学者、国家杰青、中央"千人计划"专家等国家级人才 9 人次、北京学者 2 人，省部级称号人才 27 人次，新增国家级创新团队 1 个，省部级创新团队 8 个，入选"海聚工程"专家 14 人。新增事业编制 100 个，专任教师中具有博士学位的比例从 29.4% 增加到 58.7%，高级职称比提高到 65%。成立党委教师工作部和教师发展中心，建立健全师德师风建设长效机制，有力推进教师教学素质和能力提升。

（五）坚持开放办学，国际化办学水平不断提高

实施开放办校战略，大力推进国际化拓展计划，召开国际交流合作工作会，系统构建国际交流合作工作体系，深入推进国外合作办学项目实施，开办暑期国际学校、国际大师驻校计划和国际设计工作营。牵头成立"一带一路"建筑类大学国际联盟，引起社会广泛关注和好评，市委书记蔡奇给予高度评价，认为"北京建筑大学这个做法好"。入选北京市"一带一路"国家人才培养基地，获批国家留学基金委优秀本科生国际交流项目、进入北京市外国留学生奖学金和"一带一路"奖学金院校行列。新增友好学校 31 所、合作项目 30 多个，派出 300 多名学生赴国外学习交流。招收来自 30 多个国家和地区的留学生 700 余名，选派 500 余名教师到国外访学交流，举办高层次国际学术会议 15 个，学校师资队伍的国际化比例提升到 23.78%，国际学术交流日益活跃。

（六）坚持条件保障建设，校园环境品质显著改善

高标准规划建设大兴新校区，深入实施"两高"校园建设工程，不断优化完善两校区校园建设规划，同步提升西城校区校园环境品质。完成大兴校区一二三期工程建设，新增建筑面积 33.2 万平方米，完成西城校区升级改造项目 5.33 万平方米，学校占地面积增加了 5 倍，建筑面积增加了 4.8 倍；固定资产总值达 30.83 亿元，增长了 7.3 倍。学校年度总收入持续增长，2016 年经费总收支突破 17 亿元，是 2010 年的 1.93 倍。坚持每年为教

职工办实事，建设 412 套硕博公寓周转房，同步提升两校区学生住宿和师生就餐环境，合作建设附属中学和小学，在两校区建设综合服务大厅，为师生提供一站式服务，实现了教职工收入随学校事业发展逐年增长，师生学习工作生活条件持续改善。深入推进平安和谐校园建设，获批北京市"平安校园示范校"。

（七）坚持深化改革，办学活力进一步增强

深入实施卓越管理服务工程，每年按照主题年方式，突出重点，步步深入，全面深化、系统推进学校综合改革，制定实施《卓越管理行动计划》，召开系列改革工作会，统筹推进管理体制机制、人才队伍、本科人才培养、学科与科技、国际化办学、信息化建设、财务、资产与后勤、校办企业等 11 个方面的系列改革，出台各类改革制度文件 78 件，优化再造管理业务流程 338 项，建成国内一流的智慧校园中心，获评教育部教育管理信息化应用优秀案例，信息化大学建设步入全国高校先进行列。推进现代大学制度和治理体系建设，制定实施《北京建筑大学章程》，制定修订校级规章制度 313 项。坚持并不断完善党委领导下的校长负责制，落实"三重一大"制度，完善学院党政联席会议制度和系务会制度，改革学术委员会构成，学术委员会在学科建设、学术评价和学术发展中的作用日益凸显。成立发展咨询委员会，聘任 14 位院士、国务院参事、国际著名学者、企事业单位领导、杰出校友及校内资深教授担任委员，发挥专家决策咨询作用，指导学校发展。

（八）坚持大学文化引领，学校精神文化建设成果丰硕

深入实施"中国梦和社会主义核心价值观引领计划"和大学文化提升计划，全面落实意识形态责任制，切实加强对意识形态工作的领导，大力推进社会主义核心价值观教育"融入式"教育模式，系统构建了学校精神文化体系。确立学校办学历史起点，编纂出版学校校史，建成以校史馆、艺术馆、中国建筑师作品展示馆、启骧书画艺术研究院为标志的文化基地，举办系列高水平文化艺术展览，统筹打造文化景观、学院楼宇文化和学生公寓文化育人环境，社会主义核心价值观"融入式"教育相关项目入选教育部培育和践行社会主义核心价值观典型案例和北京高校社会主义核心价值观宣传教育优秀项目，学校获"首都文明标兵"和"首都文明校园"等荣誉称号。进一步加强校友工作和社会资源拓展工作，成立北京建筑大学教育基金会，获得北京市普通高校捐赠收入财政配比资格。以艺术节、科技节为标志的校园文化艺术活动蓬勃开展，学生在全国和北京市大学生艺术展演中多次摘金夺银，学校田径队连续 12 年获得首都高校学生田径运动会乙组团体冠军。

（九）坚持党建根本保证，党建和思想政治工作成效显著

深入实施全面从严治党工程，全面加强党对学校工作的领导和学校党的建设，充分发挥党委领导核心作用，民主集中制得到有效贯彻，协调运行机制不断完善。召开党建工作会议，制定实施系列党建制度文件，实施"党建首问制"和"廉政首问制"，建立党政、党群、党团"三协同"工作机制，全面推行党建述职考核评议制度，系统构建全面从严治党责任体系和制度体系，推动全面从严治党向纵深发展。深入推进基层组织全覆盖深度调研，推进党建与中心工作深度融合。深入推进党支部规范化建设，召开加强基层党支部建设座谈会，出台指导性意见，建立每月固定党支部活动日制度，实行全程纪实制度，推动"三会一课"模式创新，切实以制度固化、责任实化、机制物化等强化举措破解党的建设弱化、虚化、边缘化等问题。创新提出"主讲主问制"理论学习模式，被评为"北京市优秀党建工作创新项目"，写入《中共北京市委关于加强和改进新形势下北京高校党建工作

若干意见》之中，学生党支部在北京高校"红色1+1"示范活动评比中实现三连冠。深入学习贯彻习近平新时代中国特色社会主义思想，认真开展党的群众路线教育实践活动、"三严三实"专题教育和"两学一做"学习教育，扎实推进"两学一做"学习教育常态化制度化。坚持"好干部"标准，规范选拔任用程序，落实干部选任工作纪实制度，从严教育管理干部，着力打造与"两个一百年"奋斗目标相适应、与首都定位相匹配的高素质干部队伍。严格落实中央八项规定精神，狠抓作风建设，深入开展23项专项整治工作。大力支持纪委监督执纪问责，强化"四种形态"运用，深入推进党风廉政建设，积极配合市委专项巡视，全面抓好整改落实，进一步提高政治站位，增强责任担当。加强对统战、群团、离退休工作的领导，独立设置统战部，充分发挥统战人士在学校改革发展稳定中的作用，6人当选市、区两级人大代表和政协委员。高度重视离退休工作，全面落实老同志各项待遇，持续改善离退休教工活动保障条件，离退休工作多次得到国家和北京市表彰。着力增强工会、共青团工作的政治性、先进性和群众性，全面落实工会、教代会各项民主管理制度，全面落实师生的知情权、参与权和监督权，深化"全国模范职工之家"建设成果，获评"全国厂务公开民主管理工作先进单位"。深化共青团组织改革，充分发挥各级团组织在团员教育、管理、服务、推优等工作中的作用，获评"北京市五四红旗团委"、"全国五四红旗团支部"等多项荣誉称号。加强党建工作规律研究，获批9项北京高校党建难点攻关以及重大和重点课题，立项119项校级党建课题，相关成果多次获北京市表彰。

回顾七年来的工作，我们深深地感到，学校发生了全面而深刻的变化，呈现出勃勃生机和强劲的发展态势，为学校提质转型升级奠定了坚实基础，学校发展站在了新的历史起点上。这是市委、市政府，市委教育工委、市教委正确领导的结果，是北京市各委办局、各区县、兄弟高校、广大校友和社会各界大力支持帮助的结果，是学校党委坚强领导的结果，更是全校师生团结奋斗、攻坚克难的结果。在此，我代表学校党委向各级领导和社会各界人士、向全校共产党员和师生员工、向学校历届老领导和离退休同志、向各民主党派、无党派人士和海内外广大校友致以崇高敬意和衷心感谢！

走过七年多的奋斗历程，我们深刻地体会到：

——必须始终坚持党的领导，把牢社会主义办学方向。坚持和完善党委领导下的校长负责制，充分发挥党委的领导核心作用，基层党组织的政治核心作用、党支部的战斗堡垒作用和党员的先锋模范作用，全面加强党对学校工作的领导，始终坚持和巩固马克思主义指导地位、社会主义办学方向和立德树人根本任务，党政领导班子团结一心、求真务实、奋发有为，全校上下始终保持一种精诚团结、昂扬向上的精神状态。

——必须始终坚持改革创新，认真贯彻落实新发展理念。坚持以新发展理念为指引，深入推进学校综合改革，以改革创新不断激发办学活力和发展动力，以重点突破带动整体提升，实现创新驱动发展。

——必须始终坚持质量特色，追求内涵发展的兴校之路。坚持规模、质量、结构和效益相统一，着力推动学校从外延发展向内涵发展转变，走以提高质量为核心的内涵式发展之路，全面提高办学的质量、水平、实力和核心竞争力。坚持强化特色，以特色求发展、以特色树品牌、以特色创一流，努力创建具有鲜明建筑特色的高水平大学。

——必须始终坚持抢抓机遇，主动服务国家和北京市重大战略需求。坚持把服务国家战略和地方经济社会发展作为内在的价值追求，以服务求支持、以贡献求发展，在服务国家重大战略需求和首都城市战略定位中把握机遇、赢得发展，大力提升办学实力和水平。

——必须始终坚持以人为本，全心全意依靠教职工办学。坚持以师生为中心，重视师生关切，找准学校事业发展和师生自我发展的契合点，充分调动广大师生的积极性、主动性和创造性，最大限度地汇聚全校的智慧和力量。

在看到成绩的同时，我们也要清醒地认识到，学校的工作还存在许多不足，也面临不少困难和挑战。主要是：办学理念需要进一步更新，学科专业发展水平和科技创新能力需要进一步提升，人才培养质量有待进一步提高，教风学风建设需要下大力气改进，高水平师资队伍和团队建设需要进一步突破，国际交流合作还需要进一步强化，精细化管理服务水平尚需提升，"两高"校园建设、重大科研平台建设、民生保障等方面还面临不少困难，一些综合改革部署和政策措施需要进一步落实，干部能力素质还需进一步提升，基层党的建设还存在一些薄弱环节。面对新时代的新要求新标准，我们必须清醒地认识存在的问题和面临的挑战，坚持目标导向和问题导向，下大力气强基础、补短板、提质量、上水平，以钉钉子精神和抓铁有痕的韧劲着力破解学校发展面临的问题和挑战。

二、坚持以习近平新时代中国特色社会主义思想为指引，开启学校建设发展新征程

当前，我们正处在一个伟大的时代，中国特色社会主义进入新时代，向着决胜全面建成小康社会、进而全面建设社会主义现代化强国的伟大目标阔步前进，正前所未有地走近世界舞台的中央，前所未有地接近实现中华民族伟大复兴的目标。首都北京发展也站在了新的历史起点上，面临着深刻转型，正全面推进"四个中心"和城市副中心建设，处在建设国际一流的和谐宜居之都的关键时期。国家深入推进"一带一路"建设、加快推进新型城镇化建设、京津冀协同发展和雄安新区建设，建筑业也正在经历产业现代化的全面转型升级。国家加快一流大学和一流学科建设，实现高等教育内涵式发展，推进高校进入了新一轮以高质量发展为核心的改革提升期。在此新时代背景下，学校也步入了全面提质转型升级发展的关键时期，迈进了建设国内一流、国际知名、具有鲜明建筑特色的高水平、开放式、创新型大学新的发展阶段。这个新的发展阶段是承前启后、继往开来的阶段，是大力推进内涵发展、全面提升办学质量的阶段，是深入推进教学研究型大学建设、全面实现转型发展的阶段，是扎实推进"双一流"建设、全面提升办学层次和水平的阶段。

新时代、新气象、新作为。学校历经110年的发展，积累了深厚的文化底蕴，从职业专科学校发展到本科院校，再发展到培养硕士乃至博士研究生的大学，现在已到了建设博士授权单位和一级学科博士授权点的关键阶段。学校办学层次的每一次跃升，都伴随着办学理念、办学模式的深刻变革。当前，学校进入了新的发展阶段，学校的办学定位、人才培养目标、办学模式、学科专业布局等涉及学校整体发展的要素都将发生新的变化，这是一场事关学校发展全局的历史性变革，是学校发展历史进程中又一次质的跃升，质量特色创新是新发展阶段的本质特征，提质转型升级是新发展阶段的根本要求，学校各方面工作都需要跃升到新的标准和新的境界。

新的发展阶段，学校必须坚守建筑类大学的行业特色，还要更加突出和强化；学校必须坚守重视实践、推崇创新、面向应用的人才培养特色，还要更加突出和强化；学校必须

坚守以工科为主、理管法艺等学科协同支撑发展的学科布局，还要更加突出和强化，学校必须坚守服务首都城市战略定位核心使命，还要更加突出和强化。我们要继承和发扬学校的优良传统，进一步强化优势特色，坚定不移地走内涵发展、特色发展、创新发展的道路，扎根中国大地，办好社会主义大学。

各位代表，同志们，新时代带来发展新要求、新课题，要求我们交出发展新答卷。新时代赋予北建大人更加艰巨的历史使命，呼唤新的历史担当。面向未来，我们要坚持以习近平新时代中国特色社会主义思想为指引，引导全校党员干部师生深入学习党的创新理论，把思想和行动统一到党的十九大精神上来，立足新方位、把握新矛盾、开启新征程，不忘初心、牢记使命，努力开创学校改革发展新局面，以看得见的实际行动、摸得着的发展成效，推动党的十九大精神在北建大落地生根。

今后五年，学校工作的指导思想是：高举中国特色社会主义伟大旗帜，全面贯彻落实党的十九大精神，以马克思列宁主义、毛泽东思想、邓小平理论、"三个代表"重要思想、科学发展观、习近平新时代中国特色社会主义思想为指导，深入贯彻落实全国高校思想政治工作会议精神和北京市第十二次党代会精神，坚持社会主义办学方向，落实立德树人根本任务，紧密围绕首都建设和建筑业发展需要，聚焦内涵发展和特色发展，深化改革创新，全面落实"提质、转型、升级"工作方针，大力提升办学质量，开创建设国内一流、国际知名、具有鲜明建筑特色的高水平、开放式、创新型大学新局面。

为了实现"两个一百年"的奋斗目标和中华民族伟大复兴的中国梦，党的十九大做出了从2020年到21世纪中叶的"两个阶段"战略安排，我们要全面融入、主动对标，以此确定学校中长期规划和远景目标。从现在到2020年，按照学校"十三五"发展规划，建成教学研究型大学，实现"两高"办学布局目标。在此基础上，从2020年到21世纪中叶实现学校远景发展目标分两个阶段来安排。

第一个阶段，从2020年到2035年，在全面建成教学研究型大学，实现"两高"办学布局目标的基础上，再奋斗十五年，学校的优势特色学科建设取得显著成效，办学实力和社会影响力大幅跃升，基本建成"国内一流、国际知名、具有鲜明建筑特色的高水平、开放式、创新型大学"。

第二个阶段，从2035年到21世纪中叶，建国100周年之际，在基本建成的基础上，再奋斗十五年，全面建成"国内一流、国际知名、具有鲜明建筑特色的高水平、开放式、创新型大学"。

要实现上述目标，未来五年是打好基础的关键期。我们既要按照"十三五"发展规划，全面建成教学研究型大学，实现"两高"办学布局目标，又要乘势而上，进入北京市高校"双一流"行列，为向学校远景发展目标进军奠定坚实的基础。我们要把习近平新时代中国特色社会主义思想全面准确贯彻落实到学校各项工作中去，按照习近平总书记提出的"扎根中国、融通中外、立足时代、面向未来"的要求，加快一流大学和一流学科建设，加快内涵发展、特色发展和创新发展，奋力开启学校全面提质转型升级，推进高水平大学建设的新征程。

新的发展阶段，建设高水平大学必须明确和坚持学校的办学使命和人才培养目标。我们要始终坚持社会主义办学方向，全面贯彻党的教育方针，贯彻落实新发展理念，紧紧围绕立德树人根本任务，紧密围绕新时代国家、首都对学校的新要求和新期待，科学确定学校办学定位，坚持服务首都城市战略定位，服务国家城乡建设发展，服务人类和谐宜居福祉；科学确定人才培养目标，大力培养知识、能力、素质协调发展，具有社会责任感、实践能力、创新精神和国际视野的建设领域高级专业骨干和领军人才。

新的发展阶段，建设高水平大学必须继承和弘扬北建大精神。文化是支撑学校发展的灵魂，历经110年的沧桑洗礼，我们北建大有着深厚的历史底蕴和文化底蕴，形成了特色鲜明的精神文化内涵，并持之以恒地推动着学校不断向前发展。我们要始终坚持"立德树人，开放创新"办学理念，秉持"实事求是、精益求精"校训，发扬"团结、勤奋、求实、创新"校风，弘扬"爱国奉献、坚毅笃行、诚信朴实、敢为人先"的北建大精神，奋力谱写北建大新时代发展新的辉煌篇章。

新的发展阶段，建设高水平大学必须深入实施"六大战略"。一是质量立校战略，这是新时代发展的本质特征和核心要求，是适应我国社会主要矛盾变化的必然要求，是建设教育强国的必然要求，是实现高等教育内涵式发展、推动"双一流"建设的必然要求，是建设高水平大学的基础、前提和核心要素，更是学校全面推进提质转型升级的必然要求，我们要把高质量发展的理念和要求贯穿于办学治校、教育教学全过程，以高质量赢得新时代的新发展。二是人才强校战略，高水平大学的竞争说到底是人才竞争，人才是支撑学校发展的第一资源，高素质师资队伍是建设高水平大学的基础和关键。我们要坚持党管人才原则，把人才强校的理念和要求贯穿于办学治校、教育教学全过程，遵循人才培育和成长规律，大兴识才爱才敬才用才之风，着力激发各类人才创新活力和潜力，按照"有理想信念、有道德情操、有扎实学识、有仁爱之心"的好老师标准，下功夫培育一支支撑学校未来发展的高水平师资队伍，集聚更多优秀人才，赢得竞争优势。三是创新领校战略，创新是引领发展的第一动力，是高等学校的重要使命，是高水平大学的本质属性和核心竞争力的集中体现。我们要把创新的理念和要求贯穿于办学治校、教育教学全过程，大力提升学校的创新能力，切实以创新引领驱动学校发展。四是特色兴校战略，办学特色是学校生存发展的前提和核心要素，也是学校核心竞争力的集中体现。我们要始终坚持扎根中国大地，办好中国特色社会主义大学，坚定不移走具有鲜明建筑特色的发展之路，把特色的理念和要求贯穿于办学治校、教育教学全过程，扎实推进"双一流"建设，以特色实现"双一流"目标。五是信息助校战略，人类社会正在经历信息革命，网络信息技术深度融合应用，推动人类社会发展加速步入以数字化、网络化、智能化为特征的信息社会，深刻改变着人类生产生活等经济社会发展的各个方面，也深刻改变着高等教育办学模式和教育教学模式，是现代高水平大学的本质特征和核心竞争力的重要体现，是未来高等教育发展的必然趋势。我们要抓住教育信息化发展的重大机遇，把信息化的理念和要求贯穿于办学治校、教育教学全过程，大力推动信息化与教育教学、科研创新、管理服务深度融合，奋力打造高水平现代信息化大学。六是开放办校战略，开放是新发展理念的重要内容，是新时代发展的必然要求和大学的重要使命，是高水平大学的本质特征和核心竞争力的重要体现，是学校全面推进提质转型升级的必由之路。我们要把开放的理念和要求贯穿于办学治校、教育教学全过程，坚持开门办大学，大力推进协同创新和国际交流合作，以开放办学的新成效提升办学质量和水平。

新的发展阶段，建设高水平大学必须重点推进"六大工程"和"六大计划"。全局谋划、突出重点、补齐短板是推动新时代学校新发展的重要原则，我们要紧紧围绕国家和北京市的建设发展需要，紧密结合学校发展实际，做出系统战略部署。坚持目标导向，全面实施"两高"校园建设工程、一流学科建设工程、高端平台建设工程、创新人才培养工程、卓越管理服务工程、全面从严治党工程；坚持问题导向，全面实施高端人才引育计划、育人质量提升计划、双协同推进计划、国际化拓展计划、大学文化提升计划、"中国梦"和社会主义核心价值观引领计划。通过抓好重点工程和计划，带动学校全局实现提质转型升级，扎实推进学校"双一流"建设。

各位代表，同志们，在党的十九大精神指引下，我们进一步科学把握学校发展阶段性特征和未来发展方向，进一步系统回答了新时代建设一个什么样的北建大和怎样建设北建大这一重大时代课题，集全校智慧对学校未来发展的目标、任务、路径、思路、举措做出了系统的战略安排。我们要登高望远、提高认识、统一思想、团结一致，以坚定的信心、坚强的意志和顽强的拼搏，奋力开创高水平大学建设的新局面。

三、坚持改革创新，扎实推进内涵式发展和"双一流"建设

坚持全面深化改革是习近平新时代中国特色社会主义思想的基本方略，是"四个全面"战略布局中具有突破性和先导性的关键环节，是建设高等教育强国的强大动力，是推进内涵式发展和"双一流"建设的必由之路。学校综合改革全面展开，并取得了显著成效，已进入改革攻坚期，我们要把深化改革作为新时代推进学校实现新发展的关键一招，以咬定青山不放松的决心和韧劲，始终保持战略定力，更加注重改革的系统性、整体性、协同性，坚持问题导向，勇于创新，聚焦关键环节和重点领域，敢于破解难题，以全面深化改革提升学校人才培养能力，推动学校实现更高质量的发展。

（一）深化学校治理体系改革，进一步提升学校治理能力现代化水平

深入实施"卓越管理服务工程"，完善学校现代大学制度体系，健全体制机制，深化依法治校，不断推进学校治理体系和治理能力现代化。

坚持和完善党委领导下的校长负责制。坚持党对学校工作的全面领导，充分发挥党委总揽全局、协调各方的领导核心作用，坚持民主集中制原则，健全党委统一领导、党政分工合作、协调运行的工作机制，完善党委常委会、校长办公会议事规则和决策程序。完善重大决策征求意见制度和反馈监督制度。强化党委全委会的决策和监督作用，坚持常委会每年至少向全委会报告一次工作。发挥好学校发展咨询委员会作用，健全决策咨询机制，着力提升科学决策、民主决策、依法决策水平。

构建现代大学制度。深入推进依法治校，完善以学校章程为核心的制度体系，健全以学术委员会为核心的学术管理体系，推进基层学术组织建设。落实"三重一大"决策制度，完善重大事项决策机制，构建决策权、执行权、监督权相互制约和协调的现代大学治理体系。加强学校管理制度建设，不断完善内控机制，提升依法治校能力，着力构建系统完备、科学规范、运行有效的制度体系。

深化管理体制机制改革。坚持以师生为本的理念，深入推进卓越管理行动计划，设立学校流程管理中心，深入推动流程优化再造和数据驱动式管理，构建充满活力、高效便捷的管理服务体制机制，着力提升精细化管理服务水平和学校的决策执行力。推动管理服务中心工作下移，深化以目标管理为核心的校院两级管理体制机制改革，优化管理机构设

置，进一步扩大院部自主权，构建分工科学、运转顺畅的内部管理组织架构。

深入推进信息化大学建设。全面提升"互联网＋教育"能力和水平，进一步提升学校信息学科和专业建设水平，推进学校网络信息资源共建共享，加大推进网络信息技术与教育教学、科学研究、管理服务深度融合，进一步打通服务师生"最后一公里"，进一步加强信息化基础设施与公共服务体系建设，优化学校IT治理体系，构建集约、专业、高效的信息化管理体制机制，着力打造易用、便捷、智能的信息化环境，巩固"统一门户、统一平台、统一身份认证"成果，全面实现数据共享和"一张表"工程，深化大数据应用，深入推进智慧校园中心建设，大力建设一流的"智慧北建大"。

深入推进市部共建各项工作落实。加强顶层设计，积极主动争取支持，进一步强化市部共建常态化工作推进机制，紧密围绕高端智库建设、重大项目申报、高端平台建设等工作，突出重点，扎实推进，追求实效。

（二）深化人才培养体系改革，大力提高人才培养质量

深入实施"创新人才培养"工程，推进"育人质量提升"计划和"双协同推进"计划，进一步强化人才培养中心地位，进一步强化人才培养质量观，紧密围绕国家和首都发展需要，以创新创业教育为突破口，全面深化教育教学改革，推动人才培养质量显著提升。

推进本科人才培养改革创新。以本科教学工作审核评估整改落实为契机，开展全校教育思想大讨论，全面提升教育教学理念，全面落实"通识教育＋专业教育＋双创教育"三位一体的人才培养新模式。全面推进"知识、能力、素质"三位一体课程体系建设，强化核心课程和在线课程建设，加大通识教育的力度和水平，把创新创业教育全面融入教育教学全过程。加大课堂教学改革力度，深入推进"一人一教改"计划。加强教学督导评价工作，建立系统完善的教学质量监控和评价体系。深入实施本科大类招生和大类培养，建立适应学分制的教学管理模式，深化新版人才培养方案配套管理改革，加大落实力度，加强实验班内涵建设。加快教育教学信息化建设力度，建成高水平课程中心，积极推广慕课、翻转课堂等教学新模式。加大实践育人力度，深入推进科教融合，切实落实协同育人"USPS计划"，进一步强化服务首都城市战略定位和建筑业转型升级人才培养的契合度。加强招生－培养－就业联动机制建设，建立专业预警和动态调整机制，稳步提升生源质量，加大学生就业指导工作力度，大力提升学生的就业质量和水平。

狠抓教风学风建设。深入实施教风学风联动建设工程，严格奖惩制度，严格教育教学和学生管理，进一步修订完善学生教育管理各项制度，进一步明确教师教书育人职责，研究推进教风学风相关任务纳入教师和学生工作队伍考核指标体系，加大政策激励导向力度，进一步推动学生英语四六级通过率和考研率显著提升，实现教风学风的根本性好转。

加强一流专业建设。以北京市一流专业建设为契机，进一步优化专业设置、进一步强化专业特色、提升专业建设水平。坚持分层分类、合理布局，加强优势专业建设力度，推进形成一批国内一流的强势专业、行业一流的急需专业、新兴交叉复合的品牌专业。加大工科类专业工程教育专业认证力度，显著扩大学校工科类专业国家认证覆盖面。深化产教融合、校企合作、协同育人，推动传统工科专业改造升级，开展新工科教育探索和实践。

推进创新创业教育。把创新精神培育和创业素质教育纳入教学计划，加大创新创业课程和辅修专业建设力度，加强校院两级创新创业实训体系建设，进一步完善创新创业教育

指导服务机制，构建覆盖教育教学、实践创新、项目培育、团队孵化等全生命周期的创新创业教育体系，大力培育创新创业师生团队，强化"双创"激励导向，努力实现"双创"教育新突破，全面构建"双创"教育工作新格局。

深化研究生教育教学改革。提升生源质量，完善结构类型，分类优化培养方案。进一步健全研究生教育管理制度，严格规范研究生培养的过程管理，建立学位论文全面质量保障体系，提升学位授予点建设水平和学位授予质量。大力加强研究生导师队伍建设，进一步强化师德建设和研究生导师育人责任，加强以质量评价为主导的导师资格动态管理。加强研究生学术诚信教育，构建以创新为导向的研究生学术培育工作体系，增进研究生创新活力，大力营造浓郁的校园学术氛围。

（三）深化人事制度改革，打造高素质师资队伍

加强人才队伍建设的顶层设计，严格规范人事管理制度，优化师资队伍结构，强化优秀团队建设，发挥政策激励导向作用，激发各类人才干事创业的活力，深入实施"高端人才引育计划"，整体提升履职能力，努力造就一支规模、结构和质量适应学校新的发展阶段要求的高素质师资队伍。

系统构建人才工作体系。全面落实学校编制方案，制定基于学科专业发展需要的专任教师队伍工作方案，明确校院两级人才工作责任和任务，努力消除人才队伍断层，形成合理的师资队伍梯队。完善学校人事管理制度，强化教师教书育人责任，形成责任明确、流程清晰、严格规范的工作体系。加大教师发展中心建设力度，强化教师发展指导和培训工作，大力提升教师治学治教能力。

深化考核评价制度改革。坚持注重实效、突出贡献、分类评价的原则，坚持以贡献与水平为衡量标准，建立教师岗位聘任能上能下制度，探索实施教师准聘、长聘制度，切实发挥职称评聘的导向作用。深化教师选聘、考核、激励、发展等方面的机制改革，实施基于工作量积分的全方位量化考核办法，形成多劳多得、优劳优酬的分配制度。

加大高层次人才培育和引进力度。坚持培养和引进并重原则，落实校院两级高层次人才引进工作责任和任务，推动高层次人才队伍建设取得新突破。深入实施"金字塔人才培养"项目和"主讲教师支持"项目，下功夫加强教学和科技创新团队建设，构建学校团队建设的工作体系，推动教师人人进团队，积极打造老中青相结合、研究生和本科生广泛参与的创新团队，努力实现高水平团队新的突破。

加强管理服务人才队伍建设。整体规划党务、思想政治工作以及管理服务和经营人才队伍建设，建立多元人员聘用方式，探索建立职务、职级、职称并行的职业发展通道，全面提升专业化、职业化水平，着力建立一支卓越管理人才队伍。

（四）深化学科和科研体制改革，大力提升学校科技创新能力

深入实施"一流学科建设"工程、"高端平台建设"工程和"双协同推进"计划，紧紧围绕国家、北京市以及行业发展需要，优化学科结构和科研方向，规范和强化科技创新平台建设，加大重大科技成果培育力度，提升科技成果转化和服务社会水平，努力实现学科建设和科技创新新突破。

推进一流学科建设。加强学科建设顶层设计，围绕一流学科建设，深入实施博士学位授权水平建设项目、支撑学科提升项目、特色学科卓越项目、交叉学科协同项目，积极培育新的学科增长点，加大学科带头人培育力度，形成合理的学科队伍梯队，构建切实有效

的学科建设工作机制，建设具有鲜明建筑特色的学科生态体系，形成更有利于实现学科交叉融合、推动协同创新的文化氛围和制度环境。优化资源配置，完善以学科建设任务和绩效为导向的资源配置机制，努力打造一批一流的高水平学科，进入北京市高校"双一流"行列，实现博士授权单位和博士授权一级点的突破。

推进科技管理体制机制改革。加强科技创新顶层设计，转变科研发展模式，推动有组织的科技创新。加强科研团队建设，引导教师面向国家、北京市和行业重大需求，组建科研大团队，承担大项目，形成学术带头人加团队的科研工作格局，推动学校科技创新成果取得新突破。抓好协同创新顶层设计和统筹协调，推动协同创新取得新的成效。深入推进科技评价体系和资源配置方式改革，探索实施以任务为中心、灵活动态调整的科研资源配置方式。规范科研经费使用，加强监管和绩效评价，提供优质科研服务，进一步激发科技创新活力，推动学校科研经费实现显著增长。

打造高端科研平台。构建完善的实验室管理制度体系和工作体系，形成实验室建设长效机制，全面提升实验室建设和管理水平，打造一批具有学校鲜明特色和核心竞争力的科研平台。大力推进北京"未来城市设计高精尖创新中心"、大型多功能振动台阵实验室等高端科技平台建设，进一步加强省部级科研平台内涵建设，全面提升各级各类平台建设质量和水平，力争获批北京实验室，努力实现国家级科研平台零突破。

提升服务经济社会发展能力。紧紧围绕国家重大战略需求和首都城市战略定位，充分发挥学校学科专业优势，着力提升学校服务经济社会发展的贡献度。依托北京"未来城市设计高精尖创新中心"和雄安创新研究院，全面投入"三城一区"、北京新机场、冬奥会、长城文化带等重大项目建设，进一步在城市设计规划、旧城更新改造、海绵城市建设、街区导则设计、建筑遗产保护、城市管理等方面加大科技支撑力度，为落实京津冀协同发展规划纲要、北京"四个中心"建设和实施新一版总体规划做出更大贡献。

（五）构建国际合作交流新格局，大力提升国际化办学水平

深入实施"国际化拓展"计划，推进国际化办学体制机制改革，构建与学校发展相适应的国际交流合作新格局，加大师生国际交流合作力度，着力增强学校国际交往合作能力，努力开创学校国际化办学新局面。

构建国际交流合作工作体系。加强国际化办学顶层设计，构建学校国际化办学工作机制，出台相关激励政策，明确校院两级国际交流合作职责和任务，将国际交流合作工作纳入学院考核体系，加强教师和学生出国管理，引导教师加大国际交流合作工作投入，纳入工作考核和职称评定指标体系。加大师生出国访学、培训、交流支持力度，支持教师在国际学术组织任职，支持院系举办高水平国际学术会议，支持与国外高水平大学联合科研和联合研究平台建设，进一步提升教师出国（境）访学经历比例。

拓展国际交流合作格局。进一步提升国际化合作办学、合作科研、师生交流的工作质量和力度，本着巩固欧亚、开拓北美、做强"一带一路"的原则，进一步提升国际交流合作的层次和规模，努力实现国际化办学新的突破。全面服务国家"一带一路"建设，切实发挥学校"一带一路"建筑类大学国际联盟秘书长单位作用，以"一带一路"国家人才培养基地为依托，培养"一带一路"国际建筑土木工程研究生，不断深化与"一带一路"国家建筑类高校的合作。

打造国际交流合作品牌项目。坚持"引进来"和"走出去"相结合，以项目方式推进

国际交流合作工作上层次上水平。深入推进暑期国际学校和"国际大师驻校"计划，优化项目运行机制，进一步拓展规模和类型，形成长效机制，树立北建大品牌。设立学校"国际合作交流周"等文化项目，打造更多国际学术交流平台，大力营造学校国际化文化氛围。深入推进"留学北建大"项目，进一步优化生源结构，扩大留学生规模，形成可持续发展机制。积极推进"外培计划"，深度拓展海外合作办学项目，稳步推进中法合作办学项目，为学生创造更多国际交流合作机会。

（六）深化资源配置模式改革，进一步提升学校精细化管理水平

本着公平、公正、合理的原则，以绩效导向为主建立资源配置机制，着力提高资源使用效率，大力提升服务品质，建设节约型校园，为学校可持续发展提供有力的条件保障。

推进资源优化配置和拓展。深化资源配置体制机制改革，健全"大后勤、大资产"管理体系，完善落实公用房产定额管理制度，建立健全公共设备平台运行和共享机制，强化仪器设备的统筹规划和配置采购，推进后勤保障服务集约化、专业化、信息化和社会化，加大公共服务设施建设力度，建立数字化能源监管系统，着力提高基础设施运行效率和资源利用效率，大力提升学校精细化管理水平，建设绿色节约型校园。深入推进校办企业体制机制改革，推进大学科技园建设，进一步探索产学研融合发展机制，不断提高经营效益，实现国有资产保值增值；稳步推进继续教育改革，着力发展高端培训；进一步加强校友会建设，稳步推进教育基金会建设，不断增强学校多渠道办学资源筹集能力。

推进预算管理改革。积极争取更多财政资金支持学校发展，加强资金管理，严肃财经纪律，深化财务信息化应用，提供优质、高效、便捷的财务服务。全面加强学校预算管理，建立滚动项目库，强化项目前期论证，提高预算的精细化水平。加强项目资金的绩效管理，加大预算执行力度考核，切实提高资金使用效益。

（七）优化校园空间布局，加快美丽校园建设

深入实施"两高"校园建设工程，推进两校区协同发展，为建设高水平大学提供强有力的保障支撑。

持续完善大兴校区办学功能。按照"两高"办学布局要求，进一步调整优化大兴校区规划指标和校园规划方案，继续加强教学科研设施和公共服务设施建设，重点加强学生公寓建设和校园园林绿化建设，着力打造精品校园环境，建成高质量本科人才培养基地。

持续提升西城校区环境品质。加快西城校区升级改造力度，整体优化校园布局与功能，完成高精尖创新中心、研究生院、建筑学院、大学科技园、学生公寓等改造建设项目，为中国建筑图书馆提供更好保障条件，全面提升师生学习、生活、公共服务环境品质，打造省部级重点实验室、系列高端智库等高精尖平台集群，使西城校区成为一流的建筑师花园和城市科技文化示范园区，建成高水平研究生培养、科技协同创新及成果转化基地。

四、加强思想政治引领，大力提升学校思想政治工作质量和水平

全面贯彻落实全国和北京高校思想政治工作会议精神，落实立德树人根本任务，教育引领广大师生增强"四个自信"，大力培育和践行社会主义核心价值观，严格落实意识形态工作责任制，推动思想政治工作改革创新，大力增强思想政治工作的时代感和实效性，

把思想政治工作贯穿教育教学全过程，全面提高师生思想政治素质。

（一）构建层层落实的工作体系，推动全员全过程全方位育人落地见效

构建"大思政"工作格局。全面落实学校《关于全面贯彻落实〈加强和改进新形势下高校思想政治工作的意见〉的实施方案》各项任务，构建党委统一领导、党政齐抓共管、各部门各方面密切配合、同频共振的工作格局，建立健全系统的思想政治工作制度体系和工作体系，深入推进教书育人、科研育人、实践育人、管理育人、服务育人、文化育人、组织育人落到实处，加大抓学风的思想政治工作力度，形成全面协同的工作推进机制。

提高思想政治工作队伍水平。加强辅导员、班主任和心理咨询教师队伍建设，高标准配齐配强，加大专业化培养力度，使这支队伍成为思想政治教育方面的行家里手。强化考核激励，构建系统的量化评价指标体系，推动学校思想政治工作科学化制度化规范化。

加强"思政课程"和"课程思政"建设。充分发挥思想政治理论课主渠道作用，全面加强马克思主义学科建设、思想政治理论课课程建设和教师队伍建设，不断创新教学模式，改革教学内容，改进教学方法，改善教学手段，切实增强思想政治理论课的亲和力和针对性。加强对教师育人投入的考核，有效发挥教师教书育人主体作用和各门课程的育人职责，加大"课程思政"建设力度，推动形成与思想政治理论课、思想政治教育活动同向同行的育人合力。

（二）坚定"四个自信"，牢固确立马克思主义在意识形态领域的指导地位

严格落实意识形态工作责任制。认真落实习近平总书记提出的"四个坚持不懈"的要求，坚定地把马克思主义立场观点方法贯穿到人才培养各环节。切实加强课堂教学、教材编选、讲座论坛和宣传平台等阵地管理，建立完善会商研判、情况通报、风险防控、管控处置、督查考核等机制。加强网络意识形态管理工作，建立网络综合治理体系。高度重视传播手段建设和创新，充分发挥校园主流媒体作用，加快推动传统媒体与新兴媒体深度融合，不断巩固壮大主流思想舆论，讲好北建大故事，弘扬主旋律，传播正能量。

积极培育和践行社会主义核心价值观。深入实施"中国梦"与社会主义核心价值观引领计划，推进"融入式"教育，综合运用教育教学、实践养成、文化熏陶、媒体宣传等方式，将社会主义核心价值观融入到校风、教风、学风、师德、师风建设中去。大力宣传教书育人楷模、优秀学生典型、杰出校友等，形成培育和弘扬北建大精神的文化氛围。

大力加强校园文化建设。深入实施大学文化提升计划，加强中华优秀传统文化教育，深化校园文化育人体系建设。加强学校精神文化体系建设，持续开展"文化塑校"活动，建设一批具有特定文化内涵的建筑和景观，形成一批师生广泛认同的、具备文化标识意义的文化载体，打造一批深受师生喜爱的校园精品文化项目，营造特色鲜明的建筑大学文化环境。健全完善档案工作体制机制，建设为师生提供优质服务的专业化档案馆。发挥校史馆等文化场馆的作用，传承和弘扬北建大精神。加强"爱生"网络社区文化建设，打造北建大网上精神家园。

（三）坚持改革创新，增强思想政治工作的时代感和实效性

推动思想政治工作方法和载体创新。全面落实《高校思想政治工作质量提升工程实施纲要》，统筹推进育人体系建设。大力推进"智慧思政"建设，推动思想政治工作传统优势同信息技术高度融合，充分利用信息化技术和大数据推进学生教育管理模式改革，加强网络思想政治教育工作，建立学生学习生活实时反馈机制和支持服务机制。强化实践育人

功能，构建实践育人共同体。探索新环境下的学生集体建设新特点新规律，进一步强化班团集体建设。

加强学生思想政治工作专业化建设。全面推进"最爱学生的大学"建设，统筹推进学生资助体系、发展指导体系、心理健康指导体系建设，加大学生发展辅导中心和学业辅导中心建设力度，加强对学生的深度辅导，增加学生荣誉和激励多样性，形成学生全面发展的支持机制。完善学生职业发展和服务体系建设，强化就业引导和职业指导，加大对学生成长的支持力度，支持学生发表学术论文、申请专利和开展课外科技活动，助力学生成长成才成功。

加强师德建设。建立健全教师思想政治工作体系和长效机制，将政治标准、师德规范作为教师选聘的基本条件和重要内容，严格执行师德师风"一票否决制"。加强对教师的思想政治工作和师德培训，引导教师坚持"四个相统一"，大力宣传教书育人先进典型，着力培养"四有"好老师。

五、全面加强学校党的建设，坚定不移地推进全面从严治党向纵深发展

学校是全国较早建立党组织，接受党的领导的高校，具有党建工作的优良传统。我们要全面贯彻落实党的十九大提出的新时代党的建设总要求，继承和弘扬党的光荣传统，加强党委对学校工作的全面领导，认真履行管党治党、办学治校主体责任，切实做到把方向、管大局、作决策、保落实。全面推进党的政治建设、思想建设、组织建设、作风建设、纪律建设，把制度建设贯穿其中，强化党建工作责任制，切实加强基层党组织建设，不断提高党的建设质量，为学校全面提质转型升级发展提供坚强的政治保证和组织保证。

（一）把党的政治建设摆在首位，切实提高政治站位。牢固树立"四个意识"，坚决维护党中央权威和集中统一领导，坚定执行党的政治路线，严格遵守政治纪律和政治规矩，在政治立场、政治方向、政治原则、政治道路上同以习近平同志为核心的党中央保持高度一致。深入开展新党章学习活动，严格按党章办事，严格执行新形势下党内政治生活若干准则，增强党内政治生活的政治性、时代性、原则性、战斗性。坚持完善和落实民主集中制的各项制度，毫不动摇把学校各级党组织建设得更加坚强有力。

（二）深入学习贯彻党的十九大精神，加强思想建设和理论武装。坚持不懈地学习好领会好贯彻好习近平新时代中国特色社会主义思想，用党的创新理论武装头脑、指导实践、推动工作。进一步抓好校院两级中心组理论学习、干部教师系统培训、校院基层调研、党支部组织生活等活动，推进十九大精神在学校落地生根。推进"两学一做"学习教育常态化制度化，深入开展"不忘初心、牢记使命"主题教育。坚持和完善党委理论中心组学习制度、教职工理论学习制度和固定党日学习制度，创新学习内容、学习主体、组织管理和监督检查。深入实施党委书记、党支部书记讲党课制度，围绕学习贯彻党的十九大精神，结合重要历史节点，广泛开展理想信念教育，切实增强师生"四个自信"。

（三）坚持党管干部原则，打造高素质专业化干部队伍。坚持德才兼备、以德为先，深入落实新时期好干部标准。坚持正确选人用人导向，突出政治标准，提拔重用牢固树立"四个意识"和"四个自信"、坚决维护党中央权威、全面贯彻执行党的理论和路线方针政策、忠诚干净担当的干部。严格执行干部选拔任用程序规定，落实干部选拔任用工作纪实

制度。加强二级单位领导班子建设，持续优化干部队伍结构。加强年轻干部选拔培养和后备干部队伍建设，源源不断地选拔使用经过实践考验的优秀年轻干部。持续推进干部轮岗交流和挂职锻炼。落实从严管理监督干部各项要求，进一步强化日常管理监督机制建设。整体推进各类干部培训，提升干部综合素质和工作能力，努力打造一支与实现"两个一百年"奋斗目标相适应，与首都地位相匹配、忠诚干净担当的高素质干部队伍。

（四）以提升组织力为重点，大力加强基层组织建设。突出政治功能，抓基本、补短板、重创新，推进基层党建工作全面进步全面过硬。深入落实党建工作责任制，层层压实责任，层层传导压力，全面落实各级党组织书记党建述职评议考核制度。切实发挥二级单位党组织政治核心作用，健全党政联席会和党组织会议制度，完善二级单位党组织在干部队伍、教师队伍建设中发挥主导作用的工作机制。牢固树立党的一切工作到支部的鲜明导向，强化支部建设，选优配强支部书记，发挥党支部主体作用，健全秘务会制度，完善党支部在评奖评价等工作中的政治把关作用，把党支部建设成为宣传党的主张、贯彻党的决定、领导基层治理、团结动员群众、推动改革发展的坚强战斗堡垒。坚持政治引领和服务师生相结合，优化基层党组织设置，推进活动方式创新，探索党组织设置和发挥作用的有效途径。加强和规范党内政治生活，认真落实"三会一课"、民主生活会、民主评议党员、谈心谈话等制度。扩大党内民主，畅通党员参与党内事务、发挥党内监督作用的渠道。加强基层党建工作创新，进一步突出学校规范型、实践型、融合型、互促共进型等党建特色工作模式，推进党建工作和业务工作融合发展。加强信息化对党建工作的支撑，推进基层党建与信息化有机融合，大力推动"智慧党建"建设。加强基础性建设和条件保障，建好党员之家，加强党建工作研究，创新党建工作思路和方法，打造一批党建工作品牌。从严教育管理党员，严格党员发展质量，打牢党建工作基础。

（五）以永远在路上的坚韧，锲而不舍推进作风建设。进一步巩固和拓展党内教育成果，推动作风建设常态化、长效化。深入落实校院两级领导联系支部、党员、师生制度，深入基层，加强调查研究，及时解决问题和困难。坚持以上率下，持之以恒贯彻中央八项规定精神和市委实施办法，认真查找"四风"突出问题，特别是形式主义、官僚主义的新表现，采取过硬措施坚决加以整改，务求取得实效。

（六）深入推进党风廉政建设，持之以恒正风肃纪。严格执行党风廉政建设责任制，进一步强化"两个责任"落实。坚持把纪律和规矩挺在前面，重点强化纪律教育和纪律执行。强化党内监督，健全监督体系，加强内控制度建设，强化审计监督，构建有效管用的廉政风险防控体系。运用监督执纪"四种形态"，抓早抓小、防微杜渐。加强对纪检监察工作的领导和支持力度，切实履行监督执纪问责职能，加大案件查办力度。推进廉洁文化建设，深入开展警示教育，切实筑牢拒腐防变思想道德防线。认真落实巡视整改任务，确保取得整改实效，深入推进党风廉政建设向纵深发展。

（七）提高保障和改善民生水平，合力建设平安和谐校园。深化平安校园建设成果，牢固树立安全发展理念，提高应急处置能力和风险防范能力，建设平安和谐校园。切实加强统战工作，充分发挥民主党派和无党派代表人士在学校建设发展中的作用。扎实做好党外知识分子工作。加强工会、教代会、共青团以及学生组织建设，全面落实工会改革方案和高校共青团改革方案，增强群团活动的政治性、先进性、群众性。高度重视离退休工作，切实落实好离退休教职员工的各项待遇，为老同志开展活动、发挥作用提供更好的保障条件。深入贯彻以人民为中心的发展思想，加大民生改善和保障力度，坚持每年为师生办实事制度，切实增强师生的获得感。积极争取政策、创造条件，确保教职工收入待遇随事业发展稳步增长。全力争取政府政策支持，想方设法在大兴校区及其周边为教师提供更多过渡性住房。进一步推进附属中学、小学共建，加强教职工文化体育设施建设和规范化专业化管理服务，组织和支持师生员工开展丰富多彩、形式多样的文化体育活动，不断优化服务保障体系，千方百计改善师生学习生活工作条件和环境。

各位代表、同志们，党的十九大提出了新的行动纲领，为我们指明了前进方向、提供了强大动力。中国特色社会主义进入了新时代，北建大踏上了全面提质转型升级的新征程，历史的接力棒交到了我们这一代北建大人手上，责任重大，使命光荣。我们要不忘初心、牢记使命，奋力谱写北建大未来发展的美好篇章！让我们以党的十九大精神为指引，更加紧密地团结在以习近平同志为核心的党中央周围，高举旗帜，改革创新，攻坚克难，开拓进取，加快建设国内一流、国际知名、具有鲜明建筑特色的高水平、开放式、创新型大学，为北京建设国际一流的和谐宜居之都，为实现"两个一百年"奋斗目标和中华民族伟大复兴的中国梦不懈奋斗！

2017年12月26日

第三章 机 构 设 置

一、学校党群、行政机构

（一）学校党群机构

北京建筑大学党政办公室
中共北京建筑大学委员会组织部（党校）
中共北京建筑大学委员会宣传部
中共北京建筑大学委员会统战部
中共北京建筑大学纪律检查委员会
中共北京建筑大学机关委员会
中共北京建筑大学委员会保卫部
中共北京建筑大学委员会学生工作部（武装部）
中共北京建筑大学委员会研究生工作部
中国教育工会北京建筑大学委员会
共青团北京建筑大学委员会

（二）学校行政机构

党政办公室
监察处
学生处
研究生院
保卫处
离退休工作办公室
教务处
招生就业处
校友工作办公室
档案馆
科技处（重点实验室工作办公室）
人事处
财务处
审计处
资产与后勤管理处
规划与基建处
国际合作与交流处

网络信息服务中心
工程实践创新中心
场馆运行管理服务中心
高精尖创新中心

二、学校教学、教辅、附属及产业机构

（一）教学机构
建筑与城市规划学院
土木与交通工程学院
环境与能源工程学院
电气与信息工程学院
经济与管理工程学院
测绘与城市空间信息学院
机电与车辆工程学院
文法学院
理学院
马克思主义学院
体育教研部
国际教育学院
继续教育学院
创新创业教育学院

（二）教学辅助、附属及产业机构
图书馆
发展规划研究中心（高等教育研究室）
学报编辑部
建筑遗产研究院
海绵城市研究院
北京建大资产经营管理有限公司

三、党委工作相关领导小组

（一）发展规划领导小组
组　　长：王建中　张爱林
副组长：张启鸿　张大玉
成　　员：黄京红　汪　苏　李维平　李爱群　吕晨飞　孙景仙　孙冬梅　白　莽
领导小组下设办公室，办公室设在发展规划研究中心
主　　任：白　莽（兼）
工作职责：

1. 指导开展学校办学思路、政策建议、重大问题等研究，为学校改革发展稳定提供建设性和可实施的设计方案和决策建议；
2. 领导起草学校事业发展规划、中长期发展规划、重要改革方案等战略性文件；
3. 推动落实学校总体发展规划的贯彻实施。

校内文件：
《中共北京建筑大学委员会关于调整领导机构成员的通知》（北建大党发〔2016〕1号）

（二）干部工作领导小组

组　　长：王建中
成　　员：张爱林　黄京红　李爱群　吕晨飞
秘　　书：组织部部长孙景仙
领导小组下设办公室，办公室设在组织部
主　　任：孙景仙（兼）

工作职责：
1. 研究处级干部职数；
2. 在处级干部选拔任用过程中，确定考察对象建议人选；
3. 听取科级干部聘任结果通报；确定科级干部轮岗交流；
4. 研究确定其他涉及干部教育培训、考核管理和监督等工作的重要事项。

校内文件：
《中共北京建筑大学委员会关于调整领导机构成员的通知》（北建大党发〔2016〕1号）

（三）人才工作领导小组

组　　长：王建中　张爱林
成　　员：张启鸿　张大玉　李爱群　吕晨飞　白　莽　陈红兵　孙景仙　戚承志
　　　　　李俊奇　高　岩
领导小组下设办公室，办公室设在人事处
主　　任：陈红兵（兼）

工作职责：
审议学校的人才队伍发展规划、人才引进、人才招聘计划、校内人员调动、非专任教师转教师系列及相关人事工作。

校内文件：
《中共北京建筑大学委员会关于调整领导机构成员的通知》（北建大党发〔2016〕1号）

（四）党风廉政建设工作领导小组

组　　长：王建中　张爱林
成　　员：黄京红　汪　苏　李维平　张启鸿　张大玉　李爱群　吕晨飞　孙景仙
　　　　　孙冬梅　白　莽　高春花
领导小组下设办公室，办公室设在纪委办公室
主　　任：高春花（兼）

工作职责：
专题研究和部署学校党风廉政建设工作，督促指导各分党委（党总支、直属党支部）落实党风廉政建设责任制，检查各分党委（党总支、直属党支部）落实党风廉政建设责任

制的情况。

校内文件：

《中共北京建筑大学委员会关于调整领导机构成员的通知》（北建大党发〔2016〕1号）

（五）宣传思想工作领导小组

组　长：王建中　张爱林

副组长：张启鸿　汪　苏　李爱群　吕晨飞

成　员：白　莽　孙景仙　孙冬梅　朱　静　李雪华　牛　磊　刘艳华　李俊奇
　　　　高　岩　陈红兵　赵晓红　王德中　魏楚元

领导小组下设办公室，办公室设在宣传部

主　任：孙冬梅（兼）

工作职责：

1. 根据中央和北京市关于宣传思想工作的部署，结合学校实际，制定相关制度和措施；

2. 按照学校整体要求，将宣传思想工作的各项任务分解落实到责任部门（单位）；指导各部门（单位）制定具体工作方案；有力推进大宣传工作格局形成；

3. 研究处理学校宣传思想工作中出现的重大问题，并提出解决问题的意见和建议；

4. 建立和完善推进学校宣传思想工作科学化、规范化的各项制度，将宣传思想工作纳入目标管理和年度考核；

5. 定期对学校宣传思想工作开展情况进行调查研究，总结经验。

校内文件：

《中共北京建筑大学委员会关于调整领导机构成员的通知》（北建大党发〔2016〕1号）

（六）校园文化建设领导小组

组　长：王建中　张爱林

副组长：张启鸿　汪　苏　李维平　张大玉　李爱群　吕晨飞

成　员：孙冬梅　白　莽　孙景仙　朱　静　李雪华　刘艳华　李俊奇　高　岩
　　　　陈红兵　邹积亭　邵宗义　孙文贤　刘　蔚　孙　强

领导小组下设办公室，办公室设在宣传部

主　任：孙冬梅（兼）

工作职责：

1. 根据中央和北京市关于校园文化建设方面的部署，结合学校实际制定校园文化建设的总体目标和任务；

2. 统筹推进学校文化建设工作，对重大文化建设项目进行论证和决策；

3. 按照总体规划、分步实施的原则，将校园文化规划的各项任务分解落实到责任部门（单位）；指导各部门（单位）制定具体工作方案；形成党政齐抓共管、相关部门（单位）各司其职、师生员工广泛参与的文化建设工作体系；

4. 定期开展校园文化建设检查评估与反馈机制，以评促建，并在实践中不断修订和完善文化建设的内容、方式和方法，持之以恒地推动校园文化建设工作深入开展。

校内文件：

《中共北京建筑大学委员会关于调整领导机构成员的通知》（北建大党发〔2016〕1号）

《关于调整纪委办公室(监察处)牵头和参加的议事协调机构的通知》(北建大党发〔2016〕79号)

(七)师德建设("三育人")工作领导小组

组　　长:王建中　张爱林

副组长:张启鸿　汪　苏　李维平　张大玉　李爱群　吕晨飞

成　　员:孙冬梅　白　莽　孙景仙　朱　静　戚承志　李雪华　刘艳华　李俊奇
　　　　　高　岩　陈红兵　孙文贤　刘　蔚

领导小组下设办公室,办公室设在宣传部

主　　任:孙冬梅(兼)

工作职责:

1. 根据中央和北京市关于师德建设方面的部署,结合学校实际研究、制定、完善学校师德建设的相关制度和措施;

2. 按照学校整体要求,将师德建设工作的各项任务分解落实到责任部门(单位);指导各部门(单位)制定具体工作方案;

3. 负责师德先进遴选推荐的审定工作;

4. 受理重大师德问题投诉;

5. 定期对学校师德建设工作开展情况进行调查研究,总结经验。

校内文件:

《中共北京建筑大学委员会关于调整领导机构成员的通知》(北建大党发〔2016〕1号)

《关于调整纪委办公室(监察处)牵头和参加的议事协调机构的通知》(北建大党发〔2016〕79号)

(八)民族宗教工作领导小组

组　　长:王建中

副组长:张启鸿　吕晨飞

成　　员:白　莽　朱　静　李雪华　牛　磊　刘艳华　李俊奇　陈红兵　刘　蔚
　　　　　赵晓红

领导小组下设办公室,办公室设在统战部

主　　任:白　莽(兼)

工作职责:

1. 根据中央和北京市关于民族宗教工作方面的部署,结合学校实际研究、制定、完善学校民族宗教工作的相关制度和措施;

2. 按照学校整体要求,将民族宗教工作的各项任务分解落实到责任部门(单位);指导各部门(单位)制定具体工作方案;

3. 定期研究问题,分析研判,及时掌握情况,有效防范和及时处置涉及民族、宗教问题的突发性事件,加强抵御境外利用宗教对高校进行渗透的工作。

校内文件:

《中共北京建筑大学委员会关于调整领导机构成员的通知》(北建大党发〔2016〕1号)

(九)统一战线工作领导小组

组　　长:王建中

副组长：张启鸿　吕晨飞
成　员：白　莽　孙冬梅　孙景仙　陈红兵　刘艳华　戚承志　高　岩　李俊奇
　　　　牛　磊　刘　蔚　赵晓红　各二级学院党委书记

领导小组下设办公室，办公室设在统战部

主　任：白　莽（兼）

工作职责：

1. 根据中央和北京市关于统战工作的部署，结合学校实际，制定相应制度和措施；
2. 按照学校整体要求，将统战工作的各项任务分解落实到责任部门（单位）；指导各部门（单位）制定具体工作方案；有力推进大统战工作格局形成；
3. 研究处理学校统战工作中出现的重大问题，并提出解决问题的意见和建议；
4. 建立和完善推进学校统战工作科学化、规范化的各项制度，将统战工作纳入目标管理和年度考核；
5. 定期对学校统战工作开展情况进行调查研究，总结经验。

校内文件：

《中共北京建筑大学委员会关于调整领导机构成员的通知》（北建大党发〔2016〕1号）

（十）网络安全和信息化工作领导小组

组　长：王建中　张爱林

副组长：张启鸿　李维平　李爱群　吕晨飞

成　员：白　莽　孙冬梅　朱　静　戚承志　孙文贤　牛　磊　李俊奇　何立新
　　　　高　岩　陈红兵　邵宗义　刘　蔚　邹积亭　魏楚元

领导小组下设办公室，办公室设在网络信息管理服务中心

主　任：魏楚元（兼）

工作职责：

1. 负责审议决策学校信息化工作发展战略、总体规划方案与经费预算；
2. 负责审议决策学校信息化政策措施、工作机制和管理制度；
3. 负责审议决策负责审定学校信息化建设推进的责任分工、资源分配管理与考核机制；
4. 负责审议决策学校信息化顶层设计方案；
5. 负责审议决策学校信息化工作年度报告和年度计划；
6. 负责审议决策学校战略性、全局性、基础性的重大信息化项目方案；
7. 其他重大决策事宜。

校内文件：

《中共北京建筑大学委员会关于调整领导机构成员的通知》（北建大党发〔2016〕1号）

（十一）党务公开工作领导小组

组　长：王建中

副组长：张启鸿　吕晨飞

成　员：白　莽　孙景仙　孙冬梅　高春花　朱　静　李雪华　牛　磊　赵静野
　　　　刘艳华　魏楚元

领导小组下设办公室，办公室设在党政办公室

主　任：白　莽（兼）

工作职责：

1. 拟定学校党务公开工作的实施方案；

2. 加强联系协调，督促各部处认真履行职责；

3. 加强调查研究，及时解决工作中遇到的困难和问题；

4. 开展宣传教育工作，营造良好的舆论氛围，动员和支持群众监督；

5. 开展检查考核工作，总结推广好的经验做法，对工作开展不力的部处进行督促整改；

6. 建立健全各项规章制度，进一步提高党务公开工作科学化、规范化、制度化水平。

校内文件：

《中共北京建筑大学委员会关于调整领导机构成员的通知》（北建大党发〔2016〕1号）

（十二）信访工作领导小组

组　长：王建中

副组长：黄京红　张启鸿

成　员：白　莽　孙景仙　孙冬梅　高春花　朱　静　李雪华　牛　磊　赵静野
　　　　李俊奇　陈红兵　刘　蔚

领导小组下设办公室，办公室设在党政办公室

主　任：白　莽（兼）

工作职责：

1. 负责贯彻落实党和国家有关信访工作的方针政策和法律法规，执行学校党委有关信访工作的指示规定；

2. 承办上级和学校领导交由处理的信访事项；

3. 协调处理重大、疑难信访事项，受理、转办和承办信访人向学校提出的信访事项；

4. 协调、督查各部门处理的重要信访事项；

5. 协助学校领导做好来访的预约、接待和有关事项的落实工作；

6. 负责宣传和贯彻落实党和国家有关信访工作的方针政策、法律法规、决策部署，为信访人提供法律、政策方面的咨询服务。

校内文件：

《中共北京建筑大学委员会关于调整领导机构成员的通知》（北建大党发〔2016〕1号）

（十三）安全稳定工作领导小组

组　长：王建中　张爱林

副组长：吕晨飞

成　员：牛　磊　白　莽　孙冬梅　朱　静　李雪华　刘　蔚　罗会文

领导小组下设办公室，办公室设在保卫部（处）

主　任：牛　磊（兼）

工作职责：

学校维护安全稳定领导小组及办公室在学校党委领导下，统筹全校意识形态、民族宗教、防范处理邪教、校园安全、网络信息安全、学校治安综合治理、矛盾纠纷排查化解、突发事件应急管理、处置群体性事件等涉及学校安全、稳定的相关工作，逐步成为学校安

全稳定工作的指挥中心、管理主体和工作枢纽。

健全安全稳定责任体系。明确安全稳定工作的"一把手"工程，严格落实"党政同责，一岗双责，失职追责"要求。学校党委书记、校长是学校安全稳定工作第一责任人，对学校安全稳定工作负总责；分管副书记、副校长是直接责任人，学校领导班子其他成员要认真履行管理权限内的安全稳定工作职责。

落实二级单位安全稳定工作责任制，学校与二级单位的党政负责人要签订安全稳定责任书。各二级单位党政一把手是本单位安全稳定工作第一责任人，分管领导是直接责任人，二级单位领导班子其他成员要认真履行管理范围内的安全稳定工作职责。各学院、各部门要成立本单位维稳工作领导班子并将具体分工和职责报到学校领导小组，要认真分解落实维护安全稳定工作责任，自上而下逐级明确工作职责，确保涉及安全稳定的每一项工作、每一个环节都有人抓、有人管、有人负责。

校内文件：
《中共北京建筑大学委员会关于调整领导机构成员的通知》（北建大党发〔2016〕1号）

（十四）处理"法轮功"问题领导小组

组　　长：王建中
副组长：张爱林　吕晨飞
成　　员：牛磊　白莽　朱静　刘艳华　李雪华
各二级单位党委书记（直属党支部书记）
领导小组下设办公室，办公室设在保卫部（处）
主　　任：牛磊（兼）

工作职责：
全面加强"法轮功"重点人教育、管理、稳控工作。进一步健全完善校院两级重点人工作组织领导体系，保障重点人信息搜集、定期研商、个案研究和联动处置等专项工作机制有效运行。要牢固树立底线思维，强化责任意识，旗帜鲜明。敢抓善管、综合施策，有针对性落实好情况摸排、教育引导、管理约束、敲打稳控等各项工作措施，掌握思想动态，明确行为界线，加强日常管理，有效约束重点人日常行为动向，有效控制重点人现实危害。建立台账，一人一册，做好"法轮功"人员的教育转化工作。

校内文件：
《中共北京建筑大学委员会关于调整领导机构成员的通知》（北建大党发〔2016〕1号）

（十五）离退休干部工作领导小组

组　　长：王建中
副组长：张爱林
成　　员：赵静野　许秀　金舜　叶书明　王保东　白莽　孙景仙　孙冬梅
　　　　　陈红兵　刘蔚　孙文贤
领导小组下设办公室，办公室设在离退休工作办公室
主　　任：赵静野（兼）

工作职责：
落实中央、北京市关于老干部政治待遇、生活待遇的有关规定及离退休相关工作。

校内文件：

《中共北京建筑大学委员会关于调整领导机构成员的通知》（北建大党发〔2016〕1 号）

（十六）建家工作领导小组

组　　长：王建中

副组长：张爱林　张启鸿

成　　员：刘艳华　白　莽　孙景仙　孙冬梅　陈红兵　刘　蔚　何立新　聂跃梅
　　　　　王锐英　秦红岭

领导小组下设办公室，办公室设在校工会

主　　任：刘艳华（兼）

工作职责：

1. 指导校工会开展教工之家建设工作；
2. 指导校工会筹备召开工会会员代表大会及换届选举工作；
3. 指导分工会及工会小组建家评审及验收工作；
4. 指导校院两级工会参加上级单位建家评优工作；
5. 指导校院两级工会开展教工之家硬件设施建设工作。

校内文件：

《中共北京建筑大学委员会关于调整领导机构成员的通知》（北建大党发〔2016〕1 号）

（十七）思想政治理论课工作领导小组

组　　长：王建中

副组长：张启鸿　汪　苏　李爱群

成　　员：孙景仙　孙冬梅　朱　静　李雪华　李俊奇　陈红兵　孙希磊　刘国朝

工作职责：

负责思想政治理论课建设的日常领导和协调，统一规划、制定制度政策，全力保障思想政治理论课建设和发展。

校内文件：

《中共北京建筑大学委员会关于调整领导机构成员的通知》（北建大党发〔2016〕1 号）

（十八）学生军训工作领导小组

组　　长：吕晨飞

副组长：朱　静　李俊奇

成　　员：白　莽　牛　磊　刘　蔚　李长浩　各学院党委副书记

领导小组下设办公室，办公室设在武装部

主　　任：朱　静（兼）

工作职责：

军训工作领导小组对学生军训工作统一领导，主要负责军训工作的整体规划、指导和重要事项的决策。

校内文件：

《中共北京建筑大学委员会关于调整领导机构成员的通知》（北建大党发〔2016〕1 号）

（十九）思想政治理论课专职教师引进工作领导小组

组　　长：王建中

副组长：张爱林

成　　员：黄京红　张启鸿　张大玉　李爱群　吕晨飞　白　莽　孙景仙　孙冬梅
　　　　　高春花　陈红兵　孙希磊　肖建杰　秦红岭

领导小组下设办公室，办公室设在人事处

主　　任：陈红兵（兼）

校内文件：

《关于成立思想政治理论课专职教师引进工作领导小组的通知》（北建大人发〔2017〕14号）

（二十）深化改革工作领导小组

组　　长：王建中　张爱林

副组长：张启鸿

成　　员：汪　苏　李维平　张大玉　李爱群　吕晨飞　黄京红

领导小组下设办公室，办公室设在党政办公室

主　　任：白　莽（兼）

副主任：戚承志（兼）　李俊奇（兼）　高　岩（兼）　陈红兵（兼）　孙文贤（兼）
　　　　刘　蔚（兼）　邵宗义（兼）　魏楚元（兼）

工作职责：

1. 研究确定学校治理体系、人才培养体系、人事制度、学科和科研体制、国际化办学体制机制、资源配置模式、校园空间布局和党的建设制度等方面改革的重大原则、方针政策、总体方案。

2. 统一部署全校性重大改革，着力增强改革系统性、整体性、协同性。

3. 统筹协调处理全局性、长远性、跨部门的重大改革问题。

4. 指导、推动、督促学校有关重大改革政策措施的组织落实。

校内文件：

《中共北京建筑大学委员会关于成立深化改革工作领导小组的通知》（北建大党发〔2018〕9号）

（二十一）全面贯彻落实《加强和改进新形势下高校思想政治工作的意见》工作领导组

组　　长：王建中　张爱林

副组长：黄京红　汪　苏　李维平　张启鸿　张大玉　李爱群　吕晨飞

成　　员：张素芳　白　莽　孙景仙　孙冬梅　高春花　黄尚荣　杨　光　牛　磊
　　　　　朱　静　孙希磊　郝　莹　李俊奇　陈红兵　高　岩　贝裕文　王德中
　　　　　刘　蔚　周　春　戚承志　赵晓红

秘书单位：党政办公室、学生工作部

工作职责：

负责制定学校党委全面贯彻落实《加强和改进新形势下高校思想政治工作的意见》实施方案，研究解决重大事项，监督指导工作开展。

校内文件：

《中共北京建筑大学委员会关于全面贯彻落实〈加强和改进新形势下高校思想政治工作的意见〉的实施方案》（北建大党发〔2017〕29号）

(二十二)群团工作领导小组

组　长：王建中

副组长：张启鸿　吕晨飞

组　员：群团工作相关部门负责人

领导小组下设办公室，办公室设在工会，主任为刘艳华

工作职责：

加强党委对群团工作的组织领导，充分发挥工会组织职能，团结动员教职工为学校发展建功立业；充分发挥共青团组织优势，组织、引导、凝聚青年成长成才；以改革创新精神推动群团组织自身建设。

文件主办单位：工会

校内文件：

《关于进一步加强和改进党的群团工作的实施方案》（北建大党发〔2015〕72号）

(二十三)重大事项社会稳定风险评估工作领导小组

组　长：王建中　张爱林

副组长：吕晨飞

成　员：牛　磊　白　莽　孙冬梅　孙景仙　朱　静　李雪华　陈红兵　李俊奇
　　　　高　岩　戚承志　赵晓红　刘　蔚　邵宗义　刘艳华　丛小密

领导小组下设办公室，办公室设在保卫部（处）

主　任：牛　磊（兼）

运行机制和工作职责：

学校成立重大事项社会稳定风险评估工作领导小组，校党委书记和校长担任组长，分管安全稳定工作的校领导任副组长，成员由上述相关部门负责人组成。各单位成立重大事项社会稳定风险评估工作小组，各二级学院由党委书记任组长，机关部处及其他单位由行政主要负责人任组长，加强对本单位风险评估工作的领导和组织实施工作。

学校在进行重大改革、出台重大决策或实施重大工程项目等涉及群体利益或校园稳定的事项前，由牵头主责部门对可能引发的矛盾纠纷或不稳定因素进行全面排查、综合研判，确定风险等级、提出工作建议，先期预测、先期研判、先期介入，提交小组研判，以最大限度预防和减少矛盾纠纷、保障工作顺利开展和校园安全稳定。

文件主办单位：保卫部（处）

校内文件：

《北京建筑大学重大事项社会稳定风险评估实施细则》（北建大校发〔2016〕9号）

(二十四)学生工作领导小组

组　长：王建中　张爱林

副组长：吕晨飞　汪　苏　李爱群

成　员：朱　静　白　莽　孙景仙　孙冬梅　李雪华　牛　磊　刘艳华　李俊奇
　　　　何立新　陈红兵　刘　蔚　赵晓红　杨慈洲

领导小组下设办公室，办公室设在学生工作部（处）

主　任：朱　静（兼）

工作职责：

负责研究制订我校学生工作规划，每年专题研究学生教育、管理、服务等工作，指导、检查和督促学生工作的落实情况，协调解决有关重点难点问题。

校内文件：

《北京建筑大学关于调整领导机构成员的通知》（北建大校发〔2016〕1号）

四、行政工作相关领导小组

（一）"食堂价格平抑资金"工作领导小组

组　　长：张大玉

副组长：李维平　吕晨飞

成　　员：孙文贤　朱静　李雪华　杨光　刘蔚　赵文兵

领导小组下设办公室，办公室设在资产与后勤管理处

主　　任：刘蔚

工作职责：

管理学校"食堂价格平抑资金"的上报划拨与支出，监督"食堂价格平抑资金"专项使用，对"食堂价格平抑资金"的相关安排做出决策。

校内文件：

《关于成立北京建筑大学"食堂价格平抑资金"工作领导小组的通知》（北建大资发〔2017〕1号）

（二）"夏斗湖中法国际大学城合作办学项目"领导工作小组

组　　长：汪苏

副组长：李爱群

成　　员：国际交流与合作处（国际教育学院）、教务处、招就处、学生工作部（处）以及相关专业学院的负责人

运行机制：

秘书处办公室设在国际交流与合作处（国际教育学院），办公室主任由国际合作与交流处处长兼任。

工作职责：

1. 国际合作与交流处：负责与市教委国际合作与交流处对接、与法国使馆沟通，对外联络学生派出的全部准备工作；

2. 教务处：负责与市教委高教处对接，沟通培养模式、专项奖学金、学位授予等教育教学管理工作；

3. 招生就业处：负责与市教委沟通招生指标、项目学生就业指导等工作；

4. 学生工作部（处）：负责学生派出前与派出后的学生事务管理等工作；

5. 建筑与城市规划学院：负责城市设计专业培养计划、课程对接、学位授予；

6. 电气与信息工程学院：负责智慧城市专业培养计划、课程对接、学位授予。

校内文件：

《关于成立"夏斗湖中法国际大学城合作办学项目"领导工作小组的通知》（北建大校发〔2016〕19号）

（三）大兴校区规划发展工作领导小组

组　长：李爱群

副组长：李维平　张启鸿　吕晨飞

成　员：李俊奇　朱静　孙冬梅　牛磊　刘蔚　邵宗义

领导小组下设办公室，设在教务处

主　任：李俊奇（兼）

工作职责：

1. 负责研究制定大兴校区"高质量本科人才培养基地"建设规划；

2. 负责统筹推进大兴校区"高质量本科人才培养基地"建设各项任务落实；

3. 负责协调大兴校区"高质量本科人才培养基地"建设的综合性工作。

校内文件：

《中共北京建筑大学委员会关于成立大兴校区规划发展工作领导小组和西城校区规划发展工作领导小组的通知》（北建大党发〔2017〕14号）

（四）西城校区规划发展工作领导小组

组　长：张大玉

副组长：汪苏　李维平　张启鸿　吕晨飞

成　员：李雪华　戚承志　孙冬梅　高岩　牛磊　刘蔚　邵宗义　丛小密

领导小组下设办公室，设在研究生工作部

主　任：李雪华（兼）

工作职责：

1. 负责研究制定西城校区"高水平研究生培养、科技协同创新及成果转化基地"建设规划；

2. 负责统筹推进西城校区"高水平研究生培养、科技协同创新及成果转化基地"建设各项任务落实；

3. 负责协调西城校区"高水平研究生培养、科技协同创新及成果转化基地"建设的综合性工作。

校内文件：

《中共北京建筑大学委员会关于成立大兴校区规划发展工作领导小组和西城校区规划发展工作领导小组的通知》（北建大党发〔2017〕14号）

（五）国际化办学工作领导小组

组　长：张爱林　王建中

副组长：汪苏　张启鸿　张大玉　李爱群　吕晨飞

成　员：赵晓红　李俊奇　戚承志　朱静　高岩　陈红兵　孙文贤　李雪华

领导小组下设办公室，设在国际合作与交流处

主　任：赵晓红（兼）

工作职责：

1. 研究制定学校国际化办学发展规划；

2. 统筹推进学校国际化办学制度体系和工作体系建设；

3. 统筹协调国外办学资源和各类合作办学项目落实；

4. 协调学校国际化办学中的综合性工作。

校内文件：

《关于成立国际化办学工作领导小组的通知》（北建大党发〔2017〕15号）

（六）港澳台侨工作领导小组

组　　长：汪　苏　张启鸿

成　　员：赵晓红　白　莽　孙冬梅　陈红兵　李雪华　朱　静　田　林　戚承志
　　　　　李俊奇　姜　军

领导小组下设办公室，设在国际合作与交流处

主　　任：赵晓红（兼）

工作职责：

1. 学习贯彻党和国家对港澳台侨工作的方针、政策和有关文件精神，提高自身和全校党政领导干部做好港澳台侨师生工作的思想认识和工作水平；

2. 研究制定工作方案，向校内各有关部门部署工作任务并检查执行情况；

3. 完善统战部门与外事、港澳台部门沟通协调机制，听取统战及港澳台侨管理部门的工作汇报，落实港澳台侨师生相关工作；

4. 落实其他有关港澳台侨工作事宜。

校内文件：

《中共北京建筑大学委员会关于成立港澳台侨工作领导小组的通知》（北建大党发〔2017〕27号）

（七）大兴校区图书馆楼运行管理工作领导小组

组　　长：李爱群

副组长：李维平　张启鸿

成　　员：邹积亭　白　莽　孙冬梅　刘　蔚　邵宗义　孙文贤　杨　光　牛　磊
　　　　　李俊奇　朱　静　焦驰宇　魏楚元　沈　茜

领导小组下设办公室，办公室设在图书馆

主　　任：邹积亭（兼）

工作职责：

1. 完成大兴校区图书馆楼资产验收、交接与管理工作；

2. 制定大兴校区图书馆楼运行综合管理顶层设计方案、运行机制，构建配套管理制度体系；

3. 指导在大兴校区图书馆楼的图书馆、宣传部、档案馆、团委、学报编辑部等各部门加强沟通协调开展工作，充分发挥图书馆作用，推动学校各项事业发展；

4. 统筹协调大兴校区图书馆楼涉及大型活动、安全运行等需要多部门共同配合完成的工作；

5. 其他相关工作。

校内文件：

《中共北京建筑大学委员会关于成立大兴校区图书馆楼运行管理工作领导小组的通知》（北建大党发〔2017〕62号）

（八）学校就业工作领导小组

组　　长：张爱林

副组长：汪　苏　李爱群

成　　员：何立新　白　莽　朱　静　李雪华　李俊奇　陈红兵　孙文贤　牛　磊
　　　　　朱　静　田　林　戚承志　郭茂祖　姜　军　杜明义　杨建伟　李志国
　　　　　崔景安

工作职责：

1. 落实学生就业工作"一把手工程"，校长对学校毕业生就业工作负总责，各学院院长是校级就业工作领导小组成员，全面负责本学院就业工作。

2. 定期研讨就业工作，提请校长办公会定期研究解决毕业生就业工作中遇到的问题，推动毕业生就业工作顺利开展。

3. 切实落实教育部、北京市有关要求，保证就业工作"机构、人员、经费、场地"到位。

4. 构建校、院二级就业工作体系，强化各学院工作职责。

5. 建立招生、就业、教务、户籍等相关职能部门之间的就业协调机制。

6. 建立就业工作考核标准和机制，定期考查各学院、各单位就业工作落实情况，评选表彰先进集体和个人。

校内文件：

《北京建筑大学学生就业工作管理办法》（北建大招发〔2016〕2号）

（九）工程项目招标领导小组

组　　长：李维平

副组长：邵宗义

组　　员：规划基建处分管招投标工作的相关人员、纪检监察处人员，资后处、审计处各1名人员。

工作办公室设在基建处，办公室主任为邵宗义。

工作职责：

全面负责组织管理学校工程项目的招投标工作。负责确定招标工作的方针、政策、原则、处理招标工作中出现的重要问题。

校内文件：

《北京建筑大学工程建设招标管理办法》（北建大建发〔2017〕1号）

（十）招标采购工作领导小组

组　　长：李维平

副组长：黄京红

成　　员：监察处、财务处、审计处、资产与后勤管理处等部门负责人

招标采购工作领导小组下设办公室，办公室设在资产与后勤管理处

主　　任：刘　蔚

主要职责：

1. 审议学校货物和服务采购相关规章制度；

2. 审定应招标而因特殊情况无法实施招标项目的采购方式；

3. 决定学校采购工作中的其他重大事项。

校内文件：

《北京建筑大学货物与服务采购管理办法（修订）》（北建大资发〔2017〕7号）

（十一）教职工继续教育工作领导组

组　　长：张大玉

成　　员：孙景仙　孙冬梅　李俊奇　高　岩　戚承志　刘艳华　陈红兵

领导小组下设办公室，设在人事处

主　　任：陈红兵

工作职责：

1. 统筹推进学校教职工继续教育工作体系建设；
2. 研究制定学校年度教职工继续教育计划；
3. 审议核准学校经费支持继续教育项目实施；
4. 检查督促各单位继续教育计划落实。

校内文件：

《北京建筑大学教职工继续教育管理办法》（北建大人发〔2017〕2号）

（十二）实验室安全工作领导小组

组　　长：王建中　张爱林

副组长：张大玉　李爱群　吕晨飞

成　　员：党政办公室、资产与后勤管理处、保卫处、校区管委会、教务处、科技处及研究生院等部门负责人

实验室安全工作领导小组下设办公室，办公室设在保卫处。

主要职责：

全面贯彻落实国家关于高校实验室安全工作的法律法规，制定学校实验室安全工作方针和规划；确定实验室安全工作政策和原则，组织制定实验室安全工作规章制度、责任体系和应急预案；督查和协调解决实验室安全工作中的重要事项；研究提出实验室安全设施建设的工作计划、建议和经费投入，协调、指导有关部门落实相关工作。

校内文件：

《北京建筑大学实验室安全管理办法》（北建大校发〔2016〕47号）

（十三）研究生奖助学金工作领导小组

组　　长：张爱林

副组长：李爱群　吕晨飞

成　　员：李雪华　孙文贤　田　林　戚承志　李俊奇　郭茂祖　姜　军　杜明义
　　　　　　杨建伟　李志国　崔景安　黄　琇

评审领导小组下设研究生奖助学金管理工作办公室，办公室设在研究生工作部。

运行机制：

每年11月左右进行研究生各类奖学金评审（主要是研究生国家奖学金）的名额分配方案制定、校级评审等。

工作职责：

评审领导小组负责按照《北京建筑大学研究生奖助学金管理办法（暂行）》有关规定，

制定名额分配方案、统筹领导、协调和监督评审工作，裁决研究生申诉事项等。

校内文件：

《北京建筑大学关于调整领导机构成员的通知》（北建大校发〔2016〕1号）

《关于调整纪委办公室（监察处）牵头和参加的议事协调机构的通知》（北建大党发〔2016〕79号）

（十四）研究生国家奖学金评审领导小组

组　　长：校长

副组长：分管学科和研究生教学工作副校长、分管学生工作校党委副书记

成　　员：研究生院常务副院长、财务处处长、学院院长

秘　　书：研究生工作部副部长

主要职责：

研究生国家奖学金评审领导小组负责制定名额分配方案；统筹领导、协调、监督评审工作；裁决研究生对评审结果的申诉；指定有关部门统一保存国家奖学金评审资料。

校内文件：

《北京建筑大学研究生奖助学金管理办法》（北建大研发〔2016〕3号）

（十五）研究生奖助学金评审工作领导小组

组　　长：校长

副组长：分管学科与研究生教学工作副校长、分管学生工作校党委副书记

成　　员：研究生院常务副院长、财务处处长、学院院长

秘　　书：研究生工作部副部长

评审领导小组下设研究生奖助学金管理工作办公室，办公室设在研究生工作部。

主要职责：

评审领导小组负责按照本办法有关规定，制定名额分配方案、统筹领导、协调和监督评审工作，裁决研究生申诉事项等。

校内文件：

《北京建筑大学研究生奖助学金管理办法》（北建大研发〔2016〕3号）

《关于调整纪委办公室（监察处）牵头和参加的议事协调机构的通知》（北建大党发〔2016〕79号）

（十六）研究生"三助"工作领导小组

组　　长：李爱群　吕晨飞

副组长：戚承志

成　　员：党政办公室、研究生院、财务处、人事处、教务处、科技处、资产与后勤管理处、后勤集团、团委等部门负责人

设立研究生"三助"工作管理办公室，挂靠在研究生工作部。

主要职责：

领导小组对研究生"三助"工作进行总体指导，制定"三助"工作的总体原则和年度工作方案，审定"三助"年度岗位设置情况和经费分配方案，检查评估"三助"工作执行情况等。

校内文件：

《北京建筑大学研究生奖助学金管理办法》（北建大研发〔2016〕3号）

（十七）学科评估领导小组

组　　长：张爱林

副组长：汪　苏　张大玉　李爱群

成　　员：戚承志　田　林　李俊奇　杜明义　姜　军　杨建伟　郭茂祖　崔景安
　　　　　孙希磊　李志国

领导小组办公室设在研究生院。

办公室主任：戚承志

办公室成员：陈　韬　王子岳

运行机制：

领导小组下设若干学科评估工作小组，为评估工作实施主体，组长由主持学科建设工作的学院院长担任。研究生院负责跟踪国家有关评估政策动向，落实学校学科评估领导小组的工作要求，组织、协调、指导学科评估工作小组做好学科评估的实施工作。

主要职责：

校学科评估领导小组全面负责学科评估工作，督导评估工作质量与实施，协调处理评估工作中涉及整体规划统筹、资源调配等重大问题，审定学科评估工作实施方案及报送材料。

校内文件：

《北京建筑大学学科评估工作管理办法》（北建大研发〔2016〕4号）

（十八）创新创业教育工作领导小组

组　　长：王建中　张爱林

副组长：张大玉　李爱群　吕晨飞

成　　员：党政办公室、学工部、研工部、团委、教务处、招生就业处、科技处、人事处、财务处、资产与后勤管理处、北京建大资产经营管理有限公司等有关部门负责人

创新创业教育工作领导小组办公室为创新创业教育学院，具体工作由团委负责。

运行机制：

下设虚拟教育机构创新创业教育学院。学院面向全体在校大学生开展系统化、专业化的创新创业教育，并发挥创新创业教育学院的辐射作用，增强全体学生的创新意识和创业能力，引导学生转变就业观念，开拓创新创业新渠道和增强毕业生未来职业发展能力。

主要职责：

建立多部门齐抓共管的创新创业教育工作机制，统筹开展全校的创新创业教育工作。

文件主办单位：团委

校内文件：

《北京建筑大学关于深化大学生创新创业教育改革的实施方案》（北建大校发〔2015〕9号）

（十九）推免工作领导小组

组　　长：李爱群

成　　员：教务处、研究生院、招生就业处、学工部、校团委和纪委办公室负责人

领导小组办公室设在教务处，主任李俊奇

工作职责：

1. 负责全校推免工作的组织领导、统筹管理、政策制定、名额分配和推免生审定工作，涉及推免工作原则、方法、程序和结果等重要事项都应认真研究，集体决策，并形成书面会议纪要，由与会者签字确认。

2. 教务处负责制定学校推免工作有关管理办法和推免生名额分配方案，审核学院推荐工作实施细则，会同相关部门对学院提出的拟推荐名单进行资格审查、复核和校内公示。

3. 学工部、团委、科研处、研究生院等部门负责全校推免生的相关资格复核及数据信息上报等工作。

4. 学院成立推免工作小组，负责制定本院推荐工作实施细则、审核学生申请材料、进行综合考核，提出学院拟推荐名单并进行公示。

5. 纪委监察处负责推免名单的公示，接受监督，受理申诉。对推免工作中确实存在问题的，视情节追究相关单位及人员责任。

校内文件：

《北京建筑大学推荐优秀应届本科毕业生免试攻读硕士学位研究生工作实施办法（试行）》（北建大教发〔2017〕3号）

（二十）住房补贴工作领导小组

组　　长：张爱林

副组长：李维平

成　　员：资产与后勤管理处、人事处、财务处、纪检监察审计室、校工会等部门的负责人

领导小组下设办公室，办公室设在资产与后勤管理处。

主　　任：刘　蔚

主要职责：

住房补贴的组织与协调。

校内文件：

《北京建筑大学关于北京市住房补贴的实施办法》（北建大资发〔2016〕5号）

（二十一）校务及信息公开工作领导小组

组　　长：张爱林

副组长：黄京红　汪　苏　张启鸿　李爱群

成　　员：白　莽　孙景仙　孙冬梅　高春花　朱　静　戚承志　牛　磊　赵静野
　　　　　刘艳华　李俊奇　何立新　高　岩　陈红兵　邵宗义　牛志霖　魏楚元

领导小组下设办公室，办公室设在党政办公室

主　　任：白　莽（兼）

工作职责：

1. 在党委的领导下，负责领导校务公开及信息公开工作，组织、指导有关部门按要求开展校务公开及信息公开工作；

2. 负责研究决定校务公开及信息公开的政策、内容、制度、措施、计划和其他重要事项；

3. 贯彻民主治校和依法治校的要求，主动接受上级、社会、师生的监督，提高校务

公开及信息公开工作的实效；

4. 动员广大师生积极参与学校校务公开及信息公开管理工作，不断提高校务及信息公开工作的参与面和透明度；

5. 负责对校务公开及信息公开工作问题的分析、研究，制定解决问题的办法和措施，拓展公开的内容，执行公开的各项规定，定期向上级部门报告校务公开及信息公开工作的情况。

校内文件：

《北京建筑大学关于调整领导机构成员的通知》（北建大校发〔2016〕1号）

（二十二）治理教育乱收费领导小组

组　　长：张爱林

副组长：黄京红

成　　员：杨　光　高春花　孙文贤　朱　静　戚承志　李俊奇　高　岩　刘　蔚
　　　　　赵晓红　赵静野

领导小组下设办公室，办公室设在审计处。

主　　任：杨　光（兼）

工作职责：

1. 负责监督检查各学段对学生的收费行为；

2. 负责监督检查国家各项学生资助政策落实情况；

3. 负责监督检查教育收费公示制度的落实与规范管理情况；

4. 负责监督检查财务管理情况；

5. 负责监督检查服务性收费代收费情况；

6. 对监督检查中发现的教育乱收费行为责成有关部门及时整改，对情节恶劣的教育乱收费行为依据有关规定按照程序严肃处理并追究相关责任人的责任。

校内文件：

《北京建筑大学关于调整领导机构成员的通知》（北建大校发〔2016〕1号）

（二十三）研究生招生录取工作领导小组

组　　长：张爱林

副组长：黄京红　汪　苏　张启鸿　戚承志

成　　员：白　莽　高春花　姜　军　杨建伟　李海燕　丁　奇　龙佩恒　张群力
　　　　　霍　亮

领导小组下设办公室，办公室设在研究生院

主　　任：戚承志

成　　员：陈　韬　丁建峰　李昕

工作职责：

集体研究决定招生过程中的重要事项，如制定招生计划、确定进入复试分数线、招生（破格）录取等。

校内文件：

《北京建筑大学关于调整领导机构成员的通知》（北建大校发〔2016〕1号）

(二十四)科技创安工作领导小组

组　长：吕晨飞

副组长：牛　磊

成　员：白　莽　朱　静　李雪华　高　岩　邵宗义　刘　蔚　孙文贤　魏楚元
　　　　罗会文

领导小组下设办公室，办公室设在保卫部（处）

主　任：牛　磊（兼）

工作职责：

1. 制定学校技防设施建设的五年规划和本年度的专项计划，起草论证报告和相关材料；
2. 配合校网络信息中心完成信息化材料的申报和审批工作；
3. 配合校基建处强化信息化工程的管理，确保工程质量；
4. 制定学校安防技术的使用、管理办法和信息采集的有关规定；
5. 配备专职人员实施监控中心的24小时监控，确保工作到位，信息反馈及时、有效；
6. 制定信息查询办法，搞好服务，做好信息的保密工作；
7. 制定维保计划，加强技防设施的维护与维修，确保设施完好率在98%以上。

校内文件：

《北京建筑大学关于调整领导机构成员的通知》（北建大校发〔2016〕1号）

(二十五)本科生招生录取工作领导小组

组　长：张爱林　王建中

副组长：李爱群　黄京红

成　员：何立新　白　莽　高春花　牛　磊　李俊奇　赵晓红　田　林　戚承志
　　　　李俊奇　郭茂祖　姜　军　杨建伟　李志国　崔景安

领导小组下设办公室，办公室设在招生就业处

主　任：何立新

运行机制：

学校招生工作领导小组下设录取工作组、监察工作组和技术保障组。录取工作组由主管教学校长为组长，招生就业处处长为副组长，成员由各学院教学院长及招办工作人员组成；监察工作组由纪委书记为组长，纪委副书记为副组长，成员由学校纪检监察干部、特邀监察员等相关人员组成；技术保障组由学校办公室主任为组长，成员由学校办公室、网络信息中心、招生办公室等相关人员组成。

工作职责：

依据教育部和北京市教育考试院的文件，全面推进"阳光工程"，严格执行招生纪律要求，加强我校招生录取工作的规范化建设和管理，根据全国各地高校招生录取工作日程安排和我校历年的招生计划，顺利完成我校本科招生录取工作，确保我校录取工作公平公正和规范有序。

校内文件：

《北京建筑大学关于调整领导机构成员的通知》（北建大校发〔2016〕1号）

(二十六)学生心理健康教育工作领导小组

组　　长：吕晨飞

副组长：朱　静

成　　员：白　莽　孙冬梅　李雪华　牛　磊　李俊奇　刘　蔚　康　健
　　　　　丁　帅　李　梅　韩晶晶　各学院党委副书记

领导小组下设办公室，办公室设在学生工作部（处）。

主　　任：朱　静（兼）

工作职责：

负责研究制订我校心理素质教育工作规划，每年专题研究心理素质教育工作，指导、检查和督促心理素质教育的落实情况，帮助协调解决工作中的困难和问题。

校内文件：

《北京建筑大学关于调整领导机构成员的通知》（北建大校发〔2016〕1号）

(二十七)学生资助工作领导小组

组　　长：吕晨飞

副组长：朱　静

成　　员：白　莽　孙冬梅　李雪华　李俊奇　刘　蔚　曾晓玲　康　健
　　　　　各学院党委副书记

领导小组下设办公室，办公室设在学生工作部（处）

主　　任：朱　静（兼）

工作职责：

研究审议我校经济困难学生的资助工作的规划，指导具体政策的制定等（包括"绿色通道"、国家助学贷款、勤工助学、困难补助和国家奖学金等），并对实施过程进行监督和指导。

校内文件：

《北京建筑大学关于调整领导机构成员的通知》（北建大校发〔2016〕1号）

(二十八)基建工作领导小组

组　　长：李维平

副组长：张大玉　李爱群

组　　员：邵宗义　刘　蔚　孙文贤　杨　光　李俊奇　高　岩

领导小组下设办公室，办公室设在规划与基建处

主　　任：邵宗义

运行机制：

"五位一体四级基建工作运行机制"，是指第一级校长办公室、党委常委会，负责"三重一大"所包括事项及涉及学校事业发展的重大项目、大额资金的决策。第二级是在学校基建工作领导小组层面，负责指导基建处、财务处等部门落实校长办公会、常委会所做的决策；协调基建工作推进中遇到的立项、经费等问题，确保各项基建项目顺利完成；遇重大项目问题报请校长办公会、常委会审议决策。第三级是基建处处委会层面，负责具体完成学校规定的"规划与基建处"职责所规定内容；遇到难以抉择的问题，需多部门联合决策、研究的问题，如立项问题、资金问题等，及时提请学校基建工作领导小组审议决定。

第四级是指基建处各科室、项目组层面，负责组织实施学校已决定的各具体项目，按时保质完成工作任务；各科长认真完成岗位职责，各项目负责人对分管负责项目按合同规定完成相关任务。

工作职责：

1. 落实校长办公会、常委会所做的有关基建工作的决策决议；
2. 协调基建工作推进中遇到的立项、经费等问题，确保各项基建项目顺利完成；
3. 遇重大项目问题、大额资金问题报请校长办公会、常委会审议决策。

校内文件：

《北京建筑大学关于调整领导机构成员的通知》（北建大校发〔2016〕1号）

《关于调整纪委办公室（监察处）牵头和参加的议事协调机构的通知》（北建大党发〔2016〕79号）

（二十九）节约型校园建设领导小组

组　　长：张爱林

副组长：李维平　吕晨飞

成　　员：刘蔚　邵宗义　白莽　朱静　李俊奇　杨光

运行机制：

节约型校园建设领导小组是学校节约型校园建设的领导机构，组长由学校校长担任，副组长由主管副校长和副书记担任，成员由资后、基建、党政办、学工部、教务处、团委等相关部门负责人组成。节约型校园建设领导小组每学期召开会议，讨论制度、计划，审核方案，审批项目，听取能源、能耗等相关工作总结报告。

工作职责：

1. 贯彻执行国家和北京市有关节约型校园建设的法规、方针、政策，审批节约型校园建设实施方案；
2. 开展校园节能建设的规划、节能技改方案以及节能建设实施计划的审查，为学校节能决策提供依据；
3. 审批学校节能管理规章制度，负责学校节约型校园建设的组织、协调、指导、监督检查等工作；
4. 审批学校节能技术改造项目，批准项目的申报和验收；
5. 听取并审批学校年度节能工作计划和学校年度节能工作总结；
6. 审批学校节能宣传教育计划并检查落实情况；
7. 审批全校水、电、燃气等的分解指标；
8. 审批节能工作先进单位和个人的奖励；
9. 讨论节能工作的其他重大事项。

校内文件：

《北京建筑大学关于调整领导机构成员的通知》（北建大校发〔2016〕1号）

（三十）增收节支工作领导小组

组　　长：张大玉

副组长：李维平　张启鸿

成　　员：白莽　孙文贤　朱静　戚承志　李俊奇　高岩　陈红兵　刘蔚

　　　　邵宗义　魏楚元　牛志霖　丛小密　沈　茜

增收节支工作领导小组办公室设在财务处

主　任：孙文贤（兼）

运行机制：

每年不定期召开1次会议。

工作职责：

1. 完善增收节支的制度体系；

2. 建立增收节支的工作机制；

3. 制定增收节支的工作方案；

4. 完善增收节支的考核机制、监督机制。

校内文件：

《北京建筑大学关于调整领导机构成员的通知》（北建大校发〔2016〕1号）

（三十一）财经工作领导小组

组　长：王建中　张爱林

副组长：张大玉　汪　苏　李维平　李爱群

成　员：白　莽　朱　静　戚承志　李俊奇　高　岩　陈红兵　邵宗义　孙文贤

　　　　刘　蔚　杨　光

领导小组下设办公室，办公室设在财务处

主　任：孙文贤（兼）

运行机制：

每年不定期召开1～2次会议

工作职责：

1. 审议研究学校重要经济政策的制定、调整和修改；

2. 审议学校年度财务预算、决算、基本建设计划和基础设施维修改造计划；

3. 审议研究学校融资计划、对外投资、重大经济合同、重大资产处置等重要财经事项；

4. 审议、论证由学校委托的其他重大财经事项。

校内文件：

《北京建筑大学关于调整领导机构成员的通知》（北建大校发〔2016〕1号）

《关于调整纪委办公室（监察处）牵头和参加的议事协调机构的通知》（北建大党发〔2016〕79号）

（三十二）档案工作领导小组

组　长：王建中　张爱林

副组长：张启鸿　李爱群　吕晨飞

成　员：白　莽　孙景仙　朱　静　戚承志　李俊奇　何立新　高　岩　陈红兵

　　　　牛志霖　邹积亭　孙文贤　邵宗义　魏楚元　杨湘东

领导小组下设办公室，办公室设在党政办公室

主　任：白　莽（兼）

运行机制：

坚持学校党委和行政统一领导、党政办公室负责、各部门各单位共同参与、分级管理的档案工作体制，确保分工明确、各司其职，密切配合、形成合力，促进学校档案事业协调发展。

工作职责：

1. 领导全校档案工作，协调档案工作与学校其他工作的关系；
2. 审议学校档案工作规划，宣传、监督国家和学校档案工作政策法规贯彻执行情况；
3. 听取档案工作汇报，对学校档案工作进行指导、监督、检查；
4. 审定学校有关档案工作的政策法规；
5. 研究决定学校档案工作重大事宜。

校内文件：

《北京建筑大学关于调整领导机构成员的通知》（北建大校发〔2016〕1号）

《关于调整纪委办公室（监察处）牵头和参加的议事协调机构的通知》（北建大党发〔2016〕79号）

第四章 教 育 教 学

一、本科生教育

(一) 概况

学校校长办公会和党委常委会多次讨论,确定了学校的办学定位为:秉承"立德树人、开放创新"办学理念,坚持"服务首都城市战略定位,服务国家城乡建设发展,服务人类和谐宜居福祉",建设教学研究型大学,努力实现国内一流、国际知名、具有鲜明建筑特色的高水平、开放式、创新型大学的发展目标。

人才培养目标为:以立德树人为根本任务,弘扬"实事求是、精益求精"校训精神,注重知识、能力、素质协调发展,培养具有社会责任感、实践能力、创新精神和国际视野的建设领域高级专业骨干和领军人才。

(二) 专业设置

2017 年招生专业设置一览表

序号	学院名称	专业名称	学制	学科门类
1	建筑与城市规划学院	建筑学	五年	工学
2		建筑学(城市设计方向)	五年	工学
3		建筑学(大师实验班)	五年	工学
4		城乡规划	五年	工学
5		风景园林	五年	工学
6		环境设计	四年	艺术学
7		历史建筑保护工程	四年	工学
8	土木与交通工程学院	土木工程(建筑工程方向)	四年	工学
9		土木工程(城市道路与桥梁工程方向)	四年	工学
10		土木工程(城市地下工程方向)	四年	工学
11		土木工程(英才实验班)	四年	工学
12		无机非金属材料工程	四年	工学
13		交通工程	四年	工学
14	测绘与城市空间信息学院	测绘工程	四年	工学
15		地理信息科学	四年	理学
16		遥感科学与技术	四年	工学
17	环境与能源工程学院	给排水科学与工程	四年	工学
18		给排水科学与工程(中美合作2+2)	四年	工学

续表

序号	学院名称	专业名称	学制	学科门类
19	环境与能源工程学院	建筑环境与能源应用工程	四年	工学
20		能源与动力工程	四年	工学
21		环境工程	四年	工学
22		环境科学	四年	理学
23	机电与车辆工程学院	机械工程	四年	工学
24		机械电子工程	四年	工学
25		车辆工程	四年	工学
26		工业工程	四年	工学
27	经济与管理工程学院	工程管理	四年	管理学
28		工程造价	四年	管理学
29		工商管理	四年	管理学
30		城市管理（创新人才实验班）	四年	管理学
31	电气与信息工程学院	电气工程及其自动化	四年	工学
32		自动化	四年	工学
33		计算机科学与技术	四年	工学
34		建筑电气与智能化	四年	工学
35		工科创新实验班	四年	工学
36	文法学院	法学	四年	法学
37		社会工作	四年	法学
38	理学院	信息与计算科学	四年	理学
39		电子信息科学与技术	四年	理学

（三）培养计划

【制定2017级本科培养方案】 2017年9月，在2016版本科人才培养方案的基础上，教务处组织各二级学院完成了2017本科生培养方案的制定、审核、组稿、编排以及印制工作，并下发至全体新生及各院部。

【继续参与并实施北京市教育改革项目"三培"计划】 为进一步创新高水平人才培养机制，切实满足高校学生对优质教育资源的需求，2015年北京市教委提出了"北京高等学校高水平人才交叉培养计划"。该计划包括"双培计划""外培计划""实培计划"三个子项目，重点推进高校之间、高校与社会之间的交流合作与资源共享，为北京市属高校学生到在京中央高校和海外境外知名高校进行访学、到科研院所和企事业单位实习实践拓宽了渠道。

双培计划：2017年北京建筑学大学继续招收双培计划，在北京地区本科提前批次B段招生，合作院校有清华大学、北京大学、北京航空航天大学、北京师范大学、北京理工大学、北京交通大学和北京林业大学，招生专业涉及建筑学、风景园林、环境科学、机械工程等，共录取125名学生（其中北京生源121名，河北生源4名），实际报到125名。

外培计划：2017年北京建筑大学继续招收外培计划学生，通过高招计划共录取25

名，均为北京生源。目前，合作海外院校有伦敦艺术大学、奥本大学、西苏格兰大学、科罗拉多波尔得分校和大田大学，比2016年增加1所，涉及建筑学、风景园林、环境设计、工程管理和工程造价等10个专业。

实培计划：北京建筑大学积极组织参与北京市教委开展的"实培计划"项目，通过与中国科学研究院、中国社会科学研究院、中国建筑设计研究院等知名科研单位共同开展毕业设计（科研类）项目，与校外人才培养基地、工程教育实践基地等行业知名企业共同开展毕业设计（创业类）项目和大学生科研训练计划深化项目，培养学生创新精神和实践能力。2017年，学校实培计划共获批大学生毕业设计（科研类）协同项目20项，参与学生33人；大学生毕业设计（科研类）自主项目12项，参与学生27人；大学生毕业设计（创业类）项目4项，参与学生10人；大学生科研训练计划深化项目26项，参与学生62人。为了更好地贯彻落实"实培计划"的实施，进一步深化校校、校院、校所、校企深度合作，学校和实培计划合作单位签署合作协议，明确双方的合作方式和职责，并对实培计划项目的培养提出明确要求，包括项目内容、项目管理方式、项目结题等。同时要求校内指导教师签署承诺书，按照学校和学院要求，保质保量完成实培计划具体项目的相关工作，同时要求所在学院以实培计划项目实施为抓手，进一步推进实践教学改革的相关工作，深化所在学院学生创新培养的相关内容。

（四）本科教学工程

3~4月举办校第十一届青年教师教学基本功比赛，评选出一等奖3名，二等奖5名，三等奖9名，优秀教案奖4名，推荐经管学院教师丁锐参加北京高校第十届（2017年）青年教师教学基本功比赛，获得一等奖第6名。3~6月，开展2017年市属高校一流专业遴选工作，共上报4个专业，建筑学成为首批北京市属高校一流专业。5~6月组织参与北京市第十三届教学名师暨首届青年教学名师奖评选，测绘学院杜明义获第十三届北京市教学名师奖。6~10月，经过预报名、学院论证、专家培训凝练，共推荐申报北京市高等教育教学成果奖24项，其中特等奖3项，一等奖17项，二等奖4项。6~8月，组织2017年北京市教学名师、"高创计划"教学名师的遴选及校内答辩工作，建筑学院陈静勇入选北京市委组织部"高创计划"教学名师。10月，推荐环能学院郝晓地的"可持续水环境保护技术育人团队"成为北京市推荐参评全国高校黄大年式教师团队8个候选团队之一。11月，环能学院环境工程专业通过工程教育专业认证。

2017年本科教学工程获批项目一览表

序号	项目名称	市级及以上质量工程项目明细	学院名称	主要负责（完成）人
1	高创计划教学名师	北京市委组织部高创计划	建筑学院	陈静勇
2	市级教学名师	第十三届北京市高等学校教学名师奖	测绘学院	杜明义
3	青年教师教学基本功比赛	北京高校第十届青年教师教学基本功比赛一等奖第六名	经管学院	丁锐
4	北京市属高校首批一流专业	建筑学	建筑学院	胡雪松
5	中国工程教育专业认证通过专业	环境工程	环能学院	冯萃敏
6	全国高校黄大年式教师团队北京市候选团队	可持续水环境保护技术育人团队	环能学院	郝晓地

（五）教学质量

完善校院两级督导体系，成立第二届校本科人才培养工作督导委员会并发放聘书，同时成立校青年教师教学督导委员会，组织确定工作方案和工作计划。校本科人才培养工作督导委员会（校督导组）2016～2017学年共完成督导听课100余次，完成了教学评价表的修订工作。完善评教方法和评教工具，实现了督导评教和督导专家评教结果录入系统，保证同行评教的全覆盖，将阶段性的同行评教结果及时反馈；定期召开工作研讨会，发挥督导专家在听课检查、专业评估与认证、教学质量工程建设中的重要作用。

2016～2017学年教学质量评估统计表（评教情况统计表）

项目	覆盖比例（%）指开展学生评教，同行、督导评教，领导评教的课程门次数占学年所有本科课程门次数	优（%）	良好（%）	中（%）	差（%）
学生评教	100	99.37	0.63	0	0
同行、督导评教	66.41	95.15	4.16	0.69	0
领导评教	27.81	79.7	15.79	3.76	0.75

学校大力加强教学质量建设，学生学习效果较好。2017届本科生毕业率为96.89%，本科生学位授予率为95.11%。学校近5年毕业生就业率连年保持在96%以上，平均签约率保持在92%以上。截至2017年7月，学校2017届本科毕业生共计1867人，其中171人系专升本毕业生，32人系结业生，就业率为96.89%。2017届本科毕业生国内升学277人，国内升学率为14.85%，为近三届最高。其中，考取我校研究生178人，占读研总数的64.26%。本届毕业生中，出国186人，占毕业生总数的9.96%，为近三届最高。

10～11月完成2017年教学基本状态数据采集工作。12月组织编写16～17学年我校本科教学质量报告，分解指标体系，制定工作方案并上报，同时根据北京市教委、教育督导室要求在学校主页公示一年，以接受广大师生及公众监督。

（六）实践教学和基地建设

【实验教学中心建设情况】 截至2017年年底，学校共有国家级实验教学示范中心1个，国家级虚拟仿真实验中心3个，北京市高等学校实验教学示范中心4个。

【实践教学基地建设情况】 截至2017年年底，北京建筑大学共有校外实践教学基地102个，获批国家级工程实践教育中心1个（北京建工集团有限责任公司），国家级大学生校外实践教育基地1个（中国新兴建设开发总公司），北京市高等学校市级校外人才培养基地7个。

北京建筑大学校外实践教学基地一览表

序号	级别	名称	所属院系
1	国家级/市级	北京建工集团有限责任公司	土木与交通工程学院
2	国家级/市级	中国新兴建设开发总公司	环境与能源工程学院
3	市级	中国城市规划设计研究院	建筑与城市规划学院
4	市级	中国建筑设计研究院	建筑与城市规划学院

续表

序号	级别	名称	所属院系
5	市级	中国城市建设研究院有限公司	建筑与城市规划学院
6	市级	北京市市政工程设计研究总院	土木与交通工程学院
7	市级	北京京港地铁有限公司	机电与车辆工程学院
8	校级	北京市建筑设计研究院	建筑与城市规划学院
9	校级	清华大学建筑设计研究院有限公司	建筑与城市规划学院
10	校级	中国中元国际工程公司	建筑与城市规划学院
11	校级	北京国道通公路设计研究院	土木与交通工程学院
12	校级	北京北大资源地产有限公司	土木与交通工程学院
13	校级	北京市建筑材料科学研究总院有限公司	环境与能源工程学院
14	校级	北京城市排水集团有限责任公司科技研发中心	环境与能源工程学院
15	校级	北京市燃气集团研究院	环境与能源工程学院
16	校级	北京市热力集团有限公司	环境与能源工程学院
17	校级	北京鹫峰国家森林公园	测绘与城市空间信息学院
18	校级	北京住总集团有限责任公司	机电与车辆工程学院
19	院级	北京筑邦建筑装饰工程有限公司	建筑与城市规划学院
20	院级	北京市建筑设计研究院第八设计所	建筑与城市规划学院
21	院级	北京红衫林环境艺术工程有限公司	建筑与城市规划学院
22	院级	中国建筑设计研究院环境艺术设计研究院室内设计所	建筑与城市规划学院
23	院级	西北农耕博物馆	建筑与城市规划学院
24	院级	泉州博物馆	建筑与城市规划学院
25	院级	恭王府	建筑与城市规划学院
26	院级	曲阜市文物局	建筑与城市规划学院
27	院级	北京丽贝亚建筑设计院有限公司	建筑与城市规划学院
28	院级	北京住总集团有限责任公司	土木与交通工程学院
29	院级	北京首都公路发展有限责任公司	土木与交通工程学院
30	院级	北京市公联公路联络线有限责任公司	土木与交通工程学院
31	院级	北京华通公路桥梁监理咨询公司	土木与交通工程学院
32	院级	北京城建集团有限责任公司土木工程总承包部	土木与交通工程学院
33	院级	北京城乡建设集团有限责任公司	土木与交通工程学院
34	院级	北京金隅混凝土有限公司	土木与交通工程学院
35	院级	北京敬业达新型建材有限公司	土木与交通工程学院
36	院级	北京榆构有限公司	土木与交通工程学院
37	院级	北京华丽联合科技公司	土木与交通工程学院
38	院级	北京金隅加气混凝土有限公司	土木与交通工程学院
39	院级	北京金隅砂浆有限公司	土木与交通工程学院

续表

序号	级别	名称	所属院系
40	院级	北京宝贵石艺科技有限公司	土木与交通工程学院
41	院级	北京市成城交大建材有限公司	土木与交通工程学院
42	院级	北京市琉璃河水泥有限公司	土木与交通工程学院
43	院级	北京市建筑工程研究院（工程材料所产业基地）	土木与交通工程学院
44	院级	北京市政路桥建材集团有限公司研发中心	土木与交通工程学院
45	院级	北京远通水泥制品有限公司	土木与交通工程学院
46	院级	格林斯达（北京）环保科技有限公司	环境与能源工程学院
47	院级	北京市市政四建设工程有限责任公司	环境与能源工程学院
48	院级	北京城市排水集团有限责任公司方庄污水处理厂	环境与能源工程学院
49	院级	北京自来水集团禹通市政工程有限公司	环境与能源工程学院
50	院级	北京大河环球科技发展有限公司	环境与能源工程学院
51	院级	北京兴杰恒业石油化工技术有限公司	环境与能源工程学院
52	院级	北京中联志和工程设计有限公司	环境与能源工程学院
53	院级	北京金源经开污水处理有限责任公司	环境与能源工程学院
54	院级	易县清西陵九龙山庄	测绘与城市空间信息学院
55	院级	易县八奇部落旅游文化发展有限公司	测绘与城市空间信息学院
56	院级	北京石油化工学院	电气与信息工程学院
57	院级	中国建筑科学研究院防火研究所	电气与信息工程学院
58	院级	北京北变微电网技术有限公司	电气与信息工程学院
59	院级	北京安工科技有限公司	电气与信息工程学院
60	院级	北京中易云物联网科技有限责任公司	电气与信息工程学院
61	院级	北京筑讯通机电工程顾问有限公司	电气与信息工程学院
62	院级	甲骨文公司实训基地中明盈佳（北京）科技有限公司	电气与信息工程学院
63	院级	中国平安财产保险股份有限公司北京分公司	机电与车辆工程学院
64	院级	北京市地铁运营有限公司地铁运营技术研究中心	机电与车辆工程学院
65	院级	北京广达汽车维修设备有限公司	机电与车辆工程学院
66	院级	乐居乐筑（北京）建筑材料有限公司	经济与管理工程学院
67	院级	北京建筑大学物业管理有限公司	经济与管理工程学院
68	院级	北京市工程咨询公司	经济与管理工程学院
69	院级	北京市第三建筑工程有限公司	经济与管理工程学院
70	院级	北京房地产中介行业协会	经济与管理工程学院
71	院级	北京家人社区工作发展服务中心	经济与管理工程学院
72	院级	汇众三方（北京）工程管理有限公司	经济与管理工程学院
73	院级	北京市大兴区人民法院	文法学院
74	院级	北京市西城区人民法院	文法学院
75	院级	北京天驰君泰律师事务所	文法学院

续表

序号	级别	名称	所属院系
76	院级	北京维京律师事务所	文法学院
77	院级	北京大成律师事务所	文法学院
78	院级	北京市荣典律师事务所	文法学院
79	院级	北京六建集团有限责任公司	文法学院
80	院级	北京邦盛律师事务所	文法学院
81	院级	北京市西城区展览路街道办事处	文法学院
82	院级	北京市西城区悦群社会工作事务所	文法学院
83	院级	北京市顺义区绿港社会工作事务所	文法学院
84	院级	夕阳红老人心理危机救助中心爱心传递热线	文法学院
85	院级	北京市朝阳区安贞社区卫生服务中心	文法学院
86	院级	北京厚德社会工作事务所	文法学院
87	院级	北京道和卓信科技有限公司	理学院
88	院级	北京同美世纪科技有限公司	理学院
89	院级	北京合力中税科技有限公司	理学院
90	院级	北京同创蓝宇科技有限公司	理学院
91	院级	北京信安世纪科技有限公司	理学院
92	院级	北京天普太阳能工业有限公司	理学院
93	院级	北京佰能光电技术有限公司	理学院
94	院级	北京英思沃工业科技有限公司	理学院
95	院级	北京建业通工程检测技术有限公司	理学院
96	院级	北京市中策律师事务所	文法学院
97	院级	北京住总第二开发建设有限公司	文法学院
98	院级	中外建华诚城市建设有限公司	文法学院
99	院级	北京建工一建工程建设有限公司	文法学院
100	院级	北京市朝阳区和平街社区卫生服务中心	文法学院
101	院级	北京市东城区社区服务中心	文法学院
102	院级	北京市昌平区社区服务中心	文法学院

（七）教学改革与创新

【落实"一人一教研、教改全覆盖"，全面推进教学改革】 2017年是学校实现"提质、转型、升级"的关键之年，是全面提升办学内涵的质量年。学校将本科教育教学改革工作推向深入，强化内涵建设，积极探索教育教学和学生成长成才的规律，建立价值塑造、能力培养和知识传授"三位一体"的教育模式。为切实提升教学质量，学校提出"一人一教研，教改全覆盖"行动计划，力图形成教师"人人参与教改、人人有教改方案，人人承担教改课题"的改革新局面。教务处于2017年7月通过收集《北京建筑大学教育教学改革与研究申请表》的形式，对全校任课老师开展教学研究的情况进行了全面摸底，共计收集到616份申请表，选题涵盖人才培养模式研究、学科与专业建设、课程建设、实践教学研究、现代教育技术、教材建设、思想政治教育、教学质量保障、创新创业、科教融合等诸多方面，达到了梳理教学研究思路、强化教学研究氛围的目的，为实现全员教学改革常态化奠定了工作基础。

（八）学籍管理

本年度，本科学生学籍管理工作逐渐规范化，各类学籍事务工作处理及时有效，加大了信息化办公力度，每名学生涉及学籍变动的情况大多数已在教务系统内予以标注，方便了日后学生信息的查询与管理。2017 年度，我校本科生各类学籍事务处理共计 789 人次（详情见下表）。

处理事项	复学	留降级	退学	未报到	休学	更名	转专业（含大类分流）
人次	137	27	52	51	177	4	341

（九）转专业

2017 年度实际发生转专业（含大类分流）的学生数量为 341 人次，各学院转专业人数情况统计如下：

学院	人次	学院	人次	学院	人次
建筑与城市规划学院	17	环境与能源工程学院	77	电气与信息工程学院	205
土木与交通工程学院	6	机电与车辆工程学院	13	文法学院	6
测绘与城市空间信息学院	1	经济与管理工程学院	14	理学院	2

（十）教学研究与成果

【北京市教育科学"十三五"规划 2017 年度课题立项】为落实《北京市"十三五"期间教育科学研究规划纲要》，进一步提升首都教育现代化水平，关注首都教育发展的重大战略需求和最新改革趋势，促进首都教育科研事业的繁荣发展，北京市教育科学规划领导小组办公室组织了北京市教育科学"十三五"规划 2017 年度课题的申报和评选工作。教务处积极组织申报工作，最终我校成功获批 3 项北京市教育科学"十三五"规划课题。

北京市教育科学"十三五"规划 2017 年度课题立项名单（北京建筑大学）

立项编号	项目名称	项目负责人	项目申请学校	项目类别
CCIA17148	基于手机端 APP 的土木专业工程测量课程实时互动教学平台设计与应用	刘芳	北京建筑大学	一般项目
ADCB17026	工程认证教育下的多层次人才培养模式探讨与实践	罗德安	北京建筑大学	一般项目
CDDB17154	加强中华优秀传统文化教育与增强当代大学生文化自信的路径与机制研究	许亮	北京建筑大学	青年专项

【中国建设教育协会 2017 年度教育教学科研课题立项】教务处组织我校教师参与中国建设教育协会 2017 年度教育教学科研课题立项的申报，最终我校提交了 29 份立项申请，其中 21 项获批，获批的立项中包括 4 项重点课题（在下表中标注了☆）和 17 项一般课题。为鼓励教师参与教学研究的积极性，学校为获批的 21 项课题配套了资助经费，重点课题资助 1.5 万元/项、一般课题资助 1 万元/项，总计配套金额为 23 万元。

2017 年度中国建设教育协会立项名单（北京建筑大学）

序号	批号	课题名称	承担人	资助金额
1	2017001	☆面向工程教育的协同育人机制之研究与实践	李爱群	1.5万元
2	2017003	☆土建类高校通识教育与专业教育融合模式的路径探究	吴 菁	1.5万元
3	2017004	大学资源与职业需求相结合的技术教育方式研究	陈 雳	1万元
4	2017005	建筑学专业学科竞赛、技能大赛体系建设与学生能力培养的研究与实践	李春青	1万元
5	2017006	学分制学生学习风格匹配教师授课风格的探索性研究	孟庆东	1万元
6	2017007	建筑学专业素描基础教材建设与创新研究	靳 超	1万元
7	2017008	"优"而"新"——建筑学优势学科背景下的建筑遗产保护专业课程体系研究	王 兵	1万元
8	2017009	建筑院校建筑美术教学改革的研究与实践	朱 军	1万元
9	2017010	☆全过程融入专业教学的大学生创新创业实践体系研究	刘 倩	1.5万元
10	2017011	基于建设行业人才培养的环境工程研究与设计课程的教学改革与实践	吴莉娜	1万元
11	2017012	基于"双创教育"与"专业教育"有机融合的道桥专业人才培养体系研究	许 鹰	1万元
12	2017013	历史建筑保护工程专业美术教学改革研究	李学兵	1万元
13	2017014	☆基于土木工程专业的创新实践型人才培养模式研究	韩 淼	1.5万元
14	2017015	开放住宅理论在建筑学专业本科教学中的实践研究	李珊珊	1万元
15	2017016	以田径运动为载体，构建建筑类高校多元化素质教育模式	胡德刚	1万元
16	2017017	建筑设计类专业金字塔阶梯式创新创业教育模式研究	黄庭晚	1万元
17	2017018	建筑类实验班人才培养跟踪调查——以北京建筑大学为例	徐敬明	1万元
18	2017019	面向应用型人才培养的数值计算方法 MOOC 翻转课堂建设	张 健	1万元
19	2017020	注重培养"解决复杂工程问题"能力的测绘工程专业人才教学改革研究	丁克良	1万元
20	2017021	翻转课堂之同伴教学法在计算机专业创新人才培养中的应用研究	张 琳	1万元
21	2017022	习近平城市建筑文化思想教育研究	贾荣香	1万元

【中国建设教育协会 2015～2016 年度优秀教育教学科研成果评选】教务处于 2017 年组织我校教师参加中国建设教育协会 2015～2016 年度优秀教育教学研究成果的评选工作，最终取得优秀教学科研成果一等奖 1 项，优秀论文一等奖 1 项、二等奖 3 项、三等奖 2 项的好成绩。为奖励获奖人在推动中国高等建设教育发展的进程中所付出的辛劳，中国建设教育协会为获奖人颁发了证书和奖金，其中优秀教学科研成果一等奖获得现金奖励 5000 元，优秀论文一等奖获得现金奖励 1000 元，优秀论文二等奖获得现金奖励 500 元，我校在此次成果评选中共获得 7500 元现金奖励。

中国建设教育协会 2015～2016 年度优秀教育教学科研成果评选获奖名单（北京建筑大学）

序号	获奖类别	获奖等级	成果名称	获奖人	奖励金额
1	教学科研成果	一等奖	基于"卓越工程师教育培养计划"下的土木、建筑类专业课程体系协同构建与实践	邹积亭	5000元
2		一等奖	多功能课堂教学综合跟踪管理在线系统开发与应用	丁克良	1000元
3		二等奖	本科专业融入建筑工业化人才培养模式探讨	李崇智	500元
4		二等奖	"五色"理念视角下高校全面育人服务体系构建的思考	吴菁	500元
5	优秀论文成果	二等奖	卓越工程师计划校企联合培养人才方式探讨	韩淼	500元
6		三等奖	以高级别学科竞赛为引领，构建高校自身学科竞赛体系	王秉楠	无
7		三等奖	基于 Quest 3D 的地下工程施工虚拟仿真教学模式研究与应用	王亮	无

【2017 年度校级教育科学研究项目立项】根据《北京建筑大学教学改革与教材建设项目管理办法》等文件的要求，教务处于 2017 年 6 月组织开展 2017 年度校级教育科学研究项目立项工作。经过主持人申请、各教学单位和职能部门初审、教务处组织专家评审、教学院长会审议批准以及公示结果等流程，最终 2017 年度共有 44 项校级教育科学研究项目获批立项，其中包括 12 项重点项目和 32 项一般项目。学校资助经费总额为 41.95 万元。

【2017 年度校级教材建设项目立项】根据《北京建筑大学教学改革与教材建设项目管理办法》等文件的要求，教务处于 2017 年 6 月组织开展 2017 年度校级教材建设项目立项工作。经过主持人申请、各教学单位和职能部门初审、教务处组织专家评审、教学院长会审议批准以及公示结果等流程，最终 2017 年度共有 11 项校级教材建设项目获批立项，其中包括 5 项重点项目和 6 项一般项目。学校资助经费总额为 16 万元。

【2017 年度校级实践教学改革研究项目立项】根据《北京建筑大学教学改革与教材建设项目管理办法》等文件的要求，教务处于 2017 年 6 月组织开展 2017 年度校级实践教学改革研究项目立项工作。经过主持人申请、各教学单位和职能部门初审、教务处组织专家评审、教学院长会审议批准以及公示结果等流程，最终 2017 年度共有 13 项校级实践教学改革研究项目获批立项，其中包括 5 项重点项目和 8 项一般项目。学校资助经费总额为 13.6 万元。

（十一）通识教育

【北京建筑大学通识核心课程建设情况】根据《北京建筑大学关于加强通识教育核心课程建设的实施意见》，通识教育核心课程划分为"经典赏析与文化传承""哲学视野与文明对话""科技革命与社会发展""建筑艺术与审美教育""生态文明与未来城市"五个模块。2016～2017 学年春季学期共开设通识教育核心课程 32 门，其中面授课程 27 门，网络课程 5 门；2017～2018 学年秋季学期共开设通识教育核心课程 40 门，其中面授课程 30 门，网络课程 10 门。授课团队由 30 位教授牵头，其中校内教授 21 位，中外知名学者 9 位。自 2016 年开设通识教育核心课程以来，课程数量由 25 门增加到 40 门，其中面授课程数量由 20 门增加到 30 门，网络课程数量由 5 门增加到 10 门，授课团队由 23 位教授增加到 30 位教授。北京建筑大学通识教育核心课"名师讲坛"系列讲座开办 26 场，城市历史学 7 场，哲学思想 8 场，城市社会学 4 场，国际文学 4 场，科学技术 1 场，心理学 2 场。其中：包括百家讲坛主讲嘉宾李建平、清华大学哲学系主任黄裕生、首都师范大学博导蔺桂瑞等国内外著名专家学者。逐步形成"通识课堂"＋"通识讲堂"＋"通识实践"的课程教学模式。如：王崇臣教授的《北京水文化》、孙希磊教授的《北京历史变迁》、李志国教授的《创业投资与公司法治》。座谈会中，学生也普遍认可这样的课程模式。

北京建筑大学通识教育核心课2016～2017学年春季学期课程清单

序号	课程名称	上课教师	素质课类别
1	中华诗词之美	叶嘉莹	核心（经典赏析与文化传承）
2	中国传统文化经典选读	许亮	核心（经典赏析与文化传承）
3	世界文学概论	陈素红	核心（经典赏析与文化传承）
4	古代经典小说选读	汪龙麟	核心（经典赏析与文化传承）
5	西方文明史话	高春花，靳凤林，王晓朝，郭晓东，石磊	核心（哲学视野与文明对话）
6	中国历史文明概览	肖建杰，王德中	核心（哲学视野与文明对话）
7	西方哲学智慧	张溢木，束东新	核心（哲学视野与文明对话）
8	澳大利亚社会与文化	武烜，外教2	核心（哲学视野与文明对话）
9	当代西方社会思潮	张守连	核心（哲学视野与文明对话）
10	宗教学概论	汪琼枝	核心（哲学视野与文明对话）
11	数学大观	李尚志	核心（科技革命与社会发展）
12	探索万物之理	吕乃基	核心（科技革命与社会发展）
13	中国社会热点问题透视	常宗耀	核心（科技革命与社会发展）
14	创业投资与公司法治	李志国，张明若，李显冬	核心（科技革命与社会发展）
15	科学技术与社会进步	张华	核心（科技革命与社会发展）
16	城市社会学	高春凤，朱启臻，黄华贞	核心（科技革命与社会发展）
17	心理发展与人生规划	郑宁，刘颖，王伟，孟莉	核心（科技革命与社会发展）
18	音乐鉴赏	周海宏	核心（建筑艺术与审美教育）
19	建筑与伦理	秦红岭	核心（建筑艺术与审美教育）
20	工程文化与美学	王锐英	核心（建筑艺术与审美教育）
21	建筑文化遗产保护	汤羽扬，张曼	核心（建筑艺术与审美教育）
22	中外园林文化与艺术	丁奇，李利	核心（建筑艺术与审美教育）
23	西方古典建筑艺术	李沙	核心（建筑艺术与审美教育）
24	中西城市建筑设计文化的诗意	贾荣香	核心（建筑艺术与审美教育）
25	探索发现：生命	黄耀江	核心（生态文明与未来城市）
26	北京历史变迁	李建平，孙希磊	核心（生态文明与未来城市）
27	现代城市生态环境与海绵城市	李俊奇，张伟，杜晓丽，张明顺，马文林	核心（生态文明与未来城市）
28	智慧城市	张雷，孙卫红	核心（生态文明与未来城市）
29	现代城市生态与环境	王思思，李颖	核心（生态文明与未来城市）
30	北京水文化	王崇臣，王鹏	核心（生态文明与未来城市）
31	黑臭水体治理与城市水环境保护	张伟	核心（生态文明与未来城市）
32	现代生物科技与基因工程	宋奇超	核心（生态文明与未来城市）

北京建筑大学通识教育核心课2017～2018学年秋季学期课程清单

序号	课程名称	上课教师	素质课类别
1	中华诗词之美	叶嘉莹	核心（经典赏析与文化传承）
2	中国传统文化经典选读	许亮	核心（经典赏析与文化传承）
3	世界文学概论	陈素红	核心（经典赏析与文化传承）
4	古代经典小说选读	汪龙麟	核心（经典赏析与文化传承）
5	跨文化交际与英美影视赏析	窦文娜	核心（经典赏析与文化传承）
6	周易文化精读	刘炳良	核心（经典赏析与文化传承）
7	中国哲学概论	陆建猷	核心（哲学视野与文明对话）
8	中西文化与文学专题比较	高旭东	核心（哲学视野与文明对话）
9	西方文明史话	高春花，靳凤林，王晓朝，郭晓东，石磊	核心（哲学视野与文明对话）
10	中国历史文明概览	肖建杰，王德中	核心（哲学视野与文明对话）
11	西方哲学智慧	张溢木，尹保红，束东新	核心（哲学视野与文明对话）
12	澳大利亚社会与文化	武烜	核心（哲学视野与文明对话）
13	当代西方社会思潮	张守连	核心（哲学视野与文明对话）
14	从爱因斯坦到霍金的宇宙	赵峥	核心（科技革命与社会发展）
15	数学大观	李尚志	核心（科技革命与社会发展）
16	探索万物之理	吕乃基	核心（科技革命与社会发展）
17	科学技术与社会进步	张华	核心（科技革命与社会发展）
18	中国社会热点问题透视	常宗耀	核心（科技革命与社会发展）
19	创业投资与公司法治	李志国，张明若，李显冬	核心（科技革命与社会发展）
20	城市社会学	高春凤，朱启臻，黄华贞	核心（科技革命与社会发展）
21	心理发展与人生规划	郑宁，刘颖，孟莉	核心（科技革命与社会发展）
22	中国古建筑欣赏与设计	柳肃	核心（建筑艺术与审美教育）
23	世界建筑史	陈仲丹	核心（建筑艺术与审美教育）
24	音乐鉴赏	周海宏	核心（建筑艺术与审美教育）
25	中西城市建筑设计文化的诗意	贾荣香	核心（建筑艺术与审美教育）
26	建筑与伦理	秦红岭	核心（建筑艺术与审美教育）
27	工程文化与美学	王锐英	核心（建筑艺术与审美教育）
28	建筑文化遗产保护	汤羽扬，张曼	核心（建筑艺术与审美教育）
29	中外园林文化与艺术	丁奇，李利	核心（建筑艺术与审美教育）
30	西方古典建筑艺术	李沙	核心（建筑艺术与审美教育）
31	桥梁美学与概念设计	焦驰宇	核心（建筑艺术与审美教育）
32	建筑艺术赏析	李春青	核心（建筑艺术与审美教育）
33	探索发现：生命	黄耀江	核心（生态文明与未来城市）
34	北京历史变迁	孙希磊	核心（生态文明与未来城市）
35	现代城市生态环境与海绵城市	李俊奇，张伟，杜晓丽，张明顺	核心（生态文明与未来城市）
36	智慧城市	张雷，孙卫红	核心（生态文明与未来城市）
37	黑臭水体治理与城市水环境保护	张伟	核心（生态文明与未来城市）
38	现代生物科技与基因工程	宋奇超	核心（生态文明与未来城市）
39	智慧城市与大数据时代	魏楚元	核心（生态文明与未来城市）
40	生态城市建设与固废管理	王思思，李颖	核心（生态文明与未来城市）

（十二）本科教学工作审核评估

【首批参加本科教学工作审核评估市属高校】 根据国家和北京市中长期教育改革和发展规划纲要、《教育部关于普通高等学校本科教学评估工作的意见》（教高〔2011〕9号）、《教育部关于开展普通高等学校本科教学工作审核评估的通知》（教高〔2013〕10号）和《北京市教育委员会北京市人民政府教育督导室关于印发北京市普通高等学校本科教学工作审核评估实施方案的通知》（京教督〔2017〕10号）等文件要求，坚持"以评促建、以评促改、以评促管、评建结合、重在建设"的方针；突出内涵建设，突出特色发展；强化办学合理定位，强化人才培养中心地位，强化质量保障体系建设，不断提高本科教育教学质量。2017年，北京建筑大学主动申请成为首批接受本科教学工作审核评估的市属高校，把接受审核评估作为找问题、补短板、强特色、突亮点、助发展的重要契机，通过学校自评自建和专家进校考察对学校办学水平与本科人才培养质量进行全面检验，最终顺利完成了审核评估的各项工作，受到专家组、市政府督导室的普遍认可。

【本科教学审核评估工作开展情况】 根据《北京市教育委员会北京市人民政府教育督导室关于印发北京市普通高等学校本科教学工作审核评估实施方案的通知》（京教督〔2017〕10号）等文件要求，审核评估程序主要包括学校自评自建、专家进校考察、学校整改及回访等。

学校自评自建：2016年11月～2017年11月，学校通过组建审核评估工作机构、制定并执行评建计划、梳理评估材料（包括教学档案、支撑材料、案头材料）、填报并分析教学基本状态数据、撰写自评报告、开展自评督导等工作的扎实有序推进，对学校的定位与目标、师资队伍、教学资源、培养过程、学生发展、质量保障以及办学特色进行了全面的自我评估和自我检验，并针对存在的问题积极整改，贯彻落实"以评促建、以评促改、以评促管、评建结合、重在建设"的二十字方针。自评自建阶段，学校顺利完成专家进校考察时所需各种文档材料，包括：教学基本状态数据分析报告、自评报告、近3年本科教学质量年度报告、支撑材料（共计432项）、案头材料（共计16项）等，供进校考察专家组审阅。

专家进校考察：2017年11月13～16日，审核评估专家组进校考察。专家组按照《北京市高校本科教学审核评估实施方案》要求，紧扣"五个度"和"6+1"项目，对此次评估的进校考察工作做了认真准备，进校前，专家组成员认真审读了学校的自评报告、教学基本状态数据分析报告及有关资料，撰写了审读意见，确定了考察重点，拟定了进校考察计划。进校期间，遵照"全面考察、独立判断"的要求，通过深度访谈、走访、座谈、看课听课、调阅毕业设计（论文）及试卷、查阅有关支撑材料等多种形式，对学校本科教学工作进行了全面的考察与分析。专家组累计深度访谈校领导19人次，走访学院及有关教学单位24次，走访机关及职能部门70次，举行教师及学生座谈会13次，听课看课75次，调阅本科21个专业的毕业设计856份，调阅25个专业50个班级的试卷1844份。专家组还集中考察了学校的人才培养成果展、大型多功能振动台阵实验室、工程实践创新中心、智慧校园中心、国家级水环境实验教学示范中心、图书馆、体育场馆以及学生食堂、宿舍等主要的教学基础设施和研究机构。实地考察实验室、校外实习基地等。在校期间专家多次研讨，并形成初步共识。离校后，专家按照要求认真撰写个人考察报告，在此基础上形成专家组审核评估报告。

学校整改：2017年11月17日起，学校系统梳理审核评估问题清单，制定可执行、可量化的整体方案，并在2018年全面部署落实整改任务，加强全过程督导检查。全校上下将深入学习，认真研究整改方案，切实推进整改落实，以本次评估整改为契机，加快内涵建设，加快提升人才培养质量步伐，大力提升本科教学水平和质量。

（赵林琳　黄　兴　倪　欣　吴　菁　毛　静　刘　杰　刘　猛
孙慧超　刘　伟　那　威　张　军　王崇臣　李俊奇）

二、研究生教育

（一）概况

2017年，研究生教育规模与质量稳步提升。研究生院施行"培养提质、学科升级、招就对接、动态调整"的研究生教育与招生改革机制，进一步调整、优化各学科在校研究生规模结构。

顺利完成全日制博士、硕士及非全日制工程硕士招生工作，进一步规范和优化博士研究生招生工作流程。加大宣传力度、创新宣传思路，进一步加强考务标准化、规范化管理，严格实施考务工作保密、管理无缝安全机制，实现试题命题、试卷印制、封装、寄送、考试等初试环节零差错。

开展研究生培养机制改革，大力开展创新教育，营造良好创新环境，创新导师考核和培训方式，强化导师的主体地位。实现校内平台资源共享，推进多学科多领域研究生的深度合作交流，加强学科交叉融合。打造一批品牌课程、优秀教学成果及研究生创新成果，加大成果凝练及转化力度。加强学术规范建设，完善论文评价体系，开展各级各类学位点分类指导建设工作，形成高水平学位论文体系，培育高端论文成果。

（二）研究生招生

2017年录取全日制硕士研究生557人，同比2016年招生人数（505人）增幅明显，增长率为10%。

2017年是教育部统筹全日制和非全日制研究生管理工作第一年，非全日制招生考试改革之后，非全日制和全日制研究生实行相同的考试招生政策和培养标准，其学历学位证书具有同等法律地位和相同效力。2017年录取非全日制硕士研究生90人。

2017年研究生招生录取工作严格贯彻《国务院关于深化考试招生制度改革的实施意见》精神，严明招生纪律，确保研究生招生录取工作的科学公正和规范透明，实现招生考试"零差错"。

（三）研究生导师

为贯彻落实国务院《关于加强教师队伍建设的意见》和《北京建筑大学硕士研究生指导教师条例》文件精神，进一步提高北京建筑大学硕士研究生导师指导研究生的水平，北京建筑大学组织并举办了3场导师培训会。通过导师培训，使参会教师了解新形势下研究生培养的政策与要求；熟悉北京建筑大学研究生管理方法和培养模式；提高教学能力、科研能力和师德水平；同时，建构一个研究生导师深入沟通交流的平台，促进北京建筑大学研究生导师队伍水平和研究生培养质量的提高。

2017年2月，北京建筑大学依据《北京建筑大学硕士研究生指导教师条例》（北建大研发〔2016〕12号）中的相关要求，结合导师年报，对上一年度导师的经费和成果等方面进行考核，考核合格后方可聘任为北京建筑大学下一年度硕士研究生指导教师。经考核后，共594人被聘任为2017级硕士研究生指导教师，其中校内指导教师276人，校外指导教师318人。

（四）研究生培养

为贯彻落实深化高等教育综合改革工作中更加注重"内涵、特色、创新、需求"导向的要求，进一步提升硕士研究生培养质量，使我校硕士研究生教育更好地适应发展形势的需要，着眼我校在"提质、转型、升级"中学科建设发展更新更高的目标，进一步优化硕士研究生培养条件，提升硕士研究生培养质量，重点结合2017级硕士研究生培养要求，学校组织对学术学位授权学科点、专业学位授权类别（领域）点培养方案进行修订，并完成相关培养方案纸质版本印制。培养方案制定坚持德育为先、能力为重、全面发展的教育理念，遵循不同类型研究生教育规律，体现学科特色和学术前沿，积极响应国家经济社会发展需求，注重科教结合和产学研结合，突出个性化培养。借鉴国内外一流学科的成功经验，树立科学的质量观，更加突出人文素养和科学素质教育，更加突出研究方法和科学思维养成，更加突出研究能力和创新能力培养，更加突出实践能力和创业能力训练，更加突出国际视野和竞争能力塑造。

依据《普通高等学校学生管理规定》（教育部令第41号），组织完成我校《全日制博士研究生管理办法》《全日制硕士研究生管理办法》《非全日制硕士研究生管理办法》；组织修订了我校2017版《博士研究生手册》《研究生指导教师手册》《全日制硕士研究生手册》《非全日制硕士研究生手册》等研究生教育管理文件，于2017/2018学年第一学期下发使用、上网公布。

持续深入开展服务国家特殊需求"建筑遗产保护理论与技术博士人才培养项目"建设工作，加强对博士生教育质量管理。2017年6月我校"建筑遗产保护理论与技术"服务国家特殊需求博士人才培养项目首位博士研究生咸军如期毕业并获工学博士学位。

召开2017年度博士研究生工作总结会，制定《2014级博士生培养及学位授予工作安排》，按计划实施2014级博士生培养及学位授予工作，完成2014级博士研究生论文中期检查和2015级博士研究生论文开题工作，稳步推进博士研究生培养进程。

开展期中教学检查，对研究生课程成绩录入情况、本学期教学运行情况以及硕士学位申请查重情况等进行检查，采取座谈会的形式对我校研究生教育教学情况进行调研，形成研究生教学期中检查情况通报。

开展2017年度研究生创新培育项目申报，27项创新培育项目顺利结题。全校博士、硕士研究生积极响应，在学校形成浓厚科研氛围，学生积极参与科学研究，科研成果丰富。

（五）学位授予

2017年，授予博士学位1人，授予硕士学位572人，比2016年增长0.7%，其中学历教育硕士180人，专业学位硕士生申请学位392人。24名2016届毕业研究生被评为"北京市优秀毕业研究生"，47名毕业研究生被评为"北京建筑大学优秀毕业研究生"，41篇硕士学位论文被评为校优秀硕士学位论文。

修订和完善了对研究生的学术活动要求、优秀学位论文评选办法、学术不端检测要求等相关文件，强化了对新学科、新专业、新导师、历史成绩不佳、申请提前毕业等多种情况下的学位论文双向盲审制度。

2017届毕业研究生继续采用研究生教育信息管理系统的学位管理模块完成论文开题、中期检查、实践环节考核、学术成果采集、论文评审、答辩及学位授予工作。2017届毕业研究生论文评审工作均通过在线评审系统进行，极大提高了工作效率。

（六）专业硕士教育

2017年录取全日制硕士研究生557人，其中专业学位硕士生354人，占录取人数63.6%。2017年录取非全日制硕士研究生90人，均为专业学位硕士生。2017年9月在校全日制硕士研究生1558人，其中专业学位硕士研究生941人，占总人数60.4%。组织开展2017版专业学位培养方案修订工作，提出应根据学术学位和专业学位不同类别硕士研究生的培养目标及特点，充分调研行业需求，针对性地进行课程及环节安排的要求。学术型研究生的培养应注重科学研究能力的训练和对学科前沿动态的把握；专业学位研究生的培养应注重实践与操作能力的养成。进一步优化硕士研究生培养条件，提升硕士研究生培养质量。

（七）学籍管理

完成2017级全日制研究生新生学籍复查、电子注册及研究生在校生学年注册工作。按照《北京市教育委员会办公室转发教育部办公厅关于做好2017年普通高等学校录取新生复查和学籍电子注册工作文件的通知》，在规定时间内完成656名2017级全日制研究生（含647名全日制硕士研究生、9名博士研究生）学籍信息注册。在规定时间内完成1648名全日制在校研究生学年注册。

按照北京市教育委员会学生处《关于做好北京地区2017年春季普通高等教育毕业生学历证书电子注册工作的通知》及《关于做好北京地区2017年暑期普通高等教育毕业生学历证书电子注册工作的通知》，在2017年1月完成2017届春季6名全日制硕士生学历注册，2017年6月完成2017届夏季1名全日制博士研究生、438名（437人毕业，1人结业）全日制硕士生夏季学历注册。2017年12月完成4名全日制硕士研究生冬季学历注册。

通过参加北京市教育委员会学生处组织的工作培训及政策学习，规范研究生学籍管理相关流程，加强全日制研究生日常学籍维护及管理。

（八）教学质量提升与成果

为贯彻落实深化研究生教育改革实施工作，探讨研究生教育教学规律和发展新趋势，进一步提高研究生教学质量，推动北京建筑大学各学位授权学科点研究生教育教学内容、课程体系的进一步改革，全面加强研究生教育教学研究，依据北京建筑大学《研究生教学质量提升项目管理办法》，组织完成2017年度教学质量提升项目立项工作，"机械工程专业主干课程体系及师资队伍构建研究"等10个项目获批立项。

（九）非学历研究生教育

完成2017级非全日制硕士生招生工作，录取非全日制硕士生90人，其中建筑学14人，机械工程4人，建筑与土木工程32人，测绘工程10人，环境工程9人，工业工程1人，工业设计工程2人，城市规划18人。组织修订了我校2017版《非全日制硕士生手册》于2017/2018学年第一学期下发使用、上网公布。针对非全日制硕士生特点，在周末单独安排公共课程。

（十）优秀硕士论文

2017届毕业硕士研究生优秀学位论文

序号	学院	姓名	专业	论文题目	指导教师
1	建筑学院	陈楷	城乡规划学	文化视角下云台山世界地质公园景观特征研究	冯丽，温宗勇
2	建筑学院	刘洋	建筑学	黏土砖砌筑的旧工业建筑更新与改造研究	马英
3	建筑学院	赵伟	建筑学硕士	基于生态理念的旧工业厂房改造为展览建筑的设计方法研究	俞天琦，马英，钱平
4	建筑学院	锡望	建筑学	北京市大型商业建筑中庭空间夏季热环境研究——以来福士购物中心为例	邹越
5	建筑学院	祁远晴	风景园林学	村庄规划实施的有效性研究——以住房城乡建设部2013年、2014年华东地区试点村为例	魏菲宇，丁奇
6	建筑学院	王天娇	建筑学	北方地区工业化保障性住房设计评价研究	欧阳文
7	建筑学院	陈大威	建筑学硕士	蔚县地区真武庙建筑研究	田林，徐宗武
8	土木学院	石越峰	道路与铁道工程	煤直接液化残渣改性沥青的制备及其性能研究	季节
9	土木学院	王健	结构工程	氧化石墨烯对水泥的性能影响及作用机理研究	王琴
10	土木学院	王宗洋	结构工程	可恢复功能的装配式预应力钢框架减振体系研究	张艳霞
11	土木学院	金鑫	建筑与土木工程	盾构无障碍始发与接收施工力学行为及施工工艺	刘军，马雪梅
12	土木学院	王文婷	建筑与土木工程	新型SMA弹簧-摩擦阻尼器在网壳结构中的减振性能	庄鹏，张海军
13	土木学院	费晨超	建筑与土木工程	考虑楼板效应的装配式自复位钢框架性能研究	张艳霞，张海军
14	环能学院	张佳	环境科学	用于处理染料废水的配合物——制备与应用	王崇臣
15	环能学院	张晓晖	建筑与土木工程	CPC脉动热管太阳能集热器设计与运行特性研究	许淑惠，李磊
16	环能学院	韩强	环境工程	城市径流雨水重金属污染特征及颗粒态铁锰复合氧化物对其控制研究	杜晓丽，曾捷
17	环能学院	李敬波	供热、供燃气、通风及空调工程	高频交变电场中荷电细颗粒物凝聚的实验及模拟研究	许淑惠
18	环能学院	董堃	环境工程	N掺杂TiO_2复合纳米光催化剂的制备及其用于染料废水降解的研究	汪长征，王强
19	环能学院	邱丽佳	环境科学	H_2O_2及O_3氧化两种典型蓝藻致嗅物质和灭藻效应研究	张君枝

续表

序号	学院	姓名	专业	论文题目	指导教师
20	环能学院	褚赛	供热、供燃气、通风及空调工程	基于相变流体的热管式太阳能 PV/T 热电联产系统实验研究	陈红兵
21	环能学院	杨童童	建筑与土木工程	紫外线-茶多酚联合消毒系统管网水质特性研究	冯萃敏，张炯
22	环能学院	王明秀	环境工程	复合材料中工业纳米颗粒的径流冲刷释放与机理	李海燕
23	环能学院	苏雪莹	市政工程	全程自养脱氮（CANON）颗粒污泥的培养及其 N_2O 释放特性	付昆明
24	环能学院	刘旭海	供热、供燃气、通风及空调工程	高中压燃气调压器在线安全预警技术研究	郝学军
25	环能学院	尹朝辉	建筑与土木工程	城市原生污水源热泵供热机组运行性能测试及其增效研究	刘芳，武海滨
26	环能学院	郑开明	供热、供燃气、通风及空调工程	工质表面张力和黏度对脉动热管的影响	王瑞祥
27	测绘学院	马朝帅	大地测量学与测量工程	三维激光点云特征曲面自动识别方法的研究	黄明，王晏民
28	测绘学院	尹琴丽	测绘工程	高光谱技术在古书画混合颜料分析中的应用	吕书强，李英成
29	测绘学院	谭艳萍	地图制图学与地理信息工程	基于高光谱技术的古字画污渍虚拟修复研究	侯妙乐，胡云岗
30	测绘学院	宋子超	大地测量学与测量工程	HHT方法在地基雷达监测数据处理中的应用	丁克良
31	测绘学院	张旭	摄影测量与遥感	基于三角网内插及约束的文物对象近景序列影像精细三维重建	胡春梅，王晏民
32	机电学院	秦震	载运工具运用工程	减振器特性参数对高速动车组动力学性能的影响研究	周素霞
33	机电学院	蔡晓菲	工业工程	考虑存在仿冒品的供应链决策博弈研究	尹静，王传涛，张元
34	电信学院	李白玉	控制理论与控制工程	数据中心空调系统建模及节能控制策略研究	魏东
35	电信学院	郝玉娟	控制理论与控制工程	基于压缩感知的鲁棒性人脸识别研究	张立权
36	电信学院	李经强	控制理论与控制工程	仿人机器人目标识别与移动作业控制方法研究	张雷
37	经管学院	丛娇娇	企业管理	基于风险的三级供应链契约协调研究	王红春
38	经管学院	崔启明	技术经济及管理	PPP模式下城市综合管廊收费定价研究	张宏
39	经管学院	王祥云	管理科学与工程	绿色建造过程中资源循环利用的影响因素与协同策略研究	尤完，万冬君

续表

序号	学院	姓名	专业	论文题目	指导教师
40	理学院	张敏	应用数学	流延法制备薄膜中的纳米流体流动传热解析研究	张艳
41	文法学院	王琪	设计学	北京故宫窗的视觉形态与美学特征研究	肖建杰，孙希磊

（十一）学科建设情况

1. 概况

学校以教育部第四轮学科评估公布结果为契机推动一流学科建设。启动博士授予单位及博士学位授权一级学科点申报工作，力争我校博士授予单位、博士授权点取得历史性突破，学科建设工作取得更大进步。

2. 学科规划

认真领会落实党的十九大新境界、新理念、新观点和习近平新时代中国特色社会主义思想。通过调整学科结构，优化学科梯队，凝练学科特色方向，突出学科建设重点，打造学科高峰，努力建设一流学科。加快推进向教学研究型大学转型，坚持高水平特色发展。

3. 学科建设活动

在教育部第四轮学科评估中，学校8个工学学科参加了本次工作，结果公布为建筑学、土木工程位列B档，城乡规划学位列B－档，环境科学与工程位列C＋档，测绘科学与技术位列C＋档，风景园林学、交通运输工程、控制科学与工程位列C档，以优异的成绩圆满完成了教育部第四轮学科评估及后续工作。

深入研究分析新一轮学科评估指标体系，指导学科建设工作，加强分层分类学科建设目标管理与绩效考核。制定完成《学科评估工作管理办法》《学科建设年检与绩效考核管理暂行办法》、实施《学科建设负责人遴选及管理暂行办法》，强化学科负责人岗位职责，突出学科建设绩效成果。分析12个一级学科硕士学位授权点现状，梳理学科团队，查摆清楚学科建设存在问题，进一步优化了学科梯队，凝练了学科方向，以准备服务国家特殊需求"建筑遗产保护理论与技术博士人才培养项目"验收工作和4个申博一级学科申报为重点，开展学科建设工作。

召开服务国家特殊需求"建筑遗产保护理论与技术博士人才培养项目"实施指导委员会第八次会议，通过准予我校首届博士研究生毕业决议，加强该项目师资队伍建设、提升科研项目档次、提高科研成果质量，为圆满完成2018年博士项目验收奠定坚实基础。

2017年3月，正式启动博士授予单位及博士学位授权一级学科点申报工作，积极推进建筑学、土木工程、环境科学与工程、测绘科学与技术4个一级学科申报。由分管校领导牵头，在全校各学院、部门的大力协同合作下，研究生院历时9个多月，先后召开专家研讨会、论证会58次，调整修改申报材料40余稿，完成了《申请新增博士学位授予单位报告》、《申请新增博士学位授予单位简况表》和《申请博士学位授权一级学科点简况表》等重要申报文本。党政校领导多次审定、把关申请材料。2017年9月26日，校领导带队赴北京市学位办申请新增博士学位授予单位汇报，代表学校陈述并答辩。专家组对我校近年来的学科建设水平、高层次人才队伍建设质量、标志性学术成果产出、办学特色凝练等所取得的重大突破给予了高度肯定，我校成为北京市新增博士授予单位推荐两所高校之一。2017年12月26日，顺利通过教育部新增博士授予单位复审工作，为本次获批博士授予单位奠定了良好基础。

培育建设新的一级学科硕士学位授权点和专业学位类别硕士学位授权点，组织开展了机械工程、马克思主义理论2个新增一级学科硕士学位授权点及风景园林、工程管理（MEM）2个新增专业学位类别授权点校内论证，并完成申报工作。

（姚　远　王子岳　丁建峰　李子墨　汪长征　陈　滔　戚承志）

三、研究生管理

（一）研究生思想政治教育工作

3月8日，学校党委书记王建中到研究生院、研究生工作部专题调研研究生教育培养工作，就全面提高研究生培养质量和进一步提升研究生教育管理水平与大家交流研讨。副校长兼研究生院院长汪苏、党委副书记张启鸿、组织部、人事处、党政办负责人一同参加调研，研究生院、研究生工作部班子成员、科级以上干部参加调研活动。

5月20日，第二届京津冀建筑类高校研究生学术论坛在天津城建大学开幕，论坛的主题为"京津冀协同发展下的高校研究生创新"。博士生导师刘临安教授、研究生工作部部长杨光、研究生院副院长李海燕以及三所高校研究生代表三百余人参加论坛。

5月27日，研究生工作部组织开展了研究生辅导员专题培训。

10月10日，研究生院和研工部联合党支部全体党员前往北京展览馆，参观"砥砺奋进的五年"大型成就展。

10月23日，20名研究生和本科生学生骨干在研究生工作部黄静的带领下参加了由中共北京市委党校、北京行政学院主办的马克思主义大众化论坛第二期——青年学者学习十九大报告交流会。

10月25日，组织召开了青年教师担任的研究生辅导员座谈会，座谈会由党委副书记张启鸿主持，研工部部长杨光、副部长黄琇和来自建筑、土木、测绘等学院担任研究生辅导员的青年教师参加了座谈会。

11月9日，召开研究生学习贯彻党的十九大精神宣讲会暨专题辅导报告会。各学院党委副书记、研究生辅导员、研究生党支部书记、党支部委员、研究生党员代表、发展对象、入党积极分子共计300余人参加宣讲会。

11月14日，100名2017级研究生骨干在研究生工作部薛东云、环能学院陈启超老师的带领下参加了由中国科协、教育部、中国科学院、中国社会科学院、中国工程院、国家自然科学基金委员会和北京市政府共同在人民大会堂举办的"学习贯彻党的十九大精神——2017年全国科学道德和学风建设宣讲教育报告会"。

11月29日，研究生工作部部长李雪华带队前往北京航空航天大学专题学习调研研究生党建和思想政治工作，研工部全体人员、部分学院党委副书记、分团委书记参加调研交流。北京航空航天大学研究生工作部部长王文文、副部长宋晓东、相关学院党委副书记、分团委书记以及信息化工作主管出席了交流研讨会。

12月8日，学校召开研究生党建和思想政治工作研讨会，专题研讨如何提升我校研究生党建和思想政治工作层次和水平。学校党委副书记张启鸿、研究生工作部全体成员、学生工作部、招生就业处和校团委负责人、各学院党委副书记、研究生辅导员及青年教师研究生辅导员参加了研讨会，会议由研工部副部长黄琇主持。

12月16日，"华为杯"第十四届中国研究生数学建模竞赛颁奖典礼在西安交通大学落下帷幕。北京建筑大学共有10支队伍参赛，1队获全国二等奖，2队获全国三等奖，7队获成功参赛奖，所获奖项和获奖比例均稳中有升。

（二）基层党组织建设

7月5日，北京建筑大学校长张爱林参加了研究生院和研究生工作部联合党支部举行"学习贯彻北京市第十二次党代会精神"专题学习活动并讲话。党支部书记杨光主持学习活动。

（三）学生事务管理

按照《北京建筑大学研究生奖助学金管理办法》（北建大研发〔2016〕3号）的相关规定，以及学校《关于开展2017年研究生奖学金评审工作的通知》（研工字〔2017〕26号），共评选北京建筑大学2017年研究生国家奖学金获得者31名；研究生一等学业奖学金获得者49名；研究生二等学业奖学金获得者147名；研究生三等学业奖学金获得者775名；研究生新生学业奖学金获得者552名；优秀研究生干部奖学金获得者30名。获得国家助学金人数共计约1425人次/月，全年共发放金额490万元。

按照《北京建筑大学研究生档案管理办法（试行）》，2017年共接收2017级新生档案557份。保证了档案保存无损毁、查阅无障碍、寄送无差错。

（四）学生资助与勤工助学

按照《研究生"三助"工作实施办法》，为67名研究生办理绿色通道入学并为家庭经济困难研究生缓交学费及住宿费金额60.3万元；与心理素质教育中心、医务室联合举办了研究生心理讲座，开展个体咨询，帮助研究生建立理性平和的健康心态；建设了研工部"一站式办事服务大厅"，初步实现工作信息化，实现成绩单、奖助证书自主打印，进一步提高了服务师生的水平。

（五）专题教育

6月30日上午，北京建筑大学2017年研究生毕业典礼暨博士、硕士学位授予仪式在西城校区大学生活动中心隆重举行。学校领导王建中、张爱林、何志洪、汪苏、李维平、张启鸿、张大玉、李爱群、吕晨飞出席典礼。

9月，北京建筑大学研究生院、研究生工作部圆满完成653名硕士新生和9名博士新生的报到入学工作。

9月11日下午，研究生院、研究生工作部组织研究生新生在大兴校区体育馆开展了"研途·启航"新生入学教育交流大会。

2017年，我校陆续开展第四期城乡建设与管理产学研联合研究生培养基地项目结题、答辩评优，第五期城乡建设与管理产学研联合研究生培养基地项目申报、立项公示、中期检查、中期答辩。

四、继续教育

（一）概况

继续教育学院是北京建筑大学举办成人高等学历教育和非学历培训的教辅单位。继续教育学院承担着2000余名成人高等学历教育的教学和管理工作，承担着年均1000余人次的继续教育培训工作，承担着"建筑工程"和"能源管理"专业自学考试主考院校工作。

学院目前领导干部职数2人，院长赵静野，办公室主任王培。在岗在编管理人员6人，其中职员6人。根据工作需要，继续教育学院返聘管理人员1人，外聘管理人员1人。

（二）学历教育

北京建筑大学于1956年成立北京业余城建学院。1981年成立北京建筑工程学院夜大学。1988年设立了成人教育部。1997年成人教育部更名为成人教育学院。1999年成人教育学院更名为继续教育学院。在业余城建学院时期，开设的专业有工业与民用建筑工程、给水排水工程、道路与桥梁工程3个专业。成立夜大学以后，增加了起重运输与工程机械、供热通风与空调工程、城市燃气等专业。后又相继开设了城市规划管理、古建筑保护、建筑经济管理、工程造价管理、房地产经营管理、土木工程专升本、工程管理专升本、建筑环境与设备工程专升本、机械工程及自动化专升本、计算机科学与技术专升本、法学专升本、城市规划专升本、城市燃气工程、装饰艺术设计等专业。学院受北京市规划委员会委托，举办了城市规划专业大专和专升本教学班；受北京市委城建工委和市建设委员会委托，举办了建筑经济管理专业劳模大专班和土木工程专业专升本教学班；受国家文物局委托，举办了古建筑保护专业大专班；受北京市怀柔、密云、顺义、平谷等区县公路局委托，举办了交通土建工程专业大专班；受首钢集团委托，举办了房地产经营管理专业大专班；受通州区建委、密云县人事局、怀柔建筑集团委托，分别举办了土木工程专业专升本、工程管理专业专升本教学班。

目前，学院开设2个层次5个专业，其中高中起点本科有土木工程专业；专科起点本科有土木工程、工程管理、工程造价、建筑环境与设备工程、城市规划等专业；截至2017年12月31日成人高等学历教育各专业在校生共1842人，共计培养了毕业生15000余名。

【日常教学管理工作】 继续教育学院共有21个相关的教学管理规章制度，基本上覆盖了成人高等教育的教学、管理的各个环节，在日常教学管理过程中，可以做到有章可循，确保教育质量。

继续教育学院制订了成人教育教学质量管理手册，严格按照规定执行。如：进行开学前检查，对教师上课情况、教材到课率及学生注册等情况进行检查并通报。期中进行学生对任课教师的网上评教，对任课教师的教学态度、教学方法、教学效果等方面进行评估。任课教师可以通过数字化校园平台，及时了解学生对自己教学工作的评价和提出的建议，及时调整教学方法，为学生提供更好的教学服务。教师对学生进行评学，班主任通过任课教师的评价，针对学风、出勤等情况，及时管理班级，维持良好的学习环境。毕业班级还要进行毕业前的问卷调查，为学校的发展出谋划策。这些意见和建议，对完善规章制度、调整招生计划、修订教学计划、申办新专业提供了第一手资料。

继续教育学院数字化校园平台的使用，将日常的教务管理、学籍管理、考务管理、毕业管理等，全部实现网络化管理，既提高了工作效率，又规范了管理程序。

按照继续教育学院学历教育科工作流程和各岗位职责，认真完成了包括：聘请任课教师、排课、调课、考试、实践环节、学籍变异、毕业审核、学位初审、毕业生评优、任课教师期中评测和班主任考核等工作。

【招生工作】 2017年，北京建筑大学共录取成人高等教育2个层次（高起本、专升本）、5个专业（土木工程高起本、土木工程专升本、建筑环境与设备工程专升本、城市规划专升本、工程管理专升本、工程造价专升本）的2018级新生281人，其中高起本：26人，专升本：255人。

2017年北京建筑大学成人高等教育录取情况一览表

专业代号	专业名称	专业类别	学习形式	录取线	最终录取人数
专业层次：专升本					
05670	土木工程	理工类（专升本）	业余	151	60
05672	城乡规划	理工类（专升本）	业余	145	17
05671	建筑环境与能源应用工程	理工类（专升本）	业余	150	30
05673	工程管理	经济管理类（专升本）	业余	145	74
05674	工程造价	经济管理类（专升本）	业余	142	74
层次合计					255
专业层次：高起本					
05650	土木工程	理工类（高起本）	业余	142	26
层次合计					26
学校总计					281

【开学典礼】 2017年2月18日，2017级411名成人高等教育新生开学典礼举行，进行入学教育，报到、注册、审核新生资格、领取本学期课程表、填写《学生登记表》。其中高起本46人，专科43人，专升本322人。

【毕业工作】 2017年1月7日，2017届春季成人高等教育毕业典礼举行。

2017届春季毕业生563人，其中本科毕业生57人，专升本科毕业生471人，专科毕业生35人。授予成人本科毕业生187人学士学位，其中工学学士146人，管理学学士41人。

2017届夏季共毕业学生19名，其中高起本毕业生8人，专升本毕业生9人，专科毕业生2人。授予成人本科毕业生8人学士学位，其中工学学士学位5人，管理学学士学位3人。

2017年，授予高自考本科毕业生2人学士学位。

【学位英语组考工作】 根据北京市教委的安排，完成了2017年度的成人学位英语考试的组考工作。上半年考试报名588人，通过22人；下半年考试报名642人，通过86人。

【2015版成人教育培养方案顺利运行】2017年，是继续教育学院贯彻落实我校《2015版成人高等教育人才培养方案》的第二年，2017级成人高等教育学生将按照2015版培养方案进行教学运行。2015版培养方案将建筑工程技术、工程造价和供热通风与空调工程技术三个专科专业的修业年限调整为三年，将各专业的课程进行了优化和调整，将部分考试课修改成考查课，使其更加适应成人教育特点。

【大力加强信息化管理建设】2017年，继续教育学院获批了北京市教委财政专项"人才培养质量建设－市属高校继续教育数字化教学资源建设（市级）（2017年）"经费支持，共批复30万元的经费支持，计划建设2～3门网络课程设成人教育的网络课程。

继续教育学院于2017年申请了北京市教委的专项"人才培养质量建设－高校信息化服务平台和在线资源开发建设（市级）（2018年）"支持，并获批33万元专项经费的支持，2018年计划完成2门网络课程的招标和制作。

（三）非学历教育

北京建筑大学培训中心（以下简称"培训中心"）成立于2001年6月。培训中心自成立以来，陆续开展了"注册类建筑师、监理工程师、造价工程师、建造师、电气工程师执业资格考前培训"、"建筑行业各类上岗证"、"成人专科升本科考前辅导"、"Auto-CAD2005－2010专业资格认证"等培训工作。近年又与政府机关、企业联合，根据政府机关、企业的要求，为他们有针对性地培养专门人才。2011年培训中心顺利通过了北京市住房和城乡建设委员会为维护培训市场秩序、促进建设行业培训机构健康发展而进行的"北京市建设类培训机构综合办学水平"评估，并被住房城乡建设部、中国建筑业协会批准为"建筑工程专业一级注册建造师继续教育培训单位"。2012年、2013年培训中心通过了北京市住房和城乡建设委员会的常规检查。培训中心多次被主管部门评为先进培训机构，2013年、2014年连续两年荣获"五星级学校"，2015年荣获"诚信自律办学师范学校"称号。

【非学历教育项目】2017年主要培训项目：

1. 砂石骨料行业技术与管理人员培训班，参加培训人员70人；
2. CAD培训认证班2期，参加培训人员59人；
3. 大兴城市建设与管理专题培训班，参加培训人员99人；
4. 城建地产工程造价培训班，参加培训人员61人；
5. 电气工程师考前辅导班，参加培训人员50人。

全年培训共331人次。

（四）自学考试

北京建筑大学于1982年11月获批北京市高等教育自学考试主考院校。目前我校开考的高等教育自学考试专业为："房屋建筑工程"专科、"建筑工程"本科、"能源管理"专科和"能源管理"本科4个专业。主考学校的主要工作是专业课程的调整、部分课程的命题、网上阅卷、实践课考核及登分、毕业环节审核、学位审批及学位证书发放。

2016年根据北京市自考办的要求，在相关专业的老师大力支持下，我校新增了能源管理专业，并办理了相关手续，2017年开始相关自考工作，全年组织完成了阅卷6702份；完成了68人次课程设计、实验、毕业考核的组织工作和网上登统工作；完成了2人的学位审查、授予工作；组织12人次命题老师参加命题工作会议，按时参加命题工作，受到市自考办的肯定。

2017年12月6日向北京市自考办提交了"关于关停建筑工程专业的函"。配合北京市自考办做好关停后的收尾工作。

（王　培　牛志霖）

五、体育教育

（一）概况

2017年体育部承担学校体育教学工作。主要职责是：一、二年级的体育必修课教学，三、四年级体育选修课教学；全校本科生的国家学生体质健康标准测试工作；全校课外体育锻炼工作；学生体育社团活动指导；群众性体育活动、运动队训练及竞赛工作。

在体育教学方面，累计完成223个体育教学班6690节体育必修课、96门次选修课；在课外群众体育活动方面，继续试行北京建筑大学"大学生阳光体育联赛"优胜评估办法；在运动队训练和竞赛方面，2017年共参加北京市和中国大学生体育协会举办的各项比赛51个；在《国家学生体质健康标准》工作方面，2017年累计完成6768名学生体质健康测试工作，参加首都高校第五届体质健康测试赛，获得团体第八名成绩。

（二）体育教学

【概述】 2017年体育部全体教职员工坚决贯彻党的教育方针，以教育教学为中心工作，将主要精力投入到教学工作中。坚持至少每两周一次的集体备课制度，主讲主问，教学相长；认真组织全校学生的国家学生体质健康标准的测试工作，全校合格率保持在90%以上。

【师资队伍建设】 体育部师资队伍结构合理，教师实践经验丰富，2017年体育教研部共有在职教职员工29人，其中专任教师27人、教授1人、副教授13人、硕士20人、博士1人。公民晋升为副教授。体育部加强教师的业务培训，除每两周一次的集体备课学习外，全年有24人次的教师参加校外各级各类的业务学习，提升教师整体水平。注重对青年教师的培养，鼓励指导多名青年教师参加学校组织的教学基本功比赛活动，在经过体育部内部听课评选，推荐青年骨干教师参加学校的第十一届（2016～2017学年）教学基本功比赛活动，刘文获得三等奖的好成绩。由胡德刚、康钧、李林云、肖洪凡、杨慈洲撰写的《以田径运动为载体，构建高校复合型人才可持续培养模式的研究与实践》获北京市教育教学研究成果二等奖；由康钧、李林云、胡德刚、肖洪凡、杨慈洲撰写的《以田径运动为载体，构建建筑类高校多元化教学体系》获校级教学成果一等奖；由张胜、张宇、张哲、张明撰写的《构建普通高校篮球三体化培养模式，促进人才多方面发展的研究与实践》获校级教学成果二等奖。李林云获得师德标兵称号，康钧评为优秀党务工作者，肖洪凡评为优秀共产党员，施海波、胡德刚、刘金亮、张哲、奇大力5名教师获得2017～2018年度考核优秀。

2017 年体育部教师参加各类培训一览表

序号	时间	培训名称	地点	参加人员
1	2017年6月3日～4日	2017年首都高校毽球，藤球教学培训班	北京信息科技大学	孙瑄瑄、公民
2	2017年6月25日～7月1日	北京市大学生高尔夫球协会第十期教师培训		胡德刚、肖洪凡
3	2017年3月17日～19日	2017全国排舞教练员裁判员培训班（四川成都站）	成都体育学院	李金
4	2017年4月1日～5日	北京智慧流工作坊	智慧流工作坊	王桂香
5	2017年4月22日～23日	健美操技能等级、全国啦啦操示范套路	国际关系学院	李金＋1名学生
6	2017年5月5日	北京高校瑜伽教学交流暨展演竞赛准备会	北京电影学院	王桂香
7	2017年5月20日～21日	赛场啦啦操规定动作	国际关系学院	李金＋1名学生
8	2017年6月3日	北京市大体协高校体育舞蹈培训	劳动关系学院	朱静华、高媛媛、张卉
9	2017年6月21日～8月9日	瑜伽理疗师培训	北京市体育局	李焓铷
10	2017年7月1日～2日	首都高校健身舞蹈培训班	林业大学	朱静华、加娜堤
11	2017年10月2日～6日	西班牙职业网球教练员培训	北京宏昌骏网球馆	智颖新
12	2017年10月19日～21日	全国板球教练员裁判员培训	清华大学	李焓铷
13	2017年12月16日～17日	首都高等学校第十一届青年体育教师培训暨体育科研骨干培训	怀柔集贤山庄	杨慈洲、施海波、胡德刚、周凌、左雪楠
14	2017年12月19日	体育教师安全教育讲座	北京石油化工学院	张哲、刘梦飞、左雪楠、公民
15	2017年12月22日～24日	全国排舞广场舞推广中心年会	云南丽江	施海波

【**教学改革**】体育教学始终牢固树立"健康第一"的指导思想，坚决贯彻执行党的教育方针，认真执行党和政府有关学校体育工作的指导文件及精神；结合学校办学要求，坚持特色教学，即：一年级为必修必选课，以田径项目内容为基础，提供全体学生基本运动素质；以太极拳为特色教学，要求全校学生都学会一套太极拳，传承祖国优秀体育文化。二年级开设必修选项课，开设了20多项体育项目供学生选择，真正做到学生"自主选时间、自主选项目、自主选教师"的三自主教学。

【**日常教学管理**】体育部加强日常教学管理和教学研究。坚持每两周一次的集体备课制度，加强教学监督，坚持部分项目教考分离制度。严格教学过程管理，严格考勤，始终保持学生出勤率在98%；严格考试管理，统一考试标准，实施教考分离，保证一年两个项目全部实施教考分离，对提高教学质量起到了积极作用。认真贯彻执行《学生健康体质标准》（试行）和《国家学生健康体质标准》，每学年有计划组织全体学生进行体质测试，每班测试任务落实到老师，坚持每学年全校学生测试一次。测试结果良好，达标率在90%以上。其中，优秀率在1.76%，良好率在19.92%。

2017 年体育部体质测试成绩统计一览表

	优秀	良好	及格	不及格	及格率	总计
人数	119	1348	4698	603	6165	6768
占比	1.76%	19.92%	69.41%	8.91%	91.09%	100%

（三）科研与学术交流

【科研成果】 体育部积极组织和鼓励教师参加教研和科研工作，积极申报各类课题，努力提升教学业务水平。2017 年发表论文 18 篇，其中核心期刊 1 篇，其他期刊 17 篇，教材 3 本，编著 1 本，学术专著 2 本。

2017 年体育教研部科研成果一览表

序号	论文题目	第一作者	发表/出版时间	发表刊物/论文集	刊物类型	ISSN 号	CN 号
1	普通高校韵律花样跳绳选项课课程设计初探	孙瑄瑄	2017 年 12 月 20 日	运动	一般期刊	1674-151X	11-5651/G8
2	浅谈如何培养高校跳绳比赛的学生计数裁判员	刘利	2017 年 12 月 10 日	运动	一般期刊	1674-151X	11-5651/G8
3	感冒时运动须谨慎	丛林	2017 年 12 月 6 日	田径	权威期刊	1000-3509	11-1287/G8
4	微信在高校网球教学中的应用研究	智颖新	2017 年 12 月 1 日	运动	一般期刊	1674-151X	11-5651/G8
5	半月板损伤的治疗及康复训练	朱静华	2017 年 11 月 1 日	田径	权威期刊	1000-3509	11-1287/G8
6	运动性腹痛的防治	丛林	2017 年 10 月 5 日	田径	权威期刊	1000-3509	11-1287/G8
7	跟腱炎的防治	朱静华	2017 年 9 月 6 日	田径	权威期刊	1000-3509	11-1287/G8
8	休闲体育理念下的高校篮球教学改革探索	张胜	2017 年 8 月 15 日	产业与科技论坛	一般期刊	1673-5641	13-1371/F
9	耻骨炎的防治	丛林	2017 年 8 月 3 日	田径	权威期刊	1000-3509	11-1287/G8
10	下肢静脉曲张的防治	朱静华	2017 年 7 月 6 日	田径	权威期刊	1000-3509	11-1287/G8
11	从普通高校网球运动开展现状论校网球代表队的训练	智颖新	2017 年 7 月 5 日	运动	一般期刊	1674-151X	11-5651/G8
12	现代体育教育理念向教学行为转化机制研究	董天义	2017 年 7 月 1 日	山东体育学院学报	核心期刊	1006-2076	37-1013/G8
13	空腹运动需谨慎	丛林	2017 年 6 月 2 日	田径	权威期刊	1000-3509	11-1287/G8
14	柔韧素质训练——让训练效果锦上添花	朱静华	2017 年 5 月 3 日	田径	权威期刊	1000-3509	11-1287/G8
15	春季锻炼讲究多	丛林	2017 年 4 月 3 日	田径	权威期刊	1000-3509	11-1287/G8
16	安全健康马拉松	朱静华	2017 年 3 月 6 日	田径	权威期刊	1000-3509	11-1287/G8
17	健步走走更健康	丛林	2017 年 2 月 2 日	田径	权威期刊	1000-3509	11-1287/G8
18	平板支撑做起来	朱静华	2017 年 1 月 2 日	田径	权威期刊	1000-3509	11-1287/G8

2017年体育部著作成果一览表

序号	著作名称	第一作者	参编作者	出版单位	出版时间	著作类别	总字数（万字）	ISBN号
1	体育与健康教育研究	刘金亮	刘金亮	世界图书出版社	2017年8月15日	学术专著	22	978-7-5192-3825-4
2	安全教育实操活动及趣味游戏手册	张吾龙	张吾龙（外），胡德刚	华文出版社	2017年8月1日	正式出版教材	5	978-7-5075-4534-0
3	中职生体育与健康（基础模块）	胡德刚	胡德刚，迟小鹏（外），辛守刚（外）	清华大学出版社	2017年7月1日	正式出版教材	38	978-7-302-47743-3
4	大学生体育社会服务与参与锻炼研究	公民	公民，曹玉娟（外），张才成（外）	东北林业大学出版社	2017年6月1日	学术专著	10.7	978-7-5674-1212-5
5	大学生健康与安全	屈婉芳	屈婉芳（外），奇大力，刘文，胡德俊，胡德刚	清华大学出版社	2017年6月1日	正式出版教材	32.8	978-7-302-46892-9
6	传统武术的多元发展分析与项目技能研究	付玉楠	付玉楠，冯文杰（外），刘丽君（外）	中国书籍出版社	2017年3月1日	编著	69	978-7-5068-6100-7

（四）体育竞赛

【竞赛获奖情况】 体育部认真组织各运动队的训练工作，共有3个常训队90余名队员、20个短训队400余名队员，2017年共参加北京市大学生体育协会举办的高校比赛44个、中国大学生体育协会组织的比赛7个，项目涉及篮球、乒乓球、排球、棒垒球、羽毛球、网球、橄榄球、藤球、毽球、高尔夫、游泳、热力操、排舞、键绳、传统体育、体育舞蹈、跆拳道、龙舟、定向越野、拓展等，参赛队员累计达1000余人，获得全国个人冠军12人次，北京集体冠军18个，个人冠军57人次。

积极承办了首都高校传统体育保健比赛、高校田径精英赛，高校慢投垒球赛、高校校园越野赛等多项首都高校的体育赛事，展现了我校体育的综合实力，扩大了我校在高校体育界的影响。

2017年获得北京市教育委员会颁发的"2015～2017普通高等学校体育工作基本标准优秀学校"、"阳光杯优胜校"、"朝阳杯优胜校"、"2017年优秀校长"荣誉。

2017年体育部竞赛获奖情况一览表

序号	时间	竞赛名称	地点	成绩	指导教师
1	2017年3月18日	北京市大学生体育协会第五届委员代表大会第三次会议	北京国家会计学院	获得阳光杯、朝阳杯	
2	2017年3月24～27日	2016～2017年全国跳绳联赛（哈尔滨站）	哈尔滨	获体育道德风尚奖；大学组6个冠军和1个亚军，公民老师被评为优秀教练员	孙瑄瑄、公民
3	2017年4月8日	首都高等学校第五届徒步运动大会	鹫峰国家森林公园	最佳组织奖	康钧、李林云、肖洪凡、胡德刚
4	2017年4月23日	2017年首都高校Star杯大学生篮球联赛	五棵松体育场	大学组女子亚军、男子组第4名的优异成绩。我校继2015年后再次成为唯一一所在联赛中男女队同时闯入四强的大学	张胜、张宇、张明
5	2017年4月23日	首都高校武术集体项目比赛	北京林业大学田家炳体育馆	集体长拳项目第一名；集体其他太极拳项目第二名、集体其他太极器械项目第三名	施海波、付玉楠
6	2017年4月30日	2017年首都大学生足球乙级联赛	北京邮电大学	乙级联赛冠军	刘文、奇大力
7	2017年5月1日	拓展	中央民族大学	团体第六名、单项1项破纪录，2项第一名	王桂香
8	2017年5月7日	北京建筑大学第一届网球公开赛	北京建筑大学大兴校区		智颖新、孟超、张哲
9	2017年5月13日	2017年首都大学生阳光体育体能挑战赛	北京工商大学良乡校区	丙组大学生阳光体育体能挑战赛二等奖	李金、王桂香、朱静华
10	2017年5月13日	首都高等学校春季触式橄榄球比赛	北京工商大学	盾级冠军	智颖新
11	2017年5月21日	首都高校高尔夫球技能赛	彼岸青滩高尔夫练习场	获得了女子团体第三名、男子团体第六名、男女团体第五名的好成绩，信151班的杨思雨获得个人第三名的好成绩	康钧、肖洪凡、胡德刚
12	2017年5月13日	首都高等学校第四届健身气功比赛	北京建筑大学大兴校区大学生活动中心	团体总分第六名，体育道德风尚奖。在集体项目的比赛中，获得集体五禽戏冠军、集体易筋经第四名	施海波、付玉楠

续表

序号	时间	竞赛名称	地点	成绩	指导教师
13	2017年5月22日	北京市高校网球联赛团体赛		我校同时有两支队伍闯入了北京市网球联赛八强，并最终取得第五名	智颖新、孟超、张哲
14	2017年5月25~28日	首都高等学校第55届学生田径运动会	北京理工大学（中关村校区）	乙组男女团体总分冠军、男子团体总分冠军、女子团体总分亚军。这是我校田径队第十二次蝉联该项赛事的团体冠军！个人单项：6人次第一名，12人次第二名，11人次第三名	康钧、李林云、胡德刚、肖洪凡
15	2017年6月1日	北京市大学生乙级十一人制女子足球赛	北京邮电大学	第七名	奇大力、刘文
16	2017年6月3日	首都高等学校跆拳道锦标赛	中国政法大学	男子乙组团体总分第一、女子乙组团体总分第一、男女乙组团体总分第一的有史以来最好成绩！同时荣获体育道德风尚奖。个人单项：5人次第一名，2人次第二名，3人次第三名	刘金亮
17	2017年6月3日	全国暨北京市铁人三项邀请赛	中国石油大学	团体总分第八名，一个全国单项第五名，一个全国单项第七名，一个全国单项第八名，一个北京单项第六名，一个北京单项第七名	康钧、李林云、胡德刚、肖洪凡
18	2017年6月3日	鸟巢全国跑射联项赛	国家体育场鸟巢主场		康钧、李林云、胡德刚、肖洪凡
19	2017年6月10日	2017首都高校游泳冠军赛	北京工业大学游泳馆	学生单项2个第一名	代浩然
20	2017年7月8日	北京市第三十一届卢沟桥醒狮跑	园博园	男子团体第五名，一个单项第六名	康钧、李林云、胡德刚、肖洪凡
21	2017年7月20~22日	2017年全国高等院校（普通院校组）健身气功比赛	贵州清镇	获得集体五禽戏第六名、体育道德风尚奖，个人单项2个第六名，1个第七名，1个第八名、1个第九名	施海波、付玉楠

续表

序号	时间	竞赛名称	地点	成绩	指导教师
22	2017年7月24～27日	2017年全国大众跆拳道锦标赛	宁夏	个人单项：五金四银一铜一个第五名，教练刘金亮获得优秀教练员称号，学生曲鹤获得优秀运动员称号	刘金亮
23	2017年7月15～20日	第十七届全国大学生田径锦标赛	内蒙古鄂尔多斯	获得个人单项1个冠军、1个亚军、2个第五名、1个第六名，集体"体育道德风尚奖"的好成绩	康钧、李林云、肖洪凡、胡德刚
24	2017年9月23日	首都高校"和谐杯"龙舟赛	八一湖	获得男子组第三名	刘梦飞
25	2017年9月26～30日	中国大学生跆拳道锦标赛	内蒙古自治区包头市奥林匹克体育中心	获得团体第三名，男子实战比赛两个亚军一个季军，体育道德风尚运动队荣誉称号，教练刘金亮获得"优秀教练员"荣誉称号，测绘学院学生许世明获得"优秀运动员"荣誉称号	刘金亮
26	2017年10月8、14、15日	首都高等学校第九届秋季学生田径运动会	北京第二外国语学院	获得男女团体总分第一名、男子团体总分第一名、女子团体总分第四名。单项3人次第一名，12人次第二名，4人次第三名	康钧、李林云、肖洪凡、胡德刚
27	2017年10月22日	第20届CUBA中国大学生篮球联赛（北京预赛）	首都师范大学	男篮亚军	张胜、周凌、张宇、张明
28	2017年10月21日	北京建筑大学新生杯台球赛	北京卓炫台球俱乐部	我校9个院部的33名选手参赛，14名选手获奖	张明
29	2017年10月28日	首都高校第十四届越野攀登赛	鹫峰国家森林公园	团体第六名，体育道德风尚奖	康钧、李林云、胡德刚、肖洪凡、左雪楠
30	2017年10月28日	2017年首度大学生足球联赛校园组	中国地质大学	第四名	刘文、奇大力
31	2017年11月4日	首都高校跆拳道精英赛	北京科技大学	男子乙组团体冠军，女子乙组团体冠军，男女乙组团体总冠军。获得"体育道德风尚奖"，教练刘金亮获得优秀教练员称号，学生李蔓获"优秀运动员"称号。个人单项：8人次第一名，1人次第二名，4人次第三名	刘金亮

续表

序号	时间	竞赛名称	地点	成绩	指导教师
32	2017年11月4日	2017年"舞动中国-排舞联赛"（北京赛区）	北京建筑大学		王桂香、李金
33	2017年11月4日	首都高等学校第十届学生藤球比赛	对外经济贸易大学	男团第七名，女团第六名	刘文、奇大力
34	2017年11月4日	首都高校大学生第五届"乔波杯"高山滑雪追逐赛	北京市乔波滑雪场		刘金亮
35	2017年11月4日	2017年首都高校网球单项赛	国际关系学院	男子丙组双打第五名	智颖新、孟超
36	2017年11月8日	全国大学生3×3篮球赛海选	北京建筑大学		张胜、周凌、张宇、张明
37	2017年11月11日	2017鸟巢秋季全国高校跑射联项赛	国家体院场（鸟巢主场）	体育道德风尚奖	康钧、肖洪凡、胡德刚、李林云
38	2017年11月11日	2017年首都高等学校秋季触式橄榄球比赛	中国矿业大学沙河校区	碗级亚军	智颖新
39	2017年11月9～11日	"横琴杯"第五届全国博士后网球大赛总决赛	珠海横琴国际网球中心	团体第五名	孟超
40	2017年11月18日	2017年北京高等学校排球大学生联赛	中国传媒大学		代浩然
41	2017年11月19日	2017年"卡尔美杯"首都大学生女子五人制足球锦标赛	北京邮电大学	第五名	刘文、奇大力
42	2017年11月25日	首都高等学校第十八届传统养生体育比赛	北京建筑大学	团体总分第四名，个人3个第一名，2个第二名	施海波、付玉楠
43	2017年12月2日	2017年北京高校游泳锦标赛	首都经贸大学	单项第四名	代浩然
44	2017年12月3日	2017年度首都高校羽毛球锦标赛单项赛	通州李宁中心	女单冠军、男双第三名	张哲
45	2017年12月3日	第二十五届首都高校大学生毽绳比赛	华北电力大学	1项团体冠军、个人10人次第一名、21人次第二名、7人次第三名，最佳组织奖	孙瑄瑄、公民

续表

序号	时间	竞赛名称	地点	成绩	指导教师
46	2017年12月9日	2017首都高等学校校园越野赛	北京建筑大学	男团第一名、女团第八名	康钧、李林云、肖洪凡、胡德刚、左雪楠
47	2017年12月10日	2017年第二届北京高校健身舞蹈大赛	北京物资学院	1个集体第一名、2个集体第二名，优秀组织奖	朱静华、李金、王桂香
48	2017年12月10日	北京市第八届首都高等学校大学生网球精英赛	海淀体育中心	男双丙组冠军	智颖新、孟超
49	2017年12月16日	首都高校《国家学生体质健康标准》测试赛	清华大学	获大学一年级组第七名，综合总成绩第八名和最佳组织奖	周凌、左雪楠
50	2017年12月25日	北京市第三十四届田径精英赛	先农坛体育场	获得个人1项第五名，4项次第六名、2项次第七名	康钧、李林云、胡德刚、肖洪凡、左雪楠
51	2017年12月25日	2017年全国大学生女子室内五人制足球锦标赛	秦皇岛国家足球训练基地	季军	奇大力、刘文
52	2017年12月30日	首都高校第十四届健美健体锦标赛	北京建筑大学	个人1个冠军、2个季军	刘梦飞

【学校群体活动】 积极开展校园阳光体育活动，促进学生身体健康发展。体育部每位老师参加"一带三"的群体工作，即每个老师带一个学院的群体活动、带一个体育社团的指导工作、带一个运动队的训练和比赛工作。自2013年9月开始试行北京建筑大学"大学生阳光体育联赛"优胜评估办法（讨论稿），26名专任教师负责指导9个院部和研究生部的阳光体育活动及全校30个体育社团活动，真正让学生走出教室、走出宿舍、走到阳光下，把群体工作做到基层去，努力把校园阳光体育活动开展得轰轰烈烈。体育部与校团委和校学生会组织了校田径运动会、新生田径运动会、新生篮球赛、足球赛、羽毛球、乒乓球、毽绳和长跑接力赛等多项丰富多彩的体育活动，为营造健康校园文化氛围做出实在贡献。

2017年体育部教师指导院部阳光体育活动一览表

序号	学院	指导教师
1	土木学院	张胜、张哲
2	环能学院	代浩然、张明
3	机电学院	智颖新、刘梦飞
4	电信学院	张宇、李林云
5	文法学院	王桂香、刘金亮
6	经管学院	奇大力、刘文

续表

序号	学院	指导教师
7	测绘学院	胡德刚、付玉楠
8	建筑学院	朱静华、李焓伽
9	理学院	孙瑄瑄、李金
10	研究生院	肖洪凡、孟超

（五）党建工作

【概述】 体育教研部直属党支部在学校党委的领导下，认真组织全体教职工学习十八大、十九大精神，认真学习学校第一次党代会精神，认真履行党建主体责任，坚持从严治党，围绕中心抓党建、抓好党建促发展，切实发挥政治核心作用，为体育教研部发展提供了有效的思想、组织保障。

一是落实主体责任，强化组织保障。认真贯彻落实党的十九大精神、全国高校思想政治教育工作会议精神和学校第一次党代会精神，落实全面从严治党责任。认真谋划党支部建设与体育教研部中心工作，为体育教研部"提质、转型、升级"提供坚强组织保证。

二是加强领导班子建设。努力提升班子成员四个意识。认真部署落实各项中心工作，扎实推进体育教研部事业发展。

三是强化思想引领，坚持从严治党。认真开展"两学一做"教育实践活动，通过认真参加学校层面组织的"两学一做"专题教育活动动员部署会，听取学校党委书记专题党课，"十八届六中全会"精神专题学习等，全面把握学校党委对"两学一做"教育的总体要求。开展全覆盖深度调研，明确了存在的问题，提高了"两学一做"教育活动的针对性和有效性；结合体育教研部中心工作，深入开展"两学一做"教育活动，体育教研部的凝聚力进一步增强，有力促进了部门的事业发展。同时按照学校党委部署，认真完成体育教研部支部党建工作，组织党员干部、党员教师积极完成政治学习、学校组织的座谈会、报告会等重大活动，在日常工作中积极协调解决重点、难点问题。

四是加强党内监督，严明纪律规矩，抓实党风廉政。认真落实党风廉政建设要求，认真执行学校有关规定。认真落实一岗双责。

五是注重发挥分工会及教代会代表作用。积极配合校工会开展全校教职工的体育锻炼及比赛的组织及裁判工作，组织体育教研部教职工参加文体活动。

六是认真贯彻学校安全稳定工作会议精神。坚持加强教育、预防为主、防治结合、安全第一的工作原则，把安全稳定工作融入体育教研部中心工作中。

（董天义　杨慈洲）

六、工程实践创新

【"创新工坊"创新项目成果】 2017年1月12日下午在工程实践创新中心举办2017年"创新工坊"创新项目立项会。此次立项会参与报名项目69项，成功立项14个项目。

获得以下创新成果：第十六届全国大学生机器人创业赛三等奖，第八届全国高等院校学生"斯维尔杯"建筑信息模型（BIM）应用技能大赛《工程管理专项》三等奖，第九届"挑战杯"首都大学生课外学术科技竞赛二等奖，北京市工程训练大赛二等奖2项、三等奖2项，2017年北京建筑大学"鲁班杯"大学生课外学术科技作品竞赛一等奖1项、二等奖1项。共计获省部级以上科技竞赛奖项9项，学生成功申请专利6项。

【**首次承接外校金工实习任务**】根据《共建京南大学联盟协议》精神，依托北京建筑大学北京市开放实验室，北京建筑大学工程实践创新中心于2017年起对京南大学联盟成员北京印刷学院开放实践教学资源，承接印刷学院金工实习教学任务。2017年度共接待北京印刷学院电151、电152、工161、工162、自161、物工161、物工162、留学生共177人完成实习任务。

【**配合学校完成本科教学工作审核评估**】2017年11月13～16日专家组对北京建筑大学本科教学情况开展进行了驻校考察，工程实践创新中心作为一个实践教学单位，同时是创新创业教育学院的成员之一，被列入专家集中考察的八个单位之一。

11月16日下午，专家意见反馈会上专家组一致认为学校重视学生实践能力和创新意识培养，建立了较为完整的实践教学平台和双创教育工作体系。专家组对学校实践教学和学生创新工作的肯定也给了工程实践创新中心更大的动力，把以后的工作做得更好。

【**北京市第六届大学生工程训练综合能力竞赛**】北京市第六届大学生工程训练综合能力竞赛由北京市教委主办，清华大学以及北京建筑大学联合承办。本届竞赛由北京建筑大学工程实践创新中心组织，于2017年12月9日、10日在北京建筑大学大兴校区举行。本届竞赛主题为"无碳小车越障竞赛"，分为"8"字型赛道场地赛和自控避障赛道场地赛两种类型。北京市来自18所高校的61支代表队，共计270余名师生参加了比赛。北京建筑大学4个队参加比赛，共获2个二等奖、2个三等奖，在工程文化知识竞赛中，获二等奖。清华大学、中国矿业大学（北京）、北京交通大学和北京建筑大学获优秀组织奖。

（王鲜云　吴海燕）

第五章 科 学 研 究

一、概况

2017年是推进学校"十三五"规划落实的重要一年,是深入推进"两高"布局建设的关键一年,也是扎实推进提质转型升级的攻坚之年,是学校全面提升办学质量之年。通过深入学习贯彻落实十九大精神和习近平总书记系列重要讲话精神,按照学校2017年党政工作要点的部署,在学校党委的坚强领导和张大玉副校长的亲自指导下,科技处上下同心协力,牢牢把握方向,大胆实践探索,注重统筹协调,狠抓改革落实,常规性工作形成规范、提高效率,开创性工作集中力量、形成突破。

二、科研项目和经费

(一)国家及省部级科研项目和经费

2017年新增纵向科研项目共计149项,其中国家级项目38项、省部级项目39项,纵向科研项目到校经费5400万元。

2017年,新增国家科技计划(基金)项目20项,新增18项国家重点研发计划课题。新增国家重点研发计划课题数量比2016年增加了12项,超额完成《2017年党政工作要点》中新增1项课题的目标。国家自然科学基金项目继续保持市属高校和全国建筑类高校前列。新增北京市自然科学基金项目9项(含2017年北京市自然科学-北京市教委联合基金重点项目1项)、北京市哲学社科基金项目9项(其中,重点项目3项)。国家自然科学基金项目经费1444万元,重点研发计划主持课题和合作课题经费858万元,其他纵向项目到校经费3095万元。

1. 国家自然科学基金项目

序号	项目批准号	负责人	项目名称	项目类别	直接费用(万元)
1	11701026	张蒙	网络蠕虫治理的状态反馈控制动力学研究	青年项目	22
2	41701473	徐志洁	面向城市公租自行车优化管理的大数据挖掘方法	青年项目	22
3	41771412	靖常峰	基于对象级联的多时相移动测量影像时空统一表达与组织	面上项目	63
4	41771413	张健钦	多源大数据支持下的历史文化街区客流时空建模	面上项目	63
5	41772291	彭丽云	秸秆加筋石灰粉土抑制冻胀机理及冻胀模型研究	面上项目	58
6	51708013	聂金哲	金属有机骨架材料空气净化除湿机理及其在固体除湿净化空调系统应用研究	青年项目	22

续表

序号	项目批准号	负责人	项目名称	项目类别	直接费用（万元）
7	51708014	张紫阳	多层环糊精-氧化石墨烯骨架薄膜的制备及其去除水中微污染物的效能与机制研究	青年项目	21
8	51708015	王文亮	区域雨水径流源头控制关键参数及其确定方法研究	青年项目	22
9	51708016	李晓照	脆性岩石细观裂纹扩展与变形、强度时间演化关系研究	青年项目	22
10	51708017	周晨静	基于深度学习的快速路交织区通行能力计算方法研究	青年项目	23
11	51708018	夏晨	地震拐角频率与地震矩对应关系研究以及自相似法则失效的机理分析	青年项目	20
12	51774018	戚承志	岩体中慢速变形波的产生和传播演化规律研究	面上项目	60
13	51775031	张军	基于实测车轮型面的固定辙叉型面均优设计方法研究	面上项目	60
14	51778034	初明进	锁扣式接缝预制混凝土剪力墙及其受力性能研究	面上项目	60
15	51778035	祝磊	负载下焊接外加劲肋加固圆钢管节点轴向受力性能研究	面上项目	60
16	51778036	张艳霞	基于高效装配技术的自复位钢结构体系研发与动力性能研究	面上项目	58
17	51778037	索智	生物质组分在植物油再生沥青中的裂解脂化规律及老化机理	面上项目	58
18	51778038	季节	煤直接液化残渣与石油沥青相容性研究	面上项目	60
19	61703028	谢雨飞	基于交互式马尔可夫链的列车运行控制系统安全通信实时性的研究	青年项目	24
20	61772062	王红春	基于网络理论的城市物流供应链协同调控研究	面上项目	63

2. 国家重点研发计划

序号	项目名称	负责人	批准经费（万元）
1	夏热冬冷地区室内微生物污染控制示范工程应用效果测试验证及分析	张金萍	21
2	建筑垃圾再生渗蓄功能材料的制备及应用关键技术研究与示范	张大玉	185
3	寒冷地区室内微生物污染控制示范工程应用效果测试验证及分析	于丹	21
4	交直流供配电的仿真对比研究	王晓辉	18
5	需求响应式能源供应系统研究	陈红兵	12
6	石材幕墙防高空坠落及安全性能提升关键技术	王作虎	55
7	钢结构建筑高效装配化连接技术与示范	张艳霞	309
8	机电系统和可再生能源系统与建筑热过程耦合计算模型开发	张群力	186
9	种养殖企业（组织）非二氧化碳温室气体排放量化及核查关键技术研究	马文林	210
10	城市规划中建筑垃圾源头减量化、资源化研究	荣玥芳	20
11	模块化钢结构多高层居住建筑体系设计技术研究	张爱林	50
12	城轨线桥隧服役性能退化规律与防控策略、运维支持技术与设备研制	杨建伟	152

续表

序号	项目名称	负责人	批准经费（万元）
13	太阳能光电在绿色建筑中的综合应用研究	陈红兵	20
14	绿色建筑温湿度独立控制和新风系统技术适应性研究	牛润萍	20
15	多源灾情信息接入与态势可视化服务	沈涛	20
16	气味浓度转化模型结构优化研究	张艳	15
17	新型抗震减灾体系及混凝土关键构件性能设计方法研究	廖维张	60
18	饮用水中特征致嗅物质的氧化去除技术研究	张君枝	70

（二）科研平台建设

1. 加强创新体系建设，不断提升重点科研平台内涵发展动力

深入推进重点科研平台基地管理体制机制改革，起草制定《北京建筑大学关于加强创新平台建设和发展的若干意见》和《北京建筑大学科研创新平台管理暂行办法》等。

加强重点科研平台内涵建设，启动重点科研平台基地"升级版"建设，安排基本运行经费，保证正常运转，强化运行管理，优化过程管理；深入调研各学院科研实验室和校设科研机构情况，梳理明确重点科研平台的人员边界和场地边界；加强日常指导和监测，完成所有重点科研平台的网站更新、网页展示，更新重点科研平台的概况介绍、成果宣传展板，完成全校所有实验室管理制度、安全制度及仪器设备操作流程等规范文件的上墙展示工作，统一制作重点科研平台实验室的标识；定期开展实验室安全工作检查，逐个通知各学院实验室在安全方面存在的隐患问题，加强安全措施的督查；建立数据监测和年报制度，组织编排《2012—2016年度重点科研平台成果汇编》和《重点科研平台管理文件汇编》，高标准筹备全校实验室工作会议。

2. 推动资源平台、大型仪器、科研平台开放共享

制定并发布《北京建筑大学大型科研仪器设备开放共享管理办法（试行）》，实行学校、学院（中心）、实验室（机组团队）三级管理体系，建立成本核算和服务收费管理机制。搭建北京建筑大学大型科研仪器共享管理系统，梳理重点科研平台大型科研仪器设备情况，征集共享意愿，完善系统数据，并继续在环能学院实验中心及北京市可持续城市排水系统构建与风险控制工程技术研究中心开展先行先试工作。积极配合完成北京市科委首都条件平台大型仪器设备数据更新和完善工作。

3. 深入推动"高端平台建设工程"

继续完善现有重点科研平台的建设布局，探索学校省部级科研平台的整合工作，加强与国内有关高校、研究机构合作，开展国家级科研平台建设的可行性研究和组织培育。配合教育部、北京市教委和科委的检查，完成了6个省部级科研平台的验收和绩效考评。城市雨水系统与水环境教育部重点实验室通过验收，摘除"省部共建"帽子，实现开放运行。北京建筑大学与中国建筑学会签署战略合作协议，并联合创办国内首家"中国建筑思想文化研究院"，建立中国学派的建筑理论话语体系，提升国际话语权。学校成立城市地下空间与综合管廊研究中心、PPP发展研究中心，进一步提升对国家和首都经济社会发展的响应度。

三、科研成果

（一）论文和著作

2017年度，北京建筑大学公开发表各类学术论文1249篇，其中SCI检索论文203篇、EI检索论文238篇、CPCI检索论文85篇、CSSCI检索论文22篇、核心期刊281篇，艺术作品31篇。公开出版各类学术著作64部。

（二）科技奖励

2017年度，北京建筑大学荣获各类省部级科技奖励10项，其中一等奖1项、二等奖6项、三等奖3项。

序号	奖励名称	成果名称	单位排名	所属单位	我校获奖完成人	获奖级别
1	华夏建设科学技术奖	传统民居聚落基础设施完善与使用功能拓展关键技术研究与示范	1	建筑学院	张大玉、范霄鹏、欧阳文、杜明义、郝晓地、丁奇	省部级三等奖
2	北京市科学技术奖	土压平衡盾构土层留壳地下接收及其解体关键技术开发应用	2	土木学院	刘军	省部级三等奖
3	中国建筑材料工业联合会-中国硅酸盐学会建筑材料科学技术奖	建筑固体废物资源化利用基础研究及产业化应用	2	土木学院	陈家珑、李飞	省部级一等奖
4	中国测绘学会科学技术奖	地理信息系统软件测试关键技术及示范应用	1	测绘学院	霍亮、李敏、靖常峰、刘祥磊	省部级二等奖
5	中国测绘学会科学技术奖	高精度激光客流监测、预警及疏导仿真关键技术	1	测绘学院	张健钦、杜明义、徐志浩、张学东、李之红、刘栋栋	省部级二等奖
6	华夏建设科学技术奖	城市运行精细化管理智能感知与分析关键技术及应用	1	测绘学院	靖常峰、杜明义、刘扬、张健钦、霍亮、刘建华、陈强	省部级二等奖
7	高等学校科学研究优秀成果奖技术发明奖	连杆式整体闭链运载装置的技术及应用	2	机电学院	秦建军	省部级二等奖
8	北京市科学技术奖	特殊用途液氧固碳闭式循环内燃机关键技术研究及应用	1	机电学院	刘永峰、姚圣卓、姚德臣、秦建军、陈红兵、金涛涛、王方	省部级二等奖

续表

序号	奖励名称	成果名称	单位排名	所属单位	我校获奖完成人	获奖级别
9	辽宁省科学技术奖	高层和超高层装配式混凝土结构关键技术与应用研究		土木学院	祝磊	省部级二等奖
10	华夏建设科学技术奖	北京市长城保护规划	1	建筑遗产研究院	汤羽扬、蔡超、张曼	省部级三等奖

（三）知识产权

2017年度，北京建筑大学授权各类知识产权共166项，其中，国家发明专利106项、国际发明专利1项、实用新型专利42项、外观设计专利1项、软件著作权16项。

（四）标准规范

2017年度北京建筑大学共参编各类标准和规范7部。

序号	标准名称	标准编号	标准主管单位	是否为主编单位	我校参与编制人员名单	标准发布时间
1	高等院校低碳校园评价技术导则	DB11/T 1404—2017	北京市发展和改革委员会	否	郭晋生、高岩、那威、欧阳文	2017年6月29日
2	旧工业建筑再生利用技术标准	T/CMCA 4001—2017	中国冶金建设协会	否	李勤	2017年10月16日
3	城镇燃气工程智能化技术规范	CJJ/T 268—2017	住房和城乡建设部	否	刘蓉、王亚慧	2017年3月23日
4	虹膜识别系统环境适应性测试方法	DB14/T 1332—2017	山西省质量技术监督局	否	田启川	2017年3月30日
5	建设工程项目管理规范	GB/T 50326—2017	住房和城乡建设部	否	尤完	2017年5月4日
6	室内多维位置信息标识语言	GB/T 35627—2017	国家测绘地理信息局	否	危双丰	2017年12月29日
7	起重机械 检查与维护规程第3部分：塔式起重机	GB/T 31052.3—2016	中华人民共和国国家治理监督检验检疫总局，中国国家标准化管理委员会	否	王凯晖	2017年5月1日

四、成果转化和社会服务

2017年度，北京建筑大学新增各类成果转化和社会服务项目（横向科研项目）219项，项目涉及合同经费4543万元，到校经费3667万元，服务区域包括北京、天津、河北、安徽、福建、甘肃、广东、河南、湖北、吉林、江西、内蒙古、青海、山东、山西、陕西、上海、新疆、云南和浙江等20个省级行政区，保持良好发展态势。从立项数据来看，学校服务北京城市建设及京津冀协同发展能力得到加强，2017年度新立横向科研项目里，服务于京津冀占全部项目总数的83.4%，而服务北京的特色更加明显，占全部项目比例高达75%。

五、学术交流

【学校举办"从最好的分析到最好的环保"学术讲座】1月5日上午，应学校理学院、研究生院的邀请，现任中国建材检验认证集团股份有限公司总工程师梅一飞教授到我校开展学术交流活动，并为学校师生做了题为"从最好的分析到最好的环保"的学术讲座。梅总工还与参会师生进行了热烈的交流，他希望研究生充分开拓思路，不要循规蹈矩，一定要创新思维。参会师生受益匪浅。

【学校举办"顶级期刊英语论文写作、发表方法"学术讲座】1月11日，应学校土木学院、研究生院的邀请，澳大利亚科廷大学副教授卢春生到学校开展学术交流活动，并为学校师生做了题为"顶级期刊英语论文写作、发表方法"的学术讲座。学校师生80余人参加报告会，报告会由研究生院常务副院长兼土木学院院长戚承志主持。

【北京学者李久林教授级高工来我校做学术报告】2月7日，测绘学院与土木学院联合邀请北京学者、北京城建集团副总工程师李久林来我校做学术报告。并为师生做了题为"智慧建造助推建筑产业现代化"的学术报告。他从BIM概念的发展历史、数字化建造、信息化建造、BIM的集成应用及智慧建造四个方面详细介绍了建筑产业现代化发展的问题及智慧建造的理论体系。学校副校长李爱群教授、中国文化遗产研究院吴育华副研究员及学校师生60余人参加，学术报告会由人事处副处长侯妙乐教授主持。

【北京桥梁文化与科技学术报告会在我校成功举办】2月28日，北京桥梁文化与科技学术报告会在学校大兴校区学E报告厅成功举办。报告会上，学校副校长李爱群教授出席，北京市市政设计院研究总院总工程师秦大航、北京城建集团有限责任公司土木工程总承包部总工程师金奕、北京史地民俗学会秘书长梁欣立受邀分别做了题为"北京桥梁科技发展"、"桥梁工程事故分析研究"、"北京西山古道的石拱桥"的学术报告。报告会由土木与交通工程学院副院长龙佩恒教授主持。

【中国建筑学会北京地区科普教育基地授牌仪式在北京建筑大学举行】3月2日，中国建筑学会北京地区科普基地授牌仪式及科普讲座在北京建筑大学举行，中国建筑学会理事长代表、国家住宅与居住环境工程技术研究中心仲继寿主任，中国建筑学会常务副秘书长张百平，中国建筑学会副秘书长顾勇新，北京土木建筑学会建筑设计委员会秘书长吴吉明，北京建筑大学校长张爱林出席仪式。授牌仪式由副校长张大玉主持。授牌仪式后，北京培铭建筑设计咨询有限责任公司总建筑师蒋培铭先生和北京建筑大学穆钧教授分别做了题为"建筑时光"和"传统的发掘、更新与传承"两场精彩的主题讲座。

【北京高等学校高精尖创新中心研讨座谈会在我校召开】3月17日，市教委科学技术与研究生工作处、市科委政策法规处联合组织的北京高等学校高精尖创新中心研讨座谈会在我校召开。市教委科学技术与研究生工作处处长张宪国、市科委政策法规处副处长龚维幂以及来自北京大学、清华大学、北京航空航天大学、北京理工大学、首都师范大学和北京建筑大学六所高校的高精尖中心、科研处的相关负责人参加了本次座谈会。

【王建国院士来校指导高精尖创新中心建设】4月18日，学校未来城市设计高精尖创新中心学术委员会主任王建国院士来校指导工作，校党委书记王建中、校长张爱林、副校长张大玉以及高精尖中心办公室主任李雪华等参加了会议，汇报了高精尖中心近期工作、北京市博士点申报和高精尖学科建设等情况，并获得了王建国院士的充分肯定。

【昆士兰大学袁志国教授漫谈城市水管理技术】5月11日下午，环能学院市政工程系特邀澳大利亚昆士兰大学高级水务管理中心（AWMC）主任、澳洲工程院院士、清华大学"千人计划"特聘教授袁世国教授，来学校做报告。报告会上，袁教授声情并茂的讲述了其领导的AWMC发展为世界知名水研究中心的故事。学术报告由市政工程系主任郝晓地教授主持。

【我校与中国建筑学会签署战略合作协议并联合创办中国建筑思想文化研究院】5月18日上午，中国建筑学会学术年会分会场——2017建筑遗产保护博士论坛在学校西城校区举行。在论坛开幕式上，学校与中国建筑学会签署战略合作协议并为联合创办的"中国建筑思想文化研究院"揭牌。住房和城乡建设部总经济师赵晖，国家文物局人事司副司长彭冰冰、专家与培训处处长佟薇，北京市教委科研处处长张宪国，国际建筑师协会副主席尤兰达·雷耶斯，中国建筑学会理事长修龙、秘书长仲继寿、常务副秘书长张百平、副秘书长顾勇新，我校党委书记王建中、校长张爱林、副校长汪苏、副校长张大玉出席论坛。学校党委书记王建中主持了论坛开幕式。

【袁奇峰：粤港澳大湾区—珠江三角洲的发展与规划】5月22日，华南理工大学建筑学院博导、中国城市规划学会常务理事袁奇峰教授，在北京建筑大学教1-126报告厅，进行了题为"粤港澳大湾区—珠江三角洲的发展与规划"的专场学术讲座，讲座由北京建筑大学副校长张大玉教授主持。

【我校城市地下空间与综合管廊研究中心召开科研发展研讨会】8月28日，学校城市地下空间与综合管廊研究中心在西城校区第八会议室召开了科研发展研讨会。住房城乡建设部综合管廊处处长严盛虎等领导到会指导，研讨会由副校长张大玉主持。会议上，徐荣吉、马晓轩和赵世强老师分别做了"地下综合管廊建设标准和管理法规体系构架与国情化研究"、"地下综合管廊安全监控及预测的研究"、"城市综合管廊与经济发展水平协同研究"为主题的报告，我校高精尖创新中心办公室、科技处、校产等部门负责人、研究中心部分教师和研究生参加了会议。

【国际工程科技发展战略高端论坛北京分论坛——暨2017（第二届）北京城市设计国际高峰论坛】11月12日上午，国际工程科技发展战略高端论坛北京分论坛暨2017第二届北京城市设计国际高峰论坛在学校大兴校区隆重开幕。论坛为期两天，学校北京未来城市设计高精尖创新中心主任崔愷院士，美国艺术与科学学院院士、美国纽约城市大学教授Michael Sorkin 先生，中国建筑学会秘书长仲继寿，中国城市规划学会副理事长施卫良，住房城乡建设部、北京市规划委员会有关领导，我校党委书记王建中、校长张爱林、副校长张大玉出席论坛，美国宾夕法尼亚大学、美国密歇根大学、哈佛大学设计研究生院、麻省理工学院、意大利米兰理工大学、挪威卑尔根建筑学院、德国多特蒙德工业大学、美国迈阿密大学建筑学院等院校有关专家、青年科研人员及我校建筑学院师生代表共计400余人参加了论坛。开幕式由北京建筑大学党委书记王建中教授主持。

【北京市住房城乡建设大型公益技术系列讲座走进校园】 12月5日，首场走进首都高校的市住房城乡建设委开展的北京市住房城乡建设大型公益技术系列讲座在我校大兴校区举行。本次讲座由市住建委科技与村镇建设处和北京城建促进会主办，学校科技处和土木与交通工程学院承办，讲座嘉宾清华大学土木工程系张建平教授做了题为"BIM技术在工程中的应用"的讲座，我校校友、市住房城乡建设委科技与村镇建设处宛春处长，北京城建促进会黄亚副秘书长，土木与交通工程学院常务副院长韩淼教授以及有关行业代表、我校师生近200人参加，讲座由科技处周理安副处长主持。

六、日常管理

（一）思想作风和党风廉政建设

1. 党建与思想政治工作

科技处不断加强党的理论学习，坚持学习的自觉性和长期性。为提高思想认识、业务工作水平，丰富科技处全体干部的思想，提升信念，让学校科研归于本位，对内成为教学与人才培养的源头活水，对外成为创新驱动发展的不竭动力，认真组织深入学习十九大报告《决胜全面建成小康社会，夺取新时代中国特色社会主义伟大胜利》、《中国共产党章程（修正案）》、《蔡奇同志在中国共产党北京市第十二次代表大会上的报告》、《北京城市总体规划》、《习近平的七年知青岁月》、《中国通史》和《丝绸之路》等报告和书籍；组织实地参观"大兴机场"、"砥砺奋进的五年"大型成就展、"党的十九大精神应知应会"在线答题和"加强和改进高校思想政治工作座谈会"学习、"中国共产党北京建筑大学第一次党员代表大会"学习等专题活动；组织赴北京汇晨老年公寓参加志愿服务、"共产党员献爱心"捐款捐物等活动。通过党建工作方法的创新和丰富多彩活动的举办，着力提高支部组织生活质量，进一步增强基层党组织的战斗堡垒作用，充分发挥共产党员在岗位工作上的先锋模范作用，为持续提升科研服务水平，推动学校："提质、转型、升级"打下政治基础和组织保障。

2. 党风廉政责任制落实情况

科技处深入落实《北京建筑大学2017年党风廉政建设与反腐败工作实施方案》要求，突出中心抓关键，创新载体强服务，扎实推进党风廉政建设工作。重点开展理想信念教育和反腐倡廉教育，按照"谁主管、谁负责"和"一岗双责"的要求签订2017年党风廉政建设责任分工书。加强责任追究，完善责任倒查机制。在科研经费支出监控、重大节假日的廉洁行动等方面，要求严格遵守落实中央八项规定精神和市委十五条意见及学校的相关规定，不断增强法纪观念，划清是非界限，自觉抵制各种腐朽思想的诱惑，建立决策、执行、监督相互协调相互制约的权力运行体制机制。结合"两学一做"活动，科技处将作风建设重心落在调整职能、转变作风、提高能力上，将精力转移到落实国家政策法规在学校的落地上。牵头起草制定《北京建筑大学关于深化科研组织模式改革的指导意见》，并会同多个部门，先后制定出台《北京建筑大学科研经费管理办法》等多个改革文件，加强经费使用和采购的过程监控，协调财务处不断规范和简化财务报销手续。打通财务系统、人事系统，优化工作流程，重点监控关键环节，完成来款认领、预算推送、支出读取、项目变更等功能上线，杜绝科研经费不规范使用和"小金库"现象发生。对各类科技活动用章审批做到用章有据、用后留痕，实现用章的跟踪管理；对学术不端行为，及时通过微信群、微信公众号等转发、通报，坚决杜绝学术不端行为出现；进一步修订会议规划，减少会议数量，缩小会议规模，清理不必要的发文和报告；积极下基层、接地气、摸情况，密切干群关系，实现与业务关联部门的互联互通，进一步提升科研管理服务质量。

（二）内部管理及制度建设

1. 创新科技管理政策设计，增强科研人员获得感

营造良好的科研创新氛围，改革创新管理制度，建立独立的科研经费管理体系，完善科研服务与监管体系。修订了《北京建筑大学科研经费管理办法》、《北京建筑大学科研间接经费管理办法》、《北京建筑大学科研类会议费、差旅费和咨询费管理暂行办法》等一系列文件，起草完成《北京建筑大学科研财务助理岗位设置及管理办法》，拟设置项目（团队）层、学院层、学校层3层科研财务助理制度。

2. 落实教育部《关于深化高等学校科技评价改革的意见》

启动北京市属高校基本科研业务费顶层设计，起草制定《北京建筑大学关于深化科研组织模式改革的指导意见》和《北京建筑大学关于加强基层科研组织建设的指导意见》，破除阻碍科技创新的体制机制障碍，厘清学院科研和教学管理体系，明确学校、学院、团队三级科研组织，建立以团队为导向的考核评价体系，形成有利于团队建设和发展的制度和文化。

3. 深入推进重点科研平台基地管理体制机制改革

起草制定《北京建筑大学关于加强创新平台建设和发展的若干意见》和《北京建筑大学科研创新平台管理暂行办法》，规范和完善科研创新平台的发展建设和运行管理制度，系统改革实验室管理体制机制，提升实验室建设运行质量，建立健全科研平台基地的评价体系、管理模式和资助方式，强化服务能力。

4. 加强重点科研平台内涵建设

启动重点科研平台基地"升级版"建设，安排基本运行经费，保证正常运转，强化运行管理，优化过程管理；深入调研各学院科研实验室和校设科研机构情况，梳理明确重点科研平台的人员边界和场地边界；加强日常指导和监测，完成所有重点科研平台的网站更新、网页展示，更新重点科研平台的概况介绍、成果宣传展板，完成全校所有实验室管理制度、安全制度及仪器设备操作流程等规范文件的上墙展示工作，统一制作重点科研平台实验室的标识；定期开展实验室安全工作检查，逐个通知各学院实验室在安全方面存在的隐患问题，加强安全措施的督查；建立数据监测和年报制度，组织编排《2012～2016年度重点科研平台成果汇编》和《重点科研平台管理文件汇编》，高标准筹备全校实验室工作会议。

5. 推动资源平台、大型仪器、科研平台开放共享

制定并发布《北京建筑大学大型科研仪器设备开放共享管理办法（试行）》，实行学校、学院（中心）、实验室（机组团队）三级管理体系，建立成本核算和服务收费管理机制。搭建北京建筑大学大型科研仪器共享管理系统，梳理重点科研平台大型科研仪器设备情况，征集共享意愿，完善系统数据，并继续在环能学院实验中心及北京市可持续城市排水系统构建与风险控制工程技术研究中心开展先行先试工作。积极配合完成北京市科委首都条件平台中大型仪器设备数据更新和完善。

6. 深入推动"高端平台建设工程"

继续完善现有重点科研平台的建设布局，探索学校省部级科研平台的整合工作，加强与国内有关高校、研究机构合作，开展国家级科研平台建设的可行性研究和组织培育。配合教育部、北京市教委和科委的检查，完成6个省部级科研平台的验收和绩效考评。城市雨水系统与水环境教育部重点实验室通过验收，摘除"省部共建"帽子，实现开放运行。北京建筑大学与中国建筑学会签署战略合作协议，并联合创办国内首家"中国建筑思想文化研究院"，建立中国学派的建筑理论话语体系，提升国际话语权。学校成立城市地下空间与综合管廊研究中心、PPP发展研究中心，进一步提升对国家和首都经济社会发展的响应度。

7. 强化科研行为监控与管理

牵头起草制定《北京建筑大学关于深化科研组织模式改革的指导意见》，充分调动基层单位和科研人员的积极性。会同多个部门，先后制定出台《北京建筑大学科研经费管理办法》等多个改革文件，加强经费使用和采购的过程监控，协调财务处规范和简化财务报销手续，设立三级科研财务助理岗位，向项目负责人下放权力，再造科研经费管理流程，加大体制机制改革和政策先行先试力度。

（周理安　刘　芳　高　岩）

第六章 人才队伍建设

一、基本情况

(一) 学校整体人员结构

截至 2017 年 12 月 31 日，我校现有教职工 1021 人，其中，专任教师 595 人，正高级职称 107 人，副高级职称 233 人。从年龄结构看，专任教师以中青年教师为主，所占比例为 65.5%；从学历结构看，具有博士学位的教师共有 389 人，所占比例为 65.4%；从性别结构看，男女比例为 1.15∶1；从职称结构看，正高级职称 107 人，所占比例为 18%，副高级职称 233 人，所占比例为 39.2%，高级职称比例合计为 57.1%。专任教师中，186 人具有海外研修经历，所占比例为 31.3%；46 人毕业于海外院校，所占比例为 8%。

(二) 2017 年新增高级职称、中初级职称一览表

序号	单位名称	姓名	性别	出生日期	最高学历	最高学位	技术职务	任职时间
1	机关单位	陈红兵	男	1977年7月23日	博士研究生	工学博士	教授	2017年12月1日
2	建筑与城市规划学院	孙立	男	1974年3月4日	博士研究生	工学博士	教授	2017年12月1日
3	建筑与城市规划学院	傅凡	男	1974年7月5日	博士研究生	工学博士	教授	2017年1月1日
4	土木与交通工程学院	李崇智	男	1969年2月17日	博士研究生	工学博士	教授	2017年12月1日
5	环境与能源工程学院	冯萃敏	女	1968年9月1日	硕士研究生	工学硕士	教授	2017年12月1日
6	环境与能源工程学院	李颖	女	1965年7月28日	硕士研究生	工学硕士	教授	2017年12月1日
7	测绘与城市空间信息学院	张健钦	男	1977年4月8日	博士研究生	理学博士	教授	2017年12月1日
8	马克思主义学院	张华	女	1976年1月2日	博士研究生	法学博士	教授	2017年12月1日
9	理学院	杨谆	女	1966年1月8日	硕士研究生	工学硕士	教授	2017年12月1日
10	机关单位	白莽	男	1972年2月20日	博士研究生	管理学博士	研究员（社会科学）	2017年1月1日

续表

序号	单位名称	姓名	性别	出生日期	最高学历	最高学位	技术职务	任职时间
11	建筑与城市规划学院	李勤	女	1981年2月15日	博士研究生	工学博士	副教授	2017年12月1日
12	土木与交通工程学院	林建新	男	1982年1月10日	硕士研究生	工学博士	副教授	2017年12月1日
13	土木与交通工程学院	李之红	男	1981年10月16日	硕士研究生	工学博士	副教授	2017年12月1日
14	土木与交通工程学院	王林	男	1979年2月6日	博士研究生	工学博士	副教授	2017年12月1日
15	环境与能源工程学院	付昆明	男	1981年1月19日	博士研究生	工学博士	副教授	2017年12月1日
16	环境与能源工程学院	张晓然	女	1983年11月23日	博士研究生	工学博士	副教授	2017年12月1日
17	环境与能源工程学院	张君枝	女	1979年7月24日	博士研究生	工学博士	副教授	2017年12月1日
18	环境与能源工程学院	孙丽华	女	1978年12月9日	博士研究生	工学博士	副教授	2017年12月1日
19	环境与能源工程学院	李惠民	男	1981年5月1日	博士研究生	工学博士	副教授	2017年12月1日
20	电气与信息工程学院	刘慧	女	1978年12月28日	博士研究生	工学博士	副教授	2017年12月1日
21	电气与信息工程学院	马晓轩	男	1977年10月12日	博士研究生	工学博士	副教授	2017年12月1日
22	电气与信息工程学院	张蕾	女	1981年10月29日	博士研究生	工学博士	副教授	2017年12月1日
23	经济与管理工程学院	赵金煜	男	1976年3月11日	博士研究生	管理学博士	副教授	2017年12月1日
24	经济与管理工程学院	邓世专	男	1972年8月15日	博士研究生	经济学博士	副教授	2017年12月1日
25	经济与管理工程学院	丁锐	男	1977年12月31日	博士研究生	工学博士	副教授	2017年12月1日
26	测绘与城市空间信息学院	冯永龙	男	1977年5月23日	硕士研究生	法学硕士	副教授	2017年12月1日
27	测绘与城市空间信息学院	吕京国	男	1973年8月15日	博士研究生	理学博士	副教授	2017年12月1日
28	测绘与城市空间信息学院	黄鹤	男	1977年1月5日	博士研究生	工学博士	副教授	2017年12月1日

续表

序号	单位名称	姓名	性别	出生日期	最高学历	最高学位	技术职务	任职时间
29	机电与车辆工程学院	姚德臣	男	1984年1月10日	博士研究生	工学博士	副教授	2017年12月1日
30	文法学院	王丹	女	1980年12月10日	博士研究生	法学博士	副教授	2017年12月1日
31	文法学院	侯平英	女	1974年8月17日	硕士研究生	文学硕士	副教授	2017年12月1日
32	马克思主义学院	张溢木	男	1981年11月23日	博士研究生	哲学博士	副教授	2017年12月1日
33	理学院	张蒙	女	1980年5月16日	硕士研究生	理学博士	副教授	2017年12月1日
34	理学院	王利萍	女	1981年7月25日	博士研究生	理学博士	副教授	2017年12月1日
35	理学院	王恒友	男	1982年8月14日	博士研究生	工学博士	副教授	2017年12月1日
36	体育部	公民	女	1979年4月12日	硕士研究生	教育学硕士	副教授	2017年12月1日
37	土木与交通工程学院	卞立波	男	1984年7月6日	博士研究生	工学博士	高级实验师	2017年12月1日
38	环境与能源工程学院	黄忠臣	男	1971年11月16日	大学本科	工学学士	高级实验师	2017年12月1日
39	电气与信息工程学院	周小平	男	1985年11月10日	硕士研究生	工学硕士	高级实验师	2017年12月1日
40	机关单位	李守玉	女	1982年3月3日	硕士研究生	管理学硕士	副研究员（社会科学）	2017年12月1日
41	机关单位	丁帅	女	1978年6月20日	硕士研究生	文学硕士	副研究员（社会科学）	2017年12月1日
42	机关单位	张瑶宁	男	1982年5月25日	硕士研究生	管理学硕士	高级政工师	2017年12月1日
43	机关单位	张岩	男	1981年8月25日	硕士研究生	工学硕士	高级政工师	2017年12月1日
44	测绘与城市空间信息学院	周磊	男	1983年4月1日	博士研究生	理学博士	高级工程师	2017年5月1日
45	建筑与城市规划学院	陈志端	女	1983年8月29日	博士研究生	工学博士	讲师	2017年9月1日
46	建筑与城市规划学院	李露	女	1983年6月7日	博士研究生	工学博士	讲师	2017年1月1日

续表

序号	单位名称	姓名	性别	出生日期	最高学历	最高学位	技术职务	任职时间
47	建筑与城市规划学院	郝石盟	女	1986年1月18日	博士研究生	工学博士	讲师	2017年6月1日
48	土木与交通工程学院	阚帅	男	1989年1月15日	硕士研究生	工学硕士	讲师	2017年9月1日
49	土木与交通工程学院	解琳琳	男	1986年11月14日	博士研究生	工学博士	讲师	2017年6月1日
50	土木与交通工程学院	马超	男	1986年6月29日	博士研究生	工学博士	讲师	2017年7月1日
51	环境与能源工程学院	翟慧星	女	1989年8月12日	博士研究生	工学博士	讲师	2017年6月1日
52	经济与管理工程学院	章瑾	女	1989年11月5日	硕士研究生	文学硕士	讲师	2017年9月1日
53	建筑与城市规划学院	杨震	男	1985年11月18日	博士研究生	理学博士	讲师	2017年12月1日
54	经济与管理工程学院	陈震	男	1986年10月21日	博士研究生	管理学博士	讲师	2017年6月1日
55	测绘与城市空间信息学院	韩厚增	男	1989年5月4日	博士研究生	工学博士	讲师	2017年7月1日
56	测绘与城市空间信息学院	屈利忠	男	1986年8月2日	博士研究生	工学博士	讲师	2017年9月1日
57	机电与车辆工程学院	白堂博	男	1985年4月22日	博士研究生	工学博士	讲师	2017年10月1日
58	文法学院	杨长更	男	1978年10月28日	博士研究生	法学博士	讲师	2017年6月1日
59	马克思主义学院	张飞雪	女	1987年1月18日	博士研究生	法学博士	讲师	2017年6月1日
60	理学院	陈佩佩	男	1987年9月14日	博士研究生	工学博士	讲师	2017年6月1日
61	机关单位	杨中	男	1987年8月28日	硕士研究生	工程硕士	实验师	2017年9月1日
62	教辅单位	化凤芳	男	1988年6月15日	硕士研究生	工学硕士	实验师	2017年9月1日
63	机关单位	刘书青	女	1990年5月10日	硕士研究生	其他硕士	助理研究员（社会科学）	2017年9月1日
64	机关单位	郝永军	男	1973年3月8日	大学本科		助理研究员（社会科学）	2017年9月1日

续表

序号	单位名称	姓名	性别	出生日期	最高学历	最高学位	技术职务	任职时间
65	机电与车辆工程学院	韩志鹏	男	1989年10月4日	硕士研究生	理学硕士	助理研究员（社会科学）	2017年9月1日
66	经济与管理工程学院	王东志	男	1983年2月17日	硕士研究生	工商管理硕士	助理研究员（社会科学）	2017年6月1日
67	文法学院	王彤	女	1990年6月9日	硕士研究生	法学硕士	助理研究员（社会科学）	2017年9月1日
68	机关单位	崔荣臻	男	1989年4月29日	硕士研究生	工程硕士	助教	2017年6月1日
69	机关单位	陈笑彤	女	1991年8月4日	硕士研究生	理学硕士	助教	2017年6月1日
70	机关单位	司帅	男	1990年12月5日	硕士研究生	工学硕士	助教	2017年6月1日
71	建筑与城市规划学院	成慧祯	女	1989年1月2日	硕士研究生	艺术学硕士	助教	2017年6月1日
72	土木与交通工程学院	苑泉	男	1990年5月29日	硕士研究生	理学硕士	助教	2017年6月1日
73	土木与交通工程学院	李鑫	女	1990年10月16日	硕士研究生	工学硕士	助教	2017年6月1日
74	土木与交通工程学院	赵巍	女	1989年7月28日	硕士研究生	艺术学硕士	助教	2017年6月1日
75	环境与能源工程学院	张秋月	女	1989年10月5日	硕士研究生	工程硕士	助教	2017年6月1日
76	电气与信息工程学院	高静	女	1992年6月7日	硕士研究生	工程硕士	助教	2017年6月1日
77	经济与管理工程学院	魏祎	女	1992年1月28日	硕士研究生	文学硕士	助教	2017年9月1日
78	经济与管理工程学院	任世豪	男	1993年6月6日	硕士研究生	理学硕士	助教	2017年9月1日
79	经济与管理工程学院	陆地	男	1989年4月2日	研究生教育	文学硕士	助教	2017年9月1日
80	机关单位	张永祥	男	1983年4月15日	硕士研究生	艺术学硕士	助教	2017年6月1日
81	建筑与城市规划学院	代云	男	1988年6月6日	硕士研究生	法学硕士	助教	2017年6月1日
82	建筑与城市规划学院	何静涵	女	1990年12月5日	硕士研究生	其他硕士	研究实习员（社会科学）	2017年6月1日

续表

序号	单位名称	姓名	性别	出生日期	最高学历	最高学位	技术职务	任职时间
83	机关单位	王宁	男	1989年12月2日	硕士研究生	法学硕士	研究实习员（社会科学）	2017年6月1日
84	测绘与城市空间信息学院	杨红粉	女	1976年10月7日	硕士研究生	工程硕士	研究实习员（社会科学）	2017年6月1日
85	环境与能源工程学院	赵晨	男	1990年11月22日	硕士研究生	理学硕士	助理实验师	2017年6月1日

2017年引进正高级专业技术职务人员一览表

序号	单位名称	姓名	性别	出生日期	学历	学位	技术职务	入校时间
1	电气与信息工程学院	郭茂祖	男	1966年8月5日	研究生	博士	教授	2017年1月15日
2	机电与车辆工程学院	周惠兴	男	1963年8月11日	研究生	博士	教授	2017年2月28日
3	机电与车辆工程学院	李杰	男	1977年7月21日	研究生	博士	研究员	2017年4月13日
4	机电与车辆工程学院	许贵阳	男	1973年11月30日	研究生	博士	研究员	2017年11月1日

（三）2017年减少员工一览表

序号	单位名称	姓名	性别	出生日期	学历	学位	技术职务	减员时间	减员途径
1	财务处	李月婷	女	1985年1月28日	研究生	硕士	会计师	2017年1月1日	解除合同
2	待聘人员	钱雅丽	女	1964年5月10日	大学本科	学士	副教授	2017年5月2日	解除合同
3	教务处	赵春超	男	1985年5月25日	研究生	博士	助理研究员	2017年5月18日	解除合同
4	教辅单位	李松淑	女	1981年11月5日	研究生	硕士	助教	2017年9月12日	解除合同
5	研究单位	张捍平	男	1986年12月13日	研究生	硕士	助教	2017年9月12日	解除合同
6	北京建大资产经营管理有限公司	吴学增	男	1972年11月14日	研究生	博士	工程师	2017年10月30日	解除合同
7	党政办公室	陈栋	男	1985年5月27日	研究生	硕士	讲师	2017年11月1日	解除合同
8	财务处	贝裕文	男	1977年6月17日	研究生	硕士	副研究员	2017年11月6日	解除合同
9	土木与交通工程学院	汪晖	男	1987年9月29日	研究生	博士	未聘专业技术职务	2017年11月22日	解除合同
10	财务处	盖学超	女	1984年1月25日	大学本科	学士	助理翻译	2017年12月7日	解除合同
11	规划与基建处	何伟良	男	1957年2月14日	大学本科	无	高级实验师	2017年2月14日	退休

续表

序号	单位名称	姓名	性别	出生日期	学历	学位	技术职务	减员时间	减员途径
12	北京建大资产经营管理有限公司	刘建	男	1957年1月19日	大学本科	无	高级工程师	2017年1月19日	退休
13	待聘人员	周永生	男	1957年1月24日	研究生	硕士	高级工程师	2017年1月24日	退休
14	土木与交通工程学院	张怀静	女	1962年2月20日	研究生	博士	教授	2017年2月20日	退休
15	建筑与城市规划学院	李英	女	1962年3月2日	研究生	硕士	副教授	2017年3月2日	退休
16	理学院	魏京花	女	1962年3月26日	大学本科	学士	教授	2017年3月26日	退休
17	建筑与城市规划学院	冯丽	女	1962年4月6日	大学本科	学士	副教授	2017年4月6日	退休
18	保卫部（处）	李贵	男	1957年4月3日	高中及以下	无	高级工	2017年4月3日	退休
19	北京建大资产经营管理有限公司	何占鹏	男	1957年5月6日	高中及以下	无	中级工	2017年5月6日	退休
20	人事处	许宝利	男	1957年5月9日	中专	无	中级工	2017年5月9日	退休
21	北京建大资产经营管理有限公司	张富燕	男	1957年5月16日	高中及以下	无	高级工	2017年5月16日	退休
22	规划与基建处	李满瑞	男	1957年5月23日	大学专科	无	工程师	2017年5月23日	退休
23	保卫部（处）	周都	男	1957年4月26日	大学本科	无	高级政工师	2017年4月26日	退休
24	经济与管理工程学院	何佰洲	男	1956年6月4日	大学本科	学士	教授	2017年6月4日	退休
25	测绘与城市空间信息学院	陈秀忠	男	1956年6月16日	研究生	硕士	教授	2017年6月16日	退休
26	财务处	孟文思	男	1957年3月27日	大学专科	无	会计师	2017年3月27日	退休
27	建筑与城市规划学院	刘临安	男	1955年7月16日	研究生	博士	教授	2017年7月16日	退休
28	图书馆	桂益香	女	1962年7月16日	大学本科	无	馆员	2017年7月16日	退休
29	党政办公室	谢国斌	男	1956年3月5日	研究生	无	副教授	2017年8月1日	退休

续表

序号	单位名称	姓名	性别	出生日期	学历	学位	技术职务	减员时间	减员途径
30	资产与后勤管理处/餐饮中心	王峰	男	1957年7月7日	高中及以下	无	中级工	2017年7月7日	退休
31	北京建大资产经营管理有限公司	王俊英	女	1962年8月6日	中专	无	中学二级教师	2017年8月6日	退休
32	北京建大资产经营管理有限公司	刘富利	男	1957年7月23日	高中及以下	无	高级工	2017年7月23日	退休
33	理学院	薛颂菊	女	1962年8月18日	大学本科	学士	副教授	2017年8月18日	退休
34	图书馆	六明	女	1962年10月8日	大学本科	学士	工程师	2017年10月8日	退休
35	北京建大资产经营管理有限公司	耿秀琴	女	1962年10月8日	大学本科	无	高级工程师	2017年10月8日	退休
36	离退休工作办公室	王京梅	女	1962年11月3日	大学本科	学士	高级经济师	2017年11月3日	退休
37	土木与交通工程学院	罗健	男	1957年10月28日	研究生	硕士	副教授	2017年10月28日	退休
38	理学院	任洪梅	女	1962年11月4日	研究生	硕士	副教授	2017年11月4日	退休
39	测绘与城市空间信息学院	赵西安	男	1957年11月19日	研究生	博士	教授	2017年11月19日	退休
40	建筑与城市规划学院	房志勇	男	1957年11月20日	大学本科	学士	副教授	2017年11月20日	退休
41	资产与后勤管理处/餐饮中心	张振兴	男	1957年12月6日	高中及以下	无	高级工	2017年12月6日	退休
42	校领导	何志洪	男	1956年10月24日	研究生	硕士	研究员	2017年12月14日	退休

（四）从事教育工作满 30 年的教职工

蒋志坚　王　燕　王建中　牛志霖　王　平　郝　莉　薛颂菊　黄　伟　刘世祥
肖建杰　谭　明　董　军　李地红　王彩霞　郝　军　格　伦　李文革　刘　蓉
许淑惠　郝晓地　徐怡芳

二、教师培养

（一）各类人才项目及名单

序号	姓名	人才称号	获得时间	所在学院
1	戚承志	教育部"长江学者奖励计划"特聘教授	2011年	土木学院
2	李爱群	国家杰出青年基金获得者	2007年	土木学院
3	周惠兴	国家"千人计划"创业人才项目入选者	2011年	机电学院
4	李爱群	新世纪百千万人才工程国家级人选	2006年	土木学院
5	曾德民	百千万工程人才国家级人选	2014年	土木学院
6	戚承志	百千万工程人才国家级人选	2014年	土木学院
7	李爱群	国家教学名师	2009年	土木学院
8	秦红岭	全国优秀教师	2014年	马克思主义学院
9	齐吉琳	中国科学院"百人计划"入选者	2006年	土木学院
10	李爱群	享受国务院政府特殊津贴专家	1997年	土木学院
11	王晏民	享受国务院政府特殊津贴专家	1998年	测绘学院
12	王瑞祥	享受国务院政府特殊津贴专家	2006年	环能学院
13	张爱林	享受国务院政府特殊津贴专家	2011年	土木学院
14	徐世法	享受国务院政府特殊津贴专家	2012年	土木学院
15	曾德民	享受国务院政府特殊津贴专家	2012年	土木学院
16	郝晓地	享受国务院政府特殊津贴专家	2014年	环能学院
17	戚承志	享受国务院政府特殊津贴专家	2016年	土木学院
18	季节	享受国务院政府特殊津贴专家	2016年	土木学院
19	曾德民	国家有突出贡献中青年专家	2014年	土木学院
20	戚承志	国家有突出贡献中青年专家	2014年	土木学院
21	王随林	北京学者	2015年	环能学院
22	李爱群	北京学者	2017年	土木学院
23	王随林	北京市委组织部"高创计划"杰出人才	2015年	环能学院
24	季节	北京市委组织部"高创计划"百千万工程领军人才	2014年	土木学院
25	杨建伟	北京市委组织部"高创计划"百千万工程领军人才	2014年	机电学院
26	王崇臣	北京市委组织部"高创计划"百千万工程领军人才	2016年	环能学院
27	侯妙乐	北京市委组织部"高创计划"百千万工程领军人才	2016年	测绘学院
28	刘永峰	北京市委组织部"高创计划"百千万工程领军人才	2016年	机电学院
29	张怀静	北京市委组织部"高创计划"教学名师	2014年	土木学院
30	欧阳文	北京市委组织部"高创计划"教学名师	2016年	建筑学院
31	陈静勇	北京市委组织部"高创计划"教学名师	2017年	建筑学院
32	牛润萍	北京市委组织部"高创计划"青年拔尖人才	2014年	环能学院
33	焦驰宇	北京市委组织部"高创计划"青年拔尖人才	2015年	土木学院

续表

序号	姓名	人才称号	获得时间	所在学院
34	张溢木	北京市委组织部"高创计划"青年拔尖人才	2015 年	马克思主义学院
35	王利萍	北京市委组织部"高创计划"青年拔尖人才	2016 年	理学院
36	王瑞祥	百千万工程人才北京市级人选	2006 年	环能学院
37	戚承志	百千万工程人才北京市级人选	2010 年	土木学院
38	季 节	百千万工程人才北京市级人选	2014 年	土木学院
39	杨建伟	百千万工程人才北京市级人选	2014 年	机电学院
40	王崇臣	百千万工程人才北京市级人选	2016 年	环能学院
41	侯妙乐	百千万工程人才北京市级人选	2016 年	测绘学院
42	刘永峰	百千万工程人才北京市级人选	2016 年	机电学院
43	李海燕	百千万工程人才北京市级人选	2017 年	环能学院
44	高 岩	教育部新世纪优秀人才	2014 年	环能学院
45	季 节	科技部中青年科技领军人才	2015 年	土木学院
46	徐世法	科技北京百名领军人才	2012 年	土木学院
47	王晏民	北京市有突出贡献的科学、技术、管理人才	2013 年	测绘学院
48	郝晓地	北京市留学人员创新创业特别贡献奖	2012 年	环能学院
49	齐吉琳	北京市教委高层次人才引进	2014 年	土木学院
50	季 节	北京市教委长城学者培养计划	2013 年	土木学院
51	刘永峰	北京市教委长城学者培养计划	2014 年	机电学院
52	杨建伟	北京市教委长城学者培养计划	2015 年	机电学院
53	李海燕	北京市教委长城学者培养计划	2017 年	环能学院
54	王红春	北京市教委长城学者培养计划	2017 年	经管学院
55	李海燕	北京市科技新星计划	2006 年	环能学院
56	侯妙乐	北京市科技新星计划	2008 年	测绘学院
57	陈红兵	北京市科技新星计划	2011 年	环能学院
58	陈 韬	北京市科技新星计划	2012 年	环能学院
59	刘 扬	北京市科技新星计划	2012 年	测绘学院
60	牛润萍	北京市科技新星计划	2013 年	环能学院
61	索 智	北京市科技新星计划	2014 年	土木学院
62	焦朋朋	北京市科技新星计划	2015 年	土木学院
63	牛润萍	北京市委组织部青年拔尖个人	2014 年	环能学院
64	焦驰宇	北京市委组织部青年拔尖个人	2015 年	土木学院
65	张溢木	北京市委组织部青年拔尖个人	2015 年	马克思主义学院
66	王利萍	北京市委组织部青年拔尖个人	2016 年	理学院
67	王跃进	首都劳动奖章	2004 年	机电学院
68	陈静勇	首都劳动奖章	2009 年	建筑学院

续表

序号	姓名	人才称号	获得时间	所在学院
69	王晏民	首都劳动奖章	2012 年	测绘学院
70	季 节	首都劳动奖章	2016 年	土木学院
71	王晏民	第二届北京市高等学校教学名师	2006 年	测绘学院
72	陈静勇	第三届北京市高等学校教学名师	2007 年	建筑学院
73	王跃进	第四届北京市高等学校教学名师	2008 年	机电学院
74	李英姿	第五届北京市高等学校教学名师	2009 年	电信学院
75	吴海燕	第七届北京市高等学校教学名师	2011 年	土木学院
76	樊振和	第八届北京市高等学校教学名师	2012 年	已退休,土木学院
77	张怀静	第九届北京市高等学校教学名师	2013 年	土木学院
78	欧阳文	第十一届北京市高等学校教学名师	2015 年	建筑学院
79	杜明义	第十三届北京市高等学校教学名师	2017 年	测绘学院
80	祝 磊	北京市教委青年拔尖人才培育计划	2013 年	土木学院
81	廖维张	北京市教委青年拔尖人才培育计划	2013 年	土木学院
82	张群力	北京市教委青年拔尖人才培育计划	2013 年	环能学院
83	陈红兵	北京市教委青年拔尖人才培育计划	2013 年	环能学院
84	杨海燕	北京市教委青年拔尖人才培育计划	2013 年	环能学院
85	侯妙乐	北京市教委青年拔尖人才培育计划	2013 年	测绘学院
86	吕书强	北京市教委青年拔尖人才培育计划	2013 年	测绘学院
87	俞晓正	北京市教委青年拔尖人才培育计划	2013 年	理学院
88	任艳荣	北京市教委青年拔尖人才培育计划	2013 年	理学院
89	焦朋朋	北京市教委青年拔尖人才培育计划	2013 年	土木学院
90	王建龙	北京市教委青年拔尖人才培育计划	2013 年	环能学院
91	李海燕	北京市教委青年拔尖人才培育计划	2013 年	环能学院
92	汪长征	北京市教委青年拔尖人才培育计划	2013 年	环能学院
93	王崇臣	北京市教委青年拔尖人才培育计划	2013 年	环能学院
94	刘建伟	北京市教委青年拔尖人才培育计划	2013 年	环能学院
95	危双丰	北京市教委青年拔尖人才培育计划	2013 年	测绘学院
96	陈志刚	北京市教委青年拔尖人才培育计划	2013 年	机电学院
97	刘扬	北京市教委青年拔尖人才培育计划	2014 年	测绘学院
98	张 雷	北京市教委青年拔尖人才培育计划	2014 年	电信学院
99	张华	北京市教委青年拔尖人才培育计划	2014 年	马克思主义学院
100	俞天琦	北京市教委青年拔尖人才培育计划	2017 年	建筑学院
101	宫永伟	北京市教委青年拔尖人才培育计划	2017 年	环能学院
102	徐荣吉	北京市教委青年拔尖人才培育计划	2017 年	环能学院
103	胡沅胜	北京市教委青年拔尖人才培育计划	2017 年	环能学院

续表

序号	姓名	人才称号	获得时间	所在学院
104	刘祥磊	北京市教委青年拔尖人才培育计划	2017年	测绘学院
105	王传涛	北京市教委青年拔尖人才培育计划	2017年	机电学院
106	牛磊	北京市教委青年英才计划	2013年	建筑学院
107	张国伟	北京市教委青年英才计划	2013年	土木学院
108	杜红凯	北京市教委青年英才计划	2013年	土木学院
109	周理安	北京市教委青年英才计划	2013年	土木学院
110	李飞	北京市教委青年英才计划	2013年	土木学院
111	宫永伟	北京市教委青年英才计划	2013年	环能学院
112	付昆明	北京市教委青年英才计划	2013年	环能学院
113	王思思	北京市教委青年英才计划	2013年	环能学院
114	刘建华	北京市教委青年英才计划	2013年	测绘学院
115	胡春梅	北京市教委青年英才计划	2013年	测绘学院
116	周小平	北京市教委青年英才计划	2013年	电信学院
117	张蕾	北京市教委青年英才计划	2013年	电信学院
118	彭斌	北京市教委青年英才计划	2013年	经管学院
119	秦建军	北京市教委青年英才计划	2013年	机电学院
120	杨娜	北京市教委青年英才计划	2013年	文法学院
121	苏欣纺	北京市教委青年英才计划	2013年	理学院
122	张蒙	北京市教委青年英才计划	2013年	理学院
123	许亮	北京市教委青年英才计划	2013年	马克思主义学院
124	金焕玲	北京市教委青年英才计划	2013年	马克思主义学院

（二）2017年高校教师资格申请与认定

2017年申请认定高等学校教师资格人员一览表

序号	姓名	性别	最高学历	最高学位	专业技术职务	申请任教学科
1	武利园	女	研究生	博士	副教授	环境科学
2	孟璠磊	男	研究生	博士	助教	建筑设计及其理论
3	郭松柏	男	研究生	博士	高校教师未聘	数学与应用数学
4	宋宗耀	男	研究生	硕士	讲师	思想政治教育
5	吕小勇	男	研究生	博士	讲师	城市规划与设计
6	贺鼎	男	研究生	博士	助教	中国古建筑工程技术
7	韩志鹏	男	研究生	硕士	助教	思想政治教育
8	曹宇曦	男	研究生	硕士	助教	思想政治教育
9	陈志端	女	研究生	博士	讲师	城市规划与设计
10	王闯	男	研究生	博士	讲师	供热、供燃气、通风及空调工程
11	夏晨	男	研究生	博士	讲师	岩土工程

续表

序号	姓名	性别	最高学历	最高学位	专业技术职务	申请任教学科
12	陈笑彤	女	研究生	硕士	无	思想政治教育
13	郭昊	女	研究生	硕士	讲师	社会学
14	刘平浩	男	研究生	博士	助教	建筑设计及其理论
15	孙喆	男	研究生	博士	讲师	城市规划与设计
16	关海琳	女	大学本科	硕士	助理研究员	思想政治教育
17	屈利忠	男	研究生	博士	讲师	大地测量学与测量工程
18	陈强	男	研究生	博士	无	摄影测量与遥感
19	代云	男	研究生	硕士	助教	思想政治教育
20	陈佩佩	男	研究生	博士	讲师	建筑设计类
21	张永祥	男	大学本科	硕士	助教	思想政治教育
22	王国亭	男	研究生	硕士	经济师	思想政治教育
23	秦岭	男	研究生	硕士	助教	思想政治教育
24	周磊	男	研究生	博士	副教授	地图制图学与地理信息工程
25	陈玉龙	男	研究生	硕士	讲师	地图制图学与地理信息工程
26	李露	女	研究生	博士	无	园林工程技术
27	陈震	男	研究生	博士	讲师	管理科学与工程
28	李晓照	男	研究生	博士	讲师	岩土工程
29	郝石盟	女	研究生	博士	讲师	建筑设计类
30	花园园	女	研究生	博士	讲师	工程管理
31	张国宗	男	研究生	博士	高级工程师	项目管理
32	李杰	男	研究生	博士	教授	车辆工程
33	化凤芳	男	研究生	硕士	助教	机械制造与自动化
34	梁萌	女	研究生	博士	讲师	社会工作
35	成慧祯	女	研究生	硕士	助教	思想政治教育
36	王彤	女	研究生	硕士	助理研究员	思想政治教育

(三) 2017年教师岗前培训

2017年报名参加岗前培训人员一览表

序号	姓名	性别	学历	所学专业	职称	所在院系
1	张捍平	男	硕士研究生	建筑学	助教	建筑设计艺术研究中心
2	高静	女	硕士研究生	生物工程	助教	电气与信息工程学院
3	王嫣然	女	硕士研究生	地图学与地理信息系统	助教	经济与管理工程学院
4	赵晨	男	硕士研究生	环境工程	助教	环境与能源工程学院
5	薛东云	男	硕士研究生	表现性油画	其他	研究生工作部
6	赵冠男	男	硕士研究生	建筑学	助教	建筑设计艺术研究中心
7	翟慧星	女	博士研究生	动力工程及工程热物理	讲师	环境与能源工程学院
8	康飞	男	博士研究生	工程管理	讲师	经济与管理工程学院

续表

序号	姓名	性别	学历	所学专业	职称	所在院系
9	张永祥	男	硕士研究生	音乐学	助教	团委
10	梁萌	女	博士研究生	社会学	讲师	文法学院社会工作系
11	陈玉龙	男	硕士研究生	地理信息工程	讲师	建筑与城市规划学院
12	曹宇曦	男	硕士研究生	行政管理	助教	环境与能源工程学院
13	曹达啟	男	博士研究生	市政工程	讲师	环境与能源工程学院
14	司帅	男	硕士研究生	市政工程	其他	招生就业处
15	崔荣臻	男	硕士研究生	工业工程	助教	测绘与城市空间信息学院
16	代云	男	硕士研究生	思想政治教育	助教	建筑与城市规划学院
17	高军	男	硕士研究生	工程管理	其他	土木与交通工程学院
18	张国宗	男	博士研究生		讲师	经济与管理工程学院
19	何静涵	女	硕士研究生	公共政策	其他	建筑与城市规划学院
20	赵传林	男	博士研究生	交通运输规划与管理	讲师	土木与交通工程学院
21	周晨静	男	博士研究生	交通运输规划与管理	讲师	土木与交通工程学院
22	张鹏	男	硕士研究生	社会工作	助教	文法学院
23	周磊	男	博士研究生	地图学与地理信息系统	副教授	测绘与城市空间信息学院
24	潘登	女	博士研究生	结构工程	讲师	
25	夏晨	男	博士研究生	土木工程	讲师	土木与交通工程学院
26	马世昌	男	博士研究生	管理科学与工程	讲师	经济与管理工程学院
27	郭松柏	男	博士研究生	数学与应用数学	讲师	理学院
28	花园园	女	博士研究生	工程管理	讲师	经济与管理工程学院
29	陈震	男	博士研究生	建设工程管理	其他	经济与管理工程学院
30	屈小磊	男	博士研究生	土木工程	讲师	土木与交通工程学院
31	李晓照	男	博士研究生	岩土工程	助教	土木与交通工程学院
32	马超	男	博士研究生	土木工程	讲师	土木与交通工程学院
33	李辉	男	硕士研究生	矿物加工工程	讲师	土木与交通工程学院
34	王闯	男	博士研究生	供热供燃气通风及空调工程	讲师	环境与能源工程学院

（四）2017年新教工培训

2017年10月至11月，人事处、党委教师工作部及教师发展中心联合举办2017年新教工培训，共有59名新教工参加并完成培训任务。此次培训设置开班仪式，校内培训，校外培训和结业总结交流会等集中培训环节，以及结合学科、专业特点和新教工岗位情况的分散培训，涉及师德修养与行为规范、学校文化与规章制度、业务入门与提升、国际化能力提升、身心健康与心理调适、素质拓展训练等培训课程项目14项44学时。

（五）2017年国内访学及研修

2017年国内访学研修人员一览表

序号	姓名	性别	民族	年龄	学位	职称	研修基地
1	刘晓玉	女	汉	38	硕士	讲师	北京外国语大学
2	窦文娜	女	汉	31	硕士	讲师	北京外国语大学
3	杨娜	女	汉	36	硕士	讲师	中国人民大学
4	李之红	男	满	36	博士	讲师	北京航空航天大学
5	王传涛	男	汉	36	博士	副教授	清华大学
6	张译文	女	汉	36	博士	副教授	北京外国语大学

（六）2017年国外访学及研修

2017年，学校共派出21名教师计划到海外进行研修学习，其中有13人通过国家留学基金委遴选，2通过北京市高师中心访学项目派出，6人通过学校专任教师出国研修项目派出。

2017年国外访学研修人员一览表

序号	单位	姓名	性别	访学学校	进修内容	出国时长	备注
1	土木与交通工程学院	王琴	女	美国西北大学	访问学者	12个月	国家留学基金委青年骨干项目
2	经济与管理工程学院	张丽	女	美国劳伦斯伯克利实验室	访问学者	12个月	国家留学基金委青年骨干项目
3	文法学院	陈熙	女	美国约翰·霍普金斯大学	访问学者	12个月	国家留学基金委青年骨干项目
4	电气与信息工程学院	马晓轩	男	美国密苏里大学哥伦比亚分校	访问学者	12个月	国家留学基金委青年骨干项目
5	电气与信息工程学院	肖宁	女	丹麦工业大学	访问学者	12个月	国家留学基金委青年骨干项目
6	电气与信息工程学院	刘慧	女	美国休斯顿大学	访问学者	12个月	国家留学基金委青年骨干项目
7	电气与信息工程学院	汪杰	男	美国劳伦斯伯克利国家实验室	访问学者	12个月	国家留学基金委青年骨干项目
8	建筑与城市规划学院	俞天琦	女	美国北卡罗莱纳州立大学	访问学者	12个月	国家留学基金委青年骨干项目
9	建筑与城市规划学院	潘剑彬	男	北卡罗来纳大学夏洛特分校	访问学者	12个月	国家留学基金委青年骨干项目
10	环境与能源工程学院	张君枝	女	美国佐治亚理工学院	访问学者	12个月	国家留学基金委青年骨干项目
11	电气与信息工程学院	薛慧杰	男	美国劳伦斯伯克利国家实验室	访问学者	12个月	国家留学基金委青年骨干项目

续表

序号	单位	姓名	性别	访学学校	进修内容	出国时长	备注
12	机电与车辆工程学院	于淼	男	澳大利亚科廷大学	访问学者	12个月	国家留学基金委青年骨干项目
13	文法学院	邹艳	女	澳大利亚墨尔本皇家理工大学	访问学者	12个月	国家留学基金委青年骨干项目
14	建筑与城市规划学院	金秋野	男	美国麻省理工学院	访问学者	12个月	北京市高师中心访学项目
15	文法学院	许辉	女	美国堪萨斯大学	访问学者	12个月	北京市高师中心访学项目
16	文法学院	张红冰	女	南威尔士大学	双语培训	2个月	学校派出
17	文法学院	王文殊	女	南威尔士大学	双语培训	2个月	学校派出
18	文法学院	吴逾倩	女	南威尔士大学	双语培训	2个月	学校派出
19	文法学院	刘宏	女	南威尔士大学	双语培训	2个月	学校派出
20	文法学院	沈冰洁	女	南威尔士大学	双语培训	2个月	学校派出
21	机电与车辆工程学院	窦文娜	女	南威尔士大学	双语培训	2个月	学校派出

三、人事管理

（一）2017年考核情况

2016～2017学年共有848位教职工参加考核（含受聘教师岗的处级干部，不含校产系统），其中：考核优秀164人，考核合格680人，考核基本合格1人，考核不合格3人；6人未参加考核。

（二）2017年社会保险情况

每月常规的增减员、办理退休、药费报销、变更医院、生育津贴申领及产检费用报销；完成王少钦工伤申报工作；完成2014年10月至2016年9月的职业年金补缴工作；2017年6月份完成2017年社会保险缴费基数核定；完成养老保险清退等其他社保工作。

四、教师思想政治工作

（一）成立党委教师工作部

7月9日，经学校党委常委会研究决定，成立党委教师工作部（正处级单位），与人事处合署办公，设部长1名（正处级），由人事处处长兼任；副部长1名（副处级），由人事处副处长兼任；教师思想政治工作办公室主任1名（正科级）；增加教师工作部（人事处）科级岗1个。负责统筹落实教师思想政治工作和师德师风建设工作。

（二）制定教师思想政治工作顶层文件

出台《关于加强和改进新形势下教师思想政治工作的实施意见》（北建大党发〔2017〕

50号），进一步明确了教师思想政治工作的总体要求、指导原则，健全和完善了工作体制机制，明确了拓展工作的举措。

（三）举办新入职教师宣誓和教师荣誉退休仪式

9月，在大兴校区基础楼A座报告厅举办新入职教师宣誓和教师荣誉退休仪式。60名新任教师在全体领导干部、在职教师和学生代表的见证下，身着正装，面对国旗，举起右手，在领誓人"长江学者"戚承志教授带领下，庄严宣誓。校长张爱林为2017~2018学年退休教职工逐一颁发荣誉奖牌，并合影留念。

（四）在新教工培训中模块化增设师德培训内容，规范培训流程

在2017年新教工培训中增设师德修养与行为规范、学校精神文化、身心健康与心理调适培训模块；设置开班仪式、校内培训、校外培训、结业总结交流会等集中培训环节，协同各院部开展的结合学科、专业特点和新教工岗位情况的分散培训活动，全程记录学员学习情况，进行结业考核，为完成培训项目的学员颁发结业证书。

五、其他重要事项

（一）加大高层次人才引进力度，高端人才队伍建设进展良好。

2017年在进一步优化和改善师资队伍结构的基础上，全面实施"高端人才引育计划"，修订完善《北京建筑大学高层次人才引进管理办法》，明确各级别人才引进政策，提高了相应配套待遇，着力加强高端人才引进工作，实现重点突破，我校高端人才引进工作取得了显著进展。建筑与城市规划学院引进原西安建筑科技大学国际生土研究领域尖端人才穆钧副教授，曾荣获中央电视台年度十大"三农人物"称号、联合国教科文组织亚太地区2017年度遗产保护设计大奖。测绘与城市空间信息学院引进原中国矿业大学环境与测绘学院副院长王坚教授，曾入选教育部新世纪优秀人才支持计划、2016年徐州市十大杰出青年。机电与车辆工程学院引进原桂林电子科技大学王衍学教授，曾获得德国洪堡学者奖学金、广西自然科学杰出青年基金。经济与管理工程学院引进原哈尔滨工业大学管理学院营造和房地产系主任孙成双副教授。马克思主义学院引进江苏省委党校钮维敢教授，曾获得江苏省宣传文化系统"五个一批"人才称号。

（二）加强学科领军人才和团队建设，人才培养取得突破性成果。

高度重视对我校现有高端人才的培养，积极构建并完善人才培养体制，2017年我校优秀人才成长及学术团队建设均取得突破性成绩。季节当选国家"万人计划"领军人才，李爱群当选"北京学者"，李海燕当选百千万人才工程北京市级人选，王红春、李海燕、侯妙乐、王崇臣、焦朋朋5人入选北京市教委长城学者培养计划，徐荣吉、宫永伟、俞天琦、刘祥磊、胡沅胜、王传涛、刘建华、张晓然、武利园9人入选北京市教委青年拔尖人才培育计划；创新团队建设方面，张爱林科研团队入选教育部创新团队发展计划，李爱群科研团队、张大玉科研团队入选北京市教委高水平创新团队建设计划。

（三）增强博士后工作力度，承办全国博士后学术会议。

积极开展博士后人员招收以及博士后流动站建设工作，为教师队伍建设提供有力补充和人才储备。与香港城市大学成功签订并启动博士后国际交流培养项目，3人赴香港城市大学开展博士后研究工作；1人入选中国博士后科学基金第62批面上二等资助；5人获得

北京市博士后科研活动创新研发类经费资助；承办全国博士后学术交流会暨"建筑遗产保护与协同创新"学术研讨会，为全国遗产保护领域的博士后、青年学者家搭建了高水平的交流学术平台，共邀请了来自中国文化遗产研究院、故宫博物院、云冈石窟研究院、敦煌研究院、大足石刻研究院、北京大学、清华大学、台湾大学、浙江大学、同济大学、哈尔滨工业大学、北京师范大学、天津大学、广州大学、北京工业大学、巴黎第一大学等 36 家单位的著名建筑遗产保护领域专家学者做特邀报告，200 余位博士后、博士生及青年科研人员进行青年学者报告与交流。

（四）隆重举行庆祝第 33 个教师节大会暨优秀教师表彰会

2017 年 9 月 8 日下午，学校庆祝第 33 个教师节大会暨优秀教师表彰会在大兴校区基础教学楼报告厅隆重举行，全校师生共庆教师节。校领导张爱林、何志洪、汪苏、李维平、张启鸿、李爱群、吕晨飞出席大会。副校长李爱群主持大会。省部级及以上奖励获得者、校级优秀教师和优秀教育工作者、在教育战线辛勤工作满 30 年的教职工、2016～2017 学年光荣退休教职工、全体新入职教师、部分职能部门负责人、各院（部、馆）负责人、党外教师代表、学科负责人、青年教师代表以及学生代表等 400 余人参加了大会。

（刘文硕　张媛媛　王明玮　赵翠英　陈红兵）

第七章 对外交流合作

一、国际交流与合作

（一）概况

2017年，北京建筑大学继续坚持开放办校战略，积极开展多渠道、多层次、全方位的国际合作与交流，新增校际合作协议12份。

（二）合作院校

截至2017年年底，北京建筑大学已经与国外64所高等院校、研究机构建立了合作关系，合作伙伴覆盖30个国家和地区。

国际合作院校一览表（截至2017年年底）

序号	国别	院校或组织	英文名称
1	蒙古国	蒙古科技大学建工学院	Mongolian University of Science and Technology
2	韩国	大田大学	Daejeon University
3	韩国	湖西大学	Hoseo University
4	韩国	京畿科学技术大学	Kyonggi University
5	韩国	光州科学技术院	Gwangju Institute of Science and Technology
6	日本	名城大学	Meijo University
7	日本	东京大学	The University of Tokyo
8	日本	广岛大学	Hiroshima University
9	越南	河内建筑大学	Hanoi Architectural University
10	马来西亚	智达教育集团	Legenda Education Group
11	马来西亚	吉隆坡建筑大学	Infrastructure University Kuala Lumpur
12	亚美尼亚	亚美尼亚国立建筑大学	National University of Architecture and Construction of Armenia
13	芬兰	赫尔辛基大学	University of Helsinki
14	瑞典	鲁鲁阿科技大学	Luleå University of Technology
15	俄罗斯	俄罗斯土木建筑科学院	Russian Academy of Architecture and Construction Sciences
16	俄罗斯	圣彼得堡建筑工程大学	St. Petersburg State University of Architecture and Civil Engineering
17	俄罗斯	圣彼得堡技术大学	Saint Petersburg State Polytechnical University

续表

序号	国别	院校或组织	英文名称
18	俄罗斯	莫斯科建筑学院	Moscow Architectural Institute
19	俄罗斯	莫斯科国立建筑学院	Moscow Institute of Architecture (State Academy)
20	波兰	琴斯特霍夫理工大学	Czestochowa University of Technology
21	波兰	"一带一路"中波大学联盟	Sino-Polish University Consortium
22	德国	柏林工业大学	Technical University of Berlin
23	瑞士	伯恩应用科学大学	Bern University of Applied Sciences
24	英国	萨尔福德大学	University of Salford
25	英国	格拉斯哥卡里多尼亚大学	Glasgow Caledonian University
26	英国	诺丁汉大学	University of Nottingham
27	英国	南岸大学	London South Bank University
28	英国	西苏格兰大学	University of the West of Scotland
29	英国	威斯敏斯特大学	University of Westminster
30	英国	南威尔士大学	University of South Wales
31	英国	伦敦艺术大学	University of the Arts London
32	爱尔兰	高威理工学院	Galway-Mayo Institute of Technology
33	荷兰	鹿特丹伊拉斯姆斯大学国际社会科学研究院	International Institute of Social Studies, Erasmus University Rotterdam
34	荷兰	代尔夫特理工大学	Delft University of Technology
35	法国	马恩河谷大学	University of Marne-la-Vallée
36	法国	昂热大学	University of Angers
37	法国	拉浩石勒大学	University of La Rochelle
38	法国	马克西米利尔·佩雷学院	E. P. L. E. MAXIMILIEN PERRET
39	法国	里尔高级工程师学院（HEI教育集团）	Group HEI-ISA-ISEN
40	法国	奥尔良大学	University Of Orleans
41	希腊	塞萨洛尼基亚里士多德大学	Aristotle University of Thessaloniki
42	意大利	意大利罗马·拓·委瑞伽塔大学	University of Rome TorVergata
43	意大利	马尔凯工业大学	Marche Polytechnic University
44	意大利	奈普勒斯帕森诺普大学	Parthenope University of Naples
45	意大利	蒙塞拉特基金会	Monserrate Foundation
46	意大利、西班牙、巴西	欧洲设计学院	Istituto Europeo di Design
47	意大利	佛罗伦萨大学	University of Florence
48	捷克	南波希米亚大学	University of South Bohemia
49	保加利亚	土木建筑及大地测量大学	University of Architecture, Civil Engineering and Geodesy

续表

序号	国别	院校或组织	英文名称
50	美国	加州大学伯克利分校	University of California, Berkeley
51	美国	奥本大学	Auburn University
52	美国	新泽西州立大学	Rutgers, The State University of New Jersey
53	美国	北达科他州立大学	North Dakota State University
54	美国	西南明尼苏达州立大学	Southwest Minnesoda State University
55	美国	科罗拉多大学波尔得分校	University of Colorado Boulder
56	美国	加州大学圣地亚哥分校	University of California, San Diego
57	美国	南康涅狄格州立大学	Southern Connecticut State University
58	美国	夏威夷大学	University of Hawai'i
59	加拿大	卡尔加里大学舒立克工学院	Schulich School of Engineering, University of Calgary
60	澳大利亚	南澳大学	University of South Australia
61	澳大利亚	迪肯大学工学院	School of Engineering, Deakin University
62	新西兰	UNITEC理工大学建筑学院	Unitec Institute of Technology
63	新西兰	奥克兰大学	The University of Auckland
64	俄罗斯、波兰、法国、美国、英国、尼泊尔、以色列、罗马尼亚、土耳其等	"一带一路"建筑类大学国际联盟	Belt and Road Architectural University International Consortium

二、港澳台交流与合作

截至2017年年底，北京建筑大学已经与港澳台5所大学建立了合作关系。

港澳台合作院校一览表（截至2017年年底）

序号	地区	院校或组织	英文名称
1	中国台湾地区	台湾首府大学	Taiwan Shoufu University
2	中国台湾地区	宜兰大学	Ilan University
3	中国台湾地区	云林科技大学	Yunlin University of Science and Technology
4	中国台湾地区	大叶大学	Da-Yeh University
5	中国香港地区	香港理工大学	The Hong Kong Polytechnic University

三、国际友好往来

（一）概况

2017年度，共接待国外18个校级团组的23次访问，分别是：法国英科工大、保加利亚土木建筑及大地测量大学、加拿大多伦多大学士嘉堡分校、美国乔治城大学、意大利蒙塞拉特基金会、日本广岛大学、美国夏威夷大学、夏威夷太平洋大学、捷克南波希米亚大学、美国加州大学伯克利分校、俄罗斯圣彼得堡国立建筑大学、英国剑桥大学、挪威卑尔根建筑学院、美国宾夕法尼亚大学、美国麻省理工学院、美国迈阿密大学、俄罗斯土木建筑科学院、意大利乌迪内大学。

（二）重要对外活动

5月6日，由中国建筑学会和北京建筑大学联合主办的"一带一路"历史建筑摄影手绘艺术展在北京建筑大学中国建筑师作品展示馆开幕。俄罗斯摄影家协会副会长布拉索夫斯基·谢尔盖·尼古拉耶维奇等资深摄影家投稿，并到会祝贺。学校共收到来自保加利亚、俄罗斯、亚美尼亚、伊朗、印尼、越南、哈萨克斯坦、蒙古等国家的稿件164幅，艺术领域的交流为"一带一路"沿线国家的高等教育合作，特别是为建筑类院校加强沟通互联打下了坚实的情感基础。

7月9日至22日，举办北京建筑大学第二届暑期国际学校。来自保加利亚土木建筑及大地测量大学、中国建筑领域土木类专业卓越工程师教育校企联盟的国内外15所院校的100余名师生参加了学习。全国勘察设计大师胡越，意大利建筑设计师Francesco，西班牙著名建筑师、英国朴茨茅斯大学教授David Picazo以及来自美国北达科他州立大学、美国普渡大学、美国俄克拉荷马大学、奥地利维也纳农业大学、加拿大瑞尔森大学的专家等来校授课，学习实践活动丰富多彩，中外学生受益良多。

10月10日，"一带一路"建筑类大学国际联盟成立大会和校长论坛在北京建筑大学成功举办。北京市教育委员会副巡视员葛巨众，来自国内外25所建筑类大学校长和代表、媒体的参会代表共计百余人与会，共同见证"一带一路"建筑类大学国际联盟正式成立，并围绕创新推进"一带一路"发展倡议下建筑类大学国际交流与合作以及创新人才培养展开深入研讨交流。

北京建筑大学是"一带一路"建筑类大学国际联盟秘书长单位和首任轮值主席单位，校长张爱林为联盟秘书长和首任轮值主席。

截至成立大会当天，已有来自中国、俄罗斯、波兰、法国、美国、英国、亚美尼亚、保加利亚、捷克、韩国、马来西亚、希腊、尼泊尔、以色列等19个国家的44所院校同意成立并加入联盟。这其中既有安徽建筑大学、北京建筑大学、河北建筑工程学院、吉林建筑大学、山东建筑大学、沈阳建筑大学、天津城建大学、西安建筑科技大学等国内高校，也包括亚美尼亚国立建筑大学、保加利亚建筑·土木工程和大地测量大学、法国马恩·拉瓦雷大学、法国英科工大联盟集团、英国德比大学、希腊塞萨洛尼基亚里士多德大学、以色列贝扎雷艺术与设计学院、韩国大田大学、马来西亚理工大学、马来西亚大学联盟、尼泊尔工程学院、波兰华沙生态与管理大学、波兰华沙理工大学、莫斯科国立建筑学院、圣彼得堡国立建筑大学、俄罗斯建筑土木科学院、美国夏威夷太平洋大学等国外院校。

四、因公出国

（一）概况

2017年度，办理教师因公出国共计55团组、111人次，出访国家包括美国、加拿大、英国、德国、法国、希腊、意大利、捷克、保加利亚、波兰、奥地利、俄罗斯、日本、韩国、新加坡、马来西亚等16个国家，出访国别数较去年有所增加，特别突出的是对"一带一路"沿线国家的学术出访次数增多。

各个环节严格按照因公出国规章制度执行，遵守因公证照集中管理制度，收回和保管率达到100%，未出现丢失情况。其中，有效公务普通护照数量为110本。

（二）重要出访活动

1月14~18日，由党委副书记张启鸿率队访问奥本大学。双方就给排水"2+2"项目的新一期合作、本硕项目的深入拓展、在校师生互访交流、已在奥本就读的北京建筑大学大学生学业状况等进行磋商研讨并达成共识，双方签署了给排水科学与工程合作办学项目二期协议。

3月7~11日，张爱林校长率团出访美国夏威夷大学，受到夏威夷州长和夫人的亲切接见，期间考察了夏威夷太平洋大学和夏威夷ARCADIA社区养老中心。在夏威夷大学，确定了两校共同在高精尖中心平台上开展未来城市设计的学术交流、合作研究，2017年启动"3+2本硕连读、师生短期互访"等合作项目。最后张爱林校长一行顺访了夏威夷太平洋大学，与校长JOHN Y. GOTANDA会谈，互相介绍了学校的基本情况，明确了下一步在相关领域开展合作。

3月15~22日，汪苏副校长和国际合作交流处处长赵晓红前往保加利亚和波兰开展为期8天的公务出访——保加利亚"无国界"国际教育展，得到了保加利亚驻华使馆、北京市外事办、北京市教委及中国驻保加利亚大使馆的大力支持。教育展共有来自全球51家院校及机构的112名代表参加。此次出访，我校与保加利亚建筑·土木及大地测量大学开展了深入交流并签署校际合作备忘录；在华沙理工大学，我校与该校土木学院院长进行了友好会谈，并在教师科研合作、学生联合培养、共同举办国际会议等方面达成共识。

7月4~9日，副校长张大玉率团出访美国哈佛大学、麻省理工学院、纽约城市学院、美国AECOM设计集团等，期间拜访了在加州大学伯克利分校访学的我校高精尖中心主任崔愷院士，向其汇报了高精尖中心近期工作情况。

7月9~29日，张爱林校长率团赴德国参加"现代城市多学科教学体系课程建设与教师职业发展计划德国培训"。赴德国培训团组受训内容，是我校围绕高精尖创新中心，积极开展工程师领域人才培养的新型探索与实践，目标是打造多学科协同管理的未来城市先进技术研究体系，培养一批未来城市的建设者与管理者。我校将把未来城市的构建理念与目前的课程教学体系相结合，帮助学生形成国际化的前瞻学术视野，培养具有国际化水平的优质毕业生。

12月12~15日，北京建筑大学赴英国小组由副校长李爱群率队，访问了伦敦艺术大学。双方就工业设计"1+2+1"项目的合作、高年级联合教学、开展联合设计工作营、已在该校就读北建大学生学业状况等进行磋商研讨。

五、因公出境

2017年度，完成教师因公赴台2个团组、4人次；学生赴台1个团组，8人次。

在因公出境各个环节都严格按照规章制度执行，遵守因公证照集中管理制度，收回和保管率达到100%，未出现丢失情况。其中，有效因公往来港澳特别行政区通行证8本，有效大陆居民往来台湾通行证15本。

六、学生出国

（一）校际交流概况

强化和巩固与美国奥本大学、科罗拉多大学、英国伦敦艺术大学、南威尔士大学、西苏格兰大学等多所高校的联合培养项目。

召开行前教育会暨经验交流会，旨在增强学校学生出国安全防范意识，保障学生在外人身财产安全，提高学生跨文化交流能力，保障学生顺利完成海外学习任务。

举办8场"留学-建大"系列讲座，邀请伦敦艺术大学、法国HEI-ISA-ISEN集团、英国西苏格兰大学的专家，给学生做专题报告，指导同学们进行留学规划，并举办了英美文化周。

2017年通过各类长短期项目共派出125名学生赴国（境）外交流学习。

（二）国家留学基金委优秀本科生国际交流项目

1月底，国家留学基金委批复学校申报的"北京建筑大学与美国科罗拉多波尔得分校土木工程学科本科生交流项目"和"北京建筑大学与英国伦敦艺术大学风景园林专业本科生交流项目"。学校推荐的董贻晨（2014级土木工程）、许丽珉（2015级土木工程）、胡哼模（2014级风景园林）、孙佳祺（2015级风景园林）四名同学顺利通过审核，成为国家留学基金委2017年优秀本科生国际交流项目的一员。除此之外，杨婉鑫（2013级测绘专业）、王嘉玥（2013级电气工程专业）通过了国家留学基金委的自主申报留学项目，分别被伦敦大学和加拿大阿尔伯特大学录取。

（三）北京高等学校高水平人才交叉培养"外培计划"

2017年在本科提前批次录取25名北京地区新生，海外合作院校为：

1. 英国伦敦艺术大学，招收建筑学专业5人、环境设计专业5人；
2. 英国西苏格兰大学，招收计算机科学与技术专业3人，自动化专业2人；
3. 美国奥本大学，招收风景园林专业2人、工程管理专业1人、工程造价专业1人、机械类专业1人；
4. 美国科罗拉多波尔德分校，招收土木工程专业3人；
5. 韩国大田大学，招收环境科学与工程类专业2人。

此外，2017秋季新派出2015、2016"外培计划"学生18人，派出海外合作院校为英国伦敦艺术大学、西苏格兰大学、美国奥本大学3所学校，涉及专业为建筑学、风景园林、工业设计、电器类与工程管理5个专业。

（四）合作办学

与美国奥本大学合作举办给排水科学与工程本科教育项目（"2+2"班），2017年招收第6批23名学生，8月成功派出10名学生到美国奥本大学继续高年级学习。5月第2届"2+2"学生共计24人顺利毕业，其中18人被海外高校录取，继续硕（博）士研究生阶段的学习。

1月，与奥本大学签署中外合作办学项目延期协议，开展第2期的合作。

1~2月，派出23名学生到奥本大学参加第5期寒假语言文化交流活动，取得了学业成绩和文化交流的双丰收。

11月，举办英美文化周。增强（"2+2"班）学生学习英语的热情，培养他们对英美文化的浓厚兴趣，帮助学生更好的适应和融入美国本土文化和奥本大学校园生活。

（五）"筑梦·远航"计划

"筑梦·远航"计划——世界一流大学暑期学术交流项目，2017年向英国帝国理工学院、美国罗格斯大学、韩国成均馆大学暑期项目共派出8名学生。

七、来华留学

（一）概况

2017~2018学年共招收长短期来华留学生115人，其中长期生101人，短期生14人。长期生中博士1人，硕士12人，本科生63人，进修4人，语言生21人。

（二）重要事件

1. 举办留学生新生入学教育。入学教育围绕对留学生的学习基本要求和外国留学生在京生活指南等内容展开，对留学生新生融入北京建筑大学、融入北京的生活开展第一讲。

2. 以北京市来华留学生政府奖学金为杠杆，各二级学院为抓手，采用多种方式开展留学生学风建设。共有68名学生获得北京市政府奖学金；2017~2018学年留学生成绩显著提高，挂科率大幅降低。

3. 扎实做好留学生的安全教育及禁毒教育工作。本学年多次参加由北京市公安局出入境管理处召开的外国留学生管理工作会，并按照工作会的通知精神和要求，深入开展留学生生源摸底工作，加强留学生动态情况掌握，开展校内留学生公寓专项检查和加强法律法规的宣传教育工作。

4. 多次带领留学生参加课外活动，丰富学生的课余生活，让留学生更好地融入中国，了解北京。带留学生参观冬奥组委活动，让同学们了解冬奥会，了解北京，并体验了滑雪；带领留学生参加国企开放日活动，让同学们了解国企，掌握市场用人需求，并参与体验国企文化活动；新年之际开展留学生与"2+2"班学生联谊活动，让同学们更好地融入北京建筑大学校园文化，增进友情，让过年身在异乡的他们感受学校的温暖。带领留学生参加第36届田径运动会，不少留学生在运动会比赛项目上夺得名次，由留学生和"2+2"班学生组成的国际教育学院方阵在田径运动会中获得校"体育道德风尚奖"的荣誉称号。

5. 完成留学生汉语教师的招聘、管理、教学及考试相关安排等工作。汉语班班风学风氛围良好，汉语教学质量显著提高。

6月，由北京市教委和北京市语言文字工作委员会主办的第七届北京外国留学生"汉语之星大赛"决赛举行，我校2名留学生进入前60强，取得了历史性突破；学校凭借积极有效的组织工作，被北京市教委授予"优秀组织奖"荣誉称号。

6. 6月，建筑与城市规划学院的5名留学生顺利毕业并获得学士学位。

7. 9月，学校成功入选北京市"一带一路"国家人才培养基地，此次批准立项的国家人才培养基地建设周期为3年，市教委将给予500万元的建设经费，支持基地学科建设和国际人才培养。

八、外国专家

2017年，共聘请6名长期外国文教专家（分别来自美国、法国、韩国、加拿大）从事教学、合作科研工作，还邀请多名外国文教专家来北京建筑大学进行短期访问、商谈合作、参加国际学术会议等。这些外国文教专家主要承担英语语言、建筑学、环境科学、电气自动化、土木工程等课程的教学和研究，为北建大营造了国际化的学术氛围。

九、港澳台专家

2017年，共聘请2名长期台湾文教专家从事教学、合作研究工作，还邀请多名台湾文教专家来北京建筑大学进行短期访问、商谈合作、参加国际学术会议等，为学校营造了开放化的学术氛围。

（丁　帅　赵晓红）

第八章 招 生 就 业

一、本科生招生工作

（一）概况

2017年，北京建筑大学牢固树立"服务考生、学校、社会，严格质量、程序、纪律"的工作目标，紧紧围绕高招宣传和高招录取开展工作，积极探索，不断创新。在学校领导和全校教职工的大力支持下，招生办公室积极拓展宣传途径，加大宣传力度，提升了学校在京内、京外地区的知名度和认可度；顺利完成了2017年高招录取工作，保持了高招录取工作中"零违规、零失误、零投诉"的良好成绩，使学校高招录取成绩再上一个新的台阶。

（二）招生政策

教育部、北京市教育委员会、北京教育考试院等上级部门规定普通高等学校实行"招生学校负责、省市招办监督"的录取管理制度。即：在思想政治品德考核和身体健康状况检查合格、统考成绩达到同批录取控制分数线的考生中，由招生学校确定调阅考生档案的比例（一般在学校招生计划数120%以内），决定考生录取与否及所录取专业，并负责对未录取考生的解释及其他遗留问题的处理。省（直辖市、自治区）招生委员会实行必要的监督，检查学校执行国家招生政策、招生计划的情况。

根据上级部门的有关规定，北京建筑大学招生录取期间成立学校招生领导小组，由校长担任领导小组组长，主管教学的校长、纪委书记为副组长，招生工作委员会下设录取工作组、监察工作组、技术保障组和后勤保障组，招生工作委员会对学校本科招生实行统一组织领导。同时成立由纪委副书记为主任的招生监察办公室，成员由学校纪检监察干部、特邀监察员等相关人员组成。招生监察办公室在学校招生工作委员会的领导下，具体实施对本校招生录取的监督工作。

2017年北京高考志愿填报模式为考后知分知排位大平行填报，本科一批可以填报6所高校，本科二批可以填报10所高校，以上每所院校志愿均可填报6个专业志愿。

2017年，北京建筑大学高招录取的录取规则为：

学校在录取考生时，全面贯彻实施高校招生"阳光工程"，本着公平、公正、公开的原则，严格按照市高校招生办公室公布的批次、科类进行录取，专业录取时按照分数优先原则结合考生志愿顺序，全面审核，择优录取，给排水科学与工程（中美合作2+2项目）只录取填报该专业志愿的考生，给排水科学与工程（中美合作2+2）要求英语单科成绩在100分以上。

在录取时遵循以下原则：

1. 所有专业入学前后均无美术加试；

2. 考生提档后无特殊情况均不退档；

3. 认可各地加分政策，加分到分专业；

4. 同一志愿条件下分数优先，遵循志愿，不设专业级差；

5. 总分相同情况下，文综/理综分数高的考生优先录取；如文综/理综分数仍相同，数学分数高的考生优先录取；如数学分数再相同，英语分数高的考生优先录取；

6. 不设男女生比例限制，体育、艺术等特长生在同等情况下优先录取。

2017年学校招生新政包含以下三方面内容：

1. 继续在文史类本科一批次设置建筑学招生计划：建筑学（大师实验班）、建筑学（城市设计方向）、建筑学，以上三个专业学制五年，授予建筑学学士学位；

2. 继续实施三个大类招生专业，城市空间信息类（包含测绘工程、地理信息科学、遥感科学与技术）、机械与智能工程类（包含机械工程、机械电子工程、工业工程、机械工程（车辆工程方向））、自动化与电气工程类（包含自动化、电气工程及其自动化）。

3. 新增城市管理（创新人才实验班）专业，学制四年，授予管理学学士学位。继续开设建筑学大师实验班、土木英才实验班、环境类创新人才实验班、工科创新实验班。

（三）招生计划

北京市教委2017年下达到我校本科招生计划为2047人，包括统招计划1830人和高职升本科计划217人。统招计划包括北京计划1176人（含双培计划128人，外培计划25人，农村专项计划40人），外省市计划654人（含少数民族预科班计划42人）。按照市教委的统一部署，2017年我校共接收北京市10所高职院校的217名优秀毕业生升入我校（其中包括76名推优士兵免试生本科学生）。

2017年我校面向全国28个省市及自治区招生，在北京地区参加本科提前批次、本科一批次和本科二批次招生，京外地区均为本科一批次招生。

（四）录取情况

【录取分数】 2017年我校北京地区理工类本科一批次录取最低分为540分，超一本线3分（理工类一本线537分），录取最高分为617分，超一本线80分；文史类本科一批次录取最低分为564分，超一本线9分（文史类一本线555分），录取最高分为618分，超一本线63分。2017年我校北京地区理工类本科二批次录取最低分为528分，超二本线89分（理工类二本线为439分），录取最高分为542分，超二本线103分；文史类本科二批次录取最低分为536分，超二本线68分（文史类二本线为468分），录取最高分为556分，超二本线88分；

2017年，我校京外地区均实现本科一批次招生，生源情况良好。在投放普通理科计划的27个京外省市中，8个省市区（山东、海南、黑龙江、河北、陕西、上海、辽宁、西藏）超过当地一本线70分；11个省市超过当地一本线60分（山东、海南、黑龙江、河北、陕西、上海、辽宁、西藏、河南、湖北、安徽）；16个省市超过当地一本线50分（山东、海南、黑龙江、河北、陕西、上海、辽宁、西藏、河南、湖北、安徽、重庆、四川、江西、贵州、新疆）；18个省市超过当地一本线40分（山东、海南、黑龙江、河北、陕西、上海、辽宁、西藏、河南、湖北、安徽、重庆、四川、江西、贵州、新疆、内蒙古、甘肃）。

2017年全国各省市录取分数统计

地区	批次	理工			文史		
		最高分	最低分	批次线	最高分	最低分	批次线
北京	一批	617	540	537	618	564	555
北京	二批	542	528	439	556	536	468
天津	一批	583	558	521	557	551	531
河北	一批	622	567	485	595	579	517
山西	一批	527	515	481	—	—	518
内蒙古	一批	579	514	466	531	517	472
辽宁	一批	592	556	480	565	555	532
吉林	一批	572	526	507	540	531	528
黑龙江	一批	568	539	455	527	527	481
上海	本科	507	479	402	—	—	402
浙江	本科	620	578	577			577
安徽	一批	570	547	487	557	541	515
福建	一批	524	449	441	525	516	489
江西	一批	565	557	503	557	551	533
山东	一批	602	581	433	—	—	483
河南	一批	581	548	484	562	554	516
湖北	一批	567	548	484	563	561	528
广西	一批	591	474	473	—	—	535
海南	一批	715	648	539	696	690	578
重庆	一批	587	550	492	555	547	525
四川	一批	594	569	511	566	560	537
贵州	一批	561	506	456	585	568	545
云南	一批	600	539	500	581	576	555
西藏	一批	499	499	426	476	476	441
陕西	一批	538	527	449	—	—	509
甘肃	一批	517	500	460	—	—	505
青海	一批	465	405	391	—	—	463
宁夏	一批	508	443	439	553	545	519
新疆	一批	537	514	464	—	—	487

2017年北京市各专业录取分数统计

批次	科类	学院	专业名称	最高分	全市排名	最低分	全市排名	平均分	全市排名
一批	理工	建筑学院	建筑学（大师实验班）	617	4529	590	8148	604	6222
			建筑学（城市设计方向）	586	8757	572	10912	577	10086
			建筑学	589	8304	574	10598	581	9489

续表

批次	科类	学院	专业名称	最高分	全市排名	最低分	全市排名	平均分	全市排名
一批	理工	建筑学院	城乡规划	576	10262	561	12562	568	11485
			风景园林	583	9200	569	11346	576	10262
			历史建筑保护工程	584	9056	564	12096	573	10743
			环境设计	580	9640	563	12245	569	11346
		土木学院	土木英才实验班	581	9489	562	12411	570	11189
			土木工程（建筑工程）	575	10422	548	14602	555	13513
			土木工程（城市道路与桥梁工程）	568	11485	545	15103	550	14282
			土木工程（城市地下工程方向）	559	12862	543	15424	546	14939
			交通工程	559	12862	545	15103	550	14282
			无机非金属材料工程（建筑材料）	548	14602	540	15885	544	15259
		环能学院	建筑环境与能源应用工程	580	9640	547	14755	554	13665
			给排水科学与工程	562	12411	543	15424	549	14463
			给排水科学与工程（中美合作2+2）	578	9944	552	13969	560	12713
			环境类创新人才实验班	564	12096	546	14939	551	14111
			能源与动力工程	565	11946	544	15259	550	14282
		测绘学院	城市空间信息类	561	12562	540	15885	544	15259
		经管学院	工程管理	562	12411	546	14939	550	14282
			工程造价	571	11049	551	14111	558	13019
	文史	建筑学院	建筑学（大师实验班）	607	1330	599	1667	603	1503
			建筑学（城市设计方向）	590	2093	590	2093	590	2093
			建筑学	599	1667	576	2863	587	2272
			城乡规划	570	3172	565	3437	567	3322
			风景园林	579	2704	565	3437	571	3106
			历史建筑保护工程	618	955	569	3228	581	2591
			环境设计	571	3106	564	3502	567	3322
		经管学院	城市管理	595	1844	564	3502	568	3277
二批	理工	机电学院	机械类	535	16640	528	17684	530	17382
			车辆工程（卓越班）	533	16953	529	17540	532	17096
		电信学院	工科创新实验班	542	15590	534	16797	536	16495
			电气类	536	16495	528	17684	531	17233
			建筑电气与智能化	536	16495	530	17382	532	17096
			计算机科学与技术	537	16343	529	17540	532	17096
		理学院	信息与计算科学	533	16954	529	17540	531	17233
			电子信息科学与技术	535	16640	529	17540	531	17233

续表

批次	科类	学院	专业名称	最高分	全市排名	最低分	全市排名	平均分	全市排名
二批	理工	经管学院	工商管理	536	16495	533	16953	535	16640
		文法学院	法学	533	16953	532	17095	533	16953
	文史	经管学院	工商管理	556	3938	546	4540	550	4304
		文法学院	法学	551	4251	539	4998	544	4679
			社会工作	551	4251	536	5162	539	4998

注：以上数据仅供参考，最终数据请以北京考试院公布数据为准。

【录取新生】 2017年我校共录取本科新生1882人，其中北京生源1231人（含双培计划121人，外培计划25人，农村专项计划33人；双培计划减7人，农村专项计划减7人，北京一批次加31人，北京二批次加23人，少数民族预科班42人），京外生源580人，另有预科转入42人，内地新疆、西藏班29人。

此外，2017年我校共接收北京市10所高职院校的217名优秀毕业生升入我校（含76名推优士兵免试生本科学生）。

（五）招生宣传

为进一步扩大学校的社会影响力，提升学校的社会认知度，提高学校的生源质量，招生办公室在全校教职工的大力支持下，开展了一系列招生宣传活动。

【举办北京市高招联合咨询会】 继续成功举办北京市规模最大、参与高校最多的公益性高招联合咨询会，共邀请到53所高校，教育部阳光高考和北京考试报两家媒体的参加；北京电视台、北京青年报、北京日报等多家媒体对咨询会进行报道，万余名考生及家长参加了咨询活动。

【积极参加北京市高招咨询会和校园开放日】 2017年我校共参加京内招生咨询活动41场，其中，中学举办的24场，高校举办的8场，媒体机构举办的7场，高招办、区团委举办的2场。

2017年北京建筑大学参加京内招生咨询会汇总表

序号	时间	所在区	地点	主办方
1	4月21日	海淀	科大附中	科大附中
2	4月23日	东城	北京市第171中学	北京晨报
3	4月24日	海淀	北京城市广播	北京城市广播
4	4月29日	通州	北京工商大学嘉华学院	通州、朝阳、顺义、平谷、密云、怀柔高招办
5	5月15日	朝阳	新浪网	新浪网访谈
6	5月20日	石景山	北方工业大学	北方工业大学
7	5月21日	顺义	北京城市学院顺义校区	北京城市学院
8	5月21日	大兴	北京印刷学院	北京印刷学院
9	5月25日	东城	北新桥	东城区团委
10	5月26日	东城	北京第五中学体育馆	北京第五中学

续表

序号	时间	所在区	地点	主办方
11	5月27日	西城	新华网	新华网访谈
12	5月27日	海淀	北大附中	北大附中
13	6月9日	东城	北京市第六十五中学	北京市第六十五中学
14	6月10日	昌平	北京农学院	北京农学院
15	6月10日	延庆	延庆五中操场	延庆高招办
16	6月10日	东城	北京市第五十中学	北京市第五十中学
17	6月10日	石景山	北京京源学校	北京晨报
18	6月12日	东城	北京五十五中学	北京五十五中学
19	6月15日	西城	北京师范大学附属中学	北京师范大学附属中学
20	6月15日	海淀	北京城市广播	北京城市广播访谈
21	6月16日	海淀	首都师范大学附属中学	首都师范大学附属中学
22	6月16日	房山	房山区良乡中学	房山区考试中心
23	6月16日	海淀	网上答疑	北京教育考试院
24	6月16日	海淀	首师大附属育新中学	首师大附属育新中学
25	6月17日	通州	通州教委五楼会议室	通州教委
26	6月17日	朝阳	陈经纶中学	陈经纶中学
27	6月17日	石景山	北京九中	石景山高招办
28	6月18日	西城区	北京市第一六一中学	北京市第一六一中学
29	6月18日	朝阳	首经贸	首经贸
30	6月18日	朝阳	北京服装学院	北京服装学院
31	6月18日	顺义	北京工业大学耿丹学院	北京工业大学耿丹学院
32	6月22日	密云	密云二中	密云二中
33	6月23日	海淀	八一中学	八一中学
34	6月23日	海淀	人大附中	人大附中
35	6月24日	朝阳	北京八十中	北京八十中
36	6月24日	海淀	中国教育在线	中国教育在线访谈
37	6月24日	门头沟	大峪中学	大峪中学
38	6月24日	丰台	北京第十二中学	北京第十二中学
39	6月25日	朝阳	中国教育电视台	中国教育电视台访谈
40	6月25日	西城	北师大二附中	北师大二附中
41	6月26日	东城	北京二中	北京二中

【大规模参加京外高招咨询】 2017年学校共参加京外16个省、市、区举办的31场招生咨询活动，其中，中学举办的10场，高校举办的8场，当地考试院、考试中心举办的9场，其他机构举办的4场。

2017北京建筑大学参加京外地区招生咨询会汇总表

序号	时间	省市	地点	主办方
1	4月26~28日	贵州	贵州兴义	黔西南州人民政府
2	4月27日	辽宁	沈阳市勒思气膜足球馆	沈阳日报社
3	6月23日	河北	衡水二中东校区	衡水市第二中学
4	6月24日	河北	邯郸市第四中学	北京晨报
5	6月24日	河北	石家庄一中	石家庄一中
6	6月24日	河北	保定市第一中学	保定市第一中学
7	6月23日	贵州	贵州大学花溪北校区体育馆	贵州大学
8	6月24日	辽宁	辽宁城市建设学院	中国教育在线
9	6月24日	重庆	西南大学附属中学	西南大学附属中学
10	6月23~24日	四川	成都世纪城新国际会展中心	昭信教育
11	6月24日	内蒙古	内蒙古大学	内蒙古大学
12	6月24日	广西	南宁三中	南宁三中
13	6月24~25日	广西	广西南宁国际会展中心	广西招生考试院
14	6月24日	宁夏	宁夏亲水体育中心	宁夏日报报业集团
15	6月24日	安徽	安徽新华学院（合肥）	安徽省教育招生考试院
16	6月25日	安徽	阜阳师范学院（阜阳）	安徽省教育招生考试院
17	6月26日	安徽	安徽工程大学（芜湖）	安徽省教育招生考试院
18	6月26日	安徽	合肥八中	合肥八中
19	6月26日	黑龙江	哈尔滨工程大学	哈尔滨工程大学
20	6月27日	安徽	安庆市招生考试院	安徽省教育招生考试院
21	6月25日	山东	临沂大学篮球场	临沂大学
22	6月24日	山东	青岛理工大学	青岛理工大学
23	6月26日	山东	济南大学主校区体育场	济南大学
24	6月26日	山东	威海二中南校区	威海市招生考试办公室
25	6月24~27日	海南	海南国际会议会展中心	海南省考试局
26	6月25日	江西	南昌国际展览中心主馆	新浪网、微博
27	6月25日	陕西	陕西省西安中学	西安中学
28	6月26日	陕西	西安建筑科技大学	西安建筑科技大学
29	6月25~26日	河南	河南师范大学新联学院	河南省招生办公室
30	6月27日	河南	新乡一中	新乡一中
31	6月26~27日	福建	福州海峡国际会展中心	福建省教育考试院

【开展多种形式的招生宣传活动】

1. 建立"请进来"和"走出去"同步推进的工作机制。依托"请进来"继续承办北京市规模最大、参与高校最多的公益性高招联合咨询会；通过"走出去"组织教职工参加京内招生咨询活动42场，京外16个省、市、区举办的31场招生咨询活动，有力扩大了学校的社会影响力，提高了社会知名度。

2. 积极参加人民网、中国教育电视台、新华网、腾讯教育、中国网、《北京考试报》、《高校招生》杂志、北京城市广播、教育部阳光高考平台等多种类型主流媒体的宣传活动,拍摄了学校招生宣传视频《这里很美,有你会更美》,制作了微信版专业介绍,供考生和家长了解学校专业;同时注重新媒体应用,开通了微博、微信、QQ、贴吧等,加强与考生的互动交流,吸引了更多的优质生源。

3. 在校生宣传:组织在校生拍摄学生专业代言人照片,应用于招生简章、招办网站;完成了《北京建筑大学 2016 级新生生源情况统计》;举办了"忆母校恩,筑建大梦"为主题的寒假招生宣传社会实践活动,编辑了《北京建筑大学寒假招生宣传社会实践总结》。

4. 优质生源基地建设:努力推进优质生源基地建设,与北京市门头沟区大峪中学挂牌"优质生源基地",建立北京市第一家生源基地。

5. 专业化招生宣传团队建立:组建了一支包含专业负责人、专业教师在内的 77 人专业化招生宣传团队,对招生宣传团队开展了 6 次招生宣传培训。

二、就业工作

(一)概况

北京建筑大学按照就业工作"一把手工程"的要求,严格贯彻落实就业工作目标责任制。积极推动就业工作的科学化、规范化建设,建立"领导主抓、部门统筹、学院为主、全员参与"的四级联动工作机制,形成了"上下联动、齐抓共管、专兼结合、全员参与"的毕业生就业工作格局。

2017 年坚持以"高质量就业,高平台发展"的理念,扎实开展就业教育和就业服务工作,2017 年本科生就业率 96.89%,签约率 94.91%;研究生就业率 98.88%,签约率 97.75%;其中,本科生升学率(出国及考研合计)24.80%,为学校历史最高水平。

(二)毕业生就业情况

毕业生就业基本数据:

2017 年本科生就业情况统计表览

序号	学院	专业	总人数	签约率	就业率	升学总计
1	建筑	建筑学	42	97.62%	100%	40.47%
		城市规划	42	92.86%	92.86%	45.24%
		环境设计	25	96%	96%	56%
		历史建筑保护工程	22	81.82%	90.91%	57.17%
		合计	131	93.13%	95.42%	47.33%
2	土木	土木工程	313	96.17%	97.44%	23.64%
		交通工程	28	100%	100%	32.14%
		无机非金属材料	33	100%	100%	36.36%
		合计	374	96.79%	97.86%	25.40%
3	环能	建筑环境与设备工程	79	97.47%	97.47%	32.91%
		给水排水工程	116	94.83%	94.83%	48.28%

续表

序号	学院	专业	总人数	签约率	就业率	升学总计
3	环能	能源与动力工程	31	100%	100%	22.58%
		环境工程	35	91.43%	91.43%	28.57%
		环境科学	27	100%	100%	33.33%
		合计	288	96.18%	96.18%	37.60%
4	电信	自动化	54	92.59%	98.15%	24.07%
		电气工程及其自动化	73	94.52%	98.63%	28.77%
		计算机科学与技术	37	94.59%	94.59%	10.82%
		建筑电气与智能化	64	90.63%	90.63%	26.57%
		合计	228	92.98%	95.61%	24.12%
5	经管	工程管理	182	95.05%	98.35%	9.34%
		公共事业管理	74	91.89%	95.95%	10.71%
		工商管理	77	87.01%	87.01%	12.99%
		市场营销	55	98.18%	100%	18.18%
		合计	388	93.30%	95.88%	11.60%
6	测绘	测绘工程	55	98.18%	98.18%	29.09%
		地理信息科学	65	98.46%	100%	29.23%
		合计	120	98.33%	99.17%	29.17%
7	机电	机械工程及自动化	52	90.38%	94.23%	17.31%
		车辆工程（汽车工程方向）	28	92.86%	96.43%	42.86%
		车辆工程（城市轨道交通方向）	30	100%	100%	10%
		工业工程	27	96.30%	96.30%	25.93%
		合计	137	94.16%	96.35%	22.63%
8	文法	法学	71	95.77%	98.59%	15.49%
		社会工作	66	96.97%	100%	19.70%
		合计	137	96.35%	99.27%	17.52%
9	理	电子信息科学与技术	29	86.21%	100%	10.34%
		信息与计算科学	35	94.29%	100%	14.29%
		合计	64	90.63%	100%	12.50%
全校		本科生合计	1867	94.91%	96.89%	24.80%

2017年研究生就业情况统计表

序号	学院	专业	人数	签约率	就业率	升学总计
1	建筑	建筑学	72	94.44%	95.83%	0%
		设计学	18	88.89%	88.89%	5.56%
		城乡规划学	11	100%	100%	9.09%
		风景园林学	8	100%	100%	12.50%

续表

序号	学院	专业	人数	签约率	就业率	升学总计
1	建筑	建筑遗产保护	1	100%	100%	0%
		城市规划	11	100%	100%	0%
		合计	121	95.04%	95.87%	2.48%
2	土木	建筑与土木工程	68	98.53%	100%	2.94%
		结构工程	16	100%	100%	12.50%
		道路与铁道工程	4	100%	100%	0%
		交通运输规划与管理	3	100%	100%	0%
		桥梁与隧道工程	2	100%	100%	50%
		岩土工程	1	100%	100%	0%
		合计	94	98.94%	100%	5.32%
3	环能	供热、供燃气、通风及空调工程	21	100%	100%	9.52%
		环境工程	17	100%	100%	0%
		环境科学	4	100%	100%	0%
		建筑遗产保护	9	100%	100%	22.22%
		建筑与土木工程（供热、供燃气、通风及空调）	28	100%	100%	0%
		市政工程	14	100%	100%	0%
		建筑与土木工程（市政工程）	16	100%	100%	0%
		建筑技术科学	1	100%	100%	0%
		合计	109	100%	100%	3.67%
4	电信	建筑与土木工程（建筑电气与智能化）	17	100%	100%	0%
		控制理论与控制工程	8	100%	100%	0%
		交通信息工程及控制	1	100%	100%	0%
		合计	26	100%	100%	0%
5	经管	工商管理	9	100%	100%	0%
		技术经济与管理	2	100%	100%	0%
		物流工程	2	100%	100%	0%
		管理科学与工程	6	100%	100%	0%
		项目管理	2	100%	100%	0%
		企业管理	4	100%	100%	25%
		合计	25	100%	100%	4%
6	测绘	测绘工程	21	95.24%	100%	4.76%
		地图制图学与地理信息工程	9	100%	100%	0%
		大地测量学与测量工程	5	100%	100%	0%
		摄影测量与遥感	5	100%	100%	0%
		建筑遗产保护	1	100%	100%	0%
		合计	41	97.56%	100%	2.44%

续表

序号	学院	专业	人数	签约率	就业率	升学总计
7	机电	工业工程	4	100%	100%	0%
		物流工程	3	100%	100%	0%
		载运工具运用工程	5	100%	100%	0%
		检测技术与自动化装置	1	100%	100%	100%
		合计	13	100%	100%	7.69%
8	文法	设计学	4	100%	100%	0%
		社会工作	4	100%	100%	0%
		合计	8	100%	100%	0%
9	理学院	运筹学与控制论	3	100%	100%	33.33%
		应用数学	5	100%	100%	20%
		合计	8	100%	100%	37.5%
		研究生合计	445	97.75%	98.88%	3.82%

（三）职业类课程

1. 推进完善课程建设

2017年，在稳定现有职业生涯必修课程规模的基础上，对选修和实践类课程进行了调整和完善，主要包含以下几点：一是探索和丰富职业生涯必修课实践、考核环节的内容与方法，切实提升课程对学生意识培养的促动功能。二是精简就业指导选修课开设规模，优选师资，切中需求，增补了无领导小组讨论等内容，切中毕业生辅导需求。三是打破原有就业实践小课堂场地固定、受众有限的形式，摸索实践性、互动性更强的主题辅导形式。先后协助学院层面开展求职准备实践主题指导20余次，受众900余人次，是实践小课程的2倍多。

2. 扎实开展师资培养

2017年，针对就业一线和职涯类课程师资队伍人员频繁变动，新人迭代迅速（从事职业生涯教育4年以上、授课轮次在2轮以上、高职称且接受过职涯领域高层级培训的群体流失率均已超过50%）的情况，对近三年师资状况开展了逐一梳理，撰写完成了《北京建筑大学职业生涯课程师资队伍现状分析》《北京建筑大学职业生涯师资培训调研》两份报告。在充分调研的基础上，制定了2017年度的职涯师资分层培训计划，共输送29名师资参与外训，其中基础类培训10人次，提高类培训17人次，政策类培训2人次。同时，针对现有课程师资问题，开展内部教研沙龙2次、片组集体备课7次、新师资试讲前集中培训交流2次，教研室主任一对一新师资辅导17人次、"引路人"结对指导9组。同时，关注就业从业教师专业化发展，积极指导就业辅导员撰写职涯、就业教育主题论文2篇，协助申请校级立项1项。

（四）就业指导与服务

1. 加强就业动员和分类指导

有序开展中低年级职业生涯教育，特别加强学生就业骨干培训；推进毕业生就业指导工作。在中低年级层面，继续推进"职业生涯嘉年华"、"生涯大讲堂"、"寒假社会实践——职业认知与访谈"系列活动，协助学院开展相关职涯主题活动20余场次。还结合职业生涯指导日常需要，对现有校院两级就业社团成员、就业工作助理群体，开展了为期6周、合计18学时，覆盖9个学院93名学生的"就业骨干能力提升"培训。在毕业生就业指导方面，丰富"职点未来"系列咨询指导活动，面向毕业年级，开设大型简历咨询指导工作坊8次，全校性一对一简历巡诊4次，无领导小组讨论体验工作坊2次，协助学院开展就业指导主题活动27场次。基本实现毕业生求职群体简历指导全覆盖。在两校区办学，且部门办公场地紧张的前提下，开设专人工位时段的就业指导个体咨询。每周在西城、大兴两校区提供16小时的固定时段个体咨询时间，该时段无需预约，直接前去咨询即可，为广大学生了解就业政策、生涯规划等问题提供了便利。

2017年就业指导类活动一览表

序号	活动时间	活动	活动主题
1	5月9日	讲座	简历制作和求职面试技巧大揭秘
2	5月20日	讲座	名企HR简历指导工作坊（依米湾科技HRD）
3	5月22日	讲座	名企HR简历指导工作坊（北森）
4	5月25日	现场咨询	简历大巡诊
5	5月26日	现场咨询	简历大巡诊
6	6月9日	现场咨询	简历大巡诊
7	4月30日～6月15日	讲座/素质拓展	校院学生就业骨干训练营（7次）
8	9月14日	现场咨询	简历大巡诊
9	9月23日	现场咨询	简历大巡诊
10	9月1～25日	讲座	各学院就业动员阶段活动（协办并参与8场）
11	10月11日	讲座	考研学生总动员
12	10月12日	讲座	出国学生分享会
13	10月22日	现场咨询	简历大巡诊
14	10月27日	讲座	简历制作指导工作坊
15	10月28日	讲座	简历制作指导工作坊
16	11月3日	工作坊	无领导小组讨论体验工作坊
17	11月5日	讲座	京外生源毕业生就业政策
18	11月10日	工作坊	无领导小组讨论体验工作坊
19	11月12日	讲座	女生群体的就业与求职
20	11月14日	讲座	公务员招录政策与策略
21	10月26日～11月15日	讲座	各学院分类指导阶段活动（协办并参与14场次）
22	11月7日～1月11日	工作坊	建筑学院就业骨干训练营（5次）
23	12月16日	讲座	名企HRD眼中的求职准备
24	9月15日～1月18日	日常咨询	大兴：周四下午，综合服务大厅招生就业处工位 西城：周五全天，行政1-106
总计			日常教育指导活动53场（次）；常设咨询：12学时/周

2. 就业市场建设

北京建筑大学多年来针对就业工作的严峻形势，提出"高质量就业，高平台发展"的工作目标，积极开拓就业市场。一方面实施请进来战略，将校园招聘活动贯穿全年，2017年学校及各学院精心组织各类招聘活动。全年组织5场大型双选会，累计参会的用人单位共计779家，提供就业岗位近21456个，岗位供需比接近1∶10，其中建筑行业单位占比71%，国企事业单位占比51%；召开专场宣讲会88场，其中建筑行业单位占比73%，国有企业占比64%；为我校毕业生创造优质丰富的就业机会。

针对外地生源增多的新情况，积极开拓外地就业市场，目前已经与河北、山东、天津、山西、安徽等地的30余家建筑类重点用人单位取得联系。并由招生就业处带队走访了13家建筑行业知名企业。下一步要维护和继续开拓生源地、省会城市和其他学生就业意向比较明确的京外城市。同时利用全国建筑类高校就业联盟平台，联合山东建筑大学、吉林建筑大学、西安建筑科技大学等多所不同城市的建筑类高校，引进外省就业资源。

此外，为培养国际视野的人才，建设双一流高校，落实"一带一路"对外开放战略，满足我校人才的多样化需求，推进我校办学工作的国际化进程，在本学年就业市场科分别于6月与10月共计举办两场面向2018届毕业生的海外留学咨询洽谈会，累计34所学校参会。洽谈会旨在推进学校"一带一路"国际化办学，增进在校大学生对海外留学项目、留学政策以及申请流程的了解，是满足各类学生生涯发展需求，充分体现我校最爱学生办学理念的有效举措。

充分利用就业网、校友会平台为学生提供招聘信息，在就业网注册的企业中，大型企业占比44.8%，国企、事业单位占比20.1%；累计现在我校就业网站总访问量（pv）达到100余万，同时，进一步完善网络信息平台，对我校就业指导中心微信公众号进行了升级改版，由原有的逐条单一的发布招聘信息，现升级为三个信息板块：就业资讯、双选会、就业咨询。其中，就业资讯板块包括：招聘信息、宣讲会信息、就业金钥匙。实时发布我校有效的校园招聘信息，同时上传就业政策、手续办理等服务手册，帮助在校大学生及时掌握就业相关办理流程和注意事项。双选会板块主要是面向企业报名参加我校毕业生双选会的渠道，通过此方式即可以让用人单位及时了解我校应届毕业生的专业设置，同时用人单位可以通过手机直接填报，提升效率，简化了企业报名程序。同时，此板块还增设了双选会志愿者的报名渠道，给在校大学生增加与社会单位接触的锻炼机会。就业咨询板块主要是满足我校学生对职业生涯精细化辅导的需求，面向我校学生开展个体化的职业咨询工作。

2017年校园大型双选会一览表

序号	时间	地点	服务对象	参会单位
1	3月28日 13：30～17：00	大兴校区大学生活动中心	2017届毕业生	北京城建亚泰建设集团有限公司、北京住总第三开发建设有限公司等197家用人单位
2	6月6日 13：30～17：00	大兴校区大学生活动中心	2018届毕业生	北京住总第二开发建设有限公司、北京市第三建筑工程有限公司等115家用人单位
3	9月26日 13：30～17：00	大兴校区大学生活动中心	2018届毕业生	华润置地、中航建设集团、SOHO中国物业等134家用人单位

续表

序号	时间	地点	服务对象	参会单位
4	10月31日 13：30~17：00	大兴校区大学生活动中心	2018届毕业生	北京市政集团、中国建筑设计集团等198家用人单位
5	11月28日 13：30~17：00	大兴校区大学生活动中心	2018届毕业生	中铁建设集团、万科链家、中粮置地广场等135家用人单位

2017年校园专场招聘会一览表

序号	单位名称	宣讲会时间	宣讲会地点
1	中国水环境集团	9月18日	大兴校区学A-120
2	卡斯柯信号有限公司北京分公司	9月20日	大兴校区基A-211
3	青岛北洋建筑设计有限公司	9月20日	西城校区教1-225
4	中建水务	9月21日	大兴校区基A-139
5	北京三磊建筑设计有限公司	9月25日	西城校区教1-323
6	中国十九冶	9月25日	西城校区教1-225
7	陕西建工集团	9月27日	大兴校区基A-127
8	多维联合集团	10月10日	大兴校区学E报告厅
9	中铁电气化据集团北京建筑工程有限公司	10月10日	大兴校区学E报告厅
10	中国中铁电气化局集团有限公司铁路工程公司	10月10日	大兴校区学E报告厅
11	中建阿尔及利亚公司	10月11日	大兴校区学E139
12	中原地产	10月11日	大兴校区学B-317
13	中建一局	10月11日	大兴校区学E报告厅
14	国网北京市电力公司	10月11日	大兴校区学D412
15	中国建筑技术集团有限公司第九设计所	10月12日	西城校区教1-326
16	中建安装	10月12日	大兴校区学E报告厅
17	中国建设银行北京分行	10月13日	大兴校区基A132
18	中国建设银行北京生产园区专场面试	10月13日	大兴校区行管楼125
19	中铁工程设计咨询集团有限公司	10月13日	西城校区教1-223
20	鼎世集团	10月13日	西城校区教1-310
21	华夏幸福	10月13日	大兴校区学E报告厅
22	深圳市建筑科学研究院股份有限公司	10月16日	西城校区教1-326
23	中国水利水电第十四工程局	10月16日	大兴校区学E139
24	山东同圆设计集团有限公司	10月16日	西城校区教1-323
25	华电重工股份有限公司	10月16日	大兴校区学E139
26	北京华汉旅规划设计研究院	10月17日	西城校区教1-225
27	中国电建地产集团	10月17日	大兴校区学E报告厅
28	京港地铁	10月17日	大兴校区基A-215
29	北京设一不二城市规划设计院	10月17日	西城校区教1-318
30	安徽省设计研究院	10月18日	大兴校区学E139

续表

序号	单位名称	宣讲会时间	宣讲会地点
31	中国水利水电第四工程局	10月18日	大兴校区基A207
32	北京维拓时代建筑设计有限公司	10月18日	西城校区教1-425/323
33	中联筑境建筑设计有限公司建筑学院	10月18日	西城校区教1-326
34	碧桂园集团	10月19日	大兴校区学E报告厅
35	中铁十四局集团有限公司	10月19日	大兴校区学E报告厅
36	同方股份有限公司	10月19日	大兴校区学B317
37	华通设计顾问工程有限公司	10月19日	西城校区教1-326
38	北京清华同衡规划设计研究院	10月20日	西城校区教1-223
39	中铁十七局集团公司	10月20日	大兴校区学E139
40	中国中铁建工集团北京分公司	10月20日	大兴校区基A207
41	中建装饰公司	10月20日	大兴校区学E139
42	中建城建公司	10月23日	大兴校区学E139
43	龙湖物业集团	10月24日	大兴校区基A-215
44	北京北航天华时代科技有限公司	10月25日	大兴校区学D408
45	太古地产（中国）	10月25日	大兴校区学A120
46	中国建筑技术集团有限公司	10月25日	西城校区教1-326
47	北京学而思	10月26日	大兴校区基D208
48	柏诚工程技术（北京）有限公司	10月26日	大兴校区基A115
49	北京泰豪	10月26日	大兴校区学D416
50	WSP科进	10月26日	大兴校区基A-115
51	青岛腾远设计事务所有限公司	10月26日	西城校区教1-225
52	中国建筑标准设计研究院	10月27日	西城校区教1-126
53	深圳铁汉	10月27日	大兴校区学A-129
54	南方佛吉亚廊坊分公司	10月30日	大兴校区基A-447
55	宁波市规划设计研究院	10月30日	西城校区教1-326
56	中国航空规划设计研究总院有限公司	10月30日	西城校区教1-126
57	易招标	10月31日	大兴校区学A120
58	深圳市蕾奥规划设计咨询股份有限公司	10月31日	西城校区教1-323
59	北京市建筑设计研究院有限公司	11月1日	西城校区教1-223
60	永升物业	11月2日	大兴校区学A316
61	中国铁建十六局集团有限公司	11月2日	大兴校区学E139
62	成都基准方中建筑设计有限公司	11月2日	西城校区教1-323
63	中设设计集团民航设计研究院	11月2日	西城校区教1-310
64	华商国际工程有限公司	11月3日	西城校区教1-323
65	北京协和医院	11月3日	西城校区教1-310
66	中铁十九局集团有限公司	11月6日	大兴校区学E139

续表

序号	单位名称	宣讲会时间	宣讲会地点
67	华清安地	11月6日	西城校区教1-318
68	亿利资源集团	11月6日	大兴校区学A126
69	中捷通信有限公司	11月7日	大兴校区学A115
70	北京市燃气集团有限责任公司	11月7日	大兴校区学A125
71	中国太平洋财产保险股份有限公司北京分公司	11月7日	大兴校区学E106
72	四川航空股份有限公司	11月7日	大兴校区学D408
73	中国中元国际工程有限公司	11月9日	西城校区教1-318/322
74	建宜集团	11月9日	大兴校区基A327
75	KDG科达集团	11月9日	大兴校区学E139
76	中信建设有限责任公司	11月10日	大兴校区学E139
77	中铁北京工程局集团有限公司	11月13日	大兴校区学E139
78	武汉市规划研究院	11月14日	西城校区教1-318
79	中持水务股份有限公司	11月14日	西城校区教1-204
80	笛东规划设计公司	11月15日	西城校区教1-323
81	中国中铁建工集团	11月16日	大兴校区学E320
82	北京排水集团有限责任公司	11月16日	大兴校区学B139
83	中交第三公路工程局有限公司	11月16日	大兴校区学E139
84	中国建筑东北设计研究院有限公司	11月17日	西城校区教1-326
85	中国葛洲坝集团国际工程有限公司	11月17日	西城校区教1-225
86	北京维实万事达建筑科技有限公司	11月21日	大兴校区基A520
87	北京亦庄投资控股有限公司	11月21日	大兴校区学A125
88	山西建设投资集团	11月24日	大兴校区学E报告厅

2017年就业市场拓展活动一览表

序号	走访时间	单位名单	单位所在地
1	2017年3月1日	首钢集团	北京市石景山区
2	2017年3月9日	北京城建集团	北京市海淀区
3	2017年3月13日	北京磐石建设监理有限责任公司	北京市海淀区
4	2017年3月22日	北京住总集团	北京市朝阳区
5	2017年4月13日	北京万科企业有限责任公司	北京市朝阳区
6	2017年4月20日	北京市政路桥集团	北京市西城区
7	2017年5月5日	中建海峡建设发展有限公司	福建省福州市
8	2017年5月8日	北京建工集团	北京市
9	2017年5月18日	山东德泰装饰有限公司	山东省济南市
10	2017年5月19日	山东同圆集团设计有限公司	山东省济南市
11	2017年8月14日	山西建设投资集团有限公司	山西省太原市
12	2017年8月14日	保利地产山西公司	山西省太原市
13	2017年9月14日	北京泰豪智能工程有限公司	北京市

2017年6月海外留学咨询洽谈会（第一场）与会学校名录

2018届海外留学咨询洽谈会（第一场）		
序号	学校名称	所在国家
1	康奈尔大学	美国
2	宾州州立帕克	美国
3	加州大学圣塔芭芭拉分校	美国
4	东北大学	美国
5	加州洛杉矶分校	美国
6	雪城大学	美国
7	纽约理工大学	美国
8	谢菲尔德大学	英国
9	爱丁堡大学	英国
10	皇家墨尔本理工大学	澳大利亚
11	莫纳什大学	澳大利亚
12	世纪大学	马来西亚
13	美国伊利诺伊大学芝加哥分校	美国

2017年10月海外留学咨询洽谈会（第二场）与会学校名录

2018届海外留学咨询洽谈会（第二场）		
序号	学校名称	所在国家
1	伦敦艺术大学	英国
2	英国诺森比亚大学	英国
3	马来西亚理工大学	马来西亚
4	马六甲马来西亚技术大学	马来西亚
5	皇家墨尔本理工大学	澳大利亚
6	英国贝尔法斯特女王大学	英国
7	巴黎中央理工-高等电力大学	法国
8	法国巴黎东部马恩-拉瓦雷大学	法国
9	美国伊利诺伊大学芝加哥分校	美国
10	美国罗切斯特理工大学	美国
11	东北大学	美国
12	麻省大学	美国
13	加州大学欧文分校	美国
14	谢菲尔德大学	英国
15	爱丁堡大学	英国

续表

2018届海外留学咨询洽谈会（第二场）		
序号	学校名称	所在国家
16	西三一大学	加拿大
17	新南威尔士大学	澳大利亚
18	那卡斯尔大学	英国
19	埃克塞特大学	英国
20	加州洛杉矶分校	美国
21	雪城大学	美国

（徐敬明　胡德俊　左一多　杨益东　贾海燕　司　帅　何立新）

第九章 校 友 工 作

一、概况

校友工作办公室管理北京建筑大学校友会和北京建筑大学教育基金会，下设两个秘书处。人员编制3人，其中事业单位编制2人，合同制编制1人。设主任兼任党政办公室副主任1名（副处级），综合管理科科长1名（正科级），兼校友服务岗，设基金会秘书岗1名。

2017年，校友办创造性地圆满完成了承担的党政工作要点中的第6项任务："汇聚校友力量，拓展办学资源，提振学校发展精气神"。

二、校友会工作

【以纪念办学110周年为契机，倡导崭新校友工作理念】

校友工作是大学立命之本；校友工作是温暖人心的心灵工程；校友会使命是凝聚校友，回馈建大，共同发展，服务社会。

【校友活动学校为主导，壮大校友会组织，坚持校友联系制度】

变校友自发活动为学校主导，壮大校友会组织，坚持校友联系制度，关注团结最广大校友。

其一，继续壮大校友会立体网络，收集校友信息，努力做大做强。新成立天津校友分会，京外二级分会已达4个；总会掌握的校友群23个。继续聘任2017年春夏两季本科生、研究生中的校友联络百余人。

其二，坚持定期走访校友机制。依据知名校友全覆盖，普通校友面覆盖，高龄校友抢救性全覆盖，校领导定期走访各地区分会的机制。一年来，校领导分别看望河南、天津地区校友；校友会走访校友15位。新收集省部级校友信息1名，正局级校友5名，副局级校友2名，各行业翘楚10余名。

【校友会引导校友活动，创新品牌活动，密切校友与母校联系】

其一，传承传统品牌项目

6月29～30日，组织夏季毕业生毕业季活动，请新校友留下手印，留下微笑，带走母校祝福、带走母校书签、带走母校牵挂。

11月15日，举办第五期校友跟你说：启骧讲书法。

12月29日，组织第二次校友会新年团拜会，30余位校友参加。

其二，创立北建大校友品牌项目

1月5日，启动首届校友导师计划。

5月7日，组织北京建筑大学校友长走活动。

7月15日，组织北京建筑大学首届"毕业三十周年校友值年返校"纪念活动，邀请18个班级，近260名校友返校。

【校友会发挥纽带作用，凝聚校友力量共建北建大】

校友会积极联系校友，研究校史，征求校友意见，在学校确立办学历史起点这一重大问题过程中，起到了积极作用。以不达目的不罢休的精神成功邀请校友出席纪念办学110周年座谈会并讲话，圆满完成任务。积极沟通，与宣传部一起圆满完成成立启骧书画艺术研究院的工作。在北京建筑大学第一次党代会召开之际，向20余位各领域代表校友征求大会报告意见。

一年来，各级校友会共邀请百余位优秀校友参加学校开学、院庆、学术研讨、校史研究、学生职业指导、学业指导、新年团拜、第二届艺术作品展、"一带一路"艺术展等重要活动。

【宣传校友业绩与母校成绩】

顺利建成由部门主页、校友会主页、基金会主页、校友会微信公众号、基金会微信公众号、正式出版物共同构建的"一刊、一网、贰平台"宣传网络。校友办充分利用媒体力量，不遗余力地宣传校友、宣传学校。

两个微信公众号，每月足量发布信息，连续在元旦、五一劳动节、国庆、端午、新年等重大节日里宣传上百名校友，让他们在美好节日的氛围里，感受母校的温暖；抓住国家举办重大活动的契机，顺势而为，聚焦行业校友，重点宣传。宣传了十九大上的北建大人、北京市第十二次党代会上的北建大人等，在"一带一路"峰会期间，联合宣传部，着重推出了"一带一路"上的北建大人系列报道，让默默奉献的校友们从"幕后"走到了"前台"。通过微信号定期推送信息200余条、学校新闻主页120余条。

顺利完成基金会主页上线，校友会主页更新工作，以崭新形象迎接本科教学审核式评估，保证了两个社团信息公开渠道的完整性。成功出版《北建大人》第二卷。

【年检年报工作】

顺利通过财务审计及民政局对校友会的2016年年审工作。

三、基金会工作

【依法管理教育基金会，进一步规范内部治理流程】

严格按照《基金会管理条例》、《慈善法》管理基金会，以《北京市基金会评估指标》为指南，进一步加强内部管理，探索严格规范的内控制度和方法。重点梳理理事会建设、财务管理、档案管理、年审、信息公开等方面的制度与流程，及时查漏补缺，为明年评估做准备。完成了捐赠资金记账、资助项目支出（支出单据设计、支出科目设计、签字审核流程等）、基金会管理费设置等工作，确保资金流转合法规范。

【依法召开理事会决定重大事项】

根据基金会章程共召开第一届理事会第五、六会议，讨论年度预算、筹资项目设计、重大支出、年审等事宜。

【积极申请资格认证,做强基金会】
　　2017年4月,获得2016年度公益性捐赠税前扣除资格。
【筹资情况】
　　共设计筹资项目七项:校友捐赠(含校友年度捐赠、校友励学金捐赠、建绿筑蓝捐赠、毕业生一卡通余额捐赠、《北建大人》出版捐赠、校友捐赠座椅基金)、奖助学金、奖教学金、学生创新创业基金、大爱救助基金、校园文化建设项目、学校建设发展项目。其中,设立大爱救助基金缘起于基金会与校友会合作,号召校友共同帮助罹患重病的大四在校生田雅芳同学,共募集到资金5万余元。
　　截至12月22日,到账捐赠资金3139732.31万元,其中限定性捐赠582723.31万元,非限定性捐赠2557000.00万元。
【主要资助方向】
　　基金会今年主要资助了优秀学生、教师、贫困生、校友活动、北京建筑大学建设。
【申请捐赠收入财政补助工作】
　　根据通知要求,以截至2017年8月31日止,基金会接受的捐赠资金到账数额为准,积极向教委及财政局申请捐赠收入财政补助261万元。
【宣传及信息公开工作】
　　11月,基金会主页正式上线;与已经运行的微信公众号并行,做好新闻动态宣传以及信息公开工作,及时公开受捐、使用、年审情况。

四、校友风采

　　经北京市东城区第十六届人民代表大会第一次会议选举,金晖当选为北京市东城区人大常委会主任(正局级)。
　　我校校友刘昌武当选北京市第十二次党代会代表。
　　我校校友李雅兰成功当选国际燃气联盟首位女性主席。
　　12月1日,北京市第十四届人大常委会四十二次会议决定任命杨斌为北京市副市长。

(杨洁华　沈　茜)

第十章 管理与服务

一、党政管理

(一)概况

2017年,北京建筑大学着力推进管理与服务优化,坚持"四阵"工作法,强练内功,加强制度建设,坚持提升文稿工作质量,规范会议召开,按照规定召开校长办公会、党委常委会、全委会;积极通过信息化优化工作流程,提高工作效率,提升服务水平;多样化畅通信访渠道,做好信访接待工作;落实保密工作相关政策、规章、制度;完成学校各类大型活动、重要会议和接待的综合协调与保障服务工作;强化督察督办力度,推动学校整体工作落实;严格用印管理与审批,提升用印效率和服务水平。

(二)制度建设

学校扎实推进依法治校工作。继续聘请康达律师事务所担任学校法律顾问,加强对重要合同和文件的合法性审查,保障学校合法权益,全年服务各部门完成法律咨询多项,确保学校各项工作法律风险降至最低。进一步完善各类制度文件,规范管理,出台《党政办公室公务用车使用实施细则》,协助开展全校办公用房专项检查工作,结合学校重点工作,对各类文件进行更新修订。切实加强对国家各类考试的保密管理;规范涉密文件的管理,健全了国家秘密载体和其他内部文件资料保密、借阅、归档、清退、销毁制度。

(三)文秘工作

立足学校改革发展全局,着力加强对党中央各类理论、政策、文件、会议精神和习近平新时代中国特色社会主义思想理论体系的学习研究,认真研讨分析落实北京市委、市委教育工委、市教委的工作部署安排,密切关注高等教育领域热点和兄弟高校先进经验做法,高质高效完成学校各种会议议程、领导讲话、新闻稿等文稿资料的起草撰写工作。将上级理论、政策、文件、精神与学校发展实际紧密结合,不断加强对学校发展形势和发展需求的分析研判,准确把握问题症结,出实招,解难题,切实做好校领导的参谋和助手。高质量完成上级单位领导视察调研、评估检查、党政工作报告、大型会议、活动等政策文件、领导讲话起草撰写、学校年度综合性工作报告、总结、规划。

(四)党委常委会、党委全委会、校长办公会、党群部门工作会等会务工作

严格按照《关于规范党委常委会、校长办公会议题申报程序和学校会议审批等有关事项的通知》、《党委常委会议事规则》、《党委全委会议事规则》、《校长办公会议事规则》要求,进一步转变会风、文风。会前和相关领导做好沟通,议题经沟通酝酿且无重大分歧后提交会议讨论,做好议题的收集与印发、材料的汇总与整理、部门协调、会议记录、纪要整理和印发、决议执行单下发,认真贯彻落实会议决议和督办查办等各环节工作,切实提高会议质量。2017年共召开校长办公会21次、党委常委会33次,党委全委会6次。充

分发挥党代表和教代表参政议政职能,不断拓宽民主参政议政渠道,全年 42 人次列席校长办公会。

(五)公文管理

认真贯彻落实中共中央办公厅、国务院办公厅下发的《党政机关公文处理工作条例》和《党政机关公文格式》,严守工作程序,全面充分利用 OA 系统办理校外收文,校内各级各类发文、请示,极大提高了公文管理工作效率和质量,深入推进学校公文管理工作规范化、标准化。以严谨的态度和规范的工作标准完成上级来文和校内发文的流转工作。全面落实习近平总书记"纠正'四风'不能止步"的要求,全年共完成校内发文 306 件(比 2016 年减少 44.7%),校内请示 68 件。完成中央、市委、市政府、市委教育工委、市教委等有关部门文件、函电的公文处理程序,共办结、落实上级来电来文 1013 件。

(六)信息化工作

继续巩固卓越管理行动计划落实成果,持续开展工作流程优化再造,组织开展 2 次校内办公室业务培训会,加强办公室业务交流。强化督察督办环节 OA 线上力度,保障督察督办环节的深入实际有效,着力优化 OA 系统使用,有效提升了 OA 系统使用效率和为学校各项工作服务的水平。

(七)信息公开

学校坚持秉承公正、公平、便民的工作原则,按照"十三五"发展目标要求,进一步完善和规范校务公开、信息公开体制机制建设,拓宽公开渠道,丰富公开内容,坚持特色做法,不断提升校务公开、信息公开工作水平。圆满完成市教委厂务公开民主管理调研检查工作,提交《北京建筑大学校务公开工作自查报告》。高标准、高质量完成《北京建筑大学 2017 年校务公开工作计划》、《北京建筑大学 2017 年校务公开工作总结》和《2016~2017 学年北京建筑大学信息公开工作年度报告》编制工作,推动校务公开、信息公开工作从被动公开向主动公开转型,从结果公开向过程公开转型,坚持以学校改革发展的重大事项、师生员工普遍关注的热点问题为公开重点,通过校园网、宣传橱窗、教代会、情况通报会会议、OA 系统、iStudent 网络社区、官方微博、微信公众平台等多种形式推进校务、信息公开工作,让全校师生员工知校情、参校事、议校政,进一步调动了广大师生员工主动参与、关心学校改革与发展的积极性,促进了学校重大决策的科学化、民主化。

(八)信访工作

坚持领导接待日制度,领导班子联系和服务党员群众制度,设立并开通校级领导和各部门(单位)党政负责人校内工作邮箱,拓宽了全校师生员工积极反映情况、提出意见和建议、表达心声、交流思想的渠道。坚持以人为本,把切实解决师生员工困难作为信访工作的出发点,热情接待每一位来访者,认真处理每一件信访案件,积极联系主管部门解决问题,将校领导和相关部门处理意见及时反馈给来访人、来信人。坚持按照法律、法规、政策和相关规定,以事实为依据,确保信访事项件件有回音,事事有结果,全年共接待、处理信访案件 6 起,来访、来信人员满意度 100%。

(九)保密工作

在学校保密委员会的领导下,信息科严格按照《北京市电子政务内网密码安全保密管理工作规范》等上级文件精神要求,全面落实相关政策、规章、制度,始终以高度的政治责任感、组织纪律性和负责任的精神,做好保密工作。协同相关部门切实加强对国家各类统一考试的保密管理，全年没有泄密事件发生。规范涉密文件管理，建立文件资料收、发、传阅制度，完善国家秘密载体和其他内部文件资料保密、借阅、归档、清退、销毁制度，完成267件涉密文件的流转工作。

进一步加强对涉密人员的保密教育和培训，与涉密人员签署保密承诺书。按照北京市密码管理局统一部署安排，圆满完成市电子政务内网普通密码设备安全保密检查工作，机要保密工作受到上级主管部门的肯定。

（十）公务接待与综合事务管理

积极做好学校大型活动、重要会议和接待的综合协调与服务保障工作。高标准完成各项任务，以首善标准和精益求精校训精神做好相关服务协调工作；强化细节完成各项任务，将细节作为提升服务的重要体现，推动管理服务工作不断完善。2017年，完成了学期工作布置会、本科教学评估推进会、思想政治工作会、暑期战略研讨会、第一次党代会、学生迎新毕业、一带一路建筑类大学国际联盟等会议和教工委书记林克庆、北京高校《党建和思想政治工作基本标准》入校检查组、中央政策研究室调研组等领导专家和同仁的接待工作，全年完成62项各类会务和接待工作的总体协调和服务保障任务。

（十一）督察督办

根据学校2017年党政工作要点，分解学校核心任务316条，全部录入学校OA系统督查督办模块，全面实现督办任务"网上发布、网上督查、网上反馈及网上确认完成销号"，实现闭环控制，推动督查督办工作高效有序开展，2017年党政工作要点督办任务完成率为100%。

（十二）用印管理

坚持审批严格、流程管控、方便快捷原则加强用印管理。加强印章刻制的必要性和所需材料核查，加强与主管部门沟通，保证印章刻制理由充分，程序严谨；加强对刻制后印章使用的核查，保障新刻制印章规范管理和使用。加强对OA印信管理及审批的检查，保证印章使用材料内容清楚、前后一致；加强印章OA流程管控，将流程作为防范用章风险的有效屏障；严格上传材料审查，对上传材料不清楚的不予盖章。加强印信接触人员培训，更加高效提供用印服务。2017年全年流转处理印信申请业务4477项。

二、网络信息化工作

（一）概况

网络信息管理服务中心全面落实好学校下达的各项工作任务，在学校党委和行政的领导下，信息化大学建设取得突破进展。

在全国高校中率先提出智慧校园中心的理念，并落地建成，成为北京建筑大学信息化建设物化标志和重要载体；基于业务流程优化再造，推出互联网＋政务服务的网上办事服务大厅，120多项服务事项上网一站式办理，让信息多跑路，让师生少跑腿，赢得师生点赞；实施数据治理工程，建成了北建大全量数据中心，核心业务数据全部入库。E视通视频会议中心启动使用，方便两校区办学；获批中国教育科研计算机网络北京城域网节点；获评教育部2017年全国教育信息化应用优秀案例，成为全国七所获奖高等院校之一；成功举办全国高校信息化建设与发展研讨会，并发起成立全国建筑院校信息化协作组。

（二）信息化基础设施建设

【概述】 2017年信息化大学建设取得突破进展，智慧校园中心落地建成；启动使用E视通视频会议；获批中国教育科研计算机网络北京城域网节点；完成两校区双出口的网络布局，重新规划西城校区网络布局，完成了大兴校区综合楼的有线、无线网络建设；梳理了服务器的网络结构和系统台账，运用了行为审计、WAF、入侵检测、入侵防御等设备增强网络抗攻击性，使学校网络做到了可查、可管、可控；全年校园网络运行稳定。

【智慧校园中心落地建成】 在全国高校中率先提出智慧校园中心的理念，并创新打造落地建成，成为北建大信息化建设物化标志和重要载体。智慧校园中心承载信息化核心专属功能，包括云计算中心、共享数据中心、信息化教学中心、在线课程中心、IT运维中心、IT研发中心、IT监控中心、学生互联网＋创新活动中心、"鲁班"网络文化工作室。

【启动使用E视通视频会议中心】 建设跨校区的E视通网络视频会议中心，实现点到点或点到多点的实时会议场景，可随时、随地、多点即时召开视频会议，解决了两校区间多个主要会议室、研讨室之间即时召开视频会议的问题，支持PPT等工作文档的展示和应用。

【构建中国教育科研网城市节点】 获批中国教育科研计算机网络北京城域网节点，利用现有资源，在学校大兴校区构建中国教育科研网城市节点，服务于京南高校，提升了学校知名度。

【完成两校区双出口的网络布局】 完成两校区双出口的网络布局，构建了大兴、西城通过OSPF路由策略调度使得本地流量优先从本地出网，实现两校区双出口负载均衡，保障业务高可靠性。

【统一管理计算硬件资源和存储资源】 两校区之间数据级双活的云存储中心和统一云计算平台正式投入运行。真正保障数据的无丢失，业务的无中断。实现了IT基础设施中计算、存储、网络资源的虚拟化、资源池化管理、资源共享、灵活分配、资源统一管理等功能，可以将业务服务器进行整合、统一调配、集中化以及基于策略的管理，以适应快速发展的业务需求，提高设备利用率和维护效率，降低IT总持有成本。

（三）信息平台建设

【概述】 实施数据治理工程，完善管理信息标准。逐步推进建设"一张表"系统建设，对教师和学生的数据一次性填报、全校共享使用。发布了《北京建筑大学业务流程优化与再造工程案例汇编2.0》，在学校相关工作流程梳理优化的基础上，加大业务流程的再造力度，增加了审计风险防控点。实施统一项目管理平台的建设工作。实现了网站群的安全加固和系统分离；新建网站14个，网站栏目调整68个。实现了网站群的单点登陆和数据同步。

【推出网上办事服务大厅】 互联网＋政务服务的网上办事服务大厅正式运行。推进全校公共业务的开发、核对与上线工作，新增党政办、教务处、团委、国交处、资后处、宣传部等部门50余项业务，120多项服务事项上网一站式办理。

【实施数据治理工程】 建成全量数据中心，核心业务数据全部入库。在2016年北京建筑大学共享数据中心建设的基础上，2017年协助各数据源业务系统补充缺失的数据、修改错误的数据，共享数据中心共集成13个业务系统的198个数据子集。推进建设"一张表"系统建设，对教师和学生的数据一次填报、全校共享使用。

【实施流程再造工程】 继续推进基于BPMN2.0的业务流程优化与再造工程的深入实施，

在学校相关工作流程梳理优化的基础上，加大业务流程的再造力度，增加了审计风险防控点。增加和修改了基建处工程项目洽商业务、招投标业务、设备遴选采购业务、人事调配管理办公室进人业务等部分风险环节的防控管理与监督评价，发布了《北京建筑大学业务流程优化与再造工程案例汇编2.0》。

【实施统一项目管理平台的建设工作】基于业务流程管理平台建设全校统一的项目管理平台，包括教研项目子系统、实践项目子系统、课程项目子系统、教材项目子系统、人才项目子系统、思政项目子系统、党建项目子系统、奖项管理子系统。实现科研项目外的不同类型项目的申报、评审、立项、中检、结项在网上进行。

（四）校园信息安全工作

【概述】网络信息管理服务中心认真执行贯彻上级领导部门的相关安全要求，两会、网络安全周、一带一路峰会、6.4、高考、十一、十九大等敏感时期，执行7×24小时值班制，提高应急响应机制；坚持每季度对学校所有的信息系统做漏扫体检，发现问题第一时间与相关部门积极联系沟通，协助解决。完成了2016年全年网络信息安全保障工作，全年未发生网络信息安全事故。

【数据共享保密责任书－承诺函】制定北京建筑大学数据共享保密责任书－承诺函，要求所有承建单位签署，做好数据保密以及用户隐私保护工作。

【荣获"2017年度高校招生网络安全畅通工程"先进单位】学校荣获中国教育和科研计算机网授予的"2017年度高校招生网络安全畅通工程"先进单位。

（五）信息化对外交流工作

【概述】坚持"走出去，引进来"思路，积极扩大对外交流。2017年接待了复旦大学信息化办公室、北京邮电大学、中央财经大学等10余所单位的来访交流。并到华中师范大学、南京理工大学等高校进行调研。

【首次办全国性的教育信息化大会】2017年6月23日，学校首次举办全国性的教育信息化大会，暨高校信息化建设发展趋势研讨会，同时发起全国建筑院校信息化工作座谈会，发起成立全国建筑院校信息化协作组，西安建大等10余所建筑类高校加盟，此次会议扩大了学校影响力。

（六）其他重要活动

【获评教育部2017年全国教育信息化应用优秀案例】从全国98个省市推荐案例中脱颖而出，成为北京市唯一入选的高校，成为全国7所入选高等院校之一。

【召开办公室主任信息化培训会】2017年3月31日下午，为落实"信息助校"战略，进一步推进卓越管理行动计划的实施，促进信息化服务落地对接，党政办公室在大兴校区基础教学楼B座310机房组织了学校各单位办公室主任信息化培训。

【召开智慧校园中心和课程中心研讨会】2017年4月17日，党委书记王建中到网信中心和教务处调研，专题研讨智慧校园中心和课程中心建设情况，推进"十三五"发展规划和2017年党政工作要点落实。副校长李爱群一同调研，党政办、团委、资后处、财务处、电信学院、马克思主义学院以及网信中心、教务处负责人及相关人员参加调研研讨会。

【党委书记王建中实地考察智慧校园中心】2017年11月7日下午，党委书记王建中来到学校网络信息中心带头宣讲党的十九大精神并就学校信息化大学建设进行专题调研，实地考察智慧校园中心建设情况，听取各负责部门建设推进情况汇报。

【北京城域网节点揭牌仪式】2017年12月1日，学校成为中国教育和科研计算机网（CERNET）北京城域网节点单位的揭牌仪式在智慧校园中心举行。赛尔网络有限公司董事、副总经理范冠民、副总经理付晓东、北分总经理曹鸿涛、国家教育行政学院、北京印刷学院、北京石油化工学院等单位信息中心主任共同参加了揭牌仪式和研讨活动。学校党委副书记张启鸿出席并致辞。

【召开信息化工作研讨会】12月29日，在中国共产党北京建筑大学第一次党员代表大会胜利闭幕之际，学校在大兴校区基础教学楼B座128会议室召开信息化工作研讨会。会议由党委副书记张启鸿主持，学校信息化建设协同工作组主要成员、机关各职能部处负责人参加了会议。此次会议宣传贯彻了党代会精神，落实了信息助校战略，进一步推进了"智慧北建大"的建设。

三、财务工作

（一）概况

2017年北京建筑大学财务处在北京建筑大学党委和行政的领导下，认真学习贯彻党的十八大历次全会、十九大精神和习近平总书记系列重要讲话精神，坚持围绕中心、服务大局，紧紧围绕学校"提质、转型、升级"的发展需要，坚持强化目标导向、问题导向、绩效导向，以全面预算改革为重点，以财务信息化为主要抓手，以强化绩效管理为主线，大力构建"科学财务、规范财务、智慧财务、绩效财务、和谐财务、阳光财务"六大财务体系，积极争取资源保障学校快速发展，持续推进财务改革实现财务转型，全面提速财务信息化提升管理服务效率，不断优化财务管理服务流程提高师生满意度。

北京建筑大学财务处办公人员27人，按照职能岗位设有会计核算中心、资金结算中心、综合办公室、项目管理科和预算管理科。会计核算中心统一负责学校大帐和各独立核算账户的会计核算工作。资金结算中心负责校内资金往来结算和资金调拨、运筹的管理，办理校内各开户单位账户之间的资金往来结算和现金收付业务。综合办公室负责全处的综合管理事务。项目管理科负责财政专项专费申报、评审、绩效评价管理，科研项目财务管理，基建财务；负责财务信息化工作和流程优化与再造。预算管理科负责整体经费预算，增收节支工作，内部控制建设，综合管理，统计工作。

北京建筑大学财务处行为规范：财务人员行为规范爱岗敬业，遵纪守法，待人热情，服务优质，语言文明，答问耐心，举止适当，环境整洁。

（二）年度收支及各项经费使用情况

2017年北京建筑大学总收入为1616950477.25元，比2016年的872912528.84元增加了744037948.41元，增加85.24%，主要是因为2017年我校承担科贸楼二期疏解工作，获得财政专项2.24亿元，收西城区财政局万荣疏解经费其他收入2.5亿元，科贸楼二期项目风险补偿金确认其他收入1.3亿元。2017年财政拨款收入1040804504.27元，占学校收入的比例为64.37%，事业收入为162455563.34元，占学校收入比例为10.05%，经营收入为6333861元，占学校收入比例为0.39%，附属单位上缴收入1212990.10元，占学校收入的0.08%，其他收入406143558.54元，占学校收入比例为25.12%。2017年收入构成情况见图1：

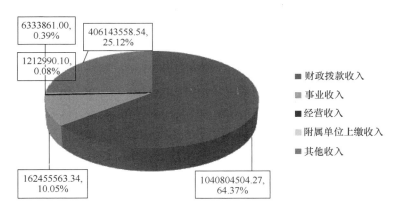

图 1　北京建筑大学 2017 年收入构成图

2017 年总支出 2156964427.52 元，其中：基本支出 655493188.46 元，占总支出的 30.39%；项目支出 1497491983.70 元，占总支出 69.43%；经营支出 3979255.36 元，占总支出的 0.18%。2017 支出构成情况见图 2：

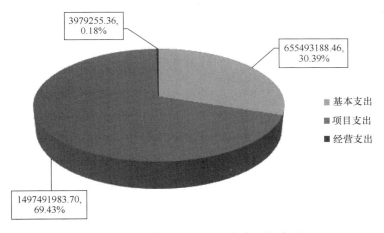

图 2　北京建筑大学 2017 年支出构成图

（三）财务状况

2017 年年末北京建筑大学资产总额 4738151127.01 元，比 2016 年增加了 401595132.84

元，增加了 9.26%。2017 年年末北京建筑大学负债总额为 233929998.08 元，比 2016 年减少了 70661409.17 元，减少了 23.20%

2017 年年末北京建筑大学净资产总额为 4504221128.93 元，比 2016 年增加了 472256542.01 元，增幅为 11.71%。其中：事业基金年末余额为 549570812.63 元，比 2016 年增加 73012475.75 元，增加 15.32%。非流动资产基金 3470068596.30 元，比 2016 年增加了 167227246.32 元，增幅为 5.06%。专用基金 53597659.49 元，比 2016 年减少 1073900.43 元，减少 1.96%；财政补助结转和结余 220411582.44 元，比 2016 年增加 182797810.81 元，增加 485.99%，主要为科研经费及 2017 年滚动项目的结转增加。非财政补助结转 210572478.07 元，比 2016 年增加 50292909.56 元，增幅为 31.38%。资

产负债变动情况，见表1。

北京建筑大学2016～2017年资产负债情况表（单位：元）　　　表1

项目	2016年年末	2017年年末
一、资产合计	4336555994.17	4738151127.01
二、负债合计	304591407.25	233929998.08
三、净资产合计	4031964586.92	4504221128.93
事业基金	476558336.88	549570812.63
非流动资产基金	3302841349.98	3470068596.30
专用基金	54671559.92	53597659.49
财政补助结转	37613771.63	220411582.44
非财政补助结转	160279568.51	210572478.07

（四）财务管理工作

1. 全力筹集财政经费支持，保障学校建设发展。2017年学校全年正常事业运转获得财政拨款8.17亿元，比上年增长13%。在市财政对高校年度财政拨款基本稳定前提下，学校通过多方努力，2017年年中获得追加财政专项经费拨款9585.90万元，其中追加基本建设拨款6642.9万元，追加设备购置及条件改善拨款2943万元。有效缓解了行管楼及体育馆项目建设经费不足的问题，改善了大兴校区的办学条件，加快了学校本科教育的疏解工作，为提质转型升级强化了资金保障。

2. 加强资金时间价值管理，对学校实有账户资金进行竞争性定期存放，实现学校利益最大化。2017年10月，财务处通过竞争性遴选，选择了四家银行对学校实有账户资金进行定期存放和协定存款，实现了各档存款利率上浮40%～49%的利率优惠，是原来利率水平的4～5倍、减免了学校银行手续费并为学生设立了奖助学金。由于定期存款利率上浮，学校月新增利息收入100余万元，2017年为学生争取助学金30万元。提高了学校资金的时间价值，实现了学校利益最大化。

3. 深入推进财务信息化，持续进行"智慧财务"建设。在学校2015年、2016年财务信息化不断加大投入、财务服务不断便捷的情况下，2017年获批财政专项资金建设财务安全平台、电子票据管理系统、合同管理系统和财务管理驾驶舱实时决策支持系统等四个信息系统，通过系统的进一步建设和完善，建立了方便快捷、师生满意、流程可控的"智慧财务"信息化系统，也为领导决策提供数据支撑。

4. 落实科研管理的放管服，完善科研管理政策。为贯彻落实全国和北京市推进简政放权放管结合优化服务改革的有关精神及贯彻落实全国科技创新大会和北京市科技创新大会精神及有关文件精神，财务处与科技处共同配合，出台了适合我校特点的科研会议费、差旅费、专家咨询费及科研间接费的管理办法，完善了纵向科研经费预算调整的程序，在经费使用上为承担科研任务的教师进行了松绑，使其有更大的精力投入到科研项目的研究及成果推广上。

5. 加强项目经费的绩效管理，强化预算管理精细化水平。在完成北京市2018年预算编制前提下,结合学校 2018 年预算启动会议精神,财务处提前启动了 2018 年项目预算的编制及绩效评审工作,对项目的绩效目标、可行性及预算编制进行评审,向每一分钱要效益,强化预算管理的精细化水平。

6. 全面加强支出进度管理,科学合理加快资金支付进度。通过体制机制完善支出进度考核机制,将支出进度作为预算分配和调整的重要依据,2017 年全年各个时间节点的支出进度在高校中处于中上等水平,为学校年中追加财政专项经费创造了较好的基础。

7. 落实审计整改及各项监督检查工作,促进财务管理水平提升。2017 年 3 月学校启动了 2015 年预算执行与决算审计整改工作,财务处高度重视,将整改责任落实到人,根据审计整改建议,财务处完成了会计科目的调整并在 2018 年会计年度使用、调整了科研管理费的核算、启动了一期项目的决算、调整了校办企业会计委派人员的薪酬,确保审计整改工作落实到位。同时完成了市财政局非税收入收缴专项检查,春、秋季教育收费自查工作,会计基础工作监督检查自查工作,国库动态监控自查问题整改,配合市纪委完成了 2017 年以来违规公款购买消费高档白酒问题的自查等。通过审计整改及上级部门的自查,规范了管理,维护了学校利益。

8. 协助完成科贸楼二期疏解工作经费的申报及疏解资金的强制发放工作。为疏解非首都功能,我校科贸楼二期项目纳入疏解范围,由我校作为主体申请科贸楼补偿专项资金并协调相关税费的减免工作。通过多方努力,获得北京市财政及西城区财政疏解经费 13.2 亿元,并配合学校疏解主管部门资产公司完成了疏解经费的强制发放工作,为学校顺利完成疏解工作做出了努力和保障。

四、审计监督

(一) 概况

2017 年,审计处全面贯彻落实党的十九大和十八届三中、四中、五中、六中全会精神,深入贯彻习近平总书记新时代中国特色社会主义思想,认真贯彻党的教育方针,积极开展内审工作,充分发挥了内部审计在促进学校依法行政、加强内部控制、规范财经管理、提高资金使用效益等方面的积极作用,依法认真履行了审计监督职能。

(二) 预算执行与决算审计

【完成 2015 年预算执行与决算审计整改】 3 月,根据 2015 年度预算执行中的问题,我校制定了整改方案,并将审计整改纳入学校"三严三实"整改体系中。学校高度重视审计发现问题整改工作,成立了以党委书记王建中、校长张爱林为组长的整改领导小组,全面领导学校审计整改工作。整改中,学校审计整改工作小组组长、纪委书记何志洪带队逐一约谈单位的党政一把手,对审计发现问题布置整改,二级单位及职能部门上报了整改情况报告,3 人交回违规资金 6.182 万元,对 105 项所涉业务的真实性进行了重新核实、说明及补充,提出了完善资产、物资采购、财务、校办企业、合同及招投标等体制机制管理建议 127 条,并被学校职能部门采纳,在各部门制度建设中得到落实。

【2016 年度预算执行与决算审计】 4 月,启动了我校 2016 年预算执行与决算审计工作,审计金额 106643.31 万元。本次审计工作在全面审计的基础上,将以前问题整改、校办企业

管理、资产基本建设管理、财务管理及制度建设等作为本次审计的重点，切实发挥内部审计的监督及防范作用，为学校治理及领导科学决策提供参谋建议。

（三）基础设施定额项目全过程跟踪审计

【完成基础设施定额项目的全过程跟踪审计】对学校体育馆、行管楼、结构实验室及基础设施改造等项目进行全过程跟踪审计，在过程控制、资金支付及结算等关键环节进行有效控制。审计工程项目总金额13173.45万元，审减金额1758.71万元，有效的为学校节约了建设资金。

（四）领导干部经济责任审计

【完成20名离任处级领导干部经济责任审计】受学校组织部的委托，对离任20名处级领导干部的经济责任进行并完成了审计，受学校委托完成了对北京市建设机械与材料质量监督验站法定代表人的经济责任审计工作。

（五）科研项目结题审签

【完成科研项目结题审计】对18项拟结题的科研项目从总预算、分项预算执行及项目的结余等进行全面细致的审计，对执行中发现的问题及时与项目负责人和科技部门进行沟通，使项目负责人明晰上级及学校科研经费的管理政策，对项目负责人在资金使用、预算管理等方面形成了一定的约束机制，共完成252.69万元科研项目的结题审签。

（六）审计服务公开竞争遴选

【完成基础设施定额改造及修缮项目全过程跟踪审计公开遴选工作】3月，组织完成了我校2017~2019年度基础设施定额改造及修缮项目全过程跟踪审计服务项目公开竞争遴选工作，选择了三家中介机构参与审计工作。多家中介机构的引进降低了审计费用，强化了工作中的竞争机制，也提高了跟踪审计的质量。

（七）开展审计案例培训

【开展审计案例及审计业务关注点培训】对学校二级学院进行了高校审计案例及审计业务关注点的培训，深入二级学院进行宣讲，发挥了审计在财经政策宣传及服务经济活动的作用。

（八）其他工作

11月，接受北京市治理教育乱收费专项督查组对我校2017年秋季教育收费工作的督查，督查组认为"我校高度重视教育收费工作，建立了相应的规章制度，各项收费工作账目记录清晰，收费公示制度落实好，学校教育收费工作基本规范有序，未发现乱收费现象"。协助学校有关部门接受北京市医疗保险事务管理中心进校开展公费医疗经费专项审计工作。协助学校有关部门接受北京市教委对学生食堂平抑资金使用管理情况的专项检查。

（王志东　李　彤　杨　光）

五、资产管理

（一）设备管理

【学校仪器设备类固定资产情况】截至2017年12月31日，北京建筑大学仪器设备类固定资产总值10.9474亿元，基本情况如下：

2017 年学校仪器设备类固定资产汇总表

	教学使用	科研使用	行政办公使用	生活后勤使用	其他	合计
台套数	33175	14119	6460	6049	45	59848
价值（万元）	57196	40066	7907	4036	261	109466

2017年新增仪器设备资产3524件，资产总值6337万元。学校充分利用各种资源，及时报废处置废旧仪器设备，2017年共交给华星环保集团、北交所处置废旧仪器设备共6495件，处置原值1578.01万元；

【设备管理工作】截至2017年12月31日，我校共有固定资产312092.5124万元（约31.21亿元，含房屋暂估入账约18亿元），随着近几年我校新校区一期二期建设的不断完成，配合北京市疏解任务，以及信息化建设，随之新增配套的教学、生活配套设施不断完善，本年度重点完成了行管楼、体育馆的新增家具设备配置，以及各二级学院教学科研环境改善。

本年度进行了常态化、不定期的资产盘点工作，针对重点单位、重点项目进行了重点检查，2017年对各单位仪器设备家具进行盘点，同时配合审计工作对部分单位资产进行了盘点，盘点过程中解决了实际问题，取得较好的实效。

（二）房地产管理

【学校占地及校舍基本情况】截至2017年12月31日，学校总占地面624005.04m²，其中西城校区122685.14m²，大兴校区501319.9m²；校舍建筑总面积488001.46m²，其中西城校区153107.48m²，大兴校区334893.98m²；教学科研行政用房建筑面积264265.77m²，其中西城校区65469.2m²，大兴校区198796.57m²。

【两高布局调整】截至2017年年底，组织完成西城校区教学2号楼、教学3号楼、科研楼、图书馆、实验1号楼、实验2号楼、地下机房等建筑物及部分房间功能和布局调整；2017年8月底，顺利完成机关职能部门整体迁入大兴校区综合楼的调整任务。

【两校区安全隐患排查】按照学校《关于开展安全隐患大排查大清理大整治专项行动的通知》和《开展安全隐患大排查大清理大整治专项行动实施方案》的要求，系统梳理两校区建筑物房间使用情况，联合保卫处、物业公司开展安全隐患排查。

【本科教学工作审核评估服务保障】完成本科教学工作审核评估的房产数据汇总及上报，系统梳理两校区建筑物房屋标识使用情况，对学校、学院部分标识进行重新制作和更换。

【两校区周转房管理】系统梳理两校区周转房使用现状，2017年以来，联合多部门，多次对大兴校区硕博公寓周转房、西城校区教职工周转宿舍使用情况进行检查，对发现的问题，及时进行了处理。2017年，共为引进的人才提供周转房10余套。

（三）招投标管理

【招投标管理工作】2017年全年通过招投标采购完成的涉及货物、服务类的项目111个，项目预算金额为11926万元，中标金额11710万元。

2017年全年签订采购合同1358份，合同金额20111万元，其中签订公开招标合同139份，合同金额7593万元；签订协议采购合同214份，合同金额4762万元；签订自行采购合同1005份，合同金额7756万元。

（四）校医院工作

【概述】医务室工作重点在于日常医务服务及医疗保障，严防传染病等突发公共卫生事件，满足广大师生员工的基本医务需求,加强了健康宣教、医务室自身建设及医技护全面业务的提升等工作。

【总门诊量】 大兴14980人次,较去年增加2362人次,西城9797人次,较去年减少3396人次,2017年两校区门诊量共24777人次,与2016年相比门诊量略有减少。大兴的诊疗数量持续增加。

【全年总药品销售（零售价）】 两校区共计约132.42万元,比去年增加21.45万元。全年药品采购金额为128.94万元。医技收费：9938.85元,比去年翻了一番。

【具体工作】

药品盘点每月月底两校区各盘点一次,做到数量和金额对账清楚。

新生军训总门诊量：681人次,其中男生人数：385人次,女生人数：296人次,转诊人次：72人次。

新生体检2752人次。

教职工体检总计1142人,体检费总计506709元。

2017年献血人数为498人次,共献全血99600ml,其中学生493人,教工5人。

4月顺利完成医保改革各项工作,实现药品阳光平台采购。

10月学校组织部任命韩京京为医务室主任（正科级）。

采买了电子血压仪、便携式心电图机、超短波理疗仪、电子身高体重仪、空气泵、消毒压力锅、轮椅、拐杖、电子温度计,拓展了日常的工作范围。

执行医务会制度,讨论各项医务工作,形成决议、会议纪要。

完善了医务室风险点防控的流程图,开展了多种形式的廉政建设与教育工作。

顺利完成传染病宣传与防控、大型活动医疗保障等各项工作,配合完成每年一次的公费医疗审计工作,账目清楚。

（王　梦　张　岩　刘海凌　韩晶晶　聂跃梅）

六、后勤服务

（一）党建工作

【党建与思想政治工作情况】 党政紧密团结、齐心奋战,不断完善班子建设,坚持"以服务为切入点,凝聚群众共同奋斗"为工作理念,统一思想,把准方向,改进工作作风,提升业务能力,推动部门工作稳步发展。

党总支认真落实学校党委中心工作及决策部署,带领广大党员群众深入学习贯彻党的十九大精神,推进"两贯彻一落实"。理论中心组深入学习习近平总书记治国理政新理念新思想新战略,专题学习研讨习总书记"7.26"讲话及蔡奇在北京市第十二次代表大会报告等讲话精神,深刻领悟现实意义；党总支先后组织全体党员观看十九大开幕式、参观《砥砺奋进的五年》大型成就展、观看《榜样》专题节目、集体学习阅读《习近平的七年知青岁月》、进行政府工作报告问卷测试学习等,多角度进一步强化"四个意识"教育；各党支部围绕中心工作开展党建创新项目、召开专题理论学习会,以主讲主问、微党课、知识问答等形式深入学习十九大报告,实现十九大精神党员全覆盖学习；营造风清气正的换届环境和政治生态，圆满完成党代会基层各项推荐选举工作和学校党建评估工作；认真执行干部推荐与管理工作，全处范围开展谈话征询意见工作，顺利完成推荐医务室主任（科长）人选；全面深度开展批评与自我批评，完成班子成员民主生活会及党员组织生活会；一年来全体党员、领导干部认真落实整改措施，并自觉接受组织与群众的监督，求真务实、勇挑重担，助推学校各项事业发展。

【分工会、二级职工大会及退休人员工作情况】分工会及二级职工大会在党总支指导下开展工作，积极发挥作用，围绕党政中心工作通过各种活动做好团队凝心聚力工作：先后组织了"团队素质拓展"、"美丽建大摄影展"、"后勤系统家集体过生日"、"运动健身—踢毽子比赛"、"健康养生"和"美丽教师 魅力女性"讲座等多样化活动，进一步筑强爱校爱岗、团结奋进的和谐集体氛围。2017年分工会及时将组织的关怀与问候送达，其中慰问生病住院教职工3人次、为员工发放福利4人次。

完成日常退休人员各项服务工作、做好送温暖工作，2017年慰问患病人员30余人次，共发送福利补助费2.5万余元；丰富退休人员文化生活，组织部门退休人员参观故宫博物院，古森林博物馆，怀柔汉石桥湿地及北宫森林公园等地，搭建了退休人员相互交流沟通平台。

（二）自身建设

【党风廉政责任制具体落实情况】资后处领导干部从自身做起，率先垂范，带头廉洁自律，工作中坚持原则、廉洁用权、敢抓敢管；党政负责人认真履行管党治党第一责任人职责，班子成员坚持"一岗双责"和"谁主管、谁负责"原则，坚持执行"三重一大"和"党政联席会及处务会"制度；认真落实党风廉政建设主体责任全程记实工作；开展"严肃查处群众身边的不正之风和腐败问题"及"为官不为""为官乱为"专项工作，持续深入纠"四风"；全面开展党风廉政宣传教育，进行全体党员及重点岗位人员党风廉政教育学习活动：观看宣教片《永远在路上》之"以上率下"、"拍蝇惩贪"及《镜鉴》，警示党员领导干部筑牢理想信念根基、严守政治纪律和政治规矩；进一步巩固"两学一做"教育成果，开展"两学一做"常态化制度化专题学习；认真落实巡视整改、审计整改等重要工作，进一步完善相关制度，加强招标工作风险防控工作。切实把党风廉政建设职责体现在日常和经常：全年开展新入职谈话、重要岗位提醒谈话、征询意见谈话达20余人次，召开理论中心组及党员专题廉政学习近10次；强化党内监督、层层压实主体责任，党政负责人共同对医务室药品进行盘点清查对账、对餐饮中心原材料采购及库房管理进行抽查指导，发现问题及时纠正解决，避免不良事件的发生。

（三）业务工作

【能源管理】10月20日，根据北京市环保局、财政局、统计局等部门发布北京市在燃锅炉低氮改造的文件要求，完成了学校4台26蒸吨锅炉的改造工作。11月20日，完成大兴校区能源平台基础楼、臻园等水电表三级管理的升级改造项目验收工作，进一步完善了学校能源计量，为实施精细化管理奠定良好基础。学校2017年全年二氧化碳排放量17530.62吨。

【防汛工作】清理25栋楼宇屋面，清理251个雨水篦子，布置沙袋2956袋、重点部位布置水泵18台，2017年平安度汛。

【控烟检查工作】在"世界无烟日"，学生公寓中心与学生会共同举办世界无烟日的签字活动，同学们踊跃签字，积极响应；新宇工程部发挥控烟监督员的作用，宣传吸烟的危害，并对重点区域进行巡查，确保无烟蒂和烟具。物业部召开专题会议，就控烟工作作出方案，楼宇内张贴禁烟标识，设定控烟巡视员、宣传员等，在公共区域呼吁师生，与学校联动，合力营造健康、环保、温馨的无烟校园环境。

通过各楼区悬挂宣传横幅，佩戴控烟监督员袖标，发现楼内吸烟现象现场制止并记录在控烟记录本上等形式进行倡导同学们为了身体健康，为了校园空气的清新，远离烟草，共创文明健康的生活环境。

【餐饮保障工作】2017全年两校区营业额3800万元，实现了盈亏平衡。暑假期间，学校对西城校区食堂进行改造，地下教工餐厅9月正式投入使用，二层餐厅改造为风味餐厅；学校更换了大兴校区和园和西城校区食堂的家具，进一步改善就餐条件。

【公寓管理工作】公寓管理中心强化队伍管理，安全方面培训，加强管理人员责任心、爱心、热心、耐心、细心教育，严格学生住宿管理，完成了9050人的住宿任务，其中2017年西城校区2346人，暑假前后完成957名学生搬家调寝工作，毕业生离校487人，暑期中安置准研一新生60余人，开学迎新生759人，大兴校区6704人。暑假前，大兴短时间内高效率完成1675名毕业生离校（含60名研究生）。暑假大兴校区接待120余新生住宿，大兴校区安排1587名新生住宿（含217名专升本、87名研究生）。完成了110余名学生宿舍调配工作。

【物业管理工作】物业管辖楼宇35栋，保洁面积：299108.96平方米。

（1）教室管理：物业管辖公共教室132间、计算机机房9间。

（2）收发室管理：负责校园快递、信件、报纸收发工作，除此之外还承担了SIM快递的收发等大量工作，每日快递数量100多件。

（3）室外保洁面积：157022平方米。

（4）绿化养护面积：223595平方米。校园树种16种，数量4980棵。

（5）校园维修：2017年度共计维修10288次。

（6）会务保障：物业管辖所负责的会务区域有研讨室5个、接待室3个、会议室6个、报告厅8个，会议服务工作无差错。增加创空间展会及会议服务等内容，将教一楼、创空间作为标杆，整体提高物业服务水平。其中创空间共承接各类展出11次，会议服务承接校级会议609次，普通会议1470次，共计承接会议2079次。

（7）大型活动保障工作：除正常教学保障任务之外还承担了各项大型活动保障工作：迎新生、四六级英语考试、本科生毕业典礼、高招咨询、开学典礼、一带一路、评估专家进校等各项大型活动保障有力。

（8）动力运行工作：水电气暖各项动力运行保障工作平稳运行。回收供暖费316579.9元，全校家属水电费535091.18元（不含工资扣除部分）、房租17169.08元、经营性水电费305868元，累计金额1174708.6元。

【车辆运输工作】在运输中心努力下，出色的完成了学校运动会、英语四、六级考试、校园开放日、新生接站、本科教学工作评估、党建评估、一带一路建筑类大学联盟成立大会、全国博士后论坛大会、环能学院及建筑学院教学评估以及常规的学生实习，体育部比赛等车辆保障。全年车辆运行3600余趟次，行驶总公里达到约19万公里，平均每天行驶500公里左右。全年工作重心除抓产值、抓效益之外，办公室对安全行车教育做了大量工作并且已经初见成效。中心车辆共12辆，全年做到了无违章，无事故。

为更好地服务师生，给学校提供更全面的车辆保障，设立了24小时出车制度，增设了备班岗位，正常工作日8小时后每天一名司机师傅备班，要求不外出，不饮酒，夜间至凌晨接到紧急出车任务后半小时内随时出发，从而达到了全天候24小时的车辆保障。使车辆运输保障工作又上了一个台阶。

【专项工程】完成垃圾站、电梯机房、配电室等维修改造任务10个单次，费用121万；配合完成维修项目23项，费用76万；完成学校零星任务单29项，费用30万；配合教学4、5号楼、浴室外墙装饰等基本建设项目6项。

（王东亮　郝永军　李　鹏　赵文兵　聂跃梅）

七、校园建设

（一）基本建设整体概况

2017年学校基建工程继续稳步推进。大兴校区体育馆、行管楼竣工并投入使用，大型多功能振动台阵实验室的建设取得阶段性胜利，暑期改造工程顺利完工。西城校区完成了学生宿舍、教学楼、实验楼、科研楼、食堂、浴室等改造加固工程。

（二）工程建设资金情况

【多渠道筹集建设资金和资金使用情况】2017年定额预算年初下达21项，3170万元；图书馆、教学2、3、4号楼的抗震加固改造项目2066.97万元；体育馆、行管楼、结构实验室三项基本建设经费6642.90027万元；增加与体育馆、行管楼有关的设备购置5项，共计902.57万元；增加锅炉低氮改造项目732万元；下达大兴校区10#总配电室10kV项目290.48万元；大型多功能振动台阵设备基础追加741.141644万元。安排的自筹资金的改造计划共49项，合计金额8567.16855万元。

（三）工程建设及进展情况

【大兴校区体育馆工程顺利竣工】大兴校区体育馆项目于10月16日通过规划验收，12月4日完成竣工验收，获得了"北京市绿色安全工地"称号和"结构长城杯金奖"。体育馆项目于2015年8月1日举行开工仪式，由于受到客观因素的影响，2016年才进入实质性施工阶段。由于体育馆工艺复杂施工难度较大，自开工建设以来工程部协调设计、监理、施工单位针对地基工程、预应力混凝土工程、钢结构工程、幕墙工程、运动场地照明、音响工程、泳池水处理设备和精装修工程进行了三十余次的专项研究，并采用了模拟仿真、委托第三方单位等技术手段。先后完成了土方工程、桩基工程、混凝土结构施工、钢结构施工、二次结构施工、幕墙工程施工、部分设备安装施工以及精装修施工。

2017年9月11日，学校在体育馆圆满举行了2017年开学典礼。

【大兴校区教学科研行管楼工程交付使用】大兴校区行管楼项目于7月底竣工验收，9月初开学前交付使用。行管楼项目自2016年2月正式动工之后，又经过多次功能、布局调整，为此，工程部召集组织了多次设计交底和技术答疑。例如：针对布局变更进行交底、针对消防主干线设置进行答疑、针对精装修设计进行交底及答疑等。行管楼建成后将成为学校核心行政办公场所。

【大型多功能振动台阵实验室建设取得阶段性胜利】5月29日，大型多功能振动台阵实验室完成了一个关键节点，即将长67.2米、宽32米，网架总重量为90.58吨的屋顶钢网架分三片顺利吊装成功就位，这为振动台实验室顺利投入使用奠定了良好基础。大型多功能振动台阵实验室原为普通建筑结构工程实验室，后经专业论证进行了调整，从普通结构实验室调整到建设具有国际影响的高水平试验平台，实验室建成后将有力提升我校抗震研究设施、装备水平和科技创新能力，为助力北京建设"全国科技创新中心"、"京津冀一体化"协同发展和国家"生命线工程"的全寿命期抗震安全提供科技条件支撑。由于建设内容发生重大变化，对工期和验收工作都有较大的影响，特别是规划验收等工作存在较大困难。建设过程中，基建管理部门多次组织专题论证和技术探讨，数次调整设计方案，解决超规、超限等多项问题。实验室建设项目方面，经过基建部门和各参建方的不懈努力，结构实验室于11月23日通过四方验收，为后期的建设工作奠定了基础。

【大兴校区暑期改造工程按时完工】暑假期间工程部完成了大兴校区的基础教学楼B座提升改造工程、锅炉房低氮锅炉改造工程（通过了大兴环保局验收）以及土木学院、测绘学院、机电学院部分房间和实验室的改造工程。

【西城校区改造工程顺利完成】2017年西城校区学生宿舍楼、教学楼、实验楼、科研楼、食堂、浴室等实施了加固改造工程。西城校区建设管理团队在人手少任务重的情况下，保质保量地完成了工作。具体情况为：

实验3号楼1月初完工，3月正式交接并投入使用。

学生宿舍4、5号楼1月份进行竣工验收，开学前学生顺利入住，3月份完成正式移交工作。

教学5号楼加固改造工程于4月底进行主体结构验收，5月底完成四方验收并投入使用。

郭林餐厅6月完成了拆除工作。

学生宿舍4、5号楼前的新增门厅8月20日正式竣工并完成交接，极大改善了学生的住宿环境，提升了文化氛围。

科研楼一层高精尖中心4月中旬开始前期拆除工作，5月中旬开工，7月20日进行四方验收，8月顺利竣工并于8月24日正式交付使用。

学生宿舍3号楼装修工程和浴室改造于8月31日完成。

食堂地下一层改造工程6月初开工，7月10日竣工交接并投入使用；食堂一、二层改造工程8月31日完工，9月4日进行阶段性四方验收并投入使用。

教学4号楼加固改造工程于12月5日完成了四方验收。

（邵宗义）

八、安全稳定工作

（一）概况

2017年，保卫部（处）加强十八大以来习近平总书记系列重要讲话精神、治国理政新理念新思想新战略和安全稳定工作精神的学习，积极开展党的十九大精神及习近平新时代中国特色社会主义思想学习宣传贯彻专题活动，根据市委教工委、市教委和公安部门工作要求，以推进"平安校园"建设提升工程为主线，顺利完成党的十九大、"一带一路"高峰论坛等敏感期和重大活动期间校园安保任务及其它时期校园安全稳定工作任务，各级领导及广大师生的安全意识得到进一步加强，安全稳定主体责任得到进一步细化，校园稳定工作得到持续保持。对标"平安校园"建设指标和党建评估指标体系，保卫处对我校五年来的安全稳定工作进行了全面梳理，总结了工作，凝练了特色。

（二）"平安校园"建设提升工程

【概述】学校大力实施"平安校园"建设提升工程，理顺体制机制，夯实工作基础，完善工作体系，形成整体合力。保卫处牵头，各基层单位党组织参与，在2017年党建评估中，对2013年以来的"平安校园"建设工作进行了全面总结，顺利完成党建评估工作任务。

【确保主要时间节点和敏感期学校稳定】2017年国家大事要事多，学校安全稳定工作任务繁重。在各级领导、各部门及全体师生共同努力下，先后完成全国"两会"、校园开放日、"一带一路"高峰论坛、万容市场商户疏解、党的十九大、本科教学审核式评估、党建评估、党代会、安全隐患大排查大清理大整治、英语四六级考试、研究生入学考试等重大活动期间及节假日校园稳定工作任务，坚持一事一案，切实做到"工作方案、任务分工、值班值守"三到位，确保了学校绝对稳定。

【全面加强师生安全教育】大力加强师生员工的安全教育，召开了全体教职工参加的安全生产专题会议，创新开展新生安全教育，同时开展各类师生员工专题安全教育20余场次，学校师生整体的安全意识得到进一步提升。

【深入推进安全主体责任制落实】一是在主要工作中明确任务分工。在十九大校园安保及安全隐患大排查大清理大整治等重点工作中，学校领导、各二级单位全面贯彻责任制落实，细化任务分工，提升校园安全工作水平。二是继续加强实验室安全管理。在实验室安全挂牌管理基础上，建立"基层单位-业务主管部门-保卫处"三级安全责任体系，制定并完成2000余份实验室安全责任书的签订工作，进一步加强实验室安全管理。三是完成功能用房安全责任制落实。认真开展安全隐患大排查大清理大整治工作，完成两校区所有功能用房安全责任人落实工作，深入推进校园安全工作精细化管理。

（三）科技创安工作

【概述】按照相关要求加强技防系统建设，技防系统维护、更新及时到位。有效发挥"平安校园"管理服务中心的作用，加强技防建设顶层设计和长远谋划，进一步推动技防建设。

【加强和完善技防设备设施】全年召开技防建设论证会和专题工作会5次，长远谋划技防建设。完成西城校区教学五号楼、科研楼、实验一、二号楼、学生宿舍四、五号楼、青年公寓等专项建设工作和技防存储设施改造升级工作及大兴校区基础楼改造技防建设工作。完成大兴校区新建体育馆、综合楼等建筑配套安防建设。向市经信委提交并获批专项延期申请，同时完成2018年专项申报工作。加强重点部位技防建设，完成大兴校区综合楼财务室、档案室、环能学院部分实验室和学生公寓阅读室监控设施的安装工作，确保校园内重点部位监控100%全覆盖。加强技防设施的管理运用和维护维修工作，及时处置大兴校区电梯报警1108起，维修故障48起，解救被困师生37人次；全年维修、调整监控270余次；更换门禁11处，两校区312处门禁全年累计上传数据250000余条。2017年完成北京建筑大学西城校区宿舍楼及大门口人脸系统专项建设项目和基础设施改造——2017西城校区安防工程专项建设2个，申报2018年技防专项4个，涉及大兴校区基础楼群监控数字化改造、安防平台建设、两校区大门口及学生公寓闸机建设。

（四）消防安全工作

【概述】加强和规范高等学校的消防安全管理，围绕做好十九大期间安保工作为重点，加大消防安全的管理力度，开展安全隐患大排查大清理大整治活动，严控消防隐患，杜绝消防事故。坚持持续性、全方位、多样式的工作原则，加强消防安全培训工作，加强消防设备设施的维护，通过消防演习与培训、消防安全知识讲座、安全教育课、参观交流等形式，针对重点部位进行重点检查，对重点人员进行专项培训，提升师生防范意识和自救能力。

【完成消防安全设施改造和检修工作】利用暑假期间，完成了西城校区教学1号楼、实验1号和2号楼消防设施改造项目，安装了火灾自动报警系统，更换48个消火栓，安装烟雾火灾报警器475个，安装手动报警器38个，安装消防广播59个，极大地消除了这些部位的消防隐患。2017年10月，聘请专业机构，对全校各楼宇全面开展了雷电消检检测工作。全年检测检修各类灭火器6300余具，购买干粉灭火器近300具。

【完成消防安全检查监督工作】定期对消防设施和消防工作进行检查和督办，全年对宿舍、食堂、教学楼、实验室、办公场所等重点部位进行检查达100余次，向相关单位下达整改通知20份。完善两校区微型消防站的建设，各配备6套消防服和2个正压式空气呼吸机。

【完成安全隐患大排查大清理大整治工作】根据市委、市政府统一部署，依据市安委会《关于开展安全隐患大排查大清理大整治专项行动的通知》和市委教工委市教委《关于开展全市教育系统安全隐患大排查大清理大整治专项行动的紧急通知》等文件精神，结合学校安全生产专题会议工作要求，自2017年11月20日起至12月底，在全校范围内开展为期40天的安全隐患大排查大清理大整治专项行动，深刻吸取大兴区11·18火灾事故教训，着力抓好用火、用电、用气、用水、用热等重点场所安全隐患排查；着力整治涉及火灾防控、可燃物清理、危化品管理、防拥挤踩踏、交通安全、饮食安全、防溺水、防煤气中毒、校车管理等安全隐患。全校排查出各类安全隐患107处，年底时已经整改59处；其中拆除校园内彩钢板房2处；物业和后勤工作人员逐步搬出青年公寓和24号院地下宿舍，到教学2号楼临时居住；乙6楼地下宿舍进行重新安置，拆除上下铺，每个宿舍居住人数不超过2人。另有48处隐患正在持续整改，如西城校区家属区杂物清理、西城校区家属消防设施老旧问题、24号院1号楼住户安装防盗门阻挡疏散通道等问题，需要学校协调解决。

【加强消防安全培训和宣传工作】加大对师生的消防安全培训工作，要求各单位每月要进行一次安全培训；保卫处为二级单位师生、物业公司员工、食堂员工、保安队员等群体开展消防培训近20次，约2600人次参加了培训。9月18日，在大兴消防支队的支持和配合下，由保卫处、学工部、资后处共同组织，对2017年1700余名新生进行了一次消防演练，演练的内容有消防常识、火灾防范、火场撤离、伤员救治、火情扑救、如何报警等，提高新生火灾防范意识和自救能力。通过消防培训和演练，在校师生员工"消防火灾四个能力"建设得到进一步提高，消防安全意识得到进一步提升，校园安全的防火墙得到进一步巩固，为党的十九大召开期间校园安稳环境提供了有力保障。

积极开展"5.12防灾减灾日"、"11.9"消防宣传周、"安全生产宣传月"等宣传活动，悬挂各类横幅10条，张贴消防安全宣传海报30张，发放消防安全手册150余册，利用网络宣传安全知识和季节性防火警示，提高了师生员工的消防安全意识和技能。

（五）治安管理工作

【概述】加强社会治安综合治理，加强重要时间节点校园防控及重大活动期间的校园安保工作，及时回应师生求助，全力开展校园各类案件事件侦破，切实维护师生员工权益。

【校园防控及大型活动安保工作】加强重要时间节点校园管控。视情况对校园实施"一般、加强、超强"三级管控措施，根据校园管控不同级别实施校外行人和车辆禁止入校、行人和车辆登记入校不同措施，确保学校治安管理不出问题。圆满完成大型活动安保任务，除正常校园安保工作以外，在万容市场商户疏解、"一带一路"高峰论坛、校园开放日、十九大期间校园安保、本科审核评估、党建评估等重大活动中布岗上勤共1300余人次，确保学校及各学院组织的77次大型活动安全顺利完成。

【校园综合治理与案件侦破】加强新生入学安全教育，通过校园管控、警情提示及各学院新生大会、新生家长会形式进行安全教育，接报警的新生上当受骗由上年度的十余起降低至1起。加强校园治安管理，2017年共接到各类治安求助1800余次，处理案件272起，其中涉及师生人身安全、贵重物品丢失、校园交通安全、电梯报警、网络盗号、经济诈骗、非法传销、损毁校园公共财物等方面，挽回笔记本电脑、手机、钱包、银行卡等物品直接经济损失10余万元。本年度共接警失窃类和遗失物品类案件137起，其中破案74起，失主自行放弃33起，直接或间接为学生挽回经济损失5万余元；接警打架斗殴类案件9起，得到合理解决9起；接警盗刷校园卡案件13起，破案11起；接警盗用网络账号案件12起，破案11起；接警校园内推销报警14次，解决14次，直接为上当受骗的学生挽回经济损失1.2万余元；处理"假冒考研辅导班"机构到校"行骗"11起。

（六）交通安全工作

【概述】牢固树立交通安全管理工作为师生服务的工作理念，注重通过调研形式，借鉴其他高校先进经验，努力解决西城校区停车难的突出问题。同时，与学校相关专业师生加强合作，发挥学科专业优势，开展交通规划设计工作，使交通安全管理工作更加科学、有效。完成各类大型活动交通组织、停车管理近百次。

【完成机动车出入证办理工作】共办理西城校区机动车出入证578个、大兴校区机动车出入证926个，新办出入证试行网络流程办理，办证驾驶员全部签署交通安全责任书，为全面加强校内交通安全管理奠定良好基础。

【加强交通硬件设施建设与规划】完成大兴校区综合楼地下停车场建设工作，部分路段行车线、斑马线施画工作，为加强交通管理配备隔离护栏、隔离墩100余个。新购置可容纳300余辆自行车停放的固定车架，进一步规范了校内自行车停放管理工作。注意发挥我校学科专业优势，组织我校师生开展大兴校区交通规划设计工作，并组织开展了专题研讨活动，为交通管理工作提供科学依据。

（七）综合服务工作

【概述】紧密围绕学校"卓越管理"计划和流程优化与再造的要求，梳理流程，完善服务制度，提升服务水平。

【开展综合服务能力提升工作】在积极争取北京市文保支队、大兴分局及黄村镇派出所工作支持的基础上，完成大兴校区本科生户籍开户和落户工作，共 275 名 2016 级本科新生在大兴校区落户；完成 156 名 2016 级研究生新生落户西城校区工作。办理 2016 届毕业生户口迁出 219 人；办理 2017 级新生农转非 216 人；为校园师生补办户口 44 个；师生借用户口簿 1530 人次，办理居住证及各类户籍相关证明 119 人次；集中开展清理校园学生户籍滞留工作，清除了死户、重复户口、往期滞留户口 16 个。

九、场馆运行管理服务

（一）概况

2017 年年初，在学校体育馆工程即将完工之际，学校从节能、增效和提升管理水平的角度，提出了有效利用场馆资源、科学运行学校体育场馆的问题。学校拟成立体育场馆运行服务中心，统一组织和管理学校的场馆运营工作。当时的大兴校区管委会承担了场馆经营管理模式的调研工作。4 月 26 日，学校召开场馆运行管理专题研讨会，对相关问题进行了详细的探讨，正式启动学校体育场馆新运行模式。7 月 30 日，学校正式成立独立的场馆运行服务中心，邵宗义、邵永顺出任正副主任，并正式履行场馆管理部门的职责，着手准备管理机构的人员组成工作。2017 年年底，学校调整了场馆运行管理服务中心的管理体系，由资产与后勤处代表学校进行管理。

（二）学校召开体育场馆运行管理专题研讨会

4 月 26 日下午，学校召开体育场馆运行管理专题研讨会，就建好、管好、用好学校体育场馆，进一步理顺学校体育场馆管理运行体制机制，为师生提供优质服务进行专题研讨。党委书记王建中、副校长李维平、党委副书记张启鸿，党政办、大兴校区管委会、资产与后勤管理处、规划与基建处、保卫部、校团委、体育部负责人参加研讨会。

大兴校区管委会常务副主任邵宗义从高校场馆运行情况调研、学校场馆资源及运行情况、学校场馆运行管理组织方案设计三个方面，对推进学校场馆管理运行体制机制改革及构想进行了汇报。与会人员围绕场馆运行模式、管理构架、经营管理、开放共享、安全保障等问题进行了深入交流。副校长李维平指出，学校体育场馆的管理运行要借助学校"两高"办学布局调整，推进管理体制机制调整，优化整合管理机构和资源，确定管理服务主责部门，进一步明确职责和管理范围，不断健全管理制度。党委副书记张启鸿指出，学校体育场馆运行要按照精准、精细化管理和专业化、市场化的要求，进一步理顺权责范围，要统筹好两校区资源，要以方便师生为原则，统筹好日常教学、学生活动中心和教师文体中心建设。

党委书记王建中作总结讲话。他指出，推进体育场馆管理运行体制机制改革是学校综合改革的重要内容，是推进学校资产管理从粗放式向精细化迈进的重要举措，其目的是进一步提高学校的管理服务水平和办学效益，要立好新的规矩，明确好新的职责，健全新的管理制度。一是依法依规管理，符合上级规定；二是优先保证教学和学校重要活动；三是师生使用优惠，合规合理合情；四是拓展社区服务，坚持市场导向；五是平衡运行成本，贯彻全成本核算，倡导厉行节约；六是确保安全稳定，守住安全底线，不触碰廉政红线，严格制度管理和监督检查。王建中强调，学校场馆管理运行体制机制改革要探索进行，逐步到位，不断积累经营管理运行经验，要在管理上追求集约化、协议化、协同化、信息化,在运维上追求专业化、市场化,在管理运行队伍上追求社会化,在经费上追求全成本核算化,切实建好、管好、用好学校体育场馆资源,为师生提供优质的服务。

十、发展规划研究中心

(一)完成"十三五"规划编制工作

按照学校提出的扎实把"十三五"发展蓝图变为现实,把"五大发展理念"和学校"六大战略"、"六大工程"、"六大计划"细化为有抓手、可落地的具体举措,抓好战略重点,抓实项目落地和政策执行,推动学校各项决策部署落地生根的总原则,在分管校领导的组织和指导下,与党政办公室协同组织编制完成了学校"十三五"规划,共包含了两级五类32项规划。具体如下:

1. 北京建筑大学教育事业发展"十三五"规划(2016~2020年)
2. 北京建筑大学"六大工程"实施方案,包括:"两高校园建设"工程(GC01)、"一流学科建设"工程(GC02)、"高端平台建设"工程(GC03)、"创新人才培养"工程(GC04)、"卓越管理服务"工程(GC05)、"全面从严治党"工程(GC06)。
3. 北京建筑大学"六大计划"实施方案,包括:"高端人才引育"计划(JH01)、"育人质量提升"计划(JH02)、"双协同推进"计划(JH03)、"国际化拓展"计划(JH04)、"大学文化提升"计划(JH05)、"中国梦和社会主义核心价值观引领"计划(JH06)。
4. 北京建筑大学教育事业发展"十三五"专项规划,包括:学科建设规划(ZX01)、师资队伍建设规划(ZX02)、人才培养规划(ZX03)、科学研究与社会服务规划(ZX04)、对外合作与交流规划(ZX05)、党建与思想政治工作规划(ZX06)、校园"两高布局"建设规划(ZX07)、校园文化建设规划(ZX08)、"智慧北建大"建设规划(ZX09)。
5. 分学院"十三五"发展规划,包括:建筑与城市规划学院发展规划(XY01)、土木与交通工程学院发展规划(XY02)、环境与能源工程学院发展规划(XY03)、电气与信息工程学院发展规划(XY04)、经济与管理工程学院发展规划(XY05)、测绘与城市空间信息学院发展规划(XY06)、机电与车辆工程学院发展规划(XY07)、文法学院发展规划(XY08)、理学院发展规划(XY09)、马克思主义学院发展规划(XY10)。

(二)发展咨询委员会建设工作

作为发展咨询委员会秘书处,本中心按照学校工作安排,开展了发展咨询委员会建设工作。截至2017年年底,学校共聘任发展咨询委员会委员15位,其中校外11位,校内4位。

十一、档案馆工作

2017年年初,北京建筑大学档案馆正式成立。

2017年,北京建筑大学档案工作贯彻落实《高等学校档案管理办法》,在档案基础建设、档案信息化建设、档案业务拓展等方面创新工作方式,使档案管理与服务水平继续提升。全年重点完成夯实档案基础业务、建设基础资源等多项工作。

【成立档案馆】 2016 年 12 月 30 日，学校发布《中共北京建筑大学委员会关于成立档案馆的通知》（北建大党发〔2016〕110 号），要求：综合档案室由党政办分离，教职工人事档案室从人事处分离，二者合并成立学校档案馆。档案馆挂靠党政办公室，副处级单位，编制设定为 6 人，其中馆长（副处级）1 人，副馆长（正科级）2 人，馆员 3 人。截至年底，档案馆有正式教工 5 人，临聘教工 1 人，兼职档案员 35 人，馆藏综合档案 3.5 万卷册，教职工人事档案 2100 余卷。

【档案馆馆舍建设】 档案馆总面积约 600 平方米，包括三间办公室和五个库房。办公室为综合楼一层的 119、120、121 室，库房为综合楼地下一层的 B111、B109、B107、B103 房间以及图书馆的 707 房间。综合档案从西城校区教 2-106 迁入档案馆的 B111、B109、B107 三个库房，教职工人事档案从西城校区教 2-413 迁入档案馆的 B103 库房。2017 年 10 月 8 日，档案馆开始对外服务。

【档案专题业务培训】 为基建处全体人员讲解基建档案归档过程中存在的问题及解决办法。

【完成市档案局布置的任务】 2017 年年底完成北京市档案统计年报工作。并征得北京市档案局同意，自 2017 年起不再向北京市档案馆移交档案。

【档案利用情况统计】 2017 年全年共接收教职工人事档案材料 1810 余份，整理装订教职工人事档案 290 余份，协助各部门查借阅教职工人事档案近 530 次，提供教职工人事档案材料复印件近 50 份，转递教职工人事档案 9 份。利用综合档案 682 人次，4226 卷次。

【档案数据备份】 每周进行一次综合档案数据备份，确保档案数据的安全、完整。

【本科教学审核评估及党建评估专家检查工作】 完成本科教学审核评估、党建评估任务中提供档案资料、汇报工作、接受专家检查馆舍及考察校史馆的任务。

【校史馆】 制定《北京建筑大学校史馆管理规定》，在图书馆、党政办、团委支持下组建了第一支由 50 余位师生组成的校史讲解员队伍，并请国家图书馆资深培训馆员做了强化培训。2017 年 6 月份，举办校史上第一批 22 名校史馆讲解员聘任仪式。2017 年度共接待参观 3000 余人次。

（王　燕　沈　茜）

第十一章 党建与群团工作

一、组织工作

（一）概况

2017年，党委组织部全面学习宣传贯彻党的十九大精神和全国高校思想政治工作会议精神，深入学习贯彻习近平新时代中国特色社会主义思想，坚持以习近平总书记视察北京重要讲话精神为根本遵循，切实增强政治意识、大局意识、核心意识、看齐意识，认真贯彻北京市第十二次党代会精神，以迎接《北京普通高等学校党建和思想政治工作基本标准》入校检查、召开学校第一次党代会为契机，以严肃党内政治生活和强化党内监督为重点，不断加强和改进党建工作，提高学校党建工作科学化、制度化、规范化水平，扎实推进全面从严治党向纵深发展，为建设国内一流、国际知名、具有鲜明建筑特色的高水平、开放式、创新型大学提供坚强保证。

（二）基层党组织建设

【二级单位党组织书记抓党建工作述职评议考核会】为深入贯彻党的十八届六中全会精神和全国高校思想政治工作会议精神，进一步推动全面从严治党向基层延伸，夯实学校基层党建，3月7日，按照市委、市委教育工委的部署和要求，根据学校工作方案，学校在大兴校区图书馆凌云报告厅召开2016年度二级单位党组织书记抓基层党建工作述职评议考核会。学校领导班子成员、党委委员、纪委委员，市区人大代表、政协委员、群众代表参加了会议。会议由校党委副书记张启鸿主持。

【学校开设"建大党支部书记论坛"】为切实加强党支部建设，学校开设"建大党支部书记论坛"，分别于6月6日、6月20日举办两期党支部书记培训会暨"建大党支部书记论坛"，分别围绕"严把'入口关'、切实提高党员发展质量""严守纪律 创新形式 积极作为 充分发挥党支部主体作用"两个主题，进行基层党建规范动作和创新活动特色展演交流，打造党建全流程各环节活动样板。党支部书记及委员、辅导员、组织员参加了论坛。

【学习宣传贯彻党的十九大精神】2017年，学校将学习宣传贯彻党的十九大精神、学习贯彻习近平新时代中国特色社会主义思想与"两学一做"学习教育常态化制度化开展相结合，与学习北京市第十二次党代会和学校第一次党代会精神相结合，与落实全面从严治党要求、加强基层党组织建设相结合，与推动学校综合改革相结合，突出学习教育实效。制定了《中共北京建筑大学委员会关于推进"两学一做"学习教育常态化制度化的实施方案》《关于转发市委组织部组织开展"学习贯彻市第十二次党代会精神知识竞赛"活动的通知》《关于组织好党支部认真学习贯彻党的十九大精神的通知》等工作文件，组织全校处级干部、党支部书记参加魏小东部长对十九大精神宣讲，指导各级党组织以自学、交流座谈、讲座报告、案例分析、分管校领导宣讲十九大等多种方式调动党员参与学习，组织全校党支部开展学习十九大精神主题党日活动。十九大精神学习实现了全校师生收听收看全覆盖，宣传宣讲全覆盖，基层调研全覆盖，"两学一做"学习教育经验做法在《北京教育》上专题报道，作为北京市属唯一一所高校向中组部副部长齐玉汇报党建工作。

【迎接北京普通高校党建和思想政治工作基本标准入校检查】根据北京市委教育工委统一部署，11月28日，北京高校《党建和思想政治工作基本标准》检查组一行来到学校，通过听取党委汇报、审阅材料、召开座谈会、实地走访等形式，对学校五年来的党建和思想政治工作进行了全面深入的检查。学校党委把迎接《党建和思想政治工作基本标准》入校检查作为全面加强党建和思想政治工作的重要契机，按照高标准、严要求、精细化、卓越化的工作原则，严格对照指标体系，深入总结经验、强化特色、树立品牌，进一步强化学校各级党组织工作机制建设，不断完善学校党建和思想政治工作各项制度，进一步凝练提升学校党建品牌特色，高标准完成《党建和思想政治工作基本标准》入校检查各项任务，受到检查组高度评价，切实以迎评促建工作新成效推动学校党建工作取得新进展。

【筹备召开北京建筑大学第一次党代会】2017年，学校严格按照上级要求，凝心聚力、引领发展，以高度的政治责任感、高标准、高质量组织筹备和召开了学校更名后的第一次党代会。学校按照《中国共产党章程》《中国共产党基层组织选举工作暂行条例》的有关规定，认真细致地做好报告、选举、宣传、会务等工作，向上级报送材料22份，制定工作通知文件29份，修订了《中共北京建筑大学委员会党员代表大会代表任期制实施办法》。中国共产党北京建筑大学第一次党员代表大会于12月26日胜利召开。大会全面总结了过去七年的工作，描绘了未来五年的发展蓝图，确立了建设国内一流、国际知名、具有鲜明建筑特色的高水平、开放式、创新型大学的奋斗目标，选举产生了新一届党委、纪委领导班子，团结带领全校师生，全力聚焦内涵发展、特色发展和创新发展，推动学校全面提质转型升级，引领学校进入了新的发展阶段。

【党支部换届】2017年，学校按照相关规定，制定了《关于做好党支部调整和换届选举工作的通知》，统筹推进党支部调整及换届工作，顺利完成143个党支部的调整和换届工作。

【荣获北京高校"优秀共产党员"2人、"先进基层党组织"1个】2017年，根据北京市委教育工委《关于评选表彰北京高校先进基层党组织优秀共产党员优秀党务工作者的通知》，评选北京高校"先进基层党组织"、"优秀共产党员"、"优秀党务工作者"。学校建筑与城市规划学院设计基础部主任金秋野、环境与能源工程学院环境工程系教师王文海荣获"北京高校优秀共产党员"，测绘与城市空间信息学院党委荣获"北京高校先进基层党组织"。

【学校组织开展党建创新项目】学校将2017年作为党支部建设质量全面提升年，组织开展26个党建必选创新项目、34个党支部自选创新项目，项目涵盖舞台剧展演、党支部协同共建、"主讲主问"制理论学习、学生党支部联系宿舍、党员亮明身份、建设"党员之家"等多种形式，极大调动了二级单位党组织和党支部的积极性、主动性和创造性，促进了学校基层党建工作水平全面提升。

【获批北京高校党建研究课题】学校申报并获批2017年北京高校党建重点难点项目支持计划《建立健全高校全面从严治党责任制探索与实践》1项，"两委一室"委托课题1项。

【发展党员】严格按照党员发展程序，坚持成熟一个发展一个，2017年共发展党员411名，其中发展学生党员407名，发展教职工党员4名。

(三）领导班子和干部队伍建设

【学校召开校级领导班子和领导干部2016年度考核测评会】 1月10日下午，学校在西城校区第二阶梯教室召开校级领导班子和领导干部2016年度考核测评会。北京市委教育工委干部处调研员易容，学校领导班子成员，全体正处级干部，教授代表，部分市区人大代表、政协委员，工会、教代会、团委代表，民主党派和无党派人士代表，党代会代表，退休老领导和老同志代表等100余人参加了考核测评会。党委书记王建中主持会议。根据《中共北京市委组织部关于做好2016年区局级领导班子和领导干部年度考核工作的通知》要求，学校领导班子述职报告、校级领导干部个人述职述德述廉报告已于会前发至全体参会人员。会上，党委副书记吕晨飞同志就考核测评情况进行了相关说明，与会人员就校级领导班子和领导干部年度工作、基层党建工作、学校干部选拔任用工作进行考核测评和民主评议。

【学校召开领导班子民主生活会】 1月19日，学校召开2016年度领导班子民主生活会。北京市委第五巡回督导组成员、北京印刷学院原党委书记崔文志同志，北京市委组织部宣教政法干部处副调研员彭小斌同志，市委教育工委干部处调研员易容同志，北京市委第五巡回督导组联络员、市委教育工委离退休干部管理处张兴华同志到会指导。民主生活会由校党委书记王建中主持。校级领导班子全体成员参加了专题民主生活会，王建中代表领导班子作对照检查发言。校级领导班子成员随后依次进行对照检查，深入进行党性分析，深刻剖析思想根源，严肃认真地进行自我批评。其他同志都分别提出意见，坦率明确地开展批评，切实起到了相互教育、相互启发、相互警醒的效果，达到了"团结——批评——团结"的目的。

【举办2016/2017学年度处级单位和处级干部考核测评会】 7月8日下午，学校在大兴校区建本报告厅举办2016/2017学年度处级单位和处级干部考核测评会，对全体处级单位和处级单位正职进行民主测评。参加大会的评议人员有全体在校校领导，全体处级干部，部分人大代表、政协委员，教授代表、党代会代表、教代会（工代会）代表、团委代表以及离退休教师代表共120人。大会由党委副书记张启鸿主持。在2016年制定的《北京建筑大学处级单位和处级干部考核办法（试行）》的基础上，2017年学校紧紧围绕各项重点工作，进一步完善评价指标体系，量化各项评价指标，特别是结合全面从严治党等一系列新形势、新要求，加大党建与思想政治工作权重，细化党建工作指标，务求以考核工作推动全面从严治党责任落实。在确保考核工作严肃规范的同时，2017年考核工作基本实现全线上操作，进一步展示了学校信息化建设的新成效，得到大家好评。

【干部选任】 2017年，学校提任和交流处级干部33人，向校外推荐干部1人，挂职锻炼7人，选拔和交流科级干部18人。加强干部梯队建设，出台《北京建筑大学后备干部队伍建设实施办法》，按照规定程序完成后备干部调整补充，确定后备干部97人。

【干部监督管理】 把全面从严贯彻在干部监督管理各个环节、各项工作，2017年完成22名领导干部个人有关事项抽查核实工作，校级领导干部、处级干部以及离退休干部的兼职清理，完成处级干部经商办企业专项清理核查工作。严格处级干部因私出国（境）管理工作，完成处级干部因私出入境登记备案工作，新增备案8人次，完成处级干部和专任教师因公临时出国（赴港澳）人员备案表审核44人次、退休局级领导因私出国审核上报6人次。

（四）干部与党员教育培训

【学校举办学习贯彻全国高校思想政治工作会议精神干部专题培训班】 5月2日至6月13日，学校举办"学习贯彻全国高校思想政治工作会议精神干部专题培训班"。培训班采取统一培训和分类培训相结合的方式进行。校领导、处级干部、思政课教师、党支部书记、院团委书记、辅导员等295人参加了统一培训。党委书记王建中在开班仪式上做开班动员，党委副书记、校长张爱林在结业式上做总结讲话，党委副书记张启鸿主持开班仪式和结业式。在全校范围推进统一培训的基础上，学校对党支部书记、教学管理干部、学生工作干部开展精准化分类培训，通过读原文、听报告、看视频、观展演、写心得、答问卷、分组研讨等多种形式，深入开展学习，顺利完成了培训的各项任务。结业式上，学工干部培训组和教务干部培训组分别派代表汇报了本组的学习和研讨成果。全体学员对全国高校思想政治会议精神进行了一次全面而深入的学习与研讨。

【学校举办科级干部、党支部书记暑期培训班】 7月14日至16日，学校举办第一期科级干部、党支部书记暑期培训班，力争三年内实现异地培训全覆盖。28名科级干部、党支部书记赴河南兰考县焦裕禄干部学院参加系列培训教育活动。培训通过现场教学、理论授课、音像教学、专题报告、交流研讨等形式，系统深入地学习了焦裕禄光辉事迹和精神内涵，进一步将焦裕禄精神化作精神动力，化作加快推进建设高水平建筑大学的实践行动。7月15日下午，校党委副书记吕晨飞到焦裕禄干部学院看望慰问培训班学员，并在学习座谈会上，围绕"忠诚、干净、担当"为培训班学员讲了一堂生动的党课。

【学校举办"青年干部读书班"】 8月18日至27日，学校创新培训模式，举办"学习贯彻习近平总书记系列重要讲话精神和治国理政新理念新思想新战略"第一期青年干部读书班。党委书记王建中、党委组织部、党委宣传部、党委统战部等部门负责人、读书班小组长及第一期读书班的18名学员参加了开班仪式，仪式由党委组织部部长孙景仙主持。党委书记王建中任读书班班主任，部分校领导担任讲师，党委组织部、党委宣传部、党委统战部负责人任导师，通过领导领学、专家讲学、导师导学、学员自学、读原文、学原著、悟原理，切实提高青年干部的理论水平和学习能力。党委书记王建中在开班仪式上作动员讲话，并以"领导力培养"进行专题辅导报告。读书班结束后，举行了结业成果答辩会，18名学员分别做了汇报答辩。

【学校举办第二期处级干部暑期培训班】 8月20日至26日，学校举办第二期处级干部暑期培训班，38名处级干部赴山东临沂党性教育基地参加培训教育活动。党委书记王建中出席开班仪式，并为学员们讲授专题党课。学员们通过现场教学、理论授课、音像教学、专题报告、交流研讨等形式，系统深入地学习了临沂革命老区的光荣历史，深刻感受了"爱党爱军、开拓奋进、艰苦创业、无私奉献"的沂蒙精神。

【举办入党积极分子培训班】 为进一步端正入党积极分子的入党动机、坚定理想信念，增强党性意识，2017年分两学期举办第59期、第60期入党积极分子培训班，共有707名入党积极分子参加培训，并顺利结业。

【举办发展对象培训班】 为进一步加强对党员发展对象的培养和教育，确保发展党员质量，按照《中国共产党发展党员工作细则》的有关规定，2017年分两学期举办第六期、第七期发展对象培训班，425名发展对象参加培训，并顺利结业。

（五）人才工作

【组织教师申报市委组织部优秀人才培养资助项目】 2017年，共有16人申报，3人成功获批项目。

（张　莉　孙景仙）

二、思想宣传工作

（一）概况

2017年，党委宣传部按照学校党政工作要点和学校统一部署，紧密围绕中心工作，扎实推进各项任务落地见效，完成了各项工作。坚持以党的十九大精神为指引，落实全国和北京高校思想政治工作会议精神，加强思想建设和价值引领。扎实推进社会主义核心价值观融入式教育模式。坚持"两个巩固"，严格履行意识形态工作责任制。推进学校文化建设，进一步强化以文化人、以文育人。坚持内聚人心、外塑形象，全面提升新闻宣传和舆论引导工作的整体水平。

（二）理论教育工作

2017年，党委宣传部坚持以党的十九大精神为指引，加强思想建设和价值引领。

一是深入学习宣传贯彻党的十九大精神。制定《中共北京建筑大学委员会认真学习宣传贯彻党的十九大精神实施方案》等，组织师生集中收听收看党的十九大开幕式并及时报道收听收看反响。第一时间组织成立学校宣讲团，并通过校园全媒体和社会媒体对师生开展形式多样的学习宣传贯彻活动进行持续宣传报道。与组织部一起为各党支部和师生党员发放《党的十九大报告辅导读本》《中国共产党章程》等辅导读本，与党政办、组织部协同组织党的十九大精神辅导报告，营造人人学习、人人宣传、人人贯彻的浓厚氛围。

二是做好党委理论学习中心组学习秘书工作。按照上级文件修订了学校党委理论学习中心组学习制度，制定并实施《中共北京建筑大学委员会关于加强和改进党委理论学习中心组学习的实施细则》，进一步强化政治理论学习主题。全年参与组织学校党委理论学习中心组集体学习15次，包括参与组织集体参观和调研各一次。

三是落实全国和北京高校思想政治工作会议精神，加强教职工思想政治工作。牵头制定并落实《中共北京建筑大学委员会学习贯彻全国高校思想政治工作会议精神工作方案》，梳理、凝练思想政治工作中存在的135个问题，改进举措184条；系统梳理部门工作存在的问题和短板，制定并落实举措。参与制定《中共北京建筑大学委员会关于全面贯彻落实〈加强和改进新形势下高校思想政治工作的意见〉的实施方案》。选派7名教师参加2017年北京市哲学社会科学教学科研骨干研修班，10名青年教师参加2017年北京高校青年骨干教师理论培训班。依托"建大讲堂"举行报告4场。协同党委组织部开展学习贯彻全国高校思想政治工作会议精神专题培训。组织青年教师开展社会实践调研活动，获北京高校青年教师社会实践优秀调研成果二等奖6项。会同人事处推动新教工入职宣誓工作落地，撰写的"北京建筑大学开展入职宣誓主题教育引导青年教师立德树人"简报被市委教工委作为第一期《北京高校思想政治工作简报》模板通报。推进"互联网＋思想政治工作"，多渠道加强思想引导和理论培训。将思想政治工作和信息技术有机结合，利用"北建大理论学习平台",面向全体教职员工开展"学习贯彻全国高校思想政治工作会议精神"专题网络培训;在官网理论学习平台上发布《将改革进行到底》《法治中国》《大国外交》《巡视利剑》《辉煌中国》《强军》《不忘初心 继续前进》等电视专题片链接,开展十八大以来国家经济社会发展成就宣传;利用微信公众号开设"思想·引领"和"思想·践行"等相关栏目,开展党的十九大精神宣传。在校报和校园网上开设"第一次党员代表大会"专题网页。

四是扎实推进社会主义核心价值观融入式教育模式。继续推动开展"服务延庆'秀美乡村 成风化人'行动"计划,会同教务处、建筑学院设计艺术系20余名师生将《传统技艺保护与创新实习》课开到延庆区井庄镇艾官营村,进行墙画创作,艺术化传播弘扬社会主义核心价值观和廉政文化,推动了《传统技艺保护与创新实习》课程思政的落地。

(三) 新闻宣传和舆论引导工作

2017年,党委宣传部坚持内聚人心、外塑形象,全面提升新闻宣传和舆论引导工作的整体水平。

一是校内新闻宣传和舆论引导工作成果突出。围绕党的十九大、全国和北京高校思想政治工作会议精神、习近平视察北京重要讲话精神、"一带一路"国际高峰论坛等党和国家重大事件,以及学校"一带一路"建筑类高校联盟成立活动、纪念办学110周年座谈会、全国博士后论坛、本科教学审核评估、党建评估、第一次党代会等重点工作精心策划对内对外宣传报道,实现线上线下联动、校内校外互动的全媒体报道声势,收到了较好的宣传效果。

以本科教学审核评估为契机,全方位宣传学校人才培养成果,为教育教学营造良好舆论氛围。建设专题网站、在校报、校园网、官方微信开设专栏进行报道,通过校园全媒体报道我校师德先进个人、优秀教师和优秀党务工作者、青春榜样等50余篇次。围绕教学科研、人才培养、社会服务等内容进行深度报道30余篇次,围绕校园文化报道10余篇。在校外媒体刊登相关报道30余篇次,其中在《北京日报》刊发《服务国家重大战略需求和北京城市战略定位——北京建筑大学与北京城市建设共奋进》大型宣传报道,获得良好的宣传效果。

配合党建评估和第一次党代会,全媒体宣传发展成就,营造全校师生员工积极向上、共同奋进的良好环境。校园网制作专题网站、校报制作党代会专刊,在校园网、校报、官方微信开设"发展巡礼""党代表心声"专栏。会前,利用校园网头图以及电子屏、橱窗、条幅、灯杆旗等校内公共区域媒体营造热烈喜庆的校园氛围。会中,通过各种媒体对大会盛况进行宣传报道,采访党代表30余人,制作"一图读懂党代会报告",帮助全校师生更快捷准确地理解党代会精神。会后,就贯彻落实党代会精神进行持续宣传报道。校报全年共编辑出版24期,策划专栏和专题报道10余个,刊登深度报道30余篇。获得中国高校校报协会好新闻评选一等奖1项,三等奖1项。优化官网功能,制作专题网站2个。围绕重大选题策划校园网头图80余幅,编辑、审核校园网络新闻信息2200余条,图片8000余张。制作橱窗18期144版。官方微博全年累计更新80余次,原创微博共计1600条;推送微信近200条,其中在首都教育联盟中上榜推荐为43条,11条为榜首推荐。手机报共发送25期38条新闻信息。完成校内重要活动的摄影摄像共计240余次。

二是对外宣传报道实现多项突破。围绕学校中心工作和重大事件,按照"注重策划、加强联络、主动出击、重点突破"的工作原则,重大事件积极发声、重要媒体频繁露面、抓住传统媒体阵地、尝试新兴媒体领域,使对外宣传工作实现多项突破。围绕国家大事精心组织宣传选题策划,北建大师生频频登上国家和北京市重点媒体。围绕学习宣传贯彻党的十九大精神,指导建筑学院学生结合专业学习和服务北京"四个中心"建设,开展学习党的十九大精神分享会活动在中央电视台《新闻联播》播出;组织我校师生收听收看十九大开幕式情况在《北京日报》头版及北京电视台专题报道;新华社内参《投身科教建强国 接力奋斗圆复兴之梦——党的十九大报告引发高校师生热烈学习讨论》报道我校长江学者戚承志学习体会及我校师生收看开幕式情况。发挥新媒体作用,全方位报道学校重要工作,新闻宣传在提高学校影响力和美誉度方面取得实效。响应国家"一带一路"倡议,出色完成学校"一带一路"历史建筑摄影·手绘艺术作品展、"一带一路"建筑类高校国际联盟成立宣传报道。在《中国教育报》刊登党委书记王建中的署名文章《地方行业大学投身"一带一路"国家战略》。首次与光明网合作对"一带一路"历史建筑摄影·手绘艺术作品展进行网络直播,视频共计点播 2.4 万余次。在《北京日报》、北京电视台、新华网、中国网等主流媒体刊登"一带一路"建筑类高校国际联盟成立报道 30 余篇,被新闻网站、论坛、博客、微博、微信等媒体转载量近 400 次。同时运用新媒体报道方式,在北京日报官方微信公众号推送"一带一路"建筑类高校联盟成员大学校长访谈视频,点击量超过 2 万次。联盟成立宣传报道有力度、有效果,市委书记蔡奇看到"一带一路"建筑类高校联盟成立相关新闻报道后,做出了批示"北京建筑大学这个做法好"。全年发表外宣稿件 260 余篇,其中大部分被新华网、人民网、中国日报网、北青网、凤凰网、千龙网、网易、光明网、中青网、搜狐网、新浪网等网络媒体多次转载。全年接待安排媒体来校采访 40 余次。

三是提升宣传思想工作整体水平。制定《北京建筑大学各部门(单位)宣传工作队伍岗位职责》,确定各部门(单位)宣传工作第一责任、直接责任人,落实宣传思想工作责任制,加强校院两级新闻宣传工作队伍;推进传统媒体和新兴媒体的深度融合,实现"一次采集、多种产品、分层发布"的采编发流程。进行宣传工作业务流程再造,统一在信息门户发布,使管理更科学、服务更便捷。依托全校各部门(单位)官方微信、微博等校园新媒体,成立北京建筑大学新媒体联盟,制定《北京建筑大学新媒体章程》,整合校园新媒体资源,畅通信息共享渠道,搭建资源共享平台,不断提升校园新媒体的聚合力、传播力和影响力。在各种媒体上开设"审核评估进行时""两学一做典型引领""2017 毕业季""思想 引领""喜迎十九大""砥砺奋进的七年""党代表心声"等专题、专栏、专版,邀请校外专家对各单位宣传员进行新媒体时代下高校新闻宣传思路与技巧、舆情应对与引导等内容的专题培训,促进了校内宣传工作队伍专业素养的提升。

(四)校园文化工作

2017 年,党委宣传部推进学校文化建设,进一步强化以文化人、以文育人。

一是通过多种形式进一步传承、弘扬和传播北建大精神文化体系。制作北建大精神文化体系解读手册,推动校训石、校风石落成,联合相关部门共同举办纪念办学 110 周年座谈会,举办筑魂——北京建筑大学第二届艺术作品展,进一步传承学校精神文化传统,弘扬和践行北建大精神,推动校园文化建设。

二是继续发挥文化传播阵地的育人功能。打造"星空间"(基础教学楼 A 座西北角)、

"艺空间"（静园），继续发挥北京建筑大学艺术馆、中国建筑师作品展示馆及图书馆一层展厅的文化育人功能。全年举办了"一带一路"历史建筑摄影·手绘艺术作品展、"住房城乡建设部第二届田园建筑优秀实例展"、"京华水韵"——北京水文化遗产主题展等15场展览，仅"一带一路"历史建筑摄影·手绘艺术作品展就接待校内外观众4000余人。参与2017中国设计节筹备，选送建筑设计艺术研究中心（ADA）的"建筑与书法展"作品参加主展区展览活动，并承办中国设计节分展区活动。成立启骧书画艺术研究院并举办书法讲座。

三是将主题教育活动有机融入校园文化。联合山西武乡县委县政府，举办"八路军文化进校园"主题教育活动，弘扬太行精神和革命文化。在举办"一带一路"历史建筑摄影·手绘艺术作品展中，主动与土木学院党委共同策划，将"一带一路"主题教育融入2016级学生科技活动周教学环节，通过参观"一带一路"历史建筑摄影·手绘艺术展，了解"一带一路"倡议，制作"一带一路"沿线国家和地区的标志性建筑模型，宣传部干部、学院学生工作管理教师、相关专业教师密切配合，实现了以文化人的育人功能，达成思政工作协同育人效果。学生制作的模型作品代表学校参加了市委教工委组织的"迎接学习党的十九大 服务北京'四个中心'建设"北京高校师生主题创作展。

四是大力推进学院文化、宿舍文化建设。通过校报对2016年学院楼宇文化建设成果进行深度报道；组织2017年、2018年文化建设项目申报，积极为学院文化建设争取资金支持。推进宿舍文化建设，以传播北建大精神文化体系为目标，开展对两校区宿舍楼宇公共空间的设计，重塑了宿舍文化大厅主题墙、楼道、公告栏等环境文化。

五是积极开展文明校园创建工作。组织参加2015～2017年度首都文明校园创建评选申报工作。目前学校已作为拟推荐单位完成公示。

（五）表彰与奖励（宣传部）

北京建筑大学2017年所获集体奖励

序号	奖励时间	获奖单位或部门	奖励名称	发证机关
1	2017年12月	北京建筑大学	2017年度宣传工作先进单位	北京教育杂志社

北京建筑大学2017年教师所获奖励与表彰

序号	奖励时间	获奖完成人	获奖项目名称	奖励名称	获奖等级	发证机关
1	2017年12月	康健	"互联网＋"社区志愿服务体系研究——以北京市西城区金融街街道爱心时间银行项目为例	北京高校青年教师社会调研工作	二等奖	市委教育工委
2	2017年12月	王丹	住房城乡建设系统行政处理程序调查研究	北京高校青年教师社会调研工作	二等奖	市委教育工委
3	2017年12月	韩志鹏	基于SWOT模型下北京地区大学生创业环境的调查研究	北京高校青年教师社会调研工作	二等奖	市委教育工委

续表

序号	奖励时间	获奖完成人	获奖项目名称	奖励名称	获奖等级	发证机关
4	2017年12月	阙玉德	北京市东城区朝阳门街道竹杆社区居民公共活动空间——"社区生活馆"项目调研及优化设计研究	北京高校青年教师社会调研工作	二等奖	市委教育工委
5	2017年12月	王秉楠	以"90后"为主体的大学毕业生就业状况调查——以北京建筑大学为例	北京高校青年教师社会调研工作	二等奖	市委教育工委
6	2017年12月	张伟	北京海绵城市建设公众参与调查研究	北京高校青年教师社会调研工作	二等奖	市委教育工委
7	2017年11月	高蕾 汪洋海容	协同创新让世界遗产永续发展——我校多学科交叉科研团队将高保真复制石窟搬进校园	中国高校校报好新闻奖	通讯类一等奖	中国高校校报协会
8	2017年11月	汪洋海容	古建彩画艺术匠人	中国高校校报好新闻奖	新闻摄影类三等奖	中国高校校报协会
9	2017年9月	高蕾	[建大故事]推动大美新疆供热行业发展的建大力量	北京高校好新闻奖	网络新闻类一等奖	北京市高等学校新闻与文化传播研究会
10	2017年9月	李守玉	"生命之树"让建筑瞭望人生	北京高校好新闻奖	网络新闻类三等奖	北京市高等学校新闻与文化传播研究会
11	2017年9月	李守玉 姚驰	乐谱上的建筑	北京高校好新闻奖	消息类三等奖	北京市高等学校新闻与文化传播研究会
12	2017年9月	汪洋海容	数字化测绘让云冈石窟"活"起来	北京高校好新闻奖	通讯类三等奖	北京市高等学校新闻与文化传播研究会
13	2017年9月	王洋	[校庆专题]让你我大声说：北建大80华诞，生日快乐	北京高校好新闻奖	微博微信三等奖	北京市高等学校新闻与文化传播研究会

（六）党委宣传部大事记

【举办建大讲堂2017年第一讲】 1月3日，学校邀请北京科技大学马克思主义学院教授、博士生导师左鹏做了题为"校园宗教传播与应对"的辅导报告。左鹏教授从宗教的基本常识、传教人员构成、传教的形式、传教的影响、传教的应对等方面，分析了目前校园宗教传播与应对情况。左鹏教授的报告案例生动、数据翔实、系统全面，既注重历史与现实相贯通，又注重理论与实践相结合，对于学校做好校园宗教工作具有很强的针对性和指导性。

【2016年度十大新闻揭晓】1月9日，2016年度北京建筑大学十大新闻揭晓，结果如下：

1. 深入学习贯彻十八届六中全会和全国高校思想政治工作会议精神，扎实开展"两学一做"学习教育。

2. 绘制未来发展宏伟蓝图，实现"十三五"规划良好开局，学校"十三五"规划和各项专项规划、学院规划的编制工作圆满收官。

3. 获评"未来城市设计高精尖创新中心"，为学校提供了里程碑式的重大发展机遇。中心全面参与和服务北京城市副中心建设，与通州区政府签署《全面合作协议》。

4. 认真落实《京津冀协同发展规划纲要》，扎实推进"两高"办学布局调整。召开两校区办学工作会，制定实施《关于贯彻〈京津冀协同发展规划纲要〉扎实推进两校区布局调整工作的实施意见》，全面实施"两高校园建设工程"，进一步更新完善提升两校区功能布局。

5. 高端平台建设获得突破，获批建设"大型多功能振动台阵实验室"，实验室建成后将成为京津冀唯一、国际领先、具有重要国际影响的高水平试验平台和人才培养基地。学校科技创新能力持续提升，联合北京印刷学院、北京石油化工学院发起成立京南大学联盟，和大兴区共同签署《京南大学联盟服务大兴行动计划》。成立中国非物质文化遗产研究院、中荷未来水处理技术研究中心，承担长城保护规划等全国重点文物保护单位的修缮工程及保护规划。校办企业承担各类项目近600项，获得詹天佑奖、结构长城杯银奖等多项奖励。科研经费较去年增长20%；国家基金项目再创新高，位居建筑类高校前列，新增北京市重点实验室3个，获得省部级科技奖励一等奖4项。

6. 制定2016版人才培养方案，落实"三增、三减、三优化"的基本原则，全面推进新一轮教育教学改革。召开提升育人质量工作座谈会，构建"专业教育＋通识教育＋双创教育"三位一体的人才培养新模式。学校成功获批建筑用能国家级虚拟仿真实验教学中心、北京高校校内创新实践基地、北京市高校实验教学示范中心，测绘工程专业通过工程教育专业认证，土木工程专业通过专业复评。

7. 全面实施高层次人才引育计划，人才队伍建设取得新进展。建立高端人才专家库和高端人才引进工作考核机制，引进"国家百千万人才工程"获得者1人、国家"千人计划"入选者1人、省部级杰出青年基金获得者1人。启动两批"双塔计划"项目，共计支持各类人才56名。优化学校职称比例结构，高级专业技术职务比例提升至65%。新增政府特殊津贴专家2名，入选北京海聚工程人才8名、科技部中青年科技创新领军人才1名、北京市百千万工程人才3名，入选北京市高创计划杰出人才1名、青年拔尖人才2名，入选市委组织部青年拔尖个人1名。8名博士后获中国博士后科学基金和北京市博士后科研创新研发类项目资助。

8. 首家"中国青年创业社区"高校站落户北京建筑大学，创新创业教育工作硕果累累。获评首批"北京地区高校示范性创业中心"，"金点创空间"成为中国青年创业就业基金会授权认证的首个在高校建设的青年创业社区，"未来城市创空间"获批"大兴区众创空间"称号。党建引领创新创业教育相关成果获2014～2015年北京高校党的建设和思想政治工作优秀成果二等奖和创新成果奖。在"创青春"全国大学生创业大赛终审决赛中，斩获两银两铜。一年来，学生在全国和北京市各类学科竞赛中获得奖项累计达303项。

9. 举办暑期国际学校，稳步推进国际化办学工作。

实施"国际化拓展计划"，新增国际合作院校7所，积极推进"中法国际大学城"建设，举办首届国际暑期学校，举办开放建筑国际工作营和首届北京城市设计国际联合工作营，启动"大师驻校计划"，建立"驻校大师工作室"，连续两年承担"中国青年设计师驻场四季计划"活动，师生设计成果亮相北京国际设计周专题展。全年举办国际学术会议5场，国际学术报告47场，教师参加境外培训和国际学术会议51人次，输送104名学生参加中外合作培养和境外访学，获批国际合作科研项目2项，学校国际化办学氛围进一步增强。

10. 成功举办八十周年校庆，大学文化建设取得显著成效。

本着"隆重、热烈、节俭、务实"的原则，围绕"情感校庆、学术校庆、文化校庆"的主题，召开庆祝建校八十周年大会，成立北京建筑大学教育基金会，举办北京城市设计国际高峰论坛等多场高端学术会议、"未来城市"校庆嘉年华和多场高雅的文艺活动，激发了广大师生校友爱校荣校的热情。校庆前夕，杰出校友、中共中央政治局原常委、全国政协原主席李瑞环在京亲切接见了北京建筑大学领导，表达对母校的问候与关怀。全面梳理办学历史，系统构建学校精神文化体系，在大兴校区与中国建筑学会共建中国建筑师作品展示馆，并入选"大兴区第二批南海子十大文化基地"，大兴校区建成校史馆、艺术馆，西城校区建成文化艺术展示空间，两校区成功举办多场高水平展览展示活动，"文化塑院计划"系统推进，学校文化建设迈上新台阶。

（高　蕾　孙　强　李守玉　汪洋海容　荆培轩

吴金金　李小虎　李　洋　胡保华　孙冬梅）

三、统战工作

（一）概况

2017年学校党委统战部深入学习贯彻党的十九大精神与习近平新时代中国特色社会主义思想，围绕学校中心工作，加强党外知识分子队伍建设，发挥统战成员在学校民主管理、科学决策和推动学校"提质、转型、升级"中的重要作用。

学校加强对统战工作的重视，7月份将统战部独立设置。各二级单位党组织书记兼任统战委员。配备两间办公室，在大兴校区新增民主党派活动室。

党委统战部依托"高校统战大讲堂""北京市哲学社会科学教学科研骨干研修班""北京高校党外代表人士高级研修班"等思想教育和理论学习平台，围绕党的十九大精神与习近平新时代中国特色社会主义思想、全国高校思想政治工作会议精神、国际形势与国家和北京经济社会发展形势、北京城市总体规划、正确认识中国特色的政党制度、提高参政议政能力等主题，组织统战人士积极参加研修班、报告会、座谈会、沙龙等，多途径、分层次进行宣传教育，加强思想引领，进一步增进政治共识，巩固共同思想基础。组织统战人士观看党的十九大开幕会直播，并对十九大精神进行宣讲；组织观看《将改革进行到底》、《辉煌中国》等纪录片，深入了解改革开放以来取得的重大成就，开展爱国主义教育。加强对党外人士的宣传报道。北京人民广播电台制作播出的《人民之托》大型系列访谈节目"代表访代表"对北京市第十四届人大代表、我校文法学院教师秦红岭教授进行了专访；《中华剪纸》《读者》对民盟盟员赵希岗教授进行了专题报道。

3月14日，在大兴校区臻园三层举办心桥沙龙，聚焦"两会"热点问题，市人大代表结合自己履职情况，围绕参政议政、民主监督、服务社会等方面，广泛交流和沟通，进一步统一思想认识、汇聚发展力量。

4月20日与5月26日，组织参观北京奔驰汽车有限公司、北京三元食品股份有限公司及北京市地铁运营有限公司三分公司等，与企业对接，加强校企合作，搭建平台，发挥党外知识分子的专业优势。

6月30日，在校内对统战委员开展理论培训。

7月10~13日，组织统战委员及部分党外人士赴重庆开展实践教学。

11月28日，在大兴校区民主党派活动室（四合院29号）举办"鉴赏新剪纸 弘扬传统文化"主题沙龙活动，邀请民盟盟员、建筑学院赵希岗教授介绍剪纸文化，调动统战人士发挥专业优势参与校园文化建设的积极性。

12月1日，在大兴校区对各单位各部门办公室主任进行培训，提升大统战工作格局意识。

12月5日，在西城校区第八会议室召开党外人士校情通报会以及征求意见座谈会，听取统战人士对学校第六次党代会党委工作报告的意见和建议。

（二）党外代表人士工作

7月6日，成立党外知识分子联谊会（知联会）。大兴区第五届政协委员、测绘学院院长杜明义担任知联会会长，人事处副处长、教师发展中心办公室主任侯妙乐，建筑学院副院长胡雪松，西城区第十六届人大代表、土木学院交通工程系主任焦朋朋，环能学院建筑热能工程系教授张金萍，党委统战部副部长孙强担任知联会副会长，知联会秘书长由侯妙乐兼任。

北京市第十四届人大代表、民盟盟员秦红岭教授连任北京市第十五届人大代表；校长张爱林教授、民盟盟员季节教授当选北京市第十三届政协委员。民盟盟员陆翔、秦红岭分别受聘为西城区什刹海和新街口地区规划顾问，聘期为3年。西城区第十六届人大代表焦朋朋教授在西城区第十六届人民代表大会第三次会议期间，接受区人大研究室一个小时的专题采访，就西城区推进街区整理、进一步提升核心区品质方面的下一步工作阐述了专业观点，尤其在交通规划、交通组织管理、停车等方面，提出了很多具有针对性的建议。

（三）民主党派基层组织工作

截至12月31日，学校共有民主党派成员89人，其中在职人员44人，退休人员45人。民盟盟员33人，在职19人，退休14人；九三学社社员51人，在职25人，退休26人；民建1人，已退休；民革1人，已退休；致公党3人，已退休。

2017年九三学社支社发展新社员1人。戴冀峰被聘为九三学社西城区委第二届参政议政委员会委员。

2017年民盟支部发展盟员2人。民盟支部荣获2017年西城区民主党派优秀基层组织。民盟盟员秦红岭连任北京市第十五届人大代表；民盟盟员秦红岭、季节当选民盟市委委员，张复兵被聘为民盟西城区委社会服务部副主任。加强信息交流，统战部协助民盟支部编印了第一期《北京建筑大学盟讯》。

发挥专业优势，服务社会发展。由学校民盟支部主笔撰写的西城区委课题《关于西城区什刹海水文化遗产保护与利用的调研》被评为西城区2016～2017年度优秀调研成果二等奖；盟员张复兵受邀为国家行政学院、腾讯公司、中国人民公安大学等机构开展健康讲座。九三学社社员、土木学院戴冀峰与索智共同执笔的调研成果《西城区疏解工作对交通影响的分析及建议》获得西城区民主党派调研成果三等奖。

（四）民族宗教工作

1月3日，在大兴校区四合院会议室举办民族宗教工作培训，邀请北京科技大学马克思主义学院教授、博士生导师左鹏作题为《校园宗教传播与应对》的辅导报告，党委副书记张启鸿，各学院党委书记（统战委员）、马克思主义学院全体教师，党委宣传部、党委统战部、学工部、研工部、团委、资后处、图书馆等有关部门负责人以及学生代表参加活动。

3月24日，召开民族宗教工作领导小组会议，党委书记、民族宗教工作领导小组组长王建中主持会议并发表讲话，民族宗教工作领导小组成员、各二级单位党组织负责人参加会议。

10月19日，民族宗教工作领导小组部分成员赴江西南昌工学院与我校少数民族预科班学生进行座谈交流。

本年度，与学工部及相关学院开展了少数民族学生成长发展系列沙龙活动，推进建设最爱学生的大学。

（五）港澳台侨工作

1月20日，看望老归侨、学校第一任侨联小组组长黎光华。

积极参与侨联"医改工作"调研及提案工作，执笔区侨联关于"居家养老"问题的提案。

6月成立港澳台侨工作领导小组，领导小组下设办公室，设在国际合作与交流处。协助归侨侨眷咨询其相关权利、义务等。

印尼归侨黎光华、第二届侨联主席武才娃教授荣获中国侨联颁发的《从事侨联工作20年荣誉证书》。

第二届侨联委员王健教授主持的北京市级侨联课题《地铁线路振动噪声的影响与人的反应及自适应研究》获市侨联系统理研调研"建言献策类优秀成果二等奖"。

参加第八届首都新侨乡文化节桥牌邀请赛，并获得第四名的好成绩。

（高瑞静）

四、纪检监察工作

（一）概况

2017年纪委办公室（监察处）深入学习贯彻党的十八大、十八届中央历次全会和十九大精神，以习近平新时代中国特色社会主义思想为指导，全面贯彻落实中央纪委、北京市纪委市监委、驻市委教育工委市教委纪检监察组党风廉政建设和反腐败斗争各项工作部署，在学校党委和纪委领导下，始终把维护党的政治纪律和政治规矩放在首位，突出监督执纪问责，落实党风廉政建设监督责任，较好地完成了年初制定的各项目标任务。开展的党风廉政宣传教育月活动被驻市委教工委市教委纪检监察组2017年第三期《纪检监察简报》刊载。

(二) 党风廉政建设责任制

【概述】推动实施廉政首问制，进一步健全党风廉政建设责任体系，严格监督检查，推动责任落实。

【召开第一次纪委全委会】2017年2月20日，中共北京建筑大学纪律检查委员会在大兴校区后勤楼318会议室召开了2017年第一次纪委全委会，学校纪委委员出席会议。会议传达了北京市委书记郭金龙在中共北京市纪委十一届六次全会上的讲话和北京市纪委书记张硕辅在中共北京市纪委十一届六次全会上的工作报告等文件精神。介绍了《北京建筑大学2017年党风廉政建设与反腐败工作实施方案》主要内容，讨论了学校下一步党风廉政建设和反腐败工作重点。

【召开党风廉政建设工作大会】2017年2月28日，北京建筑大学在大兴校区图书馆建本报告厅召开2017年年度工作会暨党风廉政建设工作会，纪委书记何志洪代表学校党委对2017年党风廉政建设与反腐败工作进行了部署。全体校领导、处级干部参加了会议。

【签订党风廉政建设责任书】2017年6月1日，新任正处级干部与学校签订《党风廉政建设责任书》和《经济责任书》。责任书要求各单位（部门）按照"谁主管、谁负责，一级抓一级，层层抓落实"的原则，认真履行好"一岗双责"，为本单位（部门）发展提供坚强政治保证。

【检查各单位各部门落实党风廉政建设责任制落实情况】2017年11月20日到12月1日，北京建筑大学组织16个检查组，对全校处级单位贯彻落实党风廉政建设责任制的情况进行全面检查。学校制定《2017年党风廉政建设责任制落实情况检查工作方案》，科学设立包括9项考核内容和22个考核点在内的检查指标体系，细化考核要求，推动"以查促建"。检查组通过听取汇报、查阅有关文字资料等方式，重点检查了牢固树立政治意识、大局意识、核心意识、看齐意识，学习贯彻党的十九大精神，推进"两贯彻一落实"情况；严肃党内政治生活、加强作风建设情况；强化管党治党责任担当、加强党内监督、层层压实主体责任情况；维护党的纪律特别是政治纪律、政治规矩情况；有效遏制腐败蔓延势头，坚决纠正损害群众利益的不正之风和腐败问题等情况。检查组还召开了落实党风廉政建设责任制情况师生座谈会，进行满意度调查，总体满意率为99.74%。通过检查，及时发现突出问题和不足之处，并进行整改和完善，切实加强了反腐倡廉长效机制建设，深入推动了全面从严治党向基层延伸。

【制作领导干部记实手册】在2016年度形成系统规范的党风廉政建设制度体系基础上，进一步强化过程管理，制定《推进领导干部落实党风廉政建设责任制全程记实工作的实施办法》，统一制作记实手册，推动实施全程记实制度，确保日常落实有痕迹，实时提醒有监督。

【践行监督执纪"四种形态"】中共北京建筑大学纪律检查委员会坚持严于法、纪在法前，用更高标准、更严纪律要求约束各级党组织和党员干部。充分运用第一种形态，及时对存在苗头性问题的党员干部进行提醒批评教育。2017年，对27名新任干部进行了集体廉政谈话；针对信访举报件反映的问题，对 7 名干部进行了警示约谈。

（三）宣传教育

【概述】深入开展学习教育，增强党风廉洁教育的影响力、渗透力和普及性，夯实反腐倡廉的思想基础。

【制作宣传展板】2017 年 1 月，围绕十八届中央纪委七次全会精神和习近平在十八届中央纪委七次全会上的讲话，在两校区制作宣传展板，组织全校党员干部认真学习党风廉政建设和反腐败斗争的重要论述，筑牢拒腐防变思想防线。

【开展党风廉政宣传教育月活动】2017 年 5 月，北京建筑大学开展党风廉政宣传教育月活动，组织二级理论学习中心组（片组）深入学习北京教育系统党风廉政建设和反腐败工作会议精神；组织学习《中共北京建筑大学委员会关于践行监督执纪四种形态的实施办法》和《中共北京建筑大学委员会关于推进领导干部落实党风廉政建设责任制全程记实工作的实施办法（试行）》；结合审计及巡视工作案例，宣讲财经纪律，强化法纪意识，加强警示教育；积极组织师生员工参加教育部举办的"第五届全国高校廉政文化作品征集暨廉洁教育系列活动"，将廉政文化建设融入日常工作学习中。

【举办廉政党课】2017 年 6 月 1 日，北京建筑大学举办廉政党课，纪委书记何志洪以"强化廉洁意识、履行'一岗双责'，为推动学校改革发展发挥'关键作用'"为题，深刻阐述了反腐倡廉工作的重要意义，分析了高校反腐倡廉建设面临的形势和任务，对如何发挥"关键作用"，做忠诚、干净、担当的好干部提出了明确要求。同时也对新任处级干部进行了集体廉政谈话。

【召开全校警示教育大会】2017 年 11 月 21 日，北京建筑大学召开全校警示教育大会，深入学习贯彻党的十九大精神，全面落实新时代全面从严治党新要求，深入落实全市领导干部警示教育大会精神，深刻剖析北京农产品中央批发市场管委会党委等违纪案例，教育引导全校各级党组织、广大党员干部必须引以为戒、深刻反省，切实把思想和行动统一到党的十九大精神和市委各项决策部署上来。

（四）制度建设

【概述】为进一步构建系统规范的党风廉政建设制度体系，学校制定了多项制度文件。

【制定制度文件】2017 年，北京建筑大学制定了《中共北京建筑大学委员会关于践行监督执纪四种形态的实施办法》《中共北京建筑大学委员会关于推进领导干部落实党风廉政建设责任制全程记实工作的实施办法（试行）》《中共北京建筑大学委员会贯彻落实〈中国共产党问责条例〉实施细则（试行）》等 3 个制度文件。通过完善工作制度，为进一步推进党风廉政建设和反腐败工作提供了强有力的政策支持和制度保障。

（五）监督检查工作

【概述】学校党委建立健全党内监督与党外监督、专门就监督与群众监督相结合的监督机制，将重要节点、招生、物资采购、基本建设等工作纳入预防腐败体系重要内容，找准关键环节，切实把好源头关，最大限度将腐败现象消灭在萌芽状态。

【重要节点监督检查】2017 年元旦、春节、清明、五一、端午、国庆、中秋等重要节点，面向全校发布监督检查通知，提出纪律要求，畅通信访举报渠道，强化监督检查，严格履职尽责。

【招生监察】2017 年 7 月 5 日，北京建筑大学成立招生监察办公室，成员由学校纪检监察干部、党风廉政监督员、特邀监察员等相关人员组成。招生监察办公室为非常设机构，在学校招生领导小组的领导下，具体实施对本校招生录取的监督工作。坚持预防为主，继续实施招生承诺制。要求招生工作人员在履行公共权力的过程中执行纪律，并签订《招生工作廉政责任承诺书》。

【基建招投标、物资采购监督】继续推进工程建设领域突出问题的专项治理工作，抓好项目决策、招投标、投资控制、变更洽商等重点环节的监管工作。结合北京建筑大学采购管理信息系统和北京建筑大学财政预算与采购执行监管平台，探索实施物资采购线上监管，着力打造廉政风险防控信息化平台。

【四六级、研究生入学等国家级考试监督】监察处加强对四六级、研究生入学等国家级考试的监督检查，成立工作小组。对四六级、研究生入学试卷保管情况进行6小时录像回放验看，对全过程进行监督。

【"两个专项"治理】加大专项治理力度，深入开展"群众身边的不正之风和腐败问题"专项治理，进一步深化"为官不为""为官乱为"问题专项治理。

【监督检查巡视整改情况】针对重点难点问题，提出整改督查建议，汇总梳理中央巡视组对北京市委开展巡视"回头看"的巡视意见以及中央对部属院校巡视意见，逐条对照检查，排查问题隐患，向党委提出工作建议，推动开展延伸整改，努力提高作风建设成效。

（六）案件信访工作

【概述】学校纪委依纪依规受理信访举报，认真执行党章党纪党规，严格执行"六大纪律"，认真受理来信来访，坚决查处违纪违规行为。

【信访工作】2017年，纪委办公室收到信访件共9件，其中涉及违反组织纪律1件，违反工作纪律3件，违反廉洁纪律5件。所有信访件均依纪依规进行了调查核实，7件已处理完毕，2件正在办理。此外，处理市纪委函询件4件；协助市委组织部等单位调查处理干部问题信访件2件。通过对信访举报进行分析研判，在解决信访问题的同时，主动发现信访问题背后存在的制度漏洞、管理缺位等问题，以"监督整改建议书"的形式，向职能部门、二级单位提出意见建议，探索实践"信访核查＋"日常监督新模式。2017年，共发布监督建议书5份。

（七）各项检查筹备和其他工作

【概述】学校纪委圆满完成迎接上级各项专项检查的协调和准备工作，牵头完成学校党代会相关工作。

【各项检查协调及准备工作】2017年11月1日，学校党委接受市纪委、市监委到校检查巡视整改完成情况和党风廉政建设责任制落实情况。纪委办公室（监察处）作为主责部门，积极认真做好报告撰写、材料准备和联络服务等工作，受到检查组的好评。2017年，纪委办公室（监察处）还接受了信访举报工作专项检查、纪律处分执行情况专项检查、《北京普通高等学校党建和思想政治工作基本标准》集中检查、全面从严治党突出问题开展专项整治、"三重一大"制度建设和执行情况监督检查、信访举报和问题线索"大起底"工作，纪委办公室（监察处）积极完成各项检查协调及准备工作，对标对表，开展全面自查自纠，对发现的问题，认真研究制定整改措施，扎实抓好整改落实。

【党代会相关工作】学校纪委组织完成党代会纪委工作报告、关于纪委工作报告的决议（草案）等文件起草工作；顺利完成党代表资格审查各项工作；协助完成党代会召开期间的相关组织工作。组织全校党员观看警示教育片《镜鉴——衡阳、南充违反换届纪律案件警示录》，进一步严明选举纪律，为胜利召开学校党员代表大会营造风清气正的政治氛围。

（张瑶宁　高春花）

五、工会、教代会工作

（一）概况

2017年，校工会深入贯彻中央、市委党的群团工作会议精神，落实全国高校党建和思想政治工作会议精神。在校党委的领导下，牢牢把握政治性要求，切实加强党委对工会工作的领导，以党的十九大胜利召开为契机，团结引领教职工坚持正确的政治方向，坚持立德树人，把思想政治工作贯穿教育教学全过程，努力成为先进思想文化的传播者、党执政的坚定支持者；牢牢把握先进性要求，切实增强大局意识，以学校第六次党代会召开为契机，最大限度地激发教职工的积极性和创造性，进一步发挥工会组织作用，助力师德师风建设，引导广大教师以德立身、以德立学、以德施教，提高工会组织和工会工作对学校发展的贡献力；牢牢把握群众性要求，切实代表和维护广大教职工的合法权益，全心全意为教职工服务，建设最爱教职工的工会组织。

（二）民主管理工作

【召开教代会提案工作沟通见面】 为了促进学校七届五次教代会提案落实工作，校工会于2月22日，召开师生代表座谈会，进一步征求意见。校党委副书记、工会主席张启鸿参加座谈会，倾听师生意见，并回答师生关心的热点问题。党委常委、工会常务副主席张素芳主持座谈会。她首先简要介绍了方案形成的过程及办实事的重点内容。与会师生代表感谢学校对广大师生的关怀，围绕办实事方案（征求意见稿）展开了热烈的讨论，并提出了中肯的意见建议。张素芳表示，工会将汇总大家的意见，及时与相关部门沟通，把师生意见作为完善办实事工作方案和进一步改进工作的重要依据。

【召开第七届教代会（工代会）第五次会议暨2017年工会工作会议】 5月16日下午，我校第七届教代会（工代会）第五次会议在大兴校区图书馆建本报告厅隆重召开。校领导王建中、张爱林、何志洪、汪苏、李维平、张启鸿、张大玉、李爱群出席大会。第七届教代会（工代会）代表参加会议，非正式代表的处级干部及先进工会小组长列席大会。党委常委、校工会常务副主席张素芳主持会议。

校长张爱林以《攻坚克难，重点突破，提升质量——推动我校发展再上新台阶》为题作了学校工作报告。

校党委副书记、工会主席张启鸿以《突出"政治性、先进性、群众性"，凝心聚力，发挥桥梁纽带作用》为题做了2016年度工会、教代会工作报告。

副校长张大玉作《北京建筑大学2016年度财务工作报告》。

大会听取了教代会副主席、提案工作委员会主任王锐英教授作《北京建筑大学七届五次教代会提案工作报告》；大会还针对教职工关注的热点问题进行了"点题公开"，请资产与后勤管理处处长刘蔚就"硕博公寓管理及收费的使用情况"和"大兴校区新建体育馆功能及为教职工服务的思路"两个主题做了公开报告。教代会副主席秦红岭教授宣读了大会决议（草案），并获得大会全体代表的一致通过。

【组织教代会代表履职实践】2017年共有35名教代会代表列席校长办公会。

【工会代表会议选举北京市教育工会第十次代表大会代表】北京市教育工会第十次代表大会将于2017年9月下旬召开。北京市教育工会日前下发《关于北京市教育工会第十次代表大会代表名额分配和代表产生办法的通知》（京教工发〔2017〕6号），我校代表名额为1名。党委常委会专题研究部署了代表选举工作。学校工会按照党委要求，于2017年6月26日下发《关于选举北京市教育工会第十次代表大会代表的通知》，对选举工作做出了详细部署。全校15个分工会以工代会（教代会）代表团为单位，广泛征求工代会（教代会）代表意见，充分酝酿，提出代表候选人预备人选两名，报学校工会。根据绝大多数分工会推荐意见，工会委员会研究确定了两名代表候选人预备人选。

（三）教师职业能力提升工作

【丁锐、周霞获评北京市"青教赛"奖项】本次赛会我校获得优秀组织奖；丁锐老师获得理工类B组一等奖和理工类B组最佳演示奖；周霞老师获得理工类B组最佳指导教师奖。充分展示了我校教师教学水平和人才培养质量。

【土木学院卞立波副教授团队和刘军团队喜获"北京发明创新大赛"奖项】第11届北京发明创新大赛颁奖大会在京举行。我校土木学院卞立波团队的《多孔质环境修复技术》和刘军团队的《玻璃纤维筋混凝土在盾构无障碍始发与接收中的应用》分别获得创新项目银奖和铜奖。两个团队分别派出代表出席大会并领奖。

【举办师德建设沙龙活动】为贯彻全国高校思想政治工作会议精神，继续强化优良德师风建设和培育，5月22日下午，校工会举办分工会主席师德建设沙龙活动。全校各分工会主席及教师代表参加活动，学校党委常委、校工会常务主席张素芳主持沙龙。

【举办女教授主题沙龙等系列活动】3月7日，校工会举办"打开心灵窗口 畅想美好明天"女教授主题沙龙活动。党委书记王建中，党委常委、工会常务副主席张素芳与12位女教授代表欢聚一堂，围绕女教授及教师发展问题进行了热烈的讨论和真诚的交流。工会还面向全校女教职工组织了"魅力女性 美丽教师"形象提升讲座、快快乐乐回娘家，以及女性疾病预防与健康咨询、世纪剧场音乐会等活动，为女教职工送去节日的祝福。

（四）文化体育工作

【玉兰飘香着春色 长跑健儿竞校园——记北建大首届师生春季环校园长跑赛】3月28日下午，学校在大兴校区举办首届师生春季环校园长跑赛，本次比赛由体育部和校工会联合主办，来自各个分工会的近400名教职工和200余名学生报名参赛，体育部分工会主席康钧主持比赛。学校党委副书记、工会主席张启鸿，副校长李爱群，党委常委、工会常务副主席张素芳来到现场给大家鼓劲加油并参与比赛。

【举办第十六届教职工运动会】4月14日，我校第三十六届田径运动会暨第十六届教职工运动会在大兴校区田径场隆重举行。校领导何志洪、汪苏、李维平、张大玉、李爱群出席开幕式，体育部主任杨慈洲主持开幕式，副校长李爱群致开幕词，纪委书记何志洪宣布运动会开幕。

【徐风拂校园 培绿迎新春——记我校2017年植树绿化活动】4月11日下午，校工会联合党政办、基建处、大兴校区管委会和资后处等部门在大兴校区静园开展"植树造绿 美化校园"活动，校领导王建中、张爱林、何志洪、汪苏、李维平、张启鸿、张大玉、李爱群以及来自各分工会和各学院的50余位师生代表参加植树活动。

【举办第一届网球公开赛】 5月7日，学校教师网球协会参加的第一届北京建筑大学网球公开赛如期举行。本次比赛共有教职工和学生40多人报名参赛，并采用师生同场竞技的比赛模式。在赛前开幕式上学校党政办公室主任白莽老师和土木学院毕业生孙艺博分别致辞。网球场上，师生以球技论高下，初夏骄阳也难以抵挡参赛网球爱好者的热情。

【组织"我在建大过六一"活动】 为庆祝"六一"儿童节，关爱教职工子女，校工会在大兴校区教工之家开展了"我在建大过六一"主题活动，孩子们天真无邪的笑脸在大兴校区四合院教工之家绽放。

【举办2017年教职工社团发展沙龙】 2017年工会活动的主题是"社团文化年"。6月20日中午，校工会在大兴校区教工之家"沙龙活动室"召开了2017年教职工社团工作会暨新时期教职工社团发展沙龙，14个教职工社团负责人及骨干成员集聚一堂，围绕新时期教职工社团建设与发展主题，进行了热烈的讨论。纪委书记何志洪作为社团负责人参加了研讨。会议由党委常委、校工会常务副主席张素芳主持。

【举办暑期平谷休养活动】 7月9~12日，校工会组织近50位教职工赴平谷教工休养院休养。休养期间，老师们游览了周边景区，进行了文体活动，身心得到充分放松，增强了相互间的沟通和交流，感受到了学校和工会对他们的关心。

【举办"烘焙DIY主题沙龙"】 9月26日中午，由校工会主办，土木学院工会承办的"烘焙DIY主题沙龙"在大兴校区臻园食堂三层沙龙室成功举办。沙龙由土木学院学生辅导员阚帅主讲，为大家讲解了如何做一个完美的"秋实·裸蛋糕"，并现场演示蛋糕的装饰过程。充分调动资源，为大家带来了健康无添加的"晓本烘焙"蛋糕卷、泡芙和曲奇，到场的老师们在品尝美味的同时，十分认真地交流着烘焙经验。

【举办第二届网球公开赛】 10月14日早八点，北京建筑大学大兴校区的网球场上热闹非凡，北京建筑大学第二届网球公开赛于此隆重开幕。原校长朱光致开幕词。他说："网球是一项很好的运动，与年龄无关，黄发垂髫皆可同台竞技，我们与网球结缘，因为网球走在了一起，在强身健体、提高球技的同时，收获了快乐，最后希望比赛举办成功。"在热烈的掌声中，网球公开赛正式开幕。

【举办2017年教职工冬季健步走活动】 11月24日，由校工会主办，体育部和健步走协会协办的"2017北京建筑大学健步走"活动在西城校区和大兴校区同步进行。这次活动是学校社团文化年系列活动之一，活动积极响应党的十九大报告指出的"广泛开展全民健身活动，加快推进体育强国建设"的号召，倡导健康、环保、低碳的绿色生活理念，旨在营造文明、健康、和谐的校园文化氛围。校党委书记王建中、纪委书记何志洪、党委副书记张启鸿、党委副书记吕晨飞与来自全校各个部门和学院近500名教职工共同参与了活动。

【邀请爱康国宾体检中心医生为我校教职工作健康知识讲座】 12月5日，校工会联合后勤系统分工会邀请爱康国宾体检中心的主检医生，为全体教职工义务进行了一次健康知识讲座，让教职工们受益匪浅。

【我校桥牌协会代表队荣获"2017首届北京市职工桥牌比赛"团体赛第八名】 12月10日，由北京市总工会和北京市体育局共同主办的"2017首届北京市职工桥牌比赛"在丰台区颐方园体育健康城举行。来自清华大学、北京科技大学、中央民族大学、中国移动通信设计院、国家计生委、西城区地税局、信远地产等在京的28家单位120多名桥牌爱好者参加了比赛。

【举办亲子讲座——教练型父母沟通实战体验】 12月7日中午，在大兴校区教工之家，校工会主办"教练型父母沟通实战体验"亲子讲座，活动特邀国家二级心理咨询师、国家高级职业指导师孙强老师，对如何训练成教练型父母做了体验性专题讲座。

【举办"健康养生－如何才能不去看医生?"主题沙龙】 2017年12月12日中午，由校工会主办，后勤系统分工会承办的"健康养生－如何才能不去看医生"主题沙龙，在大兴校区四合院沙龙活动室成功举办。沙龙由后勤系统分工会的袁飞亚医生主讲。他从中医角度介绍了中华文化的真正养生，从一个中心"做"，两个基本点"阴和阳"，三个代表"上医、中医、下医"，以及四项基本原则"均衡的营养、乐观的心态、适量的运动、充足的睡眠"角度，给老师们提供了养生方法，使参加沙龙的老师们受益匪浅。

【举办迎新年教职工趣味运动会】 在我校大兴校区体育馆即将试运行之际，12月28日，迎新年教职工趣味运动会在大兴校区体育馆举行。本次趣味运动会由校工会主办，体育部和场馆中心协办，全校共600余名教职工参加了这一喜庆盛会。趣味运动会由校工会常务副主席张素芳主持。

（五）送温暖工作

【工会主席张启鸿带队慰问劳动模范】 1月12日，党委副书记、工会主席张启鸿，党委常委、工会常务副主席张素芳看望慰问我校1位全国劳模、5位省部级劳模和北京市先进工作者。张启鸿代表学校感谢他们为国家和学校各时期发展做出的突出贡献，并送去了北京市总工会和学校的新春祝福。

【办理职工互助保障计划参保续保手续】 3月和12月，校工会为全校在编教职工完成了中国职工保险互助会入会手续和职工互助保障计划参保续保手续。

【召开法定节日慰问品遴选会】 为了提升工会组织为广大教职工服务质量，规范工会系统的慰问品采购方式，实施阳光采购，提高工会工作管理服务水平，经学校福利工作小组研究，并与校审计处、资产处协商，4月21日上午，校工会与资产处联合举办法定节日慰问品遴选会。

【组织2017年本命年及单身教职工赴中国电影博物馆参观】 5月26日下午，校工会举办"金猴呈祥瑞 悦赏四季春"主题生肖慰问活动，组织属猴教职工参观世界月季洲际大会。此次活动由党委常委、工会常务副主席张素芳带队，纪委书记、工会教代会主席何志洪及来自各分工会的三十多位教职工参加。

【三十年教龄慰问】 9月8日，学校在大兴校区图书馆报告厅召开庆祝第32个教师节座谈会暨优秀教师表彰会，共同庆祝教师节。校领导王建中、张爱林、何志洪、李维平、张启鸿、张大玉、李爱群、吕晨飞，师德先锋获得者，在教育战线辛勤工作满30年的教职工，部分职能部门负责人，各院（部、馆）负责人，青年教师代表，学生代表参加了座谈会，副校长李爱群主持会议。

【组织教职工参加"真情相约 牵手未来"单身交友联谊活动】 9月15日下午，我校工会组织2017年本命年及单身教职工赴中国电影博物馆进行参观。中国电影博物馆是目前世界上最大的国家级电影专业博物馆，是纪念中国电影诞生100周年的标志性建筑。教工们通过观看影片和参观收获很大，感受到了电影博物馆是一座记载着中国电影悠久的历史和灿烂的文化的艺术殿堂。

【五一、端午、中秋、国庆、元旦、春节慰问】工会分别于2017年5月、9月、12月，向全校教职工进行了法定节日慰问。

【面向困难教职工开展送温暖活动】2017年，校工会面向患病教职工及家属开展送温暖活动，经过教职工申请、分工会公示上报、校福利工作小组讨论、校务公开栏公示，给予13位教职工送温暖慰问金15500元。

（六）建家工作

【党委副书记、工会主席张启鸿带队到分工会考察建家工作】两年一度的分工会建家验收评审工作进入现场考察阶段，学校党委副书记、工会主席张启鸿带队，前往分工会进行现场考察。党委常委、工会常务副主席张素芳及校工会、分工会相关人员参加考察活动。

【校工会荣获市教育工会2016年度特色工作奖】1月10日上午，北京市教育工会第九届委员会第十次全体（扩大）会议在北京市总工会职工服务中心举行。学校党委副书记、工会主席张启鸿，党委常委、工会常务副主席张素芳出席大会。我校工会荣获北京市教育工会系统2016年度"特色工作奖"。

【北京市教育工会检查验收组来我校检查验收"先进职工小家"建设】11月23日上午，北京市教育工会先进教职工小家检查验收组专家到访我校环境与能源工程学院和测绘与城市空间信息学院分工会，实地考察验收先进教职工小家建设情况。

【工会荣获2017年度北京市教育工会先进单位奖并作经验介绍】北京市教育工会召开第十届委员会第二次全体（扩大）会议，我校工会与北京大学、清华大学等20个教育系统工会被授予2017年度先进单位奖，我校工会同时荣获特色工作奖。

（曹鑫浩　曹洪涛　刘艳华）

六、学生工作

（一）概况

北京建筑大学坚持以立德树人为根本任务，着力提升服务和思想引领能力，协同创新、突出重点、打造品牌、增强实效，服务于学生成长成才，不断提高工作实效性。积极贯彻落实全国高校思想政治工作会议精神和学校的各项工作部署，注重党建引领，贯彻落实思想政治工作相关要求，依托红色"1+1"活动和学生党员先锋工程，推动学生党员先锋模范作用发挥，再次取得红色"1+1"北京市评比一等奖第一名。注重工作实效，学生思想政治教育工作全面加强，落实学生思政工作职责，以召开学校思想政治工作会议为契机，着力构建"最爱学生"工作体系，加强网络思政教育平台建设。落实学校人才强校战略，深入实施卓越辅导员团队培育计划。全面落实"育人质量提升"计划，加强学风教风联动建设，机制化推进学风建设，建立年级学风联系会制度；强化班集体建设，联合教务处、团委、体育部、后勤等部门加强优秀班集体建设；加强评优表彰和典型示范作用的发挥。构建从入学季到毕业季的全过程学生管理服务信息化平台，着重打造"奖、助、勤、贷、补"信息化大数据系统，提升服务质量。加强国防教育建设，助力学生成长成才。加强学生宿舍教育管理工作，加强学生文明养成教育，组织"宿舍文化节"文明宿舍建设与评比等活动，丰富学生住宿生活。实施大学生心理健康素质提升计划，扎实推进"普查全覆盖、课程精品化、活动品牌化"建设。

（二）学生党建

【概述】高度重视学生党建工作，召开学生党支部书记述职答辩交流会、毕业生党员大会等，推动学生党员更好发挥先锋模范作用；举办学生党支部书记及支委培训会暨第一期"建大党支部书记论坛"；召开学生党员红色"1+1"校内答辩会，推荐参加北京市红色"1+1"评比活动，再次荣获北京市评比一等奖第一名；开展学生党员先锋工程，落实了理论学习导师制度、"一对一"帮扶困难学生、朋辈辅导员帮扶等有关活动。

【学校召开 2016 年度学生工作总结交流会】1 月 6 日下午，学校在大兴校区四合院会议室召开 2016 年度学生工作总结交流会，进一步学习贯彻落实全国高校思想政治工作会议精神，全面总结 2016 年学生工作系统各项工作，谋划部署 2017 年重点工作。党委书记王建中、副书记吕晨飞出席会议。会上，各学院党委副书记和学工部、研工部、团委负责人，分别围绕学生工作典型案例和 2016 年工作成效及 2017 年工作设想等方面进行了交流汇报，总结工作经验，梳理查找不足，分享工作体会。王建中就进一步深入学习贯彻落实全国高校思想政治工作会议精神，给学生工作系统干部讲授了一堂专题党课。党课从深入学习领会全国高校思想政治工作会议精神，大力提升新时期学生工作的科学化、规范化、专业化水平，奋力实现学校思想政治工作的提质、转型、升级三个方面系统阐释了我校学生工作的发展方向、目标任务和基本要求，进一步统一了学生工作系统的思想认识。吕晨飞结合 2016 年学生工作情况，对 2017 年学生工作进行了部署。

【举办学生党支部书记及支委培训会 暨第一期"建大党支部书记论坛"】6 月 8 日，学校举办学生党支部书记及支委培训会。学校党委一向高度重视学生党建工作，近年来，学校按照"控制总量、优化结构、提高质量、发挥作用"的总要求，坚持党章规定的党员标准，认真落实《中国共产党发展党员工作细则》各项要求，学生党建工作取得了明显成效。

【召开 2017 届毕业生党员大会】6 月 22 日下午，我校在西城校区第二阶梯教室和大兴校区建本报告厅同步视频召开 2017 届毕业生党员大会。党委组织部部长孙景仙、学工部部长黄尚荣、研工部部长杨光、各学院党委副书记、学生党支部书记及 2017 届全体毕业生党员参加了本次党员大会，大会由研工部副部长黄琦主持。建筑学院本科生第二党支部李颖欣同学和环能学院环境工程研究生党支部张新勃同学分别作为本科生和研究生毕业生党员代表发言。孙景仙为全体毕业生党员讲授了毕业前的最后一堂既生动又深刻的党课，他带领毕业生党员回顾了中国共产党的曲折前进的发展历程，激励毕业生党员志存高远，坚定理想信念，并寄语全体毕业生党员。

【我校举行 2017 年学生党员和学生骨干集中学习培训班】9 月 1 日到 3 日，北京建筑大学 2017 年学生党员和学生骨干集中学习培训班在两校区同时举行，本次培训班设置有党委书记讲形势与政策专题课、校外专家辅导报告、学院领导报告会、校史馆参观、学生党支部交流研讨等环节。党委书记王建中、党委副书记张启鸿、组织部、学工部、研工部、团委负责人、马克思主义学院负责人和骨干教师、各学院党委副书记、团委书记、辅导员、学生党支部书记及学生党员和学生骨干 900 多人参加。9 月 1 日，党委书记王建中为培训班讲形势与政策专题课。9 月 2 日上午，国防大学李建昌少将为培训班学员做《百年沧桑与民族振兴》专题辅导报告。9 月 3 日，为进一步巩固学习培训成果，各学院分别开展了学院领导报告会和党支部专题研讨会。

【喜获北京高校红色"1+1"示范活动评比一等奖第一名】 11月22日下午，2017年北京高校红色"1+1"示范活动展示评选会在北京化工大学举行。我校土木与交通工程学院建筑工程系本科生第一党支部以决赛总分第一名的成绩斩获2017年北京高校红色"1+1"示范活动一等奖，实现了我校在该项评比的三连冠。2017年北京市委教育工委开展北京高校红色"1+1"活动，旨在深入贯彻落实习近平总书记视察北京重要讲话及全国和北京高校思想政治工作会议精神，突出党建导向、贴近基层党组织实际需求、鼓励青年教师党员参加、显著促进地方经济社会发展。2017年北京市高校共有1100多个学生党支部参与本年度红色"1+1"活动评选，最终包括北京大学、清华大学等25所高校的25个支队伍入围决赛。最终评选会由北京市委宣传部、市委教育工委、市委农村工委、市委社会工委、首都文明办等领导出席并担任评委，各高校主管部门负责人、学生党支部代表、媒体代表共500多人参与。

（三）学生思想政治教育

【概述】 北京建筑大学高度重视大学生思想政治教育工作，结合全国高校思想政治工作会议的召开，加强思政会议精神的传达和研讨，召开多次培训和研讨会；组织多场工作促进会，加强学生思想政治教育；继续开展社会主义核心价值观教育活动；加强对学生开展校史教育等活动。

【我校辅导员受邀参加全国高校辅导员思想政治研讨会】 1月8日～9日，全国高校辅导员思想政治研讨会暨第八届全国高校辅导员工作创新论坛在云南大学召开，我校辅导员，测绘学院党委副书记冯永龙作为2016年度全国高校辅导员工作优秀论文代表受邀参加研讨会，并在分组研讨环节做交流和主题发言。本次研讨会是在全国高校辅导员深入学习贯彻全国高校思想政治工作会议精神的背景下召开的，由教育部思想政治工作司指导，中国高等教育学会辅导员工作研究分会主办，云南大学承办。教育部思政司、中国高等教育学会和辅导员工作研究分会、云南省委高校工委和云南大学有关负责同志，以及部分教育部"思想政治教育中青年杰出人才支持计划"入选者、部分高校学生工作负责人和来自全国高校的150名辅导员代表参加了会议。会议宣布了2016年度全国高校辅导员工作优秀论文获奖名单并进行表彰。共评出优秀论文134篇，其中北京地区高校17篇。我校辅导员首次在这一赛事评选中获奖。

【"追求卓越，筑梦未来，我们一直在路上"】 2月19日下午，经管学院统一召开全院各班新学期学风建设主题班会。校党委书记王建中、保卫处处长牛磊、财务处处长贝裕文、审计处处长孙文贤、资产与后勤管理处处长刘蔚、党政办公室副主任齐勇、经管学院院长姜军、党委书记彭磊以及学院领导班子成员出席，各班班级导师及辅导员参加。经管学院主题班会以"班级搭台、教师引导、学生参与"为原则，采用学生交流互动、辅导员和班级导师引导启发、优秀经验与方法分享、总结心得感悟等全方位、多角度的形式展开，培养学生独立思辨的能力，激发和鼓励学生在教育中的积极性和主动性。

【学校召开新学期思想政治工作推进会】 3月3日上午，在大兴校区后勤楼一层会议室，学校召开新学期思想政治工作推进会，会议由党委副书记张启鸿主持，组织部、宣传部、学工部、研工部、团委、马克思主义学院等相关职能部门单位负责人和各二级学院党委副书记参加会议。

【学校学习贯彻全国高校思想政治工作会议精神干部专题培训班开班】5月2日下午,学校学习贯彻全国高校思想政治工作会议精神干部专题培训班开班。校领导王建中、何志洪、汪苏、李维平、张启鸿、张大玉,处级干部、思政课教师、党支部书记、院团委书记、辅导员参加开班仪式。党委书记王建中作开班动员,党委副书记张启鸿主持。

【土木学院举办纪念五四运动98周年主题教育活动——"冀中革命故事进校园"】5月9日,土木学院联合党委组织部、宣传部、学生工作部和校团委举办纪念五四运动98周年主题教育活动——"冀中革命故事进校园",冀中抗战研究会受邀到我校为广大师生做报告。校党委组织部部长孙景仙,团委书记朱静,学生工作部部长黄尚荣、副部长蔡思翔,宣传部副部长孙强,土木学院党委书记冯宏岳、副书记车晶波、团委书记刘倩以及师生代表等200余人参加活动。

【环能学院本科生第三党支部学习习近平总书记在中国政法大学考察时的重要讲话】5月10日,环能学院本科生第三党支部于在大兴校区开展学习习近平总书记在中国政法大学考察时的重要讲话精神主题学习活动,活动以"主讲主问"的形式开展,支部全体成员参加了本次活动。

【学工系统召开"学习贯彻全国高校思想政治工作会议精神"专题培训会】6月8日下午,我校学工系统召开"学习贯彻全国高校思想政治工作会议精神"专题培训会。学校党委组织部、学工部、研工部、教务处、团委负责人,各学院党委副书记、团委书记和全体辅导员参加培训会。会议由学工部部长黄尚荣主持。培训会专门邀请麦可思研究院郑伟研究员做了关于我校学生发展辅导情况的专项调研报告,以大数据的形式帮助大家正确认识当前学生现状,更好针对性开展学生发展辅导工作。心理素质教育中心主任李梅为大家了做了《呵护心灵,健康成长》的心理危机干预培训。学工部部长黄尚荣从辅导员职业能力标准入手,做了题为《广以为学、实以为用、因时而新、因思而深》的报告。

【党委书记王建中为全体学生党员和学生骨干作形势政策报告】9月1日,学校2017年学生党员集中培训班开班,党委书记王建中为我校全体学生党员和学生骨干做形势政策专题报告。学工部、研工部、团委负责人,马克思主义学院负责人和部分骨干教师,各学院党委副书记、分团委书记、辅导员、学生党支部书记、全体学生党员和学生骨干等900多人参加,专题课由党委副书记张启鸿主持。

(四)队伍建设(辅导员、班级导师)

【概述】重视队伍建设,继续组织辅导员参加了多场校内外培训;强化卓越辅导员队伍建设,举办多场辅导员工作研讨会、总结会等,深入研讨如何加强学生思想政治教育;全面加强与京内外兄弟高校联系交流,到多所高校进行交流。2016年,学生工作系统教师共计6项课题中标年度首都大学生思想政治教育课题。

【召开2016年度学生工作总结交流会】1月6日,北京建筑大学2016年度学生工作总结交流会召开。党政办公室、党委组织部、党委宣传部、招就处、教务处、学工部、研工部、团委等职能部门负责人,各学院党委副书记、团委书记、辅导员以及全体学生工作干部参加了会议。党委书记王建中、副书记吕晨飞出席会议。会议由学工部部长黄尚荣主持。会上,各学院党委副书记和学工部、研工部、团委负责人,分别围绕学生工作典型案例和2016年工作成效及2017年工作设想等方面进行了交流汇报,总结工作经验,梳理查找不足,分享工作体会。王建中发表重要讲话。

【首都经济贸易大学学工部到我校调研】 3月30日下午，首都经济贸易大学学工部部长马力一行来我校进行调研。我校学生工作部主要负责同志陪同参加调研交流会。

【参加学习贯彻全国高校思想政治工作会议精神干部专题培训班】 干部专题培训班自5月2日开班，在全校范围内推进统一培训的基础上，对党支部书记、教学管理干部、学生工作干部（辅导员、班主任）开展精准化分类培训，通过读原文、听报告、看视频、观展演、写心得、答问卷、分组研讨等多种形式，深入开展学习，顺利完成了培训的各项任务。全体学员对全国高校思想政治会议精神进行了一次全面而深入的学习与研讨。结业式上，学工干部培训组和教务干部培训组分别派代表汇报了本组的学习和研讨成果。

【召开加强辅导员队伍建设专题座谈会】 5月5日上午，学校在大兴校区四合院会议室召开加强辅导员队伍建设专题座谈会，党委书记王建中、纪委书记何志洪、党委副书记吕晨飞，党政办、组织部、宣传部、学工部、研工部、团委、人事处等职能部门负责人，部分学院党委书记、院长，各学院党委副书记，全体辅导员参加会议。会议由党委副书记吕晨飞主持。此次座谈会主要任务是深入学习贯彻落实全国高校思想政治工作会议精神，总结交流我校辅导员队伍建设工作经验，认真分析辅导员工作面临的形势和存在的问题，研究部署当前和今后一个时期我校辅导员队伍建设各项工作，进一步提高辅导员队伍建设质量和水平，努力提升辅导员队伍建设工作新局面。

【参加中国高等教育学会学生工作研究分会第二次会员代表大会】 5月17日～19日，学习贯彻落实习近平总书记在全国高校思想政治工作会议上的重要讲话精神专题研讨会暨中国高等教育学会学生工作研究分会第二次会员代表大会在中北大学召开，来自全国110余所高校的350余名代表齐聚一堂，就深入学习贯彻习近平总书记系列重要讲话精神和治国理政新理念新思想新战略及新形势下大学生思想政治教育工作进行研讨交流。我校相关部门负责人、相关老师、辅导员代表应邀参加会议。

（五）基层组织建设

【概述】 加强班级、宿舍等基层组织和建设，将其作为开展学风建设、思政教育的重要载体和平台，举办"我的班级我的家"优秀班集体答辩评审会、宿舍文化节等活动，荣获北京高校"我的班级我的家"优秀示范班集体。

【学校召开2017年宿舍文化节开幕式暨宿舍文化建设研讨会】 5月12日下午，2017年宿舍文化节开幕式暨宿舍文化建设研讨会在大兴校区学生宿舍8号楼会议室举行。学工部、研工部、保卫处、团委、资后处、新宇物业、各学院党委副书记、辅导员和学生代表参加了座谈会。会议由学工部副部长蔡思翔主持。

【举办2016～2017年度"我的班级我的家"优秀班集体暨北京市先进班集体答辩评审会】 11月16日晚在大兴校区学院A413教室举行2016～2017年度"我的班级我的家"优秀班集体暨北京市先进班集体答辩评审会，学工部、校团委主办，经管学院承办。学工部副部长蔡思翔，环能学院党委副书记梁凯，机电学院党委副书记陈娟，经管学院党委副书记郝迈，以及各二级学院团委书记、辅导员代表出席活动并担任评委。共有来自全校两个校区九个学院的14个优秀班集体参加答辩。经过激烈比拼，土实151班、土167班、管151班获得一等奖，古建151班、建152班获得二等奖，社161班、电信162班、测152班、城轨161班、城161班获得三等奖，环实162班、暖151班、建电151班、信161班获得优秀奖。

（六）学风建设

【概述】大力加强学风建设，专门成立学业指导与发展辅导中心，作为学风建设重要载体，召开多次学风建设推进会，多次调研，整体布局。引导学生形成良好的学习、生活习惯；开展早晚自习活动并组织日常检查；开展学生党员与学习困难学生帮扶活动，帮助学困学生跟上班级；进行优良学风班、优良学风宿舍评比活动的动员与宣传，用集体目标带动个人；开展考风专题教育，组织全体学生签署考试诚信承诺书等系列活动。

【学校组织开展新学期学风建设主题班会活动】2月19日下午，学校以班级为单位统一召开全校本科生和研究生新学期学风建设主题班会，学校领导、职能部门负责人、各学院领导班子成员、全体辅导员、班主任和学工部门全体人员以及校友代表分别参加了相关主题班会。党委书记王建中参加经管学院管151班主题班会并进行发言。校长张爱林亲临环实161和162班"我的未来我做主"主题班会现场，仔细听了同学们发言，并不时记录。

【我校学生在第27届北京市大学生数学竞赛中喜获佳绩】3月12日第27届北京市大学生数学竞赛颁奖典礼在中国地质大学（北京）隆重举行，数学系袁晓娜带领部分获奖学生参加了该典礼。北京市大学生数学竞赛是一项深受学生喜爱的传统学科竞赛，每年10月底举行，我校多年来也一直积极参加该项比赛。为了让学生在竞赛中取得好成绩，数学系高度重视此项工作，专门成立了竞赛辅导教师小组，赛前进行了一系列精心准备和筹划。在2016年6月，举办了校内高等数学竞赛，从中择优选拔出134名学生代表学校参加比赛。赛前，数学系老师利用周二下午和周末对参赛学生进行了8次专题辅导。最终共有35位同学获奖，为学校争得了荣誉。其中一等奖3名、二等奖11名、三等奖21名，获奖人数较往年有显著提高，同时，我校在此次竞赛中还获得了优秀组织奖和优秀指导教师称号。

【我校学生在2017年美国大学生数学建模竞赛中喜获佳绩】4月8日，美国大学生数学建模竞赛与交叉学科数学建模竞赛（MCM/ICM）成绩揭晓。今年，经过选拔，我校共组了11支队伍参赛，取得了2项一等奖（Meritorious Winner），3项二等奖（Honorable Mention）的优异成绩。

【学校举办"书记与你话成长"主题沙龙活动】4月24日下午，学校在大兴校区和园创空间举办"书记与你话成长"主题沙龙活动。党委书记王建中、党委副书记张启鸿与学生代表进行了亲切交流，畅谈教风学风建设与学生成长。党政办公室、组织部、学工部、团委、教务处等职能部门负责人参加了沙龙活动。

【学校组织开展新学期学风建设主题班会活动】9月3日，新学期开学前一天下午以班级为单位统一召开全校本科生和研究生新学期学风建设主题班会，学校领导、职能部门负责人、各学院领导班子成员、全体辅导员、班主任和学工部门全体人员以及校友代表分别参加了相关主题班会。本次主题班会活动中，学校领导和职能部门负责人、各学院领导班子成员参加活动，并在主题班会上作总结交流，极大地鼓舞了同学们的学习热情，老师们与同学们探讨人生价值追求和科学的学习态度，指导人生和学习规划，帮助大家明确未来发展方向。

【我校举办优良学风标兵宿舍展示评比活动】11月12日，由学生工作部主办、机电学院承办的北京建筑大学2016~2017学年优良学风标兵宿舍评选会于学D报告厅举办。学工部副部长蔡思翔、机电学院党委副书记陈娟以及各二级学院团委书记、辅导员担任评委。在此次评选工作中，经宿舍自主申报和学院选拔推荐，共有14个宿舍脱颖而出，站在评选会的舞台上展示宿舍建设的风采。各参评宿舍通过 5 分钟的答辩和评委提问环节，汇报了各自宿舍建设的特色与成果。

【我校获批首批北京高校学业辅导示范中心】 12 月 18 日，中共北京市委教育工作委员会公布首批（共 10 所）北京高校学业辅导示范中心建设评选结果，我校成功入选，成为北京高校首批学业辅导示范中心建设高校。为深入学习贯彻党的十九大精神，落实全国和北京高校思想政治工作会议精神以及《关于全面推进北京高校学业辅导工作的意见》要求，充分发挥学业辅导中心在推进学校学业辅导工作中的积极作用，中共北京市委教育工作委员会组织开展北京高校学业辅导示范中心建设评选工作。我校经过项目申报、专家评审、网络公示等环节，在 29 所高校中脱颖而出，成为北京高校首批学业辅导示范中心建设高校。

（七）学生事务管理（先进、奖学金等名单）

【概述】 2016～2017 学年，611 名学生分别获得综合一、二、三奖学金，161 名学生获得学习优秀奖学金，148 名学生获得学习进步奖学金，752 人次获得学科竞赛奖学金，723 人次获得体育优胜奖学金，127 名学生获得文艺优秀奖学金，26 名学生获得科技成果奖学金，118 名学生获得优秀学生干部奖学金，80 名学生获得精神文明奖学金，69 名学生获得社会实践奖学金，12 名学生获得建工-京精大房奖学金，8 名学生获得许京骐、方烨奖学金。42 名学生获得北京市优秀毕业生称号。

2016～2017 学年北京市优秀毕业生名单

序号	学号	姓名	所属学院	学历	专业
1	2101411211092	李颖欣	建筑学院	本科	城市规划
2	201301040113	马蓓	建筑学院	本科	环境设计
3	201302050112	潘硕	土木学院	本科	无机非金属材料工程
4	201302010208	卢嘉茗	土木学院	本科	土木工程
5	201305010102	王新宇	土木学院	本科	土木工程
6	201302010403	张佳琪	土木学院	本科	土木工程
7	201302010502	郝祯	土木学院	本科	土木工程
8	201302010517	李杉杉	土木学院	本科	土木工程
9	201302010507	李欣桐	土木学院	本科	土木工程
10	201302010506	徐杏	土木学院	本科	土木工程
11	201304010224	周儒刚	土木学院	本科	土木工程
12	201302020206	谢聪聪	土木学院	本科	土木工程
13	201302020207	蓝群力	土木学院	本科	土木工程
14	201303040108	李翼	环能学院	本科	环境工程
15	201303010203	张乾	环能学院	本科	建筑环境与能源应用工程
16	201303020101	曾琳	环能学院	本科	给排水科学与工程
17	201303020115	成宇	环能学院	本科	给排水科学与工程
18	201303020132	黄瑞星	环能学院	本科	给排水科学与工程
19	201303020229	王嗣禹	环能学院	本科	给排水科学与工程

续表

序号	学号	姓名	所属学院	学历	专业
20	201305010202	王嘉玥	电信学院	本科	电气工程及其自动化
21	201306020215	李思琦	电信学院	本科	电气工程及其自动化
22	201306020226	侯斐	电信学院	本科	电气工程及其自动化
23	201306010124	艾德智	电信学院	本科	自动化
24	201306010207	王鹏跃	电信学院	本科	自动化
25	201306040205	于佳圆	电信学院	本科	建筑电气与智能化
26	201306040206	王满丽	电信学院	本科	建筑电气与智能化
27	201308020238	丁瑞	经管学院	本科	工商管理
28	201308010138	张国栋	经管学院	本科	工程管理
29	2106131213401	梁程光	经管学院	本科	工程管理
30	201308020218	林海霞	经管学院	本科	工商管理
31	2106351111311	刘琦	经管学院	本科	工程管理
32	201304010101	杨婉鑫	测绘学院	本科	测绘工程
33	201304010106	李奇宸	测绘学院	本科	测绘工程
34	201304020121	赵明	测绘学院	本科	地理信息科学
35	201305020127	孙田	机电学院	本科	车辆工程
36	201305010117	王凯	机电学院	本科	机械工程
37	201305040126	汪光新	机电学院	本科	工业工程
38	201309010121	常瑜	文法学院	本科	法学
39	201309020219	姚奉雪	文法学院	本科	社会工作
40	201309020220	胡逾婧	文法学院	本科	社会工作
41	201307010108	张丽芝	理学院	本科	信息与计算科学
42	201307020127	杨楠	理学院	本科	电子信息科学与技术

（八）学生资助与勤工助学

【概述】在学生资助工作中，注重物质支撑和精神引导"两个层面"，给学生成长提供有力支持。一方面，把国家和学校的五项主要资助政策——"奖、贷、助、减、免"进行整合，优化配置资助资源；另一方面，针对家庭经济困难学生的思想发展状况，分别进行"感恩"、"诚信"、"成才"等主题指导，帮助他们在不同的发展阶段接受不同的成长教育。

【学生资助】学生工作部严格按照教委关于家庭经济困难学生的认定标准，对全校家庭经济困难生进行了登记、审核和认定，上半年认定困难学生1068名，其中一等助学金548人，二等助学金520人；下半年认定贫困学生1008名，其中一等助学金535人，二等助学金473人覆盖所有家庭经济困难学生。9月开学有112名家庭经济困难新生通过"绿色通道"确保顺利入学，发放学习生活用品、军训服装、被褥等物品；发放饮水、洗澡、电话补助800人；设立勤工助学岗位320个，办理生源地贷款续贷工作390笔，申请校园地贷款10人。

(九)国防教育

【概述】圆满完成2017级本科新生校内军训工作和军事理论课教学工作;加大征兵宣传力度,完成2017年学生征兵任务,完成退伍学生安置工作;积极举行并参加各类国防教育活动,并在"北斗杯"定向锦标赛、第四届兵棋推演大赛等活动中荣获佳绩,大大加强了国防教育的宣传力度。

【"北斗杯"定向锦标赛再创佳绩】4月23日,由北京高校国防教育协会主办、中国矿业大学承办和北京乐恩嘉业体育发展有限公司协办的2017年"北斗杯"定向运动锦标赛在奥林匹克森林公园举行。我校共派出56名同学参加比赛。经过激烈角逐,最终摘得军事定向组(团体)第一名、第二名、第六名、第八名的佳绩。这已是我校连续两年在"北斗杯"定向运动锦标赛中夺冠。

【2017年征兵季现场宣传咨询】5月25日、5月26日,我校在大兴校区臻园北门举行2017年大学生征兵宣传现场咨询活动,各学院的领导、退役大学生士兵、军事爱好者社团成员等共同参与咨询答疑,面向我校全体适龄青年发出2017年征兵号召。征兵宣传咨询现场气氛热烈,老师对前来咨询的同学就目前国家对大学生参军入伍的相关要求和优惠政策进行了耐心的解答,同时鼓励适龄大学生踊跃报名,接受祖国挑选,圆自己的从军梦。退役大学生士兵们以自己的切身体会,声情并茂的向前来咨询的学生讲述了真实的军营体验。同时,武装部还在西城、大兴校区采取了发放宣传材料、张贴征兵标语、悬挂道旗、放置展板横幅、播放征兵宣传片、播放军旅歌曲、微信公众号推送征兵号召等多项举措,做到了征兵宣传动员全覆盖。我校还进一步扎实做好2017年适龄青年的兵役登记,努力营造人人关心国防、支持国防和征兵工作的良好氛围。

【举办学生军训结业仪式】9月23日上午,北京建筑大学2017级学生军训闭营式在大兴校区西操场拉开帷幕。经过了十三天军旅磨炼,2017级新生们整齐地在训练场上按方队依次排列开来等待检阅。张启鸿,李爱群,党政办、学工部、教务处、招就处、资后处、团委负责人,各学院的领导、新生辅导员出席了本次活动。闭幕式由黄尚荣主持。闭营式上,参训新生进行了匕首操、旗语、特战队战术、擒敌拳等军事科目汇报表演,展示了整齐的队形、嘹亮的口号以及飒爽的英姿,6个方阵一起表演的军体拳,气势如虹,声势浩荡,"为校争光"的口号响彻整个操场。李保华做军训总结,高度评价了我校师生在军训中所表现出的优秀品质和良好的精神面貌,同时对我校各级领导对大学生军训工作的高度重视和指导表示感谢。副校长李爱群宣读了军训嘉奖令,主席台领导为军训先进集体和个人代表颁奖。

【参加北京高校第四届兵棋推演大赛喜获佳绩】11月4日上午,我校李文皓,施家鞾同学在北京高校国防教育协会主办,清华大学承办,中国关心下一代健康体育基金会、南征兵推信息技术研究院协办的京津冀兵棋推演邀请赛暨北京高校第四届兵棋推演大赛中成功进入北京赛区8强。通过这次比赛,亲身参与、互动式的教育方式,使同学们初步掌握兵棋推演的基本方法,初步了解现代战争的基本常识,认真学习了战争谋略的基本运用,充分展示了我校学生团结、勤奋、求实、创新的校风,提升了学生的军事技能,振奋了精神,对我校军事教学的提高起到了积极的促进作用。

【组织退伍兵冬至包饺子活动】12月22日,校武装部国防社组织开展了"快乐迎冬至,老兵齐团圆"为主题的包饺子活动。借助冬至这个特殊的节日,让学校的退伍兵过上一个虽离家在外，却依旧温馨团聚的冬至，迎接新年的到来。蔡思翔、王梦鸽以及来自各个专业曾经服役于不同部队的退伍兵参加了此次活动。

（十）大学生心理健康教育

【概述】2017年，北京建筑大学坚持以教育部、北京市教委下发有关心理素质教育工作文件为指导思想，并以北京建筑大学心理素质教育中心工作章程等文件为依据，在校党委、学工部的领导下紧紧围绕立德树人的根本任务，服务于德智体美全面发展人才的培养，服务于全体学生的健康成长，完成了新生护航、"5.25"心理健康节、学生心理社团管理、日常心理咨询、心理危机预警和干预、心理素质课程、中心建设、队伍建设和人员培训、科学研究等各项工作目标。

【新生护航工作】北京建筑大学结合新生引航工程的安排，开展实施了新生护航计划，主要通过新生交友与新生心理普查两项工作来实施：2017年9月10日晚18：30至20：30，全校范围内开展了新生交友活动，2017级58个班级的1700余名新生参与了本次活动；2017年9月16日启动2017级新生心理健康普查工作，当天以新生军训连队为单位完成了1700余名大一新生的普查工作，此后依次完成了数据的分析、筛查，以及重点人群的访谈工作。

【"5·25"心理健康节】4月至6月期间，北京建筑大学组织举办了北京建筑大学的第十六届大学生心理健康节。本届心理健康节以"理性平和，阳光心态"为主题，开展内容丰富、形式多样的各项活动，引导和帮助大学生积极应对压力和挫折，关注觉察自我和他人的情绪及变化，有效管理情绪，提升心理效能，以理性平和、积极阳光的心态面对大学生活，圆满完成大学学业。

【加强心理健康教育学生组织建设】北京建筑大学心理委员联合会一方面继续加强自身素质的培训，坚持例会制度，制定计划并发现问题总结经验，坚持为心理委员有针对性地开展培训课程提升专业素养，聘请专业老师通过舞动治疗的方式熔炼团队，促进骨干成员的自我成长；另一方面积极开展各项心理健康宣教活动，包括"密室逃脱"、"SEA思引自由式演讲"、"沙盘治疗培训"、"双十一单身交友"等暖心的活动。同时紧跟"互联网＋"的时代潮流，进一步拓展"北建大心联会"微信平台网络宣传阵地，有针对性的开设相关专栏，为提高心理健康教育宣传教育工作提质增效。

【日常心理咨询】2017年北京建筑大学心理咨询制度运行良好。预约方式采用当面预约、电话预约和短信预约等方式。截至12月30日，累计接待学生咨询760人次。

【心理危机预警和干预】2017年北京建筑大学的层级上报、快速反应的危机预警、干预制度运行良好，咨询中心与二级学院密切合作，共危机干预40人，共计56人次。在做好危机排查工作的基础上，咨询老师和学院老师陪同就诊9人。

【心理素质课程】2017年，北京建筑大学大学生心理素质教育中心开设了大学生心理健康、大学生心理健康与自我成长、大学生心理适应与发展等选修课共25门次，共外聘5位教师，2900余名学生完成选修，有效普及了心理健康知识。

【中心建设】2017年，在学工部领导的大力支持下，中心根据北京建筑大学两校区办学的新形势，进一步加强了中心的建设工作。中心的建设和发展为北京建筑大学心理健康教育工作的开展提供了有力的保障。目前，北京建筑大学心理素质教育中心人员配备完整，设施齐全，各项工作运转有序，平稳运行。人员配备方面，目前有3位在岗的心理专职教师，10名兼职教师，基本满足北京建筑大学开设心理健康课程、日常心理咨询等各项工作的需要。硬件设施方面实现了跨越式升级，心理素质教育中心于10月份搬迁至大兴校区基础教学楼B座四层，建筑面积500余平方米，配备了预约接待室、心理档案室、个体咨询室、箱庭辅导室、体感音乐放松室、智能情绪疏导室、团体辅导室、艺术治疗（舞动、心理剧）辅导室、案例督导室（行为观察室）。

【队伍建设和人员培训】2017年心理素质教育中心共安排18人次参加了26次学术、工作交流会议，包括欧文亚龙人际团体培训、中挪精神分析心理治疗师与督导师连续培训项目等。中心的一系列措施有效提高了北京建筑大学心理健康教育工作人员及危机干预系统人员的专业化水平，提高了业务能力。

（十一）专题教育（入学、毕业）

【概述】北京建筑大学紧抓入学和毕业两个重要教育节点，举行2017届毕业生座谈会、毕业党员大会、毕业典礼等，鼓励学生增强母校情感，保持母校精神；信息化迎新，召开新生家长座谈会，入学教育以校史、安全、大学规划为主，帮助新生尽快适应大学生活，合理规划大学学习。

【召开2017届毕业生代表座谈会】6月23日，学校在西城校区第八会议室召开2017届毕业生座谈会。党委书记王建中、副校长李维平、党政办、学工部、研工部、招就处、教务处负责人，2017届本科生和研究生21名毕业生代表和志愿服务西部的毕业生代表受邀参加座谈。会上，王建中、李维平为电信学院汤瑞、经管学院梁彦超两位同学颁发了北京高校毕业生支援西部荣誉证书。毕业生代表、校学生会主席邢正同学向学校赠送纪念品。

【隆重举行2017年本科生毕业典礼暨学位授予仪式】6月29日上午，北京建筑大学2017年本科生毕业典礼暨学位授予仪式在大兴校区隆重举行。学校领导王建中、张爱林、何志洪、汪苏、李维平、张启鸿、张大玉、李爱群、吕晨飞，各职能部门负责人、各学院领导班子成员、毕业班班主任、辅导员、教师代表、2017届全体本科毕业生及其亲友出席典礼。仪式由副校长李爱群教授主持。党委副书记吕晨飞教授宣读了《2017届本科生毕业名单和学位授予名单》。副校长张大玉教授宣读了《2017届校级优秀毕业设计（论文）获奖名单》。党委书记王建中教授宣读了《2017届北京市优秀本科毕业生获奖名单》和《2017届北京建筑大学优秀本科毕业生获奖名单》。学工部部长黄尚荣向校友工作办公室主任沈茜移交了2017届本科毕业生名册。教师代表、电信学院郭茂祖教授和毕业生代表、测绘学院杨婉鑫同学发言。毕业生代表为教职工代表献花，向他们表达感恩之情。校学位评定委员会主席、校长张爱林在毕业典礼上发表了题为《抓住机遇，勇攀高峰，用智慧和汗水铸就梦想》的讲话。

【召开2017级新生家长代表座谈会】9月9日上午，学校在四合院会议室召开了新生家长代表座谈会。校领导校长张爱林、李维平、张启鸿、李爱群、吕晨飞出席座谈会，2017级本科新生家长代表，党政办、学工部、教务处、招就处、资后处、团委等相关部门负责人参加座谈会。座谈会由党委副书记张启鸿主持。

【举行2017级新生开学典礼】9月11日，2017级新生开学典礼在学校体育馆举行。2761名新入学的2017级本科和研究生新生齐聚一堂，共同见证这一令人难忘的时刻，开启自己人生的建大之旅。开学典礼通过"建大网络直播"网站进行现场直播。学校领导班子成员、校友代表、学校有关职能部门负责人以及各二级学院领导、新生班主任、辅导员、教师代表和全校 2017 级新生、部分学生家长参加了开学典礼。典礼由党委副书记张启鸿主持。副校长李爱群教授宣读了《关于颁发 2017 级研究生新生奖学金的决定》、《关于颁发 2017 级本科新生奖学金的决定》、《关于颁发 2017 级本科新生校长特别奖学金的决定》，校领导为获奖新生颁奖。本科新生代表经管学院栾心雨代表全体新生发言，号召同学们践行北建大"实事求是、精益求精"校训，规划好自己的大学学习生活，勇敢地追求青春梦想。建筑学院的博士生单超作为在校生代表发言，她提醒同学们在规划人生和未来的同时，在大学生活中多吃些"苦"，砥砺前行，不断提高自身综合素质。教师代表土木学院教授季节告诫勉励同学们，要诚实做人，扎实做事，成长为一个值得尊重的人。我校 1997 级校友代表康凯从学生时代谈起，分享了关于"工匠精神"对于建大学子意义的理解。校长张爱林以《做好学业职业规划，健康成长成才成功》为题，给 2017 级全体新生上了精彩的大学第一课。张爱林讲述了对教育的再认识、对大学的再认识。他认为，教育的最高境界在于爱学生，没有爱就没有教育，大学教育的目的是育人而非制器，大学就是一代一代人不断地传承和创新知识，就是不断地丰富我们的大百科全书，就是不断地输出创新人才，造福人类。

（王梦鸽　朱静）

七、离退休工作

（一）概况

离退休工作办公室认真落实市老干部局、市委教育工委离退休工作要点，围绕学校"提质、转型、升级"和建设国内一流、国际知名、具有鲜明建筑特色的高水平、开放式、创新型大学的要求，坚持为党和人民事业增添正能量的价值取向，落实"两项待遇"，改进服务管理，加强自身建设。

学校离休工作体制：完善党委统一领导，组织部、人事部牵头抓总，离退休工作办公室组织实施，各部门，各单位各负其责的工作机制。离退休工作办公室定编 2 人，办公室主任王德忠。

截至 2017 年 12 月 31 日，离休干部共 24 人，其中男 16 人，女 8 人，中共党员 22 人，九三学社 1 人，群众 1 人。

2017 年去世离休干部四人：郑鹤龄（女）、杨春梅（女）、柳琪（女）、尹颐龄。

（二）党建与思想政治工作

离退休工作办公室重视离退休党建工作，创新组织形式和内容，增强离退休党组织的凝聚力，发挥离退休党组织引领作用，为学校的中心工作顺利实施起到保驾护航的作用。

1 月 13 日，离休直属党支部按照民主程序完成改选工作。

3 月 20 日，离退休工作办公室在西城校区召开退休支部书记培训、工作交流会。

5 月 16 日，学校退休校级干部理论学习中心组到平谷区新农村玻璃台参观访问。

7 月 1 日，机关退休第二党支部与机电学院本科生党支部在学校"关工委"、离退休办公室的支持参与下，开展以"铭记历史、缅怀先烈、珍爱和平、开创未来"为主题的共建党日活动。

7月6日，学校在西城校区召开离退休工作领导小组（扩大）会议，研究部署离退休工作。

7月6日，机关退休第二党支部书记吴家钰在市教育工委举办的教育系统离退休党支部书记培训会上作退休党建工作交流。

7月9日，学校制定、颁布《关于加强和改进离退休干部工作的实施细则》。

9月2日，学校关心下一代工作委员会常务副会长、退休副校长彭正林被市教育工委、市教委评为市教育系统"关工委"有突出贡献的"五老"代表。

11月5日，离退休工作办公室在西城校区召开退休党支部书记、退休党员代表学习贯彻党的十九大精神推进会。

2017年，学校关心下一代工作委员会和离退休工作办公室"不忘初心，走好新的长征路"主题教育活动，荣获北京教育系统关工委"关心下一代优秀主题教育"评选三等奖。

2017年度，离退休工作办公室获市教育工委颁发的北京市高校信息先进单位。

（三）落实离退休干部政治待遇和生活待遇

离退休工作办公室认真落实北京市老干部部门和学校关于离退休干部的政治待遇和生活待遇。

2017年学校为老同志办实事，将退休教职工大病特困补助金额由10万元增加到30万元。

2017年退休干部张庆春、赵京明、魏智芳作为主创人员参加学校校史的寻访、收集、研究、整理、编辑工作。完成了校庆80周年的展板编辑、制作工作。

2017年退休教师朱光、李德英、俞启灏、宋颖慧等作为学校教学督导组成员，很好地完成了教学督导和青年教师的培训工作。

2017年学校各级领导在新学期，都能够向离退休干部通报学校的发展、成绩、重点工作和规划方向。

2017年学校各级领导能够认真落实《北京市离退休工作领导责任制》，走访、看望、慰问离退休老同志。

1月14日学校召开新春团拜会，邀请离退休老领导、老同志参加团拜会。

11月15日学校成立启骧书画艺术研究院，聘请启骧先生为院长，退休干部、金秋书画社社长张庆春担任常务副院长。

12月4日学校党委邀请老领导、老同志召开校党代会筹备座谈会。

12月26日北京建筑大学第一次党代会召开，学校党委邀请老领导、老同志参加开、闭幕式。

（四）"涉老组织"建设和活动

离退休工作办公室重视"涉老组织"建设，发挥离退休老同志的作用，组织丰富多彩的文化活动，为老同志老有所为搭建平台。

离退休工作办公室"涉老组织"有"一委二会八个社团"，参加会员近400人次。

"一委"：学校关心下一代工作委员会，常务副主任：彭正林。

"二会"：老教育工作者协会、老科技工作者协会，（二个协会，一个理事会，简称老科教协会），理事长：赵京明。

"八个社团"：合唱、书法、绘画、摄影、太极拳、乒乓球、柔力球、钓鱼等。

1. 老科教协会

1月13日，学校老教育工作者协会、老科技工作者协会在西城校区，召开六届二次理事会，理事长赵京明做了2017年工作总结和2018年工作展望报告。

4月20日，老科教协会组织会员，参观北京规划展览馆，了解北京市城市战略定位、副中心建设、疏解非首都功能、优化城市空间布局等长远规划。

4月、10月，老科教协会围绕市"两总会"的工作计划、学校的中心工作，编辑印制两期《老科教协简讯》。

2. 社团活动及获奖情况

5月、10月，离退休工作办公室组织离退休教职工分三批，到北京市教工疗养院，开展健康休养活动。

5月、10月，离退休工作办公室分别组织全校离退休教职工进行春、秋游活动。

6月16日，退休干部、新老金秋书画社社长尹其林、张庆春书法篆刻展，在西城校区校工会活动室开幕。学校纪委书记何志洪、中国书法家协会创始人之一、著名书法家、著名书法教育家、享受国务院特殊津贴、北京体育大学教授杨再春，中国戏曲家协会会员、国家一级演员薄绍祯、著名书法家孙家麟，企业家、市劳模、原市第九届、第十届政协委员楚家宝等校内外书法爱好者近百人参加了开幕式。

9月21日，金秋太极协会获西城区创建武术之乡普及、推广、展示活动优胜奖。

9月28日，离退休工作办公室举办为期一个月的全校老同志摄影展。

10月16日，离退休工作办公室组织金秋摄影协会参加市教育系统老同志"喜迎十九大、光影赞辉煌"摄影展，经市教育工委离退休工作处、老干部活动中心评选，获得一等奖1名，二等奖2名，三等奖3名。离退休工作办公室荣获市教育工委、市教委颁发的优秀组织奖。

10月21日，离退休办公室组织金秋书画、摄影协会参加北京建筑大学第二届艺术作品展。

11月17日，金秋太极拳协会参加西城区体育局举办的"2017年西城区健身气功项目交流展示"活动，荣获三等奖。

（赵京明　赵静野）

八、机关党委工作

（一）概况

截至2017年12月31日，机关党委工作范围涵盖31个部门，共有在职员工204人，合同制员工59人。设有21个党支部，党员241人，其中在职党员161人，退休党员80人。机关分工会下设20个工会小组，工会会员258人。

2017年，机关党委深入学习贯彻党的十九大精神，坚持以习近平新时代中国特色社会主义思想为指引，按照学校党委部署，持之以恒加强机关政治、思想、组织、作风和纪律建设，扎实推动全面从严治党向基层延伸，努力提升机关业务管理水平和服务工作能力，积极推动学校各项政策部署在机关落地生根，为推进学校创建国内一流、国际知名、具有鲜明建筑特色的高水平、开放式、创新型大学不懈努力。

（二）机关党建工作

【建立党员之家和教工之家】2017年机关党委在综合楼402室建立了"党员之家和教工之家"，为支部、党员、工会会员提供了良好的学习、休闲和娱乐环境，党员之家和教工之家使用率较高，使用效果良好，受到党员和机关教工的一致好评。

【党支部调整换届】根据《关于做好党支部调整和换届选举工作的通知》要求，机关党委各党支部于2017年3月6日至2017年4月26日分别召开了支部党员大会，进行换届选举，完成18个在职教工党支部，3个退休教工党支部的换届工作。

【党员发展】机关党委加强对发展党员工作的领导，严把入口关：2017年3名教职工（含1名合同制职工）积极申请入党并确定为入党积极分子，发展党员1人，完成发展计划。

【北京建筑大学第一次党代会】圆满完成北京建筑大学第一次党代会代表选举工作，共确定机关卜聪敏等28名同志为北京建筑大学第一次党代会党代表，并作为第七代表团成员，参加党代会。

【迎接北京普通高校党建和思想政治工作基本标准入校检查】根据学校党委的统一部署，为迎接北京高校《党建和思想政治工作基本标准》检查组来校检查，机关党委坚持"围绕中心抓党建，抓好党建促发展"的原则，严格对照指标体系，做好检查前的筹备工作，顺利完成机关党建评估各项检查任务。

【机关党支部书记抓党建工作述职评议】为深入贯彻党的十八届六中全会精神和全国高校思想政治工作会议精神，进一步推动全面从严治党向基层延伸，根据学校党委统一部署，2017年3月2日上午，机关党委召开党支部书记抓党建工作述职评议会。机关党委书记郝莹主持会议，机关党委委员、在职教工党支部书记参加了会议。会上机关党委18个在职教工党支部书记对2016年度党建工作分别进行了述职：重点围绕"两学一做"学习教育开展情况、支部党建重点任务开展情况、党员队伍建设情况以及特色和亮点工作开展情况等方面来述职。真正把自己摆进去，讲清了履职尽责抓基层党建工作，实事求是总结成绩和经验，分析了存在的突出问题，提出了加强和改进工作的思路措施。

【机关组织党性实践活动——参观北京新机场】为进一步加强机关干部作风建设，促进机关党员对大兴区建设规划的了解，2017年9月19日机关党委组织部分机关党员和青年读书班学员共计74人来到大兴国际机场施工现场参观学习，重温习近平总书记视察路线。校党委副书记张启鸿参加了本次活动。此次党性实践活动，使机关党员们深受教育、倍感鼓舞，大家表示要学习对方敢于担当、敢于创新、敢于碰硬、甘于奉献的精神，立足岗位、努力工作、争先创优，争做一名合格的共产党员。

【学习宣传贯彻党的十九大精神】随着党的十九大召开，全国掀起了学习十九大精神热潮，在校党委的领导下，机关党委采取多种形式，组织机关党员、教工学习十九大精神报告。一是抢前抓早学，组织教职工聆听党的十九大开幕会报告；二是建立多层次学习渠道多种形式全面开展学习；三是发放最新党章、十九大原文等学习材料，要求每个党员深入自学学习；四是采取知识竞答的形式对学习成果进行验收。通过多种形式的反复学习，教职工们自觉用党的十九大精神来指导自己的工作，规范自己的行为；并且通过知识竞赛展现了机关浓厚的学习氛围和团结向上的良好风气。

（三）机关工会工作

【举办三八节刺绣活动】花随玉指添春色，鸟逐金针多婀娜。2017年3月20日至5月19日，机关分工会成功开展女工刺绣活动。通过独立刺绣、作品展出、参观投票三个阶段的活动，最终评选出十件优秀刺绣作品。活动启动后，机关女工踊跃报名参加，根据视频教程认真学习刺绣针法、配色技巧，到4月30日为止，共提交刺绣作品52件；刺绣作品在大兴校区四合院进行为期一周的展出，展出期间参观教工通过刺绣针法、配色技巧、整体效果进行投票，选出十佳优秀作品。此次的活动，在工会的大力支持和女教工的积极参与下取得圆满成功，极大地丰富了女教职工的业余文化生活，展现出女教职工兰心蕙质、热爱生活的精神风貌，为构建和谐校园、美丽校园，倡导积极向上的工作生活方式谱写了崭新的篇章。

【举办教职工趣味推球比赛】习近平总书记在党的十九大工作报告提出，要"广泛开展全民健身活动，加快推进体育强国建设"，为了响应这一号召，机关分工会于2017年12月5日和7日分别在两校区举办了"趣味高尔夫推球比赛"，大家踊跃报名，共有168名机关工会会员参加了比赛。此次活动，调动了教职工参与体育活动的热情、锻炼了教职工的身体素质，调剂了期末紧张的工作气氛、丰富了大家的文化生活。进一步增强了教职工的凝聚力，充分展示了机关教职工团结拼搏，积极向上的良好精神面貌。

（四）机关事务工作

【设两校区综合服务大厅】为主动适应学校"两高"办学布局的管理模式转变，创新学校管理方式，推进学校综合改革进程，实施卓越管理行动计划，强化机关"精管理、大服务"理念，提高管理服务水平，经学校研究，设立两校区综合服务大厅：西城校区综合服务大厅于2016年11月4日开始运行，大兴校区综合服务大厅将于2017年9月11日开始试运行。现有党政办、教务处、人事处、研究生院、招就处、国际交流处、保卫处、科技处、资后处、网信中心、学工部、团委等12个部门进驻。各进驻部门将按照学校要求，重点在简化办事程序、优化办事流程、推高服务质量等方面进行探索和创新，尽最大努力为全校师生提供更加优质、高效、便捷的服务。

【完成机关人员2016/2017学年考核】根据学校考核工作部署和统一要求，经机关党委委员会研究，机关成立教职工考核工作领导小组，成员由机关党委委员、工会教代会代表和教职工代表组成，机关党委书记郝莹任组长。按照考核程序，机关有141人参加考核，其中28人考核评定为优秀，113人考核评定为合格。

【召开西城校区综合服务大厅工作午餐座谈会】2017年6月1日，机关党委在第七会议室召开西城校区综合服务大厅工作午餐座谈会。旨在了解服务大厅目前运行状况，听取各部门意见和建议，从而提升综合服务水平，为全校师生打造集中统一、高效便捷、规范透明、师生满意的综合服务平台。党政办公室主任白莽、资产与后勤管理处处长刘蔚，研究生院、保卫处、招就处、科技处、人事处、资后处、国交处、网信中心具体负责人参加了会议。会议由机关党委书记郝莹主持。综合服务大厅一站式服务是学校建设高水平大学体现高水平管理的现实要求，是主动适应学校"两高"办学布局的管理模式转变，是机关各部门为广大师生提供优质满意服务的重要途径。会后，各部门将根据运行现状和问题，对业务内容进行梳理和反馈，及时调整西城综合服务大厅的业务内容和运行模式，使学校的管理服务水平跃升到新的台阶，达到让师生满意的效果。

（郑环环　白莽）

九、共青团工作

(一) 概况

2017年是党的十九大胜利召开之年，是贯彻落实《高校共青团改革实施方案》的关键之年；也是学校第一次党代会召开之年，也是全面落实"十三五"规划的关键之年。按照上级团组织和学校党委的工作部署及要求，校团委突出深入学习宣传贯彻习近平新时代中国特色社会主义思想和党的十九大精神这条主线，按照北京市第十四次团代会精神与学校第一次党代会部署安排，深化实施共青团"思想引领、素质拓展、权益服务、组织提升"四大行动，切实增强政治性、先进性、群众性，竭诚服务青年学生成长成才、全面发展，积极引领广大青年学生听党话、跟党走，在把学校建设成为国内一流、国际知名、具有鲜明建筑特色的高水平、开放式、创新型大学进程中贡献青春力量。

(二) 思想引领

【概述】坚持以党建带团建、以党风促团风，积极组织专职团干部、广大团员青年深入学习党的十九大会议精神和习近平新时代中国特色社会主义思想，深入贯彻《高校共青团改革实施方案》，开展宣传贯彻、实践锻炼等活动。

【深入学习宣传贯彻党的十九大精神】深入学习习近平新时代中国特色社会主义思想和党的十九大精神，持续推进爱国主义、社会主义和共产主义理想教育，深化"四进四信"等主题教育活动，引导广大同学深刻领会党中央治国理政的新理念新思想新战略。全校全体团支部开展以"践行新思想拥抱新时代"为主题的组织生活会和"青春喜迎十九大·不忘初心跟党走"主题宣传教育；实施"青年马克思主义者培养工程"，深入开展"学习总书记讲话 做合格共青团员"教育实践活动，实现团组织与团员教育全覆盖；开展培育和践行社会主义核心价值观活动，引导广大同学勤学、修德、明辨、笃实。

【深入开展主题教育】以党的十九大胜利召开、建军80周年等重要节点为契机，开展中国共产党党史、中国人民解放军军史教育活动，开展"青春点赞十九大"、"学习贯彻十九大 青春践行正当时"等学习活动，组织学生参观"砥砺奋进的五年"大型成就展。结合新生入团、学生入党、雷锋日、五四青年节、一二九等节点，切实增强广大青年团员的先进性和光荣感。

【精准掌握青年动态】开展"1+100"团干部联系青年制度，直接开展联系、服务、引导工作，大幅提升青年的获得感。全力做好青年团员的维稳工作，形成校、院、团支部三级团组织应急体系，摸清摸透团学青年的思想状况。积极维护青年权益，通过学生代表大会、学生会权益平台等方式，了解青年诉求，解决青年问题。

(三) 组织建设

【大学生骨干培养】以团校为主阵地、以团学干部、班团干部成员为主体，进行骨干专题培训，集中培训与实地调研相结合，深化培训模式，搭建立体化教育平台。3～5月，10～12月，以学习贯彻党的十九大精神为主线，邀请到党的十九大代表、南京航空航天大学教师徐川，中国高等教育学会大学教学研究分会副理事长、工程力学与结构工程博士生导师、享受国务院特殊津贴专家、原上海大学副校长叶志明教授，北京青年报社副社长、北京青年旅行社股份有限公司董事长张楠老师和学校马克思主义学院副教授张守连老师等进行授课指导。共举办校级团校暨大学生骨干培训两期，培训学员近300人；二级学院均开设骨干培训班，全年累计培训学员近千人次。通过校院两级组织开展全方位、分层次、立体化学习宣传活动，在团校学习、骨干培训、实践锻炼等各环节中引导广大团员把握核心要义、领会思想精髓。搭建研究生党员骨干理论学习、调查研究和实践交流的平台，连续多年选拔推荐本科生、研究生党员参加北京高校研究生党员骨干培训班、首都大学生新世纪英才学校。

【基层组织建设】坚持固本强基，加强基层团组织建设，切实为共青团事业发展提供坚实保障。截至2017年年底，共有共青团员8135人，其中保留团籍的党员为771人，共有279个团支部。五·四期间开展全校范围内的"五·四达标创优"竞赛活动和"十佳"评比，共评选出"十佳优秀团支部"、"十佳优秀团员"、"十佳优秀学生干部"共计30人；优秀团支部39个、最佳团日活动23个、优秀共青团员424人、优秀团员标兵45人、优秀学生干部133人。在2017年市级评优中，获北京市"先锋杯"优秀团支部10个、北京市"先锋杯"优秀基层团干部10名、北京市"先锋杯"优秀团员10名。

不断探索总结基层团支部工作的职能与定位，不断创新基层团支部工作的途径与载体，面向基层团支部深入实施"基层团支部活力提升计划"。2017年3月，在全国高校共青团"活力团支部"创建遴选活动中，经管学院营132团支部荣获全国高校2016年"活力团支部"称号，北京仅37个团支部获此殊荣。结合团中央《关于加强新形势下发展团员和团员管理工作的意见》通知要求，规范团员管理工作，将"推荐优秀团员作入党积极分子人选"作为团支部重要工作职责。

培育一批在爱国奉献、自立自强、志愿公益、道德弘扬等方面的"建大青春榜样"，树立典型广泛宣传。土木学院土142班孟庆禹和文法学院社研161班的姚景苏同学获得团中央2016年"中国大学生自强之星"提名奖，这是我校学生参评活动以来首次获此荣誉。

【从严治团】本着"气氛热烈隆重，会风严谨务实"的精神筹办共青团北京建筑大学委员会第一次代表大会，力求节约，用实际行动践行中央八项规定精神，注重增强团代会的广泛性和代表性。严肃团的组织生活，坚持"三会两制一课"制度。团组织、团干部和团员严格执行团章要求和各项团内制度规定，做到有章必循、有规必依，团费使用和管理公开透明。

加强团干部作风建设，严格落实廉洁自律规定。2017年，北京建筑大学专职团干部16名。专职团干部和团员在组织和参加"五四表彰"、主题团日活动、大学生骨干培训班等活动时均佩戴团徽，团干部在日常工作中佩戴团徽，亮出团员身份，展现良好形象。团干部结合自身工作，在相关工作点上梳理廉政风险防控清单，推行团务公开，确保共青团工作的民主、廉洁，并及时公开各项评优表彰、团干部任免结果等工作，时刻接受广大师生团员监督。

（四）宣传工作

【概述】2017年继续用好传统媒体，打造青年爱看、愿说的宣传品，如电信学院院刊、建筑学院院刊《建曑》、环能学院期刊《环能之声》、《环能新视野》、测绘学院期刊《潮汐》

以及文法学院月报等。完成微信、微博、网站等多类媒体工作布局，形成整体联动的工作声势。充分发挥新媒体的正面作用，和声共振传播主流价值，运用好"北京建筑大学团委"微信、微博、各学生组织微信及 iStudent 网络社区。

【抓好网络新媒体转型】进一步学习宣传贯彻全国高校思想政治工作会议精神，注重发挥网络媒体作用，注重抢阵地、建队伍、发声音，运用好"北京建筑大学团委"微信、微博及各学生组织微信平台。建好校院两级网络文明志愿者队伍，努力传播网上正能量，更好地引导和影响青年。"北京建筑大学学生会"与"北京建筑大学研究生会"双双入选北京高校学生组织微信公众号影响力排行 20 强。

（五）大学生创新创业活动

【概述】创新创业工作全方位有效推进，成功入选教育部"全国高校实践育人创新创业实践基地"，获评北京市深化创新创业教育改革示范高校、北京市众创空间；我校土木与交通工程学院索智、机电与车辆工程学院秦建军 2 名教师入选教育部首批"全国万名优秀创新创业导师人才库"；"未来城市交通功能提升科技创新团队"荣获全国大学生"小平科技创新团队"荣誉称号（全国青少年科技创新领域最高奖）；在第十五届"挑战杯"全国大赛中获二等奖 1 项创造历史最好成绩，入围全国赛作品数量在北京高校排名第九。

【参加第十五届"挑战杯"、第三届"互联网＋"大赛】在第十五届"挑战杯"全国大赛中获二等奖 1 项、三等奖 2 项、专项赛一等奖 1 项，创造历史最好成绩，入围全国赛作品数量在北京高校排名第九；获首都"挑战杯"优胜杯，首都赛成绩位列北京高校第十二位；测绘与城市空间信息学院"爱智绘"大学生创业团队荣获 2017 北京地区高校大学生优秀创业团队一等奖；在第三届中国"互联网＋"大学生创新创业大赛（北京赛区）中获得二等奖 2 项，三等奖 3 项。

第十五届"挑战杯"全国大赛获奖名单

项目名称	项目类别	奖项	指导教师	参赛学生
水城寻踪：北京水文化遗产调查及保护探究	主体赛：哲学社会科学类调查报告和学术论文	二等奖	王崇臣、王鹏	宿玉、赵大维、刘烨辉、吴礤、朱娜、赵晨曦、及晓彤、张玙璠
关爱马路天使，共建文明京城：北京市环卫工人工作、生活和关爱现状的社会调查	主体赛：哲学社会科学类调查报告和学术论文	三等奖	赵仲杰、康健	姚景苏、曲燕、王浩、毕添宇、雷杰、薛雅宁、罗辉
高分子聚合物混凝土桥面铺装体系	主体赛：科技发明制作	三等奖	许鹰、徐世法	李思童、石泽雄、郭虹良、黄玉颖、李佳昊、彭庚、李韦曼、郑思思
破损文物虚拟修复设计与实现	"一带一路"专项赛	一等奖	胡云岗、侯妙乐、李爱群、张学东、吕书强、祝磊	华巍、石力文、赵思仲、严雪慧、赵琦、谭丽

第九届"挑战杯"首都大学生课外学术作品竞赛获奖名单

学院	作品名称	奖项	类别	小类	获奖学生	指导教师
文法学院	关爱马路天使，共建文明京城：北京市环卫工人工作、生活和关爱现状的社会调查	特等奖	哲学社会科学类调查报告和学术论文	社会	姚景苏、曲燕、王浩、毕添宇、雷杰、罗辉、薛雅宁	赵仲杰、康健
环能学院	水城寻踪：北京水文化遗产调查及保护探究	一等奖	哲学社会科学类调查报告和学术论文	哲学	宿玉、赵大维、刘烨辉、吴磦、朱娜、赵晨曦、及晓彤、张玛璠	王崇臣、王鹏
土木学院	高分子聚合物混凝土桥面铺装体系	一等奖	科技发明制作	能源化工	李思童、石泽雄、郭虹良、黄玉颖、李佳昊、彭庚、李韦曼、郑思思	许鹰、徐世法
建筑学院	乡土渐濒危　乡人何以归——京郊传统村落发展与保护情况现状调查	二等奖	哲学社会科学类调查报告和学术论文	社会	李文博、吴昕泽、李源、孙瑞、管宇君	王韬、张大玉、黄庭晚
环能学院	微小气体流量计	二等奖	科技发明制作	机械	冯天意、刘淑慧、何源锋、赵良晨、栗馨扬、扬继伟	王文海
土木学院	Building Blocks——新型装配式复合墙体	二等奖	科技发明制作	机械	孟庆禹、巩兆辉、张航、金鹤俣、冯婳、王凯卿、杨瑞新、肖楚童	张国伟
土木学院	助力海绵城市——透水海绵型道路新材料	二等奖	科技发明制作	能源化工	王恒毅、彭嫣、王颢翔、湛伟男、刘颖丹、杨青、任梓欣、吕欣梵	索智、金珊珊
测绘学院	破损文物虚拟修复设计与实现	三等奖	科技发明制作	机械	华巍、姜利利、石力文、严雪慧、赵琦、赵思仲、杨参天	胡云岗、侯妙乐、李爱群、祝磊、吕书强、张学东
机电学院	钱币自动整理机	三等奖	科技发明制作	机械	刘璐、李孟、乔彦辉、邢金悦、黄梦雨、唐天磊	朱爱华、刘星
土木学院	基于改进卡尔曼滤波交通需求预测的排放分布研究	三等奖	自然科学类学术论文	机械	云旭、宋安男、李京冕、商鹏飞、马尚、肖楚童	林建新

续表

学院	作品名称	奖项	类别	小类	获奖学生	指导教师
土木学院	新型抗侧力装配式钢柱——钢筋缀件格构柱	三等奖	科技发明制作	机械	于俊楠、武丙龙、白庭贵、周雪庐、徐迪宇、石顺义、陈莹	赵东拂
电信学院	基于ZigBee无线自组网消防监控报警系统	三等奖	科技发明制作	机械	任乐天、李佳琪、张策、刘霖捷、何胜鱼、张晓章	岳云涛
电信学院	VR Hotel	三等奖	科技发明制作	信息	郑诗斌、顾志伟、韩哲、马小勇、崔贺	张蕾、马晓轩
土木学院	硅烷改性氧化石墨烯复合物的合成与工作性能的研究	三等奖	科技发明制作	能源化工	董贻晨、郭紫薇、王皙、舒春雪、詹达富、郑海宇	王琴

第三届"互联网+"大学生创新创业大赛（北京赛区）获奖名单

奖项	组别	项目名称	项目负责人	团队成员	指导教师
二等奖	创意	中国失踪儿童互助系统	杨璐	杨璐、龚晓东、程昊、付乐、侯继伟、普恒、段悦明、闫欣、刘冰、蔡晓靓、冯国强、曾宝山、刘艺嘉	刘建华（测绘学院）
二等奖	创意	Building Blocks新型材料	孟庆禹	孟庆禹、蒙卿镒、陈晨、巩兆辉、金鹤俣、张航、肖楚童、冯嬹、于俊楠、杨晨、王凯卿、田彦泽、杨瑞新、尤星玥	张国伟（土木学院）、刘娜（经管学院）
三等奖	创意	"良物匠造"文化传播及交易平台建设	赵晨璋	赵晨璋、王俊凯、黄唐子、张鹏、苑瑞哲、叶子辰、刘力源、朱轩宇	金秋野（建筑学院）、黄庭晚（建筑学院）
三等奖	初创	JUST1936	史昊	邵鹏楠、付小瑞、史昊	田奔（电信学院）
三等奖	初创	尽点	侯凯章	侯凯章、陈可意、杨晓宙、杨东	杨宏（理学院）

【各类学科竞赛捷报】 2017年共举办了14项校级创新创业类学科竞赛。包含2017年"鲁班杯"大学生课外学术科技作品竞赛决赛、中国"互联网+"大学生创新创业竞赛校内赛、第六届北京市大学生建筑结构设计竞赛校内选拔赛、第十届北京建筑大学测绘技能实操大赛暨第九届北京市高校大学生测绘实践创新能力大赛选拔赛、北京建筑大学第九届承载力大赛、第27届北京市大学生数学竞赛校内选拔赛、2017年"飞思卡尔"智能车校内预选赛、北京建筑大学节能减排科技创新与社会实践竞赛、北京建筑大学英语演讲比赛、北京建筑大学机器人竞赛、北京建筑大学机械创新大赛、第33届全国大学生物理竞赛校内选拔赛、北京建筑大学模拟法庭大赛、北京建筑大学"Speak Out For Engineering"英语大赛等。

摘获第 27 届北京市大学生数学竞赛一等奖 3 名、二等奖 11 名、三等奖 21 名；美国大学生数学建模竞赛与交叉学科数学建模竞赛（MCM/ICM）2 项一等奖，3 项二等奖；首次参赛并荣获第八届"北斗杯"全国青少年科技创新大赛大学组优秀奖；第 33 届全国大学生物理竞赛获得一等奖 4 名、二等奖 7 名、三等奖 14 名；第六届北京市大学生建筑结构设计竞赛中取得 A 组赛题三等奖、B 组赛题（结构方向）一等奖以及 B 组赛题（桥梁方向）一等奖；全国 BIM 毕业设计大赛获得特等奖 1 项、一等奖 1 项、三等奖 1 项；首届京津冀高等学校大学生测绘技能大赛获得专业组团体特等奖 1 项、一等奖 1 项；第十二届全国大学生"恩智浦杯"智能汽车竞赛华北赛区决赛获得两项三等奖；中国机器人大赛暨 Robo Cup 公开赛斩获二等奖一项、三等奖四项；"大牧人"杯第五届全国大学生农业建筑环境与能源工程相关专业创新创业竞赛获二等奖、三等奖；第十一届全国大学生结构设计竞赛荣获优秀组织奖；第八届全国混凝土设计大赛获得校园组二等奖；第五届云编程世界杯（英文全称 The 5th Cloud Programming World Cup）比赛荣获评委特别奖；2017 年"京津冀高校暖通空调工程设计实践大赛"一等奖 6 人，二等奖 3 人，三等奖 3 人；"南方优立杯"第九届全国高等学校测绘学科大学生科技创新论文大赛荣获特等奖 1 篇，一等奖 2 篇，二等奖 3 篇，取得历史最好成绩；第九届大学生房地产策划大赛暨首届全国大学生房地产专业能力大赛获得北京市一等奖 2 项、北京市二等奖 1 项、北京市三等奖 1 项；第六届大学生科技创新作品与专利成果展示推介会荣获优秀论文三等奖、创业计划书三等奖、最佳组织奖。

【第六届北京市大学生建筑结构设计大赛】北京建筑大学于 5 月继续承办北京市教委重点学科竞赛——第六届北京市大学生建筑结构设计大赛。第六届北京市大学生建筑结构设计竞赛共有来自北京建筑大学、北京科技大学、北京航空航天大学、北京理工大学、北京交通大学、中国农业大学、北京林业大学、中国地质大学（北京）、中国矿业大学（北京）、北京工业大学、北方工业大学、北京城市学院、防灾科技学院共 13 所北京高校以及山东建筑大学、山东科技大学、河北工业大学、河北建筑工程学院、华北科技学院共 5 所京外高校，共计 19 所参赛高校的 40 余件作品入围总决赛。

【创新创业示范基地建设】各学院依据《北京建筑大学创新创业示范基地建设标准（试行）》建设创新创业示范基地。11 月，党委书记王建中到各学院创新创业基地专题调研，实地检查创新创业基地建设情况，听取各学院创新创业教育推进情况汇报。

（六）社会实践

【概述】响应共青团中央、北京团市委号召，结合学校专业特点和学科优势，组织暑期社会实践．发扬实践育人的宗旨，创新实践形式，丰富实践内容，深化课外活动内涵，推动社会实践基地化、规范化和品牌化，引领北建大青年学子树立和践行社会主义核心价值观，在实践中"受教育"；磨炼意志品质，在实践中"长才干"；精心组织统筹，在实践中"做贡献"。

【暑期社会实践】暑期，按照团中央、团市委和学校党委的统一部署要求，北京建筑大学暑期社会实践以喜迎党的十九大胜利召开为契机，深入学习领会全国高校思想政治工作会议精神，牢牢把握建团 95 周年、建军 90 周年等重大事件，立足首都、面向全国，以"青年服务国家——投身助力十三五，青春喜迎十九大"为实践主题，共组织优秀学生 530 余人，组成 71 支社会实践团队，由马克思主义学院选派骨干理论导师和学校部分优秀青年教师、团干教师组成的导师团全程指导各项目团队实践活动。其中，京内团队39支，京外团队32支；团队分别奔赴京内各区县、山东、贵州、河南、河北、广西、甘肃、山西、湖北、香港等17个地区。围绕思想政治教育、城乡区域发展、精准扶贫攻坚、科技创新推广、生态环境保护、先进文化传播和对外开放交流等内容，深入社会开展专题行动。活动历时3个月，联合校内、校外多种媒体资源，对实践活动进行了及时的宣传报道；同时，充分利用微博、微信等广泛宣传跟进社会实践动态。王建中书记为暑期社会实践团队讲授形势政策课。

7月4日，举行2017年"青年服务国家"大学生暑期社会实践启动仪式。9月评选出校级优秀团队16支，校级优秀个人56人；获市级优秀团队10支，市级先进个人10人，市级先进工作者10人。"牧野"实践团——"青春牧野"内蒙古草原生态调研与保护实践项目经层层考评选拔，最终获评全国大中专学生"三下乡"社会实践"千校千项"成果遴选活动最具影响好项目。1支大学生实践团获得"井冈情·中国梦"全国大学生暑期实践季专项行动优秀实践团队。"筑梦青春 聚焦兰考"实践团的《弘扬与践行焦裕禄精神，铸就品牌久久为功》案例被收录在2017年全国大学生"三下乡"社会实践活动总结暨工作研讨会成果册中。

2017年暑期社会实践重点团队一览表

序号	地区	项目类别	实践团队名称	实践人数	实践地区
1	京内	关注民生志愿公益行	理想帮	17	北京市顺义区赵全营镇板桥村
2	京外	美丽中国环保科普行动	"牧野"实践团	10	内蒙古自治区
3	京外	"一带一路"国际交流行动	在海上丝绸之路扬帆起航—海南渔业贸易实践调研组	5	海南海口市
4	京外	聚焦农村精准扶贫行动	"走进贵州·放飞希望"	10	贵州省六盘水市水城县
5	京外	中国精神学习宣讲行动	"红色薪火"	10	山东省临沂市
6	京内+京外	创新驱动经济转型体验行动	轨道文化探究队	20	北京铁路车站、上海地铁、西安地铁、广州地铁、重庆地铁
7	京外	创新驱动经济转型体验行动	"工-农-红"三位一体调研创新	4	柳州汽车产业园、北海农机生产企业广西合浦县惠来宝机械制造有限公司、左江革命根据地旧址、镇南关大捷遗址
8	京外	京津冀协同发展青年观察行动	文法学院暑期志愿者团队	18	河北省张家口
9	京内	关注民生志愿公益行动	文法学院志愿普法团队	18	北京市大兴区

续表

序号	地区	项目类别	实践团队名称	实践人数	实践地区
10	京外	聚焦农村精准扶贫行动	"与你同行，伴你读书"阜平行实践团	9	河北省保定市阜平县
11	京外	聚焦农村精准扶贫行动	筑梦陇南支教团	9	甘肃省陇南市西和县曹杨小学
12	京外	创新驱动经济转型体验行动	领略新区建设 探索纽带力量"暑期社会实践团队	8	甘肃省兰州市
13	京内＋京外	社会主义先进文化繁荣发展行动	传统建筑文化传承创新实践团	40	贵州省都匀市
14	京内	聚焦农村精准扶贫行动	山神庙乡村更新实践团队	20	北京门头沟区
15	京内	京津冀协同发展青年观察行动、聚焦农村精准扶贫行动	引智扶贫，协同创新	12	北京市延庆区张山营镇
16	京外	聚焦农村精准扶贫行动、关注民生志愿公益行动	筑梦青春 聚焦兰考	9	河南兰考

（七）志愿服务

【概况】各级团组织和青年志愿者协会始终秉承"奉献、友爱、互助、进步"的志愿精神，持续有序地开展了各类志愿服务活动。同时，积极探索志愿服务特色项目建设，进一步推进志愿服务品牌项目常态化，加大支持和培养力度，加强项目督导、评审以及成果转化工作，营造了"人人为我、我为人人"的良好志愿服务氛围，取得了更好的社会效果。积极构建科学、完善的志愿服务工作体系，引导团员学生在志愿服务中成长成才。志愿服务项目先后入选"大兴区志愿服务品牌项目支持计划"、"北京市小微志愿服务项目支持计划"。

【做当代雷锋 树文明新风"主题志愿服务月活动】各级团组织通过主题团日活动、志愿服务微话题、微视频学习讨论等形式开展活动近二十余次，覆盖面广，涵盖包括六大类班团凝聚力建设活动和六大类校外志愿服务项目，形式新颖、内容丰富，充分发挥志愿服务在建设和谐校园中的重要作用，促进我校大学生志愿服务事业全面发展。

【温暖衣冬公益活动】2017年，由共青团北京市委员会联合相关单位共同启动了"温暖衣冬"活动，动员北京市民捐赠闲置御寒外套，由大学生以志愿服务的形式利用假期返乡转赠给最需要帮助的人们。"温暖衣冬"活动通过北京建筑大学学生志愿者的手手相传，将广大爱心市民捐赠的御寒外套送到最需要的人手中，让公益在爱心传递过程中得到了最直接、最平凡的体现。

【2017年北京市大兴志愿服务品牌项目支持计划】2017年5月12日，大兴区志愿服务联合会开展大兴区志愿服务品牌项目支持计划品牌项目说明会，土木学院秦岭，张薪涛、经

管学院高亚男、文法学院唐绪，王茜，罗洁参会，并入围"大兴区志愿服务品牌项目支持计划"。

【2017年高考招生咨询会志愿服务活动】2017年6月9日校园开放日暨北京市第四届高校高招联合咨询会在北京建筑大学大兴校区拉开帷幕。开放日当天，统一着装的志愿者们以饱满的服务热情、强烈的工作责任心、熟练的服务技能和克服困难的坚韧毅力，圆满出色地完成各项志愿服务工作，给前来参加高招会的考生、家长以及参会单位留下了非常深刻的印象。

【2017年北京市小微志愿服务项目支持计划】2017年7月，为进一步提升北京市志愿服务工作制度化、常态化水平，夯实志愿服务工作基础，培育和支持志愿服务组织发展，普及项目管理标准化流程，北京市志愿服务指导中心于2017年继续开展北京市小微志愿服务项目支持计划。我校土木学院"科技星火筑梦未来"项目荣获2017年北京市小微志愿服务项目支持计划支持项目。

【北京建筑大学2017年迎新志愿服务活动】2017新生入学之际，为了给新生报到提供贴心便捷的服务，校团委组织200余名老生作为活动志愿者，在校内外共设立18个服务站点。志愿者们统一身着白色T恤，以饱满的精神状态、热情的微笑迎接每一位新生及家长们，引导新生完成报名登记、交款缴费、收取档案等报道手续，耐心地为新生解决问题、指引道路，让新生第一时间感受到来自北建大的温暖。除了在校内安排志愿者为新生服务，在公交站、清源路地铁站等车站口也安排车辆与志愿者开展新生接送指引服务，为新生明确指出去往大兴校区的道路，方便新生安全抵达学校。

【音画梦想公益活动】2017年10月，为从身边点滴改变教育品质，"音画梦想"系列志愿活动于金秋十月展开。北京建筑大学青年志愿者前往大兴区的龙海小学支教，为小朋友们带去了丰富多彩的教学和游戏活动，本着以艺术启迪思维的指导思想，让孩子们展开创意的翅膀。

【筑梦童声公益计划】参加由中国青年报社、中青公益（国家志愿者公益服务支撑平台）主办，北京科技大学、外交学院、中国传媒大学、北京工业大学等17所高校共同发起的"筑梦童声公益计划"活动。

（八）大学生艺术教育

【概述】2017年，艺术教育中心深入开展学生艺术教育工作。在学生艺术教育课程、大学生艺术团建设、重点艺术赛事突破与学生文化艺术活动等方面全面展开。一是继续以大学生艺术团为引领力量，以校内外文化艺术活动为平台，全面、稳步提高学生发现美、创造美、表达美的能力，提高学生整体艺术素养与修养。二是大力提高大学生艺术团的艺术素质与专业水平，努力打造、形成具有一定影响力的、具有特色的校园文化氛围与传统活动。三是全面丰富学生学习生活的方向与内容，树立全新的大学文化艺术意识与观念。

【艺术教育课程开设】2016~2017学年第二学期和2017~2018学年第一学期，艺术教育中心在大兴校区共开设艺术选修课程18门次，选课人数1600人次；退休教师1人，课程门次、学分、课程容积稳定未发生变化。全年课程进行顺利，未发生一例教学事故。艺术教育课程授课教师由我校教师5人、外聘教师1人开展授课工作，课程涵盖艺术理论、艺术赏析与艺术实践三类课程方向，基本能够满足学生选课需求，艺术教育中心定期开展教师调研与课程分析，在课程内容与授课形式方面不断改进。

北京建筑大学 16/17 学年第二学期和 17/18 学年第一学期艺术选修课程一览表

序号	课程名称	学时	学分	周学时	教室要求	时间要求	是否限制人数	开课校区
1	中国舞蹈赏析 1 班	24	1.5	3	多媒体	周一	120 人	大兴
2	中国舞蹈赏析 2 班	24	1.5	3	多媒体	周四	120 人	大兴
3	篆刻艺术赏析	24	1.5	3	多媒体	周四	120 人	大兴
4	篆刻艺术赏析	24	1.5	3	多媒体	周日	120 人	西城校区
5	艺术排练课（器乐合奏-交响）	33	1	3	乐团排练室	周二、日	55 人	大兴
6	艺术排练课（器乐合奏—民乐）	33	1	3	乐团排练室	周二、日	55 人	大兴
7	艺术排练课（合唱）	33	1	3	乐团排练室	周二、日	70 人	大兴
8	艺术排练课（舞蹈）	33	1	3	舞团排练室	周二、日	50 人	大兴
9	美术作品赏析	24	1.5	3	多媒体	周一	120	大兴

【开展文化艺术活动】我校大学生艺术团下辖交响乐团、合唱团、舞蹈团、戏剧社、民乐团 5 个团体约为 2230 人。大学生艺术团在校内外多个艺术活动中，取得成绩的突破。

2017 年北京建筑大学校级文化艺术活动汇总

序号	活动名称	活动时间	活动举办地点	观演人数
1	"冲撞之夜" —街舞与摇滚专场展示与交流	2017 年 5 月 2 日	大兴校区 大学生活动中心	500
2	"乌龙山伯爵" —大学生艺术团戏剧社专场	2017 年 5 月 9 日	大兴校区 大学生活动中心	700
3	"指尖的交响" —北建大、北理工键盘专场音乐会	2017 年 6 月 13 日	大兴校区 大学生活动中心	400
4	2017 年北京建筑大学 专场音乐会	2017 年 9 月 13 日	大兴校区西运动场	1800
5	2017 年北京建筑大学 大学生艺术团迎新专场展示	2017 年 9 月 4 日	大兴校区 和园广场	600
6	"世纪扬帆、建大远航"—北建大 第五届大学生艺术节开幕式	2017 年 11 月 14 日 2017 年 11 月 15 日	大兴校区 大学生活动中心	2000
7	第六届"建大之星" 校园歌手大赛十佳歌手大赛	2017 年 11 月 21 日	大兴校区 大学生活动中心	1000

【北京市大学生舞蹈节】北京大学生舞蹈节由北京市教委主办。自 2017 年 3 月开幕以来，京内 60 余所高校近 13000 名师生参与。在 5 月举办的大群舞、小群舞四组比赛中，我校

大学生艺术团舞蹈团四组赛事满额参赛，表演了4组高难度剧目。共获得金奖1项，银奖3项，在本次舞蹈节闭幕式展示中，我校金奖作品《顶碗舞》受邀进行闭幕式展示，这也标志我校大学生艺术团迈上了新台阶。

（九）国际青年交流

【概述】青年国际交流活动日益频繁。多名学生代表首都青年参加了共青团北京市委员会等部门组织的多项青年国际交流活动。

【艺术教育课程开设】1月25日，我校师生参加了由俄罗斯驻华大使馆、共青团北京市委员会、北京青年报共同举办的"中俄青年过大年"活动。俄罗斯驻华公使衔参赞季诺维也夫、共青团北京市委员会副书记郭文杰、北京青年报社副总编辑吴鑫出席活动，首都各界媒体代表以及来自中国青年政治学院、北京第二外国语学院、国际关系学院的师生和社区青年汇社工代表百余人参加了活动；5月选拔40名大学生志愿者全程参与了由北京市妇女联合会与北京市人民政府外事办公室共同主办的"中外家庭共度国际家庭日"活动；8月，师生代表赴德国参加青年交流活动；11月在京组织6名优秀研究生骨干代表作为志愿者，全程驻会参与2017年国际青年组织论坛暨北京友好城市青年交流营；5月和11月，分别选拔我校15名优秀研究生和5名本科生奔赴中国内蒙古、韩国首尔、平昌参加第十六届中韩大学生志愿交流营暨中韩青年交流活动，圆满完成活动各项内容，充分展现首都大学生的青春风采；12月，团市委副书记毛晓刚来校调研共青团工作和"一带一路"建筑类大学国际联盟，充分肯定了学校在共青团工作和学生国际交流方面所取得的成绩。

（十）学生会工作

【概述】"一心双环"团学组织格局构建取得良好开端，学生组织在学校影响力得到切实增强。学生组织以团委为核心和枢纽，以学生会、研究生会为主体组织，以大学生社团联合会及相关学生组织为外围延伸手臂。学生会、研究生会、大学生社团联合会、大学生青年志愿者协会、红十字会学生分会、大学生创新创业协会（大学生科学技术协会）、学生新闻中心、大学生艺术团等学生组织开展了大量形式多样、精彩纷呈的校园活动，逐渐营造出独具我校特色的文化气氛。同时，学生组织不断丰富校园文化生活，提高我校学生的学习能力、实践能力、组织能力和创新能力，凝聚了广大同学。

【学生组织各类活动】

3月14日至3月21日，举办第二届"建大杯"橄榄球赛。

4月23日，红十字会学生分会参加首都高校红十字知识竞赛初赛获得第一名并在决赛中获优胜奖。

4月18日至5月26日，举办学校2017年"学院杯"篮球赛。

5月10日，举办第二届"母亲节——献给妈妈的一份爱"活动。

5月11日至15日，举办2017年校园美食节活动。

5月16日，举办第三届"冲撞之夜"晚会。

5月16日，举办2017年校园彩色跑活动。

5月23日，举行第四届大学生社团文化节暨十佳社团颁奖晚会。

5月25日，举办第三届彩绘风筝节，鼓励大家走出宿舍拥抱蓝天。

5月16日至6月2日，举办第八届以"情怀"为主题的手机摄影展。

6月7日，学生会骨干集体学习《关于加强和改进新形势下高校共青团思想政治工作的意见》。

6月9日，开展"两学一做"学习活动。

6月11日，参加首都高校户外挑战赛（第三季）。

9月16日，国旗班在北京高校国防协会主办的北京高校国旗仪仗文化展示活动获三等奖。

10月6日，参观"砥砺奋进的五年"大型成就展。

10月20日，举办"青春点赞十九大"大学生骨干学习十九大精神座谈会。

10月31日至11月7日，举办2017年"3V3"校园篮球赛。

11月9日至12月6日，举办2017年"新生杯"篮球赛和"新生杯"足球赛。

11月17日，隆重举行"世纪扬帆·建大远航"第五届大学生艺术节开幕式。

12月7日，举办"用味蕾称霸建大"——第五届"厨神"争霸赛。

12月12日，举办第三届"舌辩群雄"辩论赛决赛。

12月19日，举办第六届"建大之星"校园歌手大赛半决赛暨北京建筑大学第五届大学生艺术节闭幕式。

（十一）学生社团

【概述】大学生社团联合会在校团委的正确领导下，以及在各学院的积极配合下，认真贯彻团市委关于加强首都高校学生社团建设的相关精神，坚持以丰富北京建筑大学校园文化建设为宗旨；以满足学生兴趣爱好需求，为广大学生提供展示平台为主要工作目标；努力将工作稳步推进，各项工作均取得较好进展。

【注册社团规模化发展】北京建筑大学学生社团联合会现有学生干部42人，下辖共计6大类75个学生社团。社联不仅起到配合团委提高学生综合素质水平、加强校园文化建设、丰富学生课余生活、满足各类学生兴趣爱好、塑造全新的大学形象的重要作用，还着力开展各类主题鲜明、积极向上、参与性强的校园文化活动。

北京建筑大学2016/2017学年学生社团一览表

社团类别	序号	社团名称	负责人	所属校区	指导老师	所属部门	级别
艺术类社团	1	建大觅音	韩俊华	大兴	李阳	校团委	校级
	2	建大筑笑相声社	张治国	大兴	田奔	电信分团委	校级
	3	舞韵社	康睿	大兴	朱静华、李金、王桂香	体育部	校级
	4	校拉丁舞社	高媛媛	大兴	朱静华	体育部	校级
	5	幻萌ACG Cosplay社	何馨	大兴	魏巍	艺术教育中心	校级
	6	Brand New All School街舞社	陈子璇	大兴	李阳	团委艺术教育中心	校级
	7	北建大韩舞社	赵帅卿	大兴	王嫣然	经管学院	校级
	8	麦格芬电影社	史昊	大兴	杜宏宇	教务处	校级
文化类社团	9	Hi! Vision摄影社	靖成千	大兴	曹洪涛	党委宣传部	校级
	10	M.W.漫研社	白静	大兴	吴逾倩	文法学院	校级
	11	柒方梦烛古风社	张皓洁	大兴	杨举	校产办公室	校级

续表

社团类别	序号	社团名称	负责人	所属校区	指导老师	所属部门	级别
文化类社团	12	不如吃茶去	康嘉伟	大兴	王琴	土木学院材料系	校级
	13	藏文化社	占都	大兴	杨举	校产办公室	校级
	14	北京建筑大学校园电视台	杜嘉平	大兴	王洋	党委宣传部	校级
	15	北京建筑大学记者团	郭星辰	大兴	王洋	党委宣传部	校级
	16	Board Game 社	韩卓新	大兴	刘星	机电学院分团委	校级
	17	北京建筑大学广播台	林志明	大兴	王洋	党委宣传部	校级
	18	赋语辩论社	薛惠鸿	大兴	陆地	经管学院	校级
	19	北京建筑大学文学社	钱磊	大兴	刘猛	通识教育中心	校级
	20	墨韵书法协会	董沈阳	大兴	孙强	学工部	校级
	21	诗云社	杨剑鑫	大兴	刘猛、杨举	文法学院、校产办公室	校级
	22	空山新雨社	田露	大兴	曹宇曦	环能学院	院级
	23	校园文化宣讲团	覃铃玲	大兴	刘倩	土木团委	校级
	24	建大英姿礼仪社	施若瑶	大兴	魏强	党政办	校级
	25	礼仪队	刘佳	大兴	魏巍	校团委	校级
	26	这儿是桌游社	朴樱子	大兴	马驰	网络信息中心	校级
	27	北京建筑大学国际交流协会	王红伊	大兴	黄兴	教务处	校级
	28	北建放映室	王兆雄	大兴	张永祥	校团委	校级
	29	霓虹漫谈社	菲尔都斯古丽·依克然木	大兴	陈靖远	图书馆	校级
	30	推理研究社	程爽	大兴	张蕊	文法学院	校级
	31	北建大围棋社	于家庚	大兴	杨举	校产办公室	校级
体育类社团	32	北京建筑大学台球社	杨续	大兴	张明	体育部	校级
	33	北建大棒垒球社	刘鑫宇	大兴	付玉楠	体育部	校级
	34	北建大乒乓球社	王振宇	大兴	王桂香	体育部	校级
	35	KRZAY BEE 轮滑社	曹暄	大兴	刘金亮	体育部	校级
	36	桥牌社	王思博	大兴	何志洪	纪委	校级
	37	北建大定向运动协会	李俊廷	大兴	李晨	测绘学院分团委	院级
	38	骑炙自行车协会	韩星宇	大兴	刘金亮	体育部	校级
	39	北京建筑大学网球社	杨志清	大兴	孟超、智颖新	体育部	校级
	40	极越户外社	陈岳洋	大兴	王桂香	体育部	校级
	41	瑜伽社	胡碧金	大兴	朱静华	体育部	校级
	42	跆拳道社	曲鹤	大兴	刘金亮	体育部	校级

续表

社团类别	序号	社团名称	负责人	所属校区	指导老师	所属部门	级别
体育类社团	43	钢筋工橄榄球社	曹梦昊	大兴	智颖新	体育部	校级
	44	乐享羽毛球社	易凯	大兴	张哲	体育部	校级
	45	板球队	菲尔都斯古丽	大兴	李涵铷	体育部	校级
	46	冰雪社	林行健	大兴	刘金亮	体育部	校级
	47	京飘儿社	韩星	大兴	陆地	经管学院	院级
	48	北建大传统武术协会	王溢洋	大兴	付玉楠	体育部	校级
	49	传统保健社	韩家乐	大兴	施海波	体育部	校级
	50	足球裁判联盟	陈健哲	大兴	刘文	体育部	校级
	51	Freeskate 滑板社	付凌宇	大兴	施海波	体育部	校级
	52	北建大追梦排球社	羊辉煌	大兴	代浩然	体育部	校级
	53	北京建筑大学足球协会	宋若凡	大兴	刘文	体育部	校级
	54	北京建筑大学女子足球队	刘雨菲	大兴	刘文	体育部	校级
	55	龙舟社	鲍宏伟	大兴	刘梦飞	体育部	校级
	56	北建大冰壶社	李享	大兴	黄兴	教务处	校级
实践公益类社团	57	勤工俭学社	刘雨佳	大兴	章瑾	经管学院	校级
	58	北建大出国留学社	栾雨晴	大兴	李洋	校国际部	校级
	59	阳光互助社	曹天奇	大兴	秦岭	土木学院	院级
	60	筑光社	郭丽慧	大兴	曹晓云	经管学院	校级
	61	建大天盟	谢焱南	大兴	陆地	经管学院	校级
	62	北京建筑大学校史宣讲团	滕博帆	大兴	赵亮	校友办	校级
	63	筑爱·天使	李紫云	大兴	赵亮	校友办	校级
理论类社团	64	人文理论社	陈彬	大兴	张鹏	文法学院办公室	院级
	65	北建大校级考研社	王雪瑞	大兴	尹保红	马克思主义学院	校级
科技类社团	66	北建学霸联盟	杨杰川	大兴	刘倩	土木学院分团委	校级
	67	北京建筑大学军事爱好者协会	施家鞞	大兴	蔡思翔	学工部	校级
	68	BIMer 图友社	曹天奇	大兴	杨谆、王少钦	理学院	院级
	69	ROBOT	李若凡	大兴	田奔、赵宝军	电信团委、实验中心	院级
	70	网络信息协会	马俊杰	大兴	孙绪华	网络信息中心	校级
	71	DIY 创意环保手工社	郑敏	大兴	张婉奇	学工部	校级
	72	创意工坊	高敏奇	大兴	郑娇	工程实践创新中心	校级
	73	BUCEA 模型社	宁哲	大兴	郑娇	工程实践创新中心	校级
	74	手工皮具社	陈岳洋	大兴	化凤芳	工程实践创新中心	院级
	75	图研社	黄悦铭	大兴	杨谆、刘晓然	理学院	校级

【工作开展情况】

3月,社联换届干部竞选并开展学年度下学期社团注册与申请工作。

3月,发布《关于2016~2017学年学生社团申报注册情况通报》。

5月,开展社团文化节和"十佳社团"评优工作任务,举办了社团文化节晚会暨十佳社团颁奖典礼。

10月,社联"百团大战"成功举办,参与活动人数再创新高。

12月,参加"第九届北京高校社团工作交流会"。

【学生社团获奖情况】

1. 棒垒球社在首都高校慢投垒球比赛等比赛中获奖共3项。

2. 桥牌社在全国大学生桥牌锦标赛公开赛、全国高等院校"校长杯"师生桥牌团体赛等比赛获奖共8项。

3. 拉丁舞社在北京市高校体育舞蹈比赛获奖。

4. 定向运动协会在"北斗杯"定向运动锦标赛、北京大学生"铸剑杯"军事定向等比赛中获奖。

5. 传统保健协会和武术协会在首都高校健身气功比赛、首都高校传统武术比赛、高校武术比赛获得33项集体和个人奖项。

6. 钢筋工橄榄球社参加"风暴碗"、"零度碗"、"交大碗"等著名橄榄球赛事,先后获大小奖项5项。

7. 冰雪社在首都高校大学生滑雪追逐赛获得最佳组织奖。

8. 网球社在首都高等院校大学生网球联赛中获得各类奖项3项。

9. 跆拳道社在北京市大学生跆拳道锦标赛中获得男女团冠军、总团冠军,在精英赛中获得男团冠军、总团冠军。

(陈笑彤　朱静)

第十二章　学　院　工　作

一、建筑与城市规划学院

（一）学院概况

北京建筑大学建筑与城市规划学院具有深厚的基础和完整的本科生教育和研究生教育体系。学院位于北京建筑大学西城校区（北京市西城区展览馆路1号）。建筑学专业作为国家级特色专业，1996年建筑学专业通过国家专业评估，2012年建筑学专业通过国家专业评估复评（7年）；城乡规划设计专业2011年通过国家专业评估；历史建筑保护工程专业为全国同类高校中第二个设置的高校（2012年）；2012年获得历史建筑保护博士项目授权，建立了建筑学专业的博士后流动站。在2017年全国第四轮学科评估中，建筑学院建筑学名列第11名，城乡规划学名列第16名，风景园林学名列第29名。

学院设置有建筑学、建筑学（专业学位）、城乡规划学、城市规划（专业学位）、风景园林学、设计学、工业设计工程和建筑遗产保护交叉学科。同时设置建筑学（5年制）、城乡规划学（五年制）（含城市设计方向）、风景园林学（五年制）、历史建筑保护工程、工业设计、环境设计6个专业。在校本科生896人（留学生35人）；在校硕士研究生497人，博士生16人（留学生1人）。多年来，建筑学院构建了以建筑学学科专业为核心的"城市规划与设计—建筑设计—空间环境设施与产品设计—公共艺术设计"领域交叉链接的系统性教学与科研平台，强调理论与设计教学和实践教学密切协同。与北京的城市规划与设计、建筑设计、景观规划设计、室内设计、产品设计、文化创意、文物保护、博物馆等多家企事业单位建立有良好的合作关系，依托中国建筑设计集团、中国城市规划设计研究院和中国城市建设研究院分别建立了建筑学专业、城乡规划学专业和风景园林专业的北京市级高等学校校外人才培养基地。

2017年5个本科专业9个班在全国招生259人，其中建筑学2个班、建筑学实验班1个班、建筑学（城市方向）1个班、城乡规划2个班、风景园林1个班、历史建筑保护工程1个班、环境设计1个班；硕士研究生招生共159人，其中全日制129人，非全日制30人；博士招生7人。

2017年毕业本科生131人、硕士研究生124人、博士研究生1人。

（二）师资队伍建设

【概述】2017年，学院有教职工102人（其中博士后流动站5人）。85名专职教师中有15名教授、2名教授级高级工程师；22名副教授、5名高级工程师；专职教师中有62人具有博士学位。

建筑学院拥有一批与各级政府、行业协会和各类企业合作密切的专家队伍，张忠国教授担任全国规划专职委员会委员；田林教授是国家文物局勘察设计、保护规划、三防工程等专家库专家；丁奇教授担任住房城乡建设部村镇建设司乡村规划研究中心主任，中国城市规划学会乡村规划与建设学术委员会委员；范霄鹏教授担任中国勘察设计协会传统建筑分会副会长、住房和城乡建设部传统民居专家委员会委员；赵希岗教授担任中华文化促进会剪纸艺委会副主任中国美术家协会北京协会会员中国书画研究院主任委员；李沙教授担任中国建筑学会室内设计分会理事、中国美术家协会环境设计艺术委员会委员、中国建筑装饰协会设计委员会副主任委员；陈静勇教授担任中国建筑学会室内设计分会（CIID）副理事长、专家委员会委员。

【教师退休与招聘】2017年建筑学院4名教师退休：历史建筑保护系刘临安教授、规划系冯丽副教授、技术部李英副教授与房志勇副教授；2名教师调入：穆钧教授（西安建筑科技大学建筑学院）、朱宇华高级工程师（清华大学建筑设计院）；招聘8名教师：铁雷、刘平浩、孟璠磊、贺鼎、顾月明、任中琦、代云、陈格非；博后流动站接收2人：陈志端（合作导师张大玉）、杨震（合作导师荣玥芳）。1名教师调出：李春青调入学校高精尖中心。

【召开青年教师培训会】建筑学院青年教师培训会于2017年12月8日在北京稻香湖景酒店鸢飞厅召开。会议由副校长兼学院院长张大玉主持，学院书记田林、学院党政办公室主任刘志刚，学院科研秘书何静涵与我院15名青年教师参加了会议。会议就学院教学、科研管理、青年教师如何在自身研究领域和学院科研发展方向有机结合进行了沟通讲解与交流。

【教师国外访学】基础教学部金秋野教授，在国家留学基金委项目资助下，于2017年11月到美国北卡莱罗纳州立大学大学进行为期一年的访学交流。

建筑系俞天琦副教授，在国家留学基金委项目资助下，于2017年12月到美国North Carolina State University进行为期一年的访学交流，合作教授Sooylen Cho。

【教师挂职借调】建筑系教师铁雷受北京市委、学校组织部委派，于2017年7月赴北京市大兴区黄村镇担任镇长助理，为期一年，协助进行建筑、规划管理工作。

风景园林系教师李利，在国家自然科学基金委员会工程与材料学部工程科学四处借调，主要承担基金项目申请材料的接受、形式审查和统计，在研项目管理，以及学科处的日常管理等工作。

【教师职称晋升】2017年12月7日学校人事处（2017年19号文件）公布建筑学院规划系孙立晋升教授、规划系李勤晋升副教授。

【文博人才培训示范基地培训信息】2017年6月15日至7月14日，第七期文物保护规划编制培训班全国各地共计25名学员参加。2017年10月12日至11月10日，第八期文物保护工程勘察与方案设计培训班全国各地共计37名学员参加。2017年12月3日至12月7日，第九期文物保护工程施工管理培训班全国各地共计190名学员参加。

【校外导师聘任】建筑学院2017年聘任了94名校外导师，与校内导师共同指导95名研究生。

建筑学院校外导师明细（截至 2017.12.16）

序号	导师编号	姓名	工作单位	所在学科门类	所在学科1	所在学科2
1	1202002	褚平	北京市建筑设计研究院有限公司	工学	建筑学	建筑学（专业学位）
2	1202004	姚红梅	清华大学设计研究院有限公司	工学	建筑学	建筑学（专业学位）
3	1202005	刘玉龙	清华大学设计研究院有限公司	工学	建筑学	建筑学（专业学位）
4	1202035	陈军	国家基础地理信息中心	工学	建筑学	建筑学（专业学位）
5	1202041	张晔	中国建筑设计研究院	艺术学	设计学	工业设计工程（专业学位）
6	1301003	文兵	中国建筑设计院有限公司	工学	建筑学	建筑学（专业学位）
7	1302009	关东海	清华大学美术学院工艺美术系	艺术学	设计学	工业设计工程（专业学位）
8	1302019	李宝丰	北京构易建筑设计有限公司	艺术学	设计学	工业设计工程（专业学位）
9	1302021	李存东	中国建筑设计研究院	工学	建筑学	设计学
10	1302024	李威	中国戏曲学院舞台美术系	艺术学	设计学	工业设计工程（专业学位）
11	1302027	林乐成	清华大学美术学院工艺美术系	艺术学	设计学	工业设计工程（专业学位）
12	1302079	苏童	中国建筑设计研究院	工学	建筑学	建筑学（专业学位）
13	1302081	姜峰	J&A 杰恩设计	工学	建筑学	设计学
14	1302082	窦志	北京市建筑设计研究院（集团）有限公司	工学	建筑学	建筑学（专业学位）
15	1302083	石英	江河创建	工学	建筑与土木工程（专业学位）	—
16	1302084	钱平	悉地国际设计顾问（深圳）有限公司	工学	建筑学	建筑学（专业学位）
17	1302087	景泉	中国建筑设计研究院	工学	建筑学	建筑学（专业学位）
18	1302090	朱爱霞	北京清水爱派建筑设计股份有限公司	艺术学	设计学	—
19	1401000	邢海峰	住房城乡建设部	工学	建筑学	建筑学（专业学位）
20	1401010	杨一帆	中国建筑设计研究院	工学	城乡规划学	城市规划（专业学位）
21	1402001	屈伸	波特兰州立大学（美）	工学	城乡规划学	城市规划（专业学位）
22	1402002	刘东卫	中国建筑标准设计研究院有限公司	工学	建筑学	建筑学（专业学位）
23	1402003	徐宗武	中国中建设计集团有限公司（直营总部）	工学	建筑学	建筑学（专业学位）
24	1402004	胡天羽	中国城市建设研究院有限公司	工学	建筑与土木工程（专业学位）	—
25	1402005	温宗勇	北京市测绘设计研究院	工学	城乡规划学	城市规划（专业学位）
26	1402006	董艳芳	中国建筑设计研究院（集团）	工学	城乡规划学	城市规划（专业学位）
27	1402007	张国华	国家发展和改革委员会城市和小城镇中心	工学	城乡规划学	城市规划（专业学位）
28	1501024	曹传新	中国城市规划设计研究院	工学	城乡规划学	城市规划（专业学位）
29	1501025	梁冰	文化部恭王府管理中心	艺术学	设计学	工业设计工程（专业学位）

续表

序号	导师编号	姓名	工作单位	所在学科门类	所在学科1	所在学科2
30	1501026	张险峰	北京清华同衡规划设计研究院	工学	城乡规划学	城市规划（专业学位）
31	1501027	吴矛矛	中外建工程设计与顾问有限公司	工学	建筑学	设计学
32	1501028	孙冬宁	文化部恭王府中华传统技艺研究与保护中心	艺术学	建筑学	设计学
33	1501029	杜浩	文化部恭王府中华传统技艺研究与保护中心	艺术学	设计学	工业设计工程（专业学位）
34	1602003	陈柏泉	华夏幸福基业股份有限公司	工学	建筑学	建筑学（专业学位）
35	1602042	顾静	北京建工建筑设计研究院	工学	建筑学	建筑学（专业学位）
36	1602057	杨红	故宫博物院	艺术学	设计学	—
37	991009	宋晓龙	中国中建设计集团有限公司	工学	建筑学	建筑学（专业学位）
38	991013	王引	北京城市规划设计研究院	工学	建筑学	建筑学（专业学位）
39	991014	张祺	中国建筑设计研究院	工学	建筑学	建筑学（专业学位）
40	991015	张兵	中国城市规划设计研究院	工学	建筑学	建筑学（专业学位）
41	991016	赵云伟	北京五合国际工程顾问公司	工学	建筑学	建筑学（专业学位）
42	991017	李琳	北京市建筑设计研究院有限公司	工学	建筑学	建筑学（专业学位）
43	991018	孙宗列	中国中元国际工程有限公司	工学	建筑学	建筑学（专业学位）
44	991024	刘晓钟	北京市建筑设计研究院有限公司	工学	建筑学	建筑学（专业学位）
45	991027	邵韦平	北京市建筑设计研究院	工学	建筑学	建筑学（专业学位）
46	991032	王振军	中国电子工程设计院	工学	建筑学	建筑学（专业学位）
47	991034	温宗勇	北京市测绘设计研究院	工学	建筑学	建筑学（专业学位）
48	991782	郑琪	北京建筑设计研究院	艺术学	建筑学	建筑学（专业学位）
49	991783	薛明	建研建筑设计研究院有限公司	工学	建筑学	建筑学（专业学位）
50	991862	薛峰	中国中建设计集团有限公司	工学	建筑学	建筑学（专业学位）
51	991909	刘才丰	北京建筑技术发展有限责任公司	工学	建筑学	建筑学（专业学位）
52	991911	李亦农	北京建筑设计研究院有限公司	工学	建筑学	建筑学（专业学位）
53	991912	丁明禄	中机十院国际工程有限公司	工学	建筑学	建筑学（专业学位）
54	991913	米俊仁	北京市建筑设计研究院有限公司	工学	建筑学	建筑学（专业学位）
55	991934	胡越	北京建筑设计研究院有限公司	工学	建筑学	建筑学（专业学位）
56	991935	张宇	北京建筑设计研究院	工学	建筑学	建筑学（专业学位）
57	991945	赵旭	中国建筑设计研究院	工学	建筑学	建筑学（专业学位）
58	992001	法乌托斯普尼亚罗尼	马尔凯工业大学	工学	建筑学	建筑学（专业学位）
59	992002	张广汉	中国城市规划设计研究院	工学	建筑学	建筑学（专业学位）
60	992003	侯卫东	中国文化遗产研究院	工学	建筑学	建筑学（专业学位）
61	992006	金路	北京城建设计发展集团建筑设计研究院	艺术学	设计学	工业设计工程（专业学位）

续表

序号	导师编号	姓名	工作单位	所在学科门类	所在学科1	所在学科2
62	992007	姜冰	北京理工大学设计1305院	艺术学	设计学	工业设计工程（专业学位）
63	992051	张楠	北京世纪千府国际工程设计有限公司	工学	建筑学	建筑学（专业学位）
64	992052	朱力	中国城市规划设计研究院	工学	建筑学	建筑学（专业学位）
65	992053	冯腾飞	中国中元国际工程公司	工学	建筑学	建筑学（专业学位）
66	992054	刘淼	北京市建筑设计研究院有限公司	工学	建筑学	设计学
67	992055	李朝阳	清华大学美术学院	艺术学	设计学	工业设计工程（专业学位）
68	992057	姬勇	北京理工大学设计1305院	艺术学	设计学	工业设计工程（专业学位）
69	992058	张磊	中国建筑设计研究院北京筑邦建筑装饰工程有限公司	工学	建筑学	设计学
70	992059	吴诗中	清华大学美术学院	艺术学	设计学	工业设计工程（专业学位）
71	992061	董强	中国建筑设计集团	艺术学	设计学	工业设计工程（专业学位）
72	992062	郭晓明	中国建筑设计研究院环艺室内所	工学	建筑学	设计学
73	992063	梁思佳	北京冠亚伟业民用建筑设计有限公司	工学	建筑学	设计学
74	992125	詹凯	北京服装学院	艺术学	设计学	工业设计工程（专业学位）
75	992127	宁晶	北京服装学院	艺术学	设计学	工业设计工程（专业学位）
76	992131	朱志红	北京市园林古建设计研究院	艺术学	设计学	工业设计工程（专业学位）
77	992149	刘燕辉	中国建筑设计研究院	工学	建筑学	建筑学（专业学位）
78	992150	陈一峰	中国建筑设计研究院	工学	建筑学	建筑学（专业学位）
79	992151	汪恒	中国建筑设计研究院	工学	建筑学	建筑学（专业学位）
80	992153	董振侠	北京中元国际工程公司	工学	建筑学	建筑学（专业学位）
81	992154	李涛	美国思凯来国际建筑设计事务所	工学	建筑学	建筑学（专业学位）
82	992227	温德斌	中央美术学院城市设计学院	艺术学	设计学	工业设计工程（专业学位）
83	992228	张云峰	中国城市规划设计研究院	工学	建筑学	建筑学（专业学位）
84	992233	傅绍辉	中国航空规划设计研究总院有限公司	工学	建筑学	—
85	992234	于一平	中国中元国际工程公司	工学	建筑学	建筑学（专业学位）
86	992235	李东梅	建筑与城市规划学院	工学	建筑学	建筑学（专业学位）
87	992236	吕丹	中国建筑东北设计研究院有限公司	工学	建筑学	建筑学（专业学位）
88	992237	谷建	中国中元国际工程有限公司	工学	建筑学	建筑学（专业学位）
89	992238	雷晓明	中国中元国际工程公司	工学	建筑学	建筑学（专业学位）
90	992239	辛春华	中国中元国际工程公司	工学	建筑学	建筑学（专业学位）
91	992240	刘宇光	北京市建筑设计研究院	工学	建筑学	建筑学（专业学位）
92	992241	樊则森	北京市建筑设计研究院	工学	建筑学	建筑学（专业学位）
93	992242	刘明骏	北京市建筑设计研究院	工学	建筑学	建筑学（专业学位）
94	1602058	刘托	中国艺术研究院	工学	建筑学	建筑学（专业学位）

(三) 学科建设

【研究生教育概况】 建筑学院研究生教学围绕学科、招生、培养、学位四个环节开展。学院拥有完整的研究生教育体系，设置有建筑学、建筑学（专业学位）、城乡规划学、城市规划（专业学位）、风景园林学、设计学、工业设计工程和建筑遗产保护交叉学科。2017年研究生招生共166人，其中全日制硕士研究生129人，非全日制硕士研究生30人，博士研究生7人。2017年毕业研究生137人，其中硕士研究生136人，博士1人。

【第四期城乡建设与管理产学研联合研究生培养基地项目结题】 根据《北京建筑大学"城乡建设与管理"产学研联合研究生培养基地项目管理办法》（研字〔2012〕22号）的要求，2017年建筑与城市规划学院共14名学生达到结题要求。经学院学术委员会投票，推选袁拯、王肖艳、卢坤、李取齐、祖艳青5名同学参加学校评优。

【2017年硕士研究生复试】 2017年3月27～29日，建筑学院于西城校区大学生活动中心进行2017年硕士研究生复试，共181名考生参加。复试包含快题考试、专业英语、面试（含英语口语）。2017年招收硕士研究生共159人，其中全日制129人：建筑学17人，建筑遗产保护5人，建筑学（专业学位）57人，城乡规划学12人，城市规划（专业学位）12人，风景园林学11人，设计学10人，工业设计工程5人；非全日制30人：建筑学（专业学位）14人，城市规划（专业学位）14人，工业设计工程2人。

【城乡规划专业硕士研究生教育评估】 2017年6月5日至6月6日，以深圳市城市规划设计研究院顾问总规划师、教授级高级城市规划师乔建平为组长的住房城乡建设部高等教育城乡规划专业评估委员会研究生教育评估视察组一行四人进驻我校，成员包括：西安建筑科技大学教授陈晓键，江苏省城市规划设计研究院总规划师、教授级高级城市规划师袁锦富。经过专家检查与评议，城乡规划专业研究生教育评估复评通过。

【2016年度研究生导师考核】 根据《北京建筑大学硕士研究生指导教师条例》（北建大研发〔2016〕12号）文件，建筑学院共48名导师通过考核，具有2017年招生资格。

【2017年秋季和2018年春季研究生排课】 2017年7月安排研究生专业课38门，2018年1月安排研究生专业课42门。

【2017级研究生新生入学教育暨学院领导见面会】 2017年9月20日，建筑学院于西城校区第三阶梯教室开展2017级新生入学教育暨院领导见面会。学院党委书记田林、研究生副院长丁奇、党委副书记出席并做讲话。研究生教学秘书陈格非就硕士研究生培养流程、重点培养环节、选课、师生互选等事项逐一展开说明。

【2017级研究生师生互选】 2017年9月，建筑与城市规划学院组织2017级师生互选会，48名校内导师与94名校外导师共同指导159名硕士研究生。

【2017级硕士研究生设计课程评图及作业展览】 为加强教学过程监控，不断改进研究生教学工作质量，持续提升教学水平，根据学校的研究生培养要求，参照研究生教育评估意见，学院组织各学科研究生导师、校外导师及知名建筑师对2017级硕士研究生课程《设计与研究（学科基础）》作业进行评审，并对作业进行展览。由建筑学、城乡规划学、风景园林学、设计学和遗产保护交叉学科五个学科共同参与该课程设计。组织程序包括设计开题（第三周）、中期检查（第十周）和最终评图（第十八周）三个环节。

【2018年接收推免硕士研究生复试】 2017年10月18日8：30，建筑学院2018年接收推免硕士研究生复试在西城校区教1楼310进行。本次复试分为笔试（快题考试）和面试

（含英语口语）两个环节。笔试监考老师：陈格非，面试组老师：田林、胡雪松、丁奇、李春青、何静涵。此次共接收两名推免硕士研究生。

【2015级研究生论文开题及论文中期答辩】2017年3月，建筑与城市规划学院研究生办公室组织2015级学生开题，共141名学生参加论文开题并通过。2017年12月，研究生办公室组织2015级学生论文中期答辩，共132名学生参加，其中126人通过，6人未通过。

【2017届研究生毕业人数】2017年6月和12月，经校院两级学位评定委员会审议，通过建筑与城市规划学院授予学位名单。2017届毕业人数共137人。其中，硕士研究生136人，博士1人。

【研究生教育座谈会】2017年12月8日，建筑学院在北京稻香湖景酒店湖景楼海韵会议室举行研究生教育座谈会，会议由教务主任陈霞妹主持，研究生教学秘书陈格非记录。教师代表范霄鹏、晁军、马英、潘剑彬、孙立、刘剑锋、李勤、陈雳、朱宇华参加了会议。参会教师逐一发言，以《北京建筑大学硕士研究生指导教师条例》征求意见稿为重点，在研究生课程、研究生导师管理、教学保障等方面开展热烈讨论，并提出了如下改进建议：1. 增加研究生专用教室，为导师指导学生提供固定场所（副教授和讲师都没有工作室）。2. 指导学生名额，希望能保持稳定性。3. 建议在导师条例中增加导师的激励条例和权益保障。4. 进一步细化校外导师职责。5. 进一步规范全日制硕士研究生设计课程评图制度。6. 科研方面尽快打通设计院经费。

【城乡规划学科】学科负责人张忠国教授。2017年6月城乡规划专业再次通过硕士研究生教育评估工作；2017年12月城乡规划学学科在教育部学科全国排名位于第16位。

【景观学学科】学科负责人丁奇教授。2017年12月风景园林学科在教育部学科全国排名位于第29位。

【历史建筑保护交叉学科】学科负责人田林教授。2017年1月，北京建筑大学历史建筑保护系与同济大学、山东建筑大学三校联合毕业设计，题目为"北京市南池子大街四合院改造与保护"，我校指导教师为田林、马全宝、齐莹。2017年5月，我校举办建筑遗产保护博士论坛；2017年6月，我系与苏州大学举办本科联合教学工作营。在沧浪亭中举办题为"沧浪冶园"的营建活动。学生使用纸板作为主要材料，设计建造与园林可以产生互动的构筑。2017年9月，建筑遗产保护专业共招生5名硕士研究生，其中"金鼎计划"1名。2017年10月，我系统筹的全国文物保护工程勘察与设计培训班（总第八期）"在北京建筑大学西城校区举办；2017年11月，我系统筹的国家文物局"全国文物保护工程施工管理培训班"在西城校区举行。2017年11月我校举办建筑遗产保护博士后论坛。

【设计学学科】设计学学科负责人李沙。

5月6日，意大利米兰理工大学设计学院博佐尼（Giampiero Bosoni）教授在建筑与城市规划学院做了《意大利设计文化史》专题讲座，根据20世纪至今的意大利发展历程，为师生讲解了何为意大利设计基因及它与哲学、美学、建筑学等学科的渊源。

6月10日，是中国的第一个"文化和自然遗产日"，由北京文化遗产保护中心（CHP）主办的"文化遗产之我见"特别活动中，李沙教授在北京史家胡同博物馆做了《明代瞿昙寺建筑彩画》学术讲座。从古建彩画视角，解码中国文化遗产的神奇与魅力。

9月28日，中国勘察设计协会传统建筑分会彩画油饰委员会2017年会在甘肃省永靖县举行。李沙教授做了《明代宗教建筑彩画艺术》学术报告。阐述了古建彩画的发展对传统建筑行业弘扬传统建筑文化、挖掘和继承传统技艺的意义，以及在传统技艺传承发展道路上的探索思路。

11月11日，在云南昆明理工大学举行的第十四届全国高等学校建筑与环境设计专业美术作品大奖赛上，从全国70多所高校的建筑学、城市规划、园林景观、环境设计专业选送的1000多件参评作品中，北京建筑大学建筑与城市规划学院共获8个奖项。其中由朱军指导的史珊珊同学获金奖；钟铃指导的王俊凯同学获银奖；靳超、谭述乐指导的叶迪昊、肖伯宇同学获铜奖；杨晓、李学兵、李振宁指导的张文仪、郎颖晨、华雁东同学获得优秀奖。

12月1日，北京建筑大学与北京安海之弋园林古建工程有限公司举行共建产学研联合研究生培养基地的合作协议签约仪式。北京建筑大学副校长张大玉与北京安海之弋园林古建工程有限公司董事长赵玉斌出席了签约仪式并代表双方在协议上签字。建筑与城市规划学院设计学学科负责人李沙、系主任张笑楠、系党支部书记朱宁克、安海之弋园林古建公司古建彩画工作室主任吴书瑞等专家和研究生代表出席了签约仪式。该研究生培养基地的建设围绕国家和北京市文化建设对创新型人才的培养需要，成为推进历史建筑遗产保护研究和学术交流平台，探索研究生教育规律，通过联合培养，为研究生提供创新项目研究实践平台。

12月16日，李振宁的《神游——与"X"的对话》玻璃雕塑展在海玻璃艺术馆开幕。展览呈现了李振宁近三来创作的20件雕塑作品。作者试图通过玻璃材料与当代艺术发生关系，并与历史和现实的内容产生呼应，从而赋予当代寓言般的梦幻场景和无限想象，作品得到广泛的高度评价。其中"梦想之王"和"宇宙之舟"两件作品被上海玻璃博物馆永久收藏。

12月23日，由北京市卓越艺术人才（美术、设计）培养高校联盟主办的"卓越·青春"首届北京卓越艺术人才（美术、设计）培养高校联合展在大栅栏劝业场举行，北京建筑大学建筑与城市规划学院学生孙卫圣和尤昀获优秀奖。展览云集了21所院校优秀学生作品150余件（组），涵盖中国画、书法、油画、版画、雕塑、摄影、设计、建筑、多媒体等多种艺术门类。展示当代青年艺术家在追求卓越的道路上的思考与实践。

（四）教学工作

【概述】2017年建筑学院在保证本科教学日常运转正常下，实现教学管理规范化，积极探索人才培养模式，推进教学质量建设。重点工作围绕审核评估、一流专业申报和实验室建设工作开展，教学成果显著。

【审核评估工作】作为本学期本科教学的重点工作，建筑学院积极开展审核评估工作，以评促建。按照学校审核评估工作进度安排，积极开展学院审核评估的筹备、专家进校和审核评估后整改等工作，促进教学管理规范化，进一步建立健全质量保障体系。审核评估的工作就是全面自我审查的过程。包括成立学院审核评估工作小组，制定审核评估工作周期，撰写学院自评报告、专业自评报告，落实学院文档材料准备、整理、核查工作，整理培养方案、试卷、论文、教学大纲和课程简介、课件、教材、作业、毕业设计、实习和实验及社会实践报告；做好学院专家进校审核各项工作，包括对教师和学生的宣传，安排课程听课，准备实验室、校外基地的实地考察及访谈等工作。

【一流专业建设】整合资源，积极申报建筑学一流专业申报。2017年11月24日召开一流专业建设研讨会，主要讨论内容是近5年的一流专业方案；12月19日，召开第二次一流专业建设研讨会，细化一流专业工作方案，责任到人。

【青年教师基本功比赛】组织青年教师参加教师基本功比赛，俞天琦和潘建彬2位老师获得参加校级青年教师基本功比赛资格。安排学院督导组组长樊振和教授作为其指导教师，对其提交材料和PPT进行全面审查和指导。最终，多方选拔，俞天琦获得校级基本功比赛二等奖，潘建彬获得校级基本功比赛三等奖。

【实验班管理】10月24日，召开2014级建筑学实验班导师会，明确规定实验班导师制的职责和考核机制。进一步明确实验班导师制度的落地。实现每个教授指导2位学生，在学业指导、思想方面予以全方面的指导。

【研究生免推工作】开展第一次研究生免推工作，建筑学王晴和管畅获得免推资格。

【学籍处理】工16徐文贤不及格累计达到25.5学分，经本人申请降级到环设17；建153董启航，因不及格累计达到24.5学分，做留降级处理，试读一年，降级到建16-3。建15-3郭玉伟，在清华双培计划中，因心理疾病原因，本人提出休学，因其是双培生中，第一个提出休学的学生，学院党委副书记王秉楠、专业负责人欧阳文和教学主任陈霞妹会同学生家长一起谈会，分析问题，提出后期方案，建立对郭玉伟学业情况的跟踪机制。

1月，接受工科创新实验班学生转专业5人。7月，接受外院学生转专业10人。

【与中元签订校外实践基地协议】10月30日上午，北京建筑大学副校长张大玉，中元国际工程有限公司董事、总经理、党委副书记刘小虎分别代表北京建筑大学和中元国际工程有限公司签署北建大-中国中元校外实践教学基地合作协议，标志着两家单位在校企合作人才培养进入新阶段。

【联合毕业设计】CIID"室内设计6+1"2017（第五届）校企联合毕业设计答辩暨第十五届亚洲设计学年奖（北京）论坛在我校顺利举行。本次联合毕业设计答辩于6月17日在我校实验2号楼501正式举行。中国建筑学会室内设计分会常务副理事长兼秘书长叶红女士致辞，5名专家评委分别为，中国建筑学会室内设计分会资深顾问、广州美术学院学术委员会主任赵健，AAUA亚洲城市与建筑联盟秘书长姚领，杭州国美建筑设计研究院有限公司董事长王炜民、北京筑邦建筑装饰工程有限公司设计中心总经理张磊，荣禾集团德和建筑设计事务所有限公司总经理设计总监寇建超。本次设计答辩评选共设置三个方向：(1)民居保护规划与景观设计，(2)民居建筑保护与更新设计，(3)营造技艺传承与展陈设计。全部参加活动的7所学校师生经过17日紧张的答辩，经由答辩教师评选、专家评委评定，各个奖项结果落定。最终一等奖由同济大学和西安建筑科技大学获得，我校孙卫圣、尤匀、张乐情同学的《岚舍——青龙胡同酒店设计》获得营造技艺传承与展陈设计方向2等奖，汤博文、蔡明秀、刘佳蕊同学的《社区文化活动中心设计》获得民居保护规划与景观设计方向2等奖。18日，第十五届亚洲设计学年奖（北京）论坛活动在ADA画廊进行，此次论坛邀请了国际及国内著名设计及教育专家，共同探讨传统民居的保护性设计的话题，推动中国城乡高水平的开发能力和可持续发展思考。

【历史建筑保护系学生与苏州大学首次联合进行园林营造活动】2017年6月11~14日由苏州大学建筑学院历史建筑保护工程专业和遗产中心联合苏州市沧浪亭管理处联合，举办了一场以"沧浪冶臆—'历史环境中的建构'"为主题的课程活动。我院历史建筑保护系王兵老师、齐莹老师带领六名2014级历史建筑保护专业学生参加了本次课程活动，学生作品《仰止》喜获建造节荣誉奖,并在苏州四大园林之一的沧浪亭进行展出。此次课程活动结合了苏州大学建筑学院的设计基础课程——"实物建构",它是苏州大学建筑学院的设计基础课程,具有多年传统的特色课程,也是建筑学、历史建筑保护工程、园林、规划等专业一年级学生理解建筑空间构成、材料的搭接方式的核心课程。同时,今年因加入了历史建筑保护工程专业,故希望在传统的以纸板塑造优美空间、造型的基础上,增加对以园林为代表历史空间的考量。

【教学建设】积极组织老师申报北京市教学成果奖、北京市教学名师、十三五规划教材、建设部协会、校级教研项目的申报。实现2017年教学建设项目数量上的突破。新增教学研究项目16项,其中8项是省部级级别;新增教材11项,新增教学获奖7项,新增课程建设4项,新增教学建设项目15项目。

建筑学院2017年新增教学研究项目一览表

序号	项目名称	资助单位	主持人	项目时间
1	大学资源与职业需求相结合的技术教育方式研究	北京市	陈雳	2017年
2	建筑学专业学科竞赛、技能大赛体系建设与学生能力培养的研究与实践	北京市	李春青	2017年
3	建筑学专业素描基础教材建设与创新研究	北京市	靳超	2017年
4	"优"而"新"——建筑学优势学科背景下的建筑遗产保护专业课程体系研究	北京市	王兵	2017年
5	建筑院校建筑美术教学改革的研究与实践	北京市	朱军	2017年
5	历史建筑保护工程专业美术教学改革研究	北京市	李学兵	2017年
7	开放住宅理论在建筑学专业本科教学中的实践研究	北京市	李珊珊	2017年
8	建筑设计类专业金字塔阶梯式创新创业教育模式研究	北京市	黄庭晚	2017年
9	面向首都城市设计、挖掘鲜明专业特色——三年级建筑设计课程体系建设研究	北京建筑大学	李煜	2017年9月
10	学籍管理中的学生权利救济机制研究——以北京建筑大学为例	北京建筑大学	陈霞妹	2017年9月
11	"培育精神"与"培养技能"——自主学习动力与能力的培养模式研究	北京建筑大学	刘烨	2017年9月
12	中国传统文化在建筑院校美术教育中的应用研究	北京建筑大学	靳超	2017年9月
13	基于乡村更新实践的聚落型建筑设计教学方法研究	北京建筑大学	王韬	2017年9月
14	建筑学实验班学生职业生涯引导教育活动方案研究	北京建筑大学	王秉楠	2017年9月
15	体验感知与理性创新——室内设计课程教学新途径	北京建筑大学	滕学荣	2017年9月
16	基于课程群建设的历史建筑保护工程专业中国美术史专题教学改革研究	北京建筑大学	李学兵	2017年9月

建筑学院2017年新增教材一览表

序号	教材名称	时间	出版社	完成人
1	建筑构造原理与设计	2017	土建类学科专业"十三五"规划教材	樊振和
2	建筑结构与体型	2017	土建类学科专业"十三五"规划教材	樊振和

续表

序号	教材名称	时间	出版社	完成人
3	历史街区保护规划案例教程	2017	土建类学科专业"十三五"规划教材	李勤
4	建筑结构体系及选型(第二版)修订	2017	土建类学科专业"十三五"规划教材	樊振和
5	素描基础 新编	2017	土建类学科专业"十三五"规划教材	靳超
6	规划师业务基础新编	2017	土建类学科专业"十三五"规划教材	荣玥芳
7	城市社会调查方法与实践新编	2017	土建类学科专业"十三五"规划教材	吕小勇 赵天宇
8	规划评析学新编	2017	土建类学科专业"十三五"规划教材	孙立 张忠国
9	现代建筑科学基础	2017	中国建筑工业出版社	马英
10	环境心理学	2017	中国建筑工业出版社	李春青
11	外国古代建筑史新编	2017	中国建筑工业出版社	许政

建筑学院 2017 年新增教学获奖一览表

序号	奖励类别	项目名称	获奖时间	获奖等级	完成人
1	北京市	北京市"高创计划"教学名师	2017 年 7 月	教学名师	陈静勇
2	校级	教学优秀奖	2017 年 3 月		荣玥芳
3	校级	青年教师教学基本功比赛	2017 年 9 月	二等奖	俞天琦
4	校级	青年教师教学基本功比赛	2017 年 9 月	三等奖	潘剑彬
5	校级	2016 年北京建筑大学 PPT 课件制作大赛	2017 年 3 月		朱军
6	校级	2017 届优秀毕业设计指导老师	2017 年 7 月		荣玥芳
7	校级	2017 届优秀毕业设计指导老师	2017 年 7 月		晁军

建筑学院 2017 年新增课程建设一览表

序号	奖励类别	项目名称	获奖时间	获奖内容	完成人
1	校级	小班研讨型教学	2017	建筑物理环境专题	邹越
2	校级	小班研讨型教学	2017	城乡规划设计	荣玥芳
3	校级	核心课程建设	2017	设计概论	赵希岗
4	校级	卓越联盟开放共享课程	2017	建筑遗产数据获取与分析(实验)	王兵

建筑学院 2017 年新增教学建设项目一览表

序号	项目名称	资助单位	主持人	立项时间
1	建筑学:一流专业	北京市	胡雪松	2017 年
2	2016 年"实培计划"大学生毕业设计(科研类)项目	北京市	荣玥芳 王兵 张笑楠 俞天琦	2017 年
3	2016 年"实培计划"大学生毕业设计(科研类)项目-大数据在城市设计方案中的应用研究	北京市	荣玥芳	2017 年
4	2016 年"实培计划"大学生毕业设计(科研类)项目-旧工厂改造与再利用——甘肃省天水市工业博物馆	北京市	王兵	2017 年
5	2016 年"实培计划"大学生毕业设计(科研类)项目-首钢工业遗址精品酒店设计项目	北京市	张笑楠	2017 年

续表

序号	项目名称	资助单位	主持人	立项时间
6	2016年"实培计划"大学生毕业设计（科研类）项目-北京十一学校北安河校区项目	北京市	俞天琦	2017年
7	2017"实培计划"大学生毕业设计（科研类）项目-故宫斋宫文物建筑现状勘测与保护设计	北京市	王兵	2017年
8	2017"实培计划"大学生毕业设计（科研类）项目-基于"城市双修"理念下的苏州老城历史街区城市设计	北京市	张忠国	2017年
9	2017"实培计划"大学生毕业设计（科研类）项目-大数据在总体城市设计方案中的应用技术研究	北京市	荣玥芳	2017年
10	2017"实培计划"大学生毕业设计（科研类）项目-陕西省西咸新区沣西新城中央公园规划设计	北京市	魏菲宇，潘剑彬	2017年
11	2017"实培计划"大学生毕业设计（科研类）项目-北京天坛片区旧城更新景观规划设计	北京市	潘剑彬，魏菲宇	2017年
12	2017年"实培计划"大学生科研训练计划深化项目-工业建筑遗产改造设计	北京市	滕学荣，张羽	2017年
13	2017年"实培计划"大学生科研训练计划深化项目-展廊展示模块设计与产品开发	北京市	张笑楠	2017年
14	双培计划	北京市	荣玥芳，魏菲宇	2017年

（五）科研工作

【概述】2017年建筑学院科研成果丰硕，学院教师承担横纵向科研项目75项，纵向项目支持经费达636.0392万元，横向项目经费达777.396万元。获得国家级科研项目2项，省部级科研课题17项。发表核心期刊论文44篇，出版学术专著、译著、编著和教材规范等22部。

【教师在国际学术报告】11月13日刘临安教授在2017（第二届）北京城市设计国际高峰论坛做学术报告大会上做了关于"城市设计的缘起"主题报告。

【科研成果统计】

2017年建筑学院承担的各类科研项目一览表

序号	项目名称	负责人	项目来源	项目级别	合同经费（万元）	起止时间	项目类别
1	建筑垃圾资源化全产业链高效利用关键技术研究与应用	张大玉	国家科技部	国家级	185	2017-05-01到2020-12-31	纵向
2	钢结构建筑高效装配化连接技术与示范	张艳霞	国家科技部	国家级	309	2017-07-01到2020-12-31	纵向
3	北京市农村人居环境调查数据核实	荣玥芳	国务院其他部门	省部级	1	2017-05-01到2017-12-31	纵向
4	《中国传统建筑的智慧》拍摄调研	李春青	国务院其他部门	省部级	30	2017-09-30到2018-12-31	纵向

续表

序号	项目名称	负责人	项目来源	项目级别	合同经费（万元）	起止时间	项目类别
5	中国传统村落历史价值研究	胡雪松	国务院其他部门	省部级	10	2017-05-31 到 2017-12-31	纵向
6	传统村落保护发展总体规划编制	李露	国务院其他部门	省部级	15	2017-05-31 到 2018-06-30	纵向
7	组织中央财政支持的传统村落技术审查	欧阳文	国务院其他部门	省部级	25	2017-05-31 到 2017-12-31	纵向
8	组织第五批中国传统村落评审认定	欧阳文	国务院其他部门	省部级	45	2017-05-31 到 2018-06-30	纵向
9	中国传统村落社会价值研究	陈志端	国务院其他部门	省部级	15	2017-05-31 到 2018-09-30	纵向
10	濒危传统村落标准调查研究	刘烨	国务院其他部门	省部级	25	2017-01-31 到 2017-12-31	纵向
11	2017年列入中央财政支持范围的传统村落技术审查标准研究	李春青	其他课题	省部级	20	2017-01-01 到 2017-12-31	纵向
12	北京针对"大城市流行病"的健康城市设计导则研究	李煜	自选课题	省部级	8	2017-07-01 到 2020-12-31	纵向
13	北京传统建筑砖雕技艺保护与传承研究	杨琳	自选课题	省部级	8	2017-07-01 到 2020-06-30	纵向
14	农村危房改造工作机制和成效调查	丁奇	国务院其他部门	省部级	20	2017-09-01 到 2017-12-31	纵向
15	中国城市社区绿色低碳发展技术指引	穆钧	国际合作项目	省部级	54.0392	2017-06-01 到 2018-05-31	纵向
16	传统建造技术统筹研究	穆钧	自选课题	省部级	20	2017-09-01 到 2017-12-31	纵向
17	福建生土建筑示范	穆钧	国务院其他部门	省部级	20	2017-09-01 到 2017-12-31	纵向
18	县域乡村建设规划和村庄规划年度试点示范及宣贯	丁奇	国务院其他部门	省部级	20	2017-08-01 到 2017-12-31	纵向
19	美丽宜居村镇建设示范工作	丁奇	国务院其他部门	省部级	10	2017-08-01 到 2017-12-31	纵向
20	2017年乡村规划实施情况调查	孙喆	国务院其他部门	省部级	15	2017-05-01 到 2017-12-31	纵向
21	习近平传统文化继承思想在建筑与城市领域的应用研究	金秋野	自选课题	校级	25	2017-01-01 到 2018-12-31	纵向
22	基于BIM与GIS技术在城市建筑规划设计的应用研究	陈玉龙	自选课题	校级	1	2017-01-01 到 2018-12-31	纵向

续表

序号	项目名称	负责人	项目来源	项目级别	合同经费（万元）	起止时间	项目类别
23	通州运河建筑遗产的研究与保护	许政	其他课题	校级	5	2017-01-01 到 2018-12-31	纵向
24	基于负氧离子效益的北京城市居住绿地参数化景观设计定量基础研究	潘剑彬	其他课题	校级	5	2017-01-01 到 2018-12-31	纵向
25	项目施工团队安全公民行为影响演化机制及行为策略研究	陈震	其他课题	校级	3	2017-01-01 到 2018-12-31	纵向
26	基于建筑物理性能的浙江传统民居气候适应性研究	郝石盟	其他课题	校级	3	2017-01-01 到 2018-12-31	纵向
27	公平视角下的城市公共服务绩效评估	孙喆	其他课题	校级	3	2017-01-01 到 2018-12-31	纵向
28	基于历史记忆的城市空间形态研究	郭龙	其他课题	校级	3	2017-01-01 到 2018-12-31	纵向
29	京津冀一体化背景下北京市边缘区人居环境优化策略研究	荣玥芳	主管部门科技项目	地市级	5	2017-01-01 到 2018-12-31	纵向
30	北京市开放空间格局演变机制及优化研究	魏菲宇	主管部门科技项目	地市级	15	2017-01-01 到 2018-12-31	纵向
31	基于负氧舒适度的建筑室外绿地参数化景观设计基础	潘剑彬	主管部门科技项目	地市级	15	2017-01-01 到 2018-12-31	纵向
32	传统建筑名匠认定推荐要求和组织工作	杨琳	省、市、自治区社科基金项目	地市级	15	2016-09-01 到 2017-06-30	纵向
33	我国城市设计与国外城市设计比较	孙立	国务院其他部门	省部级	10	2016-06-01 到 2017-05-31	纵向
34	国家文物局《文物建筑开放利用案例之南》编制项目	汤羽扬	国家文物局	—	39.592	2017-12-15 到 2019-03-31	横向
35	大栅栏煤东片区城市现状调研与社会意愿调查	刘剑锋	北京清大建业设计研究院有限公司	—	15	2017-12-16 到 2018-06-30	横向
36	后沙峪镇消防专项规划	桑秋	北京市顺义区后沙峪镇人民政府	—	15	2017-12-01 到 2020-12-01	横向
37	北京四合院建筑比例与尺度研究测绘项目（二期）	张笑楠	北京市古代建筑研究所	—	3.1	2017-11-21 到 2018-12-31	横向
38	宛平地区街道城市设计导则研究	丁奇	北京市规划委员会丰台分局	—	30	2017-11-18 到 2018-03-15	横向

续表

序号	项目名称	负责人	项目来源	项目级别	合同经费（万元）	起止时间	项目类别
39	国家非物质文化遗产传统家具制作技艺研究	杨琳	文化部恭王府管理中心	—	30	2017-11-02 到 2019-12-31	横向
40	故宫斋宫勘察与日常保养研究	王兵	故宫博物院	—	27.41396	2017-10-16 到 2018-12-31	横向
41	《城墙遗址维修导则》及案例阐释编制项目	田林	国家文物局	—	26.2	2017-10-16 到 2018-12-31	横向
42	赤峰市田园综合体规划产业专题	桑秋	北京北达城乡规划设计研究院	—	10	2017-09-25 到 2020-12-31	横向
43	北京市西城区文物普查项目保护范围划定（第一批）	汤羽扬	北京市西城区文物管理处	—	32.5	2017-09-20 到 2017-12-30	横向
44	"遇见什刹海"设计周活动院落提升互动体验	丁奇	北京建院建筑文化传播有限公司	—	5.2	2017-09-01 到 2017-10-08	横向
45	福州滨海新城CBD城市设计地下空间规划研究	陈闻喆	北京清华同衡规划设计研究院有限公司	—	15	2017-09-01 到 2018-01-01	横向
46	设计咨询协议书	滕学荣	中国建筑设计院有限公司	—	3.5	2017-08-30 到 2018-08-31	横向
47	北京中心城区街道设计导则研究	丁奇	中国建筑设计院有限公司	—	50	2017-08-16 到 2018-01-01	横向
48	《旧工业建筑再生利用技术规范》参编协议书	李勤	中冶建筑研究总院有限公司	—	15	2017-08-15 到 2017-12-16	横向
49	西城区街区整理城市设计导则研究	丁奇	北京市规划委员会西城分局	—	42	2017-08-01 到 2017-12-31	横向
50	大栅栏地区存量资源梳理与社会意愿调查	刘剑锋	北京城市规划设计研究院	—	20	2017-07-25 到 2017-12-31	横向
51	安宁河谷空间发展与土地整理规划专题	桑秋	城镇规划设计研究院有限责任公司	—	40	2017-07-05 到 2017-12-31	横向
52	山神庙村农房及环境改造设计	王韬	北京市门头沟区雁翅镇山神庙村股份经济合作社	—	10	2017-07-04 到 2018-06-30	横向

续表

序号	项目名称	负责人	项目来源	项目级别	合同经费（万元）	起止时间	项目类别
53	桓台县城市总体规划评估和编制，综合交通规划编制项目——区域与产业发展相关研究	刘剑锋	中规院（北京）规划设计公司	—	18	2017-06-07 到 2017-12-31	横向
54	城市公共空间规划技术指引	孙立	中国建筑设计院有限公司	—	10	2017-06-01 到 2018-05-31	横向
55	住宅样板间空间装配体系研发	滕学荣	北京建陆信息科技有限公司	—	8	2017-05-10 到 2019-05-10	横向
56	井冈山"一带一路"美丽乡村建设项目-厦坪镇复兴村神源组规划设计	范霄鹏	井冈山市厦坪镇政府	—	9.9	2017-05-10 到 2019-05-10	横向
57	山西曲村-天马国家考古遗址公园规划（合作）	张曼	北京建工建筑设计研究院	—	30	2017-05-04 到 2017-12-31	横向
58	东西城及海淀"三山五园"片区历史园林普查	张大玉	北京市园林绿化局	—	45	2017-04-12 到 2017-12-31	横向
59	BIM-GIS 三维数据融合可视化技术研究	陈玉龙	北京市测绘设计研究院	—	2	2017-04-01 到 2018-03-01	横向
60	北京市城市副中心东方化工厂工业遗产保留规划研究	汤羽扬	北京市规划和国土资源管理委员会	—	60.09	2017-04-01 到 2017-12-14	横向
61	包头平禄骨科医院方案设计	晁军	包头平禄骨科医院	—	5	2017-03-31 到 2019-06-15	横向
62	北京四合院建筑比例与尺度研究测绘	张笑楠	北京市古代建筑研究所	—	3.6	2017-03-21 到 2018-06-30	横向
63	包头市地下空间利用专项规划-地下空间利用现状与分析专题	荣玥芳	中国城市规划设计研究院	—	40	2017-03-20 到 2018-03-20	横向
64	曲阜市历史城市振兴，规划和发展控制实施细则（合作）	李春青	北京建工建筑设计研究院	—	6	2017-03-20 到 2017-11-30	横向
65	绿色建筑设计虚拟仿真开放服务平台建设项目	金秋野	北京奥宇模板有限公司	—	6	2017-03-15 到 2018-03-15	横向
66	车库建筑设计规范	马英	中国建筑标准设计研究院有限公司	—	1.6	2017-03-10 到 2017-09-11	横向
67	包头平禄骨科医院方案设计	晁军	包头平禄骨科医院	—	15	2017-03-09 到 2018-03-09	横向

续表

序号	项目名称	负责人	项目来源	项目级别	合同经费（万元）	起止时间	项目类别
68	西城区控制性详细规划与实施情况的综合分析研究	丁奇	北京市规划委员会西城分局	—	40	2017-03-09 到 2017-12-30	横向
69	曲阜市历史城市振兴、规划和发展控制实施细则（合作）	张曼	北京建工建筑设计研究院	—	5	2017-03-01 到 2017-12-31	横向
70	邹城市历史振兴、规划和发展控制实施细则（合作）	欧阳文	北京建工建筑设计研究院	—	4	2017-03-01 到 2017-12-30	横向
71	前门华韵文化产业园	晁军	北京建工建筑设计研究院	—	5.6	2017-02-28 到 2019-06-15	横向
72	前门华韵文化产业园	晁军	北京建工建筑设计研究院	—	5.6	2017-02-22 到 2018-02-23	横向
73	北京市西城区区级文物保护单位建控地带的规划研究（二）	汤羽扬	北京市规划委员会西城分局	—	15	2017-02-15 到 2017-12-31	横向
74	福清核电5RC钢衬里牛腿与内壳混凝土最大高差验算施工技术研究	李勤	中国核工业二四建设有限公司	—	9.5	2017-01-10 到 2019-01-11	横向

2017年建筑学院教师研究成果一览表

序号	成果名称	第一作者	发表时间	发表刊物	刊物类别
1	基于Revit族的北京故宫古建筑群门窗构件参数化建模探讨——以槅扇为例	孙小鹏	2017-09-10	论文集	国内学术会议论文集
2	石居伴冶火 丽水市云和县坑根古村田野调查	范霄鹏	2017-09-05	室内设计与装修	权威期刊
3	The "Homeopathic Urban Design" Method in the Urbanization Process of Chinese Cities and its Relationship with Traditional East Asia Thoughts	金秋野	2017-09-01	UIA 2017 Seoul World Architects Congress Book	国际学术会议论文集
4	立堡破朔风 前上营村乡土田野调查	范霄鹏	2017-08-30	室内设计与装修	权威期刊
5	明长城的建构信息数据获取、分析与建筑遗产保护研究——以北京延庆石峡长城为例	王兵	2017-08-25	中国文化遗产	一般期刊
6	生态智慧的制度之维——论法律在城乡生态实践中的作用	张振威	2017-08-22	国际城市规划	CSSCI，核心期刊

续表

序号	成果名称	第一作者	发表时间	发表刊物	刊物类别
7	广东开平碉楼，舶来样式与传统工艺的碰撞	徐怡芳	2017-08-22	世界建筑	ISTP，权威期刊
8	城市田园式综合体设计探究	张秋艳	2017-08-21	建筑技艺	ISTP，一般期刊，权威期刊
9	2226办公楼-被动式节能建筑的设计探索	徐怡芳	2017-08-21	建筑技艺	ISTP，一般期刊，权威期刊
10	建筑评论的文体问题	金秋野	2017-08-21	建筑学报	CSSCI，核心期刊
11	农家墙上画作业	赵希岗	2017-07-30	中国教育报	权威期刊
12	铁壁障百川 阳城县砥洎古堡乡土田野调查	范霄鹏	2017-07-30	室内设计与装修	权威期刊
13	关于历史真相的支离叙述——本雅明和他的城市研究	金秋野	2017-07-20	建筑学报	CSSCI，核心期刊
14	鲁中地区天主教堂风格特征及影响因素探析	田林	2017-07-20	建筑学报	权威期刊
15	拉萨建筑—汇聚世间最浓烈的色彩	齐莹	2017-07-10	中国国家地理	一般期刊
16	唤醒场地、激活历史：广州南越王墓博物馆和南越王宫博物馆中的身体体验	丁光辉	2017-07-01	21世纪中国城市主义	国内学术会议论文集
17	架立山岭间 武陵山区小腊壁村田野调查	范霄鹏	2017-06-30	室内设计与装修	权威期刊
18	阳谷坡里教堂的建筑历史与保护策略研究	杨一帆	2017-06-29	北京建筑大学学报	一般期刊
19	八水、五渠、六爻、沟防——立体化的西安古城海绵系统	苏毅	2017-06-24	南方建筑	一般期刊，权威期刊
20	吴冠中艺术的学缘与师承	仝朝晖	2017-06-20	艺术学界	CSSCI
21	新剪纸是对自然的赞歌，对生命的赞歌	赵希岗	2017-06-20	中华剪纸	一般期刊
22	曼荼罗与明代官式宗教建筑彩画以智化寺为例	李沙	2017-06-01	2015北京市社会科学基金项目阶段成果选编（上）	国内学术会议论文集
23	课本在路上，也在解剖室——医院参观不完全指南	郝晓赛	2017-06-01	医养环境设计	一般期刊
24	鄂西武陵山区庆阳坝凉亭古街田野调查	范霄鹏	2017-05-30	遗产与保护研究	权威期刊
25	涧水双堡 蔚县南留庄乡土聚落田野调查	范霄鹏	2017-05-30	室内设计与装修	权威期刊

续表

序号	成果名称	第一作者	发表时间	发表刊物	刊物类别
26	Urban Design and 3 kinds of Space-Related Epidemic Diseases	李煜	2017-05-25	UIA 2017 Seoul World Architects Congress	国际学术会议论文集
27	高层居住建筑立体院落设计与亲地性表达	王妍	2017-05-17	建筑技艺	一般期刊
28	高密度建筑环境空间关怀探析——街区式商业综合体廊道空间设计	张秋艳	2017-05-17	建筑技艺	一般期刊
29	南方传统木构技艺的活化应用：松阳县平田村废弃农宅改造项目记	孙培真	2017-05-17	建筑技艺	一般期刊
30	类型学视野下的北京故宫古建筑群院落空间形态	张婧婳	2017-05-15	建筑与文化	一般期刊
31	养心殿燕喜堂屋顶勾头滴水纹样分析研究	卢坤	2017-05-15	建筑与文化	一般期刊
32	景德街牌楼考略	曹明璐	2017-05-15	建筑与文化	一般期刊
33	文物建筑彩画病害勘查记录方法初探——以故宫养心殿研究性保护项目为例	高金桃	2017-05-15	建筑与文化	一般期刊
34	中小户型住宅空间视觉拓展方法研究	滕学荣	2017-05-15	艺术与设计	权威期刊
35	北京城市色彩管理策略研究	李萌萌	2017-05-15	建筑与文化	一般期刊
36	古建瓦作调研策略探讨——以养心殿燕喜堂为例	闫卓远	2017-05-15	建筑与文化	一般期刊
37	高层住宅植物墙设计分析	张志伟	2017-05-08	建筑与环境	一般期刊
38	Individuals' Acceptance to Free-Floating Electric Carsharing Mode: A Web-Based Survey in China	Yun Wang	2017-05-02	International Journal of Environmental Research and Public Health	SCI
39	某厂房火灾后检测鉴定与绿色再生利用设计	李勤	2017-05-01	科技通报	核心期刊
40	武陵深处有人家武陵山区德夯苗寨吊脚木楼田野调查	范霄鹏	2017-04-30	室内设计与装修	权威期刊
41	新剪纸讲述文人故事	赵希岗	2017-04-20	中华剪纸	一般期刊
42	Passive but Active A 10 year research and Design Proposal Based on Beijing Traditional Rural courtyard dwelling.	李煜	2017-04-17	PLEA 2017 ｜ Passive and Low Energy Architecture	国际学术会议论文集

续表

序号	成果名称	第一作者	发表时间	发表刊物	刊物类别
43	基于城市设计与风景园林相融合的可持续土地利用模式研究	于长明	2017-04-15	风景园林	一般期刊
44	适老化导向标识设计研究	滕学荣	2017-04-15	艺术与设计（理论）	权威期刊
45	Roof rehabilitation and restoration research of hotel tian'an (Former Beijing Branch of Chartered bank), Beijing	王兵	2017-04-08	2017建成遗产：一种城乡演进的文化驱动力	国际学术会议论文集
46	旧城微作-北京四合院微更新实践三例	齐莹	2017-04-07	2017建成遗产学术会议论文集	国际学术会议论文集
47	"香厂新市区"历史研究与价值分析	田雨	2017-04-01	建筑与文化	一般期刊
48	山水文化与建筑设计的整体性融合研究——以木结构建筑设计竞赛获奖作品为例	李春青	2017-04-01	建筑与文化	一般期刊
49	汝之专家，彼之菜鸟	郝晓赛	2017-04-01	医养环境设计	一般期刊
50	基于北京市西城区展览路街道停车问题的实证分析	刘剑锋	2017-04-01	建筑与文化	一般期刊
51	古道驿寨山水间武陵山区朱家堡村乡土聚落的田野调查	范霄鹏	2017-03-30	室内设计与装修	权威期刊
52	鄂西南地区府邸庄园田野调查	范霄鹏	2017-03-30	遗产与保护研究	权威期刊
53	松阳三都乡上庄村乡土聚落的田野调查	范霄鹏	2017-03-30	古建园林技术	权威期刊
54	花园里的花园	金秋野	2017-03-22	建筑学报	CSSCI，核心期刊
55	谈日本古建筑修缮中展示利用的经验	喻雪	2017-03-20	门窗	一般期刊
56	基于传统业态优化的历史街区更新研究-以亳州北关历史文化街区为例	谭营营	2017-03-20	建筑与文化	一般期刊
57	地下交通枢纽安全标识系统影响因素研究	滕学荣	2017-03-08	设计	权威期刊
58	西部城镇公共建筑节能设计研究	李勤	2017-03-01	北京建筑大学学报	一般期刊
59	九龙岗民国建筑群保护规划研究	李春青	2017-03-01	遗产与保护研究	一般期刊，权威期刊
60	鲁中地区天主教堂建筑及其营造理念研究	田林	2017-03-01	古建园林技术	权威期刊

续表

序号	成果名称	第一作者	发表时间	发表刊物	刊物类别
61	旅顺白玉山别墅室内装饰特征研究	李沙	2017-03-01	装饰	核心期刊
62	医疗建筑师与业主的故事（一）协作与交锋	郝晓赛	2017-03-01	医养环境设计	一般期刊
63	居庸关长城南瓮城城墙数据获取与分析	孙瑞	2017-03-01	古建园林技术	一般期刊
64	溯得醉翁源 吉安钓源村乡土田野调查	范霄鹏	2017-02-28	室内设计与装修	权威期刊
65	因地制宜，为需设计——厦门国际会议中心主会场设计	杨威	2017-02-15	建筑创作	一般期刊
66	豫西地区黄土窑院建构类型田野调查	范霄鹏	2017-02-05	中国名城	权威期刊
67	为什么要研究医疗建筑	郝晓赛	2017-02-01	医养环境设计	一般期刊
68	蔚县上苏庄堡寨聚落田野调查	范霄鹏	2017-01-30	室内设计与装修	权威期刊
69	赣东地区竹桥村古建田野调查	范霄鹏	2017-01-30	遗产与保护	权威期刊
70	北京宋庆龄故居保护与展示研究	田林	2017-01-27	遗产与保护研究	一般期刊
71	《从"潇湘八景"看南宋山水画的禅意境》	孙恩杨	2017-01-25	乌有园第二辑：幻梦与真实	国内学术会议论文集
72	普惠型福利制度背景下儿童福利院建筑优化设计研究	蒋方	2017-01-03	建筑与文化	一般期刊
73	基于《儿童福利院建设标准》下的场地布置要点研究	蒋方	2017-01-02	建筑技艺	一般期刊
74	亚洲地区高等教育中城市设计专业教育及启示	陈闻喆	2017-01-01	高等建筑教育	权威期刊
75	土遗址的病害因素与保护措施研究——以麟州故城为例	吴少敏	2017-01-01	遗产与保护研究	一般期刊
76	医疗建筑师是一种怎样的体验	郝晓赛	2017-01-01	医养环境设计	一般期刊
77	向拉斯维加斯学习	徐怡芳	2017-08-22	江苏凤凰科学技术出版社	译著
78	生态理念下宜居住区营建规划	李勤	2017-08-01	科学出版社	编著
79	勒·柯布西耶：为现代而生	金秋野	2017-08-01	同济大学出版社	译著
80	社区参与整治——北京历史街区社区参与人居环境整治影响因素研究	孙立	2017-07-18	中国建筑工业出版社	学术专著

续表

序号	成果名称	第一作者	发表时间	发表刊物	刊物类别
81	向拉斯维加斯学习	徐怡芳	2017-07-01	凤凰传媒出版集团	译著
82	建筑师解读本雅明	金秋野	2017-06-20	中国建筑工业出版社	译著
83	空港都市区空间成长机制与调控策略	吕小勇	2017-06-05	中国建筑工业出版社	学术专著
84	青云谷童话	赵希岗	2017-04-15	天津新蕾出版社	学术专著
85	建筑室外环境舒适度的模拟评价与改善方法	苏毅	2017-03-09	中国建筑工业出版社	学术专著
86	北京奥林匹克森林公园绿地微环境生态效益	潘剑彬	2017-02-16	中国建筑工业出版社	学术专著
87	小型可持续设计中的BIM应用	邹越	2017-02-01	中国建筑工业出版社	译著
88	乌有园第二辑 梦幻与真实	王欣	2017-01-25	同济大学出版社	编著
89	区域研究理论与区域规划编制	张忠国	2017-01-25	中国建筑工业出版社	编著
90	北京四合院	陆翔	2017-01-01	中国建筑工业出版社	学术专著
91	临界1	李学兵	2017-10-01	—	艺术作品
92	祈祷	李学兵	2017-04-09	—	美术作品

（六）学生工作

【概述】 2017年，建筑学院学生工作领导小组结合学院专业特色，根据年级和专业的差别，制定了学风建设与校园文化建设计划，有计划、有步骤、有重点地推进各项工作。

【学生党建工作】 本科生第二党支部获得校级优秀学生党支部称号，崔月、杨林佼、杜丽娟、邓美然、常远获得校级优秀学生党员称号，其中，常远获得校级十佳学生党员称号。为了全面响应国家关于京津冀一体化建设以及城市建设的相关政策，结合学生专业，共开展红色1+1活动5项，其中建研16研究生党支部获得北京建筑大学红色1+1活动评比一等奖，本科生第二党支部获得北京建筑大学红色1+1活动评比三等奖。学生骨干30余人结合党的十九大报告中有关"坚定文化自信"和"建设美丽中国"的重要论述，以"弘扬优秀建筑文化，做古都风貌保护的践行者"为主题展开学习交流，建筑学院青年理论导师丁光辉参加分享并现场点评，活动得到中央电视台《新闻联播》栏目的关注和报道。

【学生骨干培养】 举办建筑学院专题学生骨干培训班，以学院学生骨干需求出发，结合专业特色，以社会主义核心价值观为引导，以丰富多彩的活动相贯穿，以营造优良学风为目标，先后举办理论培训5次，实践活动2次。活动主要以朋辈帮扶、教师指导、外出走访相结合的方式，为学生骨干们提供了一个沟通的机会和平台，让参与者在活动中经历，在经历中感悟，在感悟中成长。

【社会实践活动】 联合校党委宣传部，赴延庆区井庄镇开展"秀美乡村，成风化人"社会实践活动，以墙绘的方式传播村落优秀文化，探索弘扬社会主义核心价值观；联合校研工部,开展"四季花海,助力冬奥"社会实践活动,为新庄堡村提高村庄建设要求和挖掘村内传统文化建言献策;联合校团委赴北京市西城区广内街道展开"宜居西城,胡同文化"社会实践活动,围绕首都核心功能定位,以"和谐""宜居"的城市设计为目标理念,利用专业知识塑造有特色、有文化魅力的街区风貌;联合校团委赴白山市开展"印象长白山,筑梦十三五"社会实践活动,发挥设计专业优势,助力当地旅游发展,挖掘东北老工业基地振兴、长白山的文化资源;深入门头沟区雁翅镇山神庙村,结合当代营建技术在结构、材料与构造等方面的现行措施和发展趋势,研究乡土建筑的营建范式,带动乡村活化更新,提动京西新农村建设工作的稳步推进;走访黔东南少数民族自治州开展"乡土非遗,筑梦西南"社会实践货送,进行原生家庭调研,向当地居民宣讲建筑的艺术与文化,促进社会各界对传统村落历史、文化、经济等价值的挖掘和研究。

【主题团日活动】组织各学生团支部,通过座谈会、看展览等形式,积极学习宣传贯彻党的十九大精神。开展"与信仰对话:青年的楷模,学习的榜样"主题团日活动,结合《习近平的七年知青岁月》的阅读体会分享自己的心得感悟,引导广大青年学生深刻领会习近平总书记青年时期的成长故事,从思想上和情感上进行认同;开展"铭记一二·九,弘扬爱国情"主题团日活动,纪念"一二·九"学生爱国运动82周年,以实际行动学习贯彻党的十九大会议精神,系统学习习总书记新时代中国特色社会主义思想,大力弘扬爱国主义精神和革命传统精神;开展"践行新思想,拥抱新时代"主题团日活动,结合共青团全面推进改革、落实从严治团等重点工作,组织广大团员深入学习党的十九大精神,落实学懂弄通做实的重要要求。

【本科生、研究生学风建设研究】以社会主义核心价值观为指导,以思想道德建设为基础,以学风建设教育为重点,以班级为单位,全体学生在每学期开学初定期召开主题班会,学校及学院相关负责老师参加主题班会并进行发言。本科生以总结上学期学习的成绩和班级学风情况为主,并对新学期的学习提出希望,研究生以强调学生学术、科研能力提升的重要性为主,激发学生的学习积极性,鼓励学生们积极交流、积极实践。

【本科生、研究生考风建设】为建设和维护优良院风,严肃考纪,端正考风,建筑学院依据《关于重申考风考纪考务工作要求的通知》以及《关于重申考风考纪要求的通知》等相关文件,以"教育、警示、监督"为工作思路,精心谋划,学院于四六级、期末考试前夕举办以"诚信考试"为主题的学院全体班长支书例会,集体学习考场规定以及《北京建筑大学学生违纪处分管理规定(试行)》,组织班级同学签署《学生考试诚信承诺书》,扎实推进建设优良考风,树立优良学风。

【宿舍文化建设】积极推进宿舍文化建设,加强我校学风建设,创建团结奋进、共同学习、积极向上的宿舍,学院开展"优良学风标兵宿舍"活动。宿舍是学生学习、生活的重要场所,宿舍文化是校园文化的重要组成部分,丰富大学生活,开拓同学们的创造性思维,树立榜样宿舍,带动良好宿舍氛围,彰显青春个性,促进宿舍生活的温馨和睦。

【贫困生资助】2017年共评选出励志奖学金9名,贫困生41人,其中获得一等助学金学生18人,二等助学金23人。

【打造校友文化】定期邀请校友回校,举办专业分享、职业引导、学术沙龙等相关活动。建90级校友回校长期捐赠奖学金

【2017届本科生就业】建筑学院本科签约率和就业率分均分别为93.13%和95.42%,其

中建筑学签约率和就业率分别为97.62%和100%，城市规划签约率和就业率均为92.83%，环境设计签约率和就业率均为96.00%，历史建筑保护工程签约率和就业率分别为81.82%和90.91%；研究生签约率和就业率分别为95.04%和95.87%。综合成绩排名全校第一。学院2017届本科毕业生考取研究生33人，出国深造29人，毕业生升学率为47.33%。

【国际工作营】建筑学院依托学校北京未来城市设计高精尖创新中心，2017年暑期共举办5场国际城市设计工作营，包括与美国密歇根大学联合的健康城市设计：北京与纽约2017工作营、与英国剑桥大学联合的剑桥城市更新设计工作营、与日本名城大学联合的城市设计视角下日本都市空间开发策略及实践调查工作营、与新加坡国立大学联合的NUS&BUCEA可持续建筑设计研究工作营，与联合国教科文组织生土建筑教席及无止桥慈善基金联合的现代生土建筑实践＋京港双城展工作营。参与师生达78人，提升学生的国际交往能力和设计研究能力，并且加强学校与世界名校的联系和交流，拓展国际视野，增强科技创新意识。

（七）对外交流

【概述】2017年建筑学院承办了"2017第二届北京城市设计国际高峰论坛""'土生土长'生土建筑实践京港双城展开幕式暨现代生土建筑国际论坛"2次国际学术论坛。依托未来城市设计高精尖创新中心，组织了5个暑期国际联合工作营。邀请来自西班牙、澳大利亚、马来西亚、泰国、日本等国家的10余位外国专家、学者到校进行学术报告。

【美国密歇根大学教授Roy Strickland举办学术讲座】2月27日，美国密歇根大学建筑与城市规划学院院长Robert Fishman教授，荣誉院长Douglas Kelbaugh教授以及城市设计研究生项目创始人Roy Strickland教授一行三人受北京未来城市设计高精尖创新中心邀请，开启了为期一周的学术访问。2月27日下午，Roy教授举办第一场学术讲座，题目是"The City as Designed Object, Urban Design History of NYC（城市！设计！纽约城市设计发展史）"，报告由丁奇教授主持，建筑学院校友、AECOM公司城市设计师钱睿先生翻译，张大玉副校长和建筑学院的师生以及来自校外的听众参加了讲座。Roy教授以历史的视野全面回顾了纽约作为一个世界大都市的发展——从17世纪初期来自荷兰的殖民者开始占领这片土地，19世纪初期英国殖民者规划全新的都市格局，到20世纪30年代纽约开始全面崛起为世界经济中心。

【美国密歇根大学城市设计学术访问周】2月28日，美国密歇根大学建筑与城市规划学院三位教授Robert Fishman教授，Douglas Kelbaugh教授、Roy Strickland教授与建筑系低年级学生一起就设计作业及一些值得关注的建筑与城市问题进行了学术讨论。我校建筑学院副院长胡雪松教授、设计基础部副主任李春青副教授组织了本次讨论，讨论由郝石盟老师和甘振坤博士协助翻译。大师班的同学们向三位教授介绍了自己的建筑设计方案，并就方案设计中对建筑空间和城市问题的一些思考向三位教授提问，三位教授结合生动案例，就这些问题展开了深入的讲解，包括历史街区的城市更新问题、建筑空间组织、界面处理与人的行为活动的关系以及城市郊区蔓延的问题等等。

【北京未来城市设计高精尖创新中心、美国密歇根大学建筑与城市规划学院与北京市城市规划设计研究院开展学术交流】3月1日上午，北京建筑大学北京未来城市设计高精尖创新中心、美国密歇根大学建筑与城市规划学院和北京市城市规划设计研究院的专家开展了三方学术交流活动，并就合作研究项目达成了初步意向。本次学术交流会议由北规院杜立群杜院长主持，参加本次学术交流的专家学者包括北规院详细规划所吕海虹副所长、主任杨贺规划师和贺凯规划师；北京建筑大学副校长、"北京未来城市设计高精尖创新中心"运行委员会主任张大玉教授、李雪华副主任、建筑学院副院长丁奇教授、李春青副教授等；美国密歇根大学建筑与城市规划学院荣誉院长 Douglas Kelbaugh 教授，现任院长 Robert Fishman 教授以及 Roy Strickland 教授。

【美国密歇根大学城市设计教授 Douglas Kelbaugh 举办学术讲座】3月1日下午，美国密歇根大学建筑与城市规划学院前任院长 Douglas Kelbaugh 教授应邀在西城校区第二阶梯教室举办了学术讲座，讲座的题目是"城市冷却：城市如何应对气候变化（Urban Cool：How Cities Combat Climate Change）"。这是密歇根大学教授学术访问周的第二场讲座，讲座由副校长兼建筑与城市规划学院院长张大玉教授亲自主持，来自 AECOM 公司的城市设计师兼优秀校友钱睿先生担任翻译。建筑与城市规划学院的师生以及来自校外的听众近300人认真聆听了讲座。

【美国密歇根大学教授 Robert Fishman 举办学术讲座】3月2日下午，美国密歇根大学建筑与城市规划学院院长，Robert Fishman 教授举办第三场学术讲座，题目是"How to Grow Cities：The Garden City，New Town Model from London to Beijing（城市发展之法：从伦敦到北京的田园城市之梦）"，讲座由田林教授主持，我校建筑学院校友、AECOM 公司建筑设计师钱睿先生翻译。建筑学院的师生以及来自校外的听众参加了讲座。

【新加坡国立大学环境与设计学院刘少瑜教授来校访问】3月3日，新加坡国立大学环境与设计学院建筑系副系主任刘少瑜教授一行来北京建筑大学进行访问，并就双方在绿色建筑学科发展与科研合作事宜进行了洽谈。参与座谈会的有学校副校长张大玉教授、北京未来城市设计高精尖创新中李雪华主任，建筑学院副院长丁奇教授，建筑学院郭晋生教授、穆钧教授、邹越副教授、刘璁老师、郝石盟老师。

【新加坡国立大学环境与设计学院刘少瑜教授到校举办学术讲座】3月4日上午，新加坡国立大学环境与设计学院刘少瑜教授在第三阶梯教室进行了学术讲座"Human-oriented Building & Environment Design in Singapore（基于人本理念的新加坡可持续建筑与环境设计）"。讲座以新加坡国立大学校园规划及建筑为例，讲解了新加坡生态城市与绿色建筑设计理念的转变与趋向。其后，新加坡国立大学章倩宁博士还做了研究课题分享"人本理念的人与建筑交互设计"，介绍了从建筑后评估 POE 到实时建筑的概念。北京大学建筑学院的师生以及来自北京林业大学、北京工业大学的同学及来自 AECOM、生态城市与绿色建筑的与会者参加了本次讲座。讲座后与会者踊跃提问，并与刘少瑜教授、章倩宁博士进行了深入的探讨。

【"中国传统建筑智慧"学术交流活动】3月4日上午，"未来城市设计高精尖创新中心"专家密歇根大学的 Robert Fishman 教授、Roy Strickland 教授、建筑学院副院长丁奇教授、李春青副教授、何静涵老师一行受邀到住房与城乡建设部进行了关于"中国传统建筑智慧"为主题的学术交流活动。会议由住建部村镇建设司村镇处林岚岚处长主持，住建部领导与专家罗德胤副教授、潘曦博士、贾一石老师等参加了讨论，双方就中美两国的历史城市、传统村落与历史建筑保护进行了深入的交流。

【美国奥本大学建筑学院招生负责人 David Hinson 教授来访】3月8日上午，美国奥本大学建筑、规划与风景园林学院前任院长、研究生项目招生负责人 David Hinson 教授来访我校，国际交流与合作处副处长丁帅、建筑与城市规划学院副院长丁奇、风景园林系主任魏菲宇、系副主任潘剑彬和外事秘书何静涵参加了座谈。

【韩国首尔国立大学崴比·奎台特教授举办学术讲座】3 月 28 日下午，韩国首尔国立大学环境研究研究生院景观系终身教授崴比·奎台特（Wybe Kuitert）在西城校区第三会议室进行学术交流，并宣讲了题为"作为策略、规划和设计的城市景观系统（Urban Landscape system as a strategy, planning and design)"的学术报告。学院师生约 20 人聆听了崴比·奎台特的讲座。会后，景观系副系主任魏菲宇、讲师孙喆与奎台特进行了深入的交流。本次讲座由景观系讲师张振威担任翻译。

【奥克兰科技大学院长 ThomasMical 教授来访】4 月 27 日下午，新西兰奥克兰科技大学艺术与设计学院院长 Thomas Mical 教授到访进行学术交流，并在教一楼 126 学术报告厅举办以"建筑学与新透明性"为题目的学术报告。本次报告由建筑系丁光辉老师主持，来自建筑学院的教师、研究生和本科生参加了交流活动。

【意大利米兰理工博佐尼教授和中国美术学院夏克梁副教授举办设计讲座】5 月 5 日在西城校区教 1 楼第八会议室由中国建筑学会和北京建筑大学联合主办，建筑学院设计学系承办了两场精彩的讲座——"意大利风格——意大利设计文化"与"建筑手绘艺术与设计快速表现"。第一场讲座邀请的米兰理工大学设计学院全职教授、室内设计与展示设计博士生导师组成员博佐尼先生为师生做了题为"意大利设计文化"学术讲座，特邀清华大学美术学院副教授周艳阳担任意大利语翻译。

【扎哈·哈迪德建筑事务所帕特里克·舒马赫教授应邀做学术讲座】5 月 6 日，北京未来城市设计高精尖创新中心和建筑与城市规划学院邀请扎哈·哈迪德建筑事务所（Zaha Hadid Architects）的新掌门人帕特里克·舒马赫（Patrik Schumacher）教授在西城校区第三阶梯教室做了题为"不研究，无设计"（Design as research）的精彩学术讲座。张大玉副校长、高精尖创新中心李雪华主任、建筑学院胡雪松副院长参加了讲座，建筑学院的师生、校友一起聆听了讲座。

【泰国 SUPERMACHINE 建筑事务所创始人 Pitupong Chaowakul 做学术报告】5 月 23 日下午，泰国曼谷 Supermachine 建筑事务所主持建筑师 Pitupong Chaowakul 先生受邀在教 1-126 报告厅进行学术报告。这场报告由建筑学院副院长胡雪松主持，科研秘书何静涵担任翻译。

【建筑学院师生前往日本名城大学参加高精尖中心暑期联合工作营】7 月 28 日到 8 月 7 日，建筑学院 5 名研究生在张振威老师的带领下前往日本，参加由北京未来城市设计高精尖中心与日本名城大学联合开展的暑期工作营，与名城大学师生共同进行为期 10 天的交流学习。

【"健康城市设计：北京与纽约 2017"暑期工作营赴美调研】8 月 15 日至 28 日，我校北京未来城市设计高精尖中心与美国密歇根大学联合开展"健康城市设计：北京与纽约 2017"暑期工作营。工作营以"健康城市设计"为主题，5 位教师带领 10 名学生在北京和纽约各选 3～4 个街区，在每个城市各进行为期七天的实地调研，开展健康城市数据采集与比较研究。观察评析中美两国城市典型城市空间对居民健康生活的各种影响，结合现场设计知识讲授，使学生深入理解并掌握健康城市设计的要义，学会城市设计的可实施方法。

【联合国教科文组织"生土建筑、文化与可持续发展"教席正式落户北京建筑大学】9月16日，由住房城乡建设部村镇建设司、无止桥慈善基金主办，学校承办的"土生土长"生土建筑实践京港双城展暨现代生土建筑国际论坛在我校西城校区隆重开幕。开幕式上，联合国教科文组织代表、法国国际生土建筑中心副主席 Jean-Marie Le Tiec 先生与我校副校长汪苏共同举行了北京建筑大虚的加入联合国教科文组织"生土建筑、文化与可持续发展"教席的授牌仪式，使我校正式成为联合国教科文组织"生土建筑、文化与可持续发展"教席。

【日本早稻田大学教授丸山欣也到访】日本早稻田大学教授丸山欣也于9月27日至10月1日到校进行为期五天的学术访问。丸山欣也教授同时应邀参加了建筑学院景观专业青年教师圆桌会议，交流教育心得与从业体会，以帮助丰富完善我校建筑学教学体系，拓宽我校学生视野。参加此次座谈会的青年教师来自我院建筑学院基础教学部的各个专业方向的老师。

【"一带一路"建筑类大学国际联盟成员马来西亚理工大学和马来西亚大学联盟来访】10月11日上午，"一带一路"建筑类大学国际联盟成员马来西亚理工大学（University of Technology Malaysia）和马来西亚大学联盟（Consortium of Malaysian University）代表来访建筑学院，来访的客人分别是马来西亚理工大学建筑环境学院（Department of Architecture, Faculty of Built-Environment）院长 Mohd Hamdan Ahmad，系主任 Salleh Bin Kassim，马来西亚大学联盟主席拿督斯里黄子炜以及联盟中国区理事张磊先生。建筑学院田林书记、丁奇副院长和外事秘书何静涵接待了四位客人。

【香港大学副校长 Ian Holliday 教授来访】10月11日下午，香港大学副校长 Ian Holliday 教授来访我校，副校长张大玉、高精尖中心主任李雪华、副主任李春青、建筑学院书记田林、穆钧教授以及外事秘书何静涵进行了接待。

【国际工程科技发展战略高端论坛北京分论坛暨2017（第二届）北京城市设计国际高峰论坛顺利举办】11月12~13日国际工程科技发展战略高端论坛北京分论坛暨2017（第二届）北京城市设计高峰论坛以"城市设计与城市设计教育发展前沿"为主题展开探讨、研究，研讨城市设计和城市设计教育前沿问题。两天的论坛分别由中国建筑设计研究院有限公司总建筑师崔愷院士、东南大学王建国院士、美国密西根大学 Roy Strickland 教授、刘临安教授主持，论坛闭幕式由我校副校长张大玉教授主持。

【澳大利亚墨尔本大学朱剑飞教授做学术讲座】11月27日下午，墨尔本大学设计学院朱剑飞教授到访北京建筑大学，并在西城校区教1-126举办题为"走向一种本土的建筑批评：何镜堂、设计院、地缘关系和个人与集体的混合动力"（Towards a Grounded Approach in Architectural Criticism: He Jingtang, the Design Institute and a Cartographic-Institutional Methodology）的学术讲座。讲座由我院青年教师丁光辉主持，建筑学院副院长胡雪松教授、王韬老师、部分研究生本科生，一些校外专家学者和建筑师出席讨论。

【西班牙巴塞罗那市总规划建筑师比森特·瓜里亚尔特做学术讲座】12月7日下午，西班牙巴塞罗那市总规划建筑师比森特·瓜里亚尔特到访北京建筑大学，并在西城校区教1-126举办题为"Advanced Ecological Building 探索下一代生态建筑"的学术讲座。

2017年建筑学院对外交流活动统计表

序号	时间	交流活动	参与人
1	2017.06.11	学术报告—"当代园林的实践与教学"学术研讨会 暨《乌有园2》新书发布会	建筑学院金秋野教授,东南大学建筑学院葛明教授
2	2017.09.28	学术报告—2017北京国际设计周进行西城区街道城市设计导则交流	建筑学院丁奇教授,人民日报海外版高级编辑齐欣,中国建筑工业出版社付娇,北京建工建筑设计研究院边志杰院长、史琦,天恒正宇投资有限公司副总经理李保国
3	2017.02.27	学术讲座—The City as Designed Object,Urban Design History of NYC(城市!设计!纽约城市设计发展史)	美国密歇根大学建筑与城市规划学院城市设计研究生项目创始人Roy Strickland教授
4	2017.02.28	学术讲座—北京历史城市街区保护更新系列讲座	文保专家华新民老师与同济大学历史研究者刘涤宇老师
5	2017.03.01	学术讲座—城市冷却:城市如何应对气候变化(Urban Cool:How Cities Combat Climate Change)	美国密歇根大学建筑与城市规划学院前任院长Douglas Kelbaugh教授
6	2017.03.02	学术讲座—How to Grow Cities:The Garden City,New Town Model from London to Beijing(城市发展之法:从伦敦到北京的田园城市之梦)	美国密歇根大学建筑与城市规划学院院长Robert Fishman教授
7	2017.03.04	学术讲座—Human-oriented Building & Environment Design in Singapore(基于人本理念的新加坡可持续建筑与环境设计)	新加坡国立大学环境与设计学院刘少瑜教授
8	2017.03.28	学术讲座—作为策略、规划和设计的城市景观系统(Urban Landscape system as a strategy,planning and design)	韩国首尔国立大学环境研究研究生院景观系终身教授崴比·奎台特(Wybe Kuitert)
9	2017.03.30	学术讲座—转型时期的京津冀协同发展	中国城市规划设计研究院副院长王凯博士
10	2017.04.27	学术讲座—建筑学与新透明性	新西兰奥克兰科技大学艺术与设计学院院长Thomas Mical教授
11	2017.05.05	学术讲座—建筑手绘艺术与设计快速表现	中国美术学院副教授、浙江省水彩画家协会理事夏克梁老师
12	2017.05.05	学术讲座—意大利风格——意大利设计文化	米兰理工大学设计学院博佐尼教授,清华大学美术学院副教授周艳阳
13	2017.05.06	学术讲座—Design as research	扎哈·哈迪德建筑事务所(Zaha Hadid Architects)帕特里克·舒马赫(Patrik Schumacher)
14	2017.05.17	学术讲座—"日光与建筑"	香港大学建筑系张国斌副教授

续表

序号	时间	交流活动	参与人
15	2017.05.22	学术讲座—粤港澳大湾区——珠江三角洲的发展与规划	华南理工大学袁奇峰教授
16	2017.05.23	学术讲座—Super Ordinary	泰国 Supermachine 建筑事务所主持建筑师 Pitupong Chaowakul 先生
17	2017.06.14	学术讲座—长三角全球城市区域与上海全球城市发展	同济大学彭震伟教授
18	2017.09.28	学术讲座—向自然学习	日本早稻田大学丸山欣也教授
19	2017.11.27	学术讲座—走向一种本土的建筑批评：何镜堂、设计院、地缘关系和个人与集体的混合动力	墨尔本大学设计学院朱剑飞教授
20	2017.12.07	学术讲座—Advanced Ecological Building 探索下一代生态建筑	西班牙巴塞罗那市总规划建筑师比森特·瓜里亚尔特
21	2017.12.14	学术讲座—花开敦煌	艺术设计家、教育家常沙娜教授
22	2017.12.20	学术讲座—生态智慧与生态实践系列讲座	美国北卡来罗纳大学夏洛特分校终身教授、同济大学"千人计划"特聘教授象伟宁教授、同济大学景观学系王云才教授、同济大学城乡规划系颜文涛教授、南京林业大学风景园林系汪辉教授
23	2017.05.18	学术论坛—2017 建筑遗产保护博士论坛"建筑遗产保护传承与创新"主题报告	清华大学建筑学院教授张杰，同济大学建筑与城市规划学院教授周俭，东南大学建筑学院教授朱光亚，天津大学建筑学院教授张玉坤，北京建筑大学建筑与城市规划学院教授刘临安
24	2017.02.28	学术交流—密歇根大学建筑与城市规划学院教授与建筑学院建筑系学生展开城市问题对话	美国密歇根大学建筑与城市规划学院三位教授 Robert Fishman 教授，Douglas Kelbaugh 教授，Roy Strickland 教授
25	2017.04.19	学术影响力—建筑学院赵希岗教授文创设计产品落地杭州海宁市	现任文促会剪纸艺委会副主任、建筑学院赵希岗教授
26	2017.09.16	国际论坛—"土生土长"生土建筑实践京港双城展开幕式暨现代生土建筑国际论坛	住房城乡建设部村镇建设司卢英方副司长，全国及云南省政协委员、无止桥慈善基金发起人纪文凤女士，联合国教科文组织生土建筑教席资深专家 Martin Rauch 先生，国际生土建筑中心副主席 Jean-Marie Le Tiec 先生

续表

序号	时间	交流活动	参与人
27	2017.11.12	国际论坛—国际工程科技发展战略高端论坛北京分论坛暨2017（第二届）北京城市设计国际高峰论坛	建筑学院刘临安教授做大会学术报告
28	2017.03.20-24	国际联合工作营—北京建筑大学和迈阿密大学联合举办的"中国都市化研究国际联合工作营——城市修补"	指导教师建筑学院王晶副教授、张振威老师、丁光辉老师和王如欣老师
29	2017.04.10-21	国际联合工作营—北京未来城市设计高精尖创新中心联合建筑学院举办中美城市设计工作营	美国纽约大学客座教授、纽约EUSA设计公司总裁Jed. Hotchkiss先生
30	2017.07.28-08.07	国际联合工作营—北京未来城市设计高精尖中心与日本名城大学联合开展"城市设计视角下的日本都市空间开发策略及实践调查研究"暑期工作营	名城大学副校长福岛茂教授，理工学部葛汉彬教授，海道清信老师
31	2017.08.13-23	国际联合工作营—北京未来城市设计高精尖中心与新加坡国立大学联合开展暑合工作营	新加坡国立大学刘少瑜教授，章倩宁博士，建筑学院师生
32	2017.08.15-28	国际联合工作营—北京未来城市设计高精尖中心与美国密歇根大学联合开展"健康城市设计：北京与纽约2017"暑期工作营	密歇根大学RoyStrickland教授，建筑学院师生
33	2017.03.08	外培项目—美国奥本大学"4＋2"风景园林专业硕士联合培养项目	美国奥本大学建筑、规划与风景园林学院前任院长、研究生项目招生负责人David Hinson教授
34	2017.05.11	获奖—建筑学院教师程艳春C＋Architects荣获美国Architizer A＋Awards 2017最佳评审奖	主持的中国青年建筑事务所C＋Architects的竞园22号楼改造项目，荣获2017 A＋Awards最佳办公空间评审奖
35	2017.04.13	校际互访—长春建筑学院建筑与规划学院	长春建筑学院一行四人
36	2017.10.11	校际互访—马来西亚理工大学和马来西亚大学联盟来访	马来西亚理工大学建筑环境学院院长Mohd Hamdan Ahmad，系主任Salleh Bin Kassim，马来西亚大学联盟主席拿督斯里黄子炜以及联盟中国区理事张磊先生
37	2017.10.11	校际互访—香港大学副校长来访	Ian Holliday教授
38	2017.11.20	校际互访—风景园林系全体教师及学院党政办公室教师赴同济大学交流学习	同济大学建筑学院党委副书记刘颂教授、景观学系主任韩峰教授、李瑞东副教授
39	2017.12.01	校际互访—四川大学建筑与环境学院来访	李沄漳副院长带队，建筑系党支部书记曾艺君教授一行

（八）党建工作

【北京市第十二次党代会候选人推荐】 配合学校完成北京市第十二次代表大会代表选举工作，向学校推荐王建中、田林两名同志为代表候选人。

【北京建筑大学第一次党代会】 圆满完成北京建筑大学第一次党代会代表选举工作，共确定丁奇、王秉楠、田林、王鹏、张大玉、汤羽扬、李沙、李嘉菲、金秋野、荣玥芳、俞天琦11名同志为北京建筑大学第一次党代会党代表，并作为第一代表团成员，参加党代会。

【党建评估】 学院领导班子始终坚持"围绕中心抓党建，抓好党建促发展"的明确方向，紧密围绕学校中心工作，突出立德树人，教书育人的职能，在学院班子的带领下，有效完成党建评估相应任务。同时，把学习贯彻全国高校思想政治工作会议精神引向深入，做到全覆盖，对照党建评估相关标准要求，多交流多沟通，深入研究，坚持问题导向，以评促建，以评促改。

【开展教职工主题教育】 本年度共开展教职工主题教育活动5场，包括深入学习党的十九大重要精神、北京建筑大学第一次党代会精神，全国高校思想政治工作会议精神等内容。扎实推进内涵发展和特色发展，凝心聚力、改革创新、加快建设国内一流、国际知名、具有鲜明建筑特色的高水平、开放式、创新型大学不懈奋斗。加强对基层党建工作的领导和指导，定期进行基层党组织考核测评，保障党员民主权利，注重党员发展和队伍建设，严格执行"三会一课"和民主评议制度，推进"两学一做"常态化。

【党风廉政建设】 学院党委就推动教风学风建设，落实"两高"办学布局、加强纪律建设和作风建设、廉政风险防控、持之以恒纠正"四风"问题等自查情况向学校检查组进行汇报，处级领导干部签订党风廉政建设责任书，认真落实"一岗双责"。并将进一步提高党风廉政建设的思想认识认真学习贯彻落实党的十九大精神，继续加强对重点领域、重点问题的监督与管理，进一步完善各项制度、优化工作流程，确保各项工作"公开、公平、公正"有序开展，为学校提质转型升级和"十三五"的良好开局贡献力量。

【"三严三实"主题教育活动】 学院领导班子面向全院教师展开"三严三实"作风建设情况征求意见，并走进各系部、各党支部展开深度调研。其中，共发放征求意见表108份，收回96份。学院将"三严三实"主题教育活动开展的情况向学校进行了详细汇报，包括落实党建责任制的成效与特色、党建工作推动事业发展情况、动员多方力量形成工作合力情况等。

【党支部调整】 2017年上半年，完成党支部换届工作。现有7个在职教工党支部，1个退休教工党支部，8个学生党支部。在职教工党支部以系部为单位设置，学生党支部结合年级、专业进行设置，便于支部工作开展。选优配强党支部书记，各在职教工党支部书记均担任系部副主任、主任或院长助理等行政工作。

【树立党员先进】 设计基础部主任金秋野被评为北京市优秀共产党员。

（九）工会工作

【退休教师活动】 1月10日，建筑学院在教4-209为退休教师集体庆祝生日。学院党委书记田林、副书记王秉楠出席本次活动，学院办公室刘志刚、规划系副主任孙立老师、风景园林系副主任潘剑彬老师与十三位退休教师共同参加了这次活动。

【教师文体活动】 4月14日，我校第三十六届田径运动会暨第十六届教职工运动会在大兴校区举行，建筑学院获得集体跳长绳项目第二名，潘剑彬获得男子1500米冠军、陈玉龙获男子铅球亚军、谭鑫获女子800米亚军。

11月24日，由校工会主办，体育部和健步走协会协办的"2017北京建筑大学健步走"活动在西城校区，建筑学院分工会36人参加了此次活动。

（十）实验室建设

【实验教学成果】"以创新思维为引导的虚拟仿真建筑设计教学体系研究与实践"获得北京建筑大学教学成果一等奖；"建筑构造虚拟仿真模块"，"建筑光学虚拟仿真模块"实现在教学课堂的应用，并在学校审核时评估工作中得到专家的认可。

【实验室教学楼改建】12月31日，西城校区教学4号楼一层作为建筑学院实验中心楼完成改建，包括建筑光学、建筑热工、建筑声学、木工、激光切割、3D打印、精雕加工、影像、气候舱等10个方向的实验室进驻。

【实验室设备更新】2017年完成了764万元的设备申报、采购工作，更新了建筑光学、声学、热工、多种类模型工艺（激光、3D、精雕、木工）、影像、数字化等的实验环境及设备平台。形成了集建筑模型制作、建筑摄影及模型摄影、建筑物理环境基础展示及验证实验、建筑混响实验室（检测环境合乎国家声学检测标准要求）、建筑舒适度高水平科研实验等特色的大覆盖面的实验教学科研体系。

【绿色建筑与节能技术北京市重点实验室】2017年，"绿色建筑与节能技术北京市重点实验室"进入运营期。重点实验室的主要研究方向：依托建筑学和建筑技术学科，开展建筑与环境、建筑与能源等可持续发展领域的研究，重点开展建筑环境能源效率、室内外舒适性环境、被动式建筑节能技术等方面研究；依托土木学科，开展工程结构节能、抗震及防火新技术、既有工程结构的检测、鉴定与维修加固等方面研究；依托材料学科，开展建筑垃圾资源化、再生环保和可持续性结构材料方面研究；依托供热、供燃气、通风及空调工程学科，开展采暖空调系统和设备在能源转换过程中能源高效利用技术，以及可再生能源利用技术研究；依托环境和市政工程学科，开展从水资源优化配置与节水、水环境综合治理与污染物总量控制、非传统水源高效循环利用等方面研究。2017年没有新增设备；发票论文2篇，其中三大检索和核心刊物发表论文2篇，培养硕士研究生48名。

2017年，在现行的管理制度基础上，完善了《北京建筑大学"绿色建筑与节能技术"北京市重点实验室管理办法》《北京建筑大学"绿色建筑与节能技术"北京市重点实验室工作条例》《北京建筑大学"绿色建筑与节能技术"北京市重点实验室学术委员会工作章程》《北京建筑大学"绿色建筑与节能技术"北京市重点实验室开放基金管理办法》《北京建筑大学"绿色建筑与节能技术"北京市重点实验室专项经费使用规定》《北京建筑大学"绿色建筑与节能技术"北京市重点实验室对外开放管理办法》《北京建筑大学"绿色建筑与节能技术"北京市重点实验室安全防火规则》和《北京建筑大学"绿色建筑与节能技术"北京市重点实验室安全卫生制度》等18项规定，新增《北京建筑大学"绿色建筑与节能技术"北京市重点实验室大型科学仪器设备开放共享管理办法》。

2017 年设备使用机时一览表

序号	项目名称	使用机时	序号	项目名称	使用机时
1	虚拟现实系统	60	19	建筑性能分析软件 VE	100
2	常温凝胶色谱系统 Waters GPC	200	20	热舒适度仪	15
3	沉浸式立体同步显示系统	20	21	超细磨机	290
4	高性能图形处理系统	500	22	理学 NEX CG 解析式能量色散 X 荧光分析仪	400
5	高性能混凝土搅拌机	400	23	高性能工作站	561
6	水泥水化热测定仪	600	24	ANSYS 流体高级分析模块	120
7	绝热温升系统	400	25	高性能工作站	1650
8	酸纯化系统	410	26	多功能环境自计测试系统	2200
9	自动电位滴定仪	40	27	环境行为与心理数据同步采集平台	23
10	视觉采集眼动追踪系统	24	28	综合热物性实验平台	200
11	红外热像仪系统	20	29	钢筋保护层测定仪	800
12	分光辐射度计	210	30	四站全自动比表面和孔隙度分析仪	800
13	单边冻融试验机	200	31	高精度生态环境监测站	30
14	全自动化学试验系统	200	32	便携式气相色谱仪	20
15	新拌混凝土单位用水量水灰比测定仪	200	33	风环境与热岛模拟软件	80
16	建筑物表面材料数据收集与处理系统	230	34	室内环境激光测量系统	24
17	建筑精细部件绿色产品逆向设计全信息采集系统	85	35	高性能工作站	1650
18	高性能工作站	550	36	交互式智能教学平板设备	220

合计：13532

2017 年"绿色建筑与节能技术北京市重点实验室"发表的学术论文一览表

序号	成果名称	第一作者	发表时间	发表刊物	刊物类别
1	氧化石墨烯水泥浆体流变性能的定量化研究	王琴	2017-02-14	新型炭材料	核心期刊
2	振动搅拌对大流动性混凝土性能的影响	闫少杰	2017-10-27	混凝土	核心期刊

2017 年"绿色建筑与节能技术北京市重点实验室"主要议题一览表

会议时间	会议地点	会议名称
2017 年 4 月 25 日	济南	纵向课题——十二五科技支撑计划课题"公共机构环境能源效率综合提升适宜技术研究与应用示范"验收会议
2017 年 10 月 9 日	校科研楼 302 室	《建筑能源与环境技术设计指南》中的 LT 法研讨会
2017 年 12 月 1 日	住宅院三楼会议室	纵向课题——《高等学校低碳校园评价技术导则》宣贯会
2017 年 12 月 5 日	校科研楼 302 室	实验室工作会暨上海城市更新峰会准备会

续表

会议时间	会议地点	会议名称
2017年12月7日	上海市宝山区美兰湖皇冠假日酒店	城市更新（上海）峰会
2017年12月15日	高精尖中心会议室	学期末科技工作布置会
2017年12月7日	西郊宾馆	纵向课题-十二五科技支撑计划课题"公共机构环境能源效率综合提升适宜技术 研究与应用示范"项目验收会
2017年12月15日	西城校区科研楼302室	人民医院绿色设计前期研究-风光热环境分析研讨会

（十一）重大事件

6月5日，2013级博士研究生戚军顺利通过博士学位论文答辩，这是我校服务国家特殊需求"建筑遗产保护理论与技术"博士人才培养项目首位通过学位论文答辩的博士研究生。

6月5日至6月6日，以深圳市城市规划设计研究院顾问总规划师、教授级高级城市规划师乔建平为组长的住房城乡建设部高等教育城乡规划专业评估委员会研究生教育评估视察组一行四人来校进行专业评估，专家成员包括：西安建筑科技大学教授陈晓键，江苏省城市规划设计研究院总规划师、教授级高级城市规划师袁锦富。经过专家检查与评议，城乡规划专业研究生教育评估复评通过。

11月10日，由田林教授领导，俞天琦、丁光辉、刘志刚、何静涵主要参与的建筑学博士授权点申报报告提交学校。此次申报工作得到张大玉副校长指导，丁奇、胡雪松、王秉楠、金秋野、黄庭晚为报告提出了建议。

（刘志刚　何静涵　黄庭晚　刘博　刘田林　丁奇　王秉楠　胡雪松）

二、土木与交通工程学院

（一）学院概况

土木与交通工程学院的前身是创建于1907年的京师初等工业学堂的木工科，1936年开设了土木工程专业，一直延续至今，是北京历史最悠久的土木工程专业和学科之一，为首都城市建设行业培养了大批行业骨干和高级管理人才，其中包括杰出的国家领导人李瑞环同志，九位全国工程勘察设计大师，一位中国工程院院士，为首都建设做出了巨大的贡献。

学院下设五个系、一部、一个中心、一个研究院、两个工程研究中心、一个国际合作基地、四个创新团队。即：建筑工程系、道路桥梁工程系、交通工程系、地下工程系和材料工程系；专业基础部；实验教学中心；北京市基础设施研究院；下设9个研究所：结构工程研究所、岩土工程研究所、道路工程研究所、桥梁工程研究所、现代施工技术研究所、交通工程研究所、工程力学研究所、建筑材料工程技术研究所、工程安全与防灾减灾研究所；"工程结构与新材料"北京市高校工程研究中心和北京市"城市交通基础设施建设"工程技术研究中心；城市交通基础设施建设北京市国际科技合作基地；大城市地下交通空间资源开发利用教育部创新团队、城市地下空间开发利用北京市学术创新团队、节能型温拌再生沥青混合料应用关键技术研究北京市学术创新团队、工程结构抗震新技术北京市学术创新团队。研究生教育始于1982年，现有土木工程、交通运输工程两个一级学科硕士授予权，六个二级学科硕士点，即：土木工程一级学科下的结构工程、防灾减灾工程及防护工程、岩土工程、桥梁与隧道工程，交通运输工程一级学科下的道路与铁道工程以及交通规划与管理；此外，还有建筑与土木工程硕士专业学位授予权。土木工程专业2006年通过住建部土木工程专业评估、2011年和2016年两次通过复评，为国家教育部"卓越工程师计划"试点单位。2008年被评为北京市土木工程一级重点学科，并荣获"北京市特色专业"称号。2009年经教育部批准，荣获"国家级特色专业"项目。2011年建筑与土木工程荣获"全国工程硕士研究生教育特色工程领域"荣誉称号。2016年土木工程实验教学中心获批北京市高等学校实验教学示范中心。2017年获批推荐优秀应届本科毕业生免试攻读研究生资格。本学院所有本科专业在北京地区和全国大部分省份均为一本招生，生源质量不断提高。

学院以行业为依托，与北京市各大设计院、建筑公司、市政路桥公司、地铁建设公司、建设监理公司、房地产开发公司等大型土建企业和研究机构保持着密切的合作关系。学院注重工程实践，20世纪80年代以来创建了北京建工建筑设计研究院、京精大房建设监理公司、致用恒力建材检测公司、远大工程施工公司。拥有工程设计国家甲级资质、建设监理甲级资质以及北京市高校唯一的工程结构与建材检测资质。

学院注重国际学术交流，与美国科罗拉多大学、戴维斯加州大学、佛罗里达州立国际大学、北达科他州立大学、纽约布法罗大学、南澳大利亚大学、日本武藏工业大学、德国Wupptal大学、俄罗斯圣彼得堡建筑大学、波兰琴斯托霍瓦理工大学、亚美尼亚国立建筑大学建立了良好的合作关系，并与部分学校建立了教师、学生的交流计划。学院开设用英语讲授的系列基础与专业课程，加快教育国际化的进程。学院具有很高的国际声誉，每年都有一批优秀毕业生经学院推荐，荣获世界名校奖学金，赴美国、英国、澳大利亚、加拿大等发达国家继续深造。同时，学院接受一定数量的外国留学生和外国研究生。

站在新的历史起点上，学校制定了把北京建筑大学建设成为国内一流、国际知名、具有鲜明建筑特色的高水平、开放式、创新型大学的宏伟目标。现在土木与交通工程学院正以崭新的姿态，以国家和北京市建设一流学校、一流学科和一流专业为契机，以高标准、高要求加强高水平师资队伍建设、科研与教学团队建设、科技平台建设、学科建设、专业建设，首先在"十三五"规划期间把土木与交通工程学院建成教学科研型学院，争取在2035年建成国内一流、国际知名、高水平、开放式、创新型的土木与交通工程学院和本领域的基础理论与应用技术研究中心，为首都北京乃至全国土建行业培养行业领军人才和专业骨干。

（二）师资队伍建设

【概述】截至2017年年末，土木与交通工程学院在编在岗教职员工80人，其中，长江学者特聘教授1名，国家杰出青年科学基金获得者1名，百千万人才工程国家级人选3人，北京学者1名，国家"万人计划"领军人才1名，科技部中青年创新领军人才1名，科技北京百名领军人才1名，中科院"百人计划"人选1名，长城学者1名，教授17名，副教授25名，93％的教师具有硕士以上学位，75％以上教师具有博士学位。近半数的教师毕业于世界著名学府，曾在美国、英国、日本、俄罗斯等国长期工作、学习或讲学。学院充分利用首都北京科研院所集中及行业界强大的校友优势，聘请数十位全国知名专家担任研究生导师。针对学校提出的在建校百年之时学校进入到"两个先进行列"的整体战略目标，学院将加大对于青年教师的培养力度和引进高水平师资力量的力度，要进一步扩大规模，促进专业和学科的可持续发展，提升教学和科研水平。

【教师队伍建设】2017年1月9日经校长办公会研究决定，韩淼任常务副院长，主持学院日常工作。2017年土木学院引进与培养并举，加强教师队伍的建设，成效显著。李爱群教授获北京学者称号。李崇智晋升为教授；李之红、林建新、王林晋升为副教授；卞立波晋升为高级实验员。戚承志教授当选为中国岩石力学与工程学会工程安全与防护分会理事长和中国岩石力学与工程学会常务理事；张蕊老师当选北京交通工程学会理事、副秘书长。短期海聚教授奥地利农业大学吴伟教授、希腊亚里士多德大学Elias Aifantis教授来院工作。澳大利亚西澳大学的Arcady Dyskin教授、俄罗斯科学院机械工程研究所/彼得堡彼得大帝理工大学Aleksandr Freidin教授新入选北京市短期海聚教授。

接收东南大学土木工程专业博士吴宜峰到道路桥梁工程系工作；录取北京工业大学土木工程专业马超师资博士后入站。作为应用型大学师资培养的重要组成部分，学院要求新进青年教师要过"三关"，即：工程关、教学关和科研关。学院派遣新入职的道路桥梁工程系吴宜峰去市政设计研究院接受全面的工程训练。

交通工程系赵传林赴法国里昂大学访学一年归来，材料工程系王琴老师赴美国西北大学进行为期一年的访学。

（三）学科建设

【学科发展】2017年土木学院在学科建设上取得了较大的进步。学院积极建设北京市土木工程一级重点建设学科，认真完成了土木工程一级学科申报博士授予点的上报工作。教育部创新团队（培育）正式转正为"大土木与地下建筑工程创新"教育部创新团队。召开学科和专业负责人会议，明确学科负责人的学科发展任务，以及师资队伍的引进和培养任务；"古建保护国家特殊需求"博士点李爱群教授招收一名博士生。

【研究生招生】学院采取提前面试举措，招揽较高水平的二志愿学生，2017年招生人数达到127人，本校应届本科毕业生升学率为25.4%，继续保持良好势头。

【研究生教育管理】为加强研究生教育，学院制定了《2018年硕士指导教师实施办法》等管理制度，完善和更新了《2018招生简章》和《2018培养方案》等相关内容，完成了学院导师考核、临聘和聘任各项工作。各项制度和相关文件已通过学术委员会讨论并经党政联席会会议批准开始实施。

2017年，通过学生提交材料、导师审核、学院审核、研究生院审核等层层环节审查，土木学院最终确定各项奖学金获奖情况。其中获得国家级奖学金7人，学业一等奖学金10人，二等奖学金31人，优秀学生干部奖学金6人，市级优秀毕业生5人，校级优秀毕业生10人，优秀毕业论文7人。

（四）教学工作

【概述】在本科教学日常管理工作中，坚持管理制度的建设与执行，注重教学过程管理与控制，依据2017年普通高等学校本科教学工作审核评估专家提出的意见与建议，校院两级教学督导专家组对各教学环节检查的反馈意见，依靠学院教学工作委员会的决策机制，对各个教学环节实施质量检查与评价，及时整改各教学环节出现的各类问题，通过认真组织、协调和实施各项教学工作，使得我院教学质量逐步提高，教学秩序良好。以学生及格率、毕业率、学位率和四级通过率为考核点，通过与理学院、文法学院的密切配合，搞好学生基础课程及英语课程的学习。通过本学院学风建设、上课考勤及任课教师与班主任工作，提高学生对本专业的认同和学习的主动性。同时，注重学风建设，严抓上课出勤率、及格率、毕业率、学位率和就业率，实现了年初制定的教学目标。2017年，各项科技竞赛及社会实践均紧密结合教学环节开展，邀请各教研室专业教师广泛参与，保证和学生的课程学习步调一致，为培养学生成长成才起到积极作用。加强日常学风建设工作的引导和督察，通过每学期学习委员座谈会，了解我院教风学风现状，并向学院党政班子通报。对四、六级通过的同学进行表彰，提高学生的学习英语的积极性；实行宿舍检查、不定期进课堂巡查登记、学生工作办公室随机抽查等制度，促进学风转变。总结毕业生成长成才经历，组织其中部分优秀毕业生分别对各年级学生进行座谈、采访，形成树典型、宣传典型、学习典型的氛围。

经过全院教师的长期建设和积累，在全院教师的共同努力下，取得"土木工程教育部特色专业"，"国家级工程实践教育中心"，"土木工程市级优秀教学团队"，"北京市高创领军人才"，"北京市教学名师"，"北京市优秀教师"、两个"市级校外人才培养基地"，三个"市级学术创新团队"，以及北京市精品课"土木工程施工"，三本北京市精品教材"土木工程概论"、"土木工程施工"、"土力学"等一批代表我院特色、优质的精品课程、精品教材等质量工程标志性成果。土木学院获得北京市教学成果二等奖、三等奖各一项。2017年获得中国建设教育协会优秀教育教学研究成果一等奖1项，优秀论文成果二等奖2项、三等奖1项。同时，根据高等教育质量工程建设的总体工作部署，2017年围绕土木学院专业建设、课程建设、教材建设、教学名师与教学团队建设、校外生产实习基地建设、实验示范中心建设开展工作。土木与交通工程学院下设五个专业方向，既有基础雄厚的土木工程专业，也有年青的无机非金属材料专业和交通工程专业，在充分发挥强势专业龙头作用的基础上，积极开展新办专业的建设工作。

【青年教师培养】针对土土木与交通工程学院青年教师较多、工程实践能力和教学能力亟待提升的情况，继续实行青年教师到工程单位实习一年制度，培养其解决工程问题的能力。有一位新入职青年被派出到工程单位进行工程实践。同时，为加强青年教师教学能力的培养，在为每位青年教师配备导师负责日常教学能力培养的基础上，组织了"第八届青年教师（40岁以下）教学基本功比赛"。从比赛结果看，青年教师在教学基本功方面有了普遍提高，为我院青年教师过教学能力关奠定了基础。第二届全国高校城市地下空间工程专业青年教师讲课竞赛，青年教师孔令明获得特等奖。学校第十一届青年教师教学基本功比赛，彭丽云老师获得一等奖与优秀教案奖，王林老师获得三等奖。

【教学质量长效机制】继续坚持教学质量长效机制建设，在教学过程控制、教学质量检查与评定、教学基础资料的检查与存档、院系两级教学管理工作方面开展工作，特别是对新入职的青年教师，做专门的培训、要求与检查。

【质量工程建设】在继续开展既有各级质量工程项目建设的基础上，重点开展省部级教研项目申报工作，获批中国建设教育协会2017年度教育教学科研课题5项。2017年校级教育科学研究项目3项、教材建设项目1项。

【教学基地建设】实践教学平台是学生工程实践能力培养的保障，学院重视实践教学基地建设。学院实验教学示范中获批土木工程北京高等学校市级实验教学示范中心。

【专业建设成绩】专业建设是学院永恒的中心工作,而本科教学管理工作又是学院的重点工作内容之一,培养合格人才是学院的基本工作任务,也是学院未来发展的基础。学院以2017年普通高等学校本科教学工作审核评估为契机,积极开展专业建设工作。学院组建了审核评估领导小组与工作组,按照"以评促建,以评促改,评建结合,重在建设"的指导思想开展迎评工作。2017年10月完成了《土木与交通工程学院自评报告》《土木工程专业自评报告》《无机非金属材料工程专业自评报告》《交通工程专业自评报告》,对学院教学工作进行了梳理。组织完成了2017年11月13~16日评估专家入校考查的各项工作。评估专家对学校、学院的本科教学工作给予肯定,并对今后的发展提出了中肯的意见与建议。按照专家提出的正确意见与建议积极整改,进一步促进学院的专业建设,提升人才培养质量。组织修订了2018级土木工程、无机非金属材料工程、交通工程三个专业的本科生培养方案。

【教材建设】出版土木工程专业教材10部。其中,中国建筑工业出版社6部,《大跨地下空间建造新技术》,刘军编著;《危险性较大工程安全监管制度与专项方案范例(岩土工程)》,刘军编著;《大BIM小bim》,程蓓译著;《关键路径法在工程管理中的应用》,王亮译著;《二级注册结构工程师专业考试复习教程》和《一级注册结构工程师专业考试复习教程》,陈嵘参编。人民交通出版社1部,《地下工程施工技术》,王亮编著;机械工业出版社1部,《高等结构风工程》,祝磊译著;中国电力出版社2部,《骨料与聚羧酸减水剂的适应性及工程应用》,王林编著;《PKPM建筑结构设计实例详解》,赵赤云参编。

【教学改革】在2015级试点招收土木英才实验班基础上,2016级、2017级继续招收土木英才实验班,实行导师制、学分制,为进一步促进土木工程专业人才培养质量提升,开展人才培养模式探索与创新。积极推进一人一教研工作开展,通过教研教改助推专业建设,提升专业建设的质量。

【联合培养】积极落实北京市教委"双培计划"、"实培计划"、"外培计划"项目。2017级交通工程专业招收16名"双培计划"同学到北京交通大学进行为期三年的学习;学院有多名同学获批"实培计划"项目;2名同学入选"外培计划"项目到美国科罗拉多大学进行为期一年的交流学习。

【校际交流】积极开展校际交流,接受贵州省凯里学院选派10学生进行为期1年的进修与交流学习。

(五)科研工作

【概述】学院始终以教学、科研为中心,以理论联系实际和面向国际大都市建设为特色,全面提高学科建设、科学研究和人才培养质量水平。学院的科研领域涉及建筑结构工程、防灾减灾、现代施工技术、路基路面工程、市政桥梁工程、地铁建设和地下空间开发及利用、现代大都市交通系统和高性能混凝土材料等。

【科研成果】2017年学院科技成果丰硕。SCI收录文章增长显著,共29篇,EI收录文章14篇,核心期刊文章30篇,一般期刊文章17篇,会议论文16篇;出版著作8部,获专利8项。李之红作为参加人获中国测绘地理信息学会测绘科技进步二等奖。

【科研项目】学院组织各类科研基金的申报工作。张艳霞(第一单位)、廖维张(非第一单位)、王作虎(非第一单位)获十三五国家重点研发计划。获得国家自然基金资助项目10

项，其中戚承志、季节、张艳霞、初明进、彭丽云、索智获面上项目，夏晨、李晓照、周晨静获得青年基金项目。获得北京市自然基金资助项目2项，索智获北京市自然基金面上项目，卞立波获北京市自然基金青年项目。

【学术交流】组织第九届建筑土木热点问题国际会议的征文和参加工作，征集文章30篇。2017年9月13～18日我校代表团以张爱林校长为团长，戚承志、董军、张艳霞、张国伟、程蓓、武煊为团员的代表团赴格鲁吉亚巴统参加了此次会议，增进了学术交流与国外同行的友谊。2017年7月主办国际岩石力学学会岩石动力学专业委员会研讨会，包括3名中外院士在内的中外岩石动力学学者近百人参加了会议。10余位教师参加国际会议，并做报告进行交流。20余人次参加国内各类学术会议并进行学术交流。举办学术讲座15次。

2017年土木与交通工程学院承担的各类科研项目一览表

序号	项目名称	负责人	项目分类	经费（万元）	立项日期	计划结项日期
1	煤直接液化残渣与石油沥青相容性研究	季节	国家自然科学基金-面上项目	60	2017-09-21	2021-12-31
2	生物质组分在植物油再生沥青中的裂解脂化规律及老化机理	索智	国家自然科学基金-面上项目	58	2017-09-21	2021-12-31
3	基于高效装配技术的自复位钢结构体系研发与动力性能研究	张艳霞	国家自然科学基金-面上项目	58	2017-09-21	2021-12-31
4	负载下焊接外加劲肋加固圆钢管节点轴向受力性能研究	祝磊	国家自然科学基金-面上项目	60	2017-09-21	2021-12-31
5	锁扣式接缝预制混凝土剪力墙及其受力性能研究	初明进	国家自然科学基金-面上项目	60	2017-09-21	2021-12-31
6	岩体中慢速变形波的产生和传播演化规律研究	戚承志	国家自然科学基金-面上项目	60	2017-09-21	2021-12-31
7	地震拐角频率与地震矩对应关系研究以及自相似法则失效的机理分析	夏晨	国家自然科学基金-青年科学基金项目	20	2017-09-21	2020-12-31
8	基于深度学习的快速路交织区通行能力计算方法研究	周晨静	国家自然科学基金-青年科学基金项目	23	2017-09-21	2020-12-31
9	脆性岩石细观裂纹扩展与变形、强度时间演化关系研究	李晓照	国家自然科学基金-青年科学基金项目	22	2017-09-21	2020-12-31
10	秸秆加筋石灰粉土抑制冻胀机理及冻胀模型研究	彭丽云	国家自然科学基金-面上项目	58	2017-09-21	2021-12-31
11	建筑垃圾再生渗蓄功能材料的制备及应用关键技术研究与示范	张大玉	科技部-国家"十三五"国家重点研发计划-国家重点研发计划项目	185	2017-12-23	2020-12-31
12	石材幕墙防高空坠落及安全性能提升关键技术	王作虎	科技部-国家"十三五"国家重点研发计划-国家重点研发计划项目	55	2017-12-05	2020-12-31

续表

序号	项目名称	负责人	项目分类	经费（万元）	立项日期	计划结项日期
13	钢结构建筑高效装配化连接技术与示范	张艳霞	科技部-国家"十三五"国家重点研发计划-国家重点研发计划项目	309	2017-11-30	2020-12-31
14	新型抗震减灾体系及混凝土关键构件性能设计方法研究	廖维张	科技部-国家"十三五"国家重点研发计划-国家重点研发计划项目	60	2017-03-23	2020-12-31
15	建筑垃圾再生建材绿色评价技术研究	周文娟	住建部科技项目-住建部与高精尖中心联合资助项目	10	2017-07-01	2018-12-01
16	软锁连接板式隔震结构抗震性能研究	杜红凯	住建部科技项目-住建部与高精尖中心联合资助项目	10	2017-07-01	2018-12-01
17	基于BIM云的地铁工程施工协同管理机制研究与实现	王亮	住建部科技项目-科研开发项目	52	2017-01-01	2019-12-31
18	含自复位耗能型伸臂桁架超高层抗震设计研究	解琳琳	人才培养项目（代管）-北京市委组织部北京市优秀人才培养项目	4	2017-12-01	2020-12-01
19	城市轨道交通减振与噪声抑制新材料设计及特性研究	陈新华	人才培养项目（代管）-中共北京市委组织部北京市优秀人才培养项目	4	2017-11-01	2019-08-01
20	植物油再生沥青老化机理及抗老化关键技术研究	索智	北京市自然科学基金项目-面上项目	20	2017-04-12	2019-12-31
21	多孔种植混凝土的制备理论及其性能研究	卞立波	北京市自然科学基金项目-青年科学基金项目	10	2017-04-12	2018-12-31
22	互联网＋BIM模式在城市综合管廊建设中的应用研究	王亮	北京市教委科研项目-科技计划一般项目（面上项目）	15	2017-07-04	2018-12-31
23	内爆式双面功能异性预制钢筋混凝土防爆墙防爆机理研究	侯敬峰	北京市教委科研项目-科技计划一般项目（面上项目）	15	2017-07-01	2019-12-01
24	多孔混凝土的制备理论及其性能研究	卞立波	北京市教委科研项目-科技计划一般项目（面上项目）	15	2017-06-29	2018-12-31
25	北京市城市交通基础设施建设工程技术研究中心2016年度科技创新基地培育与发展工程子专项项目	许鹰	北京市科技计划-一般项目	50	2017-01-01	2018-01-01
26	建筑垃圾综合再生利用技术研发与集成应用示范	李飞	企事业单位委托纵向项目-纵向课题	15	2017-01-01	2018-12-01

续表

序号	项目名称	负责人	项目分类	经费（万元）	立项日期	计划结项日期
27	废旧轮胎加筋土技术的工程应用研究	刘飞	校设基金	5	2017-09-19	2018-12-31
28	预制装配式钢筋混凝土防爆墙防爆机理研究	侯敬峰	校设基金	5	2017-09-19	2018-12-31
29	基于"和谐宜居"理念的副中心副中心人行导向标识系统设计方法	杨静（交）	校设基金	5	2017-09-19	2018-12-31
30	大地震拐角频率与地震矩对应关系研究以及传统对应关系失效的机理分析	夏晨	校设基金	3	2017-07-08	2018-12-31
31	脆性岩石内部细观裂纹对岩石强度影响研究	李晓照	校设基金	3	2017-07-08	2018-12-31
32	超高层新型高性能竖向承重构件抗震性能数值模拟方法研究	解琳琳	校设基金	3	2017-07-08	2018-12-31
33	耦合域数值流形法的开发及其边坡工程应用	屈小磊	校设基金	3	2017-07-08	2018-12-31
34	结构用木质保温板结构性能测试	张国伟	横向项目	1	2017-12-14	2018-05-31
35	长效耐久性桥面铺装结构与材料开发	许鹰	横向项目	5	2017-12-10	2018-05-31
36	海洋混凝土工程防腐蚀外加剂关键技术及应用	李崇智	横向项目	20	2017-12-01	2018-05-31
37	路面结构二维度弯沉响应过程的测试与仿真	许鹰	横向项目	7	2017-12-01	2018-05-31
38	全市报刊亭设施二维码管理铭牌建设	张蕊	横向项目	17	2017-11-21	2018-05-31
39	新规范贯彻情况及设施长效管理调研	张蕊	横向项目	5	2017-11-21	2018-05-31
40	第二届砂石骨料大赛技术服务	侯云芬	横向项目	7	2017-11-01	2018-05-31
41	山东安丘明德学校综合楼、中学教学楼及小学教学楼	张国伟	横向项目	2	2017-10-16	2018-05-31
42	大兴区青云店镇瀛海镇居民出行调查	周晨静	横向项目	23	2017-10-08	2018-05-31
43	甘肃普康酒业集团有限公司-2000千斤白酒生产搬迁技改项目屈曲约束支撑性能测试	张国伟	横向项目	2	2017-10-01	2018-05-31

续表

序号	项目名称	负责人	项目分类	经费（万元）	立项日期	计划结项日期
44	生态主动抑尘减霾沥青路面材料的开发及应用技术研究	索智	横向项目	42	2017-10-01	2018-05-31
45	"神华怡园"幼儿园抗震屈曲约束支撑性能测试	张国伟	横向项目	1	2017-09-20	2018-05-31
46	大型地下结构三维地震反应分析及极限抗震性能研究	马超	横向项目	10	2017-09-20	2018-05-31
47	首师大附中通州分校教学楼装配式钢结构体系研发与工程应用技术研究	张艳霞	横向项目	60	2017-09-18	2018-05-31
48	结构用木制保温板结构性能测试协议	张国伟	横向项目	7	2017-09-04	2018-05-31
49	北京市属高校与企业共建校外人才培养基地项目	卞立波	横向项目	15	2017-09-01	2018-05-31
50	新型不等翼缘蜂窝梁组合扁梁性能试验	张国伟	横向项目	7	2017-08-26	2018-05-31
51	延崇高速公路（北京段）玉渡山隧道监控量测项目	张怀静	横向项目	51	2017-08-20	2018-05-31
52	高轴压比装配式剪力墙抗震试验	张国伟	横向项目	6	2017-07-08	2018-05-31
53	基于复合改性沥青的抗裂耐久型路面材料与结构关键技术开发及应用	徐世法	横向项目	90	2017-07-01	2018-05-31
54	高品质骨料在混凝土中的应用技术研究	李飞	横向项目	20	2017-07-01	2018-05-31
55	《新型道路检查井和雨水口与道路同步施工成套技术研究及应用》中的检查井和雨水口建模受力分析	龙佩恒	横向项目	3	2017-07-01	2018-05-31
56	首届砂石骨科大赛技术服务	李飞	横向项目	3	2017-07-01	2018-05-31
57	检验合同	卞立波	横向项目	2	2017-06-30	2018-05-31
58	广渠路东延道路工程双井和大郊亭路口交通调查分析与仿真评价	焦朋朋	横向项目	9	2017-06-29	2018-05-31
59	碳纤维加固混凝土柱抗压试验	杜红凯	横向项目	2	2017-06-26	2018-05-31
60	锚索剪切力学特性研究	侯敬峰	横向项目	3	2017-06-22	2018-05-31
61	墩柱力学性能研究	侯敬峰	横向项目	5	2017-06-22	2018-05-31
62	GPC钢结构建筑新型轻质墙板抗弯承载力性能实验研究	张国伟	横向项目	5	2017-06-20	2018-05-31

续表

序号	项目名称	负责人	项目分类	经费（万元）	立项日期	计划结项日期
63	海口寰岛实验学校初中部—食堂/宿舍楼	张国伟	横向项目	1	2017-06-20	2018-05-31
64	香山寺大悲观音大士塔沉降模拟与比较研究	李飞	横向项目	15	2017-06-01	2018-05-31
65	文物测量用可反复拆装上人脚手架研发	祝磊	横向项目	10	2017-05-15	2018-05-31
66	高层钢-混凝土混合结构关键连接点研发与应用	张艳霞	横向项目	20	2017-05-08	2018-05-31
67	建筑垃圾资源化利用行业规范管理	陈家珑	横向项目	10	2017-05-01	2018-05-31
68	混凝土框架剪刀墙受拉隔震装置结构实验研究	程蓓	横向项目	21	2017-04-14	2018-04-14
69	北京市建筑垃圾再生产品推广使用政策研究	周文娟	横向项目	18	2017-04-10	2018-04-14
70	金茂丽江创意文化产业园项目交通顾问及咨询	焦朋朋	横向项目	10	2017-03-31	2018-04-14
71	屈曲约束支撑抗震性能测试	张国伟	横向项目	2	2017-03-30	2018-04-14
72	银川滨河新区体育中心	张国伟	横向项目	4	2017-03-18	2018-04-14
73	高层钢-混凝土混合结构关键连接点研发与应用	张艳霞	横向项目	20	2017-03-01	2019-03-01
74	冷拌冷铺沥青混合料防水联结层施工技术标准	许鹰	横向项目	12	2017-01-03	2018-07-01
75	山东钢铁集团日照钢铁精品基地钢铁厂钢结构防火调研与试验	刘栋栋	横向项目	20	2017-01-01	2018-07-01
	合计：			1931		

（六）学生工作

【概述】2017年，学院建章立制，为学风建设提供有力保障，印发《关于进一步加强教风学风联动建设的实施方案》《给任课教师的一封信》《给班级导师的一封信》《关于土木与交通工程学院召开新学期学风建设主题班会的通知》《关于土木与交通工程学院2017～2018学年学生早晚自习通知》等一系列文件，确保各项教风学风建设举措的落实落地。印发了《学业相关政策热点问答》，集中回应学生关心的学业政策问题。召开学困生家长会，全年学籍预警110人次、召开学生座谈会等形式促进学风建设。积极配合学校抓英语和数学的行动。同时，邀请了我院校友、行业专家、企业HR等来院介绍学习工作体会、企业对于土木工程专业学生的能力的要求，激发了学生的学习积极性。土木学院英语四级通过率实现连续五年保持稳定水平，且连续三年四级通过率均保持在70%以上。

【思想引领】努力加强青年的思想政治教育工作。以中国梦、社会主义价值观、学习党的十九大精神为主题，团委通过主题团课、交流会、主题团日活动、征文、观影等形式，开展青年团员的思想政治教育工作。邀请王德中老师为学生宣讲党的十九大精神，学院党委副书记与青年团员开展"学习十九大，展望新时代"主题交流座谈会、邀请校外专家进行《当前国际形势及十九大后的国家发展方略》主题讲座等。2017年土实151荣获"北京市优秀示范班集体"称号。

【学生党建】学院2017年共发展党员91名，其中本科生58名，研究生32名，完成党员之家建设，定期召开党员述学测评工作，加强对党员的管理。建筑工程系本科生第一党支部与南锣鼓响社区进行联合共建，获评2017年北京市高校红色"1+1"示范活动一等奖第一名。建筑工程系本科生第三党支部与大兴七中进行联合共建获评2017年北京市高校红色"1+1"示范活动优秀奖，学生党员积极参与支部的党建活动和社会实践活动。为庆祝"一带一路"国际合作高峰论坛召开，组织2016级全体学生开展"走进一带一路"主题教育活动，制作沿线建筑模型109件，参展校内"一带一路"历史建筑摄影·手绘艺术展，还代表学校参加了"迎接学习党的十九大 服务北京'四个中心'建设"北京高校师生主题创作展。

【学生获奖】土137班谢聪聪同学荣获2017年中国土木工程学会高校优秀毕业生（全国24位）。学生科技作品荣获国家级奖项27项、省部级奖项12项，分别是：学院学生课外科技作品荣获第三届全国高校BIM毕业设计大赛特等奖1项、一等奖1项，荣获第八届全国中、高等院校学生"斯维尔杯"建筑信息模型（BIM）应用技能大赛《工程设计专项》专项奖二等奖1项、《工程管理专项》专项奖二等奖1项、《绿色建筑分析专项》专项奖三等奖1项、全能三等奖1项，荣获第九届"挑战杯"首都大学生课外学术科技作品竞赛一等奖1项、二等奖2项、三等奖4项，荣获第三届中国"互联网+"大学生创新创业大赛（北京赛区）二等奖1项，荣获第六届北京市大学生建筑结构设计竞赛B组（结构方向）一等奖1项、B组（桥梁方向）一等奖1项，A组三等奖1项，北京市大学生交通科技大赛一等奖1项、二等奖1项、三等奖1项。

【学生骨干培养工程】开展"善有善学，积土木底蕴；敬人敬业，凝土木栋梁"第九届土木学院团学骨干培训特色活动。以"爱国、励志、求真、力行"新时代新青年要求为着重点，通过多种活动方式，培养土木学院团学骨干。

【主题团日活动】针对不同年级学生特点，分别召开"我的班级我的家"、"与榜样对话"、"未来的抉择"、"不说再见"等主题团日活动，涵盖40个本科生团支部。为帮助土木学子摆脱迷茫的状态，树立坚定的目标，做出对于考研、出国、就业等去向的初步抉择，明确本科毕业后的发展方向，开展"未来的抉择"主题团日活动；为进一步贯彻落实十九大精神，引领青年学子牢记使命、不忘初心、有理想、有担当，开展"与榜样对话"主题团日活动；为了使同学们能够更快地适应大学生活，更好地融入班级，感受班级所带给大家的归属感，营造一种"大学——我们家园"的气氛"我的班级我的家"团日活动。土木学院团委根据不同年级的不同层面需求，以时事热点、团支部需求为出发点，努力打造令基层团支部满意，令同学们喜欢的团日活动。

【开展低年级学生的学风建设工作】 在低年级中推行学生讲堂活动，充分发挥了学习优秀学生的榜样作用，讲述课程覆盖学院2013级和2014级全部20个班级，共开设学生讲堂20余次，每次1~2个小时。举办"土木最美笔记"评选与展示活动，以最美笔记促进学生学习的积极性。

【高年级及研究生的学风建设】 在强调研究生导师作为研究生培养主要责任体的基础上，针对在校研究生科研投入不够问题，对研究生参加职业资格考试做了相关规定，制定了研究生助教、助岗、助研岗位责任制，并在学期末根据学生工作情况进行考核，目的是通过过程管理加强学生责任意识和整体素质的培养。目前，2016级研究生已经按助教、助研和助管的岗位进入岗位，研究生教育开始进入一个良性发展的阶段。

【2017届就业】 2017届毕业生共468名，其中研究生94名，就业率为100%，签约率为98.94%，其中5人读博；本科生374名，就业率为98.13%，签约率为97.06%，毕业生升学率25.4%，升学率较2016年提升6.7个百分点。

【学生奖学金】 召开2016~2017学年学风建设暨表彰大会，共表彰优秀个人57名，先进集体19个；公平公开推进"五四"达标创优评比工作，评选出2016/2017学年校级优秀团员88人、优秀学生干部24人、优秀团员标兵9人、优秀团支部6个、最佳团日活动4个、十佳团员2人、十佳团支部2个、十佳学生干部1人。举办科技创新促学业发展大会，表彰科技创新优秀团队17个，科技创新先进个人25名。

【宣传报道】 利用"互联网+"媒介，发挥网络育人实效。"北建土木"公众号不断完善，完成年度认证工作，并设置土木-聚焦、土木-竞赛、土木-时刻、土木-朗读者、土木-实践、土木-毕业季、土木-新生引航等20个板块，推送学院各类通知、重闻、学生工作、就业资讯等，推送文章近400篇，阅读总量超过80000次，文章最高阅读量超过800次，成为我院师生喜爱的网络平台，充分发挥网络育人阵地作用。

（七）对外交流

【国际学术交流】 2017年土木学院积极开展国际学术交流活动。焦朋朋2017年1月参加TRB国际学术会议，2017年5月参加第30届国际华人交通协会ICTPA国际学术会议。戚承志2017年4月参加奥地利维也纳/德国哥廷根2017欧洲地学联盟年会/访问哥廷根大学学术会议，2017年7月参加俄罗斯圣彼得堡地下和岩土工程研讨会。廖维张2017年6月参加新加坡建筑结构国际学术会议。李之红、杨静2017年7月参加国际交通系统群体智能学术会议（ICSI2017）。戚承志、董军、张艳霞、程蓓、张国伟、张爱林2017年9月参加格鲁吉亚第九届建筑与土木热点问题国际会议，会上戚承志、董军、张国伟、程蓓做了报告。韩淼2017年9月参加第十二届中日建筑结构技术国际会议。宋少民2017年9月参加英国第37届水泥和混凝土科学国际会议。

（八）党建工作

【概述】 土木学院党委在校党委的正确领导下，深入贯彻党的十九大和全国高校思政会议精神，认真落实学校第一次党代会各项工作任务，固本强基，科学统筹发展，构建"一提高六围绕"工作体系，即以"提升人才培养质量"为主线，围绕加强党团组织体系建设、围绕教育教学体系建设、围绕科研管理体系建设、围绕大学生课外实践体系建设、围绕学院文化体系建设和意识形态引导体系建设，努力成为学校提质转型升级的中坚力量。（一）牢固树立"把抓好党建作为最大的政绩"理念，夯实基层党组织根基。一是坚持开好"四个会",夯实组织基础。2017年,召开党政联席会20次,其中党建和思政工作议题72项,占全部议题的52%;主持召开党委会9次,审议党员发展、转正和党费收缴等;主持召开党建工作例会8次,学习传达党委工作要求,扎实推进"两学一做"学习教育常态化制度化;主持召开全院教职工大会9次,师德师风议题13项。二是坚持做到"两个带头",提高思想理论水平。一年来,讲党课4次,开展二级理论中心组学习16次,学习党的十九大精神和习近平新时代中国特色社会主义思想等,并在全校思政工作会议上做"举全院之力全方位推进思政工作体系创新"的发言。三是坚持带好"两支队伍",发挥示范引领作用。加强领导班子建设,以身作则,分工明确,努力打造作风优良、团结协作、廉洁务实的班子队伍;加强党支部书记队伍建设,做好支部换届工作,选优配强支部书记,其中80%教工党支部书记有高级职称,辅导员与教务员担任学生党支部书记,定期对党支部书记进行培训,做好支部书记述党建,强化监督管理。四是坚持打造"三个阵地",促进基层活力。完成党员之家建设,为党支部学习提供交流平台;牢牢把握意识形态主导权,维护好网络阵地——"北建土木"微信公众号,推送党建和思想政治工作等相关文章200余篇;打造土木楼宇文化,设置学生北斗引航、优秀校友展、历史沿革展示区,发挥环境育人功能。(二)始终坚持"党对一切工作的领导"原则,推动学院各项事业向好发展。一是率先垂范,投入"两个评估"工作。发挥党支部和党员在"两个评估"的战斗堡垒和先锋模范作用,整理教学资料4000余盒和党建资料98盒,保证"两个评估"工作顺利完成。二是深入基层,做好师生思想政治工作。帮助教师协调实验室改造项目、推进与山西万荣县人民政府合作基地建设等;2017年学院14位老师获批国家自然基金项目和北京市自然基金项目;努力推动党团班协同体系建设,继续倡导"学霸联盟"活动,参加所联系的学生党支部活动。三是统筹兼顾,做好统战、安全稳定、工会、离退休等工作。召开统战人士座谈会2次,季节教授入选第三批国家"万人计划"领军人才。学院558房间建立三级体系,逐一落实,责任到人;定期组织工会、离退休活动,及时送去"家"的温暖。(三)落实"党要管党,从严治党"要求,切实履行"一岗双责"。一是严肃党内政治生活。2017年3月主持召开民主生活会,梳理班子问题6项并及时整改;组织召开两委委员换届专题会4次,扎实做好候选人推荐工作。二是落实党风廉政建设责任制。按"一岗双责"要求,召开20次党政联席会有10次涉及党风廉政建设议题;与各级项目负责人签订《经济责任承诺书》,确保责任落实到人。三是及时开展警示教育和宣传。邀请审计处和财务处领导做专题培训2次;组织教职工参加全校警示教育大会,党风廉政建设落到实处。

【维护校园稳定】 学院高度重视安全稳定工作,对实验室、办公室、教室和学生宿舍实行精细化管理。一是校院两级领导带头检查安全。每逢重要节假日,李爱群副校长与院领导一起走访学院实验室和教室进行安全隐患排查,认真开展安全隐患大排查大清理大整治专项行动,建立三级责任体系,建立学院所辖各实验室、教研室、办公室、研修室、学生宿舍房间台账,实验室44间、教研室51间、办公室41间、研修室18间、学生宿舍404间,共计558间,强调要将安全责任严格落实到位、具体到人,强化实验室负责人的安全意识和责任意识。二是安排教师定期走访学生宿舍。对学生宿舍内违规用电、抽烟、疫情等安全问题定期排查,及时上报问题,确保学生生命和财产安全。三是组织开展安全知识培训。邀请学校保卫处负责人,为全院师生干部做消防知识讲座,确立安全稳定是第一责任的意识，营造"人人关心、人人参与、人人尽责"的安全文化，实现安全稳定工作的精治、共治与法治。

【党风廉政建设】一是分层组织党的十九大报告精神学习活动。制定出台土木与交通工程学院《关于认真学习宣传贯彻党的十九大精神实施方案》，邀请李爱群副校长、王德中老师、魏小东部长等为学院师生做党的十九大精神宣讲报告；二是扎实推进全国思政会议精神的学习和贯彻。三是落实领导班子成员的"一岗双责"和党风廉政建设"两个责任"。学院制定出台了《土木学院2017年党风廉政建设与反腐败工作实施方案》，继续与各级项目负责人签订《经济责任承诺书》；开展党风廉政宣传和警示教育工作，公开党风廉政建设方面信息9项、党建方面6项、政务公开75项。邀请学校审计处处长和财务处处长做专题培训会，教育、警示学院教职工严格落实学校2017年党风廉政大会会议精神和要求；学院按照巡视和审计等重要工作整改要求，整改党风廉政建设方面存在的问题。对学院60个项目做一一核查，并召开专题工作会，通报整改情况；落实有关严防"四风"问题文件精神。对照专项治理中的9个重点内容，通过各种方式广泛开展民意调查，听取师生员工意见，深入查找"为官不为"、"为官乱为"方面存在的突出问题，2017年学院未出现违反"四风"问题。

（九）实验室建设

【实验室建设】完成了建筑材料实验室和施工实验室的功能改造，完善了实验室的教学和科研服务能力；依托审核式评估的契机，进行了实验中心的制度和文化建设，各实验室建立了较为完备的实验室管理制度，落实了实验室安全责任制、管理制度上墙、试验设备管理和使用台账化等具体要求，为实验中心各实验室安全、有序、高效的运行提供了保障。

【大型多功能振动台阵实验室建设】2017年10月份完成了大型多功能振动台阵实验室主体结构建设，并于年底进行了主体工程验收。召开了大型多功能振动台阵项目的专家咨询会，对振动台阵中标厂家提供的设计方案进行专家论证和评审；召开了大型多功能振动台阵项目设备基础方案的专家咨询会，确定了振动台阵基础的设计方案；将实验室建设过程中的各类文件进行归档，建立了大型多功能振动台阵实验室建设档案库（包含实物档案和电子档案），便于查询和检查；完成了大型多功能振动台实验室建设一期项目配套设备的验收工作；完成了大型多功能振动台阵实验室建设一期项目的绩效报告，进行了大型多功能振动台阵实验室建设二期项目的申报。该项目的建设将科学研究、人才培养与社会服务有机结合，为学校建设一流学科和高水平大学提供了良好保障。

（十）工会工作

【加强组织建设】2017年完成土木学院分工会换届调整工作。土木学院分工会主席兼劳动争议调解委员冯宏岳、副主席兼组织委员刘小红、宣传委员车晶波、青工委员张蕊、生活福利委员赵东拂、文体委员李之红、女工委员程蓓。

【围绕中心开展工作】针对近几年学院青年教师比例大幅增加的实际，为培养青年教师教学能力，提高教学质量和水平，学院出台《土木与交通工程学院青年教师教学基本功比赛的规定》文件，促进青年教师的成长。学院每年举办一届青年教师基本功比赛，推送优秀的青年教师参加学校、北京市级青年教师基本功大赛。

【制度建设】土木学院分工会制订了一整套工作职责规章制度，土木学院分工会定期召开分工会委员会议和分工会小组长会议，研究分工会的各项工作。结合学校福利费的改革，土木学院分工会执行《土木与交通工程学院在职职工福利费使用办法》。

【增强民主管理】学院实施的重大决定均通过各种形式向教职工征求意见，特别是土木学院设立的院务公开栏、公共邮箱以及微信平台等已成为校、院重要事项公开的重要基地。历年来，土木学院分工会民主评议结果满意度均在99%以上。

【开展送温暖活动】三八节、六一节配合校工会组织女教工和儿童参加活动，并发放慰问品；为结婚、生子的教职工及时发放慰问品；为困难和常年生病的教职工办理补助，学院领导亲自探望；配合校工会开展爱心捐款活动。

【开展其他活动】组织季节性游园活动，举办"传师德，提师能、树师风---新老教师交流座谈会"师德专项活动，与学校医务室共同开展应急救护和紧急避险的基本知识和技能的知识问卷等活动。

【获奖情况】5月，卞立波团队的《多孔质环境修复技术》和刘军团队的《玻璃纤维筋混凝土在盾构无障碍始发与接收中的应用》分获市总工会主办的第11届北京发明创新大赛创新项目银奖和铜奖。

（十一）重大事件

7月22日，举办"国际岩石力学学会岩石动力学专业委员会研讨会"。来自中国、俄罗斯、澳大利亚、奥地利、美国、韩国的专家学者以及研究生共计100余人参加了会议，与会者包括中国工程院院士钱七虎、中国科学院院士何满朝、俄罗斯科学院院士Mikhail Guzev教授、西澳大学土木环境和采矿学院Winthrop教授Arcady Dyskin、维也纳农业大学教授吴伟、普渡大学教授陈为农、东北大学长江学者特聘教授朱万成、中国矿业大学长江学者特聘教授周宏伟、武汉大学长江学者特聘教授卢文波、中国科学院地质与地球物理研究所中科院百人计划教授秦四清等国内外著名专家学者。

10月20日，举办住建部全国高校土木工程学科专业指导委员会第六届第五次会议。住建部人事司领导、全国高校土木工程学科专业指导委员会委员共55人参加此次会议。

10月21日，举办"第五届全国高校土木工程专业实践教学研讨会"，来自全国土木工程专业指导委员会的委员以及国内70所高校的200余名土木工程专业老师参加此次会议。会议广泛交流我国土木工程专业实践教学方面的经验，探讨实践教学在土木工程人才培养中的地位和作用，总结近年来我国土木工程专业高等教育教学改革研究和实践成果，促进实践教学成果的推广和交流，推动全国高校土木工程专业人才培养。

10月21日，举办"土木工程学科专业指导委员会本科生优秀创新实践成果候选项目答辩会"。来自全国16所高校的27名学生参加了答辩，评委由土木工程创新领域的一流专家学者担任：哈尔滨工业大学邹超英教授、同济大学熊海贝教授、浙江大学王立忠教授、山东建筑大学周学军教授、北京建筑大学吴徽教授。答辩采用按组顺序依次上台展示，每组12分钟，包含8分钟PPT展示和4分钟现场答问环节。

（刘小红　冯宏岳　戚承志　韩淼）

三、环境与能源工程学院

（一）学院概况

北京建筑大学环境与能源工程学院前身为成立于1984年的城市建设工程系，2006年6月正式更名为环境与能源工程学院，是学校设立最早、实力最强、规模最大的学院之一。学院现有建筑环境与能源应用工程（国家级特色专业）、给排水科学与工程（北京市特色专业、教育部"卓越工程师教育培养计划"试点专业、中美合作"2+2"项目专业）、环境工程（创新人才培养试点专业）、环境科学（创新人才培养试点专业）、能源与动力工程（教育部"卓越工程师教育培养计划"试点专业）等5个本科专业，2005、2010、2015年建筑环境与能源应用工程和给排水科学与工程先后三次通过了住建部高等教育专业评估，学院设有6个硕士学位授予点：供热、供燃气、通风及空调工程、市政工程、环境科学和环境工程、建筑科学技术、建筑遗产保护。同时授予建筑与土木工程、环境工程领域专业硕士学位，并招收"建筑遗产保护理论与技术"博士研究生。

学院拥有10个国家级或省部级教学与科研基地：国家级水环境实验教学示范中心、国家级建筑用能虚拟仿真实验教学示范中心、城市雨水系统与水环境教育部重点实验室、供热供燃气通风及空调工程北京市重点实验室、北京市应对气候变化研究及人才培养基地、北京市可持续城市排水系统构建与风险控制工程技术研究中心、北京市建筑能源高效综合利用工程技术研究中心、电子废弃物资源化国际合作基地、绿色建筑北京市重点实验室（共建）、热力过程节能技术北京市重点实验室和具有国际先进水平的"中法能源培训中心"等。拥有包括国家级工程实践教育基地在内的40余个校外实践教学基地。此外还有北京学者工作室、海绵城市研究院、工业余热利用与节能研究所、城市燃气中心、瑞士万通水质分析实验室等研究机构。

近五年先后承担60余项国家重大科技专项、国际合作和国家自然科学基金等项目，科研经费超过亿元。学院积极开展国际学术交流与合作，与美国奥本大学、明尼苏达大学、加拿大阿尔伯特大学、英国南威尔士大学、诺丁汉大学、日本东京大学、韩国湖西大学、新西兰奥克兰大学等建立了师生交流与合作关系，每年均有一批优秀毕业生到海外高等学府深造。学院秉承学风严谨、崇尚实践与创新的优良传统，引导学生积极参加各类科技创新和科技竞赛，全院本科生在学期间，都有参与大学生科技项目创新项目的经历，每年都有数十个项目获得省部级和国家级的各类奖励。

（二）党建工作

【概述】学院党委在谋划上紧扣"围绕中心抓党建、抓实党建促发展"的工作思路，深入落实全面从严治党的政策精神，坚持目标导向和问题导向，深入开展"两学一做"，认真学习贯彻十九大的精神。完成支部调整工作，认真做好第一次党代会相关工作，以饱满的热情迎接党建评估。开展支部书记培优计划。各党支部多次"联手、联动"活动，实现了本硕、师生、学院间、校企间的共建，为事业发展搭桥铺路；通过支部领学、大爱环能人访谈、新媒体党建等新模式，做到"旗帜鲜明的落实、润物无声的开花"，提出党员做教风学风建设的表率。

【党员发展】学院党委加强对发展党员工作的领导；发展学生党员工作已逐步走上科学化、

规范化、制度化轨道。并在发展党员工作中形成了七个"制"：不断完善共青团"推优"制；认真落实入党联系人和入党积极分子的培训培养制；全面实行发展学生党员公示制；推广接收预备党员票决制；坚持发展对象的预审制；完善预备党员教育考察制；建立入党材料归档制等。扩大党在青年学生中的群众基础，将更多优秀的青年学生吸引到党组织中，使大学生中的党员和入党积极分子人数不断增加。

【党风廉政】学院党委注重班子成员的党风廉政建设。做到学院大会必讲廉政、新任支部书记由党委纪委委员集体廉政谈话，院长书记党风廉政工作全过程纪实。从意识上引导、技术上指导，请财务处处长、审计处为全体教师讲解财务、审计政策。学院将与教师签订的经济责任书塑封返回个人，预防性机制与爱护提醒、劝戒措施并行。

【党支部书记联席会】为更好贯彻落实各级党委精神指示，推动事业发展。环能学院党委坚持党支部书记联席会制度，每月至少召开1次党支部书记联席会，本年度共召开8次，传达上级指示精神，部署当前一段时间的工作任务，扎实有效地推动了上级党委各项工作落地生根。

【参观《复兴之路》主题展览】4月22日，环能学院组织学生党员代表、第六期发展对象培训班学员赴中国国家博物馆参观《复兴之路》主题展览，进一步推进以爱国主义为核心的大学生思想政治教育，引导学生党员、发展对象端正入党动机，坚定理想信念。

【毕业生党员代表座谈会】6月23日，环能学院于大兴校区学院楼B座210会议室召开2017届毕业生党员代表座谈会，学院党委副书记梁凯、本科生第三党支部书记韩志鹏、暖通研究生第二党支部书记张秋月、毕业生党员代表参加了本次座谈会，会议由本科生第二党支部书记曹宇曦主持。

【环境与能源工程学院党委召开全体党员大会选举产生出席中国共产党北京建筑大学第六次党员代表大会代表】10月17日下午，环境与能源工程学院党委在西城校区第二阶梯教室召开全体党员大会，选举出席中国共产党北京建筑大学第六次党员代表大会代表。北京建筑大学党委副书记、校长张爱林，学院党委书记刘艳华，教务处处长、学院院长李俊奇出席会议，学院全体师生党员、部分退休党员等参会，大会由学院党委副书记梁凯主持。大会选举马文林、王文海、田昌荣、冯萃敏、刘艳华、许淑惠、张爱林、张晓然、张群力、郝学军、梁凯、梁贤英、韩志鹏（以姓氏笔划为序）为中国共产党北京建筑大学第六次党员代表大会代表。

（三）全面学习贯彻落实党的"十九大"精神

【开幕】10月18日，学院师生以班级、党支部为单位，在大兴、西城两校区，分别在办公室、教研室、实验室、宿舍、自习室等场所利用手机、电脑、投影、收音机等设备第一时间收听收看十九大报告，暖研第一党支部原副书记王晗作为学生代表接受了北京电视台的专访。习总书记的报告在环能师生中引起了热议。

【环能学院党委理论学习中心组专题学习党的十九大报告】10月19日，环能学院党委理论学习中心组召开专题会议，学习习近平总书记代表十八届中央委员会向大会所做报告。学院党委书记刘艳华、院长李俊奇、副院长张群力、副书记梁凯、党委委员许淑惠、党委委员王文海、院长助理王立鑫参加学习。

【召开党支部书记联席会】10月24日，环能学院召开党支部书记联席会，深入学习领会党的十九大重要精神，学院党委书记刘艳华、全体基层党支部书记参加了本次联席会，会议由学院党委副书记梁凯主持。此次会议的召开,为加强学院党组织建设提供了坚强的思想与组织保障。

【"英华论坛"主题活动】10月31日下午,环能学院在大兴校区召开"英华论坛"主题活动,本次活动邀请马克思主义学院教师张守连为同学们做了题为"用'新'来读十九大"的主题报告,全体2017级新生参加了本次活动,活动由2017级辅导员韩志鹏主持。

（四）师资队伍建设

【概述】截至2017年年底,学院有教职工93人,其中教授14人,副教授35人（含郭全）,讲师19人,高级实验师5人,实验师3人,助理实验师1人,博士后5人,职员6人,辅导员5人。92%以上的教职工具有硕士学位,60%以上的教职工具有博士学位（博士学位56人,硕士学位30人）。77%的专任教师具有博士学位,33%的专任教师有海外留学、研修、工作、学习经历。

【师资队伍建设情况】2017年度环能学院引进专任教师3人（吴莉娜、武利园、王闯）,其中副高级职称2人（吴莉娜、武利园）,引进辅导员1人（陈启超）。本年度有2名教师完成出国访学、留学（熊亚选、徐鹏）,新增1名出国访学教师（杨晖）。本年度获批海聚工程教授5人。2017年晋升教授2人（冯萃敏、李颖）;晋升副教授5人（李惠民、张君枝、张晓然、付昆明、孙丽华）;晋升高级实验师1人（黄忠臣）。

【教师队伍培养工作】2017年,环能学院组织教职工参加新教工培训、师德素养提升培训、科研能力培训、研究生导师高级研修、外语教学与科研培训、政策解读、教学成果奖申报、互联网+课堂等各类培训13场,参训人员达100余人次,提高了教学、科研、管理水平和师德素养。

【榜样力量】2017年6月,环境科学与工程系被评为校级先进集体,王建龙、王立鑫被评为校级优秀教师,田园被评为校级优秀教育工作者。

（五）学科建设

【概述】2017年,环能学院积极参与学科评估,按照博士点水平要求进行建设。适应非全日制研究生招生改革的新形势,保障招生规模,持续推进提高各学科研究生毕业学术成果标准,保障研究生培养质量。严格研究生导师遴选资格,提升导师水平。

【积极参与学科评估】顺利完成环境科学与工程一级学科和土木两个二级学科的评估准备工作。积极配合建筑学、城市规划等一级学科评估。环境学科首次参评,在参评的155所高校中评估结果为C+（排名并列64位,百分位在40%~50%区间,其中,具有博士授权的高校共60所,参评57所）;土木工程学科在参评的134个学科中,获得B的好成绩（排名并列27位,百分位在20%~30%区间,其中,具有博士授权的高校共56所,参评54所）。

【博士点申报工作取得重大进展】按照学校的总体部署,认真准备土木工程、环境科学与工程两个一个学科的博士点申报前期准备工作,按时高质量完成申报文件。环境学科在北京市初评中通过评审;土木学科已通过教育部复评。最重要的是,通过申报查找短板,凝练了特色和方向,为后期学科发展指明了方向。

【行业智库】积极探索研究创新机制,开展跨学科的研究,同时为住建部、发改委提供行业智库,扩大学科影响力。主编住房城乡建设部组织的《海绵城市建设评价标准》GB/T 51345等多部行业规范、标准图集的编制和政策制定,参加发展改革委组织的应对气候变化政策文件的制定等。

【研究生招生及培养情况】2017年招收全日制与非全日制研究生共计160人。持续推进提高各学科研究生毕业学术成果标准，以该学术标准完成2017届全日制研究生的毕业答辩工作，学术成果的水平和研究生培养质量稳步提升，提高研究生培养过程规范化管理，在研究生课题开题、中期检查、论文查重、参加学术活动和会议、校企联合培养等方面继续加强管理，严格把关。7名研究生获得国家奖学金。严格研究生导师遴选资格，落实年度研究生导师年报统计与上报工作，全面提升研究生导师队伍水平。

（六）教学工作

【概述】环能学院5个本科专业共招生8个班，招生共264人，实施2017级培养方案。环境工程和环境科学专业实施大类招生，环境类创新实验班首次招生2个班。新生中包括"双培计划"18人，按照"3+1"模式由北京大学、北京师范大学与北京建筑大学合作培养。新生中包括"外培计划"2人，与韩国大田大学按照"1+2+1"模式合作培养。环境与能源工程学院新生继续实行学分制。2017届毕业本科生共288人，毕业率98.3%，学位授予率97.6%。毕业班有6人参加"实培计划"，包括科研类毕业设计2人和创业类毕业设计4人。毕业设计（论文）全面实施查重检测，成果重复率低于30%为通过的基本条件。抓住专业认证、本科审核式评估契机，大力开展专业建设，强化教学管理研究和平台建设，人才培养内涵式发展见实效。

【抓住专业评估认证契机，大力开展专业建设】2017年，学院细化落实审核评估准备工作，实现学院教学资料集中规范存档；环境工程教育教学团队敢为人先，率先完成学院第一个、学校第二个工程教育专业认证；巩固建环、给排水、环境工程专业评估/认证成果，不断完善教学管理体系，并积极申报北京市一流专业。

【对标国家级实验中心要求，强化实践平台建设】完成水环境国家级实验教学示范中心的年度考核，进一步加强水环境国家级实验教学示范中心建设；开展建筑用能国家级虚拟仿真实验教学示范中心的建设调研与规划，积极建设虚拟仿真实验教学项目；给学院水环与暖热两大专业方向以强有力的实践平台支撑。

【注重成果凝练，人才培养见实效】环境工程专业完成工程教育认证，成为学院第一个通过专业认证的专业，为我校其他工科专业树立了典范；总结凝练5项教学成果，并申报北京市教学成果奖；在校生中国家英语四级主考年级（2015级）的通过率累计达64.9%，略高于2014级同期通过率；2017届毕业生的国家英语四级累计通过率为86.7%，比2016届的73.8%有较大提升；2017届毕业生毕业率、学位授予率分别为98.6%、97.6%，与2016届的98.1%、96.6%基本相当；学院被评为招生先进集体和就业先进集体。成功推免研究生2人。

【第四届全国给排水科学与工程专业评估委员会成立大会在我校召开】2月17日，第四届全国给排水科学与工程专业评估委员会成立大会在北京建筑大学举办。住建部人事司人才与培训处处长何志方，我校副校长李爱群，新一届评估委员会主任、哈尔滨工业大学市政学院院长崔福义，以及来自26个高校与企业的评估委员会成员参加了此次会议。会议第一阶段的换届成立大会由何志方主持，李爱群致欢迎辞，李爱群校长对第四届全国给排水科学与工程专业评估委员会成立大会在我校召开表示祝贺，并介绍了我校悠久的办学历史和学科专业特色、"两高"办学布局、"十三五"工作重点等，并希望全国给排水科学与工程专业评估委员会能为我校的专业建设与发展多多给予指导和帮助。何志方处长宣读了住房和城乡建设部文件，并为每一位评估委员会委员颁发了聘书。会议第二阶段为评估委员会工作会议，由新一届评估委员会主任、哈尔滨工业大学崔福义教授主持，何志方处长介绍了全国高校建筑学、城乡规划、土木工程、建筑环境与能源应用工程、给排水科学与工程、工程管理等专业评估/认证的基本情况，对新一届给排水科学与工程专业评估委员会提出要求与期望，崔福义教授做了全国高校给排水科学与工程专业评估/认证基本要求与评估文件总体情况的报告，湖南大学施周教授针对专业评估/认证过程中自评报告审阅和入校视察环节的相关问题做了报告，全体评估专家针对给排水科学与工程专业评估/认证工作的开展进行了深入交流和讨论，对未来全国给排水科学与工程专业评估/认证的基本程序、基本要求达成了共识，形成了基本工作模式。我校建筑学、城乡规划、土木工程、建筑环境与能源应用工程、给排水科学与工程、工程管理等六个专业均通过了住建部的评估，其中给排水科学与工程专业已连续通过3轮专业评估。

【学校首场无人监考考试成功举办】为加强教风学风联动，把教风学风联动活动引向深入，进一步提升教风学风联动水平，切实提高教风学风建设实效，6月23日学校建校史上首场无人监考考试——环境实验161班有机化学考试在基A-324进行，无人监考考试试点工作取得圆满成功。

【名师讲坛，国际视野】为开拓学生国际化视野，提升人才培养质量，学院邀请国外知名教授开展讲座及学术报告活动。

3月20日，我校通识核心课之"名师讲坛"第十二讲在大兴校区如期开讲。主讲人是美国奥本大学土木工程系教授方兴。100余名学生和部分教师、研究生聆听讲座。讲座由教务处处长李俊奇主持。

4月17日上午，海聚工程特聘教授系列讲座在西城校区教1-126举行，来自丹麦技术大学博士生导师、教授房磊应邀为我校师生做学术报告。人事处处长陈红兵、环境与能源工程学院党委书记刘艳华、副院长张群力及我校师生参加了本次学术讲座。

5月11日下午，在西城校区第三阶梯教室，市政工程系特邀澳大利亚昆士兰大学高级水务管理中心（AWMC）主任、澳洲工程院院士、清华大学"千人计划"特聘教授袁世国教授详细讲解了他们仅用20年便将其领导的AWMC发展为世界知名水研究中心的故事。学术报告由市政工程系主任郝晓地教授主持，环能学院及外校部分教师和研究生、本科生约80余人出席、听讲。报告结束时，许多研究生踊跃提问、发言，现场气氛互动、融洽。

9月8日下午，北京建筑大学西城校区实验2号楼206会议室，来自英国拉夫堡大学建筑与土木工程学院的Mahroo Eftekhari教授为我校师生做题目为"英国建筑能源技术现状与研究"的学术讲座。环境与能源工程学院相关教师、研究生、本科生参加讲座。讲座由我校环境与能源工程学院聂金哲老师主持。

【环境工程专业认证】11月20日上午，环境工程专业认证专家见面会在大兴校区四合院会议室举行。以北京科技大学唐晓龙教授、湖北省环境科学研究院院长蔡俊雄、环保部环境工程评估中心党委书记梁鹏、中核建中核燃料元件公司首席工程师汪建红、桑德集团有限公司总工姜安平5位专家以及专家组秘书南昌大学舒龙博士组成的中国工程教育专业认证协会专家组进驻我校，对环境工程专业开展现场考察。学校党委副书记张启鸿、副校长李爱群出席会议。相关职能部门负责人，以及环境与能源工程学院党政班子全体成员、环境工程专业教师代表参加见面会。张启鸿主持见面会。11月22日上午，我校环境工程专业工程教育专业认证反馈意见交流会在大兴校区四合院会议室召开。专家组组长唐晓龙教授代表专家组进行了意见反馈。专家组充分肯定了学校和环能学院对此次工程教育专业认证的重视和总体安排，并一致认为：环境工程专业特色明显、学生认可度高；学校对环境工程专业投入较大，软硬件设施完善；本科教学管理有效、各种资料完备。在肯定成绩的同时，专家组也提纲挈领地指出了一些问题。唐晓龙建议，在今后的专业建设中要围绕达成度、课程体系、持续改进、师资队伍等方面进一步加强建设。

（七）科研工作

【概述】 2017年，科研工作提升层次重质量，科研项目及经费又上新水平。邀请高水平专家来校做学术讲座，营造良好科研学术氛围。瞄准国家和北京市战略需求，强化科研成果的落地和转化。

【积极参与高精尖中心建设工作】 落实环能学院第一批高精尖中心学术团队的建设。同时积极组织申报并遴选出第二批高精尖中心重大项目。

【科研项目及经费】 积极申请国家科技重大专项和国家自然科学基金、北京市自然科学基金、北京市科委、北京市教委等科研项目的申报。2017年度，作为课题牵头单位，获批"十三五"国家重点研发专项2项。获批国家自然科学基金3项。2017年到账横向与纵向科研经费2306.5万元。

【良好科研学术氛围】 积极邀请高水平专家来校做学术讲座，营造良好科研学术氛围。聘请清华大学岳光溪院士为我校高精尖中心学术委员会委员，并为我校师生做了高水平学术讲座。邀请北京理工大学国家千人计划获得者刘淑丽教授、华南理工大学国家千人陈少伟教授来校做学术讲座。聘请6名海聚人才做学术讲座和课程建设。积极邀请丹麦科技大学、清华大学等学术讲座20余次。

【成果转化服务社会】 瞄准国家和北京市战略需求，强化科研成果的落地和转化。获批通州副中心海绵城市建设项目。积极服务通州副中心与雄安新区建设需求，长期派出多名教师在通州参加海绵城市规划设计；派出2名教师参加为期两周的雄安新区模拟建设工作营，服务工作获得雄安新区管委会的赞同和表扬。积极落实校企协同建设工作，协调与促进学院与校企业务合作与校企科研成果转化。

【科研成果】 发表SCI检索56篇、核心期刊学术论文164篇，申请发明专利45项，实用新型专利17项。

【王文亮、李俊奇、车伍署名文章荣获2016年度《给水排水》优秀论文特等奖】 4月22～23日，第七届中国水业院士论坛暨水安全保障战略与技术高峰论坛在上海富悦大酒店隆重召开，同期举行了2016年度"中国水业人物"与"沃德杯"第七届《给水排水》优秀论文（2016年度）颁奖盛典。我校环境与能源工程学院教师王文亮、李俊奇、车伍等撰写的文章荣获《给水排水》优秀论文特等奖。《给水排水》优秀论文评选活动由中国建设科技集团股份有限公司、中国土木工程学会水工业分会、高等学校给排水科学与工程学科专业指导委员会、全国给水排水技术信息网主办，《给水排水》杂志社、上海威派格智慧水务股份有限公司以及亚太建设科技信息研究院有限公司承办，共设特等奖1名、一等奖1名、二等奖3名、三等奖9名。该评选活动始于2011年，今年是第七届。王文亮等的论文《雨水径流总量控制目标确定与落地的若干问题探讨》脱颖而出获得特等奖，这是继我校李俊奇教授获得"2015年度中国水业人物"后，北京建筑大学教师在本活动上获得的又一殊荣。文章阐述了城市雨水径流总量控制目标的内涵、工程落地方法、实施效果影响因素、设施规模确定与优化方法、指标考核办法等，为雨水径流总量控制目标更科学、有效的落地提供了重要参考，为正在编制的国家标准《海绵城市建设评价标准》提供了重要支撑。我校雨水团队的多年研究成果为我国海绵城市建设提供了重大支撑。

【建筑结构与环境修复功能材料北京市重点实验室发表两篇封面论文】 建筑结构与环境修复功能材料北京市重点实验室王崇臣课题组（新型环境修复材料与技术课题组）2015级硕士研究生李珺娇为第一作者和王崇臣教授为通讯作者在国际期刊 Polyhedron（多面体）上发表题为"Two zigzag chain-like lanthanide（III）coordination polymers based on rigid 1，3-adamantanedicarboxylic acid ligand：crystal structure，luminescence and magnetic properties"（基于刚性1，3金刚烷二羧酸的2种之字形镧系配位聚合物：晶体结构、荧光和磁性）的研究论文，并被选用封面论文。该课题组2015级硕士研究生王莆学为第一作者和王崇臣教授为通讯作者在《无机化学学报》（国内著名SCI期刊）发表题为"UiO系列金属——有机骨架的合成方法与应用"综述论文，并被选用封面论文。

【王崇臣教授课题组又增1篇ESI高被引论文】 根据汤森路透ESI最新数据显示，北京建筑大学环能学院王崇臣教授课题组（新型环境修复材料与技术课题组）又增加1篇基本科学指标（Essential Science Indicators，ESI）高被引论文。该论文标题为 Photocatalytic Cr（VI）Reduction in Metal-Organic Frameworks：A Mini-review（《金属-有机骨架用于光催化还原 Cr（VI）：小综述》）（王崇臣教授为一作及通讯作者，研究生杜雪冬为第二作者），于2016年9月在全球环境工程领域排名第一的 Applied Catalysis B：Environmental（应用催化B：环境，影响因子8.328）上发表，从发表至今已被引用20次（WOS数据）。王崇臣课题组的另一篇题为 Photocatalytic Organic Pollutants Degradation in Metal-Organic Frameworks（《金属-有机骨架用于光催化降解有机污染物》）的论文从2014年12月开始被选为ESI高被引论文。该论文于2014年9月发表在全球环境科学领域排名第一的 Energy & Environmental Science（《能源与环境科学》）（影响因子25.427）上，目前已经被引用198次（WOS数据）。另外，Journal of Molecular Structure 更新了从2012年以来在该期刊发表论文的引用排名，王崇臣课题组题为 Photocatalytic CO_2 reduction in metal-organic frameworks：A mini review（《金属-有机骨架用于光催化还原 CO_2：小综述》）（王崇臣为一作和通讯作者、研究生张艳秋为二作）论文入选该期刊高被引论文，排名21/25。该论文目前被引用32次。

2017年环能学院承担的各类科研项目一览表

序号	项目名称	负责人	项目来源	项目级别	合同经费（万元）	起止时间	项目类别
1	需求响应式能源供应系统研究	陈红兵	科技部	省部级	12	2017-12-01 到 2019-12-01	
2	交直流供配电的仿真对比研究	王晓辉	科技部	省部级	18	2017-12-01 到 2019-12-01	子课题

续表

序号	项目名称	负责人	项目来源	项目级别	合同经费（万元）	起止时间	项目类别
3	寒冷地区室内微生物污染控制示范工程应用效果测试验证及分析	于丹	科技部	省部级	21	2017-12-01 到 2020-06-01	
4	夏热冬冷地区室内微生物污染控制示范工程应用效果测试验证及分析	张金萍	科技部	省部级	21	2017-12-01 到 2020-06-01	
5	超临界 CO_2 微细流道换热及流动特性研究	史维秀		省部级	10	2017-12-01 到 2021-12-01	课题
6	建筑垃圾再生渗蓄功能材料的制备及应用关键技术研究与示范	张大玉	中国建筑发展有限公司	国家级	185	2017-12-01 到 2020-12-01	课题
7	微通道换热器空气源热泵结/融霜特性及其改善技术研究	胡文举	中国建筑科学研究院		3	2017-09-01 到 2019-08-31	
8	雄安新区城市基层社区风险评估机制与韧性提升策略研究	周霞		国家级	17	2017-11-01 到 2018-10-01	课题
9	机电系统和可再生能源系统与建筑热过程耦合计算模型开发	张群力	清华大学	国家级	186	2017-11-01 到 2020-12-01	课题
10	种养殖企业（组织）非二氧化碳温室气体排放量化及核查关键技术研究	马文林	国家认证认可监督管理委员会认证认可技术研究所	国家级	210	2017-11-01 到 2020-06-01	课题
11	文物建筑电气火灾监控及防火技术研究与应用示范	刘芳	北京市科学技术委员会	省部级	65	2017-11-01 到 2018-12-01	课题
12	高温热泵压缩机的纳米润滑与表面处理研究	王瑞祥			3	2017-05-01 到 2018-04-30	
13	北京长城国家公园资源价值整合及保护利用模式研究	蔡超	住房城乡建设部科学技术计划与北京未来城市设计高精尖创新中心开放课题资助项目	省部级	30	2017-10-01 到 2019-06-01	课题
14	多层环糊精-氧化石墨烯骨架薄膜的制备及其去除水中微污染物的效能与机制研究	张紫阳		国家级	21	2017-09-21 到 2020-12-31	
15	区域雨水径流源头控制关键参数及其确定方法研究	王文亮		国家级	22	2017-09-21 到 2020-12-31	

续表

序号	项目名称	负责人	项目来源	项目级别	合同经费（万元）	起止时间	项目类别
16	金属有机骨架材料空气净化除湿机理及其在固体除湿净化空调系统应用研究	聂金哲		国家级	22	2017-09-21 到 2020-12-31	
17	城市规划中建筑垃圾源头减量化、资源化研究	荣玥芳	中国建筑发展有限公司	省部级	20	2017-08-01 到 2020-12-01	子课题
18	有机物对于城市污水主流厌氧氨氧化的影响	付昆明		地市级	15	2017-07-04 到 2019-12-31	
19	综合管廊安全技术研究及北京城市副中心应用示范——燃气、雨污水管线入廊关键技术研究	冯萃敏	北京市科学技术委员会	省部级	75	2017-07-01 到 2018-12-01	
20	渗蓄功能材料净水效能保障于优化技术	李海燕		国家级	20	2017-07-01 到 2020-06-01	子课题
21	污水中胞外多糖回收之膜分离机理研究	曹达啟		地市级	15	2017-07-01 到 2018-12-01	
22	小尺度太阳能中温集热器基础科学问题研究	徐荣吉		地市级	45	2017-07-01 到 2020-07-01	项目
23	雨水口流量计产业化研发	王文海		省部级	10	2017-07-01 到 2018-12-01	项目
24	透水铺装深度处理系统对径流雨水重金属去除效能机制研究	张紫阳		省部级	10	2017-07-01 到 2018-12-01	项目
25	相变蓄热换热技术在间歇性工业余热利用中的应用研究	闫全英	北京市自然科学基金委员会、北京市教育委员会	省部级	50	2017-06-29 到 2019-12-31	
26	纳米复合材料中工业纳米颗粒径流冲刷释放机理研究	张晓然	北京市教育委员会	地市级	15	2017-06-29 到 2019-12-31	
27	垃圾渗滤液生物处理系统自养深度脱氮研究	吴莉娜	国家自然科学基金委员会	国家级	75	2017-05-24 到 2020-12-31	
28	太阳能光电在绿色建筑中的综合应用研究	陈红兵	住房和城乡建设部科技发展促进中心	省部级	20	2017-05-01 到 2020-06-31	子课题
29	脉动热管的热力学机理研究	史维秀	北京市自然科学基金委员会办公室	省部级	20	2017-04-12 到 2019-12-31	

续表

序号	项目名称	负责人	项目来源	项目级别	合同经费（万元）	起止时间	项目类别
30	可生物降解纳米颗粒阻断肿瘤大血管的冷冻治疗方法研究	孙子乔	北京市自然科学基金委员会办公室	省部级	8	2017-04-12 到 2018-12-31	
31	绿色建筑温湿度独立控制和新风系统技术适应性研究	牛润萍	天津大学	省部级	20	2017-04-01 到 2020-06-01	子课题
32	服务业公共建筑节水关键技术集成与示范	冯萃敏	北京市科学技术委员会	省部级	40	2017-03-23 到 2019-06-30	
33	饮用水中特征致嗅物质的氧化去除技术研究	张君枝	中国科学院生态环境研究中心	省部级	70	2017-03-22 到 2017-12-31	
34	分散调节方式下的住宅空调使用行为及其定量模型研究	王闯	清华大学	国家级	20	2017-01-01 到 2019-12-01	项目
35	功能化石墨烯吸附-光催化协同降解水中呕吐毒素的机理研究	白小娟	国家自然科学基金委员会	国家级	14	2017-01-01 到 2019-12-01	项目
36	中国建筑终端能耗模型建筑面积研究	那威	中国建筑节能协会	横向	10	2017-12-20 到	技术咨询
37	中国制冷维修行业区域良好操作培训项目	张群力	环境保护部环境保护对外合作中心	横向	66	2017-12-15 到 2018-06-30	技术服务
38	热力站负荷预测研究与应用-完善"一站一日计划"应用平台科研课题项目	李锐	北京市热力集团有限责任公司	横向	196	2017-12-15 到	技术服务
39	煤改电项目技术咨询	邵宗义	北京同乐鑫盛节能工程有限公司	横向	18	2017-12-01 到	技术咨询
40	雨污水管道清淤机器装置的开发	许淑惠	北京东方博讯科技发展有限公司	横向	31	2017-11-20 到	技术开发
41	鲁商青岛八大湖项目海绵城市专项设计	王思思	青岛锦绣前程房地产开发有限公司	横向	11	2017-11-17 到 2018-08-31	校企转横向
42	迷宫格式强化活性污泥法污泥减量工艺研究	吴俊奇	北京博大水务有限公司	横向	164	2017-11-03 到	技术服务
43	建材行业标准研究与制定	孙金栋	北京绿标建材产业技术联盟	横向	50	2017-11-01 到	技术服务
44	好氧颗粒污泥技术中试研发和工程示范	郝晓地	首创爱华（天津）市政环境工程有限公司	横向	30	2017-10-24 到	技术服务

续表

序号	项目名称	负责人	项目来源	项目级别	合同经费（万元）	起止时间	项目类别
45	北京公共场合空气污染控制技术研发	张金萍	北京合众大成环保科技有限公司	横向	30	2017-10-15 到	技术服务
46	通州供热系统运行优化研究	段之殷	北京优奈特燃气工程技术有限公司	横向	20	2017-10-12 到 2018-11-30	技术服务
47	思科（中国）杭州总部新风系统现场测试服务	张群力	伊尔姆环境资源管理咨询（上海）有限公司	横向	3	2017-09-30 到	技术服务
48	北京凉水河水环境保护宣传活动	王崇臣	中华环境保护基金会	横向	1	2017-09-20 到	技术服务
49	大气颗粒物中有机酸的测定	李海燕	北京林业大学	横向	5	2017-09-12 到	技术服务
50	污水管道清淤机器人的研制	许淑惠	北京城市排水集团有限责任公司	横向	14	2017-09-03 到	技术开发
51	《低影响开发雨水控制利用设施运行与维护》国家标准制定	李俊奇	中国国家标准化管理委员会	横向	12	2017-08-30 到	技术服务
52	沉积物和水体总有机碳TOC及砷含量检测	李海燕	北京师范大学环境学院	横向	4	2017-08-05 到	技术服务
53	典型 VOC 排放企业有机废气采样与检测	杜晓丽	北京市环境保护科学研究院	横向	4	2017-07-28 到	技术服务
54	福州市海绵城市试点区域（三江口片区）控制性详细规划	车伍	福州市城乡规划局	横向	15	2017-06-01 到	技术服务
55	无锡市海绵城市专项规划（2016～2030 年）-水生态修复及黑臭水体治理策略研究	杨海燕	中国城市规划设计研究院	横向	15	2017-04-21 到	技术服务
56	国家仪器验证与综合评价合作协议核心实验室	王崇臣	北京出入境检验检疫局检验检疫技术中心	横向	7	2017-04-15 到	技术服务
57	北京新机场海绵城市建设技术导则	王建龙	上海昊沧系统控制技术有限公司	横向	30	2017-03-20 到 2017-09-19	技术服务
58	餐饮油烟管道自动清洁机器人的研制	许淑惠	廊坊市飞博机械有限公司	横向	10	2017-03-10 到	技术开发
59	大型航站楼室内环境现状测试与分析	聂金哲	清华大学	横向	10	2017-03-05 到	技术服务

续表

序号	项目名称	负责人	项目来源	项目级别	合同经费（万元）	起止时间	项目类别
60	湖州市海绵城市建设试点城市实施方案	宫永伟	湖州吴兴南太湖建设投资有限公司	横向	4	2017-03-01 到	技术服务
61	湖州示范区内涝风险模型分析和海绵城市建设效果模型评价	宫永伟	湖州吴兴南太湖建设投资有限公司	横向	48	2017-03-01 到	技术服务
62	湖州市海绵城市建设试点城市申报材料	袁冬海	湖州吴兴南太湖建设投资有限公司	横向	44	2017-03-01 到	技术服务
63	湖州市海绵城市专项规划专题研究	袁冬海	湖州市住房和城乡建设局	横向	40	2017-03-01 到	技术服务
64	《一种近液面气体采样装置》专利转让	史永征	北京尤奈特燃气工程技术有限公司	横向	1	2017-03-01 到	技术转让
65	《一种水下气体压力取压装置》专利转让	史永征	北京尤奈特燃气工程技术有限公司	横向	1	2017-03-01 到	技术转让
66	新型独立膨胀机燃气调压系统设计	熊亚选	北京瑞达科仪科技发展有限公司	横向	8	2017-01-15 到	技术开发
67	中小学科学实验项目开发	王鹏	北京市中育启智教育科技有限公司	横向	2	2017-01-13 到	技术服务
68	生活垃圾资源化处理项目	刘建伟	安徽省四维环境工程有限公司	横向	7	2017-01-12 到	技术服务

2017年环能学院教师发表的学术论文一览表

序号	成果名称	第一作者	发表时间	发表刊物	刊物类别
1	燃烧源餐饮场所就餐环境内颗粒物PM1、PM2.5和PM10的浓度水平及影响因素分析	张金萍	2017-12-30	建筑科学	中文核心期刊
2	Photocatalytic Cr（VI）reduction and organic pollutants degradation in a stable 2D coordination polymer	王莆学	2017-12-28	Chinese Journal of Catalysis	SCI
3	北京市生活垃圾焚烧发电厂温室气体排放及影响因素	李颖	2017-12-27	环境工程学报	中文核心期刊
4	Simulation and analysis of flow field in sludge anaerobic digestion reactor based on computational fluid dynamics	曹秀芹	2017-12-21	journal of chemical reactor engineering	SCI

续表

序号	成果名称	第一作者	发表时间	发表刊物	刊物类别
5	A Novel Catalytic Ceramic Membrane Fabricated with $CuMn_2O_4$ particles for Emerging UV Absorbers Degradation from Aqueous and Membrane Fouling Elimination	Yang Guo	2017-12-12	Journal of Hazardous Materials	SCI
6	污水截流井的设计优化分析	曹秀芹	2017-12-10	给水排水	中文核心期刊
7	GSH 和 CTAB 功能纳米金比色法快速检测 Pb_2+ 的研究	寇莹莹	2017-12-09	化学试剂	中文核心期刊
8	Effects of watering parameters in a combined seawater desalination process	杨晖	2017-12-08	Desalination	中文核心期刊
9	Toxicity study of reclaimed water on human embryonic kidney cells	任相浩	2017-12-08	Chemosphere	SCI
10	典型抗生素在三种湿地基质中的吸附特性研究	杨海燕	2017-12-06	环境工程	中文核心期刊
11	污水处理厂中碳酸钙结垢产生的机理探讨	刘凡奇	2017-12-05	水处理技术	中文核心期刊
12	污水处理厂中碳酸钙结垢产生的机理探讨	付昆明	2017-12-05	水处理技术	中文核心期刊
13	Heterogeneous activation of peroxymonosulfate by hierarchical $CuBi_2O_4$ to generate reactive oxygen species for refractory organic compounds degradation: morphology and surface chemistry derived reaction and its mechanism	Yiping Wang	2017-12-01	Environmental Science and Pollution Research	SCI
14	透水铺装改性基层对典型径流污染物动态除污实验研究	王俊岭	2017-12-01	科学技术与工程	中文核心期刊
15	再生水处理中预沉积吸附剂对缓解膜污染的作用研究	冯萃敏	2017-12-01	水处理技术	中文核心期刊
16	某地下车库通风稀释污染物浓度的模拟分析	李锐	2017-12-01	建筑工程技术与设计	中文一般期刊
17	浅析公共建筑空调节能技术措施	李锐	2017-12-01	建筑工程技术与设计	中文一般期刊
18	组合式生物反应器处理多组分恶臭气体性能	刘建伟	2017-12-01	科学技术与工程	中文核心期刊
19	Techno-economic analysis of air source heat pump applied for space heating in northern China	张群力	2017-12-01	Applied Energy	SCI

续表

序号	成果名称	第一作者	发表时间	发表刊物	刊物类别
20	Insights into the pollutant-removal performance and DOM characteristics of stormwater runoff during grassy swales treatment	袁冬海	2017-12-01	Environmental Technology	SCI
21	污泥在SBR和AO工艺中的流变特性分析	曹秀芹	2017-11-29	工业安全与环保	中文核心期刊
22	R245fa、R123对太阳能有机朗肯循环系统性能的影响	王瑞祥	2017-11-28	太阳能学报	中文核心期刊
23	对猪粪干式厌氧消化系统氨氮浓度变化规律的探索	曹秀芹	2017-11-28	科学技术与工程	中文核心期刊
24	Effects of Climate Change on 2-Methylisoborneol Production in Two Cyanobacterial Species	张君枝	2017-11-22	Water	
25	Nanoparticle-Mediated Cryosurgery for Tumor Therapy	孙子乔	2017-11-17	Nanomedicine Nanotechnology, Biology, and Medicine	SCI
26	农村厕所改造现状及存在问题探讨	付昆明	2017-11-17	中国给水排水	中文核心期刊
27	农村厕所改造现状及存在问题探讨	李慧	2017-11-15	中国给水排水	中文核心期刊
28	Enrichment of highly settleablemicroalgal consortia in mixed cultures for effluent polishing and low-cost biomass production	胡沅胜	2017-11-15	Water Research	SCI
29	美国雨水排放许可证制度对我国雨水管理启示研究	张质明	2017-11-10	给水排水	中文核心期刊
30	中小城市管廊建设现状分析	杨海燕	2017-11-06	隧道建设	中文核心期刊
31	宿舍环境因素与大学生呼吸道感染疾病的关系研究	王立鑫	2017-11-04	第八届室内环境与健康分会学术年会论文集	国内学术会议论文集
32	日常防护型口罩对PM2.5和PM10的防护效果评价	王立鑫	2017-11-04	第八届室内环境与健康分会学术年会论文集	国内学术会议论文集
33	北京某高校教室内颗粒物污染特征及相关性研究	王立鑫	2017-11-04	第八届室内环境与健康分会学术年会论文集	国内学术会议论文集
34	Degradation of p-nitrophenol by FeO/H_2O_2/persulfate system: Optimization, performance and mechanisms	Jun Li	2017-11-01	Journal of the Taiwan Institute of Chemical Engineers	SCI

续表

序号	成果名称	第一作者	发表时间	发表刊物	刊物类别
35	Study on Applicability of Fresh Air Technology in Green Building	牛润萍	2017-11-01	Proceedings of the 4th Academic Conference of Civil Engineering and Research	国内学术会议论文集
36	A_2/O 工艺用于污水处理厂升级改造的适用性分析	郝晓地	2017-11-01	中国给水排水	中文核心期刊
37	Analysis and comparison study on different HFC refrigerants for space heating air source heat pump in rural residential buildings of north china	聂金哲	2017-11-01	Procedia Engineering	国际学术会议论文集
38	Zeotropic mixture active design method for organic Rankine cycle	翟慧星	2017-11-01	Applied Thermal Engineering	SCI
39	SBR 和 A/O 工艺活性污泥的流变特性分析	曹秀芹	2017-11-01	工业安全与环保	中文核心期刊
40	Cu_2+ release and transfer in various Fe/Cubased processes during waste-water treatment	Zhaokun Xiong	2017-11-01	Journal of the Taiwan Institute of Chemical Engineers	SCI
41	多氯联苯在污水处理过程中的分布和变化规律	吕小凡	2017-11-01	中国给水排水	中文核心期刊
42	环境舱内典型物质燃烧释放颗粒物 PM1.0 的排放特征及影响因素研究	张金萍	2017-10-30	建筑科学	中文核心期刊
43	Treatment Performance and Degradation Process of Contaminants in Vitamin B12 Wastewater	袁冬海	2017-10-28	Environmental Engineering Science	SCI
44	Experimental study on the cooling charge and discharge characteristics of a PCM based fin-tube thermal energy storage exchanger	胡文举	2017-10-22	Procedia Engineering	国际学术会议论文集
45	Analysis on Building Thermal Environment and Energy Consumption for an Apartment in the Different Heating Modes	胡文举	2017-10-22	Procedia Engineering	国际学术会议论文集
46	The Influence of Ejector's Structure Parameters on the Performance of Ejector Refrigeration System	胡文举	2017-10-22	Procedia Engineering	国际学术会议论文集

续表

序号	成果名称	第一作者	发表时间	发表刊物	刊物类别
47	Insights into the pollutant-removal performance and DOM characteristics of stormwater runoff during grassy swales treatment	袁冬海	2017-10-20	Environmental Technology	SCI
48	居室内PM2.5污染特征及影响因素研究	李晓男	2017-10-20	环境与健康杂志	中文核心期刊
49	工科非化学专业各门化学课程教学的融会贯通	岳冠华	2017-10-18	大学教育	中文一般期刊
50	New district heating system based on natural gas-fired boilers with absorption heat exchangers	孙方田	2017-10-17	Energy	外文期刊
51	美国城市建成区雨水系统改造经验分析	车伍	2017-10-16	中国给水排水	中文核心期刊
52	从污水中技术氮回收不具经济性	郝晓地	2017-10-16	中国给水排水	中文核心期刊
53	Theoretical modelling and experimental study of air thermal conditioning process of a heat pump assisted solid desiccant cooling system	聂金哲	2017-10-15	Energy and Buildings	SCI
54	居室内PM2.5污染特征及影响因素研究	王立鑫	2017-10-15	环境与健康杂志	中文核心期刊
55	基于增热型吸收式换热的燃气锅炉集中供热技术节能效益分析	孙方田	2017-10-15	建筑科学	中文核心期刊
56	New low temperature industrial waste heat district heating system based on natural gas fired boilers with absorption heat exchangers	孙方田	2017-10-01	Applied Thermal Engineering	外文期刊
57	纳米二氧化硅强化四元溴化盐熔化潜热及热稳定性的实验研究	熊亚选	2017-10-01	太阳能学报	中文核心期刊
58	本科生参与研究生科研项目培养专业兴趣	袁冬海	2017-10-01	北京建筑大学2017年教育教学改革与研究论文集	中文一般期刊
59	大学生创新团队分类及特征分析	袁冬海	2017-10-01	北京建筑大学2017年教育教学改革与研究论文集	中文一般期刊
60	基于翻转课堂的研讨式教学在通识课程中实践与探索	张伟	2017-10-01	北京建筑大学2017教育教学改革与研究	国内学术会议论文集

续表

序号	成果名称	第一作者	发表时间	发表刊物	刊物类别
61	我校提质转型发展与问题分析	曹秀芹	2017-10-01	2017年教育教学改革与研究	国内学术会议论文集
62	基于实际数据的换热站能效评价方法的开发与研究	于丹	2017-10-01	建筑科学	中文核心期刊
63	城市供水产销差率与漏损控制研究进展	王俊岭	2017-09-30	水资源保护	中文一般期刊
64	浅析海绵城市的顶层设计	章林伟	2017-09-30	给水排水	中文核心期刊
65	某地下车库污染物浓度分布的数值模拟分析	李锐	2017-09-28	环境科学与技术	中文核心期刊
66	Experimental Investigation of a Super Performance Dew Point Air Cooler	徐鹏	2017-09-20	Applied Energy	SCI
67	高频交流电场中细颗粒物凝并的实验研究	李敬波	2017-09-15	环境科学与技术	中文核心期刊
68	高频交流电场中细颗粒物凝并的实验研究	许淑惠	2017-09-15	环境科学与技术	中文核心期刊
69	不同供暖模式下居住建筑热环境与能耗分析	胡文举	2017-09-15	暖通空调	中文核心期刊
70	Effects of weathering and rainfall conditions on the release of SiO_2, Ag, and TiO_2 engineered nanoparticles from paints	张晓然	2017-09-12	journal of nanoparticle research	SCI
71	Reduction of nitrobenzene in aqueous and soil phases using carboxymethyl cellulose stabilized zero-valent iron nanoparticles	郝晓地	2017-09-11	Chemical Engineering Journal	SCI
72	储热材料研究现状及发展趋势	彭浩	2017-09-11	储能科学与技术	中文一般期刊
73	农业建筑中供暖方式及设备的选择	胡文举	2017-09-06	天津农业科学	中文一般期刊
74	北京地区空气源热泵用于果蔬大棚的分析与研究	胡文举	2017-09-06	天津农业科学	中文一般期刊
75	城市综合管廊建设可行性分	杨海燕	2017-09-06	建筑技术	中文核心期刊
76	地理管季节性蓄热的地下传热分析	李锐	2017-09-01	建筑工程技术与设计	中文一般期刊
77	已建小区海绵化改造途径探讨	王建龙	2017-09-01	中国给水排水	中文核心期刊
78	不同污水处理工艺 N_2O 减排方法研究进展	刘建伟	2017-09-01	环境工程	中文核心期刊

续表

序号	成果名称	第一作者	发表时间	发表刊物	刊物类别
79	Removal of Heavy Metals from Urban Stormwater Runoff Using Bioretention Media Mix	王建龙	2017-09-01	Water	SCI
80	浅析海绵城市建设的顶层设计	王文亮	2017-09-01	给水排水	中文核心期刊
81	猪粪干式厌氧消化系统氨氮变化规律及影响	曹秀芹	2017-09-01	科学技术与工程	中文核心期刊
82	碳纳米管对水中多氯联苯的吸附动力学	曹秀芹	2017-09-01	环境工程学报	中文核心期刊
83	三元碳酸盐混合物的制备及热物性研究	闫全英	2017-09-01	化工新型材料	中文核心期刊
84	Experimental analysis of indoor air quality improvement achieved by using a Clean-Air Heat Pump（CAHP）air-cleaner in a ventilation system	聂金哲	2017-09-01	Building and Environment	SCI
85	住宅室内外环境中PM2.5的污染特征及相关性研究	张金萍	2017-08-30	建筑科学	中文核心期刊
86	Analysis of Typical Energy Saving Technology in the Sewage Treatment Plant	张群力	2017-08-24	Energy Procedia	
87	Design, fabrication and performance evaluation of a compact regenerative evaporative cooler: towards low energy cooling for buildings	段之殷	2017-08-24	Energy	SCI
88	Utilization Potential and Economic Feasibility Analysis of Bathing Sewage and its Heat Generated in Colleges and Universities	张群力	2017-08-21	Energy Procedia	
89	Technology and Economic Analysis of Sewage Source Heat Pump Combined Type District Heating Method	张群力	2017-08-21	Energy Procedia	
90	黄原胶溶液模拟消化污泥流场性能的优化分析	曹秀芹	2017-08-20	农业工程学报	中文核心期刊
91	公交车用细水雾灭火系统性能试验研究	郝卿儒	2017-08-15	消防科学与技术	中文核心期刊
92	High-performance adsorption and separation of anionic dyes in water using a chemically stable graphene-like metal-organic framework	李珺娇	2017-08-10	Dalton Transactions	SCI

续表

序号	成果名称	第一作者	发表时间	发表刊物	刊物类别
93	Comparison of sulfamethoxazole and ciprofloxacin degradation by UV/H_2O_2 process	杨海燕	2017-08-08	Desalination and Water Treatment	SCI
94	工质表面张力和黏度对脉动热管启动及传热热阻的影响	徐荣吉	2017-08-05	化工进展	中文核心期刊
95	Phthalates in dust collected from various indoor environments in Beijing, China and resulting non-dietary human exposure	王立鑫	2017-08-05	Building and Environment	SCI
96	Pollutant-removal performance and variability of DOM quantity and composition with traditional ecological concrete (TEC) and improved multi-aggregate eco-concrete (IMAEC) revetment treatments		2017-08-01	Ecological Engineering	外文期刊
97	水厂铝污泥对磷的动态吸附特性研究	仇付国	2017-08-01	水处理技术	中文核心期刊
98	基于工程认证的环境工程设计课程建设和改革	吴莉娜	2017-08-01	北京建筑大学2017年教育教学改革与研究论文集	中文一般期刊
99	城市雨水总量控制方法及应用	王建龙	2017-08-01	中国给水排水	中文核心期刊
100	Photocatalytic membrane reactors (PMRs) in water treatment: Configurations and influencing factors	Xiang Zheng	2017-08-01	Catalysts	SCI
101	Effect of pH on the Passivation of Carbon Steel by Sodium Borosilicate Controlled-Release Inhibitor in Simulated Recirculating Cooling Water	Jun Cui	2017-08-01	Industrial & Engineering Chemistry Research	SCI
102	基于技术竞争力评价的汽车用气负荷预测	刘蓉	2017-08-01	煤气与热力	中文一般期刊
103	热水解污泥流变特性及其对管道摩阻计算的影响	曹秀芹	2017-08-01	中国给水排水	中文核心期刊
104	定形相变储能式预制轻薄供暖地板的实验研究	闫全英	2017-08-01	新型建筑材料	中文核心期刊
105	脂肪酸二元混合物储热性能的实验研究	闫全英	2017-08-01	化工新型材料	中文核心期刊

续表

序号	成果名称	第一作者	发表时间	发表刊物	刊物类别
106	全热回收新风机组二次携带污染物风险测试及分析	聂金哲	2017-08-01	建筑科学	中文核心期刊
107	Exploring the mechanism and kinetics of Fe-Cu-Ag trimetallic particle for p-nitrophenol reduction	Yue Yuan	2017-08-01	Chemosphere	SCI
108	Removal of p-nitrophenol (PNP) in aqueous solution by the mixedFeO/(passivated FeO) fixed bed filters	Yi Ren	2017-08-01	Industrial & Engineering Chemistry Research	SCI
109	北京地区空气源热泵供暖系统的应用研究	胡文举	2017-07-30	流体机械	中文核心期刊
110	基于DeST-h的计量供热系统动态调控特性模拟分析	李锐	2017-07-27	中国科技信息	中文一般期刊
111	基于主成分分析在建筑能源管理中的探讨	于丹	2017-07-25	建筑节能	中文一般期刊
112	Extensive and selective adsorption of ZIF-67 towards organic dyes: performance and mechanism	杜雪冬	2017-07-25	Journal of Colloid and Interface Science	SCI
113	高校重点实验室对"卓越工程师培养计划"的作用分析	孙丽华	2017-07-25	才智	中文一般期刊
114	4-氯-2-(1H-咪唑并[4,5-f][1,10]菲咯啉)苯酚铜(II)配合物的晶体结构及其与DNA的相互作用	寇莹莹	2017-07-25	无机化学学报	SCI
115	大学生公寓内PM2.5暴露水平影响因素分析	张微	2017-07-25	中国学校卫生	中文核心期刊
116	生物滞留系统设置内部淹没区对径流污染物去除的影响	仇付国	2017-07-22	环境工程	中文核心期刊
117	The effect of different surface materials on runoff quality in permeable pavement systems	李海燕	2017-07-20	Environmental Science and Pollution Research	SCI
118	Feasibility investigation of a bonding method for fibrous materials and aluminium sheets employed in evaporative cooling systems	徐鹏	2017-07-20	16th International Conference on Sustainable Energy Technologies World Society of Sustainable Energy Technologies	ISTP (CPCI)
119	TECHNICAL ECONOMY FEASIBILITY ANALYSIS of BIOMASS STOVE HEATING SYSTEM	张群力	2017-07-19	Energy Procedia	

续表

序号	成果名称	第一作者	发表时间	发表刊物	刊物类别
120	Simulation analysis on summer conditions of ancient architecture of tower buildings based on CFD	张群力	2017-07-19	Energy Procedia	
121	Research on the Clean Energy Heating Systems in Rural Beijing	张群力	2017-07-19	Energy Procedia	
122	PREPARATION and PERFORMANCE of COMPOSITE BUILDING MATERIALS with PHASE CHANGE MATERIAL for THERMAL STORAGE	张群力	2017-07-19	Energy Procedia	
123	Field Test Analysis of a Urban Sewage Source Heat Pump System Performance	张群力	2017-07-19	Energy Procedia	
124	污水碳源分离新概念——筛分纤维素	郝晓地	2017-07-17	中国给水排水	中文核心期刊
125	燃气管网事件的故障树比较与构建	詹淑慧	2017-07-15	城市燃气	中文一般期刊
126	再生水体系中 Ca^{2+} 对碳钢腐蚀的影响	张雅君	2017-07-12	腐蚀科学与防护技术	中文核心期刊
127	基于直燃型吸收式热泵的深层地热低温供热系统能效分析	孙方田	2017-07-11	暖通空调	中文核心期刊
128	四元溴化熔盐密度特性实验研究	熊亚选	2017-07-01	太阳能学报	中文核心期刊
129	济南市海绵城市建设试点区水量水质监测方案	宫永伟	2017-07-01	中国给水排水	中文核心期刊
130	增设喷雾降温系统的家用空调器性能与特性的试验研究	胡文举	2017-07-01	流体机械	中文核心期刊
131	微电解-AO-臭氧氧化-BAF组合工艺处理制药废水	刘钰钦	2017-07-01	水处理技术	
132	北京某医院节能改造效果后评价	崔俊奎	2017-06-30	建筑科学	中文核心期刊
133	利用吸收式热泵机组提取浅层地热的复合型集中供热方式研究	张群力	2017-06-28	太阳能学报	中文核心期刊
134	透水混凝土路面堵塞对径流水质控制影响试验研究	王俊岭	2017-06-27	混凝土	中文核心期刊
135	污水潜能开发取决于适时补贴政策	郝晓地	2017-06-19	中国给水排水	中文核心期刊
136	幼儿园室内降尘中邻苯二甲酸酯暴露研究	王立鑫	2017-06-18	科学技术与工程	中文核心期刊
137	严寒地区大型燃气锅炉排烟加热空气方式的优化与应用	王随林	2017-06-16	制冷学报	中文核心期刊
138	Analysing the mechanisms of sludge digestion enhanced by iron	郝晓地	2017-06-16	Water Research	SCI

续表

序号	成果名称	第一作者	发表时间	发表刊物	刊物类别
139	The removal of typical pollutants in secondary effluent by the combined process of PAC-UF	孙丽华	2017-06-15	Water Science & Technology	SCI
140	"慕课"在高等学校专业课中应用模式的探讨	闫全英	2017-06-11	新课程研究	中文一般期刊
141	Adsorption characteristics of a novel ceramsite for heavy metal removal from stormwater runoff	王建龙	2017-06-10	Chinese Journal of Chemical Engineering	
142	EGCG消毒过程中氧化聚合作用对色度的影响研究	冯萃敏	2017-06-10	环境工程	中文核心期刊
143	海绵城市建设配套机制保障措施探讨	王二松	2017-06-10	给水排水	中文核心期刊
144	餐厨垃圾湿式厌氧消化运行试验研究	张达飞	2017-06-10	环境工程	中文核心期刊
145	猪粪干式厌氧消化系统稳定性及其耐氨氮机制分析	盛迎雪	2017-06-10	中国沼气	中文核心期刊
146	猪粪流变特性及基于黏度曲线的反应器死区研究	尹伟齐	2017-06-10	中国沼气	中文核心期刊
147	PCBs在SBR污水处理工艺中的含量分布及去除规律	曹秀芹	2017-06-10	水处理技术	中文核心期刊
148	The behavior of phosphate adsorption and its reactions on the surfaces of Fe-Mn oxide adsorbent	杜晓丽	2017-06-10	Journal of the Taiwan Institute of Chemical Engineers	SCI
149	空调冷凝水作为水资源回收利用研究进展	孙丽华	2017-06-09	环境工程	中文核心期刊
150	两种水处理工艺对再生水管网腐蚀的影响	冯萃敏	2017-06-09	腐蚀与防护	中文核心期刊
151	HYDROTHERMAL SYNTHESIS, CRYSTAL STRUCTURE, AND OPTICAL PROPERTIES OF FOUR SUPRAMOLECULAR COORDINATION COMPOUNDS CONSTRUCTED FROM 1, 10-PHENANTHROLINE AND POLYCARBOXYLIC ACIDS	张佳	2017-06-06	КООРДИНАЦИОННАЯ ХИМИЯ	SCI
152	磺胺甲恶唑在垂直流湿地中的去除行为	杨海燕	2017-06-06	科学技术与工程	中文核心期刊
153	空调冷凝水作为水资源回收利用研究进展	张雅君	2017-06-06	环境工程	中文核心期刊
154	Batch influences of exogenous hydrogen on both acidogenesis and methanogenesis of excess sludge	郝晓地	2017-06-06	Chemical Engineering Journal	SCI

续表

序号	成果名称	第一作者	发表时间	发表刊物	刊物类别
155	颗粒态铁锰复合氧化物对磷的吸附特征及影响因素	韩强	2017-06-05	化工进展	中文核心期刊
156	在本科生毕业论文指导中提高创新意识的教学方法	张世红	2017-06-02	教育研究前沿	中文一般期刊
157	Historical Characteristics of Contamination and Risk of Heavy	孙丽华	2017-06-01	Bull Environ Contam Toxicol	中文核心期刊
158	北京主要交通区域不同功能区空气悬浮物组成分析	岳冠华	2017-06-01	环境与可持续发展	中文一般期刊
159	利用吸收式热泵机组提取浅层地热的复合型集中供热方式研究	张群力	2017-06-01	太阳能学报	中文核心期刊
160	Comparison of Different Pretreatments of Rice Straw Substrate to Improve Biogas Production	Ben-lin Dai	2017-06-01	Waste Biomass Valor	SCI
161	Pollutant-removal performance and variability of DOM quantity and composition with traditional ecological concrete (TEC) and improved multi-aggregate eco-concrete (IMAEC) revetment treatments	袁冬海	2017-06-01	Ecological Engineering	SCI
162	生物质热风炉供热方式的技术经济可行性分析	饶阳	2017-06-01	江西建材	中文一般期刊
163	Research on Online Safety Precaution Technology of a High-medium Pressure Gas Regulator	郝学军	2017-06-01	Journal of Thermal Science	SCI
164	增设喷雾降温系统的家用空调器性能与特性的试验研究	胡文举	2017-05-30	流体机械	中文核心期刊
165	小流量离心制冷压缩机级内流动的CFD分析	高峰	2017-05-30	流体机械	中文核心期刊
166	改性基层透水混凝土铺装路面对污染物的去除试验研究	王俊岭	2017-05-27	混凝土	中文核心期刊
167	Performance of a vertical closed pulsating heat pipe with hydroxylated MWNTs nanofluid	xingmeibo	2017-05-25	International Journal of Heat and Mass Transfer	SCI
168	剩余污泥吸附痕量典型药物影响因素	曹达啟	2017-05-25	化工学报	EI（期刊论文）

续表

序号	成果名称	第一作者	发表时间	发表刊物	刊物类别
169	不可小觑的化粪池甲烷碳排量	郝晓地	2017-05-22	中国给水排水	中文核心期刊
170	某城市商业综合体暖通空调设计	李雪薇	2017-05-20	建筑节能	中文一般期刊
171	吸附剂预沉积超滤膜过滤腐殖酸影响研究	孙丽华	2017-05-17	工业水处理	中文核心期刊
172	电化学微生物腐蚀的胞外电子转移机制研究进展	许萍	2017-05-15	腐蚀科学与防护技术	中文核心期刊
173	"漂"来的城市	王崇臣	2017-05-15	北京规划建设	
174	厦门某烟草制丝车间热湿环境的实测与模拟分析	赵兴	2017-05-15	暖通空调	中文核心期刊
175	北京规模化奶牛养殖企业温室气体排放量评估	白玫（合培研究生）	2017-05-15	家畜生态学报	中文核心期刊
176	人工湿地系统除磷影响因素研究进展	仇付国	2017-05-13	科技导报	中文核心期刊
177	人工湿地处理污水中药品及个人护理品的效能研究进展	杨海燕	2017-05-13	科技导报	中文核心期刊
178	The thermal storage performance of mixtures consisting of liquid paraffin and fatty acids	闫全英	2017-05-12	International Journal of Sustainable Energy	EI（期刊论文）
179	阶梯水价的优化研究	张雅君	2017-05-10	给水排水	中文核心期刊
180	预涂层吸附-超滤处理再生水有机物效能及膜污染机制	孙丽华	2017-05-10	水处理技术	中文核心期刊
181	吸附剂预沉积超滤膜过滤腐殖酸影响研究	张雅君	2017-05-08	工业水处理	中文核心期刊
182	夏热冬冷地区供暖需求与可行性分析	胡文举	2017-05-01	2017供热工程建设与高效运行研讨会论文集	国内学术会议论文集
183	国内外集中供热研究现状	胡文举	2017-05-01	2017供热工程建设与高效运行研讨会论文集	国内学术会议论文集
184	关于太阳能辅助空气源热泵系统的探讨	胡文举	2017-05-01	2017供热工程建设与高效运行研讨会论文集	国内学术会议论文集
185	城市集中供热发展现状及存在的问题	胡文举	2017-05-01	2017供热工程建设与高效运行研讨会论文集	国内学术会议论文集
186	基于决策树算法的多联机气液分离器插反故障诊断	胡文举	2017-05-01	制冷学报	中文核心期刊
187	A full-scale integrated-bioreactor with two zones treating odours from sludge thickening tank and dewatering house performance and microbial characteristics	刘建伟	2017-05-01	Frontiers of Environmental Science & Engineering	SCI

续表

序号	成果名称	第一作者	发表时间	发表刊物	刊物类别
188	Optimal working fluids and working condition of trans-critical organic Rankine cycle for 150- 350℃ heat recovery	翟慧星	2017-05-01	PROCEEDINGS OF ECOS 2017 - THE 30TH INTERNATIONAL CONFERENCE ON EFFICIENCY, COST, OPTIMIZATION, SIMULATION AND ENVIRONMENTAL IMPACT OF ENERGY SYSTEMS JULY 2-JULY 6, 2017, SAN DIEGO, CALIFORNIA, USA	国际学术会议论文集
189	淘汰低能效燃气壁挂炉推进建筑采暖供应侧节能	张群力	2017-05-01	建设科技	中文一般期刊
190	公共交通车辆火灾烟气特性试验研究	许淑惠	2017-05-01	消防科学与技术	中文核心期刊
191	Performance study on heat and moisture transfer in soil heat charging	陈红兵	2017-05-01	International Journal of Sustainable Energy	EI（期刊论文）
192	计量供热系统用热模式对于运行参数及能耗的影响分析	秦浩宇	2017-05-01	建筑工程技术与设计	中文一般期刊
193	一种基于层层自组装的新型EPS防腐蚀复合涂层	许萍	2017-05-01	腐蚀科学与防护技术	中文核心期刊
194	Experimental Investigation of a Solar Collector Integrated with a Pulsating Heat Pipe and a Compound Parabolic Concentrator	徐荣吉	2017-05-01	Energy conversion and management	
195	Suitability Analysis of the Heating Method of Low Temperature Air Source Heat Pump Applied in North China	张群力	2017-05-01	energy procedia	EI（期刊论文）
196	Simulation Research on the Thermal Performance of the Cooling Ceiling Embedded with Phase Change Material for Energy Storage	张群力	2017-05-01	energy procedia	EI（期刊论文）
197	UiO系列金属-有机骨架的合成方法与应用	王弗学	2017-04-30	无机化学学报	SCI
198	北京农村用能现状及改革路径分析	杜静	2017-04-25	科技与创新	中文一般期刊
199	京郊农村CNG应用技术研究	王平	2017-04-25	科技与创新	中文一般期刊

续表

序号	成果名称	第一作者	发表时间	发表刊物	刊物类别
200	Membrane recovery of alginate in an aqueous solution by the addition of calcium ions: Analyses of resistance reduction and fouling mechanism	曹达启	2017-04-22	Journal of membrane science	SCI
201	政策驱动欧洲磷回收与再利用	郝晓地	2017-04-20	中国给水排水	中文核心期刊
202	高含固污泥在热水解-厌氧消化工艺中的流变特性	曹秀芹	2017-04-20	环境工程学报	中文核心期刊
203	Highly efficient removal of Pb_2+ by a polyoxomolybdate-based organic-inorganic hybrid material {(4-Hap)$_4$[Mo_8O_{26}]}	杜雪冬	2017-04-20	Journal of Environmental Chemical Engineering	
204	基于多目标的池州市齐山大道海绵化改造经验	车伍	2017-04-17	中国给水排水	中文核心期刊
205	Energy saving potential of a counter-flow regenerative evaporative cooler for various climates of China: Experiment-based evaluation	段之殷	2017-04-17	Energy and Buildings	SCI
206	新疆某大型燃气锅炉排烟余热深度利用效果测试研究	王随林	2017-04-15	建筑科学	中文核心期刊
207	大型燃气锅炉低温烟气冷凝余热梯级深度利用工程实测分析	王随林	2017-04-15	暖通空调	中文核心期刊
208	生物膜短程硝化系统的恢复及其转化为CANON工艺的过程	付昆明	2017-04-15	环境科学	中文核心期刊
209	添加纳米SiO_2对四元溴化盐相变热物性的影响	熊亚选	2017-04-15	化工学报	中文核心期刊
210	煤制天然气氢气体积分数对燃具燃烧特性影响	陈豪杰	2017-04-15	煤气与热力	中文一般期刊
211	餐厨垃圾厌氧消化运行试验研究	曹秀芹	2017-04-13	环境工程	中文核心期刊
212	公共浴室洗浴废水余热回收池壁换热数值模拟	李雪薇	2017-04-13	煤气与热力	中文一般期刊
213	中低压燃气调压器安全预警技术的优化实例	安小然	2017-04-10	煤气与热力	中文一般期刊
214	城市道路用于大排水系统的规划设计方法与案例	李俊奇	2017-04-10	给水排水	中文核心期刊
215	湿地植物芦苇根系分泌物的三维荧光光谱表征分析	高参	2017-04-10	安全与环境学报	中文核心期刊

续表

序号	成果名称	第一作者	发表时间	发表刊物	刊物类别
216	分子生物学技术在水处理中的应用研究进展	冯萃敏	2017-04-10	环境工程	中文核心期刊
217	新时期我国古建筑消防安全的现状及对策研究	吴俊奇	2017-04-10	给水排水	中文核心期刊
218	冷凝内热源式液体空调再生器模拟研究	牛润萍	2017-04-05	建筑科学	中文核心期刊
219	传统聚落水适应性空间格局研究-以台儿庄古城为例	王思思	2017-04-03	现代城市研究	中文核心期刊
220	传统聚落水适应性空间格局研究——以台儿庄古城为例	刘畅	2017-04-03	现代城市研究	中文核心期刊
221	Toughness Dominated Hydraulic Fracture in Permeable Rocks	X Dong	2017-04-02	Journal of Applied Mechanics	SCI
222	基于CART算法的多联机压缩机回液故障检测	胡文举	2017-04-01	制冷与空调	中文一般期刊
223	基于喷射制冷和除湿溶液再生的复合冷源系统优化及应用	孙方田	2017-04-01	太阳能学报	中文核心期刊
224	源头径流控制设施的运行维护及相关问题探讨	宫永伟	2017-04-01	中国给水排水	中文核心期刊
225	集中式太阳能热水系统的性能研究	陈红兵	2017-04-01	可再生能源	中文核心期刊
226	基质改良和结构优化强化雨水生物滞留系统除污	仇付国	2017-04-01	中国给水排水	中文核心期刊
227	中低压燃气调压器安全预警技术的优化实例	安小然	2017-04-01	煤气与热力	中文一般期刊
228	The characteristics of dissolved organic matter (DOM) in storm sewer sediments and the binding interaction with Cu (II) in four typical regions in Beijing, China	张紫阳	2017-03-30	Water Science and Technology	SCI
229	次高压、中压燃气压差发电实验研究	孙金栋	2017-03-28	科学技术与工程	中文核心期刊
230	Performance of rolling piston type rotary compressor using fullerenes (C70) and NiFe 204 nanocomposites as lubricants additives	王瑞祥	2017-03-25	Front. Energy	
231	美国雨水径流控制技术导则讨论及其借鉴	李俊奇	2017-03-20	水资源保护	中文一般期刊
232	北京地区夏季空调使用行为测试分析	牛润萍	2017-03-20	建筑学报	中文核心期刊

续表

序号	成果名称	第一作者	发表时间	发表刊物	刊物类别
233	人工环境下军团菌滋生与控制技术	郝晓地	2017-03-20	中国给水排水	中文核心期刊
234	城市污水中多氯联苯的存在现状及对比分析	曹秀芹	2017-03-20	科学技术与工程	中文核心期刊
235	一种改进的不确定性水质模型参数率定方法	张质明	2017-03-20	中国环境科学	EI（期刊论文）
236	蒸馏法处理压裂返排液的实验研究	吴俊奇	2017-03-20	工业水处理	中文核心期刊
237	美国合流制溢流控制规划及其发展历程剖析	车伍	2017-03-17	中国给水排水	中文核心期刊
238	雨水系统旋流沉砂池的设计及性能研究	崔宇	2017-03-17	中国给水排水	中文核心期刊
239	宁波市海绵城市实施方案中的若干关键技术问题分析	吴文洪	2017-03-17	中国给水排水	中文核心期刊
240	H_2O_2氧化铜绿微囊藻致嗅物质及灭藻效应研究	邱丽佳	2017-03-16	环境科学学报	中文核心期刊
241	基于BP神经网络的雨水径流污染负荷评估模型	李芸	2017-03-15	中国农村水利水电	中文核心期刊
242	重气扩散数值模拟模型分析	冯萃敏	2017-03-10	环境工程	中文核心期刊
243	透水混凝土铺装基层3种骨料对典型径流污染物吸附效果比较	王俊岭	2017-03-09	科学技术与工程	中文核心期刊
244	浸没燃烧式LNG气化器火焰稳定性实验研究与数值模拟分析	史永征	2017-03-08	中国科技论文	
245	浸没燃烧式LNG气化器火焰稳定性试验研究与数值模拟	杜可心	2017-03-08	中国科技论文在线	中文核心期刊
246	Interactions between copper (II) and DOM in the urban stormwater runoff: modeling and characterizations	赵晨	2017-03-06	Environmental Technology	SCI
247	主元分析用于多联式空调系统传感器故障检测和诊断	胡文举	2017-03-01	制冷学报	中文核心期刊
248	单螺杆膨胀机天然气调压发电系统性能分析	熊亚选	2017-03-01	煤气与热力	中文一般期刊
249	地下水渗流条件下土壤蓄热传热特性的数值研究	陈红兵	2017-03-01	可再生能源	中文核心期刊
250	Modelling and optimization of land use/land cover change in a developing urban catchment	许萍	2017-03-01	Water Science & Technology	SCI

续表

序号	成果名称	第一作者	发表时间	发表刊物	刊物类别
251	科教融合促进本科生创新和实践能力培养——以海绵城市建设研究为例	仇付国	2017-03-01	教育教学论坛	中文一般期刊
252	改良雨水生物滞留系统除污效果及基质中磷的形态分布研究	仇付国	2017-03-01	给水排水	中文核心期刊
253	北京市清洁能源改造中的问题及改造推广模式研究	张群力	2017-03-01	制冷与空调	中文一般期刊
254	高中压燃气调压器安全预警技术研究	刘旭海	2017-03-01	煤气与热力	中文一般期刊
255	餐厨垃圾两相厌氧发酵技术研究和应用进展	刘建伟	2017-02-28	科学技术与工程	中文核心期刊
256	基于层次分析法的酒店低碳评价体系研究	郝学军	2017-02-25	建筑节能	中文一般期刊
257	香港吐露港地区河流水质管理效果研究	潘润泽	2017-02-25	中国环境管理	中文一般期刊
258	The effects of global warming on purification processes of Tongzhou section of Beiyun river		2017-02-20	中国环境科学	中文核心期刊
259	未来气候变暖对北运河通州段自净过程的影响	张质明	2017-02-20	中国环境科学	中文核心期刊
260	Sorption of Triclosan to Carbon Nanotubes Combined Effects of Sonication, Functionalization and Solution Chemistry	李海燕	2017-02-20	Sicenc of the total environment	SCI
261	藻酸盐污水处理合成研究现状与应用前景	曹达啟	2017-02-17	中国给水排水	中文核心期刊
262	Tribological properties of onion like fullerenes and NiFe 204 nanocomposites in reciprocating motion	王瑞祥	2017-02-17	Frontiers in Energy	
263	污水源热泵淋激式换热器强化传热试验研究	那威	2017-02-16	煤气与热力	中文一般期刊
264	公共浴室废水热回收技术与除垢对策分析	李雪薇	2017-02-16	区域供热	中文一般期刊
265	天然气催化燃烧炉特性及烧制琉璃瓦的实验研究	贾方晶	2017-02-15	煤气与热力	中文一般期刊
266	郑州地铁车辆段供暖热源及输配系统设计的几点思考	封宗兴	2017-02-15	工程建设与设计	中文一般期刊
267	灭火剂在封闭空间灭火中的烟气毒性评价	刘秀秀	2017-02-15	消防科学与技术	中文核心期刊

续表

序号	成果名称	第一作者	发表时间	发表刊物	刊物类别
268	平板降膜除湿场协同性分析	王世政	2017-02-14	建筑科学	中文核心期刊
269	Syntheses and photocatalytic performances of four coordination complexes constructed from 1,10-phenanthroline and polycarboxylic acids	宋晓旭	2017-02-13	Transition Metal Chemistry	SCI
270	国外固体废弃物处理技术及其应用与发展	丁浩	2017-02-10	自然科学	中文一般期刊
271	Study on the organics adsorption capacities of powdered activated carbon and activated coke in reclaimed water	冯萃敏	2017-02-10	Desalination and Water Treatment	SCI
272	单核多吡啶配合物的合成及与DNA的相互作用	寇莹莹	2017-02-06	化学研究与应用	中文核心期刊
273	新型单核多吡啶配合物的合成及与DNA的相互作用	寇莹莹	2017-02-06	化学研究与应用	中文核心期刊
274	餐厨垃圾处置方式及其碳排放分析	郝晓地	2017-02-05	环境工程学报	中文核心期刊
275	腐殖质对污泥厌氧消化的影响及其屏蔽方法	郝晓地	2017-02-03	环境科学学报	中文核心期刊
276	极端降雨条件下透水水泥混凝土路面削流除污试验研究	王俊岭	2017-02-02	环境工程	中文核心期刊
277	Two zigzag chain-like lanthanide (III) coordination polymers based on the rigid 1,3-adamantanedicarboxylic acid ligand: crystal structure, luminescence and magnetic properties	李珺娇	2017-02-02	Polyhedron	SCI
278	透水砖铺装在西长安街人行道翻建工程中的应用	王俊岭	2017-02-01	湖南交通科技	中文一般期刊
279	Detecting the Changes of Water Qualities and Fluorescent DOM in a Constructed Rapid Infiltration System	Pingping Gao	2017-02-01	Wetlands	SCI
280	海绵城市分论坛专家演讲——海绵城市的顶层设计与系统实施	车伍	2017-02-01	建设科技	中文一般期刊
281	居住建筑开窗行为的研究进展	牛润萍	2017-02-01	人类工效学	中文一般期刊
282	模拟生物滞留池强化径流雨水中的氮磷去除研究	许萍	2017-02-01	环境科学与技术	中文核心期刊

续表

序号	成果名称	第一作者	发表时间	发表刊物	刊物类别
283	太阳能喷射辅助压缩制冷系统影响因素研究	胡文举	2017-02-01	暖通空调	中文核心期刊
284	住宅室内环境中 PM10 的污染特征及源强度评估	张金萍	2017-02-01	环境工程	中文核心期刊
285	室内燃香颗粒物的排放特征	张金萍	2017-02-01	建筑科学	中文核心期刊
286	低碳酒店评估指标体系研究	郝学军	2017-02-01	生态经济	中文核心期刊
287	Influence of Filling Ratio and Working Fluid Thermal Properties on Starting up and heat transferring performance of Closed Loop Plate Oscillating Heat Pipe with Parallel Channels	史维秀	2017-01-31	Journal of Thermal Science	SCI
288	STUDY ON THE CHARACTERISTICS OF CATALYTIC COMBUSTION FURNACE OF NATURAL GAS AND INFLUENCE OF ITS EXHAUST GAS TO PLANT	张世红	2017-01-30	Frontiers in Heat and Mass Transfer	EI（期刊论文）
289	Two novel 2D coordination polymers constructed from 5-aminoisophthalic acid and 4，4'-bipyridyl ligands：syntheses, crystal structure, and photocatalytic performance	徐道鑫	2017-01-30	Journal of Molecular Structure	SCI
290	对海绵城市建设 PPP 模式的思考	车伍	2017-01-26	城市发展研究	中文核心期刊
291	海绵城市的顶层设计与系统实施	车伍	2017-01-25	建设科技	中文一般期刊
292	多尺度城市绿色雨水基础设施的规划实现途径探析	刘丽君	2017-01-25	风景园林	中文一般期刊
293	蓝色经济下的水技术变革	郝晓地	2017-01-20	中国给水排水	中文核心期刊
294	The synergistic adsorption of pyrene and copper onto Fe（III）functionalized mesoporous silica from aqueous solution	张紫阳	2017-01-20	Colloids and Surfaces A：Physicochemical and Engineering Aspects	SCI
295	基于低影响开发的生态停车场优化设计研究	李俊奇	2017-01-15	现代城市研究	中文核心期刊
296	不同含水率下污泥流变模型的显著性水平分析	曹秀芹	2017-01-10	北京工业大学学报	中文核心期刊
297	优化改性赤泥颗粒吸附含磷废水	张婧	2017-01-10	水处理技术	中文核心期刊
298	污水处理中腐殖质的来源及其演变过程	郝晓地	2017-01-03	环境工程学报	中文核心期刊

续表

序号	成果名称	第一作者	发表时间	发表刊物	刊物类别
299	Transport of stabilized iron nanoparticles in porous media: Effects of surface and solution chemistry and role of adsorption	Zhang M.	2017-01-02	Journal of Hazardous Materials	SCI
300	Three two-dimensional coordination polymers constructed from transition metals and 2,3-Norbornanedicarboxylic acid: hydrothermal synthesis, crystal structures and photocatalytic properties	张佳	2017-01-02	Journal of Molecular Structure	SCI
301	Metal/TiO_2 hierarchical nanocomposite arrays for the remarkable enhancement of photocatalytic activity		2017-01-01	RSC Advances	中文核心期刊
302	《城市节水评价标准》解读	许萍	2017-01-01	城乡建设	中文一般期刊
303	补气压力损失系数与一级压比对补气增焓空气源热泵性能影响	胡文举	2017-01-01	化工进展	中文核心期刊
304	氯化盐混合物的配制及热物性研究	闫全英	2017-01-01	化工新型材料	中文核心期刊
305	海绵城市建设中生物滞留设施应用的若干问题分析	杜晓丽	2017-01-01	给水排水	中文核心期刊
306	《生活饮用水卫生标准》GB 5749—2006 总硬度限值的探讨	付昆明	2017-01-01	建筑科学	中文核心期刊

2017 年环能学院教师发表的专著一览表

序号	著作名称	第一作者	出版日期	出版单位	著作类别
1	京华水韵-北京水文化遗产	王鹏	2017-12-01	清华大学出版社	编著
2	碳排放量化评估技术指南	杨军香（外），吴建繁（外），马文林	2017-11-01	中国农业出版社	编著
3	中国新城新区发展报告 2017	张伟	2017-09-01	企业管理出版社	学术专著
4	A Novel Micro-generation System Using Photovoltaic/Thermal (PV/T) Panel	陈红兵	2017-06-01	北京交通大学出版社	学术专著
5	热管式太阳能 PVT 系统性能研究与优化	陈红兵	2017-06-01	机械工业出版社	学术专著
6	环境样品前处理技术	王崇臣	2017-03-15	机械工业出版社	编著
7	建筑环境与能源应用工程专业实验教程	侯书新	2017-03-01	机械工业出版社	正式出版教材
8	空气洁净技术 第 2 版	王海桥（外），李锐	2017-01-31	机械工业出版社	国家级规划教材

续表

序号	著作名称	第一作者	出版日期	出版单位	著作类别
9	城镇雨水调蓄工程技术规范	编写委员会（外），李俊奇	2017-01-21	中国计划出版社	国家级规划教材
10	城镇内涝防治技术规范	编写委员会（外），李俊奇	2017-01-21	中国计划出版社	国家级规划教材
11	城市排水工程规划规范	编写委员会（外），张明生等（外），李俊奇	2017-01-21	中国建筑工业出版社	国家级规划教材

2017年环能学院教师专利成果一览表

序号	成果名称	第一发明人	授权公告日	专利类型	专利范围
1	一种用于脉动热管相变传热的混合工质及其确定方法	徐荣吉	2017-12-29	发明专利	国内
2	一种截流型雨水箅子	杜晓丽	2017-12-26	发明专利	国内
3	一种蓄能型空气源热泵系统	胡文举	2017-12-22	实用新型	国内
4	一种流体压力发电装置	胡文举	2017-12-22	实用新型	国内
5	一种基于压力发电的自循环废热利用系统	胡文举	2017-12-22	实用新型	国内
6	一种废热发电系统	胡文举	2017-12-22	实用新型	国内
7	一种蓄能型板式换热器	张群力	2017-12-01	实用新型	国内
8	一种喷淋式烟气余热回收装置3	张群力	2017-12-01	发明专利	国内
9	一种悬挂式雨水口自动溢流截污装置（发明）	李海燕	2017-11-14	发明专利	国内
10	一种双热源高效压缩-喷射复合热泵系统及应用	孙方田	2017-11-10	发明专利	国内
11	一种单曲连续拱形屋面雨水处理系统和处理方法	陈韬	2017-11-07	发明专利	国内
12	道路径流弃流系统及道路径流渗滤系统	王文亮	2017-11-03	实用新型	国内
13	一种降低区域集中供热热网输配能耗的方法	那威	2017-10-31	发明专利	国内
14	一种烟气余热回收装置2	张群力	2017-10-27	发明专利	国内
15	一种喷淋式烟气余热回收装置4	张群力	2017-10-27	发明专利	国内
16	一种卧式喷淋式烟气余热梯级利用系统	张群力	2017-10-24	实用新型	国内
17	一种直接换热式污水源热泵机组	张群力	2017-10-24	实用新型	国内
18	一种绿色环保的金属防腐涂料及其制备方法及用途	许萍	2017-10-20	发明专利	国内
19	基于压缩-喷射复合的双热源高效空调系统及应用	孙方田	2017-10-17	发明专利	国内
20	一种密封加压式舱外航天服上肢关节运动寿命实验装置	许淑惠	2017-10-03	发明专利	国内
21	适用于儿童用品的杀菌消毒系统	王鹏	2017-09-15	实用新型	国内

续表

序号	成果名称	第一发明人	授权公告日	专利类型	专利范围
22	可控制最佳饮水量和饮水温度的健康保温杯	冯萃敏	2017-09-12	发明专利	国内
23	一种喷淋式烟气余热回收与净化系统	张群力	2017-08-25	实用新型	国内
24	一种通风管道清灰机器人	许淑惠	2017-08-25	发明专利	国内
25	一种喷淋式相变储能装置	张群力	2017-08-22	实用新型	国内
26	一种自动翻转式雨水口自动溢流截污装置	李海燕	2017-08-08	发明专利	国内
27	一种电渗式全热交换器	胡文举	2017-08-01	发明专利	国内
28	一种双源热泵机组及具有该热泵机组的供热系统	张群力	2017-07-28	实用新型	国内
29	污水管道换热器及具有该换热器的污水源热泵系统	张群力	2017-07-28	实用新型	国内
30	一种自动翻转式雨水口截污装置（发明）	李海燕	2017-07-21	发明专利	国内
31	一种气动控制排水管道清淤装置（发明）	许淑惠	2017-07-18	发明专利	国内
32	一种热电联产复合供能系统及其工作方法	陈红兵	2017-07-11	发明专利	国内
33	间歇式生物砂滤处理系统-发明	黄忠臣	2017-06-16	发明专利	国内
34	一种舱外航天服上肢关节寿命试验装置	许淑惠	2017-06-16	发明专利	国内
35	一种空气净化引风窗户及其引风方法	王刚	2017-06-16	发明专利	国内
36	金属有机骨架材料的批量电化学合成装置	王崇臣	2017-06-13	实用新型	国内
37	一种真空管套筒式太阳能热电联供装置	陈红兵	2017-06-06	发明专利	国内
38	一种天然气压力能发电调压装置及方法	熊亚选	2017-05-31	发明专利	国内
39	一种用于地下排水管道的清淤装置及其迈步式移动方法	许淑惠	2017-05-24	发明专利	国内
40	一种穴播播种机2	徐荣吉	2017-05-03	发明专利	国内
41	多钼酸杂化化合物及制法与应用	王崇臣	2017-05-03	发明专利	国内
42	一种能控制蓄放热量的相变墙体系统	那威	2017-04-26	发明专利	国内
43	一种太阳能辅助的液化天然气电热冷联供系统及其方法	熊亚选	2017-04-26	发明专利	国内
44	一种用于舱外航天服的关节运动寿命测试装置-发明专利	许淑惠	2017-04-19	发明专利	国内
45	航外航天服手套手腕运动寿命实验装置	许淑惠	2017-04-19	发明专利	国内
46	具有自动弃流功能的压裂返排液负压蒸馏装置	李琛（学），吴俊奇	2017-04-12	实用新型	国内
47	一种处理道路径流雨水的组合装置	杜晓丽	2017-03-22	发明专利	国内
48	一种零价铁球制备方法	李海燕	2017-03-15	发明专利	国内
49	一种基于液化天然气冷能的高脱盐率海水淡化方法及装置	杨晖	2017-03-08	发明专利	国内
50	能自清洁与抑垢的污水换热装置	那威	2017-03-08	发明专利	国内
51	一种尾气处理系统及方法	王刚	2017-02-22	发明专利	国内

续表

序号	成果名称	第一发明人	授权公告日	专利类型	专利范围
52	一种空气源热泵饮水装置及其加热方法	史维秀	2017-02-22	发明专利	国内
53	一种基于LNG冷能海水淡化的工艺模拟实验装置	杨晖	2017-02-15	实用新型	国内
54	一种具有配流功能的排水管道清淤装置	许淑惠	2017-02-01	发明专利	国内
55	一种带清淤螺旋输送的气动式地下排水管道清淤机器人	许淑惠	2017-02-01	发明专利	国内
56	一种脉动热管换热器及其加工方法	史维秀	2017-01-18	发明专利	国内
57	一种高速公路收费站及加油站工作室用空气净化器	胡文举	2017-01-18	发明专利	国内
58	具有同步脱氮除磷功能的两相生物滞留池及其构建方法	许萍	2017-01-18	发明专利	国内
59	一种用于沙漠的空气调节系统及其方法	熊亚选	2017-01-18	发明专利	国内
60	舱外航天服手套手指运动寿命实验装置	许淑惠	2017-01-11	发明专利	国内
61	COMBINED FINNED TUBE ANTI-CORROSION HEAT EXCHANGE DEVICE（组合式翅片管防腐热交换装置）	王随林	2017-01-11	发明专利	国外
62	基于液化天然气冷能的海水淡化系统	杨晖	2017-01-09	实用新型	国内

（八）学生工作

【概述】 学生工作是环境与能源工程学院人才培养体系的重要组成部分。学院学生工作遵循"注重思想引领、强化学风建设、搭建发展平台"的基本思路，学生教育管理工作有序推进，深入开展学生主题教育、党团建设、学风建设、科技创新、社会实践、志愿服务、职涯教育等各项工作，硕果累累。

【科技创新方面】 学院形成了以科技活动、科技立项、学科竞赛为梯队的三级大学生科研平台，较好的服务了学生成长成才。在节能减排大赛、大学生制冷空调大赛、化学实验竞赛、京津冀高校暖通空调工程设计实践大赛等系列大赛中取得优异成绩。在第九届"挑战杯"首都大学生课外学术科技作品竞赛中，我校共有4项作品入围特等奖答辩，达到历届最高，其中我院有两项入围，占50%。我院师生完成的项目《水城寻踪：北京水文化遗产调查及保护探究》获第十五届全国挑战杯科技竞赛二等奖，创造了我校参加"挑战杯"全国大学生课外学术科技作品竞赛以来的历史最好成绩。

2017年环能学院学生科技活动一览表

序号	活动主题	活动形式	活动时间	活动地点	主办方	活动效果
1	校园垃圾怎么办	研讨会	2017-03-11	大兴校区	"宝洁先锋"计划、"环保益起行"	传播垃圾分类的相关知识，积极践行绿色环保实践活动，从校园垃圾分类的调研和实践活动着手，为建设绿色校园贡献力量

续表

序号	活动主题	活动形式	活动时间	活动地点	主办方	活动效果
2	"第十五届MDV中央空调设计应用大赛"宣讲会	宣讲会	2017-03-14	大兴校区	环能学院、北京美的中央空调公司	MDV中央空调设计应用大赛是暖通空调类专业的大学生展示自我才能的优秀平台，是实现设计梦想的专业舞台，每一位参赛的同学都能在比赛过程当中收获知识，收获经验
3	永定河水质调研活动	志愿活动	2017-03-25	北京市绿堤公园	环能学院团委学生会、北建大筑绿环保协会	学生们的调研成果为北京河流水质监测和北京母亲河保护行动提供了翔实的科学数据。同时，通过组织同学参加环保活动，积极传播绿色环保理念，为北京是生态文明建设做贡献
4	第二届绿色环保文化季开幕式暨第九届节能减排大赛启动仪式	开幕式	2017-04-11	大兴校区	环能学院	环能学院第二届绿色环保文化季正式开幕，在接下来的时间里，同学们参与了丰富多彩的环保嘉年华活动，绘绿色画卷、世纪消融、环保大富翁、扮演大自然，同学们在参与活动的同时更学到了许多实用的绿色环保知识
5	第九届节能减排社会实践与科技创新竞赛	科技竞赛	2017-05-16	大兴校区	教务处、资后处、校团委、工程实践创新中心与环能学院	9个学院的25项优秀作品，经过激烈的角逐，评选出一等奖3项，二等奖5项，三等奖7项
6	2017国际学生环境与可持续发展大会	会议	2017-06-02到2017-06-07	同济大学	同济大学、联合国环境规划署、新华社和北京绿色未来环境基金会	由我校马文林老师指导的"Study on the changing feature and trende of atmoshperics water resources in Beijing"学生科技项目荣获"绿苗计划奖学金"
7	"一带一路"国际环保文化主题活动	英华论坛	2017-10-12	大兴校区	环能学院	进一步提升了同学们对于环保理念的认同和理解，让同学们更加深入的了解国际环保文化，为后期开展专业知识学习奠定了良好的基础
8	大学生科技创新与社会实践宣讲会	宣讲会	2017-11-17	大兴校区	环能学院	进一步激发同学们科技创新浓厚的兴趣，点燃参加社会实践的热情，在实践中学习，在学习中创新，让同学们走出课堂，走进社会，在社会中将理论知识与实践相结合

2017年环能学院学生科技活动获奖一览表

序号	活动名称	作品名称	团队成员	指导教师	获奖时间	所获奖项
1	首都挑战杯	微小气体流量计	刘淑慧 赵良晨 栗馨扬 杨继伟	王文海	2017-06	二等奖
2	第十一届中国制冷空调行业大学生科技竞赛	翅片管式相变蓄能型空气源热泵系统	颜谋 范志洋 张攀	胡文举	2017-06	三等奖
3		基于物联网的菜窖节能换气调温系统	张帅 康婉卿 王翔宇	王文海	2017-06	三等奖
4	"大牧人杯"第五届全国大学生农业建筑环境与能源工程相关专业创新创业竞赛	高自洁净性 TiO_2 纳米膜玻璃制备及性能	杨祯 赵奕 刘瀚樟	王敏	2017-08	二等奖
5		建筑废砖用于生物滞留设施去除径流雨水中的特征污染物	代嘉懿 李政 张雨 宋冉冉	张晓然	2017-08	二等奖
6		不同类型透水铺装系统对径流雨水控污效能研究（研究生创新自选组）	刘冬晴 李卓蓉 李志霏	张紫阳	2017-08	三等奖
7	京津冀高校暖通空调工程设计实践大赛	暖通空调工程设计	张邯北	李锐	2017-09	一等奖
8		暖通空调工程设计	韩峰	李锐	2017-09	一等奖
9		暖通空调工程设计	季子萌	李锐	2017-09	一等奖
10		暖通空调工程设计	刘硕	李锐	2017-09	一等奖
11		暖通空调工程设计	吴佳欣	李锐	2017-09	一等奖
12		暖通空调工程设计	杨天天	李锐	2017-09	一等奖
13		暖通空调工程设计	江雨薇	李锐	2017-09	二等奖
14		暖通空调工程设计	王丹丹	李锐	2017-09	二等奖
15		暖通空调工程设计	王雪勍	李锐	2017-09	二等奖
16		暖通空调工程设计	张文宸	李锐	2017-09	三等奖
17		暖通空调工程设计	谭呼伟	李锐	2017-09	三等奖
18		暖通空调工程设计	范辰霖	李锐	2017-09	三等奖
19	北京市大学生化学实验竞赛	新型零价铁纳米材料的制备及其对水中污染物的修复研究	刘建国 曹旭 郭航	王鹏 郑燕英	2017-12	一等奖
20		饮用水中两种嗅味物质的氧化控制技术研究	任一帆 邓晓彤 王越	张君枝 寇莹莹	2017-12	一等奖
21		固相微萃取在研究胶体态碳纳米管对三氯生吸附行为中的应用	罗伟嘉 谢鹏 田坤	张晓然 张紫阳	2017-12	一等奖
22		一种具有抗菌性能的新型配位聚合物对有机染料的吸附及机理研究	楚弘宇 杜鸶飞 王人杰	王鹏 王崇臣	2017-12	一等奖

续表

序号	活动名称	作品名称	团队成员	指导教师	获奖时间	所获奖项
23	北京市大学生化学实验竞赛	一种二维配位聚合物用于光催化还原Cr（Ⅵ）及降解有机污染物	陈胗 李想	赵晨 王崇臣	2017-12	一等奖
24		ZIFs及衍生异质体的可控制备及丙酮传感性能研究	任航 甄蒙蒙	付会芬 王崇臣	2017-12	一等奖
25		双官能团介孔吸附剂协同去除抗生素和重金属的效能研究	赵奕 程爽	张紫阳 张晓然	2017-12	一等奖
26		浮颤藻代谢嗅味物质2-MIB的趋势及典型氧化技术控制研究	李向晖 刘奕乔 乔绚	张君枝	2017-12	一等奖
27		叶绿素a测试方法对比研究	陶可心 孙铮 周晓博	张君枝	2017-12	二等奖
28		一种溶出伏安法测定重金属的新方法	桑弘翼 冯金玥 聂开旻	王宇 王鹏	2017-12	二等奖
29		菠菜、油菜、芹菜对土壤中铜和锌的吸收及其控制技术的初步研究	崔京蕊 殷召军 杨文月	赵晨 吴昆明	2017-12	二等奖
30		甲基叔丁基醚在雨水花园设施中迁移规律研究	卢悦 柳阳熠	杨华 李海燕	2017-12	二等奖
31		纳米复合小球的研发及对水中典型污染物吸附效能研究	石周 吕硕 邱荣庭	张晓然 张紫阳	2017-12	二等奖

【新生引航工程】为帮助大学新生尽快熟悉学校环境，更快适应大学生活，尽早进入大学生角色，融入大学生活。学院开展"新生引航工程"，以"智慧迎新"和一系列活动助力新生完成从高中生向大学生的蜕变。

【社会实践方面】学院以引领青年学生树立和践行社会主义核心价值观，坚持"受教育、长才干、做贡献"的宗旨，坚持社会实践与社会观察、志愿服务、专业学习、就业创业有机结合，按照"目标精准化、工作系统化、实施项目化、传播立体化"的原则，组建25支暑期社会实践团队，涉及人数200余人，赴全国各地开展实践服务活动。我院2017年暑期社会实践"牧野"实践团最终在2万余支申报团队当中脱颖而出，在300个获评团队中位列第六，获评全国大中专学生"三下乡"社会实践"千校千项"成果遴选活动最具影响好项目。

【生涯就业】瞄准就业、考研、出国三个毕业生主要流向设立工作坊，分层分类扎实推进毕业生就业指导和中低年级职涯教育，学院创建了职业生涯教育、创新创业工作室，聘请了一批校内外有关人员担任学生生涯导师。通过加强学院与企业的双向交流，将用人单位"请进来"，举办校企交流、招聘宣讲，同时"走出去"，加大和用人单位走访交流的力度。

2017年，实现本科生就业率、签约率96.18%；研究生就业率、签约率为100%。

【团学活动】5月9日下午，环能学院主办的首届趣味运动会在西城校区举行。本次赛事以"增强体质、展示风采、关注健康、共建和谐"为主题，以班集体为参赛单位。趣味运动会将竞技与娱乐相结合，设有团队项目和个人项目，其中团队项目分别设有男女生协力的接力、拔河、跳大绳、十人十一足；个人项目分别设有踢毽、颠球、投篮和跳绳。

5月24日，由研究生工作部主办，环能学院、环能学院研究生会承办的环"研"途杯——青"春"留校主题摄影比赛圆满结束并举行颁奖仪式。研究生工作部副部长黄琇、环能学院党委副书记梁凯、辅导员张秋月出席活动并为获奖者颁奖。

5月26日，环能学院组织外地生源学生举办了"学习中国传统文化 齐聚一堂过端午"的端午节茶话会活动。

6月16日晚，环境与能源工程学院举办"追忆·拾光"2017届毕业晚会。

7月2日，环能学院召开团委学生会换届大会，环能学院团委书记王刚和全体学生会成员参加此次会议，会议由邹京主持。

9月12日，由校网络信息管理服务中心主办，环能学院团委学生会筑绿环保协会协办的校园线下跳蚤市场正式开市。

9月28日，环能学院举办了团委学生会全体大会暨"一学一做"学习教育实践活动。校团委书记朱静、学院党委副书记梁凯、分团委书记王刚、辅导员韩志鹏、曹宇曦以及学生会全体学生干部参加了此次会议。会议由徐震同学主持。

12月4日，环能学院在大兴校区组织开展"撕名牌"趣味活动，近20余名学生参加本次活动，进一步增强了班级凝聚力建设，加强了学生之间的交流。

（九）对外交流

【落实中法三期建设工作内容】加强国际交流力度，完成推进建环和能动两个专业与法国巴黎东区大学马恩拉瓦雷大学的中法建筑能源职业本科合作办学项目的申报。举办中法2017年度中法能源培训中心联合管理理事会工作。张爱林校长在中法人文高级别论坛上做了题为"从北京建筑大学中法能源培训中心看中法应用型教育合作的成果与前景"的报告，刘延东副总理和法国勒德里昂外长参加会议。

【加拿大多伦多大学副校长Bernie Kraatz教授访问我校并洽谈合作事宜】4月24日上午，加拿大多伦多大学副校长Bernie Kraatz教授及国际交流中心中国硕士项目负责人翟羽博士访问了我校，参观了环能学院实验室，并在四合院会议室举办了合作洽谈会。我校副校长汪苏、国际交流与合作处处长赵晓红、国际交流与合作处李洋、环能学院院长兼教务处处长李俊奇、教务处副处长王崇臣、环能学院环境科学与工程系系主任马文林、环能学院环境科学与工程系教师张晓然参加了洽谈会。

【推进国际联合培养建设】推进与中韩、中美等多校间的本-硕、硕-博学位联合培养建设，与韩国大田大学签署"中韩环境研究中心"。完成给排水专业与美国奥本大学的中美2+2合作办学协议续签。到目前为止，中美2+2合作办学项目中已有24人被海外高校录取为硕士（博士）研究生（外派的学生中，升学率达到75%）。5月27日上午，校长张爱林在西城校区会见了奥本大学工学院前院长Benefield Larry David教授，并为其颁发了荣誉教授证书。

（十）工会工作

【概述】2017年，学院继续以"党建领导，行政支持"开展教代会、工会、统战工作。依法治院，民主治院。汇聚工会教代会、民主党派、无党派、退休、侨联、校友等多方力量共同参与环能新建设。在学院倡导"健康工作、精彩事业、幸福生活"的健康氛围。努力创建更加有激发感的氛围与环境，让每个环能人在这个团队中有获得感，为"让环能成为值得每一位教职员工自豪的标志"的目标而努力。通过丰富的工会活动，忙中偷闲让大家寓教于乐，增加了教师之间的专业理解与整合，给各专业教师创建协同机会。充分发挥工会教代会的民主参与、民主监督和桥梁纽带作用，激发广大师生在各自岗位上创先争优。继续实行教代会代表列席党政联席会制度，积极建言献策，代表有参与感同时有助力事业发展的成就感。

【评奖评优】2017年3月，环能学院分工会获评"学校模范教工之家"称号，环能学院机关工会小组、能源与动力工程系工会小组获评"先进工会小组"。

2017年11月22～23日，北京市教育工会第二片组验收小组对北京建筑大学环境与能源工程学院"职工小家"建设情况进行考核验收。22日听取了环能学院分工会主席刘艳华的职工小家建设工作汇报，23日，对环能学院老师教案及学生笔记展柜、阅览室、活动室、职工展示墙等职工小家阵地进行了查看，实地查阅了工会日常管理及建家档案材料。验收组对环能学院分工会的工作和建家活动开展情况给予充分肯定，认为北京建筑大学环境与能源工程学院在建家工作中因地制宜，特色突出，环境温馨，在民主建院、师德师风建设、美丽环能文化等多方面做出了努力，展示出了小家体现大爱的理念。最终，环能学院"职工小家"获评"市教育工会先进职工小家"的荣誉称号。

【工会活动】2017年，环能学院共开展工会活动23场，其中主办活动13场，参与组织校工会活动10场。丰富的工会活动拉近了教职工距离，增进了情感，为学院营造了和谐奋进的教研氛围。

（十一）退休教职工工作

【概述】2017年，面对两校区办学，重心南移的新形势，环能学院克服困难，积极协调，继续发扬"尊老敬老"优良传统，秉承"热心、耐心、关心、细心、精心"的宗旨继续为退休教师提供优质服务，组织开展了积极向上、健康文明的学习、文体活动，为退休教师营造了温馨家园。

【退休教师新春座谈会】1月11日，环能学院在西城校区学宜宾馆报告厅召开"'环聚能量 薪火相传'——2017环能学院退休教师新春团拜会"。党委书记刘艳华，副院长冯萃敏、张群力，40余名退休教师，部分在职教师代表参加了团拜会。退休党支部书记梁贤英老师主持会议。

【发挥退休党支部战斗堡垒作用】6月5日上午在大兴校区图书馆云图会议室，环能学院启动"寿星行动"，创新支部集体学习、组织生活新模式。环能学院党委书记刘艳华，办公室主任陈亚飞，退休党支部全体成员参加了本次活动。

7月8日，按学校党委统一要求，学院党委组织开展党员信息采集工作，退休党支部接受任务后，克服了退休教师党员分散不集中的困难，通过打电话、医务室蹲守、上门等方式于规定日期前完成了信息的采集及确认工作。

【精心组织退休教师活动】2017年上半年配合学校组织了退休教师体检，平谷休养，以及春游活动，其中春游 22 人（含 6 名家属）。9 月，组织退休教师看电影活动。10 月，组织"致敬历史，观看《这里的黎明静悄悄》"活动。

（十二）实验室建设

【概述】实验室包括西城校区实验室和大兴校区实验室两部分，西城校区实验室以服务科研和研究生为主，大兴校区实验室以服务本科生培养为主，两校区实验室由学院统一协调管理。总实验面积 8300 平方米，其中大兴校区 4400 平方米，西城校区 3900 平方米，仪器设备总值 6 千万元，可开设实验项目 400 项，面向全校 6 个学院开设实验课。支撑 2 个国家级实验教学平台和 6 个省部级科研平台。科研基地建设方面，城市雨水系统与水环境教育部重点实验室顺利通过验收，协助申报建筑与环境先进功能材料北京市重点实验室。完成了供热供燃气通风及空调北京市重点实验室的复评。支持绿色建筑重点实验室验收工作。完成科技处培育和组织科研奖励申报工作。完成科技成果转化项目的选择和申报工作。组织环能学院科研基地 2014 年科研绩效评估工作。组织完成科研基地危化品清单报送工作。2017 年实验室和基地建设成效显著：稳步推进科研基地建设，完成学院省部级科研基地验收检查工作；以优异的成绩完成教育部重点实验室验收，顺利通过 2 个北京市工程技术研究中心的验收工作。探索科研基地和大型实验室仪器设备开放共享与社会化服务工作建设机制。努力推进环能学院西城科研实验室一号楼的空间布局规划与调整；进一步夯实实验室规范管理，全面排查实验室消防隐患，推动实验室规范化运行管理与安全教育；针对重点问题落实解决方案，完成实验室的燃气安全改造与验收工作、电力与消防系统改造。

（十三）重大事件

【召开教职工大会】2 月 28 日，环能学院在大兴校区召开教职工大会，部署 2017 年学院重点工作。本次会议统一了思想，形成了共识，凝聚了力量。

【各系、中心积极开展周二下午集体活动】3 月 7 日，环能学院严格贯彻学校每周二下午开展集体活动的工作要求，狠抓落实，组织各系、中心结合自身情况积极开展集体活动。为确保集体活动出实效、见真功，切实起到促进学科专业发展、团队建设、教职工交流沟通、情感互融的重要作用，环能学院要求各系中心"党政工协同、共谋发展"，并制定了相应的组织、考勤办法，在教职工中间广泛宣传与动员，挖掘教职工自身的交流及归属需求，有效调动了老师们的积极性。

【召开教职工大会】5 月 9 日下午，环能学院在大兴校区学院楼 B 座 118 教室召开教职工大会。会议由副院长冯萃敏老师主持，全院教职工参加了大会。为筑牢廉政防线，学院邀请学校财务处处长贝裕文老师以"最新的财务政策、规范及风险点防控"为主题，向全院教职工做报告。

【召开学风建设大会】5 月 16 日晚，环能学院学风建设大会在基础楼 A 座报告厅隆重召开，校长张爱林亲临现场并讲话，党政办、学生工作部（处）、教务处有关负责人以及环能学院班子全体成员、环能学院班级导师代表、辅导员、学生代表共计三百余人参加。大会由水 151 班谢浩鑫同学主持。

（李海燕　冯萃敏　张群力　陈亚飞　李俊奇）

四、电气与信息工程学院

（一）学院概况

北京建筑大学电气与信息工程学院拥有1个"控制科学与工程"一级学科硕士点，4个本科专业：自动化、电气工程及其自动化、计算机科学与技术、建筑电气与智能化，1个北京市优秀教学团队，1个北京市学术创新团队，自动化专业为北京市特色专业建设点，1个"建筑电气与智能化"北京市实验教学示范中心，1个"智慧城市"国家级虚拟仿真实验教学中心为，1个"机器人仿生与功能研究"北京市重点实验室，1个"建筑大数据智能处理方法研究"北京市重点实验室，1个"建筑安全监测"北京市工程技术研究中心。电气与信息工程学院与美国罗克韦尔公司、德国西门子公司等多个国际国内企业共建了创新实验室，是中国建筑学会建筑防火综合技术分会建筑电气防火专委会挂靠单位。

2017年电气与信息工程学院有教职工68人，在校本科生950人，研究生130人，退休教师32人。

（二）师资队伍建设

【概述】 电气与信息工程学院拥有一支结构合理、兼具学术研究、应用研究和实践经验的师资队伍。现有教职工68人，其中教授7人，博士生导师1人，副教授29人，高级实验师2名，1名北京市教学名师，1名北京市优秀教师，1名北京市师德标兵，7名北京市优秀青年骨干教师。博士和在读博士教师占专任教师数的61%。2017年聘请了多名具有工程实践经验的校外高级工程师为兼职教授。电气与信息工程学院努力搭建青年教师发展帮助平台，营造老中青教师传帮带氛围，积极鼓励青年教师到国内外进修，2017年选派6名教师赴海外深造，其中出国访学教师5人，出国攻读博士学位1人。积极开展交流研讨和到企业锻炼，促进青年教师的成长成才，在2016/2017学年，青年教师学生评教结果全部为优秀。重视教师教学和科研水平的提高，执行教师素质提升计划，按照人均1000元安排教师培训及交流，组织开展讲座、座谈和交流30多场次。积极鼓励教师进修学习、参与实践。

2017年，电气与信息工程学院获北京市教学成果二等奖一项，校级教学成果一等奖一项、二等奖三项；谢雨飞、肖宁老师在第十一届请您教师基本功比赛中获三等奖；钱丽萍在2016-2017学年评为十佳班主任，文晓燕、马鸿雁、王亚慧、孙雷被评为优秀班主任，祁新春获班主任单项奖；马晓轩获校级优秀教师，师洪洪获校级优秀教育工作者。

2017年引进3位教师，包括专任教师2人，专职辅导员1人。博士后出站1人。4位教师职务晋升，其中副教授3人，高级实验师1人。

【调入/转入人员名册】

电信学院2017年调入/转入人员情况一览表

序号	姓名	性别	学历	类型	时间
1	赵光哲	男	博士	专任教师	2017.12
2	宋欣慰	女	博士	专任教师	
3	王景民	女	硕士	辅导员	2017.7

【举行师生学术报告】10月12日~11月2日，电气与信息工程学院邀请教授级高级工程师、国家注册电气工程师、北京建工建筑设计研究院总工罗辉为学生举办建筑电气工程设计系列讲座。

11月9日，开展新生引航·师说大学之道系列活动——带你走进计算机专业，邀请赵春晓教授与学生现场交流。

11月28日，开展新生引航活动之"师说·大学之道——带你走进电气和自动化专业"活动。

11月29日，邀请微软亚洲研究院城市计算领域负责人开展题为"城市计算：用大数据和AI驱动城市智能"的讲座。

【督导组专家及院领导督导青年教师教学】电气与信息工程学院贯彻执行督导组专家和学院领导对青年教师进行全覆盖跟踪听课工作，培养和提升青年教师的教学能力。

（三）学科建设

【概述】2017年，电气与信息工程学院完成2016年教育部学科评估后续工作，控制科学与工程学科获得教育部C段评级。本次评估该学科参评单位共167个，含具有博士点单位61个，我校该学科排名83位，列全部参评单位前51.23%。2017年郭茂祖教授作为学术骨干，参与了学校2017年度申请一级学科博士点"测绘科学与技术"的申报工作。

【研究生招生及培养】电气与信息工程学院2017年学院招收硕士研究生42名，其中控制科学与工程一级学科学术型硕士研究生10名，全日制专业学位硕士研究生31名，非全日制硕士研究生1名。继续通过微信和网页等进行硕士研究生招生宣传。完成了2018级硕士研究生培养方案修订。3名毕业研究生获评优秀硕士研究生，其中北京市优秀硕士研究生1名、校级2名；3名研究生硕士论文获评学校优秀硕士论文。

【组织开展北京市重点实验室建设】电气与信息工程学院组织开展"机器人仿生与控制北京市重点实验室"和"建筑大数据智能处理方法北京市重点实验室"建设。组织共建智能机器人与系统北京高精尖创新中心建设；组织共建未来影像北京高精尖创新中心建设。

【建设"智慧城市信息化研究所"】2017年电气与信息工程学院成立"智慧城市信息化研究所"，下设四个研究室：1）建筑电气与城市电网研究室；2）智能控制理论与系统研究室；3）城市计算与人工智能研究室；4）智慧城市数字化研究室，目前制定了"智慧城市信息化研究所"章程，各研究室至少两周组织一次学术活动，目前开展的学术活动有教授论坛、校外知名专家讲座等。

（四）教学工作

【概述】加强以社会需求和行业发展需要为重点的教学改革研究，探索人才培养模式多样化的道路。完成2017级本科培养方案制定工作，推进和完善本科生导师制，发挥教师在学生培养中的主导作用和学生的主体作用。加强学生工程实践能力的培养，指导学生参加科技竞赛。以评促建，圆满完成本科教学审核评估工作。

【圆满完成2017年度本科教学工作审核评估工作】学院高度重视审核评估工作，组织全体教职工开展了本科教学审核评估自查工作，并根据学校审核评估自评组督导意见逐条提出整改方案并落实。组织各专业撰写了专业自评报告以及学院自评报告。于2017年11月13日至11月16日专家进校期间圆满完成审核评估工作。

【教学改革】2017年自动化、电气工程及其自动化两个本科专业以"自动化与电气工程类"大类招生，实施学分制，开办"工科创新实验班"。加入"北京市高水平人才交叉培养计划"，与央属高校北京航空航天大学、北京理工大学、北京交通大学实施双培计划，与北京交通大学电气学院举办建筑电气与智能化专业双培计划研讨会；与英国西苏格兰大学、英国南威尔士大学实施外培计划，与外培学生召开座谈会。完成了2017版本科培养方案及教学大纲制定，加强学生工程实践能力的培养，落实双导师制度，聘请10名企业工程师和行业专家担任兼职导师承担实训教学任务、指导毕业设计、开展讲座。

深化教育教学改革与研究，开展一人一教研活动。组织申报了北京市高等教育教学成果奖一等奖2项和二等奖1项。组织开展了自动化专业北京市一流专业申报。2017年派出7名教师进行为期一年或6周的短期交流，旨在提高教师的国际化视野，为我校的双一流建设提供坚实的基础。

【加强教学督导与质量监控】以课堂教学为抓手，加强教学督导与质量监控。邀请学院督导专家组专家指导本科教学审核评估、学院教学演讲等活动，开展了教案等教学文件检查和评比活动；组织召开了教风学风联动座谈会、师生座谈会10余场次，组织实践教学检查、听课40余次。

【教学成果】计算机科学与技术专业参加北京市评估，获得全市第四名。学院首次获批教育部人文社会科学研究专项任务项目1项。获批中国建设教育协会教育教学科研课题1项。获批学校教育教学改革项目3项，教材建设项目2项，实践教学改革项目3项。"网络技术与应用"获取"小班研讨型教学"试点申报立项。入选学校实培项目共20个项目。获校PPT课件制作和微课应用大赛优秀奖各1项。2人获校青年教师教学基本功比赛三等奖，1人获优秀教案奖。2人获校级优秀毕业设计（论文）指导教师称号。

【学生科技竞赛成果】2017年，电气与信息工程学院400余人次参与各级各类科技竞赛，180余人次获得市级以上奖励。在2017年中国机器人大赛中共取得二等奖1项，三等奖4项；在北京市大学生机器人大赛中荣获一等奖1项，二等奖9项，三等奖11项；在第九届"挑战杯"首都大学生课外学术科技作品竞赛中荣获三等奖2项；在第十一届全国大学生"恩智浦"杯智能汽车竞赛华北赛区比赛中荣获三等奖5项；在第九届"亚龙杯"全国大学生智能建筑工程实践技能竞赛中荣获三等奖2项；在第三届中国"互联网＋"大学生创新创业大赛（北京赛区）中荣获三等奖1项。

（五）科研工作

【概述】2017年，电气与信息工程学院获批纵向科研项目11项，其中国家自然科学基金面上项目1项、青年基金项目1项，实现了国基金项目连续4年不断线。获批教育部人文社会科学研究项目1项，北京市教育委员会科研与发展研究项目计划1项，北京市科技计划项目一般项目1项。

【科研经费】2017年，电气与信息工程学院合同经费2545.2万元，到校经费1652.4万元。获批横向科研项目8项，科研合同经费158.6万元，到校经费110万元。

【科研成果】2017年，电气与信息工程学院发表论文33篇，其中SCI论文7篇，EI期刊论文15篇，申请专利11项。

【实验室和基地建设】组织开展"建筑大数据智能处理方法研究北京市重点实验室"建设，研究领域主要包括人工智能、大数据及其在建筑信息化、城市规划等方面的应用。该重点实验室现有专职人员35人，其中研究人员29人，管理人员6人，主要由电气与信息工程学院科研骨干组成。

组织开展"机器人仿生与功能研究北京市重点实验室"建设。组织共建智能机器人与系统北京高精尖创新中心建设，参与完成该中心评估工作。组织共建未来影像北京高精尖创新中心。

（六）学生工作

【概述】电气与信息工程学院在校全日制学生1055人，其中本科学生972人，硕士研究生103人。学院以建设良好学风为根本，持续深入开展目标引领、基础管理、环境营造、帮扶助困、实践成才、就业促进六大工程。学院通过推行手机收纳袋、组织科技竞赛、"师说·大学之道"系列活动、结合党员先锋工程开展一对一学业帮扶、组建朋辈学业辅导团、建立"电力十足"微信平台推送课程复习资料、开展"见贤思齐"电信榜样系列宣传活动树立典型、学生党员联系宿舍共建学风、举办职涯主题系列讲座等具体措施积极开展学风建设工作。2017届本科毕业生毕业率97.81%，学位率96.05%。2017届本科生就业率95.61%，签约率93.86%，研究生就业率100%，签约率100%，均完成学校各项指标要求。2017届本科生考取研究生32人，出国留学23人，升学率达到24.1%。8人获得北京市优秀毕业生，26人获得校级优秀毕业生，1人获得校级"十佳学生党员"，3人获得校级优秀学生党员，计算机专业本科生党支部获得优秀学生党支部称号。240余人次参与各级各类科技竞赛，180多人次获奖。

【走访同方股份公司数字城市产业本部】2017年1月13日，在电气与信息工程学院院长郭茂祖、党委书记张雷、党委副书记关海琳、招就处副处长朱俊玲、电气系主任岳云涛、自动化系主任谭志、辅导员翟玮及研究生代表等一行9人走访同方股份有限公司数字城市产业本部。

【举办寒假留校学生座谈会——迎新春 话新年 谈心声】为做好寒假安全稳定工作，向学生传递温暖与祝福，鼓舞学生在新的一年不断进取、勇攀高峰，电气与信息工程学院于2017年1月14日在学D542会议室举办以"迎新春 话新年 谈心声"为主题的留校学生座谈会。电信学院党委书记张雷，分团委书记田奔参与座谈。会议由学院党委副书记关海琳主持。

【开展2017年初级党课】电气与信息工程学院于2017年3月16日举办2016-2017学年初级党课。党课第一讲由离退办主任王德中担任主讲教师。

【开展学工队伍能力提升系列讲座】2017年3月14日、3月21日系列讲座分别邀请到招生就业处就业指导中心杨益东、职涯教研室贾海燕两位老师针对学生成长发展各阶段中的不同话题进行交流，电信学院党委副书记关海琳、各年级班级导师以及辅导员参加讲座活动。

【举办第一期"师说·大学之道"活动】2017年4月7日，举办了第一期"师说·大学之道"活动，邀请院长郭茂祖教授走进电信165班，与该班同学面对面座谈。电信165班班级导师张蕾老师、2016级辅导员高静老师一同参加座谈。

【组织研究生参观"2017北京国际互联网科技博览会"】2017年4月26日上午，电气与信息工程学院组织全体研究生赴北京展览馆参观"2017北京国际互联网科技博览会"。学院党委书记张雷、校网信中心主任魏楚元、学院党委副书记关海琳参加了本次活动。

【组织召开研究生求职经验分享会】2017年5月13日下午，电气与信息工程学院于西城校区教1-318教室召开研究生毕业年级求职经验分享交流会。本次交流会由院研究生会组织，邀请学院研三年级学生代表分享其在毕业求职过程中的经验与心得，就业辅导员翟玮老师参加会议。

【召开2014级考研动员会暨学风建设大会】2017年5月16日晚，电气与信息工程学院在大兴校区学院楼D座报告厅召开了2014级考研动员会暨学风建设大会。电信学院院长郭茂祖、党委书记张雷、副院长魏东、院长助理马晓轩出席会议，会议由党委副书记关海琳主持。

【召开2016级学生专业分流介绍会】2017年6月10日下午，电气与信息工程学院在大兴校区学院楼B座报告厅召开专业分流介绍会。电信学院党委书记张雷，副院长魏东，院长助理马晓轩，各专业负责人和教师参加了介绍会。会议由党委副书记关海琳主持。

【开展纪念建党96周年七·一党日活动】2017年7月1日，电气与信息工程学院组织学生党员前往西郊的李大钊烈士陵园，开展"重温入党誓词 缅怀革命先烈"党日活动。本次活动由学院党委副书记关海琳老师带队，学院团委书记田奔老师、计算机专业本科生党支部书记张蕾老师、电气专业本科生党支部书记高静老师一同参加了活动。

【组织召开研究生新生交流会】2017年9月26日下午，电气与信息工程学院研究生会在大兴校区学院楼D座408教室组织召开研究生新生交流会，学院党委副书记关海琳老师出席活动。

【开展2016-2017学年优良学风班评选答辩会】2017年10月16日，电气与信息工程学院开展2016/2017学年优良学风班答辩活动。参评班级就学风建设、党团建设等内容进行了展示，并与到场的2016、2017级班级负责人进行交流。各年级辅导员参与了本次评选答辩活动。

【召开研究生学习宣传贯彻党的十九大精神宣讲报告会】2017年11月7日，电气与信息工程学院组织全体研究生在西城校区教1-226教室召开学习宣传贯彻党的十九大精神宣讲报告会。电信学院90余名研究生参加报告会，学院党委副书记关海琳主持并宣讲。

【召开团学骨干及初党学生十九大精神宣讲会】2017年11月7日下午，电气与信息工程学院在大兴校区学院楼D座报告厅开展了十九大精神召开团学骨干及初党学生十九大精神宣讲会。电信学院党委书记张雷、分团委书记田奔、辅导员王景民以及20余名团学骨干和100余名参加初级党课的学生参加了本次学习会。

【党委副书记张启鸿调研指导学生工作】2017年11月9日上午，学校党委副书记张启鸿到电气与信息工程学院调研，就电信学院学生学习宣传贯彻党的十九大精神情况、教风学风建设和辅导员工作与电信学院班子成员、专职辅导员座谈交流。学工部部长黄尚荣陪同调研。

【电信学院代表队在第九届"亚龙杯"全国大学生智能建筑工程实践技能竞赛中获奖】2017年11月10～12日，由住建部高等学校建筑电气与智能化学科专业指导委员会主办、盐城工学院承办的第九届"亚龙杯"全国大学生智能建筑工程实践技能竞赛在盐城工学院成功举行。电信学院代表队获得了团体三等奖、"建筑电气设计"单项三等奖。

【电信学院代表队在华北五省（市、自治区）大学生机器人竞赛中获奖】2017年11月10～12日，由北京市教育委员会、天津市教育委员会、河北省教育厅、山西省教育厅、内蒙古自治区教育厅共同举办，北京信息科技大学承办的华北五省（市、自治区）大学生机器人大赛在首都体育学院开赛。电信学院代表队共获26项大奖，其中华北五省（市、自治区）奖13项，北京市级奖13项。

【召开暑期社会实践和科技活动宣讲会】 2017年11月14日下午，电气与信息工程学院在大兴校区学院楼D座报告厅召开暑期社会实践和科技创新宣讲会。学院党委副书记关海琳，自动化系主任谭志，电气系主任岳云涛，分团委书记田奔出席会议，2017级学生参加活动。

【开展安全教育主题团日活动】 2017年12月4日~8日，电气与信息工程学院开展了学生安全教育主题团日活动。此次安全教育主题团日活动覆盖学院全体本科生、研究生，通过文件宣读、学生分享、讨论交流等形式对学生进行安全教育，并重点排查宿舍安全隐患。

（七）党建工作

【概述】 2017年，电气与信息工程学院党委书记和学院院长进行了调整。新领导班子认真学习贯彻十九大精神、全国高校思政会精神、北京市第十二次党代会精神和学校第一次党代会精神，坚决贯彻落实全面从严治党各项要求，深入开展"两学一做"学习常态化教育，落实学院十三五规划，各项事业稳步推进。认真开展"两学一做"常态化学习教育，学院领导班子成员为学院师生上党课7次，组织开展师生思想政治教育活动50余次，调整和落实班子联系各系中心，党员联系学生制度，党建与思想政治工作紧密结合中心工作，落实学院"十三五"发展规划制订、两校区定位布局、本科教学审核评估、党建评估、校第一次党代会、学科评估后续工作等各项重大工作，建成学院党建之家，营造了进取、安全、稳定、廉洁、和谐的发展氛围。

【党风廉政建设责任制落实情况】 电气与信息工程学院贯彻落实了学校党委关于党风廉政建设部署要求，认真落实了党风廉政建设主体责任，接受了校党风廉政检查。每位班子成员分别联系一个系（中心），定期参加和指导各系、中心开展活动；以聘任系主任为契机，围绕"六大纪律"，学院领导对新任科级干部进行了廉洁谈话，将党风廉政建设责任制向基层延伸；定期召开领导干部民主生活会；学院领导面向全院教职工述职述廉。

邀请校党委常委张素芳辅导解读十九大精神，全院28名教师参加了党风廉政建设抽样调查。完善规章制度，积极推进了廉政风险防控管理工作。加强了科研项目、科研经费、科研行为管理和规范。坚持、巩固和深化中央八项规定精神和市委十五条实施意见，学院在公务用车、公务接待、礼品登记、因私出国管理和干部兼职取酬方面不存在问题。不存在为官不为、为官乱为现象，不存在超标使用办公用房现象。

【财经讲座】 4月11日，电气与信息工程学院邀请学校审计处处长孙文贤为全体教职工宣讲最新财经纪律。

（八）工会工作

【概述】 电气与信息工程学院分工会始终坚持"围绕中心、服务大局、统一思想、凝聚力量"为主题，创造性地开展工作。在党政的领导下，推进二级教代会工作，积极贯彻民主管理民主监督，党政工全力配合，营造团结和谐工作氛围，推进电信学院工作健康稳定发展。在校工会的领导下，积极开展分工会工作，在教职工思想教育、教学基本功比赛、送温暖、文体活动等方面细致梳理，关心丰富教职工生活，全力做好后勤保障。

【民主管理】 电气与信息工程学院坚持院务公开，及时公开学院经费使用、制度、评优晋级、教职工年度考核、教师奖励性绩效工资分配情况、各种捐款捐物等。实施民主管理，在学院工作中，对各种文件制度制定、教职工评优、职称评定、专项申报等均采取公开讨论、广泛争取意见，通过党政联席会、教师代表会、系主任会、学术学位委员会、教学工作委员会等机构，必要时经全体教职工大会民主讨论评定和决策教师参与学院重大工作决策。广泛开展各类文体活动，增强凝聚力，愉悦教职工身心。慰问生病、生小孩教职工；了解教师需求，切实解决子女入学等实际困难，营造学院和谐的氛围。积极支持和协助民主党派加强自身建设，发挥民主党派人士作用。

【召开教职工大会】2017年，电气与信息工程学院分别于2月21日、4月11日、7月4日、9月19日、10月31日、11月7日、11月21日召开7次教职工全体会，就重大专项申报、研究所入学考试、增补教代会代表、安全稳定、审核评估等事项向全体教师通报。12月24日召开年底工作总结年会暨教职工大会，电信学院全体教职工参加了会议，院长郭茂祖就电信学院2017年各项经费执行情况向教职工大会做了汇报，并对标十三五计划对电信学院取得的成绩进行总结，特别肯定了学院在学科建设、人才培养、基地建设、科研成果、国内国际合作等方面取得的较好成绩，也深入分析了学院在学科、科研、师资、研究生培养等方面的不足。之后，由学院领导就分管工作向教职工大会做了汇报。分工会主席就经费使用等做了财务报告。

【承办校工会活动】3月7日，电气与信息工程学院分工会承办"魅力女性 美丽教师"形象提升讲座；6月1日，电气与信息工程学院分工会承办"我在建大过六一"系列活动之播放电影男孩专场《功夫熊猫3》。

【举办第三届师生羽毛球赛】6月21日，电信学院在大兴校区气膜馆举办第三届师生羽毛球赛。

【组织2017"勿忘九一八"纪念活动】9月24日，组织教职工赴红色革命教育基地——北京香山红色大本营进行纪念活动。

【举办踢毽子比赛】10月下旬，电气与信息工程学院分工会举办踢毽子比赛。活动得到了电信学院教职工的大力支持和积极参与，增进了教职工之间的交流与感情，提高了教职工的健康意识和生活乐趣，营造了健康向上的电信学院文化，促进了"电信·家"的形成。

【国外访学交流会】11月7日，电气与信息工程学院分工会在大兴校区四合院教工之家举办，邀请电信学院访学归国教师胡玉玲、张勉分别就各自在美国访学情况与到场教师分享。

【举办"咱家午茶"沙龙活动】11月21日中午，电气与信息工程学院分工会在四合院教工之家举办"聊聊旅游路上那些事儿"沙龙活动，活动特别邀请刘辛国老师就九寨沟旅游途中及遭遇地震前后的情景与到场教师分享，教师们也就各自在旅游途中的所见所闻所感进行分享。

【关心退休教师生活】电气与信息工程学院关心退休教职工生活，为退休党员订阅书报，及时慰问年老或生病退休教师，协助安排春秋游、休养活动。办公室保证每年与每一位退休教师电话联系8~9次，及时了解他们的生活状况并及时给予帮助。充分发挥退休老师的力量，聘请退休教师教学质量督导，指导青年教师提高教学水平。2017年，学院为樊伟梁申请生活困难党员慰问补助，为陈禹、魏炳林、田振宽申请大病特困慰问金，学院班子成员于年底探望徐仲梅、唐定增等生病及生活不便的退休教师。

12月6日，电气与信息工程学院分工会在西城校区图书馆1层教工之家第二活动室，召开退休教师茶话会，为年满80周岁的田振宽、刘桂芝等退休教师庆祝生日。电信学院

20余位退休教师参加了茶话会。会上，学院向退休教师集中发放了活动用品，并向80周岁以上教师发放元旦春节慰问品。

【举办2018年教职工新年联欢会】12月24日，电气与信息工程学院分工会在大兴校区学D402召开年底总结及2018年教职工新年联欢会，学院全体教职工参会。年底总结环节，院长郭茂祖、副院长魏东、院长助理马晓轩、院党委书记张雷先后就分工负责的工作做总结报告。迎新春联欢环节，包含精彩节目、欢快游戏、亲子互动、脑筋急转弯等。

（九）实验室建设

【概述】2017年，电气与信息工程学院依托"建筑电气与智能化"北京市实验教学示范中心、智慧城市国家级虚拟仿真实验中心，进一步提升实验室建设理念，归纳成功经验，凝练成果，组织申报的"建筑大数据智能处理方法研究"北京市重点实验室获批。积极联合企业共建实验室，建立高校产学联合培养人才的模式和机制，进一步推进实验室建设。

【获批北京市重点实验室】1月，电气与信息工程学院获批"建筑大数据智能处理方法研究"北京市重点实验室。

【实验室管理规范化建设】2017年，电气与信息工程学院完善了实验室管理制度及安全责任制度，明确了各教学实验室的实验设备、任课教师及实验课程情况，顺利通过本科审核评估。

（十）重大事件

1月，电气与信息工程学院党委召开党员大会选举产生新一届党委委员。

1月，电气与信息工程学院举办"2017年国家自然科学基金项目申请"研讨会。

2月，电气与信息工程学院召开2017年度国家自然科学基金项目申请书专家评审会。

3月，校长张爱林到电气与信息工程学院宣布《中共北京建筑大学委员会关于郭茂祖等同志职务任免的通知》、《北京建筑大学关于郭茂祖等同志职务任免的通知》，任命郭茂祖为电信学院院长。

4月，电气与信息工程学院召开教职工大会进行财经纪律风险防控专题讲座。

4月，电气与信息工程学院召开2015～2018聘期专任教师任务完成情况中期汇报会。

4月，电气与信息工程学院组织学生举办主题为"开在春风里"的趣味运动会。

5月，电气与信息工程学院召开2014级考研动员会暨学风建设大会。

5月，完成2016年教育部学科评估后续工作，控制科学与工程获得C段评级。

6月，电气与信息工程学院计算机科学与技术专业在北京市属高校本科专业评估中取得佳绩，我校在15所参与评估院校中排名第4，前面是北京工业大学、首都师范大学、北方工业大学。

6月，电气与信息工程学院召开2016级学生专业分流介绍会。

7月，电气与信息工程学院组织学生党员前往李大钊烈士陵园，开展"重温入党誓词 缅怀革命先烈"党日活动。

7月，电气与信息工程学院院长郭茂祖为全院教师和研究生举办《从人工智能到深度学习》学术讲座。

7月，电气与信息工程学院开展暑期社会实践系列活动。

9月，电气与信息工程学院本科专业第一次以"自动化与电气类"大类招生。

9月，电气与信息工程学院领导班子慰问电信学院2017级军训新生，并为新生发放了慰问品。

10月，电气与信息工程学院组织师生参观"砥砺奋进的五年"大型成就展。

11月，完成2017年度教育部本科教学审核评估工作。

11月，电气与信息工程学院网站全新改版上线。

11月，电气与信息工程学院举办"环保你我同行——以旧换新"公益环保活动。

11月，电气与信息工程学院举办前沿学术讲座：城市计算——用大数据和AI驱动城市智能。

12月，电气与信息工程学院召开退休教师集体生日茶话会。

12月，电气与信息工程学院领导班子到考研专用教室慰问考研学生。

12月，电气与信息工程学院召开年底总结及2018年教职工新年联欢会。

（张雷　魏东　关海琳　王晓辉　师洪洪　郭茂祖）

五、经济与管理工程学院

（一）概况

2017年经济与管理工程学院设有3系、3所、4中心，即工程管理系、工商管理系、公共管理系，工程管理研究所、工程法律研究所、经济管理与人居环境研究所，MBA教育中心、经管学院实验中心、经管学院培训中心、创新创业课程中心。学院为北京工程管理科学学会秘书处单位。拥有管理科学与工程、工商管理两个一级学科，涵盖管理科学与工程、工商管理两个学术型硕士学位授权点，项目管理、工商管理两个专业型硕士学位授权点，拥有工程管理、工程造价、工商管理、市场营销、公共事业管理、城市管理6个本科专业。工程管理专业为北京市特色专业，管理科学与工程为北京市重点建设学科。

2017年学院有在校本科生1119名，研究生209人（其中MBA37人，普硕36人，在职工硕132人，留学生4人），专任教师45名，其中教授12人，博士生导师1人，副教授16人。

毕业生定位于为北京地区经济建设和城市建设管理各行业服务，以其知识面广、专业知识扎实、应用能力强，既懂技术又懂管理的特点和优势受到用人单位的欢迎和认可，一大批毕业生成为公司经理、项目经理或总监。

（二）师资队伍建设

【概述】 经济与管理工程学院现有教职员工58人，其中专任教师45名，其他人员13人。学院专任教师中，教授12人（含博士生导师1人），副教授16人，讲师及其他17人。学院师资队伍结构合理、是一支兼具教育教学、学术研究、应用研究的强大团队。

【调入人员名册】

经济与管理工程学院2017年调入人员情况一览表

序号	姓名	性别	学历	类型	报到时间
1	陆地	男	硕士	辅导员	2017.03.13
2	任世豪	男	硕士	辅导员	2017.04.01

续表

序号	姓名	性别	学历	类型	报到时间
3	马世昌	男	博士	教师	2017.04.13
4	花园园	女	博士	教师	2017.06.07
5	谢天成	男	博士	教师	2017.11.17
6	王硕	男	硕士	实验员	2017.12.12

【调出人员名册】

经济与管理工程学院 2017 年调出人员情况一览表

序号	姓名	性别	学历	类型	调出时间
1	李文超	男	硕士	辅导员	2017.01.09

【退休人员名册】

经济与管理工程学院 2016 年退休人员情况一览表

序号	姓名	性别	学历	类型	退休时间
1	何佰洲	男	本科	教师	2017.06.04

（三）学科建设

【概述】经济与管理工程学院坚持特色发展，不断优化学科专业结构。依托建筑行业，紧跟北京城市建设发展的步伐，拥有管理科学与工程、工商管理两个一级学科，涵盖管理科学与工程、工商管理两个学术型硕士学位一级学科授权点，项目管理、工商管理两个专业型硕士学位授权点，拥有工程管理、工程造价、工商管理、市场营销、公共事业管理、城市管理 6 个本科专业。工程管理专业为北京市特色专业，管理科学与工程为北京市重点建设学科。工程管理专业连续两次通过住建部评估，工商管理硕士专业学位通过教育部评估。

【改革中求发展】2017 年延续 2016 年对学科的调整，将原有的企业管理与技术经济及管理两个二级学科变为工商管理一级学科的研究方向，并增加房地产经济与管理研究方向。

两个一级学科延续 2016 年的招生指标，完成学院对研究生招生任务，招生人数比去年均有所增加：普通硕士 18 人，MBA 27 人。

项目管理非全日制专业招考条件由于原来的 GCT 考试更改为全日制初试科目。国家改革了在职研究生招考条件，促使学院学科建设加快改革，项目管理在职硕士点面临生源短缺的情况，学院成功申报工程管理硕士（MEM）专业硕士学位点。

（四）教学工作

【概述】配合学校顺利完成本科教学审核式评估。推进专业核心课建设，加强实践教学过程性培养，编印新版教学管理制度汇编，全面启动工程管理专业复评工作。

【启动工程管理专业复评工作】全面启动工程管理专业第二次复评估准备工作，修订完成四个专业的 2016 版教学大纲。提交工程管理专业评估申请报告，组织撰写专业自评报告，组织完成沈阳建筑大学、福州工程学院等 5 所兄弟院校实地调研。

【推进专业核心课建设】组织教师完成《工程经济学》《管理学》《经济学》三门核心课视频录制，各专业制定更为清晰的课程建设计划。

【实现教学获奖新突破】组织院系教学督导和专任教师帮扶。公共管理系丁锐老师获评北京市青年教师基本功比赛一等奖、最佳演示奖;周霞老师获评北京市青教赛优秀指导教师;《全产业链式复合创新型工程造价人才培养体系的研讨与实践》获评北京市教育教学优秀成果二等奖。

【加强教材建设】启动《安装工程估价》等十三五规划教材建设,出版3本新教材,其中丛培经教授主编的《工程项目管理》获评国家级规划教材。

【加强实习实践教育精细化管理】专业导论课程形式多样;专业认识实习前伸;实习实践环节导师负责制;实施事前事中事后全过程监控;全员全面全过程全方位提升质量。

（五）科研工作

【概述】2017年经济与管理工程学院科研工作在全体教师的共同努力下取得了较好成绩。主持与参与申请并批准的项目共计15项。其中获得国家自然科学基金2项,省部级项目8项,其他项目5项。到校经费共计419万元。共发表学术论文102篇。其中SCI检索4篇,EI检索论文13篇,核心期刊论文15篇,其他论文72篇,著作22部。

【访学互动】学院派教师赴美国奥本大学、英国曼彻斯特大学、中国台湾云林科技大学访学,并接待中国台湾大叶大学MBA暑期访学团,积极筹备2018年亚太城市建设实务论坛在北京建筑大学召开。

依托经管系列论坛,多次邀请美国奥本大学的教授来院进行交流访问,邀请行业内知名专家围绕建筑经济、建筑领域科研、本科教学等专题为师生举办了20余场讲座,参观天坛医院施工地、北京城市副中心、地铁16号线、首都新机场等大型施工现场,极大地开拓了师生的学术视野。

【承担科研项目数量和质量均有增加】

2017年经济与管理工程学院承担的各类代表性科研项目一览表

序号	项目名称	负责人	项目来源	项目级别	合同经费（万元）
1	基于网络理论的城市物流供应链协同调控研究	王红春	国家自然科学基金-面上项目	国家级	63
2	雄安新区城市基层社区风险评估机制与韧性提升策略研究	周霞	国家自然科学基金-应急管理项目	国家级	17
3	基于PPP模式的北京新型特色小镇内涵、项目治理与效能评价研究	陈震	北京市社会科学基金项目-基金年度规划项目青年项目	北京市级	8
4	京津冀城际铁路"轨道+土地"模式下的土地增值收益及其分配机制研究	马世昌	北京市自然基金	部级	8
5	北京智慧城市建设与运行保障机制研究	姜军	北京市社会科学基金项目-基金年度规划项目一般项目	北京市级	8
6	全球价值链背景下我国建筑服务业升级研究	邓世专	北京市教委科研项目-科技计划一般项目（面上项目）	北京市级	5
7	养老设施建设采用PPP模式的利益共享机制研究	赵金煜	北京市教委科研项目-科技计划一般项目（面上项目）	北京市级	15

续表

序号	项目名称	负责人	项目来源	项目级别	合同经费（万元）
8	绿色建造过程建筑垃圾自消解原理及其资源化技术集成模型研究	尤完	住建部科技项目-住建部与高精尖中心联合资助项目	部级	10
9	城市管理综合执法统计信息平台建设研究	张丽	住建部科技项目-软科学研究项目	部级	3
10	PPP模式下海绵城市建设融资机制研究	李将军	校级科研项目	校级	3
11	项目经理矛盾式领导对项目绩效的影响效果及作用机制研究	康飞	校级科研项目	校级	3
12	项目施工团队安全公民行为影响演化机制及行为策略研究	陈震	校级科研项目	校级	3

2017年经济与管理工程学院承担的代表性横向项目一览表

序号	合同名称	负责人	签订时间	合同金额（万元）	合同类别	甲方单位
1	东城区停车设施及静态交通智慧管理平台建设项目可行性研究	戚振强	2017-11-16	12	技术咨询	达华工程管理（集团）有限公司
2	北京市民政公共服务基础设施建设规划落实评价3	姜军	2017-10-20	27	技术服务	北京市民政局
3	PPP规划研究与顾问咨询项目合同书	张国宗	2017-10-15	18	技术咨询	肃宁县财政局
4	停车设施权属登记体系设计	姜军	2017-09-20	60	技术服务	北京市交通委员会
5	推进市属医院基本建设管理管理改革与创新研究	戚振强	2017-06-01	10	技术服务	北京市医院管理局
6	北京天嘉金土咨询有限公司资本结构优化研究	周晓静	2017-06-01	5	技术服务	北京天嘉金土咨询有限公司
7	中铁建工集团BIM编码体系研究与开发	陶庆	2017-05-18	20	技术开发	中铁建工集团有限公司
8	土地整治工程量清单计价预研究	戚振强	2017-04-01	20	技术服务	国土资源部土地整治中心
9	PPP模式在民政公共服务基础设施建设领域的应用研究	姜军	2017-04-01	15	技术服务	北京市民政局
10	建筑节能领域引入碳排放权交易市场机制可行性及实施路径研究	金占勇	2017-03-15	10	技术咨询	中国建筑节能协会
11	瑞和安惠集团项目管理模式创新研究	尤完	2017-03-10	24	技术开发	瑞和安惠项目管理集团有限公司
12	建筑企业绿色发展模式与推广路径研究	姜军	2017-03-01	30	技术开发	中铁建设集团有限公司

续表

序号	合同名称	负责人	签订时间	合同金额（万元）	合同类别	甲方单位
13	存量房市场发展前景研究	张原	2017-01-05	3	技术服务	国家发展和改革委员会投资研究所
14	土地细碎化整治潜力与成效监测分析	丁锐	2017-01-01	20	技术服务	国土资源部土地整治中心

（六）学生工作

【概述】 2017年经济与管理工程学院学生工作较好地完成了各项工作，有力保障了学院事业发展。学生发展、学科竞赛、班集体建设等重点工作在校、院各级领导的关心、支持和全体师生的配合和参与下，均取得了一定的成绩。

【辅导员队伍建设】 学院2017年新进2名辅导员，现共有辅导员5人，编制满员运行，队伍齐整。学院定岗定责，组织辅导员参加校内外培训10人次。

【学生党建】 2017年，经管学院党委以党的十九大、十八届系列全会精神及习近平系列讲话精神为指导，以"两学一做"活动为主线，以建设标准的基层党组织、高素质的学生党员队伍为目标，坚持围绕抓好教育促党建，抓好党建促教育这个中心思想，认真开展"两学一做"教育活动，充分发挥学校党组织的战斗堡垒作用和共产党员的先锋模范作用，推动了学校党建工作的顺利开展，各项工作取得了一定的成绩。

学院在校生共有1113人（含93名研究生），其中635人递交了入党申请书，占学生总数约57.05%，现有入党积极分子203人，占学生总数约10.06%，现有学生党员112人，占我院学生总数的11.03%。本年度发展学生党员68人，推荐入党积极分子180人。

【学生就业】 经济与管理工程学院就业工作秉承"三个结合"的工作思路：一是"共性与个性结合"，针对全体应届毕业生按步骤开展就业动员、帮扶和具体的就业指导，抓住应届生共性和分层分流情况，解决具体问题和困难。二是"学业与就业结合"，将应届毕业生的学业和就业联动把握，发挥专业教师，毕业设计指导教师，班级导师，系主任等老师的引领和帮扶作用，努力营造全员育人，全员参与就业的工作氛围。三是"企业与校园结合"，调动企业和校友的各种资源，利用校庆积累的校友资源，积极搭建校企联合培养的就业工作模式，落实面向社会需要培养学生，促进就业工作的有效开展和就业质量的稳步提高。

2017年度学院开展就业动员会3次，举办就业工作坊6次（简历制作辅导2次，面试辅导2次，考研报考指南1次，公务员考试辅导1次），组织企业来学院举办宣讲会13次。学院继续加强与重点行业企业联系，面向社会需求，强化校企人才培养互动化、社会化。坚持就业工作前移，建立学生就业档案，加强学生就业分类指导，将就业工作的动员和推进前置化。加强就业团队建设，树立就业优秀典型，动员学生骨干参与就业帮扶和就业工作推进。

截至2017年10月27日，本科毕业生共计388人，学位率97.42%，签约率93.30%，就业率95.88%，较上年同期分别提高9.05%、2.32%，学院毕业生基本符合应用型技术人才的培养目标，毕业生主要集中在房地产、建筑行业各企事业单位。研究生毕业生共计25人，签约率、就业率均为100％，较上年同期分别提高22.22％、5.56％。

【主题教育】以学生党员先锋工程为引领，加强学生的思想政治教育。开展了"学习雷锋精神，践行社会主义核心价值观"、"铭记一二九、弘扬爱国情"等主题团日学习活动，组织策划了"与信仰对话：青年的楷模，学习的榜样"《习近平的七年知青岁月》主题学习活动、团学骨干参观"砥砺奋进的五年"大型成就展、"践行新思想、拥抱新时代"组织生活会、经管学院第二届"青春榜样"评选等多项主题教育活动，努力做到优中选优，树典型，立标杆，在学生群体中传递和弘扬正能量。依托"青年之声"、"共青云"、"1+100"等网络信息技术平台促进思想建设创新发展。同时，通过开展"班徽班训"、"十佳团支书"等主题活动，营造正风正气，引领学生奋进，取得良好效果，逐步形成学院班级建设的特色，树立先进典型团支部。管151班、城161班均获得校级"我的班级我的家"评比活动"十佳班集体"荣誉称号，城161班获得校级三等奖。

【学风建设】注重发挥榜样引领作用，充分动员和号召广大学生向先进榜样学习，传递正能量。在先进榜样的感召下，2017年经济与管理工程学院涌现出一批优秀集体与个人，管151，管152，公管151，城161，造价161，管162共六个班级获得"优良学风班"称号，2人获本科生国家奖学金，15人获本科生综合一等奖学金，24人获本科生综合二等奖学金，56人获本科生综合三等奖学金，43人获国家励志奖学金，2人获研究生国家奖学金，3人获研究生学业一等奖学金，10人获研究生学业二等奖学金，46人获研究生学业三等奖学金。截止到2017年12月，全院全国英语四级考试平均通过率为54.98％，六级考试平均通过率为18.20％。

学院邀请专家开展讲座，培育学生专业思想。2017年全年共举办22场专业讲座，邀请了美国奥本大学、荷兰代尔夫特理工大学、香港大学等多名境内外知名教授，和来自LG、北京三建公司等知名企业负责人为学生授课。

【宣传工作】经济与管理工程学院着力搭建"大宣传"工作格局，动员学院各方力量形成合力，主动发声、营造积极向上的舆论氛围。

组建学院宣传工作队伍，成立媒体传播中心，在学院党委的指导下由学院学工系统执行运转。媒体传播中心由相关专业背景教师指导协调，对接学校党委宣传部，协调学院内部各学生组织和班级宣传委员力量宣传动员。在校院两级党委的指导之下有步骤、有节奏、有重点、有特色地宣传动员和集中发声，力争做到敏感时期有引导、关键阶段有方向、重要时节有声音、日常宣传有特色。

线下完成经管学院校园文化建设第三期立项、设计和实施，立项并设计学院第四期文化建设方案，以大赛的形式完成新版院徽院训征集、评选及表彰。线上完成公众号"北建经管"升级审核申报，成为二级学院中唯一一个北京建筑大学官方认证的事业法人独立机构公众平台。

【学生科技活动】2017年全国高等院校BIM应用技能比赛中，荣获建筑工程BIM计量及计价专项一等奖、团队全能二等奖；第三届全国高等院校BIM毕业设计作品大赛中，荣获E模块——基于BIM施工过程管理特等奖；第三届全国高等院校学生BIM应用技能网络大赛获基于BIM全过程一等奖两项、二等奖一项、三等奖一项；第八届全国高等学生斯维尔杯BIM大赛中荣获三等奖；第九届大学生房地产策划大赛暨首届全国大学生房地产专业能力大赛中，荣获团体华北赛区策划类一等奖（团体）一项，二等奖一项；全国大学生交通科技大赛中，荣获三等奖一项；2017中国大学生计算机设计大赛北京市级"朔日杯"赛中荣获三等奖。

【志愿服务】积极搭建学生志愿服务平台，经济与管理工程学院与大兴新秋老年公寓、一砖一瓦文化交流中心、同心互惠组织坚持长期合作，为学生提供实践平台。2017年7月，我院暑期社会实践"水润苗乡"实践团前往贵州省六盘水市的石槽小学，紧密围绕"扶智、扶志、扶治"主题开展此次实践活动，努力为边远地区的发展贡献我院学子的智慧。同年7月，我院"红色星火"暑期社会实践团前往山东省临沂市，了解革命老兵现状和需求，学习领悟"沂蒙精神"。10月开展"重阳敬老"的志愿活动，走进新秋老年公寓为老人举办一场别开生面的联欢会，并于11月与新秋完成志愿挂牌工作，使得新秋正式成为我校大学生社会实践基地之一。同年9月至12月，为同心互惠公益组织多次完成捐旧衣送温暖活动。我院坚持开展团市委社区青年汇新青年学堂的志愿服务工作，负责专科起点和高中起点的教课任务，获得团市委的肯定和认可，2017年获得大兴兴宇社区赠送的"良师益友现代师表的"优秀锦旗。

（七）对外交流

【与美国奥本大学交流活动】

1. 2017年5月13日至5月17日，经济与管理工程学院与美国奥本大学建筑设计与工程管理学院合作交流。奥本大学Mcwhorter建筑科学学院建筑科学系主任Richard Burt教授，Anoop Sattineni教授，Salman Azhar教授以及刘峻山副教授对我院进行了访问。

本次交流签署了我院工程管理（工程造价）专业与美国奥本大学建筑科学专业的"3+2研究生"项目正式协议。并探讨了进一步深入合作的可能，希望两校能进入更高层次的合作；

5月15日，Anoop Sattinei教授为我院师生进行了"领导和建设创新———一种终身学习的文化需求"的前沿讲座。

5月16日，美国奥本大学来访的四位教授与学院师生参观了北京新机场项目，此次参观是奥本大学访问经管学院的系列活动之一。

2. Scott Kramer教授来京正式申报北京市"海聚人才"项目。这是我院首例"海聚人才"项目的申报。

3. 2017年11月15日至16日美国奥本大学奥本大学Mcwhorter建筑科学学院的副院长Ben Ferrow教授，建筑科学系系主任Richard Burt教授，刘峻山副教授对我院进行了访问。双方在大兴校区学院楼A座325室举行座谈会，就硕士合作项目进行了交流探讨。工程管理系主任戚振强、赵金煜老师、孙杰老师、万冬君老师、樊瑜老师参加了此次座谈。

奥本大学三位教授分别为全校师生做了三场讲座，题目为："奥本建筑科学野外实验室的建设与应用实践""利用轻型无人机检查幕墙"以及"建筑相关学院的国际竞赛——奥本视角"。

11月15日下午，外培项目和"3+2"项目在大兴校区学院楼A座325室举行。感兴趣的同学与奥本大学的教授进行了交流。

【与中国台湾大学开展交流活动】继续积极开展与中国台湾云林科技大学和中国台湾大叶

大学的合作交流项目。全年累计派出18名本科学生和1名教授赴中国台湾云林科技大学进行交流学习。

2017年6月25日～29日何佰洲教授、周霞副教授和戚振强副教授到中国台湾云林科技大学访问，商讨两院进一步加强合作，共同促进学术发展，培养社会人才的相关事宜。6月26日，三位教授参加由中国台湾云林科技大学营建工程系主办的第21届营建工程与管理学术研讨会。

2017年8月3日～4日，经济与管理工程学院为中国台湾大叶大学MBA学生举办了第五期《产业发展与经营实务》研修班。8月4日，秦颖副院长带领中国台湾大叶大学海外研修参访团参观了中关村生命科学园。

2017年12月21日上午，中国台湾新竹大学教授张柏毅到访经济与管理工程学院，在大兴校区学A319举办学术沙龙，介绍了价值工程理论的主要分析框架以及台湾价值工程的案例，并介绍了开办价值工程工作坊的相关经验。

【与捷克南波西米亚大学开展交流活动】

2017年9月21日，捷克南波西米亚大学管理学院院长一行来经济与管理工程学院交流，双方就未来的暑期交流项目，3＋1项目，两校教师互访等可能展开合作的方面进行了交流。捷克南波希米亚大学提议双方的合作先从学生交流开始，并提供了暑期summer school的相关资料。同时邀请经管学院的教师带队参加，向南波希米亚大学的师生介绍中国的商业、法律惯例等。

【与美国密苏里州立大学开展交流活动】

2017年经管学院与密苏里州立大学签署赴美工商管理硕士研究生项目合作备忘录。备忘录的主要内容包括一年期硕士项目和3.5＋1.5桥梁项目的项目细则和项目要求等。一年期硕士项目是指由北京建筑大学推荐的赴美学生，被录取学生将在密苏里州春田市校区（Springfield）参加密苏里州立大学为时12个月的集中授课11门工商管理硕士课程学习。3.5＋1.5桥梁项目是指参加密苏里州立大学一年期工商管理硕士项目并符合相关条件的北京建筑大学大四学生，在大四上学期或下学期赴密苏里州立大学本科学习一个学期（不拿密苏里州立大学本科学位），满足相关条件的随后申请参加密苏里州立大学一年期工商管理硕士学位项目。此外协议中还约定了密苏里州立大学商学院的主要工作、学费、学杂费和医疗保险费的安排，以及协议的期限等。

同时，与美国密苏里州立大学签署了校际合作谅解备忘录。北京建筑大学与密苏里州立大学同意建立正式合作关系。双方在广泛的共同利益基础上，在尊重彼此的独立性和平等地位的前提下，开展互利互惠的国际学术交流与协作。双方同意交换学生、教职人员，共享教学科研资源；开展互访，包括行政管理人员、教师和学生；共同组织国际学术会议；共同开展学术研究；联合申报国际科研项目，在国际期刊上共同发表论文；在特定学科领域合作开展研究生学位，例如工商管理硕士双学位项目；在特定学科领域合作开展本科生学位项目；共同参与其他增进彼此了解和合作的活动。

【与中国香港大学开展交流活动】

2017年11月27日，中国香港大学房地产建设及管理系廖美薇教授和陈绮珊博士来到北京建筑大学经管学院交流访问。廖美薇教授讲座的题目是"建筑业信息技术采纳过程中的技术与流程匹配"。陈绮珊博士讲座的题目是BIM在建筑安全管理中的应用。讲座结束之后，经管学院的老师和学生踊跃提问，与廖教授和陈博士展开了热烈的讨论。

除了讲座之外，经管学院的领导和老师还就两校的本科生培养、学术访问等问题与两位老师展开交流，并欢迎两位老师的再次来访，廖教授和陈博士表示愿意进一步在学术研究和学生交流上展开合作。本次交流访问加强了经管学院与香港大学房地产建设及管理系的联系，并为未来教师之间和学生之间的交流打下良好的基础。

（八）党建工作

【概述】经济与管理工程学院党委在学校党委的领导下，认真学习十八大及各次全会精神，认真学习学校第一次党代会精神，坚持从严治党，围绕中心抓党建、抓好党建促发展，切实发挥政治核心作用，为学院发展提供了有效的思想、组织保证。

【坚持思想引领，切实加强师生思想政治工作】年初制定《经管学院党委学习安排方案》，将习近平总书记系列讲话、十八届六中全会精神、学校学院十三五发展规划内容均列入其中。通过组织师生积极参与学校层面的辅导报告，学院层面的集中学习和各支部分散学和个人自学等方式，确保"四个意识"在师生中的贯彻落实，保证中央、市委、校党委的决策部署得到不折不扣地落实。

【坚持以上率下，不断加强领导班子和干部队伍建设】一是完成了学院党委换届工作，配齐了学院班子，及时明确分工，认真落实三重一大制度，加强班子的建设。二是根据学院实际情况，对系部（中心）主任人选进行及时调整补充，着力打造一支业务强、素质高、敢担当的学院中层干部队伍。

【坚持固本强基，不断加强基层组织建设】一是选优配强支部书记。现有教工支部书记均为副教授，同时兼任系主任或副主任；二是支部结合自身特点开展丰富多彩的活动，充分发挥了基层党组织的战斗堡垒作用。

【坚持从严治党，认真开展"两学一做"教育实践活动】一是通过认真参加学校层面组织的"两学一做"专题教育活动动员部署会，听取党委书记专题党课，"十八届六中全会"精神专题学习等，全面把握党委对"两学一做"教育的总体要求。二是开展全覆盖深度调研，明确了存在的问题，提高了"两学一做"教育活动的针对性和有效性；三是结合学院实际工作，深入开展"两学一做"教育活动，学院的凝聚力进一步增强，大家把精力都集中到学院的事业发展上来，有力促进了学院的事业发展。

【坚持警钟常鸣，深入推进党风廉政建设工作】一是在班子分工时，明确"廉政首问制"，促进班子成员"一岗双责"。二是利用教职工大会、党政联席会、支部书记会等各类会议加强党风廉政教育，在关键节点比如中秋、国庆、元旦等重要节日，进一步强调提醒。三是针对专项经费负责人、科研项目负责人等，在日常教育提醒外，邀请审计处进行财经法规和财经纪律培训。一年来，未发现违规行为。

【以建院二十周年为契机进一步凝聚人心、积聚力量】以建院二十周年为契机，进一步梳理学院发展历程，编写了院史、历届校友录、学院宣传画册、拍摄了学院的宣传片、加强学院楼宇文化建设。260余名校友、教师和离退休人员欢聚一堂，庆祝学院的生日，进一步增强了学院凝聚力和向心力。

【加强工会教代会和离退休工作】通过举办退休教职工座谈会，征求老同志对学院发展的意见和建议，通过举行教职工趣味运动会、六一节亲子活动等丰富多彩的工会活动，增强教职工的凝聚力。

【党员发展工作取得新成绩】截止到2017年12月，共发展学生党员68人，其中女生45人，少数民族14人。学院共有党员150人，其中女生88人，少数民族24人。积极分子共有320人，其中女生203人，少数民族36人。申请入党学生949人，其中女生602人，少数民族106人。

（九）工会工作

【概述】2017年，经管学院分工会委员会按照学校工会部署和我院的中心工作，在校工会、学院党政领导班子的指导帮助下，始终以竭诚为职工服务为宗旨，充分发挥联系群众的桥梁纽带作用，在学院各项建设中不断贡献着自己的力量。

【工会自身建设】学院党委书记兼工会主席一职，双重身份能确保及时深入了解工会工作的开展情况并做出相应指导，也能做到工会工作定期向学院党政联席会汇报，组织的重大活动或者决策能够及时与联席会沟通征求意见。每年1月份，由工会牵头组织召开全院教职工大会。在会上，全院教职工对所有报告内容都有了深入了解，并对学院工作、工会工作及经费使用报告进行认真审议通过。所有关系到教师切身利益的问题，如：职务晋升、学年考核等，学院均邀请教代会及工会委员代表参加相关会议，并要求发表意见，学院能做到对会议结果及时公布和反馈。4月，协同组织青年教师参观了通州北京市副中心的部分在建核心项目及北京市规划展览馆以及《北京市总体规划（2016年-2030年）》草案公告展。5月，组织参观北京新机场建设。活动丰富教师实践教学课程内容，也开拓了老师的科学研究思路。9月，组织召开新学期教职工大会，总结上学期工作同时，部署新学期重点工作。旨在让老师充分及时了解学院工作安排，并在老师中积极征求对学院工作意见和建议。以青年教师教学基本功比赛为抓手，着力搭建青年教师成长平台。协同教务部门举办了学院内部教学基本功比赛，评选一、二、三等奖9人，最终，丁锐老师被推荐到北京市参加比赛，获得一等奖和最佳演示奖；周霞老师获得最佳指导老师奖。11月，组织了一次教师访学经验交流沙龙活动。更好地提升了经管学院教师访学活动的质量和效果，也给其他老师申请国外进修提供了很多好的意见和建议。

【营造和谐氛围】分工会组织开展了丰富多彩、形式多样的文体活动，力争通过这些活动营造学院文化氛围，创造积极向上的精神风貌。3月，学院分工会联合图书馆共同组织教职工亲子活动暨小学生走入大学社会实践活动——北京桥梁博物馆筹建前期展参观活动。该活动为教职工亲子活动提供了很好的平台，增加了教职工的单位自豪感。5月20日，学院齐力举办了经济与管理工程学院建院二十周年纪念大会，追忆学院往昔峥嵘岁月，共商经管未来发展方向。以院庆二十周年为发展契机，促使学院全发展迈出了至关重要的一步。10月，组织全院教职工赴怀柔喇叭沟原始森林公园秋游和组织老师赴北京展览馆参观《砥砺奋进的五年大型成就展》。12月，组织教职工赴世界公园秋游、健康快乐健步走活动以及摄影比赛展览活动。通过组织各类活动，不仅舒解了教职工们的工作压力，展现了教职工积极向上的风貌，激发我院教职工爱岗爱校热情，还增进了彼此之间的交流与沟通，增强了大家的凝聚力。

【送温暖到人心】工会能够做到对患病、生孩子及结婚等各种情况老师进行及时慰问，本年度购买慰问品进行慰问金额近2000元；对患重病的老师申请学校及学院慰问补助达4400元。针对单身教职工等特定人群，积极配合校工会进行关心慰问。通过对特定人群的及时关心关怀，让教职工真正感觉到工会是自己的家，是自己的暖心人，大家感觉了家的温暖，才能更好地建设我们的家园。

（十）实验室建设

【概述】经济与管理工程学院"经管模拟实验中心"，设有管理模拟实验室、沙盘模拟实验室、工程项目数字化实验室、BIM实验室、物联网实验室、电子招投标实训室、BIM实训室、工程造价工作坊和信息中心九部分组成，建筑面积1039平方米，仪器设备930多台套，设备总值1200余万元。经管实验中心主要支撑"工程管理"、"工商管理"、"工程造价"、"公共事业管理"和"城市管理"五个专业方向的本科生教学和部分研究生教学，面向全校本科生、研究生开放，每年承担本科生1100多人实验教学任务，开放时数约2360小时，接待国内外参观交流近600余人次。

经过多年建设，经管实验中心树立"强化基础、突出特色"的实践教学理念；围绕"综合能力培养、科研反哺教学"搭建了多样化、有特色、高水平的实践平台；先后开出了"工程项目管理"、"工程招投标模拟"、"工程造价软件实训"、"BIM技术与应用"、"信息系统开发"、"项目可行性研究"、"项目管理策划"、"招投标文件编制"、"PPP实施方案设计"、"创业大赛"、"房地产营销策划"、"人力资源开发与管理沙盘"、"房地产项目策划"、"营销管理沙盘"、"房地产模拟沙盘"、"企业经营决策与战略沙盘"、"企业竞争模拟对抗"、"管理基础实习"、"生产与管理实习"、"工程造价软件应用"、"ERP实训"、"虚拟商业社会环境（VBSE）跨专业实训综合平台"、"创新创业实训"、"物业管理"、"市场调查分析"、"应用统计学数据分析"等多项实验项目，编制与课程体系相辅相成的实验任务书、指导书和手册等，建立了与理论教学有机结合，以能力培养为核心，分层次的实验教学体系以及高效运行的管理保障。建立以学生为中心的实验教学模式，形成以自主式、团队合作式、探索研究式的学习方式，依托于经管实验中心开展系列实训，我院师生在各类学科竞赛中获得优异成绩。同时，经管实验中心的教学理念、教学体系和教学方法得到广泛认可，实验平台、实验课程和精品教材成果在同类高校、企业现场得到广泛的推广和应用，在师资培训、国际交流方面做出了突出的贡献，在实验教学领域起到了良好的示范效应。

【实验室建设】

2017年经济与管理工程学院实验室建设项目一览表

序号	项目名称	负责人	项目来源	实验设备（套/台）	实验场地（平方米）	合同经费（万元）	起止时间
1	人才培养质量建设-实践创新-工程造价工作坊建设	陈雍君	北京市财政专项	136	86	301.98	2017.12-2018.4

（十一）重大事件

2017年1月7日，中国建筑学会建筑施工分会BIM应用专业委员会（以下简称BIM专委会）于2013年10月15日成立，并经BIM专委会选举产生了第一届组织机构。经济与管理工程学院直接参与了BIM专委会的创立，学院院长姜军当选第一届副理事长。在2017年1月7日BIM专委会第二届理事会第一次会议上，姜军再次当选中国建筑学会建筑施工分会BIM应用专业委员会第二届副理事长。

2017年1月21日，北京工程管理科学学会工作会议在北京建筑大学西城校区召开。

学会理事长张爱林教授，副理事长及其代表赵世强、王守清、刘伊生、马铁山、王丽萍、宋涛、闫伟东、王革平，学会正副秘书长及代表姜军、陈永辉、吴东慧、钟德文，以及特约代表北京建筑大学资产经营管理公司总经理丛小密、北京建筑大学经管学院副院长周霞、副书记郝迈等18人出席。工作会议由常务副理事长赵世强主持，秘书长姜军做2016年工作及财务状况汇报以及2017年学会工作设想。

2017年3月，由团中央学校部组织开展的全国高校共青团"活力团支部"创建遴选活动结果揭晓。经管学院营132团支部荣获全国高校2016年"活力团支部"称号。

2017年3月9~10日，经管学院启动工程管理专业复评筹备工作，工程管理专业于2008年首次通过住建部工程管理专业评估委员会评估，2013年通过复评，将于2018年迎来第二次复评。3月9日下午，副校长李爱群会见了任宏教授。3月10日上午任宏教授和经管学院领导及工程管理系教师在西城校区教1-102举行了深度交流会，出席深度交流会的还有教务处副处长那威。

2017年3月14日，为深入贯彻党的十八届六中全会精神和全国高校思想政治工作会议精神，进一步强化学院党组织建设，深入、全面把握各基层党支部年度工作的成绩与不足，推进新一年学院党建工作的整体部署，2017年3月14日上午，经管学院于大兴校区学A316会议室召开党支部书记抓党建述职评议考核会。经管学院领导班子、党委委员、各基层党支部书记参加了本次评议考核会，会议由学院党委副书记郝迈主持。

2017年5月5日，为备战2017年全校审核式评估，经管学院于2017年5月5日在西城校区召开2016版教学大纲的编写和专业自评报告审核讨论会。经管学院领导班子、各系正副主任、专业负责人、院评估办及院教学督导组专家等参加了研讨会，会议由经管学院副院长周霞主持。最后，经管学院院长姜军再次强调了评估准备工作的重要性，指出专业自评报告需要突出亮点、凝练重点。此外，有关教学大纲的审核以及教学资料的互查，更是需要全院上下通力合作，分工协调完成，相信一定能保质保量地完成评估前的各项准备工作。

2017年5月12日，经管学院与北京市工程咨询公司合作举办的项目管理培训班正式开班。开班仪式由经管学院周霞副院长主持，经管学院姜军院长、北咨公司王革平副总经理分别进行了开班发言。

2017年5月16日，经管学院组织师生参观北京新机场建设。本次参观由主管教学的副院长周霞教授组织，一同参观的还有来自奥本大学Mcwhorter建筑科学学院的院长Richard Burt博士，Anoop Sattineni教授，Salman Azhar教授以及刘峻山副教授。奥本大学此行是来与经管学院签署3+2合作协议。参观北京新机场活动是此次奥本大学访问经管学院的系列活动之一。

2017年5月20日，经济与管理工程学院建院二十周年纪念大会于大兴校区图书馆建本报告厅隆重举行。校党委书记王建中、经管学院历任领导、退休领导和教师、学校相关职能部门领导、经管学院现任领导班子全体成员、学院历届校友、经管学院在岗教师和部分学生代表参与大会。纪念大会由经管学院党委书记彭磊主持。

2017年6月6日，为贯彻落实党的十八大和全国高校思想政治工作会精神，进一步加强和改进高校思想和政治工作，更好地迎接和完成北京普通高等学校党建和思想政治工作基本标准入校检查，经管学院于2017年6月6日下午在学院楼A座316会议室召开党建工作例会暨 2017 年党建评估工作动员部署会。学院全体领导班子成员、党委委员、党支部书记、辅导员参加了工作会，会议由学院党委副书记郝迈主持。

2017 年 7 月 5 日，党委书记王建中作为联系校领导带队到经管学院检查指导工作，围绕学院领导班子履行党建主体责任，落实"一岗双责"情况，重点检查学院"两学一做"学习教育常态化制度化推进情况和基层党建重点任务落实情况、贯彻落实全国和北京高校思想政治工作会议情况以及迎接北京市党建《基本标准》集中检查准备的情况进行检查指导。党委组织部部长孙景仙、纪委副书记兼监察处处长高春花、研工部部长杨光、党政办副主任齐勇、党委宣传部李守玉等检查组成员参加检查，经管学院领导班子成员、经管学院党委委员、各党支部书记、科级干部和全体辅导员参加会议。

2017 年 9 月 5 日，经管学院在大兴校区学 A-316 会议室召开新学期教职工大会，部署新学期重点工作，并对即将到来的本科教学审核式评估进行专门研究。学院领导班子成员、全体教职工参加了大会，会议由学院党委书记彭磊主持。

2017 年 9 月 8 日，由我校主办的亚太城市建设与管理实务论坛筹备会——暨 2017 年亚太城市建设与管理实务论坛第一次筹备委员会联席论坛在我校大兴校区举行。香港科技大学土木及环境工程系校友会主席梁雄光、香港科技大学土木及环境工程系学者与研究生校友会主席申元方、澳门土木及结构工程师学会会长胡祖杰、澳门工程师学会理事长萧志泳、台湾营造工程协会秘书长陈文忠、中交天津港湾工程研究院有限公司高级工程师李斌，我校校长张爱林，副校长张大玉、李爱群出席筹备会，环境与能源工程学院、土木与交通工程学院、经济与管理工程学院相关领导及老师和国交处、科技处、网信中心等部门负责人参加会议。张大玉副校长主持筹备会。

2017 年 10 月 13 日，北京理工大学管理与经济学院党委副书记彭明雪一行来经管学院调研交流学生工作，共同探讨工科院校背景下经管学院学生工作在立德树人方面可以尝试的探索和具体举措，抬头看方向、画蓝图，低头走出路、出成果。

2017 年 10 月 17 日，经济与管理工程学院在大兴校区综合楼 5 层会议厅召开全体党员大会选举出席学校第六次党代会代表。校党委书记王建中以普通党员身份参与学院党代表选举工作，经管学院全体党员参会，学院党委副书记郝迈主持会议。大会以无记名投票方式，选举王建中、杨园园、周霞、郝迈、姜军、秦颖、彭磊（以姓氏笔划为序）为中国共产党北京建筑大学第六次党员代表大会代表（待党委审批）。

2017 年 10 月 17 日，为帮助 2017 级新生更加深入了解经管学院进而培养学生们对学院的归属感，2017 年 10 月 17 日下午，在学院楼 A 座 101 教室举行了经管学院新生引航工程重要一讲——院长讲座。姜军院长以专业及学科为突破口，从发展沿革、组织架构、学科专业、办学特色等四个方面展开启发和引航新生。

2017 年 10 月 28 日，正值秋高气爽，重阳登高之际，经管学院分工会于 10 月 28 日组织全院教职工赴怀柔喇叭沟原始森林公园秋游。活动由学院分工会主席彭磊书记带队，除了学院在职教师外，分工会还邀请了学院退休老师和教师家属参加。

2017 年 10 月 31 日，党委书记王建中到经管学院调研指导党的十九大精神学习宣传贯彻工作，并以"以党的十九大精神为指引，奋力开创学校事业发展新局面"为题，带头宣讲党的十九大精神。经管学院全体教师、党员、入党积极分子等参会，会议由经管学院党委书记彭磊主持。

2017年11月7日，为深入学习好宣传好贯彻好党的十九大精神，在全院迅速兴起学习宣传贯彻党的十九大精神热潮，使党的十九大精神深入人心，落地生根。11月7日下午，经管学院各党支部分别组织开展十九大精神专题学习会，学院领导班子成员分别参加所在支部的专题学习会，带头学习和宣讲十九大精神。学习会分别由各支部书记主持。

2017年11月15日，美国奥本大学学术和国际项目的事务长Ben Farrow博士、奥本大学麦克沃特建筑科学学院荣誉主席Ricard Burt教授及刘俊山副教授来访经济与管理工程学院，同工程管理系教师在学A325展开了一次座谈会。工程管理系主任戚振强、赵金煜老师、孙杰老师、万冬君老师、樊瑜老师参加了此次座谈。

2017年11月17日，2017级MBA同学乘坐高铁前往青岛，进行企业参观实践。同学们个个心中满怀期待，在带队老师与同学们一路的欢声笑语中，五个小时的车程并不漫长，当晚19点钟顺利抵达青岛。11月18日，同学们前往青岛国际创新园，参观海尔小微项目——小帅智能科技股份有限公司。

2017年11月30日，天津城建大学经管学院焦爱英副院长等一行十人来我院进行本科教学审核式评估的调研与交流。经管学院教学副院长周霞教授主持会议，我院党委副书记郝迈、各系主任、实验中心主任及教务员参加了交流会。

2017年12月8日，为增强教职工体质，丰富教职工的业余生活，12月8日中午，经管学院分工会组织全体教职工在大兴校区举办了一场别开生面的健步走活动。活动得到学院领导的大力支持，院长姜军、院党委书记彭磊带队集体出发，大家兴致盎然，围着校园迈开步伐，在健步走过程中相互拍照留念。

2017年12月，第九届大学生房地产策划大赛暨首届全国大学生房地产专业能力大赛华北赛区复赛在首都经贸大学隆重举办。我校四支参赛队伍获得北京市一等奖2项、北京市二等奖1项、北京市三等奖1项。

（周霞　秦颖　郝迈　邹娥　刘玥　张宏　陈雍君　王东志　李明　花园园
　　　　　　　　　　　　　　　　　　　　　　　　章瑾　彭磊　姜军）

六、测绘与城市空间信息学院

（一）概况

北京建筑大学测绘与城市空间信息学院具有深厚的基础和完整的本科生教育和研究生教育体系。学院位于北京建筑大学大兴校区（北京市大兴区黄村镇永源路15号）。测绘科学与技术为北京市重点学科，已发展成为具有3个本科专业、5个硕士授权点（领域）、1个博士人才培养项目、1个博士后科研流动站的本科-硕士-博士-博士后人才培养体系。学院现有"代表性建筑与古建筑数据库教育部工程研究中心"、"现代城市测绘国家测绘地理信息局重点实验室"、"建筑遗产精细重构与健康监测北京市重点实验室"3个省部级科研基地，2016年入围"未来城市设计"北京市高精尖创新中心。

学院设置有测绘工程、地理信息科学、遥感科学与技术3个城市空间信息类本科专业，其中测绘工程是北京市特色专业，2013年获批教育部"本科教学工程"第一批专业综合改革试点，2015年通过国际工程教育专业认证（华盛顿协议）。在校本科生574人；

在校硕士研究生165人。

2017年，学院有教师48人，博士学位教师达92%以上。其中教授10人，享受国务院特殊津贴2人、北京市教学名师1人、高层次人才1人、拔尖人才2人、创新团队2个。

学院承担了一系列国家及北京市重大项目，从首都新老十大建筑到北京正负电子对撞机的超精密安装，从航空航天遥感到智慧城市建设。近年来相继申请发明专利50余项，获得国家教学成果奖1项，国家科技进步二等奖1项，获省部级教学科研奖20余项。

学院具有一流的教学、科研、实验环境。拥有高水平实验室24个，配有地面激光雷达、各型无人机、移动测量系统等国际领先的仪器设备，设备总值达8000余万元。

学院率先试行完全学分制和学业导师制试点，注重个性化和多元化培养，每年均有多名学生在全国及北京市各类学科竞赛中获奖。学生知识面宽，动手能力强，深受用人单位欢迎，就业率和签约率连续多年保持在学校前三名。

（二）师资队伍建设

【概述】测绘学院注重引培并举，强化师资队伍建设，拥有一支结构合理、兼具学术研究、应用研究和实践经验的师资队伍。2017年，学院有教职工48人，其中专任教师博士学位率为92.3%，居全校之首。

【人才引进】引进1名高层人次人才、1名青年骨干教师、1名应届博士毕业生、2名进站博士后。

【人才培养】1人获北京市高等学校教学名师称号，1人获北京市教委青年拔尖人才培育计划，职称晋升教授1名，副教授3名，1名出国研修。

（三）学科建设

【概述】组织完成"测绘科学与技术"学科全国第四轮评估申报工作、完成"测绘科学与技术"博士授权点申报工作。

（四）教学工作

【概述】测绘学院2017年教学工作注重加强师德教育，提升教风学风建设，依托北京市本科教学审核式评估，国际工程教育认证复评，北京市实验示范中心申报等工作找出各专业建设不足，完善新专业遥感科学与技术建设；进一步凝练GIS专业特色，提高知名度；巩固并提高优势专业测绘工程专业的办学质量。

【教学改革】顺利完成了本科教学审核评估工作。完成了北京市属高校一流专业申报及答辩，测绘工程专业国际工程认证网上复评工作。成功举办首届京津冀高等学校大学生测绘技能大赛。获北京市教育科学"十三五"规划2017年度立项2项，获批中国建设教育协会2017年度教育教学科研课题1项，获批北京市实培计划立项6项。获批校级重点教研项目4项。2017届本科生毕业率和学位率均达到100%。

【教学成果】获得中国建设教育协会2015～2016年度优秀教育教学研究成果优秀论文一等奖1项，获校级教学成果一等奖1项。获全国测绘行业青年教师讲课比赛二等奖2项，北京建筑大学青年教师教学基本功比赛三等奖1项，北京建筑大学PPT课件制作和微课应用大赛三等奖1项。在我校主办的京津冀测绘技能大赛获得专业组特等奖及非专业组一等奖，2名教师获得优秀指导教师称号。指导学生获得全国GIS技能大赛二等奖。指导学生获得全国测绘行业本科生论文大赛特等奖1篇，一等奖2篇，二等奖3篇，创历史最好成绩。

（五）科研工作

【概述】2017年科研工作以发展为主题，以巩固提高为重点，围绕科研任务，调动教师积极开展工作，取得了一定成绩。

【科研项目与经费】承担各类科研项目43项，合同经费660万。其中，获得2项国家自然科学基金面上项目资助，2项十三五重点研发计划支持。

【科研获奖】获中国测绘地理信息科技进步奖二等奖2项。

【论文、发明专利】发表论文65篇，授权发明专利11项。

2017年测绘学院承担的纵向科研项目一览表

序号	项目名称	负责人	项目级别	合同经费（万元）	开始时间	截止时间	项目类别
1	贵阳人防大数据应用工程技术研究中心开放课题	吕京国	省部级	9	2017-08-01	2018-06-30	
2	地理国情监测中地表覆盖数据更新研究	朱凌	省部级	3	2017-01-01	2018-12-31	
3	道路高精度电子导航地图生产技术规范	黄鹤	省部级	8	2017-09-05	2019-08-31	
4	多源大数据支持下的历史文化街区客流时空建模	张健钦	国家级	63	2018-01-01	2021-12-31	国家自然科学基金-面上项目
5	基于对象级联的多时相移动测量影像时空统一表达与组织	靖常峰	国家级	63	2018-01-01	2021-12-31	国家自然科学基金-面上项目
6	京南大学联盟服务大兴科技示范基地建设-1（中国最美乡村之大兴区乡村旅游信息化示范建设）	刘建华	局级	10	2017-01-01	2017-12-31	北京市其他区县局科技计划项目-科技计划项目
7	2017年度创新基地培育与发展专项——燃灯佛舍利塔精细重构及健康监测理论与方法研究	杜明义	省部级	50	2017-05-01	2018-05-31	北京市科技计划-一般项目
8	基于中国失踪儿童互助系统的Mobile GIS科研能力提升与教学融合	刘建华	局级	5	2017-01-01	2018-12-31	
9	同视角InSAR副中心区地面沉降监测与风险评价研究	张学东	局级	5	2017-01-01	2018-12-31	
10	北京城市副中心燃灯佛舍利塔无人机倾斜摄影处理与三维建模	郭明	局级	5	2017-01-01	2018-12-31	
11	基于TerraSAR影像的城市变化检测研究	张学东	省部级	15	2017-01-01	2018-12-31	北京市教委科研项目-科技计划一般项目（面上项目）
12	BDS/GPS/INS数据融合的人工鱼群粒子滤波算法	周命端	省部级	15	2017-01-01	2018-12-31	北京市教委科研项目-科技计划一般项目（面上项目）

续表

序号	项目名称	负责人	项目级别	合同经费（万元）	开始时间	截止时间	项目类别
13	基于高分遥感与物联网技术融合的北京人防设施大数据云服务平台建设	吕京国	局级	2	2017-04-01	2018-03-23	
14	多源灾情信息接入与态势可视化服务	沈涛	国家级	20	2016-07-01	2020-12-31	科技部-国家"十三五"国家重点研发计划-国家重点研发计划项目
15	城市公租自行车出行的时空模式挖掘方法和模拟分析研究	张健钦	省部级	6	2017-01-01	2018-06-30	北京市自然科学基金项目-预探索项目
16	建筑物室内点云数据的一体化语义分割及特征提取	赵江洪	省部级	18	2017-01-01	2019-12-31	北京市自然科学基金项目-面上项目
17	基于空间多源传感器的城市桥梁健康监测物联网体系研究	刘祥磊	省部级	8	2019-12-01	2019-12-01	住建部科技项目-软科学研究项目

2017年测绘学院承担的横向科研项目一览表

序号	项目名称	负责人	合同经费（万元）	开始时间	截止时间	项目
1	天津河海1000kV变电站实景三维建模	危双丰	10	2017-12-15	2018-12-15	技术服务
2	基于激光雷达数据的层析合成孔径雷达及差分层析合成孔径雷达成像实验验证	庞蕾	12	2018-01-01	2018-12-31	技术开发
3	环境承载力综合数据服务平台开发与测试	霍亮	16	2017-11-21		技术服务
4	室内三维测图几何精度测试	黄鹤	17	2017-11-16	2020-12-30	技术服务
5	实验BIM模型加工与室内地图集成测试	黄鹤	16	2017-11-16	2020-12-30	技术服务
6	延庆小孤山奶奶庙遗址测绘项目	胡云岗	48.32	2017-10-01	2019-12-01	技术服务
7	中国典型农业区遥感数据收集、处理与多元统计	吕京国	9	2017-11-01		技术服务
8	全球1∶100万矢量地理翻译和界线数据更新处理	霍亮	18	2017-11-01		技术服务
9	乌鲁木齐市微波遥感影像数据处理及技术服务	庞蕾	5	2017-08-01		技术服务
10	忻州市"十三五"基础测绘规划编制	霍亮	9.48	2017-09-01		技术服务
11	"十二五"国家环境空气质量检测点位图集编制	周磊	5	2017-09-01		技术服务
12	地下电缆三维建模系统开发项目	黄明	15	2017-08-11		技术开发
13	王建墓（永陵）地宫石质文物病害监测一期工程	胡春梅	8	2017-08-08		技术服务

续表

序号	项目名称	负责人	合同经费（万元）	开始时间	截止时间	项目
14	新源县微波遥感影像数据处理及技术服务	张学东	10	2017-08-01		技术服务
15	区域海洋减灾能力评估技术方法修改完善研究	王文宇	10	2017-08-01		技术服务
16	全球变化下人类活动推演及环境响应建模方法	刘芳	10	2017-07-10		技术服务
17	交通应急预案电子化管理体系可行性研究	张健钦	39.98	2017-07-02		技术服务
18	柴达木盆地碱地水土资源分析与评估	周磊	6.5	2017-07-01		技术服务
19	重庆大足石刻石篆山六龛山石刻三维数字化测量项目	胡云岗	10		2020-01-31	技术服务
20	地理信息成果跨媒介可视化展示平台研发	霍亮	22	2017-06-01		技术服务
21	地图数据采集项目	邱冬炜	6	2017-05-03	2018-04-03	技术服务
22	碳汇数据管理发布服务员系统	靖常峰	30	2017-05-01		技术服务
23	福建省低丘缓坡区灾害风险遥感提取结果验证与精度分析	刘扬	4.5	2017-03-01		技术服务
24	2015年TD-LTE系统移动通信基站工程建设项目电磁辐射环境保护验收监测项目	邱冬炜	5.61	2017-02-20		技术咨询
25	复杂地理环境下城管案件空间异常聚类挖掘	靖常峰	3	2017-01-01		技术服务

2017年测绘学院教师发表的学术论文一览表

序号	成果名称	第一作者	发表时间	发表刊物	刊物类别
1	基于嵌入式金字塔模型的城市三维数据组织方法研究	霍亮	2017-12-30	北京建筑大学学报	一般期刊
2	基于跨越式HLOD的倾斜摄影模型快速可视化方法	霍亮	2017-12-30	北京建筑大学学报	一般期刊
3	Analysis of geographical distribution of missing children based on the Missing Children Mobile GIS Mutual Assistance System of China	刘建华	2017-12-30	Journal of Geoscience and Environment Protection	SCI
4	基于智慧云的超高层建筑施工测控管理平台的研究	邱冬炜	2017-12-30	北京测绘	一般期刊
5	旧城道路系统现状研究——以西城区为例	刘建华	2017-12-30	建筑与文化	一般期刊
6	测绘前沿	黄鹤	2017-12-30	城乡建设	一般期刊
7	RESEARCH STATUS & DEVELOPMENT TREND OF DIGITAL HEALTH MONITORING OF ARCHITECTURAL HERITAGE	王国利	2017-12-30	ICETI2017	EI（会议论文集）

续表

序号	成果名称	第一作者	发表时间	发表刊物	刊物类别
8	Pigments identification of paintings using subspace distance unmixing algorithm	吕书强	2017-12-30	proceedings of icgip 2017	EI（会议论文集）
9	基于众数的比值导数法在混合颜料解混中的研究	吕书强	2017-12-30	光散射学报	核心期刊
10	城市地表覆盖信息快速提取方法研究	蔡国印	2017-12-30	第四届高分辨率对地观测学术年会	国内学术会议论文集
11	基于道路边线GPS原始数据的曲率评估方法	黄鹤	2017-12-30	北京测绘	一般期刊
12	基于探地雷达的古塔地基与砌体勘测	黄鹤	2017-12-30	北京测绘	一般期刊
13	城市全景影像资源库的设计与建设	刘扬	2017-12-30	北京测绘	一般期刊
14	基于移动测图技术的石景山道路数据普查	刘扬	2017-12-30	北京测绘	一般期刊
15	基于主成分分析的道路状况评价简化模型	刘扬	2017-12-30	北京测绘	一般期刊
16	基于激光点云和近景影像的数字拓片生成方法	胡春梅	2017-12-30	激光杂志	一般期刊
17	快速点云定向数学模型实际精度分析	黄鹤	2017-12-30	北京测绘	一般期刊
18	三维激光扫描技术在高危边坡监测中的应用	黄鹤	2017-12-30	北京测绘	一般期刊
19	大庆市土地利用景观格局变化研究	胡春梅	2017-12-30	地理空间信息	一般期刊
20	格林纳达岛自然与环境资源数据库应用	刘扬	2017-12-30	地理空间信息	一般期刊
21	消费级无人机倾斜影像采集关键技术研究	黄鹤	2017-12-30	测绘通报	一般期刊
22	顾及景观形状的地表覆盖遥感产品精度评定方法研究	蔡国印	2017-12-30	北京测绘	权威期刊
23	基于信息熵的华北地区雨量站点分区	杜明义	2017-12-30	环球人文地理	一般期刊
24	"卫星导航定位"课程实践教学创新体系改革	周命端	2017-12-30	测绘工程	一般期刊
25	物联网在城市精细化管理中的应用	杜明义	2017-12-30	测绘科学	一般期刊
26	A CHANGE DETECTION METHOD BASED ON COSEGMENTATION	朱凌	2017-12-30	IGARSS 2017	权威期刊
27	基于地面激光点云的建构筑物施工监测与质量检测技术综述	王国利	2017-12-30	工程勘察	一般期刊
28	Quantitative and detailed spatiotemporal patterns of drought in China during 2001-2013	周磊	2017-12-30	Science of The Total Environment	SCI
29	基于MODIS数据的河南省旱情监测研究	杜明义	2017-12-30	北京建筑大学学报	一般期刊

续表

序号	成果名称	第一作者	发表时间	发表刊物	刊物类别
30	基于城市实景影像的车道线检测方法研究	刘扬	2017-12-30	城市勘测	一般期刊
31	古建筑群海量纹理信息数据的管理与实现	胡云岗	2017-12-30	北京测绘	一般期刊
32	壁画照片采集的分区块方法研究	胡云岗	2017-12-30	地理信息世界	一般期刊
33	基于光谱吸收特征分析的彩绘文物颜料识别研究	胡云岗	2017-12-30	地理信息世界	一般期刊
34	室内空间用户行为的智能手机识别	黄鹤	2017-12-30	测绘科学	一般期刊
35	利用差值法与InSAR相干系数检测城市变化信息	庞蕾	2017-12-30	遥感信息	一般期刊
36	高精准度智能导航数据产品质量评价系统构建与示范	黄鹤	2017-12-30	北京测绘	一般期刊
37	Scale computation on high spatial resolution remotely sensed imagery multi-scale segmentation	刘建华	2017-12-30		SCI
38	河道洪水淹没三维仿真方案设计	霍亮	2017-12-30	测绘与空间地理信息	一般期刊
39	基于安卓平台的数字识别程序设计	黄鹤	2017-12-30	内蒙古科技与经济	一般期刊
40	基于计算机视觉彩色点云模型生成的研究	黄明	2017-12-30	全国第4届激光大会	国内学术会议论文集
41	基于三维狄洛尼三角网的曲面重建算法的研究	黄明	2017-12-30	全国第4届激光大会激光	国内学术会议论文集
42	一种人群疏散模型的改进及轻量实现	张健钦	2017-12-30	测绘科学	一般期刊
43	基于GIS与物联网技术的防汛预警系统——北京市西城区为例	刘扬	2017-12-30	物联网技术	一般期刊
44	A Fast SINS Initial Alignment Method Based on RTS Forward and Backward Resolution	杜明义	2017-12-30	Journal of Sensors	SCI
45	一种城市公交线网分布的可视化分析方法	张健钦	2017-12-30	测绘通报	核心期刊
46	人群疏散模拟BOIDS模型改进及轻量实现	张健钦	2017-12-30	测绘科学	核心期刊
47	Space-time visualization analysis of bus passenger big data in Beijing	张健钦	2017-12-30	Cluster Computing	SCI
48	基于基础矩阵的相对定向方法研究	胡春梅	2017-12-30	地理信息世界	一般期刊
49	建筑物立面点云语义分割方法研究	张瑞菊	2017-12-30	城市勘测	一般期刊
50	基于GIS的胶东半岛土壤侵蚀分析与治理策略	蔡国印	2017-12-30	地理空间信息	一般期刊
51	Impact of the 2008 Olympic Games on urban thermal environment in Beijing, China from satellite images	蔡国印	2017-12-30	Sustainable Cities and Society	SCI
52	EyesMap 3D图像建模技术在建筑物测绘中的应用	黄鹤	2017-12-30	内蒙古科技与经济	一般期刊

续表

序号	成果名称	第一作者	发表时间	发表刊物	刊物类别
53	面向实体的三维城市模型数据组织方法研究	霍亮	2017-12-30	测绘与空间地理信息	一般期刊
54	顾及学校特色与学生能力的GIS专业人才培养模式——以北京建筑大学GIS专业为例	张学东	2017-12-30	测绘通报	核心期刊
55	测绘资料档案信息一站式管理平台关键技术	霍亮	2017-12-30	测绘通报	核心期刊
56	古建筑病害系统的设计与实现	危双丰	2017-12-30	工程勘察	一般期刊
57	中药资源地理国情监测工具集设计与实现	霍亮	2017-12-30	测绘与空间地理信息	一般期刊
58	矢量数据校正工具集的设计与实现	霍亮	2017-12-30	矿山测量	一般期刊
59	2000～2010年北京市地表覆盖变化分析	蔡国印	2017-12-30	地理信息世界	一般期刊
60	延庆县新城1:500地形图的动态更新和维护研究	杜明义	2017-12-30	北京测绘	一般期刊
61	地磁室内定位基准图数据采集系统设计	黄鹤	2017-12-30	测绘通报	核心期刊
62	基于多渠道创新的GIS本科专业实践教学研究——以北京建筑大学GIS专业为例	张学东	2017-12-30	新教育时代	权威期刊
63	一种改进的快速浮动车地图匹配方法	张健钦	2017-12-30	测绘通报	核心期刊

（六）学生工作

【概述】截至2017年年底，测绘学院共有学生739人，其中本科生574人，硕士生165人，学院学生管理教育服务等各项工作扎实推进，注重创新，取得了较好成绩。

【思想引领】加强学生党建，扎实开展"两学一做"学习教育。夯实阵地建设，开展班级文化节、宿舍文化节等活动。营造校园文化，突出"书香测绘"、"定向越野"等品牌活动。积极开展红色"1+1"等实践活动。2017年全年发展学生党员25人，北京《支部生活》等媒体对学院"入党公开答辩"等制度和做法进行专门报道，"铸就品牌 久久为功"学生党建案例入选市教工委"两学一做"典型案例，学生团队获得北京高校学生讲思政课比赛三等奖，一个班级获评北京市先进班集体。

【学风建设】多措并举提升育人合力，促进教与学联动。评选树立测绘榜样，开展"测绘之星"系列评比表彰宣传。2016～2017学年本科生平均学分绩78.12，优良率47.05%，居于学校前列，2017届毕业生毕业率、学位率均达到100%，考研升学出国率达到29.2%，创学院历史新高。

【双创教育】稳步推进优秀本科生进科研团队工作。以赛事为牵引，推动学生投身创新创业活动。2017年学生获全国大学生"挑战杯"一带一路专项赛一等奖、首届京津冀大学生测绘技能大赛团体特等奖、北京地区高校大学生优秀创业团队一等奖等多项北京市、国家级奖励。

【学生服务】做好学生资助、就业服务、少数民族学生、安全稳定等工作。大力开拓就业市场，积极组织各类就业专项计划。2017届本科生就业率99.17%，签约率98.33%；研究生就业率100%，签约率97.56%，圆满完成就业目标。

（七）党建工作

【概述】测绘学院党委带领全院广大师生深入学习贯彻党的十八届六中全会精神、习近平总书记系列重要讲话精神，深入学习宣传贯彻党的十九大精神，紧密结合学校、学院实际发展需求和工作部署，坚持"突出内涵建设、提升质量水平"的工作方针围绕中心抓实党建，圆满完成了各项工作。

【开展师生学习实践】 测绘学院党委深入开展主题实践活动，加强师生思想政治工作，提升师生精神风貌和创业干劲。2017年学院党委主抓了全国思政会会议精神学习，党委理论中心组学习4次，各党支部开展动员推进会、文件学习、宣讲团、党员述学测评、党支部主题实践活动等各类活动20余次，各班级、团支部开展班会、团支部主题实践活动、主题团课、参观等各类活动20余次；主抓了党的十九大精神的学习宣传贯彻，李维平副校长来院宣讲1次，学院党委书记宣讲2次，理论中心组学习2次；各党支部开展学习活动10余次，各团支部开展主题学习班团会议20余次，做到了师生全覆盖。

【建设党员之家】 2017年测绘学院党委建设了"党员之家"和"学习园地"，为支部、党员、师生提供了良好的学习环境，党员之家使用率较高，使用效果良好，受到党员好评。

【支部建设】 2017年试行支部书记工作记实制，收效良好。抓好了薄弱党支部建设，薄弱党支部整改成效显著。

（八）工会、教代会工作

【概述】 测绘学院分工会注重发挥工会、教职工大会作用，强化教职工大会工作规范，确保民主管理、民主监督职能得到落实。积极创造和谐氛围，促进教师身心发展。

【教代会工作】 2017年测绘学院共召开全院教职工大会10次，研究决定涉及教职工权益重大事项的决策，促进了民主管理、民主监督的落实。学院以教职工大会、公示栏、微信群、学院网站等多种手段做到了党务公开、院务公开。

【分工会工作】 测绘学院分工会积极开展革命传统教育和爱国主义教育活动（2次），引导教职工坚定理想信念。积极组织各种文化娱乐和休闲活动（6次），丰富教职工文化生活。做好在职和退休教职工送温暖工作。

（九）实验室建设

【概述】 完成无人机航测实验室、建筑安全监测实验室建设，重点建设建筑遗产精细重构与健康监测北京市重点实验室，继续推动现代城市测绘国家测绘地理信息局重点实验室的建设。

（十）重大事件

1月4日，澳大利亚新南威尔士大学毕业生，澳大利亚投资保险银行王珂和KPMG公司任副总经理Allan Zhang应邀来我校学E报告厅做了题为"从国际视角看测绘地信学科发展和海外求学"主题讲座，测绘学院师生200余人参加。

1月8日，"2017年中国新型城镇化论坛暨'千企千镇工程'启动仪式"在北京人民大会堂举行。测绘学院携手曙光星云公司，并联合中国城镇化促进会、中国科学院相关院所、中软联盟、未来矩阵等机构共同发布了全息城市战略。

2月7日，测绘学院与土木学院联合邀请北京学者—北京城建集团副总工程师李久林2月7日来我校西城校区进行学术交流，并做了主题为"智慧建造助推建筑产业现代化"的专题报告。我校副校长李爱群教授、中国文化遗产研究院吴育华副研究员及青年教师和研究生60余人参加，报告会由侯妙乐教授主持。

2月16日，测绘学院杜明义院长、王震远书记、庞蕾老师、靖常峰老师和刘祥磊老师一行五人，至国家农业信息化工程技术研究中心进行学术交流，并与国家农业信息化工程技术研究中心签订合作框架协议。国家农业信息化工程技术研究中心赵春江主任、杨信廷副主任、杨贵军研究员和杨小冬副研究员等参加了此次学术交流。

2月27日，测绘学院在大兴校区学F-530召开2016年度处级党员领导干部专题民主生活会，副校长李维平作为联系校领导参加会议，党委组织部副部长李云山列席会议。

3月3日，青岛华兴海洋工程技术有限公司总经理潘斌、项目经理许宁到访测绘学院，并在学院楼F座会议室举行了海洋测绘、海洋工程、环境监测等涉海领域的学术交流和合作洽谈。测绘学院院长杜明义、党委书记王震远、院长助理、各研究所所长、北京建工建方科技公司丁延辉副总经理、吴耐明副总经理参加会议。

4月18日，在中国卫星导航学术年会全体工作会上，第八届总决赛结果揭晓，由测绘学院丁克良、周命端老师指导的学生作品《基于北斗导航的公交车载精准雾霾监测系统研究》荣获大学组优秀奖，也是该比赛举办以来我校学生第一次参加此项竞赛并获奖。

5月13日，北京建筑大学第十届测绘技能实操大赛暨首届京津冀高等学校大学生测绘技能大赛选拔赛于大兴校区举办。本次大赛分为一级导线测量、四等水准测量，共有来自测绘学院和土木学院的14支队伍，近60人分专业组和非专业组参加比赛。测151班朱晨曦组捧得专业组特等奖，测152班贾智勇组、王瑞玲组分别获得专业组一等奖；非专业组分别由许丽珉组和林坤组获得特等奖和一等奖，此外分别评出二等奖5组和优秀奖4组。根据综合成绩还选出4组队伍（专业和非专业各2组）代表北京建筑大学参加由北京市科学技术协会、天津市科学技术协会及河北省科学技术协会联合主办的首届京津冀高等学校大学生测绘技能大赛。

5月18日，美国肯特州立大学叶信岳教授受测绘学院邀请到访我校，开展了题为"Towards Smart and Connected Communities：New Data，Big Data，and Implementation"的学术报告和学术交流座谈会。

5月25日，测绘学院在大兴校区学B报告厅举行2017年"中海达"奖学金颁奖暨学风建设推进大会。中海达副总经理常佳、GIS经理刘晓娜、高校经理管东洋，测绘学院领导班子，班级导师及学生代表参加会议。会议由院党委副书记冯永龙主持。

6月3日，测绘学院在大兴校区学F-530会议室召开海聚人才特聘教授工作研讨会，使海聚人才深入了解学院工作，进一步加强教学、科研合作。会议由党委书记王震远主持，海聚人才高扬教授、李松年教授、院领导、系（中心）主任、研究所所长及教师代表参加会议。

6月9日，北京市测绘设计研究院（以下简称"测绘院"）与北京建筑大学测绘学院（以下简称"测绘学院"）在学院楼F座会议室召开"双测互绘、协同发展"党团共建工作交流会。测绘院党群办公室主任龚渤、战略发展处处长董明、团委书记范佳齐，北京建筑大学党委组织部部长孙景仙、测绘学院党委书记王震远、副书记冯永龙、校团委陈思源、校友办公室赵亮、测绘学院团委书记李晨及双方单位党支部书记、党员代表、学生代表参加会议。会议由冯永龙主持。

6月30日～7月2日，首届京津冀高等学校大学生测绘技能大赛在北京建筑大学大兴校区举行，来自京津冀27所高校共53支队伍参加比赛。经过两天的激烈竞争，我校代表队在本次大赛取得优异成绩。共获得专业组团体特等奖1项、一等奖1项，单项特等奖3

项、一等奖2项、二等奖1项；非专业组团体一等奖1项、单项一等奖2项、单项二等奖1项；优秀指导教师2人。

7月8日，李维平副校长一行六人走访检查测绘学院党建评估准备工作。校工会主席张素芳、组织部副部长李云山、研工部副部长黄琇、学工部副部长蔡思翔、党委宣传部新闻宣传科科长李小虎、测绘学院领导班子成员及各党支部书记参加会议。会议由张素芳主持。

7月9日，测绘学院组织教师党员代表赴位于北京市房山区的平西抗日战争纪念馆参观学习，以纪念全面抗战爆发80周年，进一步深入开展"两学一做"学习教育，加强党性教育。

7月28~30日，"南方测绘"杯第九届全国高等学校测绘类专业青年教师讲课竞赛在吉林长春举行。我校测绘学院选派的4名青年教师在本次竞赛中斩获一等奖1项、二等奖3项。其中，遥感科学与技术系王荣华老师荣获"遥感原理与应用"课程一等奖；测绘工程系周命端老师荣获"GNSS导航定位及应用"课程二等奖，王国利老师荣获"工程测量学"课程二等奖；地理信息科学系刘扬老师荣获"地理信息系统原理与应用"课程二等奖。

8月17~18日，由南京师范大学和北京建筑大学测绘学院共同举办的国际开放地理建模与模拟研讨会（International Workshop on Open Geographical Modeling and Simulation）在南京师范大学仙林宾馆举行。会议参加者来自美国、英国、澳大利亚等国，总参会人数约100人；共有5场主旨报告、2个分论坛以及1场专题讨论会。测绘学院院长杜明义老师带领学院王文宇、刘芳老师、部分研究生以及本科生参加了此次会议。我校师生就地理建模理论与技术、城市领域应用研究成果进行了专题学术报告，并和与会人员进行了交流沟通。

9月5日，测绘学院在大兴校区学E报告厅开展海聚专家系列讲座，长江学者讲座教授、北京建筑大学海聚专家高扬教授进行了题为《Precision PNT into Mass Applications》的专题报告。测绘学院院长杜明义、相关专业教师出席并聆听，讲座由副院长霍亮主持。

9月8日下午，测绘学院在大兴校区学F5层风雨实验场与校友企业中海达公司共同举办庆祝教师节师生趣味活动。测绘学院党委书记王震远、党委副书记冯永龙、中海达海达数云华北大区总监包国涛，中海达北京分公司客户经理管东洋、陈耀东，中海达北京分公司技术工程师关金鑫及测绘学院教师、学生代表参加。

9月16日，测绘学院组织教师党员代表赴延庆参观平北抗日战争纪念馆，接受生动的革命历史教育和理想信念教育。

10月10日，测绘与城市空间信息学院选举出席中国共产党北京建筑大学第六次党员代表大会代表会议在大兴校区学院楼E座报告厅举行。大会以无记名投票方式，选举王震远、冯永龙、刘祥磊、周乐皆、赵江洪、薛惠敏、霍亮（以姓氏笔划为序）为中国共产党北京建筑大学第六次党员代表大会代表。

10月26日，测绘学院党委组织教职工前往北京展览馆参观"砥砺奋进的五年"大型成就展。

10月30日，副校长李维平到测绘学院开展"学习宣传贯彻党的十九大精神"宣讲。测绘学院全体班子成员、支部书记和委员、系主任、部分党员代表参会。

11月7~8日,由全国博士后管理委员会、中国博士后科学基金会、北京市人力资源和社会保障局主办,北京建筑大学承办的2017年全国博士后交流会暨"建筑遗产保护与协同创新学术交流会"在大兴校区举行,建筑遗产数字化保护分会场论坛于8日在学E报告厅顺利进行,测绘学院院长杜明义、校人事处副处长侯妙乐作为分会场主席出席活动,论坛邀请到建筑遗产数字化保护领域多位专家进行报告交流与分享。

11月7日,副校长李维平到测绘学院考察实验室、研究所建设、学院基础设施、楼宇文化建设等多方面工作。测绘学院领导班子成员、实验中心主任及党政办公室主任陪同检查。

11月9~10日,以"创新驱动 跨越发展"为主题的中国测绘地理信息学会2017年学术年会在南京召开。大会颁发了2017年测绘科技进步奖、全国高校GIS技能大赛奖、夏坚白院士测绘事业创业奖等13类奖项。我校霍亮教授主持的"地理信息系统软件测试关键技术及示范应用"和张健钦教授主持的"高精度激光客流监测、预警及疏导仿真关键技术"获得测绘科技进步二等奖,王坚教授获得"叶雪安优秀青年教师奖"。

11月10日,中国测绘地理信息学会在南京召开十二次全国会员代表大会。经过差额投票选举,我校被推选为中国测绘地理信息学会理事单位。在随后召开的中国测绘地理信息学会第十二届一次理事会上,国家测绘地理信息局党组成员、副局长宋超智当选第十二届中国测绘地理信息学会理事长,我校被推选为十二届理事会常务理事单位,测绘学院院长杜明义教授当选学会理事会常务理事。

11月15日,中国测绘科学研究院大地测量与地球动力学研究所所长党亚民研究员受邀来我校讲学,在基础楼A215教室做了题为"大地测量技术发展与应用服务"的学术报告。测绘学院2017级新生及部分教师共130余名师生聆听了报告。报告会由测绘学院院长杜明义主持。

11月16日,广州市测绘地理信息协会到访我校测绘学院,来访客人为广东省国土资源测绘院、广州市四维城科信息工程有限公司、广州元测信息科技有限公司、广州市天驰测绘技术有限公司、广州市增城区国土资源测绘院、广州上都城市规划设计有限公司、广州安乔测绘科技有限公司、广州全成多维信息技术有限公司、广州市增城区城乡规划与测绘地理信息研究院、广州市从化区规划勘察测绘队等11个单位共19位单位主要负责人,参观测绘学院教学、科研、人文环境,并进行工作交流研讨。测绘学院院班子、研究所所长、实验中心主任及党政办公室主任接待了到访客人。

11月23日,北京市教育工会专家一行7人来到测绘学院进行"北京市先进小家建设"考察验收,校工会常务副主席张素芳、测绘学院党委书记兼工会主席王震远、院长杜明义、副书记冯永龙参加验收工作。

12月6日,"南方优立杯"第九届全国高等学校测绘学科大学生科技创新论文大赛评审会在桂林理工大学举行。本届大赛由教育部高等学校测绘类专业教学指导委员会和中国测绘地理信息学会教育委员会联合举办,南方测绘集团旗下南方优立地理信息科技有限公司冠名,共有来自武汉大学、同济大学、中南大学、西南交大、中国矿大、北京建筑大学等几十所高校学生的251篇论文参加了评比,评委来自全国27所高校的三十多位专家。经过最终评审,我校测绘学院以本科生为主体的学生论文荣获特等奖1篇,一等奖2篇,二等奖3篇,取得历史最好成绩。

12月9～10日，第六届全国大学生GIS应用技能大赛在南京师范大学举行。我校测绘学院学生取得二等奖。

12月18日，天津城建大学地质与测绘学院院长郭进京、党委书记刘春霞一行12人来我校测绘学院调研交流。测绘学院班子成员、系主任、实验中心主任、党政办公室主任参加了调研交流会。

12月20日，测绘学院在大兴校区基A139教室召开"相约全国劳模，聆听测绘工匠"杰出校友武润泽返校交流会。测绘学院党委副书记冯永龙、测绘系主任周乐皆、院团委书记李晨及全体2017级学生参加。

12月20日，中国煤炭教育协会第七次会员代表大会在昆明召开，会上表彰和奖励了为全国煤炭行业教育教学及职工培训成果建设做出突出贡献的个人和组织单位。我校测绘学院王坚教授牵头主持的教学成果《改革课程教学与实践体系，培养行业特色的导航定位创新型应用人才》荣获高等教育类教育教学成果二等奖（成果完成人：王坚、黄鹤、邱冬炜、周命端、丁克良、周乐皆、罗德安、刘旭春、韩厚增、屈利忠）。

(李学芳　赵江洪　冯永龙　王震远　霍亮　杜明义)

七、机电与车辆工程学院

(一) 概况

机电与车辆工程学院的历史悠久，可以追溯到1907年京师初等工业学堂的金工科，1977年全国恢复高考后开始招收建筑机械专业本科生。学院共设有机械工程、机械电子工程、车辆工程、工业工程四个本科专业。拥有机械工程一级学科硕士学位授权点、载运工具运用工程、检测技术与自动化装置等学术型硕士授权点，以及机械工程、工业工程等专业硕士授权点。

学院拥有一支结构合理、兼具学术研究、应用研究和实践经验的师资队伍。目前有教职工52人，其中专任教师43人，均为硕士以上学历，其中博士及以上学历35人，正高职称8人，副高19人。具有博士生导师资格5人，硕士生导师资格26人。

学院拥有机械工程及自动化专业北京市优秀教学团队，城轨车辆运行状态监测、故障诊断与自牵引关键技术北京市学术创新团队，国家"千人计划"1人，省部级百千万人才3名，北京市"高创计划"领军人才2名，北京市长城学者2名，北京市青年拔尖人才2名，北京市青年英才1名，北京市教学名师1人，1人入选教育部万名优秀创新创业导师人才库。北京市级精品课1门，校级精品课4门，主编教材26部，其中北京市精品教材1部。荣获北京市教育教学成果一、二等奖。

学院拥有"城市轨道交通车辆服役性能保障北京市重点实验室、北京市建筑安全监测工程技术研究中心、城市应急救援装备研究所"等科研机构，形成了"机械设计制造及理论、机械电子工程、城市轨道交通车辆工程、应急救援及再造智能化装备理论与技术"四个特色学科方向。近三年学院承担科研立项125项，其中国家自然科学基金6项；国家"十二五"支撑计划、"863"计划等项目13项；北京市自然科学基金重点1项，面上3项。授权专利100余项，社会服务经费5000余万元；发表学术论文266篇，其中SCI45

篇，EI 55篇，核心期刊34篇；荣获国家科学技术奖、北京市科学技术一等奖，其他省部级科技奖励10项。

学院注重学生综合素质的培养，重视创新创业教育，积极响应国家、北京市及学校关于创新创业教育改革的号召，创新人才培养机制，依托机电学院创新创业教育示范基地，以"挑战杯""机械创新设计大赛""用友沙盘大赛""交通大赛"等为载体，组织教师指导学生科技创新，提高学生动手实操能力。荣获国家级奖励10项、省部级奖励70余项、学生申请并授权国家专利60余项。

学院注重校企合作，协同育人，与北京地铁运营技术研发中心、住总集团等多家企业设立校外实践教育基地，其中京港地铁荣获市级校外人才培养基地。

学院坚持开放办学，与德国亚琛工大、美国华盛顿大学、美国奥本大学、英国南威尔士、清华大学、北京航空航天大学等高校保持着紧密的交流与合作。与英国南威尔士大学采取"3+1"的模式联合培养本科生，被选派的学生可同时获两校毕业证书。学院与北京航空航天大学和北京交通大学进行"双培"计划，与美国华盛顿大学进行"外培"计划，同时，每年选拔优秀学生赴北京航空航天大学访学。

（二）师资队伍建设

【概述】机电与车辆工程学院拥有一支结构合理、兼具学术研究、应用研究和实践经验的师资队伍。截至2017年年底，学院有教职工52人，其中专任教师43人，均为硕士以上学历，其中博士及以上学历35人，正高职称8人，副高19人。具有博士生导师资格5人，硕士生导师资格26人。

【人才培养资助项目】2017年申报北京市百千万人才工程1人。获批北京市市属高校青年拔尖人才1名，高层才人才1名，特聘教授1名。

【人才引进与培养】机电与车辆工程学院积极拓宽人才引进渠道，严把质量关，共遴选应聘者25人，引进广西杰青1名，研究员2名，师资博士后1名，师资队伍结构较为合理，高层次人才得到提高。除此之外，学院加强学院国际化建设，申报北京海聚计划2人，获得1人，3名青年教师出国学习进修，1人已回国；在职读博教职工3人，1人获得工学博士，2人出国进行学术交流。

【人员定岗定编】机电与车辆工程学院优化专业建设，整合学院师资，重点建设机械工程、车辆工程、机械电子工程和工业工程专业，完成学科专业人员定岗定编。

（三）学科建设

【概述】机电与车辆工程学院共设有机械工程、机械电子工程、车辆工程、工业工程四个本科专业。拥有机械工程一级学科硕士学位授权点、载运工具运用工程、检测技术与自动化装置等学术型硕士授权点，以及机械工程、工业工程等专业硕士授权点。通过不断凝练，学院学科团队致力于在特种加工技术及应用、机电系统检测与控制、工程机械设计理论及应用、工程机械动力装置安全与节能、车辆运行品质及性能综合控制及生产过程管理与先进制造系统等方向开展研究，形成特色，服务城乡建设。

【学科点建设与培育工作】机电与车辆工程学院于2017年成功申报并获批机电与车辆学院机械工程一级学科硕士点，学院配合交通运输工程、控制科学与工程进行学科评估工作，围绕机电与车辆工程学院学科建设和评估工作方案进行了深入的探讨与交流。

【本科教学审核评估工作】机电与车辆工程学院以本科教学审核评估工作为契机，巩固强化学院的本科人才培养工作，在完成自评报告撰写的同时，进一步规范整理教学资料，加强了学院教学工作基础性建设，对学院优质、高效地完成审核评估工作起到了至关重要的作用。

（四）教学工作

【概述】机电与车辆工程学院设置有机械工程、机械电子工程、车辆工程（汽车工程方向、城市轨道交通车辆方向）、工业工程共四个本科专业，按机电大类招生，并招收城市轨道交通车辆工程卓越班。2017年招收6个本科班级，在校本科生共21个班级700余人。学院教师承担5个专业方向学科基础课、专业基础课、专业课及其他相关专业的机械类必修课和选修课，学院拥有北京市级精品课1门，校级精品课4门，主编教材26部，其中北京市精品教材1部。学院教师荣获北京市教育教学成果一、二等奖，荣获"首都劳动奖章"、北京市教育教学创新标兵、北京市级和校级教学名师奖、北京市优秀青年骨干教师奖、北京市高层次创新创业人才支持计划领军人才1名，"育人标兵"、"优秀德育工作者"等荣誉称号获得者。学院积极发挥学科专业优势，坚持以社会需求为导向，以学生兴趣为基础，以训练项目为驱动，以成果转化为追求，探索构建创新创业"课程、培训、实践、服务"四位一体的育人模式，不断加强学生"双创"意识和能力的培养，陆续完成双创教学体系建设；双创教师团队建设以及双创开发实验室规划。

【大类招生】机电与车辆工程学院专业继续按大类招生，优化调整专业，扩大卓越实验班人数。

【本科审核评估工作】机电与车辆工程学院完成审核评估工作实施方案，成立评估工作组，确定评估工作分工和进度安排；完成审核评估学院和各专业自评报告；完成学院文档材料准备、整理、核查工作，教学基本状态数据录入工作；建设新的教学资料室；配合学校做好相应迎评工作，根据专家反馈意见的整改工作。

【教学成果】2017年由杨建伟、秦建军、朱爱华、张军、孙建民、王跃进、周庆辉、周素霞、谢贻东共同申报的"贯穿"工程设计思维"的机械类递进式创新人才培养模式探索与实践"荣获北京市教学成果奖一等奖。刘敬远、陈新华、王传涛获得北京建筑大学PPT课件制作优秀奖。周庆辉获得北京建筑大学微课应用大赛一等奖。周明、刘敬获得教学优秀奖。金涛涛、秦华获得2017年优秀毕设指导教师。

（五）科研工作

【概述】机电与车辆工程学院拥有"城市轨道交通车辆服役性能保障北京市重点实验室、北京市建筑安全监测工程技术研究中心、城市应急救援装备研究所"等科研机构，形成了"机械设计制造及理论、机械电子工程、城市轨道交通车辆工程、应急救援及再造智能化装备理论与技术"四个特色学科方向。近三年学院承担科研立项125项，其中国家自然科学基金6项；国家"十二五"支撑计划、"863"计划等项目13项；北京市自然科学基金重点1项，面上3项。授权专利100余项，社会服务经费5000余万元；发表学术论文266篇，其中SCI45篇，EI55篇，核心期刊34篇；荣获国家科学技术奖、北京市科学技术一等奖，其他省部级科技奖励10项。

【科研项目】机电与车辆工程学院加强科研管理与引导，大力支持教师开展科研活动与学术交流。2017年获得国家自然科学基金2项（张军、姚德臣），住建部科技项目1项（周庆辉），科技部"十三五"国家重点研发计划项目1项（杨建伟），北京市科委科技计划项目一般项目1项（杨建伟），其他国家级项目1项（刘永峰），北京市教委科技计划项目1项（陈志刚）。2017年纵向到校经费219.3万元，横向到校经费138.8万元，到校经费总计358.1万元。

【科研成果】2017年获发明专利授权8项。发表学术论文33篇，ISTP收录2篇，SCI收录6篇，EI收录11篇，核心期刊论文10篇；专著4部，编写教材1部。2017年申报并获得省部级及以上科研奖励2项（刘永峰、秦建军）。

【科研基地和科研平台建设】机电与车辆工程学院加大实验室资源整合力度，完成实验室规划和搬迁，为教师教学科研提供有力支撑。

【校企合作】机电与车辆工程学院注重校企合作，协同育人，与北京地铁运营技术研发中心、住总集团等多家企业设立校外实践教育基地，其中京港地铁荣获市级校外人才培养基地。

【研究生培养工作】2017届毕业研究生1人获得国家奖学金；2人获得优秀硕士论文；2人获得优秀毕业生；1人考上博士生。

（六）学生工作

【概述】机电与车辆工程学院以学风建设为主线，进一步强调了学风建设的奖惩办法，表彰优秀学生，惩处违纪现象。根据大一和大二的学习特点，分年级制定奖励办法，以制定的文件——《机电与车辆工程学院学风建设实施细则（试行）》与《机电与车辆工程学院班级学风建设奖励办法》为标准开展"学风建设"主题活动，从每学期初创建优良学风大讨论班会，到学生干部座谈会；从学风建设动员大会到表彰大会，通过个人与集体奖励树立榜样，一方面激励学生自主学习，另一方面激发班级学生干部的积极性，增强班级凝聚力。

【就业工作】机电与车辆工程学院高度重视就业工作，形成了全院教师共促就业的良好氛围。学院认真贯彻落实国家、北京市和学校有关毕业生就业工作的方针、政策以及相关文件、会议精神，坚持实行毕业生就业工作"一把手负责制"，定期召开就业指导老师及毕业班班主任专题会议部署就业工作，及时掌握就业形势的变化，着重从用人单位人才需求、用人制度的变化、毕业生就业理念变化着手，对就业方案做出调整，努力促进毕业生充分就业。学院2017届本科毕业生就业率超过96%，签约率超过94%；本科毕业生考取硕士研究生25人，出国深造7人，升学率为22.63%，升学总人数和比例均达到学院历史最高水平。2017届毕业研究生13人，考取国内博士研究生1人，签约率、就业率均为100%。

【学科竞赛】机电与车辆工程学院继续加强对学生科技创新工作的支持力度，构建了二依托、三层次、多模块、全覆盖的大学生创新创业培养体系，坚持"课程、训练、实践、服务"四位一体的育人模式，不断加强学生"双创"意识和能力的培养。举办了学院首届科技节，依托创新课设计了6项科技竞赛，学生作品硕果累累。今年获得全国大学生方程式汽车大赛三等奖；北京市第五届大学生工程训练综合能力竞赛二等奖1项、三等奖1项；第九届"挑战杯"首都大学生课外学术科技作品竞赛三等奖；第十六届全国大学生机器人大赛机器人创业赛三等奖；4名学生获第八届蓝桥杯全国软件和信息技术专业人才大赛北京赛区C/C++程序设计大学B组三等奖；第三十三届全国部分地区大学生物理竞赛非物理类一等奖1人、三等奖2人；1名学生获得北京市第二十七届大学生数学竞赛三等奖；第四届国际工程机械及专用车辆创意设计大赛三等奖1项；第十三届全国大学生"新道杯"沙盘模拟经营大赛北京赛区一等奖、全国总决赛三等奖。科技竞赛活动覆盖面广，学生100%参加了各类科技创新，很好地发挥了科技创新引领作用。

【学风建设】 机电与车辆工程学院以英语四六级考试为学风建设的重要抓手，完善激励机制，调动多方积极性，加强过程管理，营造良好英语学习氛围，英语四级一次通过率连年有所突破。今年教学改革后，主考年级变为大二大三两个年级，2017年6月，2015级通过率44.9%，2016级通过率47.5%，均维持了去年的水平，城轨卓越161班通过率达到75.9%，创造了历史新高。在考研工作中，学院继承优良传统，为学生提供全心全意的指导和帮助，力助学生披荆斩棘成就考研梦想。在2017年研究生考试和录取工作中，2017届本科毕业生考取总人数和比例均达到学院历史最高水平，毕业本科生共计137人，其中44人报名考研（报考率32.1%），30人达到国家分数线（上线率21.9%），25人被录取（录取率18.2%）。

【学生党员培养与发展】 机电与车辆工程学院严把学生党员发展质量关，不符合条件的坚决不发展，2017年发展学生党员37人。利用优秀党员榜样事迹激励学生，开展党员先锋工程、"两学一做"系列学习与实践活动，培养了一批"理论先锋""学业先锋""专业先锋""就业先锋"和"服务社会先锋"，并在微信平台上开辟党建专栏宣传党员及入党积极分子优秀事迹，不断丰富教育形式与教育手段，全方位、多渠道、分层次、不断线的对学生党员进行思想政治教育，使学生党员在思想上永葆先进性。发挥老党员对学生党员的指导作用，与机关退休第二党支部开展支部开展"重温抗战历史 弘扬爱国精神"主题教育活动，一起参观抗日战争纪念馆，祭拜赵登禹烈士墓并开展座谈活动；与图书馆直属党支部开展"寄语机电学院毕业生党员"党支部共建活动。

【社会实践】 机电与车辆工程学院鼓励学生积极参加各种志愿服务，明确了"依托专业，提升水平，积极开拓，注重传承"的发展思路，队伍建设日益完善，活动覆盖面不断扩大，服务水平不断提高。志愿者们广泛服务于助老助残、义务支教、地铁服务、环境整治等领域，同时积极开展"弘扬雷锋精神"活动，鼓励学生注册志愿北京网站，关注服务项目，尽自己所能贡献力量。寒假的温暖衣冬活动，志愿者将学校提供的御寒外套，带回家乡转赠给最需要的人，为生活贫困、亟待帮助的群体送温暖、献爱心。学生会青协部每月开展"走进希望之家"活动，走进孤儿院带去温暖与爱心。学生积极参与"无偿献血，助力青春"活动，无论是献血者或者是志愿者充分展示了互助友爱，关心社会，乐于奉献的精神风貌，将感动和温暖一次次的传递下去。学院进一步明确了"鼓励青年学生将所学专业运用于社会实践，促进社会实践内涵式发展"的工作方向，开展了以"践行一学一做与社会主义核心价值观，以优异成绩迎接十九大"为主题的暑期社会实践活动。40余名团员青年组成6支社会实践队伍分别前往北京郊区、广西、重庆、成都、广州、深圳、西安等地，深入广西汽车企业、大学进行创新调研学习与红色教育，深入轨道交通发达城市调研轨道文化、在专业方面开阔了学生们的视野，提高了他们的社会活动能力和综合素质，深化了他们的服务和创新精神。

【校友工作】 机电与车辆工程学院秉持耐心细致理念，高质量做好校友工作。积极推动、加强校友之间、校友与母校之间的联络沟通，促进学校和校友事业的共同发展。

（七）对外交流

【学生培养】 为促进学院教学改革的创新与发展，机电学院十分重视对外交流与合作。学院开展了"双培计划"、"实培计划"、访学等联合培养项目。通过"双培计划"项目合作，央属高校和市属高校之间实现了部分教学资源共享，学院部分成绩优异学生得以参与到其他学校更为多样化的教学资源中，从而推动学院多元化的发展，给学院注入新鲜的教学改革活力。"实培计划"又名"北京高等学校高水平人才交叉培养计划"，通过"实培计划"的实施，培养了学生的创新与实践能力，同时也加强了校院、院企等单位间的合作，深化了学院教育教学能力的改革与创新。学院在2017年拥有"双培计划"的学生92人，其中2015级学生32人，2016级学生33人，2017级学生27人，累计共有46人修读于北京航空航天大学，46人修读于北京交通大学。学院另拥有北航访学学生1人，"实陪计划"的学生5人。

【国际交流】依托学校，初步与奥本大学达成合作办学，招生外培计划本科生1人，与意大利达成学生短期交流合作。

（八）党建工作

【概述】机电与车辆工程学院党委共有党员146人，其中在职教职工党员39人、退休教职工党员16人、学生党员91人；正式党员人116人、预备党员30人；设有11个党支部，其中教职工党支部5个、退休教职工党支部1个、本科生党支部3个、研究生党支部2个。

【领导班子建设】坚持民主集中制原则，严格执行党政联席会议制度，2017年以来学院召开党政联席会16次，凡涉及人、财、物等"三重一大"事项，如人才引进、经费使用、大型设备采购等，均按照议事规则和决策程序科学、民主决策。班子成员沟通惯例化，自觉维护集体领导，按照分管的工作范围，抓好落实，成员之间密切配合、团结协作。坚持理论中心组学习制度，2017年围绕十八届六中全会精神、十九大精神，习近平总书记系列重要讲话精神，"两学一做"学习教育常态化制度化、"两贯彻一落实"、全国高校思想政治工作会议精神、北京市第十二次党代会精神等内容，共参加和组织理论中心组专题学习10余次。坚持民主生活会制度，在2017年3月召开的处级党员领导干部民主生活会上，党员干部围绕理想信念、政治纪律和政治规矩、作风建设、担当作为、组织生活、落实全面从严治党责任6个方面认真对照检查，剖析存在问题、问题产生的原因和今后改进措施。班子成员作为普通党员参加所在党支部的组织生活会，自觉接受党组织和广大党员的监督。坚持调查研究，2017年到大连理工、建工集团、北京地铁等开展学习调研10余次，汲取了丰富的管理和教育经验。

【理论学习】依托学院党委理论中心组、全院党员大会、党支部"主讲主问制"理论学习等形式，认真学习宣传贯彻党的十九大精神、全国和北京高校党建和思想政治工作会议精神、北京市第十二次党代会精神等，用习近平新时代中国特色社会主义思想武装头脑。

【组织建设】2017年上半年顺利完成了6个任期届满党支部和2个新成立党支部的换届选举工作，进一步夯实了党建工作的组织基础。加强对党支部书记的工作指导，为支部书记推荐工作方法和党建知识数十条；指导支部书记规范使用《党支部工作手册》，每学期检查《手册》填写情况；开展支部书记抓党建工作述职，交流工作经验，检验工作成效。为找准党支部开展工作的着力点和发力点，学院党委开展"爱院·荣院·强院"主题教育实践活动，要求党支部结合活动主题制定详细的实施方案，细化工作举措，按月明确组织生活的内容、形式和时间。主题活动把两学一做的内容有机融合到"三会一课"制度之中，确保了党支部组织生活的规范化和有效性。

【党员教育】 2017年将原有的党支部书记例会制度调整为党建工作例会制度，成为贯彻落实全国和北京高校思想会议精神落地见效的有效载体；成为谋划党建工作，推进"两学一做"学习教育常态化制度化的有效途径和方法；成为党建工作队伍相互学习、工作研讨、经验交流、共同成长的良好平台。

【党风廉政建设】 机电与车辆工程学院党委落实全面从严治党主体责任，班子成员切实履行"一岗双责"；党政负责人严格执行党风廉政建设责任制全程纪实制度，认真落实党风廉政建设责任制任务分工，把反腐倡廉等内容列入学院年度工作计划，年初制定具体任务，年末自查落实情况，并针对学校检查组提出的意见制定整改措施并严格整改；将5月定为党风廉政宣传教育月，5月9日召开党风廉政建设专题报告会，邀请审计处处长孙文贤做题为《审计及巡视中发现的问题及如何规范财务报销手续》的讲座，邀请纪委书记何志洪在全院教职工大会上讲廉政党课；在学校第六次党代会代表和"两委"委员产生过程中，严格执行相关规定，组织党员观看《镜鉴》，严明换届选举纪律，为选举工作营造风清气正的环境；规范党支部纪律检查委员设置，11个党支部都设立了纪检委员。

【安全稳定工作】 以维护平安校园工作成果为重点开展安全稳定工作，加强安全教育，提高安全管理水平，提高师生，特别是少数民族学生的安全稳定意识；抓好节假日及敏感时期的值班安排和安全检查；抓好实验室、研究生工作室防火、防盗措施的落实。

（九）工会工作

【概述】 机电与车辆工程学院分工会努力建设团结机电之家，不断完善激励机制，高度重视全体教职工的身心健康发展，关爱教职工、维护教职工合法权益，充分发挥工会组织作用，保障学院稳定、快速发展。

【双代会】 充分发挥二级教代会（工会）和学术委员会等各类组织的作用，坚持"党政共同决策，集体议事决策"的原则，在学院重要工作和重大决策中发扬民主。加强统战工作，支持民主党派和党外群众发挥作用，支持知联会学院小组的工作。除此之外，学院分工会以增强凝聚力为重点开展多种形式的教职工活动，组织运动会、狼牙山参观学习、新年联欢会等活动，丰富教职工业余生活。

【困难帮扶及离退休工作】 以关怀慰问为重点开展退休教职工工作，春节和"七一"前夕慰问老党员、困难党员和退休教师；帮助患重大疾病的老师申请大病补助，及时解决教师的实际困难，为他们送去党组织的温暖；组织退休人员座谈会，通报学校党代会精神和学院发展状况，征求退休教师的意见和建议。

（十）实验室建设

【日常实践教学情况】 实验中心对2017年度的实践教学资料进行了自查和抽查，实践教学指导书、实验报告齐全，实验设备良好，实验教师指导认真，实验教学效果良好，未有出现实验教学事故现象。

【实验室建设】 机电与车辆工程学院加大实验室资源整合力度，完成实验室规划和搬迁，为教师教学科研提供有力支撑。

（赵海云　杨建伟）

八、文法学院

（一）学院概况、师资队伍及学科建设

【学院概况】 文法学院现有教职工68人，专任教师59人，硕士生导师5人；教授2人，副教授19人，讲师36人，助教1人；师资队伍的职称、学历、年龄和学缘结构合理，师德高尚、教学质量好、科研能力强，有北京市社科基地1个；北京市优秀人才培养资助人选1人；北京市"师德先锋"2名；北京市优秀主讲教师1人；校级教学名师2人，校级重点学科1个，校级特色专业1个。文法学院设有法学和社会工作两个本科专业，一个社会工作专业方向的专业硕士点。法学和社会工作专业在夯实本专业基本理论知识和专业知识的基础上，结合学校办学传统和特色，开设与建筑和城市管理相关的课程，以满足城市化进程中对城市建设、城市管理、城市服务的复合型高级专门人才的需要。文法学院下设法律系、社会工作系、外语系、教学实验中心，拥有北京市建筑文化研究基地、法学实训基地、社会工作实训基地、模拟法庭和图书资料中心等教学科研平台。

【师资建设】 文法学院现有专职教师59人，硕士生导师5人；教授2人，副教授19人，讲师36人，助教1人，包括青年英才1名；优秀主讲教师1名，校级"师德先锋"2名。教授人数占专任教师人数的3%，副教授占32.2%，具有博士及以上学位13人，占22.0%，45岁以上教师占27.1%，36岁至45岁教师占54.2%，35岁以下教师占18.7%，已形成一支学历层次较高、学缘结构和年龄合理、师德高尚、教学和科研能力较强的教学与研究团队。

【学科建设】 文法学院现有社会工作硕士点和设计学（伦理学与美学方向）硕士点，2017年的主要工作是以迎接新办专业评估为中心，抓好招生、培养和就业三大环节。2017年招收新生分别为3人和8人，社会工作专业招生比2016年增加了1人，生源素质有了较大提升，均来自公立二本以上高校。培养环节新增了高春凤和梁萌两个硕士生导师，由原来的两位导师增加为4人，增强了导师组指导力量。毕业论文匿名评审，取得优良成绩，受到研究生院的好评。就业率100%，专业对口率明显提升，就业质量逐年提高。硕士点的知名度和影响力逐年提升，逐步取得考生和社会的认可。法学专业进一步做好申报法律硕士点的准备工作，专门召开了国际工程法务研讨会，明确了以工程法、建筑遗产保护法和国际工程法务为研究方向，已经引进了工程法背景的专任教师1人。

（二）教学工作

【文法学院与北京市荣典律师事务所举行实践教学基地签约挂牌仪式】 结合2016版本科培养方案，进一步加强法学学生实践和实务能力，2017年3月21日，文法学院与北京市荣典律师事务所举行实践教学基地签约挂牌仪式，仪式在北京市荣典律师事务所举行。律所主任黄山律师、合伙人杨森律师、顾问满峰律师、行政主管唐艳，文法学院领导班子全体成员、法律系教师任超、辅导员王彤参加了此次活动。文法学院党委书记刘国朝与荣典律师事务所黄主任分别代表双方签署了合作协议并举行了挂牌仪式。签约仪式结束后，荣典律师事务所带领文法学院班子成员参观了办公场所以及案卷陈列等，并对如何进一步落实《合作协议》进行了广泛深入的讨论。孙希磊向律所介绍了文法学院学生特点，希望在合作过程中可以提供学生力所能及的项目，使得学生学有所获。

【北京石油化工学院外语系调研文法学院外语系】2017年3月29日，北京石油化工学院外语系主任严娇兰一行6人来到文法学院外语系进行调研。文法学院党委书记刘国朝、外语系主任武烜、2016级教研室主任张红冰、2015级教研室主任李昆鹏，教师代表刘英、陈熙出席了调研会。刘国朝首先介绍了学校和文法学院的总体发展以及英语教学的改革情况，随后，武烜对外语系的教学与科研情况作了详细的介绍。两位教研室主任和A、B班的教师代表也从各自的角度，谈了课堂教学的把控、过程性的管理以及四级备考的情况。

【北京高校大学英语教育发展研讨会在我校举行】2017年6月9日上午，北京高校大学英语教育发展研讨会在我校召开。北京市教委高教处调研员荣燕宁，北京高校大学英语教育发展中心主任张喜华，北京高校大学英语研究会常务理事、南区片长谢福之、北京建筑大学副校长李爱群、教务处副处长那威以及24所北京和天津高校大学英语负责人参加了本次研讨会，会议由文法学院党委书记刘国朝主持。北京高校大学英语教育发展中心主任张喜华介绍了中心2016年工作总结和2017年工作规划。北京服装学院、北京工业大学、北京城市学院、北京联合大学、天津外国语大学、北京联合大学分别从大学英语教育本土化、本科阶段大学英语信息化、特色在线英语课程建设等角度介绍了英语教学相关情况；我校文法学院外语系主任武烜总结了我校"五位一体"、教研与科研相结合的教育改革特色。北京市教委高教处调研员荣燕宁高度认可发展中心取得的成绩，并对中心的未来发展提出了要求与希望。

【京南大学联盟共论大学英语教学——北京印刷学院、北京石油化工学院英语系调研文法学院外语系】2017年6月20日，北京印刷学院英语系主任孙边旗、北京石油化工学院英语系主任严娇兰一行十三人到文法学院外语系调研。这是京南大学联盟院校首次针对英语教学主题进行交流研讨，是对"融合 创新 共享"宗旨的落实。文法学院党委书记刘国朝、副院长李志国、外语系主任武烜、外语系党支部书记侯平英、2016级教研室主任张红冰，教师代表鲍莉、沈冰洁、叶青出席了调研会。在京南大学联盟的政策支持下，三所学校在大学英语教学学术交流、师资共享、学生短期出访等方面可以拓展进一步的合作，实现资源共享、校际共建，最终让学生受益。

【北京建筑大学第二届模拟法庭大赛初赛成功举办】2017年6月26～27日，北京建筑大学第二届模拟法庭大赛预赛在文法学院基D118成功举办。此次活动旨在模拟真实法庭，让同学们以更直接的方式学习法律知识，增强法律意识。此次活动由2015级法学专业同学自行组队，分为刑事1组、刑事2组和民事组三个赛场。此次活动由文法学院院长李志国、教师袁力、王俊梅担任指导教师。此次比赛刑事1、2组围绕"朱凡杀妻案"作为案例而展开模拟庭审。民事组则以"徐家卖房案"为案例开始庭审。庭审结束后，辅导老师们分别对刑事1组、2组，民事组在庭审中的表现、文书以及对被告的提问方式进行了点评指导。

【我校文法学院社工系实践教学基地落户东城区】2017年7月4日上午，北京市东城区社区服务中心与我校文法学院社工系实践教学基地揭牌仪式在东城区社区服务中心成功举行。东城区社区服务中心主任、东城区民政局副调研员张景辉、我校文法学院副院长武烜、社工系教师晁霞、北京市东城区社区志愿者协会秘书长刘健以及社工系2016级学生参加了揭牌仪式。张景辉与武烜代表双方签署了关于东城区建立"北京建筑大学文法学院"实践教学基地的合作协议并将牌匾揭牌。

【文法学院教师利用假期整理教学资料】为迎接本科教学审核式评估，确保基础教学资料的准确性与完整性，2017年7月9日至10日文法学院专业课老师们利用假期进行了为期两天的教学资料互查工作。教学资料互查的内容包括试卷、毕业设计、实习报告三大类，时间跨度自2014~2015学年开始至2016~2017学年。

【文法学院与亦庄镇政府开展社区服务和治理工作合】2017年8月21日，文法学院党委书记刘国朝、社会工作系主任赵仲杰、纪委办公室（监察处）、亦庄镇镇长助理（挂职）张瑶宁、社会工作系教师高春凤、郭昊等应邀前往大兴区亦庄镇人民政府与亦庄镇镇长李燕、党委副书记陈子兵、副镇长左冬青、社会事务管理办公室主任刘国强围绕推进亦庄镇社区全方位服务和精细化治理体系建设进行了交流。经过洽谈，双方就建立亦庄镇精细化社区管理模式、打造全方位社区服务体系、培育专业化社会工作组织、创建特色社区文化品牌、加强社区工作者队伍建设、开展学生志愿服务和社会实践、开展社区工作调研和课题研究等内容达成了共识。

【文法学院外语教师暑期英国访学纪实】2017年7月16日~8月26日，学校派出文法学院6位外语教师组成的暑期英国访学团有幸成为第一批走出学校的"先锋军"。与我校合作的是英国南威尔士大学（University of South Wales），该校与我校有较为深厚的合作历史，在双方前期充分了解的基础上，交流访学项目设置的学习内容完备而实用。访学学习内容主要由四部分组成：1.英国大学近年来最为先进的语言课堂教学方法。2.批判性思维在英文阅读及写作中的培养。3.英国的国家体制及时事评论。4.暑期语言课程真实课堂的教学观摩与反思评价。此外，在英国期间，教师党员按照要求成立党小组。把"两学一做"延伸到了国外，三位党员坚持进行两周一次的党小组学习，内容包括：习近平总书记近期的重要讲话精神，北京市第十二次党代会精神，学习观看了"将改革进行到底"的专题片，共同为祖国繁荣，为北建大的美好未来奋斗。

【北京建筑大学"学术英语写作指导中心"启动仪式暨基层党支部协同共建创新活动顺利举行】2017年9月26日，由文法学院外语系、土木学院专业基础部、测绘学院测绘工程系及理学院力学系等多个党支部组织的"融合与创新"，助力学校国际化与"一带一路"基地建设——文法学院"学术英语写作指导中心"启动仪式暨基层党支部协同共建创新交流活动在基础楼D座模拟法庭举行。文法学院党委书记刘国朝、院长李志国、副院长武烜、党委副书记康健及土木学院党委书记冯宏岳、常务副院长韩淼、党委副书记车晶波、专业基础部董军教授以及文法学院外语系、土木学院专业基础部、理学院力学系、测绘学院工程系等全体党员及相关教师、学生参加了交流活动。活动由文法学院党委书记刘国朝、土木学院李国华老师主持。

【北京建筑大学英语演讲比赛在文法学院举办】2017年10月17日下午，由北京建筑大学团委主办，文法学院承办的以"个人价值与社会责任"为主题的北京市英语演讲比赛校内决赛在基础楼D座118顺利进行。担任此次比赛的评委老师有英语外教David，我校英语教师孙华、吴彤军、邹艳、鲍莉，比赛由我院文艺部部长耿泽主持。参加此次演讲比赛的同学热情十分高涨，用饱满而富有感情的英语口语演讲了自己关于"个人责任与社会价值"的理解，面对评委老师的提问，有条不紊的将自己的想法表达出来，获得了观众的认可和赞扬。评委们根据每位选手的发音用词、内容逻辑、情感表达以及举止体态四个方面进行评判，我院法161班蒋金豆获得了校内比赛一等奖，建筑学院古建151班吕肇一获得二等奖，建筑学院古建171班张景瑶、经管学院管171班邓剑洋、环能学院暖171班孙巍获得三等奖。

【文法学院社工系举办社区营造专题讲座】2017年10月27日下午，文法学院社工系邀请民政部培训中心、北京社会管理职业学院哈曼老师在基D317为文法学院社工系师生进行了社区营造专题讲座。本讲座由社工系主任赵仲杰主持，李志国院长参加并做了精彩点评。

【文法学院法律系学生举办首次刑法理论读书活动】2017年10月29日下午18：50，文法学院法律系学生在基D427组织了首次刑法理论读书活动。我院法律系刑法学教师袁力出席指导，本次活动由齐劲沣主持。活动主要围绕同学们对张明楷、陈兴良、劳东燕等国内专家的刑法理论以及德国日本等外国刑法理论的学习和理解进行交流，重点就"犯罪构成理论"展开了激烈讨论。

【文法学院第一期工程法论坛圆满召开】2017年11月14日18：30，文法学院第一期工程法论坛在基D323圆满召开。论坛由文法学院院长李志国教授和北京市荣典律师事务所高级合伙人杨森律师联合主持。文法学院法律系主任左金凤老师出席了论坛。法律系15、16、17级部分同学参加了论坛。文法学院工程法论坛以理论和实务的对话、律师与准律师的交流、法律和工程的学科交叉为原则。在论坛上，李志国教授讲述了由自己经办的北京建筑大学（当时为北京建筑工程学院）为案件第三人的真实案件。李教授以缜密的逻辑思维和高超的办案技巧，将原本希望渺茫的案件成功解决，讲述生动有趣，层层设疑。同学们也沉浸其中，积极地参与讨论。杨森律师在对于案件发表自己的见解同时，也为同学的学习和人生规划提出了宝贵的建议，以一个律师的身份给予"准律师们"极大的鼓励。他认真详尽地回答了同学们提出的问题，并依托自己丰富的办案经历，与同学们分享了许多真实的案例。

【北京建筑大学文法学院举办系列主题研讨会】2017年11月19日，为提升文法学院的人才培养、科研和实务水平，北京建筑大学文法学院在北京裕龙国际酒店分别举办了"社区营造的理论与实践"、"外语教学与大思政同向而行"和"国际工程法务"主题研讨会。文法学院领导，社工系、法学系、英语系教师，以及我院研究生、本科生共同参加了本次研讨。研讨会特别邀请了北京大学朱晓阳教授、民政部培训中心主讲教师哈曼、乡建院院长助理兼品牌总监孟斯、首都经济贸易大学外语学院院长朱安博教授、北京工商大学外国语学院院长刘红艳教授、中国电建集团国际工程有限公司法律与风险部副总经理李志永、中国中建一局国际工程公司合约部经理张珺、北京建筑大学退休教师郎守廉教授做主题发言。

【我校学生参加英语口语演讲比赛荣获佳绩】2017年11月25日，从我校校团委举办、文法学院团委承办的英语演讲比赛中脱颖而出的两名同学，分别参加了"外研社杯"和北京市英语演讲比赛，选手们都有上乘的表现，再创佳绩！本赛事由北京市教育委员会主办，对外经济贸易大学承办。10月28日，我校选派了建筑学院古建专业17级学生吕肇一参加了在北京林业大学举办的2017年"外研社杯"全国英语演讲大赛（北京赛区）复赛。来自于多所高校的五十多位同学进行了激烈角逐。11月25日，我校文法学院法学专业16级学生蒋金豆，参加了第九届（2017）北京市大学生英语演讲比赛复赛。来自北京57所高校的57名选手参加了此次复赛。

【顺利完成本年度教育部本科教学审核式评估工作】 2017年，文法学院顺利完成了本年度教育部本科教学审核式评估工作；确保三个系部教学质量的稳步提升与教学模式的改革；提高课堂教学效果，增进师生在课堂上的互动，充分完成"翻转课堂"的建设；加强慕课、微课与"小班研讨型教学"模式的建设；强化意识形态责任感，加强课堂学风建设；继续打牢专业基础知识，强化应用务实能力培养，突出自身特色，找准定位，形成优势专业培养模式。

教学质量提升与教学模式改革。1.学院充分发挥院级二级教学督导组的职能，积极开展教学质量提升工作，通过听课、教师说课、各类教学资料的检查与督导，切实提高教师的授课水平与质量。在2017~2018学年第一学期的第6~10周，对教师的教学质量提出严格要求，检查教案、教学PPT，对教师所授课程进行"说课"，并提出整改意见。在第10周检查整改效果。这一举措极大地提升了教师的授课质量与新教学模式的探索。2.实行院领导听课制。院领导在开学初、期中、期末都对任课教师的教学进行抽查并给出评价。3.2017年度文法学院开设"小班研讨型"课堂2门（其中外语系1门次，社工系1门次），切实做好教学模式的实践探讨与改革。

教学获奖情况。文法学院参与了全国大学英语教学微课大赛，获二等奖与三等奖各1名；在校级教学PPT与微课大赛中，文法学院教师获教学PPT大赛一等奖1名、优秀奖2名；微课一等奖1名，二等奖2名，三等奖1名，优秀奖1名；教师指导学生获北京市模拟法庭大赛二等奖、北京市"挑战杯"大赛特等奖、全国"挑战杯"大赛三等奖；教师指导学生获全国大学英语竞赛特等奖、一等奖、二等奖与三等奖；教师指导学生获得"外研社杯"英语写作与阅读大赛三等奖；教师指导学生参加北京市英语演讲比赛三等奖。在学校举办的第十一届校级青年教师教学基本功大赛决赛中（本年度公布2016年度的比赛结果），文法学院两位（张蕊、石磊）教师获得二等奖，一位老师（石磊）获得优秀教案奖。

教研项目。1.在2017年度校设教学研究基金的申报中，文法学院共获批校级教研重点项目2项、一般项目7项、实践教学改革研究重点项目1项，教材建设项目重点1项、一般项目1项。2.在2017年度外研社教研项目申报（横向项目）中，我院获批一般项目立项1项；在2017年度外教社教研项目申报（横向项目）中，我院获批重点项目立项1项。

双培项目。为了提升学生的专业综合能力，我院在2017年度与北京航空航天大学与中国政法大学联合培养学生，具体名单如下：

序号	学生姓名	班级	双培学校	交流时间
1	曹阳	法141	北京航空航天大学	2016.9-2017.9
2	叶珂	法141	北京航空航天大学	2016.9-2017.9
3	杨辰	法162	中国政法大学	2017.9-2019.9

国际交流。1.文法学院社会工作系与南康涅狄格州立大学社会工作系继续合作。2017年度从南康涅狄格州立大学完成学业后返回我院继续完成在我校的学业的学生1名：肖雅棋（社141）。2.2017年9月份社会工作专业五名交换学生进入英国南威尔士大学进行为期一年的交换生学习。名单如下：

序号	学生姓名	班级	外培国家	外培学校	交流时间
1	陈子豪	社141	英国	南威尔士大学	2017.9-2018.6
2	侯雨娇	社141	英国	南威尔士大学	2017.9-2018.6
3	王雨婷	社141	英国	南威尔士大学	2017.9-2018.6
4	黄金	社142	英国	南威尔士大学	2017.9-2018.6
5	崔佳琦	社142	英国	南威尔士大学	2017.9-2019.6

2017年1月，文法学院武烜作为北京建筑文化研究基地成员应邀出席新加坡南洋理工大学国际文化研讨会并做宣读论文"Urban Literary Text：From Post-Colonial Perspective"。

2017年9月12日，文法学院武烜赴格鲁吉亚巴统市绍塔·鲁斯特韦立国立大学出席第九届建筑与土木热点问题国际研讨会并宣读论文"Interactive Acculturation and Post-Colonial Construction of Urban Immigrants' Cultural Identity：Vanuatu as a case study"。

2017年10月11日，文法学院外语系、社工系、法律系与亚美尼亚国立建筑大学校长 Gagik Galstyan 与副校长 Marina Ghazaryan 进行了初步的合作意向研讨会。在一带一路战略下促进学校国际化发展的目标引领下，就未来双方在科研和教学等方面合作的可能性进行了探讨。

（三）科研工作

【工作概述】2017年文法学院获批北京市项目5项，到校经费25万元，校级项目2项，到校经费总计4万元；发表文章37篇，其中核心期刊3篇，出版著作3部。

2017年文法学院承担的各类科研项目一览表

序号	项目名称	负责人	项目来源	项目级别	合同经费（万元）	起止时间	项目类别
1	中国建筑文化国际输出的翻译教学研究	杜苗	校设科研基金	学校	2	2017.06.01-2018.12.11	语言
2	"互联网+"背景下北京农村公共文化广场建设研究	高春凤	北京市哲学社会科学规划项目	北京市	5	2017.03.28-2019.03.28	社会学
3	工业化到网络化：城市发展过程中的工作模式变迁研究	梁萌	校设科研基金	学校	2	2017.06.01-2018.12.11	社会学
4	京郊历史文化保护区整体性保护法律制度研究	石磊	北京市哲学社会科学规划项目	北京市	5	2017.03.28-2018.03.28	法学
5	发展家政服务业促进就业国际比较及对我国的启示	梁萌	北京市哲学社会科学规划项目	北京市	5	2017.06.01-2017.12.11	社会学
6	招标投标法和政府采购法在公共资源交易中的规制和完善	李志国	北京市哲学社会科学规划项目	北京市	5	2017.03.28-2018.03.28	法学
7	北京市住房城乡建设系统行政执法程序化研究	王丹	北京市哲学社会科学规划项目	北京市	5	2017.03.10-2017.11.30	法学

2017年文法学院教师发表的学术论文一览表

序号	论文题目	第一作者	发表时间	发表刊物	刊物类别
1	强控制与弱契约：互联网技术影响下的家政业用工模式研究	梁萌	2017-09-25	妇女研究论丛	CSSCI，核心期刊，权威期刊
2	补偿还是自主：互联网技术嵌入与工作压力作用机制变迁研究	梁萌	2017-08-10	中国人力资源开发	核心期刊
3	精神生态视角下的《了不起的盖茨比》	张红冰	2017-07-11	语文建设	核心期刊
4	浅析我国犯罪资产分享制度的构建	王俊梅	2017-04-28	不经定罪的没收：立法与实践国际研讨会论文集	EI（会议论文集）
5	论社会主义核心价值观嵌入法学实践教学及其深度融合	袁力	2017-11-15	黑龙江省政法管理干部学院学报	一般期刊
6	探究"以学为中心"教育模式中的教学管理	林青	2017-10-30	北京建筑大学2017年教育教学改革与研究	一般期刊
7	语篇分析理论视域下的大学英语四级阅读教学	孙华	2017-10-29	北京建筑大学2017年教育教学改革与研究	一般期刊
8	浅谈社科类本科生研究能力的培养	梁萌	2017-10-20	北京建筑大学2017年教育教学改革与研究	一般期刊
9	论人工智能引发卓越建筑法律人才培养模式的变革	李志国	2017-10-15	北京建筑大学2017年教育教学改革与研究论文集	一般期刊
10	外语学习者自我认同发展对外语教学的启示	刘晓玉	2017-10-10	北京建筑大学2017年教育教学改革与研究论文集	一般期刊
11	"互联网+"背景下高校课堂教学模式的创新和实现	高春凤	2017-10-10	北京建筑大学	一般期刊
12	"服务学习"引入社区工作课程改革的探讨	杨娜	2017-10-09	北京建筑大学2017年教育教学改革论文集	一般期刊
13	高等教育治理体系和治理能力研究综述	刘英	2017-10-02	论文集	一般期刊
14	招标投标法课程翻转课堂教学探讨	左金凤	2017-10-02	北京建筑大学2017教育教学改革与研究	一般期刊
15	中外合作办学模式下英语教学改革研究初探-以北京建筑大学中美"2+2"合作项目为例	窦文娜	2017-10-02	北京建筑大学2017年教育教学改革与研究	一般期刊
16	在英语教学中培养学生的反思性学习意识	王彩霞	2017-10-01	北京建筑大学2017教育教学改革与研究论文集	一般期刊
17	提高大学英语听力能力多维度解决方案	李宜兰	2017-10-01	北京建筑大学2017年教育教学改革与研究论文集	一般期刊

续表

序号	论文题目	第一作者	发表时间	发表刊物	刊物类别
18	教师在基于网络平台的教学模式中的多元角色定位	鲍莉	2017-10-01	论文集	一般期刊
19	论法律诊所司法伦理的启发式培养	李志国	2017-10-01	法律职业伦理论丛	一般期刊
20	浅谈课前演讲对于大学英语教学的影响	李昆鹏	2017-10-01	北京建筑大学2017年教育教学改革与研究	一般期刊
21	中美大学阅读文化比较与启示	陈素红	2017-10-01	2017年教育教学改革与研究	一般期刊
22	微课技术结合翻转课堂在大学英语教学中应用的有效性探讨	王隽	2017-10-01	北京建筑大学2017年教育教学改革与研究	一般期刊
23	浅析"一带一路"背景下国际工程卓越外语人才的培养	刘宏	2017-10-01	北京建筑大学2017年教育教学改革与研究	一般期刊
24	大学英语写作多元评改反馈研究与实践	郭晋燕	2017-10-01	北京建筑大学2017年教育教学改革与研究论文集	一般期刊
25	探究同伴教学法在大学英语口语教学的应用	张蕊	2017-10-01	北京建筑大学2017年教育教学改革与研究论文集	一般期刊
26	"点线面体"模拟法庭实践教学模式应用研究	袁力	2017-10-01	北京建筑大学2017年教育教学改革与研究论文集	一般期刊
27	故土之愁	贾荣香	2017-08-09	中国诗选2017	一般期刊
28	Wild Rose Resort	贾荣香	2017-08-09	World Poetry	一般期刊
29	同乡会对在京新生代农民工社会融入的影响	黎莹	2017-08-01	重庆工商大学学报	一般期刊
30	诊所法律教育中司法伦理的培养手记	李志国	2017-07-30	中外企业家	一般期刊
31	《口语语料库语言学：从单模态到多模态》述评	聂平俊	2017-05-01	中国ESP研究	一般期刊
32	社会工作专业硕士（MSW）实务能力培养的思考——纽约大学社会工作学院的经验借鉴	高春凤	2017-05-01	产业与科技论坛	一般期刊
33	优势视角下"三社联动"创新城市社区服务管理机制探索	晁霞	2017-05-01	产业与科技论坛	一般期刊
34	中美城市空间正义探究	贾荣香	2017-03-31	北京建筑大学学报	一般期刊
35	诗行桂林	贾荣香	2017-03-13	秀峰资讯	一般期刊
36	年	贾荣香	2017-01-31	巴彦淖尔画报	一般期刊
37	千眼灵石	贾荣香	2017-01-09	中国建设教育	一般期刊

2017年文法学院教师出版学术著作一览表

序号	成果名称	第一作者	出版社	出版时间	性质
1	Poetry Over the City	贾荣香	世界知识出版社	2017-08-06	译著
2	城之吟	贾荣香	世界知识出版社	2017-08-05	学术专著
3	城市文化的另一种存在-英语词汇的流变	张红冰	中国人事出版社	2017-08-01	正式出版教材

【学术会议】2018年1月12日至13日，由北京建筑文化研究基地主办的"伦理视域下的城市发展"第七届全国学术研讨会在北京召开。大会的主题是：深入学习贯彻落实十九大精神、推进北京先进文化之都建设。会议由北京建筑大学马克思主义学院、文法学院联合承办。

北京市哲学社会科学规划办公室副主任张庆玺、北京建筑大学党委副书记张启鸿出席开幕式并致辞。来自中央党校、中国社会科学院、清华大学、北京大学、北京师范大学、南开大学、上海财经大学、华中科技大学、湖南师范大学等高校和科研机构的50余位专家学者与会。我校马克思主义学院、文法学院、建筑学院的教师、研究生参加了大会。会议分别由孙希磊教授和李志国教授主持。

（四）学生工作

【工作概述】2017年，文法学院举办了非常丰富多彩的活动，其中包括寒暑期社会实践，重走五四路，重走一二九等活动，独立举办了大型活动晚会，并邀请各个学院参加，常规活动还有社工系的社工文化节以及法学专业的模拟法庭活动，在北京市的模拟法庭大赛、人文知识竞赛、北京市英语演讲比赛三项市级奖项中均获得了荣誉。在学风建设方面也举办每学期一次的学风建设大会，以此来督促学院的学生努力学习。

【文法学院举办"青春·奋斗"主题教风学风联动大会】在全国高校思想政治工作会议精神指导下，结合我校2017年党政工作要点，文法学院隆重召开了以"青春·奋斗"为主题的教风学风联动大会。教务处处长李俊奇、学工部部长黄尚荣受邀出席大会，文法学院党委委员、系主任、辅导员、班主任及大一至大三全体同学参加大会。大会由学院党委副书记康健主持。本次文法学院教风学风联动大会向学校和学生展示了文法学院良好的精神风貌和在2017年"撸起袖子加油干"的决心。在校院两级领导班子的高度重视下，在全体文法师生的共同努力下，文法学院教风和学风建设必将取得骄人的成绩。

【"践行雷锋精神践行社会主义核心价值观"文法学院学雷锋团日活动】3月5~10日，文法学院各班级以及学生党员以不同的形式进行"学习雷锋，建设社会主义核心价值观"主题团日活动。

【文法学院联手马克思主义学院举办考研讲座——政治篇】3月22日，为满足我校2014级学生考研需求，让同学们进一步明确考研目标，制定科学的复习计划，文法学院邀请马克思主义学院名师张守连老师在基D212教室为同学们讲解了考研政治新政策。我校近70有考研意向的大三同学们纷纷前来聆听。

【文法学院组织学生参观"卢浮宫创想"主题展览】3月28日，文法学院辅导员王彤老师带领学生干部们前往国家博物馆，参观"卢浮宫创想"——卢浮宫与馆藏珍品见证法国历史八百年主题展览。

【文法学院召开英语四级学习动员及分享会】4月1日，文法学院邀请外语系主任武烜老师为部分15级学生讲解和分享了英语四级考试题型的做题方法以及学好英语的经验，以鼓励大家认真复习，备战四级。班主任晁霞老师及社15级全体同学参加了此次活动。

【文法学院召开2017年度"五四达标创优"优秀团支部答辩会】4月14日，文法学院团委在基D212举行了2017年度"五四达标创优"优秀团支部答辩会。文法学院党委副书记康健、部分班主任、辅导员王彤及学生会主席团成员担任评委。大一、大二年级各班班委近60名同学参加了此次活动。

【文法学院召开2016～2017学年春季学期学生期中教学座谈会】4月17日，文法学院于基D317召开了2016～2017学年春季学期学生期中教学座谈会。学院党委书记刘国朝、副院长李志国、法律系主任刘炳良、社工系主任赵仲杰、教务员林青、辅导员王彤及各班学生代表等20余人参加了本次座谈会。会议由学院党委副书记康健主持。

【文法学院法162班召开学风建设及学习分享班会】4月17日，为加强学风建设同时提高学习效率，法162班召开学风建设及学习分享班会。班会的主要内容包括：总结近期学风建设及学习情况；分析大学英语第一次模拟考试成绩；分享大学英语四级考试学习及备考经验；制定冲刺四级考试的学习计划。班导师林青和法162班全体同学参加了此次班会。

【文法学院举办首届"白马杯"辩论初赛】4月21日，文法学院举办首届"白马杯"辩论赛。参赛选手为我院大一学生，莅临本次比赛并担任评委有文法学院党委副书记康健、班主任刘猛、辅导员王彤和研究生张鹏。

【文法学院举办"家园雅室"宿舍长培训会】4月24日，文法学院在基D114进行了"家园雅室"2016级宿舍长的首次培训。我校心理咨询中心教师郭潇萌为同学们进一步宣传普及心理健康基础知识，旨在让同学们更好地关注自我、关注他人，拥有和谐宿舍生活。文法学院党委副书记康健、辅导员王彤参加了此次培训会。

【文法学院举办第二次"家园雅室"宿舍长培训会】4月28日，文法学院在基D114进行了2016级宿舍长的第二次培训。分别邀请保卫处吕老师为宿舍长讲解消防安全知识以及研究生张鹏为同学们讲述了"校园贷"的风险与危害。文法学院党委副书记康健、辅导员王彤参加了此次培训会。

【文法学院读书日系列活动——名师解读哲学原著】4月28日，文法学院人文理论社以"世界读书日"为契机，在基D201举行了每月一次的读书活动。本次活动邀请了马克思主义学院张溢木老师作为读书推荐导师，以《路德维希费尔巴哈与德国哲学的终结》作为本次的阅读书目。文法学院入党积极分子近40名同学参加了此次活动。

【文法学院"白马杯"辩论赛决赛成功举办】4月28日，由文法学院举办的首届"白马杯"辩论赛决赛在基D模拟法庭顺利举行。此次比赛的评委有文法学院党委副书记康健、社会工作专业系主任赵仲杰、班主任林青、刘猛、辅导员王彤以及研究生张鹏。辩论赛由法151班王妍主持。

【文法学院四六级动员暨"文法之星"榜样表彰大会顺利举行】5月9日，文法学院于基D118召开了四六级动员暨"文法之星"榜样表彰大会。文法学院党委书记刘国朝、副院长李志国、党委副书记康健、英语系主任武烜、大一大二各班班主任，辅导员王彤、张鹏参加。大会由法151班王妍主持。

【文法学院成功举办新闻讲座】5月12日，文法学院邀请《车友报》副总编辑、《中国石化报》调研员高哲，在基D118进行"心意更新看世界——总编辑眼中的好新闻"主题讲座。为同学们讲解新闻的写作方法及技巧，旨在让同学们更加深入地了解新闻的丰富内涵。文法学院党委副书记康健、辅导员张鹏参加了此次讲座。

【文法学院本科生党支部召开毕业生党员就业专题组织生活会】5月23日，以教育部全力做好高校毕业生就业的要求为指导，以精准帮扶、分类指导服务为原则，文法学院本科生党支部针对2017年毕业生全体党员召开就业专题组织生活会，旨在督促毕业生党员落实就业工作，引导其在各自团支部就业工作中发挥"党建带团建"的先锋模范作用。院党委副书记康健、辅导员王彤参加会议。

【文法学院举办"家庭系统排列——爱的根源"主题讲座】5月23日，文法学院在基D118为社会工作专业学生举办了"家庭系统排列——爱的根源"主题讲座。邀请到国家认证系统排列导师、国家二级心理咨询师杨茹婷老师给同学们分享有关"家庭系统排列"的相关内容，帮助同学们看到和疏解紧张情绪，学会以不同的视角看待人事物，学习整合身心的简单方法。任课教师晃霞，15级、16级社会工作专业学生参加此次讲座。

【文法学院举办"家园雅舍"宿舍卫生评比活动】5月27日，文法学院举办"家园雅舍"宿舍卫生评比活动。在学院领导、学生会的大力支持下，院学生会生活部在五月初成立评分小组，按照公平公正的原则互查宿舍卫生情况，对文法学院16级学生宿舍的卫生状况进行检查。

【文法学院举办趣味运动会】6月5日，为了丰富同学们的课余生活，展现同学们的团结协作精神，文法学院组织2016级学生在东操场展开了一次别开生面的趣味运动会。文法学院党委副书记康健、辅导员王彤观摩了比赛。

【文法学院"家园雅室——五星宿舍"答辩评审会圆满落幕】6月8日，文法学院在基D118召开了"家园雅室——五星宿舍"答辩评审会。在文法大一年级众多宿舍中评出学霸之星、奉献之星、活力之星、勤奋之星、整洁之星和五星宿舍。学工部副部长蔡思翔、文法学院党委副书记康健、资后处郝永军、公寓管理中心王琳、大一各班班级导师，辅导员王彤以及大一各班班委、参与答辩的宿舍成员参加了本次答辩评审会。

【文法学院学生首次荣获第九届"挑战杯"首都大学生课外学术科技作品竞赛特等奖】6月12日，我院学生姚景苏、王浩、曲燕、雷杰、罗辉、薛雅宁、毕添宇（经管学院）以《关爱马路天使，共建文明京城：北京市环卫工人工作、生活和关爱现状的社会调查》在第九届"挑战杯"首都大学生课外学术科技作品竞赛中获得特等奖，取得历史性突破，是我校学生在人文社科类作品中首次获大奖，即将为进军全国赛冲刺。

【文法学院社会工作系举办2017届优秀毕业论文宣讲暨15级实习动员与培训会】6月21日，文法学院社会工作系在基D模拟法庭举办了2017届优秀毕业论文宣讲暨15级社会工作学生实习动员与培训会。社会工作系主任赵仲杰老师、社会工作系孟莉老师、梁萌老师、孙莹老师、黄华贞老师出席了本次会议。

【文法学院召开2017届毕业生校友联系人座谈会】6月29日毕业典礼之后，文法学院在基D427召开2017届毕业生校友联系人座谈会。文法学院党委书记刘国朝、副书记康健、副院长武烜、辅导员王彤出席，康健主持会议。

【文法学院开展"京津冀协同发展青年观察行动"暑期社会实践活动】8月23日至28日，文法学院暑期社会实践活动团队到北京市通州区、河北省张家口进行了为期六天的实践活动，活动围绕京津冀协同发展战略布局，深入京津冀地区，聚焦有序疏解北京非首都功能和京津冀生态环境保护、历史文化保护、产业升级转移等领域积极开展社会实践活动，凸显青年群体对国家区域发展战略布局的观察理解。我院党委副书记康健、辅导员张鹏带队。

【文法学院迎接2017级新生】9月11日，文法学院又迎来了一批青春激昂的莘莘学子，为确保迎新工作高效有序地进行，我院成立了迎新志愿者团队，保证迎新工作安全有序地开展。此次迎新工作受到校领导及院领导的高度重视，校长张爱林亲临我院迎新现场慰问工作人员和志愿者，与新生、家长亲切交流，勉励新同学。同时，我院领导及学生管理工作负责人现场指导整个迎新工作。

【文法学院召开2017级新生家长会】9月12日，文法学院2017级新生家长会基D模拟法庭召开。文法学院党委书记刘国朝、院长李志国、副院长武烜、副书记康健、辅导员张鹏，班主任左金凤、任超、高春风、梁萌以及来自全国各地的2017级学生家长们参加了会议。

【文法学院召开2017级本科新生动员会】文法学院2017级新生军训动员会在基D220召开。文法学院党委副书记康健、副院长武烜、教务员林青、班主任左金凤、任超、高春风、梁萌、辅导员张鹏以及2017级全体本科新生参加会议。会议由康健主持。

【文法学院召开新学期团委学生会第一次大会】9月28日，文法学院召开2017～2018学年院团委学生会第一次大会，团委副书记唐绪、学生会主席王妍等主席团成员及各部门部长、副部长、干事共同参与本次会议，文法学院党委副书记康健、辅导员张鹏出席会议。大会由学生会办公室主任段佳美主持。

【记文法学院与环能学院开展联谊活动】9月30日，文法学院与环能学院联手在基D二层举办了一场精彩纷呈的联谊活动。此次活动，由我院及环能学院学生会牵头，我院学生会文艺部和青协具体策划，其他各部门相互配合实施。在两院广大学生的积极参与下，"相逢是首歌，你我共前行"联谊活动顺利举行。本次活动分为两组，分别由我院文艺部部长耿泽与青协部部长郭子学主持。

【文法学院召开2017级专升本师生交流会】10月17日，文法学院在基D317室内召开2017级专升本师生交流会，欢迎我院社会工作专业15级迎来了5位优秀的新生。文法学院副院长武烜、党委副书记康健、教务员林青、辅导员张鹏出席此次会议，交流会由我院党委副书记康健主持。

【文法学院举办社会工作专业实习暨就业双选会】10月19日下午，北京建筑大学实习就业部同北京建筑大学文法学院社工系、大兴区社会组织、大兴区社会组织服务中心在基D118共同举办本次社会工作专业实习暨就业双选会。出席此次双选会的领导老师有：文法学院党委副书记康健、社会工作系主任赵仲杰、大兴区社会组织服务中心主任任力欣。

【文法学院联合北京建筑大学红十字分会举办宿舍长急救培训】10月23日，为了提高文法学院宿舍长的责任安全意识，履行好宿舍长职责，文法学院和北京建筑大学红十字分会在基D118联合举办宿舍长急救培训，讲授急救知识和现场救护技术。文法学院大一年级宿舍长、院会生活部以及各班生活委员参加培训。

【文法学院召开少数民族同学座谈会】10月23日，为进一步加强学院统战工作，文法学院在基D317举办少数民族同学座谈会,院党委书记刘国朝、党委副书记康健、教务员林青出席会议,会议由副书记康健主持,我院16级少数民族同学参加座谈会。

【文法学院召开班级骨干培训会】10月23日,为了培训文法学院各班级骨干在工作中所必需的能力和素质,激发大家的兴趣和热情,文法学院班级骨干培训会在基D118召开。院党委副书记康健,辅导员张鹏出席会议。文法学院各班级骨干参与会议。会议由张鹏主持。

【北京市朝阳区人民法院庭长来我院举办"刑事审判中的法官思维"专题讲座】10月23日,文法学院邀请北京市朝阳区人民法院审判委员会委员,刑一庭庭长臧德胜在基D118为法律系的同学们作名为"刑事审判中的法官思维"专题讲座。

【文法学院开展禁毒普法宣传活动】为加深同学们对毒品危害性的了解,加强对毒品的防范意识,使同学们拥有更好的自我保护意识,远离毒品,健康生活,11月7~10日每日11:30,文法学院在基础楼D座门口开展为期一周的禁毒普法宣传活动。此次活动由文法学院团委主办。

【著名民法学者李仁玉教授建大开讲《民法总则》】11月9日晚,中国案例法学研究会副会长、北京企业法治与发展研究会会长、北京工商大学法学院教授李仁玉教授应文法学院邀请,在基D118为法学专业学生做了《民法总则》专题讲座,讲座由李志国教授主持。

【张明若律师主讲通识核心课"名师讲坛"第二十八讲:《创业投资模式的力量》】11月10日,北京建筑大学通识教育核心课之"名师讲坛"系列讲座第二十八讲在大兴校区开讲。北京尚伦律师事务所创始合伙人、资深律师张明若应邀来到我校,举办了题为《创业投资模式的力量》的讲座,讲座由文法学院李志国教授主持。

【文法学院举办"青春·奋斗"主题奖学金颁奖大会】11月15日,文法学院在基D220隆重举办"青春·奋斗"主题奖学金颁奖大会。文法院长李志国、院党委书记刘国朝、副院长武烜、院党委副书记康健、校学工部副部长李红、辅导员张鹏、文法学院奖学金获奖学生代表及15-17级部分学生出席此次颁奖大会。

【文法学院开展系列讲座】为加强我院学生对所学专业的认同感,提高同学们的英语学习能力,11月15日18:30,文法学院在基础楼D座开展系列讲座,邀请西城区群联社区事务中心高晥雯,原大兴区民厅法官现任公司法务的刘静以及我院英语外教分别为我院社会工作专业和法学专业的同学们带来一场场精彩纷呈的讲座。

【文法学院举办第一届"秋枫起"文艺晚会】11月28日,文法学院在我校大学生活动中心举办第一届"秋枫起"文艺晚会。文法学院党委书记刘国朝、院长李志国、副院长武烜、党委副书记康健、辅导员张鹏,还有学校校产党政办公室主任杨举以及各兄弟学院的老师、同学们参加了此次晚会。

【文法学院开展宪法日宣传活动】12月5日,文法学院在学校大兴校区图书馆一层开展宪法日校园宣传活动。文法学院法律系学生骨干组成宣讲团,对宪法日进行宣讲。

【文法学院举办第一届牵梦诗华知识竞赛】12月7日,文法学院在基础楼D座220举办名为牵梦诗华的团体知识竞赛。此次竞赛由人文理论社主办,文法、土木、机电等同学积极参与其中。

【文法学院组织开展"重走一二·九之路"主题教育活动】12月11日,文法学院组织开展"重走一二·九之路"主题教育活动,来到抗日模范村——房山区十渡镇马安村,并参观了平西抗日战争纪念馆。此次活动由我院团委学生会组织，辅导员张鹏带队，学生会成员积极参与。

【法律权威指引学生养成理性思维——文法学院：以法律专业实践丰富思政工作方式】12月18日，在2017年举行的北京市普法微视频大赛中，文法学院选送的两部微视频作品分获一等奖和三等奖，这是继去年学院在该项比赛中获得二等奖后，实现的又一突破。12月4日宪法宣传日，获奖影片在大兴校区图书馆一层大厅循环播放。文法学院法律系学生当日同时还组织了多种形式的活动，在校园内开展普法宣传。

（五）党建工作

【工作概述】2017年文法学院党委重点围绕着一下几个方面开展工作：（1）基层党支部书记述职测评、各党支部加强红色"1+1"建设、突出各支部活动特色；（2）落实"两学一做"常态化、全覆盖；（3）党建评估，即北京普通高等学校党建和思想政治工作基本标准检查；（4）学习贯彻"十九大"报告精神；（5）中共北京建筑大学第一次党员代表大会代表选举；（6）基层开展党风廉政建设责任制落实情况检查。

【文法学院党委召开基层党支部书记述职测评会】1月5日，文法学院党委对在职教工党支部及学生党支部书记开展党建述职工作进行了布置。随后，各党支部通过开展民主生活会、党支部活动等形式对其2016年党建重点任务、加强支部建设和党员队伍建设的有关情况进行了认真归纳总结。2月22日，文法学院党委在基础楼D座317召开基层党支部书记述职大会，文法学院党委委员、各系部主任、党支部书记参加了会议。会议由文法学院党委书记刘国朝主持。职教工党支部、学生党支部共计6个党支部书记依次述职。分别从"两学一做"教育活动开展、党支部建设、围绕专业建设及学科发展工作开展的活动等方面汇报了2016年党支部工作开展情况。

【文法学院举办"藏历新年茶话会"】2月27日，藏历新年来临之际，文法学院藏族学生及骨干代表在基D317举办文法学院"藏历新年茶话会"，为藏族学生庆祝节日。文法学院党委书记刘国朝、副书记康健、团委书记杨举参与了本次活动，活动由康健主持。来自法141班的藏族同学代表尼旺首先发言。尼旺同学是文法学院藏族学生的优秀代表，于2016年加入中国共产党，先后获得国家励志奖学金，担任校藏文化社社长。

【党委副书记张启鸿参加文法学院2016年度处级党员领导干部民主生活会】3月1日，文法学院召开2016年度处级党员领导干部专题民主生活会，党委副书记张启鸿作为联系校领导参加会议。会议由学院党委书记刘国朝主持，班子成员全体参加。党委副书记张启鸿根据班子成员对照检查和自我剖析进行了点评，认为学院班子对此次民主生活会很重视，准备充分，严肃认真，批评与自我批评用心、诚恳、到位，展示了班子良好精神风貌，符合学校对民主生活会的要求。希望学院领导班子认真梳理、整理提出的问题，结合学校、学院工作安排做好整改工作，达到真正推动中心工作发展的目的。希望大家不松懈、多学习、多担当、多创新，抓住发展机遇看，以全国思想政治工作会、审核式评估、社工专业硕士评估等为契机，进一步提升人才培养质量和科研水平，推动学院工作更好发展。

【文法学院本科生第一党支部参观大栅栏街道养老助残服务中心】4月7日下午，由文法学院党委副书记康健老师带队，我院本科生第一党支部党员和入党积极分子近30人参观了位于大栅栏街道的"银鹤零距离"养老助残服务中心。

【文法学院组织第六期发展对象参观中国国家博物馆】4月25日下午，文法学院组织第六期发展对象参观中国国家博物馆《复兴之路》展览，学习体会一百多年来中华民族所谱写的团结奋斗、自强不息的壮烈史诗。

【文法学院法律系教工党支部与大兴法院民四庭党支部联合共建共同学习习近平总书记五四讲话精神】3月，大兴区人民法院与我校文法学院签署共建合作协议，至今文法学院已派出20人次法律系学生前往大兴区人民法院立案庭、执行庭开展志愿活动。为进一步拓展双方合作交流形式，5月9日，文法学院法律系教工党支部与大兴法院民四庭党支部开展共建活动，召开了学习习近平总书记考察中国政法大学重要讲话精神座谈会。大兴区法院民四庭党支部全体党员、文法学院副院长李志国、分党委副书记康健、法律系教工党支部全体党员及部分非党教师及本科生第二党支部书记王彤参加了会议。

【文法学院组织学生骨干学习习总书记五四讲话精神】5月11日，文法学院于基础楼D317召开了"励志勤学筑信念，德法兼修育人才——学生骨干学习讨论会"，旨在让同学们认真学习习总书记考察中国政法大学的讲话，德法兼修，励志勤学。文法学院党委副书记康健、辅导员王彤，各班学生代表参加了此次讨论会。

【文法学院开设初级党课】5月份，文法学院开设了初级党课，包括三次课程、一次讨论，文法学院党委副书记康健、马克思主义学院教师张守连、金焕玲，辅导员王彤参与课程教学。三次课程，分别从反腐倡廉、党的光辉历史、大学生入党动机这三个方面进行。

【党委副书记张启鸿指导联系文法学院学生党支部党小组会】7月7日，文法学院本科生第一党支部低年级党小组在基础楼D座427召开党小组会。校党委副书记张启鸿参加了党小组会，听取党支部贯彻落实全国思想政治工作会精神工作开展情况，并与学生党员进行了充分座谈交流。党小组会上，本科生第一党支部书记严涵潇、辅导员张鹏分别介绍了支部人员情况、支部建设、主要支部活动，特别是学生党员通过学风建设、科技竞赛参与等形式贯彻落实全国高校思想政治工作会议精神的具体做法和举措，其他学生党员从自身实际出发，结合半年来作为学生党员，在思想、学习、工作和生活中取得的进步和收获，谈自己的心路历程。张启鸿与每一名学生党员进行亲切交谈，肯定了党支部本学期党建工作的开展情况。他强调，学生党支部要发挥自身的优势，在保证目前已有成效的同时，要从三个方面进行加强。一是党支部要进一步加强理论学习。二是学生党员要进一步发挥先锋模范作用。三是要进一步发挥每个党员在班级中的作用。

【党委书记王建中与文法学院领导班子以及系主任、支部书记座谈交流】7月11日下午，党委书记王建中主持召开座谈会，就文法学院领导班子和干部教师队伍建设、党建和思想政治工作、学院"十三五"事业发展目标推进等与文法学院班子成员、党委委员、系主任、党支部书记等座谈交流，党政办公室、组织部等相关部门负责人参加座谈交流。座谈会上，文法学院院长李志国围绕学院基本情况、"十三五"规划目标、存在的主要问题、解决思路以及具体措施介绍了文法学院事业发展情况，党委书记刘国朝汇报了学院党建与思想政治工作情况。与会的班子成员、党委委员、各学科负责人、党支部书记围绕学院人才培养、专业建设、教风学风联动、学科建设、科学研究、学生党建等方面内容作发言。王建中充分肯定了文法学院在学校更名、学生外语水平的提升、人文素养的养成以及人文社科类学科生态的形成等方面发挥的重要作用。针对文法学院下一步发展，王建中提出三点意见：一是提高政治站位，强化"四个意识"，增强责任心、使命感和事业心。二是科学谋划定位，明确发展思路，突出发展特色。三是落实"一岗双责"，扎实推进全面从严治党向纵深发展。

【党委副书记张启鸿走访文法学院、马克思主义学院】 9月30日，校党委副书记张启鸿到文法学院、马克思主义学院走访。文法学院及马克思主义学院领导班子成员出席会议并陪同进行实验室及学生宿舍的安全检查。张启鸿副书记强调，安全稳定、意识形态的工作学院党委领导主责，要从政治安全、制度安全的角度，把握好目前国家和学校的形势和特点，加大工作力度，抓好落实，积极引导。确保政治大局安全稳定，迎接党的十九大胜利召开。

【文法学院党委召开党支部委员工作会】 10月13日，文法学院党委召开党支部书记工作会，院党委委员、教工、学生党支部书记及各支部支委参加会议。会议由文法学院党委书记刘国朝主持。会上，外语系教工、社工系教工、法律系教工以及三个学生党支部依次发言，对2017年上半年工作进行总结，对2017年下半年工作计划进行介绍。多数党支部书记均为上学期刚刚完成换届的新上岗书记。

【文法学院党委召开选举中国共产党北京建筑大学第六次党员代表大会代表大会】 10月17日，文法学院党委在基础楼D118召开党员大会，选举出席中国共产党北京建筑大学第六次党员代表大会代表。校党委副书记张启鸿、文法学院全体党员出席会议。大会由鲍莉同志主持。

【校党委副书记张启鸿到文法学院开展"学习宣传贯彻党的十九大精神"宣讲】 10月31日14：00，校党委副书记张启鸿到文法学院开展"学习宣传贯彻党的十九大精神"宣讲。文法学院全体班子成员、党委委员、全体教师、本科生及研究生党员参会。文法学院党委书记刘国朝主持。张启鸿强调了学习宣传贯彻党的十九大精神的重大意义，并提出了三点意见：一是迅速掀起学习宣传贯彻党的十九大精神的热潮；二是奋力开创学校事业发展新境界；三是以党的十九大精神为指引，科学谋划学校未来发展。最后，他对文法学院师生党员全体提出要求，希望大家能在中国共产党带领下的新时代新征程中，为学院发展努力实践，取得新的佳绩。

【文法学院辅导员康健参加第一届京津冀高校辅导员发展论坛】 11月3～4日，文法学院辅导员康健作为我校辅导员代表参加了"第一届京津冀高校辅导员发展论坛"。论坛主题为"深入学习十九大精神，推进高校立德树人"。来自京津冀地区各高校的58名辅导员骨干参加了此次论坛。北京市教工委宣教处副处长马聪出席了论坛开幕式并发表讲话。之后，十九大党代表、首都经济贸易大学党委书记冯培教授为参会辅导员作了十九大报告的专场解读。每组分论坛各选出三位京津冀辅导员代表在论坛闭幕式上作总结发言。北京建筑大学康健、北京航空航天大学纪一鹏、北京工业大学杜娜、天津大学尚洁、天津理工大学魏婧、天津外国语大学葛佳佳、燕山大学王恩福、石家庄铁道大学侯可、河北传媒学院郭威，九位辅导员分别就本组讨论结果及学习十九大精神的体会在闭幕式进行汇报展示。

【文法学院党的十九大精神学生宣讲团正式成立】 11月6日12：30，文法学院党的十九大精神学生宣讲团在基础楼D座317正式成立，并同时举行首场宣讲会。文法学院党委书记刘国朝、副书记康健、辅导员张鹏以及学生宣讲团成员及学生骨干参与了大会。会议由院党委副书记康健主持。我院研究生代表王佑宇进行宣讲，围绕十九大精神、学生党员骨干培养，谈感受，分享心得。宣讲得到了在场学生党员、骨干的认可，为此次党的十九大精神宣讲团成立大会画上尾声。

【文法学院继续组织师生学习党的十九大精神】11月7日，文法学院全体教职员工和部分学生代表在基础楼D座220召开了学院大会，院长李志国、院党委书记刘国朝、副院长武烜、院党委副书记康健等领导出席会议。大会主要分为两部分，首先由李志国院长进行了文法学院自评报告讲解。随后，马克思主义学院教师张守连进行了"以习近平新时代中国特色社会主义思想为指导，用'新'来读十九大"的主题讲座。晚上，文法学院和机电学院共同在基础楼D座220举行入党启蒙班第一课，邀请马克思主义学院教师张守连主讲，参加学习的大一新生坐满了整个屋子，场面热烈。

【文法学院开展"我学十九大"主题团日活动】11月6~10日，文法学院本科生、研究生各团支部开展"我学十九大"主题团日活动。活动旨在通过对全体同学宣讲党的十九大报告，努力在校园内营造人人学习、人人宣传、人人贯彻的浓厚氛围。

【文法学院班子成员和职能部门领导到学生党支部进行十九大精神学习宣讲】为全面学习贯彻党的十九大精神，落实立德树人根本任务，深化基层党组织建设，文法学院班子成员和职能部门领导于11月9~13日先后深入基层，召开关于十九大学习系列宣讲活动。11月9日，校纪委副书记高春花老师、学院党委书记刘国朝老师来到研究生党支部，参加在西城校区举行的"学习贯彻落实十九大精神，争做新时代先锋"主题党日活动。11月10日，组织部部长孙景仙、文法学院院长李志国来到文法学院本科生第二党支部进行学习十九大精神宣讲。11月13日，文法学院本科生第一党支部集体学习贯彻党的十九大精神，党委副书记康健、副院长武烜参加活动。在此次主题党日活动中，学生们结合社会工作专业本身，探究在十九大精神的背景下，社工应如何努力推进美好社会建设。武烜老师在最后特别强调了社工同学学好英语的重要性，鼓励学生党员出国深造，为日后服务祖国大好基础。

【文法学院召开学院统战工作座谈会】11月13日，文法学院在基础楼D座317会议室召开统战人士座谈会，进一步加强学院领导班子与统战人士的联系，充分调动和发挥统战人士的积极性和主动性。文法学院党委书记刘国朝通报了学校第六次党员代表大会的筹备情况和党代表选举、两委委员推选工作的进展情况；党建评估准备情况；党风廉政建设责任制落实情况检查以及审核评估等近期的工作。与会的各位统战人士就学院发展、人才培养、教师队伍建设、科研教研等方面积极建言献策。大家看到了新一届班子的核心作用，新班子，新气象，凝心聚力在学院里营造了良好的工作氛围；文法学院应该发挥文科学院的作用，提升整个学校的人文气息、文化素养；明确学院发展的目标，使大家心往一处想，劲往一处使，在学校"提质、转型、升级"中，发挥我们人文社科的作用。

【文法学院邀请马克思主义学院肖建杰宣讲十九大《中国共产党章程（修正案）》】11月16日，文法学院召开理论中心组扩大会，邀请马克思主义学院党总支书记肖建杰宣讲十九大精神，学习十九大《中国共产党章程（修正案）》。文法学院党委委员、党支部书记、系主任、副主任及科级干部参加此次学习活动。会议由文法学院党委书记刘国朝主持。

【文法学院少数民族学生座谈会】12月6日，文法学院在基础楼D座317举办2017级少数民族学生座谈会，参加此次座谈会的领导老师有：院党委书记刘国朝、党委副书记康健和辅导员张鹏。学院三十余名少数民族的同学分别来自维吾尔族、哈萨克族、土家族、彝族、满族、朝鲜族、苗族、回族、蒙古族、藏族。康健老师介绍了文法学院以及学校针对少数民族的同学开展的活动。

【文法学院组织社工专业师生调研瀛海镇社区】12月5日下午，在文法学院院长李志国、社工系主任赵仲杰带领下，文法学院社工专业全体教师和社工研一学生驱车前往北京市大兴区瀛海镇，与瀛海镇党委副书记刘春霞带领的社区工作团队围绕党支部合作共建与瀛海镇的社区营造进行了充分的交流与研讨。通过研讨，双方都认为今后可以进一步深化合作领域与范围，在社会工作系的社区营造专业特色与瀛海镇社区建设的"幸福瀛海"需求之间建立常态化机制，促进双方的合作共赢。

【校党委副书记张启鸿到文法学院进行安全检查】12月7日下午，校党委副书记张启鸿到文法学院进行安全隐患检查。文法学院党委书记刘国朝、院长李志国、副院长武烜、办公室主任李伟参加。张启鸿就学院的工作提出了要求和建议，一是要结合审核式评估中提出的建议完善学院教学管理，提高办学质量；二是对学科发展、项目申报、职称评聘要提前谋划做准备。他指出，学院领导要围绕中心工作做部署，促进学院更好地发展。文法学院高度重视安全隐患排查，制定了《文法学院关于开展安全隐患大排查大清理大整治专项行动的实施方案》，成立了以学院书记为组长，各系部主任、实验室主任为组员的"安全隐患大排查大清理大整治专项行动"领导小组。两周前，文法学院就对学院的办公室、实验室、学生宿舍进行的详细的安全检查，并将责任落实到个人，筑牢安全防线，确保了师生的生命和财产安全。

【民盟盟员、文法学院武才娃教授被聘为民盟北京市第十二届委员会统战理论研究会指导委员会委员】12月27日，民盟北京市统战理论研究会成立三十周年暨民盟北京市第十二届委员会统战理论研究会成立大会在京举行。我校民盟盟员、文法学院退休教师武才娃教授被聘为民盟北京市第十二届委员会统战理论研究会指导委员会委员。宋慰祖当选民盟北京市第十二届委员会统战理论研究会会长，严为等9名盟员为副会长，朱尔澄等10名盟员为指导委员会委员。

（六）工会工作

【工作概述】文法学院分工会在校党委的正确领导下，根据校工会的工作部署和要求，紧紧围绕我校的中心工作，认真开展教书育人、娱乐健身等活动。工作中注重发挥分工会的桥梁纽带作用，真正关心和维护会员的利益，充分调动文法学院全体职工的积极性和集体荣誉感，增强教职工爱岗敬业的主人翁意识，为构建和谐社会、和谐校园做出应有贡献，被评为学校2015～2016学年模范教工之家。

【推进民主管理，推行院务公开】文法学院分工会坚持教代会制度，推行院务公开，推进民主管理。为进一步贯彻落实有关文件精神和要求，规范教代会制度，推进学校民主管理，学院分工会积极组织教职工参与学校民主决策、民主管理和民主监督，让教职工有地方说话，有机会说话。2017年文法学院分工会共有4名教职工代表先后4次列席参加了学校的校长办公会。文法学院的聘任评聘、业绩考核、年终奖分配等教职工发展的事情，须经过二级教代会的通过。在教师聘期工作中，学院二级教代会发挥了重要作用。

【注重精神文明创建活动，积极开展形式多样的文体活动】4月21日举行校运动会，学院3名教师参开幕活动，学院24名教师代表参加本次运动会，取得两个单项奖和团体道德风尚奖。5月13日，组织2017年春游活动"走进莽山国家森林公园户外踏青登山、聆听松涛的声音"，教职工近二十人参加活动。6月19日，组织教师在大兴区埝坛公园开展"放飞心情，快乐运动"健步走活动。10月15日，组织开展了以"勤奋工作、快乐生活、追求健康"为主题的秋游活动。12月12日，在基础楼D座五层活动室举办了一场精彩纷呈的趣味运动会，文法学院分工会共有58人参加本次趣味运动会。

【发挥工会会员代表在"双代会"中的作用】为推动学校教职工子女就读北建大附小工作，我学院分工会认真通知并组织学院教工填写《北京建筑大学教职工（在编）子女就读北建大附小意愿统计表》，为推动校工会与西城区教委沟通就读写一事提供了详实的数据。学校第七届教代会（工代会）第五次会议于5月16日召开，文法学院代表提了几个方面的议案，内容涉及校园基础设施、硕博公寓住房、青年教师孩子入学入托等多项议题，提案不仅反映了教职工的意愿，也体现了教职工对学校发展群策群力的主人翁责任感。

【关心教职工生活，积极开展送温暖工程】院分工会关心教职工生活，认真做好五必访工作，在教职工有婚、丧、育、病、困之类事情时，工会组织做教职工的第一知情人、报告人和帮助人。学院分工会给生育的女教师邹艳、王彤分别送慰问金400元；给亲人去世的郭晋燕、孙华分别送慰问金400元；给母亲做手术的许辉发放500元慰问金；新婚之喜的沈冰洁老师发放400元慰问金；看望生病、受伤的老师共6位，送慰问金共2400元；慰问生病的教职工家属若干人次。本年度，分工会共送慰问金11900元。分工会还认真做好五一、端午节、六一儿童节、元旦等节日慰问品的领取和发放工作，及时通知系内女教工参加校女工部组织的定期体检，及时为教职工办理产病假手续，及时督促教职工工会组织的一系列活动等。

（李伟　王彤　武烜　康健　刘国朝）

九、理学院

（一）概况

理学院现有2个全日制本科专业：信息与计算科学，电子信息科学与技术；具有数学一级学科硕士授权点，覆盖基础数学、应用数学、计算数学、概率论与数理统计、运筹学与控制论5个二级学科。

学院师资力量雄厚，现有教职工73名，其中教授7名，副教授30名。拥有教育部"海外名师项目"教授1名，北京市"海外人才聚集工程"教授3名。拥有北京市重点实验室1个，北京市优秀教学团队2个，北京市学术创新团队1个，中央支持地方科研创新团队1个。北京市教育教学成果奖4项，北京市精品课程2门，北京市精品教材立项1项。获国家科技进步奖1项，省部级奖项4项，完成国家自然科学基金项目20项，省部级及省教育厅科研项目30余项，发表学术论文600余篇（SCI等三大检索收录240余篇），出版教材著作20余部。学院教师经常参加各种国内外学术会议，并到英国、日本、美国、波兰等国家和地区进行学术交流。

学院坚持与国内外知名高校开展合作办学，自2010年起，与英国南威尔士大学开展了"3+1"联合培养本科生项目，成绩合格的学生可获得两校毕业证书。两个专业均参加北京市高水平人才交叉培养之"双培计划"，2017年选拔10名优秀学生到北京交通大学参加"双培计划"。

学院注重学生创新能力培养，组织参加美国大学生数学建模竞赛、全国大学生数学建模竞赛、"蓝桥杯"全国软件专业人才设计与创业大赛等多项赛事，2017年获奖115项，学生科技竞赛成果突出。

学院毕业生就业前景广阔，市场需求供不应求，用人单位对毕业生认可度高，满意度在98%以上。毕业生就业质量较高，如在新浪、百度、奇虎360、阿里巴巴、华为、联想、用友等知名公司均有入职。

理学院始终坚持学校办学指导思想，认真落实学校办学定位，积极开展前沿学术研究，创新教学方法，本着尊重学术人才，以学生为本的宗旨，开拓进取、求实创新，致力于培养服务城市化、具有工程实践能力、创新精神和国际视野的高素质人才。

（二）师资队伍建设

【概述】引进2名博士后，2名博士，1人晋升教授，3人晋升副教授。2名在职攻读博士的教师获得博士学位。1人获得河北省科技英才称号。

【海聚人才】美国普渡大学冯芷兰教授、俄罗斯远东科学院应用数学研究所Mikhail Guzev教授和美国威斯康辛大学麦迪逊分校的王思鉴教授已到校工作，他们举办多场系列讲座，指导青年教师和研究生，与相应科研团队开展合作研究。同时，聘请Mikhail Guzev教授为我校的兼职教授。

【海外名师】中国国家教育部重点项目聘任的北京科技大学和北京建筑大学海外名师（2016～2021年）——澳大利亚昆士兰科技大学刘发旺教授到校举办学术讲座，指导研究生发表两篇SCI检索论文。

【延揽名师计划】邀请12位校外名师助力本科教学和学科建设，参与专业建设、教师业务能力的指导，以及指导青年教师、研究生进行科学研究。

【学术兼职】崔景安教授当选为中国数学会生物数学学会第八届理事会理事长。

（三）学科建设

【概述】理学院现有数学一级学科硕士授权点，覆盖了基础数学、应用数学、计算数学、概率论与数理统计、运筹学与控制论5个二级学科，硕士生导师12名，校外导师5名，在校研究生29名。

【研究生各项工作顺利实施】进一步规范硕士研究生培养环节，对研究生学位论文开题、中期检查、毕业答辩、参加学术活动和会议等培养环节严格把关。完成了2014级8名研究生论文查重、评审、答辩等工作，1人被评为北京市普通高等学校优秀毕业研究生，1人的学位论文被评为北京建筑大学优秀毕业学位论文。

【研究生培养质量显著提升】2014级8名毕业生发表7篇SCI论文，2人考取985高校博士，就业率100%。2015级9位研究生完成了开题工作。2017级招收硕士研究生11人，一志愿录取率近20%，开展了入学教育，新生与导师进行了双选。获批1项研究生教学质量提升项目。新增1个产学研产联合研究生培养基地。举办了理学院第一届研究生学术论坛。1名学生获得研究生国家奖学金，1名学生获一等奖学金，3名学生获二等奖学金，13名学生获三等奖学金。获批1项"城乡建设与管理"产学研联合研究生培养基地项目，3项2017年研究生创新项目。

【研究生数学建模竞赛获奖稳中有升】在研工部的大力支持下，理学院组织学生参加了第十四届中国研究生数学建模竞赛，来自六个学院的30名研究生参赛，1队获全国二等奖，2队获全国三等奖，7队获成功参赛奖，其中理学院有12人参赛，2人获二等奖，1人获三等奖。

【召开学科建设研讨会】数学、力学、物理各学科从研究方向、科研团队、科研项目、发表论文等方面总结了2016～2017年学科建设情况，剖析了建设过程中存在的问题，分析了十三五规划目标建设情况，列出了2017～2018年的工作计划及具体实施措施。

2017年理学院研究生参加的会议、培训、研讨班

序号	姓名	学术会议名称	时间	地点
1	姜月华	Workshop on numerical methods for fractional-derivative problem: singularities and fast algorithms	2017.5.19-5.20	北京计算科学研究中心
2	赵豪杰	Workshop on numerical methods for fractional-derivative problem: singularities and fast algorithms	2017.5.19-5.20	北京计算科学研究中心
3	张娇阳	"深度学习"培训班	2017.6.10-6.14	深圳
4	姜月华	应用分数阶微积分北京交通大学研讨会	2017.7.3	北京交通大学
5	赵豪杰	应用分数阶微积分北京交通大学研讨会	2017.7.3	北京交通大学
6	张娇阳	山西省"大数据分析与挖掘"暑期学校	2017.7.16-7.21	山西大学
7	纪振伟	第九届全国非线性生物动力系统学术会议	2017.7.23	青海师范大学
8	史洋洋	第九届全国非线性生物动力系统学术会议	2017.7.23	青海师范大学
9	史洋洋	京津高校生物数学研讨会	2017.8.14	天津工业大学
10	魏秋月	第二十一次统计学论坛	2017.10.29	中科院数学研究院

2017年理学院研究生发表的学术论文一览表

序号	成果名称	研究生	发表时间	发表刊物	刊物类别
1	MHD flow and heat transfer of a generalized Burgers' fluid due to an exponential accelerating plate with effects of the second order slip and viscous dissipation	赵豪杰	2017.6	Communications in Theoretical Physics	SCI
2	Evaluations of Interventions Using Mathematical Models with Exponential and Non-exponential Distributions for Disease Stages: The Case of Ebola	史洋洋	2017.7	Bull Math Biol	SCI
3	MHD Flow and Heat Transfer of a Generalized Burgers' Fluid due to a Periodic Oscillating and Periodic Heating Plate	姜月华	2017.10	Communications in Theoretical Physics	SCI
4	Numerical analysis of fractional MHD Maxwell fluid with the effects of convection heat transfer condition and viscous dissipation	姜月华	2017.12	AIP Advances	SCI
5	A mutual authentication security RFID protocol based on time stamp	宁楠	2017.3	Journal of Computers	EI
6	媒体干预下的MSM群体艾滋病传播模型研究	范圣洁	2017.5	河南师范大学学报	核心期刊
7	一类患病阶段服从非指数分布的SEITR传染病模型的潜在假设和稳定性分析	史洋洋	2017.8	数学的实践与认识	核心期刊

续表

序号	成果名称	研究生	发表时间	发表刊物	刊物类别
8	基于共轭梯度法改进的人工鱼群算法	李君	2017.12	计算机应用研究	核心期刊
9	An epidemic spreading model based on community structure in dual social networks	宁楠	2017.3	International Network for Natural-Sciences International Journal of Microbiology and Mycology	普通期刊
10	An epidemic spreading model on the adaptive dual network	宁楠	2017.5	IOSR Journal of Humanities and Social Science	普通期刊
11	改进步长和视野的人工鱼群算法	李君	2017.6	北京建筑大学学报	普通期刊
12	具有年龄结构的网络游戏成瘾数学模型的动力学分析	史洋洋	2017.6	北京建筑大学学报	普通期刊
13	一类带有环境病毒传播作用的禽流感模型	纪振伟	2017.9	北京建筑大学学报	普通期刊

2017年理学院研究生奖学金获得情况一览表

序号	奖学金（或奖励）名称	获奖人	等级	时间
1	研究生国家奖学金	宁楠	国家级	2017.11
2	北京建筑大学优秀研究生干部	李君	校级	2017.11
3	北京建筑大学研究生学业奖学金	史洋洋	一等	2017.11
4	北京建筑大学研究生学业奖学金	范圣洁	二等	2017.11
5	北京建筑大学研究生学业奖学金	姜月华	二等	2017.11
6	北京建筑大学研究生学业奖学金	赵豪杰	二等	2017.11
7	北京建筑大学研究生学业奖学金	纪振伟	三等	2017.11
8	北京建筑大学研究生学业奖学金	李君	三等	2017.11
9	北京建筑大学研究生学业奖学金	宁楠	三等	2017.11
10	北京建筑大学研究生学业奖学金	武杰	三等	2017.11
11	北京建筑大学研究生学业奖学金	余沾	三等	2017.11
12	北京建筑大学研究生学业奖学金	张亚楠	三等	2017.11
13	北京建筑大学研究生学业奖学金	白雪飞	三等	2017.11
14	北京建筑大学研究生学业奖学金	谢波	三等	2017.11
15	北京建筑大学研究生学业奖学金	冯叶娟	三等	2017.11
16	北京建筑大学研究生学业奖学金	高金凤	三等	2017.11
17	北京建筑大学研究生学业奖学金	胡蓉	三等	2017.11
18	北京建筑大学研究生学业奖学金	袁博	三等	2017.11
19	北京建筑大学研究生学业奖学金	张娇阳	三等	2017.11

续表

序号	奖学金（或奖励）名称	获奖人	等级	时间
20	北京建筑大学研究生学业奖学金	赵旭芳	三等	2017.11
21	北京建筑大学研究生新生学业奖学金	高超	校级	2017.11
22	北京建筑大学研究生新生学业奖学金	罗新	校级	2017.11
23	北京建筑大学研究生新生学业奖学金	应聪聪	校级	2017.11
24	北京建筑大学研究生新生学业奖学金	张瑞欣	校级	2017.11
25	北京建筑大学研究生新生学业奖学金	霍腊梅	校级	2017.11
26	北京建筑大学研究生新生学业奖学金	魏秋月	校级	2017.11
27	北京建筑大学研究生新生学业奖学金	王雪萍	校级	2017.11
28	北京建筑大学研究生新生学业奖学金	孙娟	校级	2017.11
29	北京建筑大学研究生新生学业奖学金	孙秀秀	校级	2017.11
30	北京建筑大学研究生新生学业奖学金	张庆朔	校级	2017.11
31	北京建筑大学研究生新生学业奖学金	姜金霞	校级	2017.11

（四）教学工作

【概述】 理学院负责全校理工类通识基础课程的教学工作和两个本科专业的人才培养工作。在学校主管领导、教务处领导的精心指导和大力支持下，各兄弟学院和职能部门的积极配合下，理学院教学运行平稳正常，教学效果成绩显著。

【顺利完成本科审核性评估工作】 组织学院、专业开展评估工作的自评工作，完成教学资料的抽查，教学管理文件的整理，学院和专业自评报告的撰写；圆满完成本科教学工作审核评估专家进校评估的各项接待、访谈、资料抽查等工作；根据本科教学工作审核评估专家反馈意见制定针对性整改措施，认真落实整改意见。

【严格质量监控 提升教师能力】 学院非常重视教学质量监控，对于学校督导组专家提出的意见，及时反馈、沟通，并采取相应改进措施。学院督导组工作范围进一步覆盖到教学资料检查、实践教学、毕业设计、教学评估、教研项目申报初评等工作。本学期里每位教师至少被督导组专家听课2次。

学院加强对青年教师教学基本功的培养，专门召开教学督导组教学经验交流和督导反馈会。获得2017年北京建筑大学PPT课件制作和微课应用大赛ppt课件二等奖1项、三等奖1名、优秀奖1名，微课三等奖3项；第十一届（2016/2017学年）学校青年教师教学基本功比赛二等奖2项；第三届（2017）北京高校数学微课程教学设计竞赛获得北京市一等奖1项、华北赛区二等奖1项；第二届"北京市大学生工程设计表达竞赛"优秀指导教师奖3项；第27届北京市大学生数学竞赛优秀组织奖和优秀指导教师奖；第三十三届全国大学生物理竞赛北京赛区的比赛获得团体奖；2名教师被评为优秀毕设指导教师。申报《紧握时代脉搏，开展图学特色资源建设，提升工科学生建筑文化素养》获北京市教学成果一等奖1项。

【深化教学改革，提升教学质量】 自实施高等数学课程教学改革以来，学校领导、教务处、学工部以及学院都非常重视，通过上下齐心协力，狠抓落实，已经取得一定成效。本年度进一步调动学生学习的积极性，落实5个"实施"：实施院系对接，加强沟通和交流；实施与学生所在学院主管领导、辅导员、班主任之间的对接，随时通报，形成齐抓共管的良好态势；实施月考制度，增大平时成绩所占比重，加强过程化管理；实施个性化辅导，利用课前课后和专用答疑时间进行有针对性的辅导和答疑；实施对少数民族学生特殊政策，单独开设小班集中辅导上课。强化因材施教，开设考研数学辅导课，组织分级考试，为高数分级教学做好准备。

【推进教学研究 狠抓课程建设】 理学院积极组织教师进行教学教研项目、教材项目、实践教学研究项目等的立项申报，获批4项校内教育科学研究项目，2项校内实践教学专项基金，1项教材出版基金。继续完善3门核心课程《线性代数》、《数值分析》、《数学分析》全程录课；完成小班研讨课教学"C程序设计"1项目，结题评选为优秀。

加强教学研讨。组织各系每学期至少2次以上主题鲜明的教学研究活动；组织与山东建筑大学、鲁东大学、北京航空航天大学等10余所院校开展教学工作研讨与交流。

【加强专业建设 谋划长远发展】 开展京内外985、211、建筑类高水平大学的专业调研活动，学习了好的经验，开阔了研讨思路。信息与计算科学专业、电子信息科学与技术专业对照学校专业评估标准，积极开展专业自评工作，查找差距，制定具体可行目标，并多次研讨，对照"十三五"规划做好专业内涵发展。学院定期召开专题专业建设汇报会，听取信息与计算科学专业和电子信息科学与技术专业负责人对专业发展情况介绍，帮助解决专业发展遇到的具体问题。

进一步规范理学院本科生培养各个环节，明确毕业论文要求，对毕设课题开题、中期检查、查重、评审、答辩等培养环节严格把关。2名教师被评为优秀毕设指导教师。

根据学校相关规定，配合教务处圆满完成了学生转专业工作，电子信息科学与技术专业转出2人，进入信息与计算机科学专业，这也说明了学院的两个专业逐渐被学生所认可。

本年度首届10位"双培计划"学生去北京交通大学就读。

顺利完成第一次硕士研究生推免工作，电141秦萃青同学经过推免进入北京交通大学就读。

【加强实验室和基地建设】 在学校教学专项资助下，专业实验室建设，实践教学平台已初见成效，能保证学生实践教学和课程设计的需求。物理实验室、力学实验室、信计机房等的设备、环境，目前已过保修期，维修任务量增大，但在实验室教师的艰苦努力下，保证了理学院负责的实践类教学的正常进行。

加强校外实习基地建设，召开专业实践基地建设经验交流会。信息与计算科学专业签约校企合作实践基地企业3家，电子信息科学与技术专业签约校企合作实践基地企业2家。

【鼓励本科生积极参与学科竞赛】 理学院积极组织学生参加2017年高等数学竞赛、大学生物理竞赛、大学生物理实验、全国大学生数学建模与计算机应用大赛、美国大学生数学建模竞赛、蓝桥杯软件设计大赛等学科和科技竞赛，成绩显著。

荣获全国大学生数学建模竞赛北京市一等奖2项，二等奖2项，成功参赛奖16项；北京市大学生数学竞赛一等奖3人，二等奖11人，三等奖21人；第33届全国大学生物理竞赛北京赛区一等奖4人，二等奖7人，三等奖14人；北京市大学生物理实验竞赛三等奖1项；蓝桥杯软件设计大赛：北京赛区一等奖1人、二等奖3人、三等奖8人；美国大学生数学建模竞赛一等奖 2 项，二等奖 3 项；第十届"高教杯"全国大学生先进成图技术与产品信息建模创新大赛一等奖 2 项，二等奖 15 项。

【加强招生及宣传工作】根据学校整体部署，结合理学学科、专业优势，修订理学院 2017 年招生简章，制作宣传展板、宣传彩页和宣传手册；派出专业教师骨干进行校内外、京内外高招咨询宣传。2017 年理学院招生 64 人，京外生源约占 30%，其中信息与计算机科学专业 33 人，电子信息科学与技术专业 33 人。

（五）科研工作

【概述】理学院教师积极开展科学研究工作，2017 年在研项目 39 项，在研项目经费近 700 万元，新增项目经费 55 万元。申报国家自然科学基金 13 项，其中青年基金 8 项，面上项目 5 项。申报获批北京市社会科学基金 1 项。申报北京市自然科学基金—市教委联合资助项目 2 项。申报北京市教委科技计划面上项目 7 项。

【项目立项有突破】首次获批北京市社会科学基金。获批 2 项国家自然科学基金，理学院已连续六年获得共 10 项国家自然科学基金资助，覆盖了数学、力学和物理三个一级学科，还涉及了信息科学、化学、地理学等多个学科。获批北京市自然科学基金—市教委联合资助项目 1 项。获批北京市教委科技计划面上项目 3 项。

【论文数量质量稳中有升】发表科研论文 39 篇，SCI 检索 19 篇，EI 检索 7 篇；出版教材 4 部。

2017 年理学院承担的科研项目一览表

序号	项目名称	负责人	项目来源	项目级别	合同经费（万元）	起止时间	项目类别
1	基于逸出因子和阻隔因子的污染物微介观散发机理及预测模型研究	张艳	科技部-国家"十三五"国家重点研发计划	国家级	165	2016-07-01 到 2020-12-31	一般
2	气味浓度转化模型结构优化研究	张艳	科技部-国家"十三五"国家重点研发计划	国家级	15	2016-12-09 到 2018-12-31	一般
3	媒体报道与医疗资源制约的新发传染病模型研究	崔景安	国家自然科学基金项目	国家级	62	2014-01-01 到 2017-12-31	一般
4	爆炸冲击问题的波阵面追踪建模与数值算法	郝莉	国家自然科学基金	国家级	82	2015-01-01 到 2018-12-31	一般
5	广义低秩矩阵重构算法及其应用研究	王恒友	国家自然科学基金	国家级	24	2016-01-01 到 2018-12-31	一般
6	汽液传质模型建立及在芬顿反应降解复杂混合废气过程分析中的应用	张艳	国家自然科学基金	国家级	18	2019-12-30	一般
7	风雪环境中高速列车-桥梁耦合作用及行李安全控制研究	王少钦	国家自然科学基金	国家级	24	2015-03-11 到 2018-12-31	一般
8	多响应计算机试验的设计与分析	牟唯嫣	国家自然科学基金	国家级	21.44	2016-07-01 到 2019-12-31	一般

续表

序号	项目名称	负责人	项目来源	项目级别	合同经费（万元）	起止时间	项目类别
9	基于多核表示和模糊近似的混合数据分类方法研究	何强	国家自然科学基金	国家级	68	2018-12-31	一般
10	计算机实验中的若干统计问题研究	牟唯嫣	国家自然科学基金	国家级	20	2020-12-31	一般
11	社交网络用户行为分析及话题演化趋势预测方法研究	张长伦	国家自然科学基金	国家级	8.5	2015-01-01 到 2017-12-31	一般
12	变量阶常微分方程问题解的研究	侍爱玲	国家自然科学基金	国家级	5.25	2014-01-01 到 2017-12-30	一般
13	北京古代木结构建筑健康监测状况调查及其保护修复策略研究	王秀芳	北京市社会科学基金项目	省部级	8	2017-07-01 到 2019-06-01	一般
14	地下综合管廊智慧管理关键技术研究	张长伦	住建部科技项目-软科学研究项目	省部级	10	2018-12-01 到	一般
15	区域制度软环境对房地产业的影响研究	刘志强	住建部科技项目-科研开发项目	省部级	3	2017-04-30 到	一般
16	卡茨当罗斯蒂克多项式的首项系数及其应用	王利萍	主管部门科技项目	地市级	15	2017-01-01 到 2018-12-31	一般
17	页岩三重介质模型与超临界CO_2压裂过程的数值模拟	彭培火	主管部门科技项目	地市级	15	2017-01-01 到 2018-12-31	一般
18	城市轨道交通高架线路乘车舒适性及行车安全性研究	王少钦	主管部门科技项目	地市级	15	2016-01-01 到 2018-12-31	一般
19	鲁棒广义低秩矩阵恢复算法及其在图像处理中的应用研究	王恒友	主管部门科技项目	地市级	15	2016-01-01 到 2018-12-31	一般
20	外商直接投资对城镇化影响的模型构建与量化分析	刘志强	主管部门科技项目	地市级	15	2016-01-01 到 2018-12-31	一般
21	弯曲动脉中波传播的流固耦合模型构造	何凡	主管部门科技项目	地市级	15	2015-01-01 到 2017-12-31	一般
22	均四嗪类高氮含能材料的分子设计和性能研究	苏欣纺	校科研基金	校级	1	2017-01-01 到 2018-12-31	一般
23	智慧北京中多源异构数据的关联性挖掘应用研究	张健	校科研基金	校级	5	2017-01-01 到 2018-12-31	一般
24	面向城市公租自行车优化管理的大数据挖掘方法	徐志洁	校科研基金	校级	5	2017-01-01 到 2018-12-31	一般
25	智慧地下综合管廊大数据建模关键技术研究	张长伦	校科研基金	校级	5	2017-01-01 到 2018-12-31	一般

续表

序号	项目名称	负责人	项目来源	项目级别	合同经费（万元）	起止时间	项目类别
26	流形上的几何分析	赵皓然	校科研基金	校级	3	2017-01-01 到 2018-12-31	一般
27	局部热荷载作用下岩土介质非线性热力学耦合过程的光滑粒子法求解	陈佩佩	校科研基金	校级	3	2017-01-01 到 2018-12-31	一般
28	基于多核学习的支持向量机方法研究	何强	校科研基金	校级	3	2017-01-01 到 2018-12-31	一般
29	高维混合效应模型中的稳健推断方法研究	牟唯嫣	校科研基金	校级	1	2016-07-01 到 2017-12-31	一般
30	超临界二氧化碳压裂裂缝网络扩展模型构建	彭培火	校科研基金	校级	1	2016-07-01 到 2017-12-31	一般
31	极限条件下固态物质的热参量研究	聂传辉	校科研基金	校级	1	2016-07-01 到 2017-12-31	一般
32	大学生创客工作室运行模式研究	杨宏	校科研基金	校级	3	2016-07-01 到 2017-12-31	一般
33	震后防灾避难场所利用动态优化评估模型研究	刘晓然	校科研基金	校级	3	2016-07-01 到 2017-12-31	一般
34	一种测量光速的新方法	宗保春	校科研基金	校级	0.8	2015-07-01 到 2017-07-31	一般
35	热助推泵浦自拉曼激光器研究	施玉显	校科研基金	校级	3	2015-07-01 到 2017-06-30	一般

2017年理学院教师发表的学术论文一览表

序号	成果名称	第一作者	发表时间	发表刊物	刊物类别
1	多项分布与Dirichlet分布概率的相互表示	牟唯嫣	2017-01-10	数学的实践与认识	核心期刊
2	一类具有时滞的松材线虫非线性传播模型的稳定性分析和Hopf分支	张蒙	2017-01-10	信阳师范学院学报.自然科学版	核心期刊
3	Magnetic Moment and Spin State Transition on Rare Monovalent Iron Ion in Nitridoferrate Ca6Li0.5Fe0.5Te2N3	陈蕾	2017-01-19	Journal of Materials Chemistry C	SCI
4	Numerical simulation of pulse wave propagation in a curved artery	何凡	2017-01-20	Journal of Mechanical Science and Technology	SCI
5	Unsteady flow and heat transfer of power-lawnanofluid thin film over a stretching sheet with variable magnetic field and power-law velocity slip effect	张艳	2017-02-01	Journal of the Taiwan Institute of Chemical Engineers	SCI

续表

序号	成果名称	第一作者	发表时间	发表刊物	刊物类别
6	Computational analysis of blood flow and wall mechanics in a model of early atherosclerotic artery	何凡	2017-02-20	Journal of Mechanical Science and Technology	SCI
7	非傍轴拉盖尔 G 高斯光束的轨道角动量密度特性	黎芳	2017-03-01	激光与光电子学进展	核心期刊
8	Corrigendum to 'Analysis of MHD thermo-solutal Marangoni convection with the heat generation and a first-order chemical reaction	张艳	2017-03-01	Chemical Engineering Science	SCI
9	带有外来流入人口和快慢反应的肺结核模型研究	许传青	2017-03-15	生物数学学报	一般期刊
10	基于梯度信息的混合蛙跳算法	梁昔明	2017-03-17	小型微型计算机系统	权威期刊
11	Numerical Analysis of Chloride Diffusion in Concrete with Time Varying Coefficient Based on the ADI Method	白羽	2017-03-21	Mathematical Modelling and Applications	一般期刊
12	C3 型仿射 Weyl 群的左胞腔图和特异对合元图	王利萍	2017-03-31	北京建筑大学学报	一般期刊
13	Failure behavior of cellular titanium under dynamic loading	郝莉	2017-04-01	SCIENCE CHINA Technological Sciences	SCI
14	A Mutual Authentication Security RFID Protocol Based on Time Stamp	张长伦	2017-04-26	journal of computers	EI（期刊论文）
15	Low-rank matrix recovery via smooth rank function and its application in image restoration	王恒友	2017-04-26	International Journal of Machine Learning and Cybernetics	SCI
16	Robust Generalized Low-Rank Decomposition of Multimatrices for Image Recovery	王恒友	2017-05-06	IEEE Transactions on Multimedia	SCI
17	A Theoretical Model for Road's Emergency Evacuation during Earthquake based on System Dynamics in Crowded Areas	刘晓然	2017-05-09	Diasaster Advance	SCI
18	Effects of isolation and slaughter strategies in different species on emerging zoonoses	崔景安	2017-05-15	Mathematical Biosciences and Engineering（MBE）	SCI
19	媒体干预下的 MSM 群体艾滋病传播模型研究	崔景安	2017-05-15	河南师范大学学报·自然科学版	核心期刊
20	An Epidemic Spreading Model on the Adaptive Dual networks	张长伦	2017-05-16	Journal Of Humanities And Social Science	一般期刊

续表

序号	成果名称	第一作者	发表时间	发表刊物	刊物类别
21	MHD Flow and Heat Transfer of a Generalized Burgers' Fluid Due to an Exponential Accelerating Plate with Effects of the Second Order Slip and Viscous Dissipation	张艳	2017-05-22	communications in theoretical physics	SCI
22	An epidemic spreading model based on community structure in dual social networks	张长伦	2017-05-30	International Journal of Microbiology and Mycology	一般期刊
23	FXII在促凝表面的接触活化动力学研究	许传青	2017-06-01	北京生物医学工程	权威期刊
24	Magnetron-sputtering fabrication of noble metal nanodots coated TiO_2 nanoparticles with enhanced photocatalytic performance	俞晓正	2017-06-01	Materials & Design	SCI
25	Fast Smooth Rank Function Approximation based on Matrix Tri-factorization	王恒友	2017-06-06	Neurocomputing	SCI
26	主跨1120m铁路悬索桥风-车-桥耦合振动响应分析	王少钦	2017-06-20	铁道科学与工程学报	核心期刊
27	北京地铁10号线乘车舒适性分析	王少钦	2017-06-20	铁道标准设计	核心期刊
28	具有年龄结构的网络游戏成瘾数学模型的动力学分析	王晓静	2017-06-20	北京建筑大学学报	一般期刊
29	Evaluations of Interventions Using Mathematical Models with Exponential and Non-exponential Distributions for Disease Stages: The Case of Ebola	王晓静	2017-07-18	Bull Math Biol	SCI
30	一类患病阶段服从非指数分布的SEITR传染病模型的潜在假设和稳定性分析	王晓静	2017-08-20	数学的实践与认识	核心期刊
31	一类带有环境病毒传播作用的禽流感模型	许传青	2017-09-01	北京建筑大学学报	一般期刊
32	Intensity and orbital angular momentum density of nonparaxial anomalous vortex beams	黎芳	2017-09-10	Optik - International Journal for Light and Electron Optics	SCI
33	一类具有媒体播报和时滞效应的传染病模型的稳定性分析	王晓静	2017-09-15	生物数学学报	权威期刊
34	MHD Flow and Heat Transfer of a Generalized Burgers' Fluid due to a Periodic Oscillating and Periodic Heating Plate	白羽	2017-10-01	COMMUNICATIONS IN THEORETICAL PHYSICS	SCI
35	城市潜在地震次生火灾风险属性区间识别理论	刘晓然	2017-10-20	灾害学	权威期刊

续表

序号	成果名称	第一作者	发表时间	发表刊物	刊物类别
36	mixing in regional-structure model about the influence if floating populationand optimal control about TB in Guangdong province of China	许传青	2017-12-01	International journal of biomathematics	SCI
37	The Influence of Natural Crack Distribution Uniformity on the Breakdown Pressure and Fracture Mode	彭培火	2017-12-05	Advances in Engineering Research	国际学术会议论文集
38	Numerical analysis of the effect of natural microcracks on the supercritical CO_2 fracturing crack network of shale rock based on bonded particle models	彭培火	2017-12-05	International Journal for Numerical and Analytical Methods in Geomechanics	EI（期刊论文），SCI
39	Numerical analysis of fractional MHD Maxwell fluid with the effects of convection heat transfer condition and viscous dissipation	白羽	2017-12-10	AIP Advances	SCI

2017 年理学院教师出版的教材著作一览表

序号	著作名称	作者	出版社	出版时间	ISBN 号
1	普通高等教育"十三五"规划教材土木工程制图（第二版）	杨谆	科学出版社	2017-08-01	978-7-03-053453-8
2	画法几何简明学习教程	杨谆	中国建筑工业出版社	2017-08-28	978-7-1122-1237-8
3	信号与系统	黎芳	吉林大学出版社	2017-03-01	978-7-5677-8909-8
4	2017 注册电气工程师执业资格考试公共基础高频考点解析（供配电、发输变电专业）	魏京花	中国电力出版社	2017-03-01	978-7-5198-0531-9

（六）学生工作

【概述】理学院设置信息与计算科学、电子信息科学与技术两个本科专业，一个数学一级学科硕士授权点，共有本科在校生 236 人，研究生 29 人。专职学生工作辅导员 2 人，兼职本科生班级导师 8 人。理学院学生工作始终坚持以党建工作为引领，以服务学生成长成才为工作的出发点和落脚点，以队伍建设、平台建设、重点工作及日常工作为抓手，与学院教学、科研工作紧密配合，营造良好的学生发展氛围。

【举办"从最好的分析到最好的环保"讲座】1 月 5 日上午，中国建材检验认证集团股份有限公司梅一飞总工程师应邀到理学院举办了"从最好的分析到最好的环保"的学术讲座，教师、研究生十余人聆听了讲座。

【召开学生工作队伍建设交流会】3 月 7 日下午，理学院邀请招就处职涯教育负责人贾海燕老师、就业政策负责人杨益东老师来院交流，理学院党委副书记田芳、团委书记吴雨桐，以及专业负责人、各班级导师、部分学生干部参加了交流。

【"理院研途"考研经验交流会】3 月 14 日，在理学院考研自习室举行了考研经验交流会。理学院党委副书记、一年级研究生与大三准备考研的学生进行了深入交流。

【本硕支部联动，e 路闯关学党史】4 月 10 日晚，理学院举行了一场党史知识竞赛活动。理学院党委书记程士珍出席了本次活动。本次知识竞赛分为五个环节，分别是独闯奇关、共度险关、争分夺秒、你来比划我来猜、疯狂魔音。涉猎面包含了基层组织建设、党建工作，以及党史知识等方面内容。

【北京建筑大学第三届数理文化节开幕式成功举办】5 月 2 日，北京建筑大学第三届数理文化节开幕式在大兴校区小鸟巢前成功举办。校党委副书记张启鸿、理学院院长崔景安、理学院党委书记程士珍、研工部部长杨光、学工部部长黄尚荣、招就处处长何立新、校团委书记朱静、测绘学院党委副书记冯永龙出席了本次开幕式。开幕式由理学院党委副书记田芳主持。

【理学院党员发展对象学习习总书记在中国政法大学的重要讲话热议时代责任与青年使命】五四青年节之际，为了让各位发展对象深入理解习总书记走访政法大学的讲话精神，更加坚定自己的入党信念，领悟到作为一名当代青年的使命和职责，5 月 8 日中午十二点，理学院在基础楼 C 座 107 召开党员发展对象研讨交流会。

【举办"走近数学建模"讲座暨 2017 年全国大学生数学建模竞赛宣讲会】5 月 9 日下午三点，学院楼 D 座报告厅座无虚席，理学院邀请北京师范大学数学科学学院黄海洋教授为老师和同学们带来了一场精彩的讲座——走近数学建模。

【举行双培生期中座谈会】5 月 11 日下午，理学院副院长张长伦、副书记田芳及团委书记吴雨桐、电子信息科学与技术专业负责人黄伟赴北京交通大学探望双培生，北京交通大学理学院信息与计算科学专业负责人冯国臣参加了座谈。座谈会由田芳老师主持。张长伦、黄伟就两校相关专业的培养方案进行了梳理，强调了基础课程以及专业课程循序渐进的优化和设置，希望双培学生在交通大学的良好育人环境下及早树立远大目标，力争成为学院学生考研的主力军。交通大学理学院信科专业负责人冯国臣表示，学院一直以来倍加关注双培生的学习和生活，也希望同学们在学习生活中遇到困难能够及时沟通，学院全力给予支持和解决。

【"理院研途"举办考研经验交流会】为进一步推进理学院考研工作，理学院于 5 月 18 日下午，举行第二次"研途有你"交流会，由今年成功考研的同学为 2014 级面临考研的学生群体答疑解惑。理学院党委副书记田芳参加了此次交流。

【召开 2018 届毕业生就业动员会暨用人单位宣讲会】5 月 23 日下午，理学院 2018 届毕业生就业动员会在基础楼 C 座 509 召开，邀请用人单位北京信安世纪科技有限公司技术部经理及人力资源部负责人进行专场招聘宣讲。理学院围绕 2018 届毕业生已经开展了两次"研途有你"考研经验交流会，结合本次集中动员会的召开，将进一步落实分类指导、精准帮扶机制，全面推进 2018 届就业工作。

【举办第一届研究生学术论坛开幕式】5 月 25 日下午，理学院在基础楼 C 座 509 举办了第一届研究生学术论坛开幕式。理学院党委书记程士珍、副院长白羽、党委副书记田芳以及全体研究生参加了开幕式。开幕式由党委副书记田芳主持。首先，白羽介绍了数学硕士学位授权一级学科点的发展历程、举办学术讲座、学生参加学术会议等情况，以及各届学生所获国家奖学金、优秀毕业论文、优秀毕业研究生奖项，发表学术论文尤其是 SCI 论文的情况。而后，研三学生张敏和冯鸽分别发言。

【走完红毯 我们出发】6 月 29 日，理学院在大兴校区基础楼 C 座理学院大厅，举行了毕业仪式。在毕业典礼讲话中，理学院院长崔景安寄语即将走上社会的学生们，既要紧跟时代的发展步伐也要守住初心，既要学会坚守也要懂得放弃，希望同学们一帆风顺，前程似锦。

【研究生党支部举行第五届读书分享会】理学院研究生党支部第五届读书分享会活动于7月6日在基础楼C座509举行，理学院党委副书记、研究生党支部书记田芳、理学院副院长白羽参加了此次活动。支部每位党员分享了自己阅读的书籍。

【红色"1+1"理学院研究生党支部与顺义区南法信中心幼儿园开展支部共建】为深入贯彻落实习近平总书记视察北京重要讲话及全国和北京高校思想政治工作会议精神，切实加强理学院学生党支部建设，增强学生党员宗旨意识和责任意识，理学院研究生党支部于8月30日上午，与顺义区南法信中心幼儿园在幼儿园党员之家举行"红色1+1，大手拉小手"支部共建对接会启动仪式。理学院党委副书记兼研究生党支部书记田芳及支部委员，与南法信中心幼儿园园长兼支部书记李鹏及支委兼副园长就共建实施方案进行了深入研讨。希望支部共建活动实施方案能够落实落细，形成常态化，尤其在加强幼儿教师多媒体教学能力提升，拓展儿童科技活动、文体活动形式，环境改造、规划布局等方面能够给予重点帮扶。双方支部就研讨共建的几方面重点工作达成共识，将尽快制定共建实施方案，为进一步深化共建和精准帮扶合作奠定良好的基础。

【理学院2017级研究生开学典礼】9月12日下午，理学院2017级研究生开学典礼在大兴校区基础楼C座509隆重召开。理学院领导、导师代表、在校研究生代表及2017级研究生参加了典礼，本次典礼由副院长白羽主持。典礼伊始，研三的史洋洋代表在校生发言。导师代表牟唯嫣给大家分享了几点学习经验：一是做研究要有持久力，二是要学会沟通交流，三是要快乐学习、健康生活。最后，院长崔景安教授以"为学问之道起航"为题，给2017级研究生新生上了精彩的一课。

【召开"扬帆起航，学籍学分"新生专题讲座】理学院于10月10日下午，在基础楼C座召开主题为"扬帆起航，学籍学分"的新生专题讲座。会议由理学院辅导员吴雨桐和理学院教务办李洪共同主持。学院2017级全体新生参会。吴雨桐首先介绍了学院的人才培养理念，勉励大一新生通过大学四年的努力，将自己塑造为成为"爱国·守法·明理·诚信"的优秀青年。李洪向同学们系统介绍了学校教务管理工作和学生总则。

【召开学生会全体大会】10月17日下午，理学院学生会在基础楼A座334召开全体大会。出席会议的有理学院党委副书记田芳老师，团委书记吴雨桐老师，学工部王梦鸽老师，学生会主席团，各部门正副部长，以及全体2017级新晋学生会干事。此次会议由学生会团委副书记吴佳薇主持。田芳对本次学生大会进行了总结，并希望大家在思想道德素质、能力素质、身体素质和心理素质等多方面得到成长和锻炼，处理好同学关系、师生关系、工作与学习的关系等，鼓励广大学生干部要志存高远，有坚定的理想信念，培养高尚的道德情操，希望同学们在学生会中发挥自己的优势，彰显自己的个性，在学生会这个大家庭中成长为最好的自己。

【"奔跑青春"理学院2017级新生积极参加学校新生运动会】10月24日下午，理学院2017级新生齐聚操场，参加新生运动会。最终理学院在男子1500米，女子400米、女子铅球、女子跳高、女子跳远中都取得了优异的成绩。

【举办研究生新生引航系列活动】10月25日晚，理学院新生引航系列活动——"学姐与你面对面"在基础楼C座509举行。理学院党委副书记田芳及2017级研究生、部分研二学生和本科生到场参加。本次活动邀请理学院2017届研究生优秀毕业生张敏来到学院，做学业及职业生涯规划交流分享。

【学长与你话职涯】10月31日下午，理学院举行"学长与你话职涯"校友访谈活动，本次活动邀请计算机科学与技术专业2007届毕业生高航作为访谈嘉宾，与同学们做了分享和交流。理学院大一全体新生以及各年级学生代表参加了此次活动。活动由理学院党委副书记田芳主持。高航在2007年从我校毕业后，先任职国企普通职员，后到技术公司任项目总监，目前以合伙人身份创业两年。十年职场经历，多重角色，阶段性的学习和成长，他以"Walk hard & Dream on"带来他的职场体验。

【参观"砥砺奋进的五年"成就展】11月7日，理学院组织积极分子参观"砥砺奋进的五年"成就展。活动由新生辅导员王梦鸽带队。

【举办数理文化节讲座"数学建模—现代高科技核心"】11月15日下午，理学院邀请北京交通大学王兵团教授来校举办讲座——"数学建模—现代高科技核心"，部分教师、学生参加了讲座，讲座由理学院副院长白羽主持。此次讲座是第三届数理文化节的一项活动，旨在向学生宣传数学建模竞赛，激发学生应用数学解决实际问题的动力。

【院召开教风学风联动建设期中座谈会】理学院于11月7日下午，召开了教风学风联动建设期中座谈会。理学院党委书记程士珍、副院长张长伦、党委副书记田芳、各专业教师、班级导师及各班班长、团支书、学习委员参加了会议。会议由党委副书记田芳主持。

【举办第60期积极分子研讨交流会】11月21日，理学院在基础楼C座201举办第60期积极分子研讨会。研讨会围绕中共十九大报告以及交流收获体会展开。参与研讨会的有辅导员王梦鸽老师以及全体入党积极分子。

【理学院组织新生学习初级党课】12月6日下午，理学院在基础楼C座组织学生听以"坚定理想信念，强化使命责任"为主题的初级党课。党课由理学院党委书记程士珍主持召开。理学院全体新生参加。程士珍向同学们传达了党的十九大的主要精神和新党章的有关情况，并从党的发展历程，党对党员的要求以及党员对自身信念的坚守三个方面，为同学们展开了一堂别开生面的党课。

【举行2019届毕业生考研动员暨经验交流会】理学院于12月28日下午，在基础楼C-509举行2019届毕业生考研动员暨经验交流会。理学院党委书记程士珍、副院长白羽、张长伦以及系主任参加了此次动员会。学院2019届准备考研的学生及受邀参加的2017届两位校友、研一两位学生代表参加了大会。

（七）对外交流

【概述】2017年，教师参加国内外学术会议、培训近20余人次，1名教师出国访学。

邀请美国得克萨斯大学理学院冯兆生教授、美国阿拉巴马汉茨维尔大学李佳教授、西南大学王稳地教授、深圳大学王熙照教授等国内外近50位专家学者来理学院作学术交流，举办学术讲座近30次。

理学院主办了"智慧城市管理中的数据建模与挖掘研讨会"，来自中国农业大学、天津大学、华南理工大学和西北大学等近30所国内高校的专家学者、研究生共50多人参加了会议。

理学院还举办了"微分方程与动力系统研讨会"、"海聚人才系列讲座"，协助土木学院举办"数学力学暑期班"等学术活动。

2017年理学院邀请校外专家学术报告会

序号	专家	主题	时间
1	梅一飞	从最好的分析到最好的环保	2017.1.5
2	陈灿强	大数据：应用于设想	2017.1.5
3	沈波	舆论研究的关键技术——文本分析	2017.1.6
4	彭秋良	全球金融市场的状况及发展走向分析	2017.3.27
5	彭秋良	银行资本管理中的几个数学问题	2017.3.28
6	黄海洋	走进数学建模	2017.5.9
7	王稳地	传染病模型的基本再生数的计算	2017.5.22
8	Priti Kumar Roy	Mathematical Study of Modern Therapeutics of HIV witn Social Awareness	2017.6.6
9	冯兆生	Wave Solutions to the Kuramoto-Sivashinsky Equation	2017.6.16
10	郭中宝	环保建材的界定及评价标准浅析	2017.6.23
11	邢奕	市政剩余污泥常温干化技术研究与应用	2017.6.28
12	叶其孝	微积分教学和数学建模、数学建模竞赛	2017.9.5
13	胡清华	大规模分类任务的结构化学习	2017.9.16
14	刘秀玲	数字医疗新技术与电子监控	2017.9.16
15	闵帆	三支主动学习	2017.9.16
16	钱宇华	消除人类学习过程中的随机一致性	2017.9.16
17	庞超逸	Data process and data compression	2017.9.16
18	崔志华	多目标优化算法研究	2017.9.16
19	廖福成	广义系统预见控制理论的基本研究方法	2017.10.18
20	Mikhail A. Guzev	Tensor Analysis in a Euclidean space 系列讲座	2017.10.25
21	邓佳梅	神经网络及其在燃油流量检测与预测中的应用	2017.10.31
22	Jia Li	Mathematical modeling of interactive wild and paratransgenic mosquitoes	2017.11.1
23	徐义田	Support vector machine and safe screening rules	2017.11.1
24	韩丽涛	Evaluating the Impact of Test-and-Treat on the HIV Epidemic among MSM in China Using a Mathematical Model	2017.11.5
25	马万彪	微生物絮凝动力学建模与稳定性分析	2017.11.5
26	张娟	基于ME算法搜寻引起一类肺癌的驱动基因	2017.11.5
27	王红	Geometric Mechanics and Control	2017.11.8
28	王兵团	数学建模——现代高科技核心	2017.11.15
29	安志杰	手足口病基本再生数	2017.12.5
30	王思鉴	Regression 系列讲座	2017.12.18
31	赵洪涌	Model for Zika dynamic with sexual transmission and limited pubic health resources	2017.12.29

2017年理学院教师参加学术会议人员情况

序号	参会人	会议名称	主办单位	参会日期
1	崔景安	国际应用与工程数学大会	应用数学学会	2017-4-18
2	崔景安	生物数学学会第七届理事会第三次会议	生物数学学会	2017-5-19
3	崔景安	生物数学进展研讨会	中山大学	2017-5-26
4	崔景安	2017中加传染病模型国际会议	上海大学	2017-6-2
5	何强	大数据核心技术之深度学习最新技术高级培训班	北京雷课教育科技有限公司	2017-6-9
6	许传青	第十期背景市属高等学校硕士研究生导师高级研修班	北京市高等学校师资培训中心	2017-6-22
7	许传青	高等学校教与学学术研究方法研修班	北京理工大学	2017-7-10
8	王秀芳	第八届无机材料结构、性能及测试表征技术研讨会注册表	中国硅酸盐学会测试技术分会	2017-7-19
9	崔景安	第九届全国非线性生物动力系统学术会议	生物数学学会	2017-7-23
10	郭松柏	第九届全国非线性生物动力系统学术会议	中国数学会生物数学专业委员会	2017-7-23
11	许传青	第九届全国非线性生物动力系统学术会议	中国数学会生物数学学会	2017-7-23
12	王晓静	第九届全国非线性生物动力系统学术会议	中国数学会生物数学学会	2017-7-23
13	何强	第十六届中国机器学习会议（CCML 2017）	中国人工智能学会	2017-7-26
14	王晓静	京津高校生物数学研讨会	天津工业大学计算机科学与软件学院	2017-8-14
15	崔景安	京津高校生物数学学术研讨会	天津工业大学计算机科学与软件学院	2017-8-14
16	许传青	第十一届全国微分方程稳定性理论与应用学术会议	中国科学院数学与系统科学研究院	2017-8-18
17	王晓静	2017年高校数学教学暑期培训暨第三届华北赛区微课竞赛颁奖会	全国微课程教学设计大赛华北赛区组委会北京高校数学教育发展研究中心	2017-8-23
18	王秀芳	第九届建筑与土木热点问题国际学术会议	格鲁吉亚巴统市绍塔·鲁斯特韦立国立大学	2017-9-14
19	崔景安	2017中国数学会学术年会	中国数学会	2017-10-20
20	何强	第十五届中国机器学习及其应用研讨会	北京交通大学	2017-11-3
21	王秀芳	2017年全国博士后学术交流会暨"建筑遗产保护与协同创新"学术论坛	全国博士后管委会办公室、中国博士后科学基金会、北京市人力资源和社会保障局	2017-11-7
22	崔景安	疾病监测数据挖掘和可视化培训班	广东疾控中心	2017-12-18

（八）党建工作

【概述】2017年理学院党委牢固树立抓好党建是第一责任和最大政绩的理念，进一步增强管党治党的自觉性和坚定性；始终把政治建设和思想建设摆在首位，深入学习贯彻十八大、十九大和习近平总书记系列重要讲话精神，坚持正确的政治方向和社会主义办学方向；始终坚持"育人为本、德育为先"，围绕人才培养根本任务和学院事业发展大局，加强顶层设计、坚持问题导向、突出工作实效，将党的建设和思想政治工作贯穿于人才培养全过程，为学院发展提供了坚强的思想和组织保障。

深入贯彻领导干部联系党支部制度，共同参与支部建设和工作研讨，加强对支部的引导和指导，不断提高支部的战斗力。通过加大对支部书记的培训力度，有效提升了支部书记的能力素质，教工党支部书记参与学院的重要事项的讨论与决策，充分发挥党支部的监督保证作用。

【召开民主党派和无党派人士代表座谈会】1月12日上午，理学院召开民主党派和无党派人士代表座谈会。理学院领导班子和党委委员列席会议，会议由理学院党委书记程士珍主持。

座谈会主要是听取与会人员对学院领导班子、班子成员的意见。大家围绕教学任务、教学管理、教学服务、住房问题等方面提出了意见和建议。

程书记充分肯定了民主党派和无党派人士在学院建设与发展中的地位和作用。她说，学院将认真研究大家提出的意见和建议，分门别类整理提交给相关部门，督促加以解决。理学院将为党外人士更好地参与学院民主管理和发挥作用搭建平台，鼓励大家为学院发展献计出力。

【召开领导班子民主生活会】2月27日，理学院召开处级党员领导干部专题民主生活会，党委组织部副部长李云山列席会议，学院领导成员全部参加了会议。会议由理学院党委书记程士珍主持。

【召开党支部书记抓基层党建工作述职会】2月28日，理学院召开党支部书记抓基层党建工作述职会，理学院领导班子、党委委员、党支部书记参加了会议，会议由理学院党委书记程士珍主持。8名支部书记依次发言，汇报了抓基层党建工作责任落实情况、成效、问题和思路措施。程士珍进行总结，她认为支部书记准备充分，认识到位，对支部存在问题查找准确，对2017年改进工作的思路措施明确，希望支部书记瞄准问题，攻坚克难，围绕2017年学院党政工作重点，发挥基层党组织战斗堡垒作用。

【召开党建工作例会】3月30日下午，理学院党委召开党建工作例会，传达学校党建工作例会精神和部署学院2017年党建工作。理学院党委委员、党支部书记参加会议。会议由学院党委书记程士珍主持。

程士珍传达了学校在3月24日召开的党建工作例会上的主要内容，组织学习了中共北京市委十一届十三次全会决议，她要求各党支部要组织专题学习，要按照市委全会要求，结合实际工作，全面系统地学习。一方面要把理论学习与解决问题相结合。推进"两学一做"学习教育常态化制度化，把落脚点放到解决问题上。另一方面要把主体责任与发展责任相结合。要统筹好党建和中心工作的关系，坚持把党建纳入到学院以及各系工作计划中来，把党建与中心工作一起谋划、一起部署、一起考核。

【召开审计培训工作会】4月11日下午，理学院召开审计培训工作会议，进一步贯彻落实《北京建筑大学2017年党风廉政建设与反腐败工作实施方案》文件精神，全面落实"两个责任"，推动主体责任向基层延伸。学校纪委书记何志洪、审计处处长孙文贤、审计科科长王志东、理学院领导班子成员、全体教职工出席会议。会议由理学院党委书记程士珍主持。

【召开教工党支部与退休党支部共建活动】4月13日，理学院物理系党支部、物理与光电实验中心党支部与退休党支部联谊开展互助共建支部活动，理学院党委书记程士珍参会。

物理系党支部书记聂传辉主持会议。

【召开《北京普通高等学校党建和思想政治工作基本标准》集中检查动员会】6月6日，理学院召开全院教职工大会，党委书记程士珍宣讲了理学院党委关于落实《北京普通高等学校党建和思想政治工作基本标准》检查准备工作的实施方案，强调这次集中检查是对学院全面从严治党成效的大检验，全院上下要进一步统一思想、提高认识、明确目标，按照实施方案，详细归纳整理支撑材料，突出党建工作亮点，突出党建工作为学院事业发展提供的坚强思想和组织保障。

【召开理论中心组扩大会传达学习北京市第十二次党代会精神】6月27日，理学院党委召开理论学习中心组学习会，传达学习北京市第十二次党代会精神，并就学习和贯彻落实好市第十二次党代会精神进行安排部署。学院领导班子成员、党委委员、支部书记等人员参会。理学院党委书记程士珍主持会议。

【举办处级干部民主测评暨全院职工大会】7月4日下午，理学院在基础楼C-509会议室召开处级干部民主测评及全院职工大会，受组织部委托，机关党委郑环环同志到理学院参加处级干部民主测评工作。理学院领导班子成员及全院教职工近70人参会，会议由理学院党委书记程士珍主持。

会上，崔景安院长从学院总体工作、教学工作、科研工作、学科建设、研究生工作、师资队伍建设等6个方面主要指标完成情况进行了述职。随后，其他领导班子成员分别从德、能、勤、绩、廉等五个方面进行了述职。程士珍书记对理学院党风廉政落实情况、学校检查反馈意见以及整改工作情况做了汇报，强调领导班子成员的"一岗双责"和党风廉政建设的"两个责任"，要求全院教职工遵守财务纪律，用好科研项目和经费。教师代表办公室主任和项目负责人王恒友会上宣读了经济责任承诺书，学院与项目负责人签订了经济责任承诺书，参会教职工对领导班子成员进行了匿名民主测评。

【开展共产党员献爱心捐献活动】在庆祝中国共产党成立96周年之际，理学院党委组织开展"共产党员献爱心"捐献活动，全院教职工党员积极响应都自愿捐款。7月5日，学校纪委书记何志洪和组织部长孙景仙来到理学院慰问困难党员教师黄尚永。

【党支部学习北京市第十二次党代会精神及香港回归20周年习近平讲话精神】理学院各党支部在2017年7月4~6日分别召开了支部大会，集中学习了北京市第十二次代表大会蔡奇报告以及香港回归20周年习近平讲话精神。理学院党委书记程士珍、副院长白羽、副书记田芳，分别参加了各联络支部的学习活动。

【召开统战人士专题座谈会】7月4日，理学院在大兴校区基础楼C座509召开统战成员专题座谈会。理学院党外代表人士崔景安院长、领导班子成员、党委委员、统战成员参加了座谈会。会议由党委书记程士珍主持。

程士珍传达学校关于进一步加强统战工作的精神，详细介绍了学校2017年统一战线工作计划，她强调，深入贯彻和落实全国和北京高校思想政治工作会议精神，培养中国特色社会主义事业的可靠接班人和合格建设者，是全体教师的根本职责。为了进一步发挥统战人士在民主管理和民主监督中的作用，程士珍广泛征求与会者对学校、学院以及领导班子的意见，与会人员结合自己的感受谈了关于教学改革、教学管理、教学服务、校园文化、安全保卫等诸多方面遇到的困难和问题，学院将把大家意见整理后反馈给相关部门，将会一如既往地关注统战人员的思想状况，鼓励他们为学院发展遇到的难点和热点问题提出真知灼见。

【党委书记为全院教职工党员讲党课】9月23日，理学院党委书记程士珍为全院教职工党员及学院领导干部讲授了题为《学习习近平总书记"7.26"重要讲话精神 迎接党的十九大胜利召开》的专题党课。

程士珍从五个"什么"、三个"看到"、四种"对策"、五项"举措"、九件"大事"、八个"期盼"、三种"思考"、四个"更好"、三个"意味"、四个"伟大"、三个"要在"、五项"解决"、四大"困难"、两个"关系"、五个"重点"等高度概括了习总书记的讲话精神，梳理了讲话脉络，她要求各党支部以主讲主问、问卷答题等多种形式专题学习研讨。

【党委选举出席中国共产党北京建筑大学第六次党代会代表大会】10月17日下午，中国共产党北京建筑大学理学院党员大会在基础楼A座139隆重召开，理学院教师党员、退休党员和学生党员出席了大会，大会由理学院党委书记程士珍主持。

大会产生了中共北京建筑大学理学院出席中国共产党北京建筑大学第六次党员代表大会代表9人（以姓氏笔画为序），他们是：王俊平、田芳、白羽、石萍、吕晨飞、张长伦、徐瑞洁、程士珍、魏京花。

【师生观看党的十九大开幕盛况】10月18日上午，按照学校党委统一部署要求，理学院组织没课的教师代表、学生代表在基础楼C座509集体收看了开幕式直播。

【理论中心组专题学习党的十九大报告】10月31日下午，理学院召开理论中心组学习扩大会，领导班子成员、党委委员、系主任、支部书记等参加，学院党委书记程士珍主持。

大家一致认为，十八大以来的五年，是党和国家发展进程中极不平凡的五年，在这极不平凡的五年时间里，我们国家变得更加强大、更有力量，在世界中的地位更加凸显，大家都深有感悟和无比自豪。程士珍强调，学习宣传贯彻好党的十九大精神，要结合实际工作真学真做，要结合"两个评估"工作的责任和任务，以强烈的政治责任感，把力量凝聚到"一人一教研"、"一人一清单"、"一人一承诺"以及各项任务上来，要以十九大精神为指引，推进学院改革和发展。

【党委副书记吕晨飞到理学院宣讲党的十九大精神】11月6日下午，理学院举办第一场深入学习宣传贯彻党的十九大精神报告会，党委副书记吕晨飞以"学习宣传贯彻党的十九大精神，努力推动学校工作的新发展"为题，带头宣讲党的十九大精神。理学院全院教职工、学生党员、入党积极分子、学生代表等参会，会议由理学院党委书记程士珍主持。

吕晨飞提出全面深入学习宣传贯彻党的十九大精神，以习近平新时代中国特色社会主义思想为指引的三点工作要求：一是充分认识学习宣传贯彻党的十九大精神的重要性，迅速掀起学习宣传贯彻党的十九大精神的热潮。通过中心组学习、"三会一课"、"主讲主问"等形式将党的十九大报告和党章修正案、中纪委工作报告等重要文件精神层层传达下去，确保党的十九大精神传达到每一个党支部、每一名党员干部和每一名师生。二是全面学习党的十九大精神，掌握丰富内涵和精神实质。三是以十九大精神为指引，加快推动学校工作的新发展。在十九大精神的指引下，按照学校"十三五"规划目标和战略部署，奋力开创学校事业发展新局面。同时，也希望全院师生在即将迎来的学校本科教学工作审核式评估和《党建和思想政治工作基本标准》入校检查期间，展现出理学院的良好精神风貌！

【党支部深入学习宣传贯彻党的十九大精神】根据学校党委统一部署，理学院党委各党支部于11月7日下午集中开展深入学习宣传贯彻党的十九大精神专题党日活动。

理学院党委书记程士珍以"不忘初心，牢记使命"为题在物理与光电实验中心党支部宣讲党的十九大精神。

理学院数学系、物理系、力学系、工程图学系教师党支部，以及研究生、本科生学生党支部，以研讨、学习问卷、主讲主问等多种形式开展了学习。

【王德中到理学院宣讲党的十九大精神】11月7日下午，理学院举办第二场深入学习宣传贯彻党的十九大精神报告会，学校十九大精神宣讲团成员、离退休办公室主任王德中以"新时代、新思想、新征程"为题宣讲党的十九大精神。理学院全院教职工参加，理学院党委书记程士珍主持宣讲会。

【举行校园安全稳定工作专题报告会】理学院于12月12日下午，邀请保卫处处长牛磊在大兴校区基础楼C座509做校园安全稳定工作专题报告会。理学院全体教师参加，报告会由学院党委书记程士珍主持。

牛磊做了题为《如何理解与落实校园安全工作》的报告。

程书记在总结发言中指出，安全问题无小事，全院师生要高度重视安全稳定工作，做维护校园安全稳定工作的建设者和捍卫者。

（九）工会工作

【概述】按照学校2017年党政工作要点，2017年理学院分工会、教代会结合本单位的实际情况，在学校党委、工会的领导下，贯彻落实习近平总书记系列重要讲话精神，围绕中心，服务大局，以创建民主、和谐、健康的"教工之家"为载体，构建党政主导的维权格局，团结动员广大教职工积极投身到学校和学院的改革与发展中。

【举办2017年新年联欢会】1月12日下午在基础楼C座401教室，理学院全体老师欢聚一堂，举行了一场精彩热闹的2017年迎新年联欢会。

【举办全院教职工健身活动】7月4日，理学院分工会积极响应学校工会号召，树立"每天锻炼一小时，健康工作五十年，幸福生活一辈子"的生活理念，在大兴校区气模馆，进行了一场有益身心的体育活动，包括乒乓球、羽毛球和篮球。

【举行秋季文体活动】理学院分工会于9月23日下午组织教职工进行了跳绳和踢毽子比赛。

【组织教职工参观北京世界花卉大观园】12月8日和12月11日下午，学院分工会组织全院教职工参观"北京世界花卉大观园"，共39位教职工积极参加了此次活动。

（十）重大事件

1月5日，中国建材检验认证集团股份有限公司梅一飞总工程师应邀到理学院举办了"从最好的分析到最好的环保"的学术讲座。

2月21日，理学院退休教师高万章教授应邀给力学系全体教师做了"强度和塑性分析"的学术报告。

3月9日，理学院举行2015级硕士研究生开题报告会，研究生范圣洁、纪振伟、赵豪杰、武杰、宁楠、李君、余沾、姜月华、史洋洋等九位同学进行了汇报。

3月28日，加拿大金融监管委员会风险管理专家、加拿大多伦多大学金融风险管理中心执行主任、加拿大多伦多大学数理金融研究生院兼职教授彭秋良博士到我院作了题为"银行资本管理中的几个数学问题"的学术报告。

4月8日，美国大学生数学建模竞赛与交叉学科数学建模竞赛（MCM/ICM）成绩揭晓。今年，经过选拔，我校共组了11支队伍参赛，取得了2项一等奖（Meritorious Winner），3项二等奖（Honorable Mention）的优异成绩。

5月9日，理学院邀请北京师范大学数学科学学院黄海洋教授为老师和同学们带来了一场精彩的讲座——走近数学建模。

5月12日，美国威斯康辛大学麦迪逊分校生物统计领域的知名教授王思鉴作为海聚人才到校工作。在校期间，王思鉴教授参加了理学院2014级硕士学位论文答辩和生物数学科研团队的讨论班，并与相关领域的老师们进行了学术交流，之后他将结合自己的研究成果开展"Statistical Methods in Epidemiology"和"Variable Selection"的一系列学术讲座，并参与和指导师生的科学研究，为双方进一步合作拉开了序幕。

5月21日，中国数学会生物数学学会第七届理事会第三次会议于2017年5月19～21日在东北师范大学举行。理学院院长崔景安教授当选为中国生物数学学会理事长。

5月22日，中国生物数学学会副理事长、西南大学博士生导师王稳地教授应邀来理学院进行学术交流。王教授首先作了题为"传染病模型的基本再生数的计算"的学术报告。

5月22日，俄罗斯科学院院士、俄罗斯远东科学院应用数学研究所所长Mikhail Guzev教授聘任仪式在大兴校区基础楼C座509会议室举行。校长张爱林出席聘任仪式，并代表学校向Mikhail Guzev教授颁发了北京建筑大学兼职教授聘书。

5月25日，理学院举办第一届研究生学术论坛开幕式。

5月27日，美国普渡大学冯芷兰教授作为海聚人才到校工作。冯教授和生物数学科研团队的师生进行了学术研讨。研讨会上冯教授听取了研究生史洋洋、范圣洁和冯业娟的研究汇报，针对三位同学的汇报情况，冯教授逐一进行点评，指出存在的问题，提出可行性建议，给出后续研究合理化意见，与会师生受益匪浅。

6月6日，理学院邀请印度贾达沃普尔大学的Priti Kumar Roy教授作了题为"Mathematical study of Modern Therapeutics of HIV with Social Awareness"的学术讲座，Roy教授介绍了过去几十年间艾滋病毒/艾滋病（HIV/AIDS）已成为一种世界范围内的大流行病，为有效治疗HIV，全球都在研究新的抗HIV药物。药物疗效和艾滋病治疗效果可以从生物学视角用数学方法进行评价。

6月16日，美国得克萨斯大学理学院数学系冯兆生教授应邀到理学院进行学术交流，冯教授作了题为"Wave Solutions to the Kuramoto-Sivashinsky Equation"的学术报告。报告过程中，冯教授还穿插了挪威数学家马里乌斯·索菲斯·李（Marius Sophus Lie）、法国数学家亨利·庞加莱（Jules Henri Poincaré）的一些轶闻趣事，与大家一起分享了数学之美。

6月23日，中国建材检验认证集团股份有限公司郭中宝高级工程师应邀到理学院进行学术交流，北京科技大学和我校理学院相关教师、研究生参加了交流会。

6月28日，北京科技大学邢奕教授、洪晨老师应邀到理学院进行学术交流，邢教授及其科研团队长期致力于工业烟气治理、剩余污泥处理等方面的科学研究及其成果转化。邢教授作了题为"市政剩余污泥常温干化技术研究与应用"的学术报告，洪老师列出了污泥常温干化中有待于研究的污泥粉化干化机理问题。

7月15日～8月15日，中国国家教育部重点项目聘任的北京科技大学和北京建筑大学海外名师（2016～2021年）、澳大利亚昆士兰科技大学教授刘发旺教授举办了题为"Computational Models and Methods for Fractional Dynamical Systems"的系列学术讲座。

8月30日，国家自然科学基金委员会公布了2017年度国家自然科学基金申请项目评审结果，理学院数学系张蒙老师和徐志洁老师申请的青年基金项目获得资助，项目经费均为22万元。

北京市哲学社会科学规划办公室公布了2017年度北京市社会科学基金申请项目评审结果，理学院王秀芳老师申请的青年基金项目获得资助，项目经费为8万元。

9月12日，理学院2017级研究生开学典礼在大兴校区基础楼C座509隆重召开。理学院领导、导师代表、在校研究生代表及2017级研究生参加了典礼。

9月16日～17日，理学院主办的"智慧城市管理中的数据建模与挖掘研讨会"在大兴校区四合院会议室隆重举行。来自中国农业大学、天津大学、华南理工大学和西北大学等近30所国内高校的专家学者，以及我校教师研究生共计50多人参加了会议。

9月23日～24日，理学院召开2017年学科建设与专业建设研讨会。会议邀请了北京化工大学姜广峰教授和中国矿业大学彭瑞东教授做主题报告，数学、力学和物理学学科做了学科建设汇报，五个系一个中心做了基础教学和专业建设汇报，理学院教师参会并进行了学科建设与专业建设研讨。

10月11日，美国阿拉巴马汉茨维尔大学数学科学系李佳教授应邀到理学院进行学术交流，李教授作了题为"Modeling and Analysis of Interactive Dynamics of Wild and Para-transgenic Mosquitoes"的学术报告。

10月18日，北京科技大学数理学院廖福成教授应邀到理学院进行学术交流，廖教授作了题为"广义系统预见控制理论的基本研究方法"的学术报告。

10月31日，英国利兹贝克特大学邓佳梅教授应邀到理学院进行学术交流，邓教授作了题为"神经网络及其在燃油流量检测与预测中的应用"的学术报告。

10月24日～11月1日，俄罗斯科学院院士、俄罗斯远东科学院应用数学研究所所长、理学院海聚人才 Mikhail A. Guzev 教授举办"Tensor Analysis in a Euclidean Space"系列讲座，理学院、土木学院部分教师和研究生讲座。

11月5日，理学院举办"微分方程与动力系统"学术报告会，邀请中国人民大学韩丽涛教授、北京科技大学马万彪教授、华北电力大学张娟教授到校进行学术交流，韩丽涛教授作了题为"Evaluating the Impact of Test-and-Treat on the HIV Epidemic among MSM in China Using a Mathematical Model"的学术报告，张娟教授报告的题目为"基于ME算法搜寻引起一类肺癌的驱动基因"，马万彪教授以"微生物絮凝动力学建模与稳定性分析"为题讲解了絮凝剂在收集和提取微生物时的作用。

11月8日，南开大学数学科学学院王红教授应邀到理学院进行学术交流，王教授长期从事微分几何研究，作了题为"Geometric Mechanics and Control"的学术报告。

11月15日，理学院邀请北京交通大学王兵团教授来校举办讲座——"数学建模—现代高科技核心"，王教授从"什么是数学建模"、"数学建模的作用"两方面阐述了数学建模的基本概念及其重要性，通过"手掌指关节分布特点的研究"、"王选的汉字激光照排技术"等实例讲述了数学建模在现代高科技中的应用。

11月20～26日，美国普渡大学、理学院海聚人才冯芷兰教授举办系列讲座。冯芷兰教授首先介绍了她参编的《Mathematical Models of Plant-Herbivore Interactions》一书的主要内容；其次，研究生张亚楠和冯业娟以"关于学校爆发急性出血性结膜炎的定性分析"和"年龄结构、疫苗接种的麻疹模型"为题汇报了自己的研究进展。

12月5日，中国疾病预防控制中心王华庆、安志杰和北京市疾病预防控制中心王小莉三位专家应邀到理学院进行学术交流。中国疾病预防控制中心对各种传染性流行病有着深入的研究，为相关数学模型的建立提供可靠的依据。

12月16日，"华为杯"第十四届中国研究生数学建模竞赛颁奖典礼在西安交通大学落下帷幕。我校共有10支队伍参赛，1队获全国二等奖，2队获全国三等奖，7队获成功参赛奖，所获奖项和获奖比例均稳中有升。

12月29日，南京航空航天大学理学院赵洪涌教授应邀到理学院进行学术交流，赵教授作了题为"Model for Zika dynamic with sexual transmission and limited pubic health resources"的学术报告。

（王恒友　程士珍）

十、马克思主义学院

（一）概况

北京建筑大学马克思主义学院最早可以追溯到成立于1953年的北京市土木建筑工程学校政治教研室，1977年北京建筑工程学院成立时改为马列主义教研室。1986年更名为社会科学部，1998年改为人文社科部，2001年更名为社会科学系，并在此基础上创办了法学和社会工作专业。2006年，社会科学系与外语部合并成立文法学院。2008年12月，成立独立的思想政治理论课教研部。2015年10月，正式成立马克思主义学院。学院主要承担全校本科、硕士研究生思想政治理论课的教学任务，并承担"设计伦理学与城市美学理论"硕士研究生的教学和培养任务。

马克思主义学院秉承学校办学特色和优势资源，根据首都城市化建设需要，结合学科建设，本着"培养人才、服务首都、面向城市"的发展思路，形成以"马克思主义城市化理论与中国城市发展"为研究方向，以"马克思主义理论"为学科建设重点，以城市发展理论与建筑文化为研究特色，在研究平台、科研团队、项目申报、成果积累等方面，凝聚方向，加强建设。目前，具有北京市哲学社会科学研究基地、北京市大学生素质教育基地等省部级科研、中国特色社会主义理论大众化与国际传播协同创新中心等科研教学平台，形成了以建筑伦理、城市空间文化为核心的科研团队，以承担并主持国家社科基金、教育部人文项目和北京市哲学社会科学重大项目等课题项目为研究载体，形成方向明确、特色鲜明的学科发展领域和科研成果，为北京的现代化城市建设作出贡献。

（二）师资队伍建设

【概述】2017年获批北京市"优秀教师"称号1人、获批北京市思想政治理论课"特级教授"1人，"特级教师"1人，北京市"扬帆资助计划"1人。截至2017年12月，共有专职在编教师20人，其中，具有博士学位17人，博士后3人；教授6人，副教授6人，讲师8人。另有教辅人员1人。有全国优秀教师1人，北京市优秀教师1人，北京高校思想政治理论课特级教师1人，北京高校思想政治理论课教师"扬帆资助计划"2人，北京市高创计划青年拔尖人才1人，北京市优秀人才资助"青年骨干个人"1人，北京高校青年英才2人，校级教学名师2人、校杰青1人、校高级主讲教师1人、优秀主讲教师1人。

（三）科研与学科建设

【概述】高度重视马克思主义理论学科点建设，围绕马克思主义基本原理、马克思主义中国化、思想政治教育、国外马克思主义开展深入研究，凝炼学科方向，申报"马克思主义理论"硕士点和教学改革示范点。鼓励教师多出高水平的研究成果，科研反哺教学，助推学科发展。

【科研和学科建设成绩显著】"大思政视野下的工匠精神培育研究"获批北京市高校思想政治理论课教学改革示范点；参与北京石化学院牵头申报的"北京京南高校马克思主义学院共同体建设"也同时获批教学改革示范点称号。获批北京市"十三五"教学研究项目1项、获批北京市哲学社会科学重点项目3项。出版学术专著和教材2部，发表论文18篇，其中核心期刊论文6篇。

【学术交流情况】举办正道讲堂1次，课中课3次，举办京南三校马克思主义学院"十九大精神进课堂集体备课会"暨首场专家辅导报告会1次；4人参加"习近平新时代中国特色社会主义思想学术研讨会暨北京高校中国特色社会主义理论研究协同创新中心工作会议"。

（四）教学工作

【概述】紧紧围绕教育部本科审核式评估这一中心工作，坚持以评促建、以评促改，加强教学管理、规范教学运行，以教学示范点建设为核心，实施"一人一教改"，构建"大思政"工作格局，从整体上提高思政课的亲和力和针对性，强化思政教育的思想引领作用。

【加强教学管理，规范教学运行】学院制定教学资料归档制度、资料室管理制度，严格教学资料的归档和整理；制定了《马克思主义学院教学质量监控体系实施细则》《马克思主义学院评教方法》，改选了教学委员会，强化教学质量过程监督与保障。同时，根据评估要求，系统整理了近三年的全部教学资料，针对整理中出现的问题，每位教师提出整改方案并严格按方案执行。

【深化"一人一教改"，全面提升教学实效性】按照学校统一要求，全面实施"一人一教改"。以问题为导向，探索"专题型"教学、案例教学、启发式教学、翻转课堂、"课中课"等；实行中班授课、小班讨论、大班举办"名师课中课"的"大中小"交互式教学方式；聘请北大、清华、人大名师进入课堂，开设"课中课"。

1. 课程建设取得新进展。继续开展校级精品课"思想道德修养与法律基础"和"毛泽东思想和中国特色社会主义理论体系概论"的建设；加强校级优秀课"中国近现代史纲要"和"马克思主义基本原理概论"的建设；加强研究生优质课程"自然辩证法概论"和"中国特色社会主义理论与实践"的建设。核心课程"毛泽东思想和中国特色社会主义理论体系概论"课程的录制准备工作基本完成。

2. 课改立项取得新突破。本年度获批北京市教学改革示范点，获批北京市重大教改项目1项，"十三五"教研规划项目1项，首都大学生思想政治教育专项1项，校教改项目1项。完成校教改项目1项，在研市级教改项目3项。

3. 教学能力得到新提升。本年度获得北京市教工委第十一届思想政治理论课教师基本功大赛专业组二等奖1项,优秀奖2项;获得校青年教师基本功大赛一等奖1项,优秀教案一等奖1项,PPT大赛三等奖1项。

【强化集体备课,实现优势互补】学院进一步将集体备课制度化、常态化。集体备课包括学院和教研室两个层面:一方面,以学院为单位聘请专家就共性的理论问题和教学方式方法问题等进行培训和研讨,并将培训和研讨成果融入教研室备课之中;另一方面以教研室为单位开展本教研室的个性化集体备课。每位教师根据自己的专业和兴趣认领相关章节的任务进行个性化的专题备课,在此基础上,进行全院范围的"精彩一刻"的展示和研讨,帮助展示教师进一步完善课件和教案。

【探索建立"大思政"工作格局】与专业学院、学工部门进行对接,提高思政课实践教学的针对性和实效性。一方面,思想政治理论课教师积极参与指导专业学生的社会实践。另一方面,针对我校专业特点,结合学生专业发展需求,设计"思政课"实践题目。把"政治理论教育实践要求"和"专业教育"的实践功能结合起来,让学生在完成专业实习的同时,完成"思政课"实习,使两者相得益彰,达到"双赢"的良好效果。全体教师参与校团委和各专业学院组织的暑期社会实践活动。肖建杰参与土木学院南锣鼓巷社会实践活动获得北京"红色1+1"一等奖第一名;于红指导学生实践论文获北京高校思政课学生社会实践优秀论文奖二等奖1项;许亮指导学生参加北京高校师生马克思主义经典著作学术论文征文大赛获一等奖1项,二等奖1项;汪琼枝指导学生参加北京市教工委"'践行核心价值观 凝聚最美中国梦'-北京高校学生讲思政课公开课"展示活动获三等奖1项。

【开设学校通识教育课程】2017年度开设通识课程9门次,为学生开设讲座、聘请校外专家举行课中课6次,扩展了学生视野,提高了学生的理论品位。

马克思主义学院开设通识课程一览表

课程名称	开设人
中国历史文明概览	肖建杰
当代西方社会思潮	张溢木
中国社会热点问题透视	常宗耀
科学技术与社会进步	郭晓东 张华
建筑与伦理	秦红岭
当代西方社会思潮	张守连
北京历史变迁	孙希磊
中国传统文化经典选读	许亮
宗教学概论	汪琼枝

(五)举办学术会议与讲座

【举办2017年思想政治理论课"课中课"首场讲座】4月10日,思想政治理论课"课中课"首场讲座《抗日战争与中日关系》在环能学院报告厅精彩开讲,主讲人为北京大学马克思主义学院副教授、中国近现代史研究所副所长王久高。马克思主义学院部分教师,土木学院、文法学院、机电学院2016级学生共计300余人参加讲座。讲座由马克思主义学院直属党支部书记肖建杰教授主持,中国近现代史纲要教研室主任张守连副教授对本次讲座作了总结点评。

【举办 2017 年思想政治理论课"课中课"第二场讲座】4 月 17 日，思想政治理论课"课中课"第二讲"中国共产党夺取全国政权的历史经验"在环能学院报告厅举行。主讲人为中央党校党史教研部副教授张旭东。马克思主义学院部分教师、土木学院、文法学院、机电学院 2016 级学生共计 300 余人参加讲座。讲座由马克思主义学院院长孙希磊教授主持，中国近现代史纲要教研室主任张守连副教授对本次讲座作了总结点评。

【举办首场"正道讲堂"报告会】6 月 6 日下午，马克思主义学院联合校宣传部、学工部、文法学院举办首场"正道讲堂"，邀请到中央马克思主义理论研究和建设工程首席专家、中国伦理学会副会长、教育部重点研究基地"伦理学与道德建设"研究中心主任、中国人民大学哲学院博士生导师焦国成教授作题为《漫谈文化自信——基于中国传统文化的视域》的学术报告。马克思主义学院、文法学院部分骨干教师以及宣传部、学工部等单位的青年干部参加了报告会。马克思主义学院院长孙希磊主持了本次讲座，并就马克思主义学院"正道讲堂"的宗旨、意义等作了说明。

【于红教授主持的北京市哲学社会科学规划重点项目举行开题论证会】11 月 25 日，于红教授主持的北京市哲学社会科学规划重点项目"加强党内监督和外部监督有机结合的机制研究"开题论证会在西城校区举行。学校党委书记王建中教授，党委副书记张启鸿研究员，北京市哲学社会科学规划办公室规划处处长肖士兵以及全国党建研究会顾问、中央党校卢先福教授、首都经济贸易大学党委书记、北京高校党建研究会监事长冯培教授，中组部党员教育中心综合处处长张红军，中国人民大学马克思主义学院吴美华教授，全国党建研究会特约研究员、北京市委党校姚桓教授，北京大学政党研究中心主任、北京大学政府管理学院金安平教授以及课题组全体成员参加了开题会。

（六）党建工作

【概述】马克思主义学院直属党支部前身是文法学院思想政治理论课教研部党支部。2016 年 10 月成立马克思主义学院直属党支部。截至 2017 年 12 月共有党员 18 人。支部严格执行"两会一课"制度和党员教育管理监督制度，严格党费收缴管理和使用制度，紧密结合学院实际，开展党建和思想政治工作，开展"两学一做"学习教育实践活动。

【调整干部职数，领导班子建设得到加强】2017 年领导班子职数由 2 人调整为 3 人。马克思主义学院成立后，肖建杰任院长，汪琼枝任直属党支部书记兼副院长。2017 年 3 月干部调整后，肖建杰任直属党支部书记，孙希磊任院长，汪琼枝任副院长。重新选举产生了学院直属党支部委员会，肖建杰、孙希磊、汪琼枝、张守连、许亮任支部委员。

【强化理论学习，成效显著】理论学习以集中学习为主、自主学习为辅的方式，每月至少学习 2 次。集中学习阶段采取主讲主问制的学习模式，建立了 6 个主讲主问学习小组。全体教师参加了为期一月的贯彻全国高校思政工作会议精神培训；孙希磊教授在校思想政治工作会议上作大会发言；肖建杰在校意识形态工作会议上发言；7 月，马克思主义学院在学校组织的党支部书记培训大会上进行了主讲主问学习观摩展示；自学规范有效，每个党员都撰写自学笔记，提交心得体会，例如，撰写电视剧《人民的名义》观后感等；参与北京市党建与思想政治工作研究会重点课题 1 项。

【发挥马克思主义学院优势，开展党建活动】积极响应党委号召，在党性实践活动中组织比选项目一项，受到好评；充分利用理论优势，担任文法、测绘、机电、经管、图书馆、体育部等二级单位的理论导师，为其党建工作提供理论指导和支持；十九大召开后，成立十九大精神宣讲团，为学校二级学院和职能部门做宣讲13次；全程参与指导南锣鼓巷红色1+1项目；在北京市荣获一等奖第一名；为校青年教师实践报告评审工作担任初审评委，担任学生辩论赛评委，担任学校党建专家；担任我校初、高级党课教师，讲课范围覆盖全校。在2017年度共产党员献爱心活动中，18名党员捐款2100元。

【落实主体责任，开展党风廉政建设】 认真贯彻落实学校党委和纪委的部署要求，切实增强政治意识、大局意识、核心意识、看齐意识。紧紧围绕党风廉政建设和反腐败斗争重点任务，突出教育和监督，筑牢拒腐防变思想防线，排查风险和隐患，强化责任落实和责任追究，根据我校党风廉政建设的总体部署，签订党风廉政建设责任书，进一步健全完善党风廉政建设责任分解、落实、考核和责任追究体系，做好领导班子和班子成员年度或届满考核实行述德述职述廉报告，按照"谁主管、谁负责"的要求，强化考核和问责制，落实责任追究制，使廉政责任进一步深入到教学、科研、管理、服务的各个岗位上，形成一级抓一级、层层抓落实的工作机制。把思想建设放在首位，坚持正面教育为主，引导党员守住为人、做事的基准和底线。践行"四讲四有"，重在筑牢"不想腐"的思想基础。

（七）工会工作

【概述】 2017年马克思主义学院坚持马克思主义理论指导，积极完成教育工会提出的各项工作任务，按照我校"提质、转型、升级"的总体目标和学院"十三五"规划的具体要求，紧紧围绕立德树人的根本任务，积极组织会员开展政治理论和业务学习，开展师德师风建设和丰富多彩的文体活动，团结和凝聚会员为学校和学院发展贡献力量。

【深化政治理论学习】 2017年组织全体教职工坚持传道者须先明道、信道的理念，通过自主学习与集中学习相结合的方式，继续深入学习党的十八大精神、十八届三中、四中、五中、六中全会精神，学习全国高校思政工作会议精神，学习党的十九大精神和习近平新时代中国特色社会主义思想，积极提高政治理论水平和政治思想工作的能力。本年度，集中政治理论学习6次，自主学习时长人均不少于50学时。通过学习，引导教职工在牢固树立"四个意识"基础上把思想统一到上级和学校党委的决策和部署上，积极投身学校和学院的改革与发展中来。

【围绕审核评估中心工作，开展责任和能力竞赛】 本年度教育部本科审核评估专家进校，对我校本科教学工作进行全面审核评估。以此为契机，学院组织全体教职工以教研室为单位，通过教学资料整理和教学制度模范遵守的评比、教学能力竞赛等进行责任和能力竞赛，鼓励老师们做"四有好老师""四有领路人"。

【回归自然采撷秋色】 10月15日，马克思主义学院与文法学院开展了以"勤奋工作、快乐生活、追求健康"为主题的秋游活动。教职工一行二十多人乘车赴怀柔区红螺寺景区进行游赏。

（八）重大事件

【肖建杰教授、张华副教授应邀出席北京高校思政骨干教师人物肖像首发式】 1月7日上午，北京市委教育工委在人民大会堂隆重举办北京高校思想政治理论课骨干教师、优秀辅导员人物肖像首发式。为给广大思政教师带来更大的精神激励，市委教育工委于2016年12月邀请著名摄影家为北京高校马克思主义学院院长（思政部主任）、首批思政课特级教授、特级教师、思政课名师工作室主持人，思政课"择优资助计划"入选教师，近三届北京高校十佳辅导员等群体拍摄了人物肖像。马克思主义学院肖建杰教授、张华副教授入选肖像拍摄。此项殊荣的获得，是北京市教工委高度重视高校思想政治理论教育工作的结果，也是学校党委高度重视马克思主义学院发展、支持思想政治理论课建设的结果。

【马克思主义学院召开干部任免大会】3月28日下午，马克思主义学院召开干部任免大会。学校党委副书记张启鸿、组织部部长孙景仙及马克思主义学院全体教职工参加了会议。会议由组织部部长孙景仙主持。孙景仙部长宣读了马克思主义学院的干部任免决定：孙希磊任马克思主义学院院长，肖建杰任马克思主义学院直属党支部书记（正处级），汪琼枝任马克思主义学院副院长。

【党委书记王建中专题调研思想政治理论课教学改革工作】4月24日上午，党委书记王建中到马克思主义学院调研，就深入贯彻落实全国高校思想政治工作会议和习近平总书记重要讲话精神，进一步加强马克思主义学院建设、推进思想政治理论课教学改革与马克思主义学院领导班子和教师代表研讨交流。党委副书记张启鸿一同调研。党政办公室、宣传部、人事处、研究生院等相关部门负责人和马克思主义学院班子成员及思政课教师代表参加调研活动。

【教育部高校思治课教指委委员对我校思政课进行听课指导】5月31日下午，教育部高等学校思想政治理论课教学指导委员会副主任委员、教育部社科中心主任王炳林和教育部高等学校思想政治理论课教学指导委员会委员、北京大学马克思主义学院党委书记孙蚌珠莅临我校对思想政治理论课进行听课指导。校党委副书记张启鸿和马克思主义学院院长孙希磊陪同专家听课。两位委员分别听取了马克思主义学院于红教授和张华副教授讲授的"毛泽东思想和中国特色社会主义理论体系概论"课程。课后，王炳林委员对张华老师的授课进行了精彩点评，充分肯定张华老师通过精湛的工艺、新颖的配方、时尚的包装，呈现给学生一节营养丰富、味道又好的思政课。孙蚌珠委员对于红老师的授课给予了高度评价，指出于红老师能够紧紧围绕教材体系和教学要求，创造性地运用翻转课堂的授课方式，充分调动学生参与的积极性，最大限度发挥思政课课堂的主渠道作用。

【许亮获批北京市教育科学"十三五"规划课题】6月6日，北京市教育科学规划领导小组办公室组织了北京市教育科学"十三五"规划2017年度课题的申报和评选工作。经课题负责人申报、专家评审，最终确定376项课题获批立项，其中高校获批56项。马克思主义学院许亮老师申报的《加强中华优秀传统文化教育与增强当代大学生文化自信的路径与机制研究》获批青年专项课题，资助经费为5万元。这是北京建筑大学首次获批北京市教育科学规划青年专项课题。

【马克思主义学院成功入选第二批北京高校思想政治理论课教育教学改革示范点】7月24日，北京市委教工委公布了《关于公示第二批北京高校思想政治理论课教育教学改革示范点名单的通知》，马克思主义学院牵头申报的《"大思政"视野下"工匠精神"培育模式教改示范点》成功入选第二批北京高校思想政治理论课教育教学改革示范点。北京高校思想政治理论课教育教学改革示范点，是北京市教工委为贯彻落实全国高校思想政治工作会议精神和北京市《关于全面加强北京高校马克思主义理论学习研究宣传的实施意见》（京办字〔2015〕9号）精神而组织开展的北京高校思想政治理论课教育教学改革示范点申报和评审工作。本次共有17所高校提交申报材料。经资格审核、专家评审和工委会审议通过，评定北京建筑大学、北方工业大学、北京化工大学、中国农业大学、北京石油化工学院

(牵头) 5 所高校为改革示范点,给予连续三年专项经费支持;给予北京邮电大学、中国石油大学(北京)、中国人民公安大学 3 所高校改革示范点培育项目支持,1 年后根据考核情况决定是否批准为改革示范点。

【汪琼枝副院长指导的学生获北京高校学生讲思政课公开课展示评比活动三等奖】9 月 23 日,"践行核心价值观 · 凝聚最美中国梦"北京高校学生讲思政课公开课展示评比活动在北京林业大学举行,共有来自北京高校的 18 支团队参加,北京市委教育工委宣教处王达品处长出席了此次活动。由我院汪琼枝老师指导的学生团队参赛,并获得团队三等奖。学生团队成员由来自测绘学院的研究生和本科生党员、积极分子共七人组成,测绘学院相关老师和"学生思想引领"辅导员工作室的老师参与指导,并给予大力保障支持。

【孙希磊院长一行赴北京理工大学马克思主义学院进行专题调研】10 月 19 日上午,适逢党的十九大召开之际,为加强和推进我校马克思主义理论学科建设、思想政治理论课教学改革以及马克思主义学院建设与发展等工作,我校马克思主义学院院长孙希磊、直属党支部书记肖建杰等一行六人赴北京理工大学马克思主义学院开展调研活动。双方一致希望两校马院能在新媒体技术共享、教学平台使用等方面加强合作交流,进一步提升两校思想政治理论课的教学实效性,增强学生的获得感,以满足青年学生成长发展的需求和期待。

【马克思主义学院组织开展"十九大精神进课堂集体备课会"】10 月 31 日下午,马克思主义学院召开"党的十九大精神进课堂集体备课会",校党委副书记张启鸿出席备课会并进行动员部署。马克思主义学院党政负责人及全体教师参会,会议由马克思主义学院院长孙希磊主持。党委副书记张启鸿要求马克思主义学院全体教师应责无旁贷地承担起学习宣传贯彻十九大精神、做好十九大精神全校宣讲和"进教材、进课堂、进头脑"的重要使命。

【北京京南三校马克思主义学院联合主办"十九大精神进课堂集体备课会"暨首场专家辅导报告会】11 月 7 日上午,由北京京南三校马克思主义学院联合主办、我校马克思主义学院主持承办的"十九大精神进课堂集体备课会"暨首场专家辅导报告会在我校大兴校区举行。北京建筑大学、北京印刷学院、北京石油化工学院三校的马克思主义学院负责人及骨干教师共计 40 余人参会,报告会由我校马克思主义学院院长孙希磊主持。本次集体备课会特邀北京市委讲师团成员、中央财经大学马克思主义学院教授王春玺作"习近平新时代中国特色社会主义思想"报告。北京石油化工学院马克思主义学院院长张祥和北京建筑大学马克思主义学院直属党支部书记肖建杰分别对王春玺教授的辅导报告作了点评。与会的教授就党的十九大精神进课堂开展了深入研讨和交流。

(许亮　汪琼枝　王德中　孙希磊)

十一、创新创业教育学院

(一) 概况

2017 年,创新创业教育学院按照"站位高、起点高,机制实、举措实,面向立德树人、面向服务社会"的"两高、两实、两面向"工作思路,推动双创教育与专业学科特色相结合,取得标志成果。校院创新创业活动丰富,双创氛围浓厚,大学生在创新创业竞赛中屡获佳绩。学校获评北京市深化创新创业教育改革示范高校;"金点创空间"获批"北京市众创空间"称号；入选教育部"全国实践育人创新创业基地"；两名教师入选首批"全国万名优秀创新创业导师人才库"；学生团队荣获全国大学生"小平科技创新团队"荣誉称号。

(二) 创新创业成果

【概述】创新创业工作全方位有效推进，成功入选教育部"全国高校实践育人创新创业实践基地"，获评北京市深化创新创业教育改革示范高校、北京市众创空间；土木与交通工程学院索智、机电与车辆工程学院秦建军2名教师入选教育部首批"全国万名优秀创新创业导师人才库"；"未来城市交通功能提升科技创新团队"荣获全国大学生"小平科技创新团队"荣誉称号（全国青少年科技创新领域最高奖）；在第十五届"挑战杯"全国大赛中获二等奖1项创造历史最好成绩，入围全国赛作品数量在北京高校排名第九。

【获评北京市深化创新创业教育改革示范高校】为贯彻落实《国务院办公厅关于深化高等学校创新创业教育改革的实施意见》，进一步深入推进全国高校创新创业教育改革，切实发挥好示范引领作用，根据教育部办公厅《关于开展第二批深化创新创业教育改革示范高校认定工作的通知》（教高厅函〔2017〕23号）精神，北京市教委于2017年5月开展了第二批深化创新创业教育改革示范高校的认定工作。经过自主申报、专家评审等一系列工作，我校从43所申报院校中脱颖而出，成为此次评出的14所北京市深化创新创业教育改革示范高校之一，其中包括9所本科类院校及5所高职类院校。

【"金点创空间"获批"北京市众创空间"称号】北京市科委公布第四批北京市众创空间名单。学校金点创空间与其他71家机构被市科委与北京众创空间联盟授予"北京市众创空间"称号，与北大创业（北京燕园筹网络技术有限公司）、化育空间（北京化大科技园科技发展中心）共同成为本次获此荣誉的三所高校机构。此前共有三批141所机构获批"北京市众创空间"此次获批北京市众创空间是学校开展创新创业工作的又一突破，标志着学校创新创业生态体系建设取得了最新进展。

【学生团队荣获全国大学生"小平科技创新团队"荣誉称号】11月5日，2017年度全国大学生"小平科技创新团队"评选结果揭晓。我校"未来城市交通功能提升科技创新团队"（土木与交通工程学院索智、金珊珊老师及机电与车辆工程学院陈新华老师联合指导）喜获殊荣。全国范围内获此殊荣的团队共有50支，其中北京地区高校仅有3支团队入选。此次获得青少年科技创新领域国家级最高荣誉，是我校首次获得此项殊荣，是大学生创新创业教育的又一项标志性成果，也是我校学生科技创新工作取得的历史性成绩。

【两名教师入选首批"全国万名优秀创新创业导师人才库"】11月10日，教育部公布"全国万名优秀创新创业导师人才库"入库导师名单，确定4492位导师为首批入库导师。我校土木与交通工程学院索智、机电与车辆工程学院秦建军入选，标志着我校创新创业师资队伍建设取得了新进展。

【入选教育部"全国实践育人创新创业基地"】12月28日，由教育部、人力资源和社会保障部和国务院国资委主办的2017年全国高校实践育人暨创新创业现场推进会在同济大学举行。教育部思政司司长张东刚、副司长张文斌，人社部就业促进司副司长尹建堃，国务院国资委综合局副局长曹天云等领导出席会议。全国高校实践育人创新创业基地所在单位负责人、各省区市教育部门负责人、部分高校、行业、企业代表参加了会议。我校党委副书记吕晨飞出席授牌仪式，并代表学校接受"全国实践育人创新创业基地"牌匾。这是我校在创新创业教育与大学生思想政治教育领域被授予的国家级基地，标志着创新创业教育工作迈上了新台阶。

据悉，在前两批入选名单中，按照"数量从严、质量从优"的原则，共有全国82所高校获批称号，其中北京高校共有16所（部属高校15所，市属高校1所）。

【承办第六届北京市大学生建筑结构设计大赛】北京建筑大学于5月继续承办北京市教委重点学科竞赛——第六届北京市大学生建筑结构大赛。本届竞赛共有19所参赛高校的40余件作品入围总决赛。

（三）创新创业教育学院会议

【概述】为及时总结工作，部署新的任务，创新创业教育学院每年定期召开院务会，内容涵盖工作计划、工作总结、专题工作部署等内容。参加人为创新创业教育院长、副院长及相关工作人员。

【年终总结暨2017年重点工作部署会】1月10日，学校召开创新创业教育年终总结暨2017年重点工作部署会，总结近期工作进展，部署下一阶段重点工作。校党委副书记吕晨飞，招就处、教务处、经管学院、工程实践创新中心、资产公司、团委等部门负责人参加会议。

会议首先通报了近期创新创业工作取得的新进展和新成果，讨论了关于创新创业示范基地建设、鼓励扶持师生创新创业实施办法以及创空间运营管理等文件起草工作，就近期开展创新创业课题研究等工作展开讨论，同时探讨了申报北京市众创空间的相关事宜。

吕晨飞在总结中指出，在新的一年中，创新创业教育学院要在现有平台基础上，着重补齐短板、构建闭环，以评促建。

【创新创业教育工作总结推进会】10月20日上午，学校召开创新创业教育工作总结推进会。校领导王建中、张爱林、张启鸿、张大玉、李爱群，创新创业教育工作领导小组成员，创新创业教育学院成员单位负责人，各学院负责人、副院长、党委副书记出席会议。会议由副校长张大玉主持。

会上，校领导向各学院创新创业示范基地授牌。《北京建筑大学开展创新创业示范基地建设的工作方案（征求意见稿）》同期发布。

王建中强调，当前学校创新创业教育工作进入了加速期、整合期、提升期，需要我们继续努力推动学校双创教育进入新的时代，并就深入推进创新创业教育工作强调了三点意见。一是高度重视、深刻认识深化创新创业教育改革的重大意义。二是把握阶段特征，牢固树立科学的创新创业教育理念。三是狠抓落实，推动创新创业教育上层次上水平。

【党委书记王建中专题调研学校创新创业基地建设情况】11月8日，党委书记王建中先后调研了测绘学院、土木学院、电信学院、机电学院、环能学院的大学生创新创业基地；认真听取了各学院双创教育与创新创业基地建设情况的汇报，详细了解基地运行、师生团队、后勤保障等情况；与建筑遗产数字化保护创新团队、爱智绘——移动地理空间大数据云服务创新团队、未来城市交通功能提升科技创新团队、学生机器人创新社团的师生们深入交流，鼓励他们追求卓越，积极开拓，不断发展壮大。

（四）大学生创新创业竞赛

【概述】校院两级团组织多次承办国家级、市级竞赛，建立了面向不同专业不同年级的竞赛体系，实现全员化、全过程、全方位的科技创新育人环境。2017年，北建大学生在科技竞赛中屡屡获奖。一年来校院两级组织学生参加各级各类竞赛70余项，获得市级以上奖项300余项，其中国际级奖项3项，国家级奖项184项，获市级以上奖项667人，取得专利21项，国内外核心期刊上发表论文15篇。竞赛涵盖建筑相关专业，捷报频传，形成了"领导高度关注、部门密切配合、教师大力支持、学生积极投入"的局面。

【各类学科竞赛捷报】学校摘获第27届北京市大学生数学竞赛一等奖3名、二等奖11名、三等奖21名；美国大学生数学建模竞赛与交叉学科数学建模竞赛（MCM/ICM）2项一等奖，3项二等奖；首次参赛并荣获第八届"北斗杯"全国青少年科技创新大赛大学组优秀奖；第33届全国大学生物理竞赛获得一等奖4名、二等奖7名、三等奖14名；第六届北京市大学生建筑结构设计竞赛中取得A组赛题三等奖、B组赛题（结构方向）一等奖以及B组赛题（桥梁方向）一等奖；全国BIM毕业设计大赛获得特等奖1项、一等奖1项、三等奖1项；首届京津冀高等学校大学生测绘技能大赛获得专业组团体特等奖1项、一等奖1项；第十二届全国大学生"恩智浦杯"智能汽车竞赛华北赛区决赛获得两项三等奖；中国机器人大赛暨Robo Cup公开赛斩获二等奖一项、三等奖四项；"大牧人"杯第五届全国大学生农业建筑环境与能源工程相关专业创新创业竞赛获二等奖、三等奖；第十一届全国大学生结构设计竞赛荣获优秀组织奖；第八届全国混凝土设计大赛获得校园组二等奖；第五届云编程世界杯（英文全称The 5th Cloud Programming World Cup）比赛荣获评委特别奖；2017年"京津冀高校暖通空调工程设计实践大赛"一等奖6人，二等奖3人，三等奖3人；"南方优立杯"第九届全国高等学校测绘学科大学生科技创新论文大赛荣获特等奖1篇，一等奖2篇，二等奖3篇，取得历史最好成绩；第九届大学生房地产策划大赛暨首届全国大学生房地产专业能力大赛获得北京市一等奖2项、北京市二等奖1项、北京市三等奖1项；第六届大学生科技创新作品与专利成果展示推介会荣获优秀论文三等奖、创业计划书三等奖、最佳组织奖。

【参加第六届大学生科技创新作品与专利成果展示推介会】12月16日，第六届大学生科技创新作品与专利成果展示推介会于中国农业大学体育馆顺利举行。我校共两项作品获奖，《互联网思维下的城市管理问题》荣获优秀论文三等奖、"众建孵化器"荣获创业计划书三等奖。基于有序的组织工作和突出的申报成果，学校荣获最佳组织奖。我校已连续四年获得该项殊荣，充分显示了我校大学生科技创新工作的可持续性和良好的接续性。

【举办多项学科竞赛】2017年共举办了14项校级创新创业类学科竞赛。包含2017年"鲁班杯"大学生课外学术科技作品竞赛决赛、中国"互联网＋"大学生创新创业竞赛校内赛、第六届北京市大学生建筑结构设计竞赛校内选拔赛、第十届北京建筑大学测绘技能实操大赛暨第九届北京市高校大学生测绘实践创新能力大赛选拔赛、北京建筑大学第九届承载力大赛、第27届北京市大学生数学竞赛校内选拔赛、2017年"飞思卡尔"智能车校内预选赛、北京建筑大学节能减排科技创新与社会实践竞赛、北京建筑大学英语演讲比赛、北京建筑大学机器人竞赛、北京建筑大学机械创新大赛、第33届全国大学生物理竞赛校内选拔赛、北京建筑大学模拟法庭大赛、北京建筑大学"Speak Out For Engineering"英语大赛等。

（五）大学生创新创业活动

【概述】团委联合各学院精心打造创新创业特色活动。一年来组织90余名学生参加大学生创新创业训练营，开展双创导航活动10余次，组织103人次参加创新创业活动周；开展

7期创业沙龙。3月起实施《领军型大学生创新创业团队培育工程》,通过学院申报、学校审核的方式,重点资助25支领军型创新创业师生团队,提高了大学生创新创业教育的成效。全年共报道创业学生典型7人,向市教委报送双创典型5个,在"北京高校就业创业服务"公众号上推送信息21条,扩大了我校双创教育的影响力。

【参加青年"双创"成果展示交流会】4月28日,由共青团廊坊市委主办的纪念五四运动98周年暨青年"双创"成果展示交流会在廊坊国际展览中心A馆举行。我校两项优秀作品《中国失踪儿童互助系统》及《生态宜居城市建设——道路功能性提升系列技术》代表参展,团队学生分别为参观人员介绍项目的核心理念及系统的使用机制,向广大与会人员宣传展示了我校先进的学生创新成果。

(宋宗耀 朱静)

第十三章 教学辅助工作

一、图书馆

(一) 概况

北京建筑大学图书馆一直坚持"荟集建筑文献、研究建筑文化、培养建筑人才、传承建筑文明"的办馆理念，在资源建设、环境建设和文化建设方面形成了独具鲜明建筑特色和馆藏优势的、面向社会开放的高校大型图书馆，也是全国唯一的住房城乡建设部与北京市合作共建的中国建筑图书馆（位于西城校区），全面实现数据合一、资源共享。

图书馆在西城校区、大兴校区均有布局。截至 2017 年年底，馆舍总建筑面积 3.8 万平方米，馆藏中、外文图书 142.8 万册（包括各二级学院藏书），中文期刊 492 种。数据库 52 个（其中中文 40 个，外文 7 个，自建库 3 个，自建网络资源平台 2 个），电子图书 185 万种（连网络非本地共有 120 万种）。拥有阅览座位 1700 余个。

图书馆全部图书使用《中图法》进行分类。图书馆馆藏图书中 75% 为理工类图书，60% 为广义建筑类图书，本馆成为全国建筑类图书最为齐全的高校图书馆之一。

本馆以开放的资源布局、现代化的管理手段和"以人为本"的服务理念为核心，实行"藏、借、阅、咨一体化"的开放服务管理模式，向读者提供借阅、咨询和文化素质教育等文献信息服务。

图书馆先后与北京地区高校图书馆文献资源保障体系（BALIS）、中国高等教育文献保障系统（CALIS）、国家科技图书文献中心（NSTL）签订了原文传递和馆际互借协议，实现了北京地区高校间的文献资源共享；积极参加了北京高教学会图书馆工作研究会、高等艺术院校专业委员会及 CADAL 项目；依托各种中外文数据库，积极开展参考咨询、科技查新、代查代引、定题服务、馆际互借和原文传递等服务，为教学、科研工作提供全面信息支持。

馆内分设资源建设部、信息咨询部、信息技术部、文化工作室、读者服务部（大兴）、读者服务部（西城）、和党政办公室等部门。图书馆现有馆员 34 名，其中党员 13 名，专业技术人员 29 人。其中正高 4 人，副高 10 人，中级 11 人。

多年来，为配合学校开展人才素质教育，培养学生自学和独立钻研能力，积极吸纳学生志愿者，形成日益壮大的、自我管理和开展服务的学生馆员队伍；每年组织举办全校大型"开卷"系列读书活动，以"我读书、我知道、我应用、我创造"为导向，以学生社团为骨干，引导学生读好书、好读书。为此，我馆获得了由中国图书馆学会授予的"全国全民阅读示范基地"光荣称号，连续多年荣获 BALIS 馆际互借服务先进集体奖和先进个人奖，北京科技情报学会先进单位奖。图书馆分工会还被评为北京市教育系统先进职工小家。图书馆社会影响力显著提升，成为中国图书馆学会大学生阅读推广委员会委员单位、北京高校博物馆联盟成员馆、北京市图书馆协会理事单位、北京科技情报学会理事单位。

(二)文献资源建设

1. 订购2017年度中文期刊492种,500份;报纸25份;
2. 采购中文图书1.73万种,编目加工图书1.94万册。

北京建筑大学图书馆2017年度文献资源采购财政专项计划

序号	项目名称	经费(元)
1	中文图书资料购置项目	1000000.00
2	中文纸质报期资料	100000.00
合计	图书资料购置项目	1100000.00

(三)信息咨询与读者服务

1. 信息咨询

4月,郭燕平老师主要负责完成了2016年度校科研成果SCI/EI收录、核心期刊认证工作。

5月,全体馆员圆满完成了2017年度BALIS原文传递宣传月活动,各项服务新增用户超过400人。

6月,郭燕萍老师配合教务处完成本科生论文检测工作,共计检测本科生学位论文1700余篇次。

7月,部门全体馆员共同完成了494册研究生论文的收缴、审核工作。

9月,郭燕萍老师主要负责完成了学校职称评审工作中关于科研成果认定工作,共计核审了50名教师的365篇文章的SCI/EI收录,及是否核心刊情况。

12月,北京建筑大学图书馆在2017年虚拟参考项目工作中成绩优异,被评为先进单位三等奖。

12月,郭燕平老师被评为BALIS原文传递服务先进个人。

12月,郭燕平老师被评为北京科技情报学会会员干部,高振老师被评为北京科技情报学会优秀会员积极分子。

12月,北京建筑大学图书馆被评为优秀会员单位。

2. 读者服务

2017年流通量为:12.1万册/次。

密集库上架、整理、定位,于11月开放。

剔旧书刊,共计86803册,合计181876.33元。

此外,西城分馆还负责全校的北京高校图书馆联盟提供的馆际互借图书服务。2017年共完成馆际互借发送接收申请业务合计55笔。

(四)教学科研工作

1. 教学

2017年,图书馆共计完成信息素质教育方面的课程276学时:其中校级公选课《电子资源信息检索与利用——图书馆导航》64学时,160人;院级选修课《科技文献检索》、《文献检索与写作》、《文献检索》212学时,662人。共有822名本科生接受了信息素养教育。研究生必修课《信息检索》48学时,共计237名2016级硕士研究生掌握了信息检索技巧及论文写作方法。

2. 科研

陈靖远副馆长申报北京市财政专项课题《首都圈典型新城开发与规划方法比较研究》，高振、马琳作为项目组成员参与文献检索工作；

由郭燕萍老师主要负责，王锐英老师、高振老师共同参与的图书馆机构知识库建成试运行。"北京建筑大学机构知识库"目前已整理完成教授 110 人，副教授 245 人，其他正高级 15 人，其他副高级 85 人的相关资料。

3. 学科服务

配合国家、北京市及学校的重点工作，开展了一月一品牌活动。完成了 4 个二级学院（测绘学院、电信学院、文法学院、土木学院）巡讲活动，主讲了"图书馆的资源与服务"。

（五）文化教育活动

1. 文化讲座

2017 年文化讲座一览表

时间	讲座主题	主讲	地点	主办单位
2017 年 1 月 5 日	北京新城的思考	陈靖远（图书馆副馆长）	西城校区教一楼 326	北建大图书馆
2017 年 2 月 28 日	城市桥梁建设和设计发展趋势	秦大航（市政院）	大兴校区学 E 报告厅	北建大图书馆、土木学院
2017 年 2 月 28 日	桥梁工程事故分析	金奕（城建集团）	大兴校区学 E 报告厅	北建大图书馆、土木学院
2017 年 2 月 28 日	北京西山古道的石拱桥考察	梁欣立（北京史地民俗学会副会长）	大兴校区学 E 报告厅	北建大图书馆、土木学院
2017 年 2 月 28 日	北京桥梁博物馆建设项目考察	龙佩恒、王玮（北京建筑大学）	大兴校区学 E 报告厅	北建大图书馆、土木学院
2017 年 3 月 1 日	北京水文化	王崇臣（北京建筑大学）	图书馆凌云报告厅	北建大图书馆、环能学院
2017 年 11 月 9 日	建筑自然美	王达（建王集团创始人、总裁）	西城校区教一楼 104	北建大图书馆
2017 年 11 月 16 日	环保与人性化	林忠（北京市政路桥集团路新大成景观建筑工程公司副董事长兼总经理）	图书馆凌云报告厅	北建大图书馆
2017 年 11 月 30 日	建筑师的职业	彭钢（亚太经济合作组织注册建筑师、日本一级注册建筑师、莱邦国际建筑设计公司总经理）	西城校区教一楼 104	北建大图书馆
2017 年 12 月 14 日	土木工程结构病害检查与应用	宋波（北京科技大学教授，博士生导师）	图书馆凌云报告厅	北建大图书馆

2. 读书活动

4月25日，由校图书馆联合团委、学工部、教务处、宣传部共同举办的我校第十一届"开卷·求是"读书活动开幕式在大兴校区图书馆南门广场举行。校长张爱林、党委副书记张启鸿，以及党委宣传部、教务处、招生就业处、团委、图书馆和部分二级学院负责人等出席开幕式。开幕式由图书馆直属党支部书记兼副馆长毛发虎主持。

组织完成第十届《青春的味道》主题征文活动，包括对征文稿件的评审，对获奖者进行表彰，以及指导完成《征文优秀作品集》的版面设计、文本编辑、印刷出版等工作。

完成世界读书日主题海报设计大赛的组织、策划、征集、评选等工作。

在两校区开展组织了"以书会友图书漂流"主题活动，并在大兴校区开设漂流图书角，指导借阅管理。

组织参加北京市文化局主办的第四届"阅读之城"读书活动，发放宣传资料，提交书评30篇，百余人参加了优秀书目评选推荐活动。

3.《北建大馆讯》

本年度共完成第74期至82期共9期《北建大馆讯》的组稿、编辑、审核、印刷、发放工作，馆讯电子版同期上传至北京建筑大学图书馆网站。

4. 举办展览

2017年举办展览一览表

时间	展览主题	地点	主办单位
2017年2月	北京桥梁博物馆筹建前期展	图书馆六层中国建筑师作品展示馆	北京建筑大学、北京市交通委员会
2017年4月	光与影：图书馆新馆摄影展	图书馆七层	北京建筑大学图书馆
2017年4月	2017年世界读书日主题海报设计展	图书馆一层大厅	北京建筑大学宣传部、北京建筑大学图书馆
2017年5月	"一带一路"文献展览展示	图书馆一层大厅	北京建筑大学图书馆、党委宣传部
2017年10月	第十七届中国国际城市建设博览会北京桥梁专题展	中国国际展览中心	北京建筑大学、北京市交通委员会

5. 学生馆员管理工作

组织指导完成第四届图书馆学生馆员工作委员会换届选举、指导学生馆员完成招新工作，并对新学生馆员开展入馆教育及业务培训。指导学生馆员完善组织建设，积极参与并组织各项读书活动，了解图书馆各业务部门的职责与业务范围，参与馆内各部门相关工作。

指导馆员完善微信公众号"建大悦读"的宣传管理工作。

指导学生馆员开展"关于北京建筑大学学生使用图书馆意愿的调查"工作，通过网络投票的方式由学生对学生开展真心话大调研，一周内收到答卷共388份。

在第七届北京大学生读书节系列活动评选表彰活动中，我校图书馆学生馆员工作委员会荣获"北京大学生阅读联盟2017年度优秀会员社团"；学馆委主席、经管学院商16-2班郝书雅荣获"十佳优秀读书社团社长"称号。

6. 校史馆工作

完成校史馆文献资料的收集整理，并与校友办完成校史文献资料及实物的整理和交接工作。

组建学生馆员讲解队伍，不定期开展培训，接待来自各方面的领导、专家、团体的来访，引导介绍图书馆及校史馆。

7. 桥梁博物馆展览开幕与展出工作

2月，为期一个月的"翩若京虹 宛若游龙——北京桥梁博物馆筹建前期展"开幕。图书馆全程参与桥梁博物馆及前期展筹建工作（搜集资料、编制桥梁汇编等），参与展览规划设计及布展工作，组建学生讲解团队。展览期间接待了校内外各类参观团体。保证了桥梁博物馆预展的圆满完成。

10月，第十七届中国国际城市建设博览会在中国国际展览中心（新馆）举行，我部协助完成了博览会中北京桥梁专题展的布展工作。

8. 图书馆开放日接待讲解工作

3月，与经管学院分工会联合组织教职工亲子活动暨小学生走入大学社会实践活动。来自北京西城区黄城根小学、育民小学、西师附小的近20名小学生和经管学院部分教职工及家属参观了图书馆和桥梁博物馆筹建展。

"我的大学梦 我的北京魂"图书馆主题开放日活动，学生馆员承担接待及讲解工作。9月22日，组织接待来自亦庄镇第二中心小学120名小读者参观校园和图书馆。10月，接待建大附中150名学生参观校园、图书馆、校史馆。11月24日，组织接待来自亦庄镇第一中心小学160名小读者参观校园和图书馆。

9. 文化环境与特藏展室建设

11月，《教师文库》在图书馆240室正式建成。完成教师文库布局规划、展板设计、环境布置等工作，加大宣传力度，收集整理各学院教师的捐赠图书，分别对中华人民共和国成立前著作、著名校友著作、各类领军人物著作以展柜方式展示，对各学院教师以学院专柜形式陈列，同时对图书馆近五年收集整理的教师著作以学院为单位重新进行登记，粘贴标识，陈列展示。

11月，《燕图轩》老北京建筑文化研讨室在图书馆222室落成。将多年来收集珍藏的老北京文献珍品著作集中展示，以及老北京相关的建筑实物进行陈列展示。

11月，《马列主义思想政治研讨室》筹建完成，协助马克思主义学院完成研讨室规划设计、环境布局、文献陈列等工作。

组织设计完成了在图书馆七层楼道举办的《光与影：图书馆新馆摄影展》，对设计作品进行精挑细选，对每块展板精心设计，联系完成印刷及布展工作。

10. 荣誉奖励

2016/2017年度优秀集体；荣获北京高校图工委"2016年北京高校图书馆面向中小学开放日优秀奖"。

11. 接收捐赠

本年度接收单位及个人捐赠书籍1038册。

（六）党建、工会工作

1. 党建工作

加强思想政治建设。认真学习习近平总书记的重要讲话和党的十九大、全国高校思想政治工作等会议精神，认真落实"三会一课"，深入推进"两学一做"学习教育常态化制度化。建立学习制度，将单周周二下午定为支部学习和活动，保证了学习时间。认真完成"两学一做"教育活动常态化制度化的学习资料编撰、党组织负责人讲党课、典型案例、亮明党员身份、撰写学习心得体会等规定动作，并将"做合格党员"的具体行动落实到本科审核式教学评估、党建工作入校检查、党代会筹备召开等大型活动和图书馆日常运转等实际工作中来。聘请马克思学院专业教师许亮为理论导师，先后为党员宣讲了全国高校思想政治工作会议及党的十九大会议精神。编印了《全国高校思想政治工作会议精神学校资料汇编》、《习总书记在全国省部级主要领导干部专题学习班上的讲话精神学习资料汇编》、《党的十九大会议精神学习资料汇编》等材料，并专门为退休党员编印了大字版，增强了学习的针对性。以党建创新活动的形式，组织党员教工与机电学院毕业生党员开展座谈交流，共同分享了入党的初心，交流"两学一做"学习教育活动的心得体会。

以"一月一品牌"活动为抓手，加强组织建设。开展"一月一品牌"活动，充分发挥党员和入党积极分子的先锋模范作用。在图书馆一层大厅先后举办了"喜迎十九大馆藏文献展""学习宣传贯彻十九大精神读书角""2017年全国两会精神学习读书角""图书馆馆藏一带一路文献展""北京地区高校图书馆文献资源保障体系（BALIS）宣传月"等活动。充分发挥馆员的学科优势和业务优势，继续完成《信息检索》《科技文献检索》《图书馆导航》等课程，培养学生信息意识和获取、利用文献信息的能力。发挥党员学科馆员的业务优势，主动到测绘、电信、文法、土木等学院宣讲图书馆馆藏资源。发挥图书馆文化地位的作用，继续举办"开卷-求是"系列读书活动，评选年度阅读之星、勤学之星，举办老北京文化系列讲座，开展图书漂流、"愉阅"主题征文、读书主题海报大赛等系列活动。加强图书馆骨干队伍的建设，选拔了一批业务能力强、工作积极性高的年轻馆员担任信息咨询部、技术服务部、馆办公室等核心部门的副主任，让他们在承担重要任务的同时进行培养。认真圆满完成党内各项任务，进一步规范组织生活，先后完成了全国党的十九大代表推选、北京市第十二次党代会党代表推选、学校第一次党代会代表选举、学校第一届党委委员和纪委委员推荐等重大党内任务，不仅对党员进行了体验式的教育，也进一步规范了党组织生活。

认真抓好党风廉政责任制落实，加强作风建设。通过党政联席会、馆务会、支部党员大会、教职工大会等会议，传达和学习各级有关文件、会议的精神，不断推进党风廉政建设和反腐倡廉工作的深入开展。认真开展"严肃查处群众身边的不正之风和腐败问题"、深化"为官不为""为官乱为"问题专项治理工作，进一步增强干部职工的责任意识、服务意识。开展党纪党规和警示教育活动，组织全体馆员和部分非党关键岗位的馆员参观了红色教育基地——生态社区大兴庞各庄镇梨花村和有"国家级企业孵化器"之称的大兴华商创意中心。馆领导、各部室主任及副主任、专项采购负责人在内的党政联席会成员逐个签订《图书馆2017年度个人岗位廉洁自律承诺书》，自觉接受广大馆员的监督。进一步完善和健全《图书馆领导班子落实党风廉政建设措施》《图书馆党政联席会议制度》《图书馆数据库采购工作权力运行流程图》《图书馆家具设备采购工作权力运行流程图》等。坚决贯彻落实"三重一大"制度，坚持重大问题集体讨论，集体决策，民主管理，充分发挥集体智慧，增强领导工作透明度，及时在橱窗或部门网站上公开公示，自觉接受组织和广大教职工的监督。

2. 工会工作

2017年，图书馆分工会切实发挥"维护、建设、参与、教育"的四个职能作用，为建设和谐健康向上的图书馆之家而努力。

积极发挥工代会、教代会代表的职责，参与学校管理。在学校办实事提案征求意见中，提出更换老旧计算机等办公设备的建议被采纳，组织工代会、教代会代表讨论学校2017年工作报告、2017年财务预算等。同时，对图书馆两校区岗位调整、各类评优评先等涉及教职工个人利益的，及时召开全体馆员大会进行投票，并及时公开公示结果。

积极开展分工会和工会小组的建家活动。图书馆分工会顺利通过校工会组织的分工会建家验收工作的检查，获得了优秀教工之家称号。图书馆咨询与技术工会小组、文化工作室与资源建设部工会小组参被评为校优秀工会小组。同时，积极发挥各工会小组的作用，指导信息咨询部信息技术部工会小组举办《学习最新理论答卷》活动，指导文化工作室工会小组和西城读者服务部工作小组在西城校区图书馆举办了主题为"传扬家文化"的主题活动等。

关心教职工的生活，积极开展送温暖活动。年度共慰问在职职工6人次，向学校申请慰问1人次。看望慰问图书馆80岁以上的退休人员4人次并送去慰问品。同年，还对喜得儿女的两位教职工进行了慰问，对教工子女上北建大附小的情况进行统计并上报。

关心教职工的身心健康和个人学习提高。组织馆员积极参加学校教工运动会、校园秋季健步走等活动；组织教工到北京大兴梨花村、大兴创新创业中心参观学习；组织退休教工到北京顺义国际鲜花港开展踏青游园活动，及时向退休教工通报学校发展情况。

发挥教工的积极性，树立模范榜样。在展览路街道"最美家庭"的评选中，郭燕平获得殊荣并在学校分享家庭建设的经验和做法。同年，组织教龄满三十年的教工参加学校的集体表彰，向年度退休的两位教工献花并表达祝福等。

（毛发虎　郭燕平　芦玉海　谭明　袁伟峰　朱晓娜　詹宏伟　邹积亭）

二、学报编辑部

（一）概况

学报编辑部是《北京建筑大学学报》的编辑出版单位。现有专职编辑3人。其中副编审2人，工程师1人。

《北京建筑大学学报》是北京市教育委员会主管，北京建筑大学主办的工程技术类学术期刊。

《北京建筑大学学报》原名《北京建筑工程学院学报》，1985年创刊。2014年6月，经国家新闻出版广电总局和北京市新闻出版广电局批准，更名为《北京建筑大学学报》。

（二）编辑部建设与管理

【概述】《北京建筑大学学报》以习近平新时代中国特色社会主义思想为指导，深入学习贯彻教育大会精神，以强化"四个中心"建设，提高"四个服务"水平为指引，坚持实事求是和理论联系实际，发扬学术民主，促进学术研究，注重稿件的学术性、前瞻性和理论创新性，旨在推动北京建筑大学的教学和科研工作，扩大国内外的学术交流，为社会主义现代化建设服务,尤其是为人文北京、科技北京、绿色北京服务。

《北京建筑大学学报》坚持以自然科学和工程技术为主的办刊方针,突出学校的专业特色和学科特色,在古建保护、建筑与城市规划、土木工程、道路与交通工程、环境科学技术、测绘与地理信息、机电与信息工程、数理科学、工程管理、建筑法律、人文科学等学科领域体现专业优势。稿件采用本着以校内为主,校外优秀稿件为辅的用稿原则,注重刊物的学术性和创新性,旨在展示国内外相关领域的最新研究成果和技术水平。

随着近年来学校办学规模的扩大和办学水平的提高,已经形成了相对稳定的作者队伍,对于提高学报的办刊质量和办刊水平有积极的影响,有利于推动建筑领域科技水平的提高。

【编辑工作】学报编辑部负责《北京建筑大学学报》的编辑工作。专职编辑拥有丰富的办刊经验,能够按时按质完成学报编辑工作。

编辑部有严格的稿件审查制度,实行校内外两位专家分别评审的审稿制度,可以保证稿件的学术质量和专业水平。编辑部严格执行科技期刊的编辑出版规范,按照科技期刊的编辑出版规范的要求编辑稿件。编辑部能够认真做好校对工作,所有稿件均经过三次校对后送主编终审。

2017年,学报编辑部的所有编辑均已参加国家新闻出版广电总局和北京市新闻出版广电局举办的业务培训和学习。

【出版工作】2017年,学报编辑部共出版《北京建筑大学学报》4期,刊发稿件58篇,其中,省部级以上课题的学术论文有58篇,提高了学报的整体学术质量。

【发行工作】编辑部能有序按计划完成学报的发行工作,及时向有关出版管理单位、版权管理单位和国家图书馆、首都图书馆等部门寄送样刊,及时向订阅单位寄送期刊,定期扩大与兄弟院校、相关科研院所和工程技术类学术期刊的交流范围。

编辑部还通过中国知网、万方数据库、维普网等,扩大学报的影响和学术交流渠道。

【影响因子和转载情况】

《北京建筑大学学报》复合影响因子

期刊名称	年载文量	综合影响因子	复合影响因子
北京建筑大学学报	58	0.234	0.54

(王朗 焦驰宇)

第十四章 科 研 机 构

一、建筑遗产研究院

（一）概况

建筑遗产研究院是北京建筑大学直属的主要从事建筑遗产保护、工程设计、技术咨询与培训、研究生培养等为一体的综合性研究机构，于2013年6月经学校批准正式成立。

研究院的成立，是基于北京建筑大学在建筑遗产保护领域深厚的历史积淀和已经形成的学科专业优势。目前下设历史城市与村镇保护研究所、建筑遗产信息化研究所、建筑遗产结构安全与加固研究所、建筑遗产保护法律研究所等多个研究所。通过对历史城市与古村镇保护、建筑遗产保护修缮、建筑遗产遥感监测与数字化、建筑遗产环境影响评估、建筑遗产法律法规研究等多个学科方向的研究，建筑遗产研究院形成了社会科学、自然科学、工程技术科学各具特色又交叉融合的建筑遗产保护交叉学科体系。

建筑遗产研究院成立已近4年，借助我校成立"北京未来城市设计高精尖创新中心"，建筑遗产研究院在组织多学科和多单位合作的各级科研课题申报、主持并参与建筑遗产保护与利用的项目研究、推动多学科协同介入建筑遗产保护领域的技术攻关、开展建筑遗产保护领域的国际及国内交流活动，以及整合学校教学资源进行建筑遗产保护领域的人才培养工作等方面取得了丰硕的成果与工作经验。

目前建筑遗产研究院共有4名研究人员，其中教授2人，职员1人，讲师1人，拥有博士学位2人。

（二）学科建设

【概述】建筑遗产研究院2017年的学科建设工作，继续发展以建筑遗产保护与利用为核心的学科特色，不但顺利通过北京未来城市设计高精尖创新中心重大项目的中期检查，并通过举办展览、加强自身网站建设与实施改版，积极将科学研究与学术成果在国内相关领域推广，扩大学科建设影响力。

【中期检查】2017年5月7日，高精尖中心召开2016年重大项目中期检查工作会，汇报交流重大项目进展情况。校长张爱林、副校长张大玉、副校长李爱群、科技处负责人、高精尖中心办公室负责人、2016年重大项目团队负责人及项目骨干等参加了本次会议。会议由副校长张大玉主持。作为城市历史保护与发展团队的支撑平台，建筑遗产研究院领导与工作人员也参加了此次会议，并针对承担的重要项目，围绕项目进展、研究成果、经费使用等工作进行了介绍，并结合各团队实际情况汇报了存在问题和困难、下一步工作设想等事项。与会人员围绕高精尖中心项目发展、研究领域等工作进行了交流讨论。

【举办展览】为配合北京市规划和国土资源管理委员会对北京城市副中心工作成果的展示与汇报，2017年建筑遗产研究院组织团队成员，基于"北京通州旧城地区城市更新"设计成果，完成 20 张展板制作，并于 2017 年 9 月在北京市规划展览馆进行展示。本次展览展示内容为全面突显我校对北京城市副中心的研究与实践工作，策划展板内容包括通州旧城区位分析及历史研究与价值延续、通州古城及运河文化、通州旧城规划现状分析及规划理念、通州旧城总体规划方案以及站前街与南大街历史片区、日化二厂片区及红旗厂旧址改造设计、九棵树城市广场设计、玉带河污水处理厂等节点设计外，还对我校高精尖中心组织的国际工作营、北京城市设计国际高峰论坛等进行专题介绍，并对北京城市副中心通州区海绵城市建设、综合管理关键技术研究、通州副中心交通规划工作、燃灯佛舍利塔数字档案系统等展开说明。本次工作受到北京市规划和国土资源管理委员会的高度认可，展览期间北京市各级领导、北京市民众均有参观，社会效益显著。

【网站改版】由于承担科研项目、实践工程、教育教学等工作内容的拓展，结合新的工作重点，2017 年进行了建筑遗产研究院网站改版的工作。主要调整的内容包括新增教育培训、下载专区等版块，并考虑到更新频率问题，将首页设计成以新闻公告、交流活动、教育培训、研究实践为主的版块内容。此次网络改版整体布局与风格与学校官网、北京未来城市设计高精尖创新中心保持一致，而在页面色彩上选择与建筑遗产气质相符的蓝色（世界遗产官网色彩以蓝色为主），并结合建筑遗产研究院工作特色进行版块设计，兼顾了统一性与个性化的设计内涵。

（三）教学工作

【概述】建筑遗产研究院的教学工作包括承担学校通识核心课《建筑文化遗产保护概论》，承担研究生设计课程，参与建筑与城市规划学院设计课程与理论课程的讲授。

【学校通识核心课】《建筑文化遗产保护概论》，是一门面向我校各专业 1~2 年级学生的通识教育课程。课程以国内外各类案例为基础，较为全面地介绍国内外建筑遗产保护发展历程及相关理论、方法，注重学科交叉性，以及对学生文化素养的提高训练。课程共计 24 课时，12 章节内容。包括国内外建筑文化遗产保护的发展历程、建筑遗产保护的思想与主要理论、建筑遗产保护的法规体系、建筑遗产保护的对象与内容、建筑遗产保护的原则与目标、国内外历史城市保护方法与案例解析、国内外历史街区保护方法与案例解析、国内外乡村保护方法与案例解析、国内外历史文物建筑保护方法与案例解析、国内外工业遗产保护方法与案例解析、国家公园等保护方法与案例解析。课程考核方式为组织一次建筑文化遗产调研，并要求学生完成一份建筑遗产保护报告。

【历史建筑遗产评估】《历史建筑遗产评估》是针对历史建筑保护工程专业本科生的专业教育类必修课以及风景园林专业本科生的专业教育类选修课。本课程是基于中国建筑史、外国建筑史以及历史建筑工程的延伸课程，针对历史建筑保护工程专业的培养需求，对建筑遗产的评估从宏观到微观进行分层次、分专题的讲授，以达到认识建筑遗产评估的必要性、初步掌握评估要点、了解评估的技术需求以及评估在建筑遗产保护中的作用等教学目标。本课程将从评估对象出发，针对不同类型的建筑遗产进行专题讲授，同时针对目前遗产保护界的遗产影响评估进行介绍。课程以讲授为主，辅以课堂讨论与课后实践，使学生能够从实际案例中更好地掌握建筑遗产评估的程序与技术，完成最终的结课报告。

（四）科研工作

【概述】建筑遗产研究院承担的科研工作，包括出版专著，承担横纵项科研项目等。建筑遗产研究院主持的建筑遗产保护与利用的科研课题，包括历史城市与街区保护规划、文物保护规划、城市设计、建筑遗产保护工程设计、建筑遗产遥感监测、数字化、文物环境影响评估、文物环境保护与整治设计等类型。

【长城志·建筑】《建筑》是《中国长城志》自然科学专业性最强的一卷。基于"以实证、科学研究为基础，以客观、全面描述为内容，以图文结合为特征"的定位目标，作者凭借从事长城研究与保护工作30余年的知识储备及经验积累，在10余年的编制过程中，通过梳理各时期史料记录长城建筑信息，并以建筑学专业描述方法，对长城建筑的选址与布局、建筑结构、建筑材料、建筑方法等方面进行系统解析与论述。特别是利用测绘手段绘制长城建筑的三视图，均是作者团队所补充的长城实测数据，为修复、保护长城提供了科学依据。出版之后，书中所构建的长城建筑学理论，展现的长城单体建筑的建筑图纸多次被长城保护所利用。其中，最具代表性的是《长城经典建筑实测丛书》（10本，江苏凤凰科学技术出版社）引用了本书的大量数据及测绘图。此外，因书中实测图纸大部分来自作者承担的长城保护工程项目，故在《建筑》出版前作者团队所测绘的长城数据就已经运用到长城保护中，如第一次公布的鸡鹿塞塞城及烽火台、八达岭长城及关城、万全右卫城、岔道城、沿河城、辽东镇大毛山边墙、宁夏镇水洞沟边墙、宁夏镇西线边墙三关口段及北岔口段等长城实测数据，为当地保护长城，进行长城修复提供了依据。而其他收录的各地文保所、长城关隘管理部门的长城建筑实测图，如克孜尔尕哈烽燧、黑山八道壕烽火台等，则由作者团队完善历史与现状研究，统一制图标准，为新疆维吾尔自治区库车县、辽宁锦州市黑山县文物管理部门的长城保护提供了数据支撑，并使这些珍贵的长城建筑遗产首次呈现在专业论著中。

除了被地方文物部门应用采纳外，为回馈社会与相关部门的关注与帮助，在2017年《中国长城志》新书发布会暨赠书仪式上，出版单位向国家博物馆、国家图书馆、中国长城学会、中国文物基金会、中国长城博物馆、山海关长城博物馆等单位代表赠送新书，为广大读者提供借阅平台，产生较好的社会效益。

2017年11月，《长城志》获得第30届华东地区科技出版社优秀科技图书一等奖。

【北京长城国家公园资源价值整合及保护利用模式研究】建筑遗产研究院一直秉承服务国家建设需求的科研目标，在2017年主持的北京建筑大学未来城市设计高精尖创新中心开放课题《北京长城国家公园资源价值整合及保护利用模式研究》，旨在对北京地区以长城为载体的国家建设关键问题进行研究。国家公园建设对于优化国土空间布局、维护国家生态安全、实现国家可持续发展、提升国家软实力、加快生态文明建设、完善中国保护地体系、保护生物多样性、提升民族自豪感、保护自然文化遗产均具有重大战略意义。目前，关于国家公园宏观层面的顶层设计和体制试点正在有序推进中，近期这一工作完成后，国家公园的建设也将正式提上议事日程。本课题以北京长城国家公园为研究对象，在对北京长城周边文化资源、自然资源和生态系统进行全面调研和系统梳理的基础上，分析现存问题及成因，探讨其中利益相关者与国家公园各种资源要素保护的关系，重点在中、微观层面对其资源价值、价值评估、价值整合、资源构成、空间确界、管理分区、保护模式和利用模式等内容展开多学科研究，以期实现集成创新，为推动北京长城国家公园的前期建设和中后期发展、加强宏观体制与建设实践间的衔接提供理论支撑，为长城资源的整体保护和北京长城文化带的建设提供新的思路。

【北京市城市副中心东方化工厂工业遗产保留规划研究】项目将充分研究国际国内对现代

工业遗存的保护利用理论与方法，分析、归纳国内外经典案例，为本研究项目提供基础理论与实践的支持。同时，拟对东方化工厂工业建筑群及其周边工厂建筑进行详细的调查评估，调查内容包括东方化工厂的历史沿革和生产产品及工艺流程，理清厂区内各个构成单位的地权关系，同时调查规划研究范围内的建筑质量、建筑结构、建筑形式、设备类型、设备结构、绿化景观、土壤与地下水等环境污染情况等，并根据评估，提出对工业遗产的初步留存方案，并形成建议性研究报告，给政府决策提供支持。本项目研究有利于东方化工厂的历史文化价值、绿心公园休闲服务价值、工业遗产生态教育价值、文化创意展示旅游价值、环境修复示范价值等得到充分展示，对提升北京副中心的环境品质和生态教育示范作用意义重大。项目成果将对绿心中的东方化工厂存留的经济价值进行科学判断，最大限度地降低工厂的拆除工作将对地块环境及废弃物去向环境的污染与损害；拓展东方化工厂工业遗产未来可能带来的休闲、旅游、教育、展示、情感、文化等功能的经济价值。探索东方化工厂工业遗产留存与景观生态修复双赢的成功之路。

【国家文物局《文物建筑开放利用案例指南》编制项目】受国家文物局委托，北京建筑大学建筑遗产研究院承担《文物建筑开放利用案例指南》的课题。自2015年启动至2017年，历经两年的《文物建筑开放导则》将在近期由国家文物局公布。为了深入和细致的延续文物建筑开放利用工作，向社会和公众倡导正确的文物保护理念，推广优秀的开放利用方法，计划开展文物建筑开放的系列推广和引导工作。近期计划首先开展文物建筑开放利用优秀案例的解读。通过广泛调查并征求各方意见，收集一批不同地区、不同类型、不同功能的文物建筑开放利用案例，以图示语言进行解读，使公众以及专业工作者能够从已有实例中了解哪些文物建筑利用的做法是适合的、好的，哪些是不适合而需要改进的，以此给社会以正确的引导，提高公众对文物认知的水平，从而促进文物保护与利用的双赢。本项目目前考虑所选40处案例以国内的文物建筑为对象。案例的确定主要采取地方管理部门推荐、专家推荐、过往资料信息检索查询、现状调查、公众参与等多种方法。其筛选过程应有多方参与，在确定每一处案例主要解读内容后，提交国家文物局相关部门讨论认可。

2017年建筑遗产研究院承担的主要科研课题一览表

序号	项目名称	项目来源	负责人	参与人	起止时间（年）	项目类别
1	北京长城国家公园资源价值整合及保护利用模式研究	北京未来城市设计高精尖创新中心	蔡超	汤羽扬、张曼	2017~2019	纵向
2	北京市城市副中心东方化工厂工业遗产保留规划研究	北京市规划和国土资源管理委员会	汤羽扬	汤羽扬、蔡超、张曼	2017	横向
3	国家文物局《文物建筑开放利用案例指南》编制项目	国家文物局	汤羽扬	汤羽扬	2017~2018	横向
4	北京市西城区区级文物保护单位建控地带的规划研究	北京市规划委员会西城分局委托	汤羽扬	汤羽扬、张曼、李春青	2017~2018	横向
5	北京市西城区文物普查项目保护范围划定（第一批）	北京市规划委员会西城分局委托	汤羽扬	汤羽扬、李春青、张曼	2017~2018	横向

（五）国内外交流

【概述】建筑遗产研究院借助各方面资源，在学校层面组织建筑遗产保护领域的国际及国内交流活动。国际交流活动，2017年，建筑遗产研究院完成韩国建筑与城市政策研究院研究员榮博士作为访问学者到我校交流一年的培养任务。该访问学者是我校接收的第一位国际上的访问学者，具有重要意义。国内交流活动，2017年，建筑遗产研究院与国家文物局文物、北京市文物局、北京市规划委员会西城分局等政府部门签署合作协议，就科研研究展开学术交流。

【访问学者】2017年，建筑遗产研究院完成韩国建筑与城市政策研究院研究员車株榮博士的访问学者交流培养任务。建筑遗产研究院副院长汤羽扬教授作为車株榮博士的国内导师，建筑遗产研究院提供車株榮博士的科研计划、素材及办公学习场所。

（六）重大事件

5月7日，城市历史保护与发展团队（建筑遗产研究院）完成北京未来城市设计高精尖创新中心2016年重大项目中期检查工作会。

8月30日，《长城志·建筑》出版，同年获得第30届华东地区科技出版社优秀科技图书一等奖。

二、海绵城市研究院

（一）概况

2015年11月10日，北京建筑大学海绵城市研究院正式成立。海绵城市研究院的成立是学校贯彻落实《京津冀协同发展规划纲要》，落实市委、市政府疏解非首都功能工作要求，服务北京的"四个中心"功能定位的重大举措，是全面推进两校区办学的"两高"战略布局的要求，为西城校区建设高层次人才培养基地、高水平科技创新成果转化和产学研协同创新基地奠定了坚实基础。

海绵城市研究院主要任务：作为国家海绵城市建设的智库，推进国家海绵城市建设发展、城市绿色发展、城市设计、城市雨水控制与内涝防治等方面的科技创新，促使科技成果转换为现实生产力。其意义在于：有助于我校抓住海绵城市建设这一重要契机和发展机遇，全面参与到海绵城市建设相关研究和工程实践工作，推进科研体制改革和专职科研队伍建设，进一步提升和巩固我校在海绵城市建设和可持续城市排水领域的领先优势，继续引领北京市和全国该行业的发展。

（二）组织机构

海绵城市研究院设有"规划咨询中心""模型评估中心""监测分析中心""技术研发中心""学术事业中心""综合行政中心"等中心。前四个为海绵城市研究院核心研究部门，依托于"城市雨水系统与水环境教育部重点实验室"和"北京市可持续城市排水系统构建与风险控制工程技术研究中心"开展工作，研究成果服务于两大研究基地，技术研发方向主要包括：海绵城市建设规划设计与咨询、海绵城市建设相关模型研发与评价、雨水与水环境水质水量监测与分析、城市雨水综合管理技术研发与转化；学术事业中心负责学术杂志《雨水管理》创办与后续运行管理、专业培训、学术会议组织、教材编写等工作；综合行政中心负责海绵城市研究院日常运行管理工作，包括财务、外联、项目管理等。

院长由李俊奇担任。2017年，根据学校的总体安排，引进了1名博士后王文亮担任院长助理，合同聘用人员3名；其余均为学校老师兼职工作。后期根据工作需要，将加大在职人员的招聘，建立一支具有一定规模和层次合理的专职科研队伍，促进学校科技创新能力的提升。

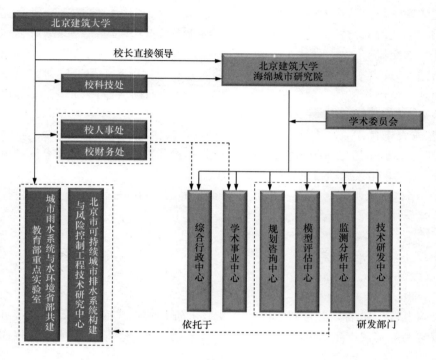

海绵城市研究院组织形式

（三）科研成果和成果转化

1. 发表论文

2017年，发表科研论文10篇（其中SCI检索论文4篇）：

（1）城市道路用于大排水系统的规划设计方法与案例．给水排水，2017，43（4）．李俊奇，王耀堂，王文亮．内容：大排水系统作为海绵城市建设的重要内容，我国仍然缺乏大排水系统的具体规划设计方法，进一步梳理了大排水系统的概念、构成及其与海绵城市相关子系统的衔接关系，提出了大排水系统的规划方法与地表径流行泄通道的设计方法，并以某城市片区内涝防治系统构建为例，通过案例介绍了道路径流行泄通道的设计，以期为我国大排水系统的合理构建提供参考。

（2）海绵城市建设配套机制保障措施探讨．给水排水，2017，53（06）：57-62.王二松，李俊奇，刘超，王文亮．内容：科学的机制设计是海绵城市建设顺利进行的重要内容和关键环节。探讨了由组织保障、制度保障、技术保障、资金保障和公众参与五部分组成的海绵城市建设机制保障体系及其核心内容，以期为全国各城市开展海绵城市建设提供参考与借鉴。

（3）基于问题导向的建成区海绵城市建设策略．给水排水，2017，53（08）：41-46.李俊奇，黄静岩，王文亮．内容：以问题为导向的更新改造生态修复是建成区海绵城市建设的主要指导思想,在分析建成区海绵城市建设中所存在困惑和挑战的基础上,总结了当前我国建成区海绵城市建设的主要目标及其影响因素,提出了基于问题导向的建成区海绵城市建设思路,以期为建成区海绵城市规划建设提供借鉴。

（4）道路生物滞留带削减雨水径流的实测效果研究. 中国给水排水,2017,33（11）:120-127. 黄静岩,李俊奇,宫永伟,王文亮,陆利杰,张毅. 内容：通过对深圳市某道路生物滞留设施进行雨水径流监测试验,研究生物滞留设施对道路雨水径流的削减效果及影响因素。结果表明,当降雨总量为3.3~76.7mm、平均雨强为0.03~0.67mm/min时,生物滞留设施对道路雨水径流的场次径流总量控制率为50.5%~100%,峰值流量削减率为53.4%~100%,滞峰时间可以达到2min以上。生物滞留设施对场次降雨量小且平均降雨强度小的道路径流削减效果较好。

（5）基于低影响开发的生态停车场优化设计研究. 现代城市研究,2017,(01):75-81. 侯嘉琳,李俊奇,王文亮,刘超,任艳芝. 内容：通过转变传统停车场径流雨水以排为主的设计理念,在生态停车场建设中纳入低影响开发技术,合理布置及优化设计低影响开发设施,能够有效提高停车场自身的生态效益。

（6）海绵城市建设中生物滞留设施应用的若干问题分析. 给水排水,2017,43（1）:54-58. 杜晓丽,韩强,于振亚,李俊奇. 内容：生物滞留是海绵城市建设过程中应用最广泛的低影响开发技术之一。但在具体的实施和应用过程中,生物滞留技术却面临着诸多问题。如在工程应用过程中由于概念不清而导致的应用盲目性、长期工程追踪的缺乏致使生物滞留设施生态风险预期不足、海绵城市热潮下的快速推进致使生物滞留设施建设缺乏运行维护考虑等。在分析介绍生物滞留技术种类、适用条件和设计方法的基础上,指出海绵城市建设中生物滞留设施应用需要重视的关键环节,并提出建议。

（7）The effect of different surface materials on runoff quality in permeable pavement systems, Environmental Science and Pollution Research, 2017, 24 (26), 21103-21110, Li Haiyan, Li Zhifei, Zhang Xiaoran, Li Zhuorong, Liu Dongqing, Li Tanghu, Zhang Ziyang.

（8）The characteristics of dissolved organic matter (DOM) in storm sewer sediments and the binding interaction with Cu (II) in four typical regions in Beijing, China, Water Science and Technology, 2017, 76 (1), 155-163, Zhang Ziyang, Li Kun, Zhang Xiaoran, Li Haiyan.

（9）The behavior of phosphate adsorption and its reactions on the surfaces of Fe-Mn oxide adsorbent. Journal of the Taiwan Institute of Chemical Engineers, 2017, 76 (7): 167-175 (SCI). Xiaoli Du, Qiang Han, Junqi Li, Haiyan Li.

（10）Removal of Heavy Metals from Urban Stormwater Runoff Using Bioretention Media Mix. Water, 2017, 9, 854-873. Jianlong Wang, Yuanling Zhao, Liqiong Yang, Nannan Tu, Guangpeng Xi, Xing Fang.

2. 标准文件编制

（1）主编《海绵城市建设评价标准》（国家标准）
（2）主编《海绵城市建设实用手册》（完成初稿）
（3）《北京城市副中心雨水径流总量控制指标统计分析模型》

(4)《北京城市副中心雨水径流总量控制绩效评价模型》
(5)《北京城市副中心典型用地总量控制指标分解优化方案》
(6)《北京城市副中心海绵城市建设技术体系与PPP模式建立》
(7)《北京城市副中心雨水排放管理制度》

3. 成果转化

(1) 参编《北京市通州区海绵城市建设专项规划》
(2) 北京城市副中心海绵城市建设试点区技术咨询服务
(3) 完成《北京城市副中心海绵城市建设试点区系统化实施方案》
(4) 白城市海绵城市建设专家咨询团队咨询服务
(5) 白城市海绵城市非工程类技术文本编制咨询
(6) 松原市海绵城市建设项目前期咨询服务
(7) 完成敦化市海绵城市建设相关规划编制
(8) 庄河市海绵城市整体咨询及相关服务
(9) 低影响开发雨水控制利用设施维护与管理规范研究

(四) 获奖情况

1. 2017年全国绿色建筑创新奖一等奖：卧龙自然保护区中国保护大熊猫研究中心灾后重建项目。

2. 论文《雨水径流总量控制目标确定与落地的若干问题探讨》荣获《给水排水》优秀论文特等奖。

(五) 发明专利

1. 一种截流型雨水篦子
2. 一种零价铁球制备方法
3. 一种悬挂式雨水口自动溢流截污装置
4. 一种自动翻转式雨水口截污装置
5. 一种处理道路径流雨水的组合装置
6. 生态雨水渗蓄回用系统
7. 高位雨水渗蓄回用系统
8. 一种组合式雨水渗滤树池
9. 道路雨水弃流系统及道路雨水渗滤系统

(赵丰昌　王文亮　李俊奇)

三、北京未来城市设计高精尖创新中心

(一) 概况

北京未来城市设计高精尖创新中心由北京建筑大学牵头，联合清华大学、中国建筑设计研究院、中国城市规划设计研究院、北京市建筑设计研究院、北京市城市规划设计研究院等共同组建而成。2016年5月获北京市教委批准认定为"北京高等学校高精尖创新中心"。目前是北京市唯一的建筑类高精尖创新中心，也是国内城市设计领域唯一的高精尖创新中心。

高精尖创新中心的设立是北京市贯彻落实习近平总书记关于加强城市设计、治理"大城市病"、提升城市规划建设管理水平系列重要讲话精神的重大举措，是落实北京建设全国科技创新中心的重大举措，是落实北京市和住建部共建北京建筑大学的重大举措，是我校创新服务首都北京新定位、服务北京规划建设的重大科技创新平台。高精尖创新中心以满足国家重大战略需求和在城市设计基础学科领域冲击世界一流为导向，以机制体制创新为关键，力争建成国家级高端智库，为首都北京乃至全国的城市设计领域提供先进的技术支撑服务体系。

高精尖创新中心主要研究领域为：城市设计的理论与方法体系、文化遗产保护与城市有机更新、绿色城市与绿色发展。

（二）人才队伍建设

高精尖创新中心实行理事会领导下的主任负责制，设立学术委员会、国际咨询委员会、监督委员会、运行委员会等机构。

截至 2017 年 12 月，已汇聚 28 名国内外顶级科学家，主任是崔愷（中国工程院院士）；学术委员会主任是王建国（中国工程院院士）；学术委员会委员包括：江亿（中国工程院院士）、李德仁（中国工程院院士）、孟建民（中国工程院院士）、聂建国（中国工程院院士）、仇保兴（中国工程院院士）、曲久辉（中国工程院院士）、肖绪文（中国工程院院士）、岳光溪（中国工程院院士）、周福霖（中国工程院院士）、庄惟敏（全国工程勘察设计大师）、钱七虎（中国工程院院士）、翟婉明（中国工程院院士）、Niall Kirkwood、Roy Strickland。国际咨询委员会委员包括：Sheldon Fialkoff、刘泓志、Mark van Loosdrecht（荷兰皇家科学院院士、荷兰工程院院士）、Douglas Kelbaugh、Robert Fishman、Daniel Friedman、Michael Sorkin（美国艺术与科学学院院士）、Jonathan Barnett、Dennis Frenchman、Rodolphe el-Khoury、Kuzmin Alexander（俄罗斯建筑土木科学院院士、俄罗斯艺术科学院院士）、象伟宁。形成了由百余名国家教育部"长江学者"、中组部"千人计划"、"杰出青年"、北京学者、长城学者等具有国际影响力的复合交叉型科研队伍。

高精尖创新中心的研究机构有：雄安创新研究院、中国建筑思想文化研究院、建筑遗产研究院、海绵城市研究院、地下空间与综合管廊研究中心、中-荷未来污水处理技术研发中心、绿色建造研究院、城市管理研究院、智慧交通研究院、智慧城市研究院、古建大数据研究中心。

（三）科研成果

1. 一期启动九大科研团队。科研团队采用校内校外双 PI 负责制，王建国院士与金秋野教授负责城市设计理论方法体系创新团队，崔愷院士与胡雪松教授负责城市更新关键技术研究创新团队，庄惟敏教授与汤羽扬教授负责城市历史保护与发展创新团队，侯兆新教授与张爱林教授负责绿色建筑关键技术研究与应用创新团队，Maria Feng 教授与李爱群教授负责工程抗震防灾与绿色发展创新团队，江亿院士与张群力教授负责城市能源系统智能化与互联创新团队，钱七虎院士与戚承志教授负责城市地下综合管廊工程安全创新团队，刘会娟教授与李俊奇教授负责海绵城市建设与水质水量风险防控创新团队，陈军教授与杜明义教授负责城市设计大数据获取与处理创新团队。

2. 服务北京城市副中心主要成果。与通州区政府签署全面合作协议，启动副中心城市建设与设计专题研究。高精尖创新中心组织北京建筑大学相关专家承担了12项城市建设技术研发与服务项目，主要包括"北京城市副中心旧城更新城市设计研究"、"北京城市副中心南大街节点、九棵树节点、污水处理厂节点城市设计及模型设计"、"北京城市副中心环境品质提升具体措施"、"通州文旅区公共绿地顶层设计研究"、"北京城市副中心街道设计导则"、"通州区乡村公路网规划专题研究项目"、"通州文旅区建设现场管理研究"、"北京城市副中心海绵城市建设技术总咨询"、综合管廊等，成为副中心建设的重要智库之一。

3. 服务北京城乡建设主要成果。高精尖创新中心先后主持和参与了北京旧城"城市双修"规划策略研究、什刹海环湖区有机更新研究、北京西城区街道城市设计导则、北京大兴区街道整治设计方案等研究项目；主持完成北京新机场航站楼钢结构关键性能试验、地下综合管廊标准法规经济及安全技术研究等重大课题，从城市更新、生态修复、市政基础设施等层面开展科技服务，得到了相关建设管理部门和学界的认可与肯定。

4. 服务雄安新区建设主要成果。2017年5月高精尖创新中心主动对接雄安新区，积极参与雄安新区前期规划和建设。2017年7月~8月，应雄安新区管理委员会委托，先后协助雄安新区出台《雄安新区拆迁测绘技术标准》、《雄安新区征迁安置工作手册》、《雄安新区房屋重置成新价技术标准》等文件，为雄安新区前期科学拆迁提供了有力支撑，同时北京建筑大学借助无人机测绘等先进技术，建立了雄安新区首个数字拆迁"上店村三维影像数据库"，为新区数字化拆迁提供了理论和实践依据。

2017年9月北京建筑大学再次作为核心组织单位参与"雄安新区建设创新模式模拟推演工作营"，并作为组长单位独立完成了《一会一函一监基本建设程序与IPD项目管理模式建议》、《土地配套政策研究报告》、《片区运营综合效益评价》、《雄安新区时空价值地图云平台设计与模拟》等一系列专题研究成果，为雄安新区起步建设提供了理论依据，雄安新区高度认可中心在服务雄安新区建设方面的科研实力、团队精神与社会服务能力，雄安新区管理委员会专门发来致谢信感谢北京建筑大学的智力支持。

2017年11月，国家自然科学基金委员会管理科学部发布了应急管理项目"安全韧性雄安新区构建的理论方法与策略研究"，高精尖创新中心利用前期参与雄安建设的优势成功申请了其中的"雄安新区城市基层社区风险评估机制与韧性提升策略研究"课题。

5. 成果统计。截至2017年12月，高精尖创新中心各研究团队已出版学术理论著作40余部、在顶级期刊累计发表学术论文168篇、获得专利67项、国内实用新型/外观设计18项、实现重大成果转化27项。高精尖创新中心支持的项目或科研团队获国家级奖1项，省部级奖4项，行业协会奖9项。

（四）国内外交流

1. 高层互访交流。2017年3月，执行主任张爱林教授率高精尖创新中心学术代表团出访美国夏威夷大学商谈合作事项；2017年7月，中心副主任张大玉教授率高精尖创新中心学术代表团出访美国哈佛大学、麻省理工学院、纽约城市学院、美国AECOM设计集团等，就双方的国际工作营、联合培养、交换生项目等展开交流，研讨合作计划、签署合作协议。

2. 多形式推进北京建筑大学人才培养国际化进程。2017年3月与美国迈阿密大学联合举办"中国都市化研究国际联合工作营"；7月~8月期间与美国哈佛大学、美国密歇根大学、英国剑桥大学、日本名城大学、新加坡国立大学等国际著名高校联合开展主题为"城市设计创新研究"的暑期国际城市设计联合工作营；12月，派出3名学生到美国AECOM设计集团实习3个月。海外交流项目是北京建筑大学对国际教育教学方法的具体实践，更是对国际化办学的深入探索。全年组织国际知名教授学术访问周4次、全年邀请国内外城市设计专家举办高端学术讲座20余场，促进了北京建筑大学相关专业国际融合创新，全面推进北京建筑大学教学、科研、人才培养国际化进程。

（五）重大事件

2017年5月，联合中国建筑学会举办"首届建筑遗产保护博士论坛"。

10月，高精尖创新中心与住房城乡建设部联合设立2017年度开放课题，立项课题纳入"住房城乡建设部2017年度科学技术计划"。

组织北京建筑大学相关领域的科研成果参加"第十七届中国国际城市建设博览会"。

11月，联合中国工程院等举办"国际工程科技发展战略高端论坛北京分论坛暨2017（第二届）北京城市设计国际高峰论坛"等。

2017年，高精尖创新中心参加了北京市规划和国土资源管理委员会举办的4次"北京副中心建设成果展"，组织了"北京建筑大学通州旧城规划建设成果展"、"暑期五大国际联合设计工作营教学成果展"，宣传了科研创新成果，得到了各级领导和部门的肯定与好评。

（徐加佳　李春青　李雪华）

第十五章 社 会 服 务

一、北京建大资产经营管理有限公司

（一）概况

北京建大资产经营管理有限公司是北京建筑大学在整合学校科技产业基础上，出资设立的国有独资公司，代表学校经营和管理国有经营性资产，履行学校经营性资产管理职能；按照现代企业制度规范运行，加强科技成果孵化和产业化，以建立创新型科技企业为重点，支持学校科研和学科建设；以构建产学研为平台，以科技成果推广为核心，开展形式多样的技术服务，推动学校产业发展，充分发挥学校服务社会的职能。

资产公司实行董事会领导下的总经理负责制，依托学校在建筑行业深厚的技术优势以及地域优势，本着人文企业、知识创新、忠诚敬业的企业精神不断发展壮大。资产公司主要从事投资管理、成果转化、企业孵化、资产运营、企业整合等业务。通过资本运作和资产经营，资产公司所属企业经营范围形成含有建筑设计、建筑施工、工程监理、工程咨询、造价管理、招标代理、房地产开发以及材料检测和测量的建筑行业"一条龙"产业链。

资产公司在学校经营性资产管理委员会的领导下，积极建立和完善"产权明晰、责权分明、校企分开、管理科学"的现代企业制度；建立规范的公司法人治理结构；进一步深化内部改革，建立健全有效的内部监督约束和竞争激励机制。资产公司在制定科技产业发展规划、整合学校国有经营性资产、调整校办产业结构等方面发挥着积极作用，为将学校建设为高水平、有特色的建筑大学作出应有的贡献。

（二）组织活动

1月10日上午，资产公司在西城校区召开2016年度校办企业主要负责人述职述廉暨新一届企业负责人任命大会。

3月14日，我校与北京市农村工作委员会、房山区南窖乡政府和北京建工建筑设计研究院等在西城校区第七会议室，共同召开北京市重点工程水峪村保护修缮实施方案编制推进会。

3月14日，德国SWECO公司Steiger博士和该公司北建大77届校友胡军应邀到访我校，进行为期3天的学术交流并针对相关领域合作进行洽谈。

4月1日上午，副校长、资产公司董事长张大玉在学校第八会议室主持召开资产公司第一届董事会和监事会第四次联席会。

4月，设计院荣获2016中国医院建设"匠心奖"——年度优秀品牌服务企业。

4月13日上午，资产公司在学宜宾馆报告厅组织召开了2017年第1次校办企业经理书记工作会。

4月14日,第十四届中国土木工程詹天佑奖(简称"詹天佑奖")颁奖大会在北京举行,我校设计院参与设计的北京地铁15号线工程荣获詹天佑奖。设计院院长边志杰、项目负责人李志阳,应邀出席了颁奖大会并上台领奖。

4月21日,资产公司党支部组织党员前往北京市规划展览馆参观《北京城市总体规划(2016年~2030年)》草案展览。

5月12日,学校与贵州省驻京办事处举办《"智力援黔"活动方案》研讨会。贵州省驻京办事处党组书记、主任武桂芳,副主任王心一,安顺市市政府副秘书长、驻京办事处主任冷朝阳参加研讨会。学校副校长张大玉,北京未来城市设计高精尖创新中心办公室、建筑与城市规划学院、科技处和资产公司等部门和单位负责人参加了研讨会。研讨会由资产公司总经理丛小密主持。

7月20日,资产公司召开2017年暑期党政工作务虚会,集中研讨校办产业整体发展战略。资产公司及各下属企业总经理、常务副总经理、党支部书记参会。

7月20日,资产公司举办综合管理办公室骨干培训班。学校党政办公室副主任齐勇及北京良元培训首席讲师任国良受邀为资产公司综合管理办公室骨干培训。

9月14日下午,资产公司党委书记祖维中在西城校区大学生活动中心113会议室主持召开公司党委会,专题研究布置出席学校第六次党代会代表选举和学校"两委"委员推荐工作,审议通过《中共北京建大资产经营管理有限公司委员会选举出席学校第六次党代会代表选举工作方案》和《中共北京建大资产经营管理有限公司委员会推荐学校新一届党委委员和纪委委员工作方案》。资产公司党委全体委员参加会议,资产公司党委所属各党支部书记列席会议。

9月,资产公司党委书记祖维中、总经理丛小密,党委副书记王建宾、副总经理王玮等领导到京精大房监理公司监理的北京城市副中心项目进行了调研并对项目监理部人员进行慰问。监理公司总经理赵群、常务副总经理刘文,公司党支部书记李文华等领导陪同调研。

12月13~14日,资产公司分工会组织校办企业职工开展趣味运动会。资产公司党委书记祖维中主持了本次运动会、资产公司总经理丛小密、副总经理田成钢、副书记王建宾及各企业职工代表齐聚大学生活动中心,积极参加了本次活动。运动会项目包括:跳绳、踢毽子、托球跑以及趣味羽毛球、乒乓球等。活动开始前,资产公司党委书记祖维中致开幕词,他鼓励大家"积极参与、劳逸结合、团结协作",在日常工作之余,多关注自身健康,注重加强锻炼,展现出北建大教职工健康向上的精神风貌。

二、科技型企业

(一)北京建工建筑设计研究院

1. 公司概况

北京建工建筑设计研究院隶属于北京建筑大学,成立于1960年,是拥有建筑工程设计、文物保护工程勘察设计、城乡规划编制三项甲级资质,风景园林设计和旅游规划设计两项乙级资质的综合类大型国有设计机构,同时,也是北京市高新技术企业、ISO系列认证企业及北京市纳税A级企业。

设计院由 18 个教授工作室、建筑方案室及 4 个专业设计室、BIM 技术工作室、10 个综合设计所、9 个研究中心及 4 个外埠机构组成。全院专职技术人员 460 余人，包括设计大师、注册建筑师、注册结构师、注册城市规划师、注册公用设备工程师、注册电气工程师、注册造价工程师等各类高级技术人员百余人，组成了经验丰富、技术过硬、专业齐全、具有较高设计与科研水平、具有鲜明特色及创新精神的设计团队。

北京建工建筑设计研究院依托北京建筑大学教学、科研资源，通过多年来的社会服务与各政府部门建立了良好的社会关系。北京建工建筑设计研究院拥有强大的校友团队及国内外知名专家教授团队，包括国家领导人李瑞环、书法大师爱新觉罗·启骧、两院院士周干峙教授、李德仁教授、中国工程院院士李圭白教授、张在明教授、全国勘查设计大师胡越教授、沈小克教授、刘桂生教授、全国民居大师业祖润教授和一批国内外有影响的教授、专家等。

设计院作为建筑与城市规划学院、土木与交通工程学院、环境与能源工程学院、电气与信息工程学院、测绘与城市空间信息等学院的教学、科研与实践的基地，并通过与美国、德国、法国、日本、澳大利亚、加拿大等国外高校、科研机构和建筑事务所的长期合作，不断提升设计水平与综合实力，逐渐形成以建筑设计、城市规划为主体，以文物遗产保护和研究中心创新为特色、以设计和科研为两翼的城乡建设领域全覆盖体系，搭建了规划、设计、科研综合发展平台。

北京建工建筑设计研究院集合国内外优势资源为客户提供完善的项目创作与配套服务，重点服务包括：策划咨询、城市规划、产业规划、建筑设计、旅游规划、景观园林、室内设计、BIM 技术应用、检测加固及绿色设计等。50 余年来，设计院已承接完成各类工程项目数千余项，获得各类奖项百余项。北京建工建筑设计研究院一贯遵循"诚实守信，业广惟勤，博蓄出新，厚德共赢"的精神，热情地为国内外各界提供优质的设计与服务。

2. 管理工作

【概述】 2017 年北京建工建筑设计院在北京建大资产经营管理有限公司的领导下，依托北京建筑大学，树建大品牌。完善产学研平台建设。引进专业化经营人才，经营进一步向前端延伸，提升经营能力。加强平台化管理，模糊部门边界，树立大综合管理服务理念，为最终实现全院平台化，全面提升综合效率夯实基础。进一步明确院所责权利关系，借鉴成熟设计院的经验，以专业、综合所开展试点，逐步推广，实现院、分院和所两级管理。加强骨干核心团队建设，按照因材施策、综合施策的原则，完善制度建设。推广新技术应用，促进信息化建设。强化风险意识，严格把控技术质量、财务税务、用工管理等风险，特别是新业务、新技术推动企业变革所带来的新风险，提升风险全面防控能力。继续深化产学研工作，助力教学培训，推动科研创新，深挖校友资源，形成以教养市、以研育市、以友拓市，将教学培训、科研创新、校友资源迅速转化为经营成果的全新局面。2017 年设计院在制度建设、企业管理、技术质量、市场经营、人力资源等各方面取得了可喜的成绩。

【顺利完成法人代表变更并组建新的领导班子】 1 月，经北京建筑大学和北京建大资产管理有限公司的批准，由边志杰同志担任设计院院长职务，同时担任企业法人代表。同时，设计院新一届领导班子组建完成。新的领导班子成员包括：院长边志杰、常务副院长王玮、常务副院长李维、党支部书记顾静、副院长王玥、总建筑师孙明、院长助理倪越。

【美国大学代表团访问设计院】6月8日，由美国夏威夷大学、夏威夷太平洋大学组成的代表团一行来到了北京建筑大学进行考察交流，寻求全面合作。期间，美校方代表在副院长王玥和丁奇教授的陪同下，在设计院院进行了参观访问。

【启用理正办公系统的申请盖章审批程序】9月，设计院正式启用理正办公系统中的申请盖章审批程序，将涉及到行政类、人事类、财务类、工程类的各种盖章申请进行规范化及信息化管理模式。此举不仅提高了综合办公室的办公效率，规范了各类盖章审批流程，还大大提高了设计院的信息化管理水平，为进一步规范管理奠定了基础。

3. 经营工作

【概述】通过设计院全体员工、广大师生的共同努力，2017年实现新签合同2.85亿元，完成预定目标2.6亿元的110％，实现产值2.27亿元，完成预定目标2亿元的113％，完成上交学校580万元，完成预定目标550万元的105％。

【组织召开2017经营研讨会】5月24日，设计院组织召开了2017年的经营研讨会。研讨会主题为"整合资源、理清思路、战略布局"。包括院领导、各部门负责人、教授在内的七十余人参加了会议。会议由常务副院长李维主持。

此次会议旨在巩固落实我院的经营发展策略，在依托北京建筑大学的教学、科研资源以及多年来良好的社会关系下快速发展。与以往座谈形式不同的是，本次会议采取了主题报告+微论坛的模式，近两天的会议中，从未来城市设计高精尖到行业动向与应对，从经营分析到制度与质量的重视，从产业融合到产学研结合，从轨道交通到建筑，从战略布局到城规发展，都作了精彩的主题报告，并针对文保市场的未来策略、合作与机制、综合优势与错位优势、城市规划的未来等命题进行了热烈的讨论。

【参展"第二届国际建筑遗产保护与修复博览会"】8月，设计院组织参展"第二届国际建筑物与修复博览会"，展示了我院在古建文保领域的自有实力、突出成绩和领先优势，提高了企业知名度与行业影响力。

【参加中丹宜居城市圆桌会议】9月24日，2017北京国际设计周创新设计服务大会"走进丹麦生活-2018北京国际设计周主宾城市"主题活动在歌华大厦举行，"中丹宜居城市圆桌会议"同步举办。北京建筑大学范霄鹏教授，设计院常务副院长、北京北建大城市规划设计研究院长王玮受邀出席了此次圆桌会议，并就"城市文脉和宜居城市"作出了主题学术报告。

【参展"第一届中华传统建筑文化博览会"】11月1日，设计院组织参展"第一届中华传统建筑文化博览会"，展示了我院在古建文保领域的自有实力，提高了企业知名度与行业影响力。

【与青岛市市政工程设计院签署战略合作协议】11月27日，设计院与青岛市市政工程设计院在北京建筑大学西城校区签署战略合作协议。双方将在海绵城市、市政工程、建筑以及古建文保等领域开展全面合作。我院院长边志杰、青岛分院副院长武若冰，北京建筑大学环境与能源工程学院院长李俊奇与青岛市市政工程设计研究院副院长郭林参加了此次签约仪式。

【协办"面向中国智慧绿色发展论坛暨《翡翠城市》新书发布会"】11月，作为联合举办方，与能源基金会、北京市市政工程设计研究总院一同组织"中国构建智慧绿色城镇的机遇与挑战"高峰论坛在北京建筑大学顺利举行。作为新城市主义创始人、卡尔索普事务所负责人,《翡翠城市》作者彼得·卡尔索普进行了推介演讲,通过十项简单而精确的城市设计原则,为中国的城市规划现状和未来的发展提出了很多具有建设性的建议。

4. 人力资源工作

【概述】人员在岗情况(截至 2017 年底):全院职工共计 489 人,本科以上学历人员 388 人,占全院总人数的 83%。拥有中级职称人员 98 人,高级职称人员 83 人。

【完善人事制度】2017 年,梳理人力各环节流程,完善了人事管理制度,包括招聘与录用、培训、薪酬与绩效考核、社会保障与员工福利、劳动纪律、人事调整、岗位聘任、劳动关系等方面内容,涵盖了人力板块的所有环节,既能帮助员工了解设计院相关政策,也为各部门人力资源管理提供政策依据及相应表单。

其中《岗位管理制度》和《薪酬管理制度》将全部工作岗位划分为六大职等、20 个职级,明确了关键胜任力及任职资格,建立了科学规范的制度且形成体系。《职能部门绩效考核暂行办法》、《设计院各设计所、工作室、研究中心年度考核暂行办法》是年底考评的依据。

【李维当选中国交通运输协会静态交通产业分会副会长】5 月 7 日,中国交通运输协会静态交通产业分会成立大会暨第一次会员代表大会在中国建筑科学研究院报告厅召开。会上,选举产生分会第一届理事会,设计院成为该协会常务理事单位,常务副院长李维当选为静态交通产业分会第一届副会长。

【范文辉荣膺"环亚杯"全国十佳医院建设机电工程师】5 月,设计院暖通副总工程师范文辉荣膺"环亚杯"全国十佳医院建设机电工程师称号,并在 2017 年中国医院建设大会上领奖。标志着设计院医疗建筑设计的水平不断得到社会各界的认可。

【倪越当选西城区青年联合会第二届委员会委员】7 月 11 日,西城区青年联合会第二届委员会第一次全体会议在北京国宾酒店隆重举行,西城团区委书记李健希主持召开了大会预备会议,设计院院长助理倪越同志当选为西城区科学技术组别青联委员,反映了西城区团委对北建大科技园发展有限公司的支持,和对设计院提高科技水平的期望。作为西城区众多高新企业之一,设计院将更加关注青年成长、服务青年群体、凝聚青年力量,伴随着西城区快速发展,承担起历史和时代赋予的重任,为城市建设和发展贡献力量。

【组织完成 2017 年终绩效考评工作】12 月,组织完成全院各类人员年终总结及综合考评工作,包括工作部署、个人总结、干部述职、综合考评、满意度调查、民主测评等内容。考核分职能部门及设计部门,涵盖了全院各类人员,完成各类表格的数据汇总和分析。通过总结,员工相互有更清晰的了解,提出了意见及合理化建议。此次考评为设计院年终各种总结表彰及考核奖励提供了依据。本次考评涉及部门众多,包括院本部、各设计所、教授工作室、分院等,表格种类繁多,人力资源部还将这次考评的意见及建议及时反馈到各部门,也将对 2018 年考评工作提供良好的基础。

5. 财务工作

【概述】2017 年,在院领导的正确领导下,财务部紧紧围绕年初制定的工作计划和目标,在部门全体人员密切配合和共同努力下,圆满完成了各项任务。

【健全完善财务管理体系】为确保财务部门的高效运转,财务部健全完善了财务管理体系。一是今年年初,在全面分析现有财务人员综合情况基础上,对人员分工进行了微调,重新明确了各岗位职责,进一步优化了工作流程。二是全面梳理我院现有财务管理制度,查找不适用或欠缺的内容，进行了针对性修改完善。三是新建了总院核算账套，青岛分院成立后，又增建了分院独立核算账套，形成了总分机构财务核算体系。

【按期完成预、决算工作】设计院按照资产公司的部署，完成了《2017年度财务预算》、《2018年度财务预算初稿》的编制并上报。配合资产公司完成了资产公司2016年度内部决算工作。设计院财务部按月收集汇总各部门预算，并监控预算执行情况。一方面，每月通过登记各部门报销明细，及时掌握各部门预算执行情况；另一方面，通过编制各部门月度财务报表，及时将各部门预算执行情况反馈给各部门。

【圆满完成年度各类审计】3月完成了2016年度财务和税务审计工作。为报送预决算、统计和税务等各类年度报告奠定了基础。

8月21日至9月1日配合审计单位完成"院长丛小密同志2011-2016年的任期经济责任情况审计"。财务部积极配合审计人员提供资料，解答问题。审计结束后，针对审计提出的内控制度建设、合同和财务管理等方面存在的问题，认真查找原因，提出整改措施，并向资产公司提交了《关于院长丛小密同志经济责任审计的整改报告》。

【全面加强分院财务管理】2017年财务部分别到青岛分院和青海分院两地进行实地调研。一是与青岛市当地业主方、工商、税务、财政和银行等主管部门进行了充分的沟通，配合和主责完成青岛分院前期工商和税务注册工作，建立了青岛分院财务核算账套，并在青岛当地按期完成税款缴纳和税务申报。二是通过走访青海省国税局、地税局、会计记账公司以及听取分院的汇报，了解了分院的财务核算、纳税情况和成立至今的财务状况等情况，完成了青海分院的调研报告财务部分的编写。

【科学组织专项资金管理】2017年，财务部协助相关部门申请专项资金3项，总金额57万元、申请各类补贴22.5万元；协助完成课题项目的年度决算和中期汇报；监督按规定用途和预算使用专项资金。通过调研拟定了我院《科研经费管理办法》初稿，预计2018年提交院务会审议通过后实施。

6. 技术质量工作

【概况】2017年，设计院领导层进行了调整，但院领导对于技术质量的要求有增无减，技术质量部继续围绕设计院的质量管理工作目标，认真贯彻落实院领导工作会议的精神，完成了各项工作。

【获奖情况】2017年设计院共获得各类奖项9项，其中，由设计院参与设计的北京第15号线地铁工程获得詹天佑奖，实现了行业国家级奖的零突破。此外获得省部级奖项7项，市级奖项1项。

【顺利通过三标管理体系认证审核】5月份设计院通过质量管理、环境管理和职业健康安全管理三体系的换版及再认证工作。

【标准化建设】2017年继续开展设计院的标准化建设，特别是和设计五所合作，结合前门地区民居修缮项目，编制《北京民居修缮标准化图集》。历时9个月，经过多次实地考察和方案比较，已基本编制完成该图集。技术部正组织院内专家进行审核，审核通过后向全院推广。同时，也积极联系相关协会，力争正式出版发行，固化我院的技术成果，填补这一领域的空白。

【产学研工作】2017年，接收学校工程中心为设计院购买的软件2款，在提高设计效率的前提下，也积极配合做好学校软件培训工作，共完成工程软件培训6期。参与建筑大学与北京市医管局课题一项，课题名称为《市属医院既有建筑综合性能提升改造规划》，其中设施提升子项主要由设备所4位专业总工和建筑大学相关学院教授协同完成。

【邀请美国卡耐基梅隆大学李中虎博士举办"医疗空间光环境设计"讲座】11月，由北京未来城市高精尖设计中心、北京建工建筑设计研究院、北京建筑大学建筑与城市规划学院、北京市医院建筑协会主办的"医疗空间光环境设计"讲座在北京建筑大学西城校区举行。会议邀请了美国李中虎博士，针对医疗建筑照明的重要性、医疗照明设计的基本原则、典型空间的照明设计这三方面做了重点讲解。

【组织技术培训和技术会议】截至12月中旬，共组织外部培训17次；继续教育逾47人次；院内技术沙龙8期；并配合学校完成工程软件培训6期，均超过往年平均值。

【加强图纸三审制的落实】在院领导的高度重视下，在技术部的大力监督和检查下，设计文件三级审查制度在各设计所、室得到了充分的重视。截至12月底，在技术部登记备案的正式出图项目共83项，三审合格率达到100%。

（二）北京建工京精大房工程建设监理公司

1. 公司概况

北京建工京精大房工程建设监理公司成立于1991年1月，隶属于北京建筑大学，是北京市成立最早的监理公司之一，是全国首批具有建设部监理综合资质及交通部监理甲级资质的大型工程咨询企业。公司主营工程建设监理、工程项目管理、工程技术咨询和工程技术服务。自成立至今，累计承担1000余项建设工程监理和项目管理任务，涉及建设工程范围广泛，业务遍及全国及世界多个国家和地区。

公司现有员工700余名，其中具有国家注册监理工程师、建筑师、结构工程师、房地产估价师、造价工程师及经济师、会计师、律师和英国皇家特许建造师、测量师等资格的各类专业技术人员占全员的80%以上。

为满足业主在工程立项阶段、设计阶段、施工招投标阶段、施工阶段的全过程需求，公司建立了以现场项目部为技术基础，以公司整体实力为技术保证，以国内知名专家组成的专家顾问组为技术支持的三个层次的技术服务体系，在工程项目的执行过程中从不同深度给予充分的技术保证，以取得服务的最佳社会效益。

经过二十多年的锤炼，成功地缔造"京精大房"品牌，跻身于全国监理行业前50强，累计获国家"鲁班奖"、"国家土木工程詹天佑奖"、"国家优质工程奖"、全国"钢结构金奖"和北京市"长城杯"、"优质工程"奖、北京市科技进步一等奖、二等奖等400余项。公司一贯坚持为行业的发展做出贡献的主导思想，积极参与行业内的各种活动，多次参与了行业的有关法规、规范的研究与制定工作。公司技术业务实力与在行业中所做的突出贡献也得到了社会的充分认可，连续十多年被评为全国和北京建设监理行业先进单位。现公司为中国建设监理协会常务理事单位、北京市建设监理协会副会长单位。

公司坚持"精心服务，诚实守信、以人为本，业精于勤"管理理念；坚持以市场为导向，以为业主提供全过程、高水平、深层次的建设工程项目监理和管理服务为宗旨；坚持以品牌为主线，以文化为核心，以人才为根本，以科技为动力，不断优化管理，不断提升效益，不断提升企业的核心竞争力，为成为综合型国际工程咨询企业而不懈努力。

2. 管理工作

【概述】2017年，我们积极适应经济发展新常态，调整经营策略，聚焦内部管理提升，大力推进创新驱动，保持了公司的平稳健康发展，基本完成了公司确立的年度各项工作目标，实现了经济效益和创新发展同步提高。

【公司法定代表人任命】1月10日，北京建大资产经营管理有限公司在西城校区召开2016年度校办企业主要负责人述职述廉暨新一届企业负责人任命大会。会上宣读了《北京建大资产经营管理有限公司关于赵群等同志职务任免的通知》，任命赵群同志为北京建工京精大房工程建设监理公司法定代表人兼总经理。

【召开总结表彰大会】1月15日，召开北京建工京精大房工程建设监理公司"2016年度总结表彰大会"。校产办党委书记祖维中、北京建工广厦资产经营管理中心总经理丛小密等领导莅临大会。京精大房监理公司领导班子、机关管理人员、总监理工程师及项目员工参加了会议。

【最高管理层述职报告】1月30日，在公司小会议室召开了京精大房监理公司最高管理层首次述职会议，公司8位最高管理层成员、10名部门经理参加了述职会。最高管理层全体人员就一年来所分管的工作进行了述职报告，梳理了成绩和不足，分享了心得和体会，相互借鉴经验和方法，进一步提升了公司管理核心的整体水平。

【企业负责人述职述廉会议】4月13日，在学宜宾馆多功能厅召开了校办企业负责人述职会议。京精大房监理公司总经理赵群做了题为"深淘滩，稳中求进，低作堰，合作共赢"的述职述廉报告。

【召开经营管理目标责任制总结会】4月17日，京精大房监理公司"事业部经营管理目标责任书"签订会在公司小会议室简约举行。事业部经营管理目标责任制经过近5年的探索、实践、研究，已然成为了公司管理制度中不可或缺的重要组成部分，大家的重视程度也随之增加，事业部经营管理目标责任书也随着在实践中的不断总结而日趋完善。

3. 经营工作

【概述】2017年公司在监项目共计86个，项目分布在全国17个省市，今年公司新承接的项目中，轨道交通项目和外埠地区项目份额明显增多，与国内著名大型房地产开发企业的合作显著增加，公司的经营市场重点突出，拓展有效，抗风险能力稳步提升。

【经营拓展】2017年公司成功入围政府采购网招标平台，成为了为数不多的国管局定点监理公司之一；与大型房地产集团公司建立了稳固的战略合作伙伴关系。公司不仅成功中标合肥、长春、青岛、郑州等城市的新项目，使这些既有市场得到扩展，公司还在呼和浩特、徐州、石家庄、三亚等城市中标，开辟了新的监理市场。

【经营业绩】2017年公司全年签订合同81项，合同额共计23809万元，超额完成了16500万元的合同额指标。2017年我公司加大了对外埠市场的开拓力度，青岛地铁4号线、重庆地铁6号线、东莞华为湖岸花园等一批项目的承揽为公司完成经营指标提供了有力的支撑。

2017年京精大房承担的重点项目一览表

序号	工程名称	负责人	建设单位	合同经费（万元）	起止时间
1	南苑华侨城	石俊程	北京侨禧投资有限公司	648.555593	2016.10.1—2019.12.31
2	招商局南部	刘世臣	北京招商局铭嘉房地产开发有限公司	843.29201	2017.1.19—2019.12.31

续表

序号	工程名称	负责人	建设单位	合同经费（万元）	起止时间
3	地铁12号线06标	吴力刚	北京市轨道交通建设管理有限公司	2864.6078	2016.9.1—2020.12.28
4	副中心管廊	侯长红	北京新奥集团有限公司	740.768	2016.12.12—2017.5.30
5	青岛地铁4号线	于保疆	青岛地铁集团有限公司	1836.678341	2016.12.27—2021.1.27
6	民航气象中心	刘辉	中国民用航空局空中交通管理局	1070.79	2017.8.1—2019.9.3
7	重庆地铁6号线	邓同文	重庆市轨道交通（集团）有限公司	4365.24	2016.5.30—2017.7.31
8	东莞湖岸花园	张文敬	东莞绿苑实业投资有限公司	996.171	2017.7.3—2019.5.2

4. 人资管理工作

【概述】2017年公司现有700余名员工，具有住房城乡建设部和交通部各类注册证书人员340余人。公司拥有高级职称150余人，中级职称320余人。工程技术人员的专业范围包括建筑学、工民建、混凝土结构、钢结构、高级装饰、建筑材料结构检测、楼宇自控、消防保安监控、电梯安装、给水排水、空调安装、锅炉安装、供配电、通信及自控、机电安装、综合布线、市政管网、小区规划、道路桥梁、工程测量、工程管理、工程经济、房地产估价、项目评估、建筑法律等。

5. 文化建设工作

【概述】京精大房监理公司始终注重企业文化建设工作。在企业内部创造荣辱与共、同舟共济、彼此珍重、和谐向上、快乐健康的环境和氛围，注重增加员工的快乐感和满意度，增强员工对公司的认同感和归属感。

【成立公司工会组织】3月，北京建工京精大房工程建设监理公司工会委员会正式成立。

【工会趣味运动会】11月24日在北京建筑大学西城校区体育场举办首届公司工会员工趣味运动会。公司领导、各职能部室及北京地区项目监理部员工约60余人参加比赛。

6. 行业贡献工作

【概述】京精大房监理公司能够成为行业第一方阵中的一面旗帜，离不开各主管部门及学校各级领导的关爱，离不开行业内各位同仁们的鼎力支持，因此公司发挥优势积极为行业发展贡献力量。

【自身实力积淀】2017年，公司组织技术骨干在编写完成《城市轨道交通车站装饰装修工程质量通病及防治措施手册》的基础上，编写出版了《地铁车站装饰装修工程质量管理实务》；在编制形成公司《工程测量监理业务导则》的基础上，修订完成《建筑施工测量技术规程》。本年度还初步完成了对公司《建设工程监理工作手册》的修订工作，形成了公司新的技术经验积累。

【参与行业建设】公司参与了《建设工程监理规程》、《建筑工程施工组织设计管理规程》和《建筑工程资料管理规程》等三个北京市地方标准的修编工作；参与了《盾构直接切割围护结构始发与接收技术规程》和《城市轨道交通建设工程验收管理规程》两个北京市地方标准编制的组织和起草工作，为行业提供了技术资料参考。

公司参与编写完成了市监理协会培训教材《操作问答》，编写完成了《监理企业综合实力评价研究》和《BIM技术在工程管理中的应用》课题研究报告，参与了《北京市建设工程质量条例》《北京市轨道交通建设工程安全质量管理办法》和北京市工程质量管理标准化、监理单位工程质量管理行为标准化等14个课题的研究工作。极大提高了京精大房品牌的知名度，提升了公司在行业的影响力。

7. 企业荣誉

【概述】2017年，公司在监项目中，未发生涉及监理责任的质量安全事故，实现了公司年度质量安全监理控制目标，在北京市建筑市场监管信息平台中的成绩长期保持在行业前列。我们的风险防范机制和应急处理机制发挥了重要作用并得到进一步完善，在全市监理企业诚信体系评价中名列前茅。

【项目荣誉】2017年公司多项工程获得国家优质工程奖，其中：地铁15号线获得詹天佑奖；雁栖湖国际会展中心项目、和田北京医院项目获得鲁班奖；昌平顺于路西延、鲁疃西路、地铁16号线北安河车辆段项目获得中国钢结构金奖；东方文化大厦项目获得中国建筑工程装饰奖。共有12个工程项目获得了由北京市优质工程评审委员会颁发的"2017~2018年度北京市建筑、结构长城杯奖项"。

【公司荣誉】2017年我们连续第三年被北京市建筑业联合会授予"建设行业诚信监理企业"荣誉称号，再次被北京市建设监理协会评为"先进监理企业"，连续十九年保持行业先进。

8. 支部党建工作

【概述】公司认识新常态、适应新常态，坚持在经营管理工作中严格遵守"八项规定"，自觉抵制"四风"，加强对企业经营管理行为的有效监督，坚决不破"底线"，不越"红线"，时刻保持着依法治企、依法经营、依法管理的政治觉悟和思想意识。

【党员教育活动】注重发挥党支部战斗堡垒和党员干部影响带动作用，积极组织党员、入党积极分子和普通员工参加党风廉政建设学习活动、三严三实教育活动、纪念抗日战争胜利参观活动等，时刻保持着具有政治觉悟和社会责任的先锋模范作用。

（三）北京北建大科技有限公司

1. 公司概况

北京北建大科技有限公司（原北京建工建方科技公司）成立于1993年，隶属北京建筑大学，系国家高新技术企业。公司主营业务方向为三维激光扫描测绘、地理信息工程、精密工程测量、虚拟现实和增强现实等。近年来，公司借助北京建筑大学雄厚的教学及科研力量，依托"代表性建筑与古建筑数据库教育部工程研究中心"和"建筑遗产精细重构与健康监测实验室"，实现了产、学、研、用的有效结合，尤其在3R（VR/AR/MR）技术方面，走在了国内的前列。

目前，公司拥有三维激光扫描、地理信息工程、精密工程测量、虚拟现实、文物保护勘察设计等领域专家和各专业技术人员百余人。下设三维数字营造中心、地理信息中心、测绘工程部、VR事业部四个主营业务部门，以及一个虚拟现实未来实验室。拥有多型号三维激光扫描仪，多人交互虚拟现实系统，Gear VR、HTC vive、Oculus rift等虚拟现实设备，多台品牌测量机器人、无人机、GPS接收机、全站仪、数字水准仪等。公司经过多年项目实践和应用，制定了企业作业流程和技术标准，形成了高新技术企业自有的技术运行管理体系，可提供多元数据采集、数字视觉体验、VR＋行业、GIS＋行业、建（构）筑物健康监测等定制化服务。

北京北建大科技有限公司立足高新科技，以人为本，精益求精，竭诚为社会服务！

2. 管理工作

【换届选举】2017年公司完成企业负责人换届选举，在吴志群总经理的带领下形成新的管理团队，公司面貌焕然一新。

【改制更名】根据北京建筑大学、北京建大资产经营管理有限公司发展规划，公司发展趋势要求，2017年北京建工建方科技公司正式更名为北京北建大科技有限公司，公司性质由全民所有变为有限责任，完成全民所有制企业改制，寻求新的市场机会，优化资源配置，增强核心竞争力。

【制度修编】2017年年初，公司修订薪酬管理制度，改变原有奖励体系，切实实行按劳分配多劳多得的年终奖励制度，激发员工的工作积极性和主动性，为公司发展贡献力量；实行部门负责人竞聘上岗，改变原有管理者直接任命制，部门负责人接受公司全体人员的考核和认可，优胜劣汰，关键岗位能者居之，打造一支优秀的经营管理团队。

【部门设置】

（1）招贤纳士，成立VR事业部，以十几年文物保护工作为积淀，响应"让文物活起来、走出去"的号召，提供VR文化、VR旅游、VR教育、VR培训等多领域解决方案。

（2）建成文化遗产虚拟现实博物馆、未来城市设计虚拟现实实验室，研发VR+文化遗产产品。

（3）响应国家建设雄安新区要求，成立雄安项目部，助力雄安新区建设。

【资质管理】完成测绘乙级资质复审换证，各项测绘工作顺利进行。

【体系认证】顺利完成三标体系认证，体系运行有效。

3. 经营工作

【经营业绩】公司合同额1404.5769万元，超额完成了公司年合同额1400万元指标。

【经营模式】确定VR+文旅，VR+教育、VR+培训经营方向，打造产品化经营理念。

2017年北建大科技有限公司承揽主要项目一览表

序号	项目名称	负责人	建设单位	合同经费（万元）	起止时间
1	白广路18号院办公楼安全监测项目	吴耐明	北京市校办产业管理中心	15	2017.01.01-2017.12.31
2	宁夏海原七营北嘴城址、柳州城址地形测绘项目	吴耐明	清华大学建筑设计研究院有限公司	10	2016.12.26-2017.03.20
3	城市综合管廊修建技术研究	刘伟	中铁工程设计咨询集团有限公司	5	合同签订后的10个工作日内提交研究成果报告
4	北京城市副中心行政办公区启动区综合管廊工程（六标段）项目监理复测、监测委托合同	吴耐明	北京建工京精大房工程建设监理公司	34.76	2017.01-2017.06
5	北京顺义小院地形测绘	吴耐明	中国航空器材集团公司	0.3	2017.02.17-2017.02.20

续表

序号	项目名称	负责人	建设单位	合同经费（万元）	起止时间
6	朝阳区和平街西苑14号楼五单元现状测绘	吴耐明	遵义市国有资产投融资经营管理有限责任公司	2	2017.02.22-2017.02.28
7	房山线北延03标监控量测技术服务	吴志群	北京市政路桥股份有限公司	48	2017.02.05-2018.10.05
8	京藏高速、京新高速及其延长线、京承高速、六环路四线（昌平段）环境整治项目	吴志群	个人	0.7	—
9	北京大学人民医院白塔寺院区地下管线探测	吴耐明	北京新兴环宇测绘有限公司	3	2017.01.22-2017.02.22
10	北京地铁12号线工程土建施工监理06合同段控制测量、监测	吴耐明	北京建工京精大房工程建设监理公司	48.288	2017.02-2020.12（暂估）
11	地铁故障救援演示三维模型项目	丁延辉	北京城建勘测设计研究院有限责任公司	2	2017.03.09-2017.03.25
12	南池子大街47号修缮改造设计测绘咨询	吴耐明	北京建工城市更新投资建设有限公司	2	2017.01.18-2017.06.31
13	北京地铁3号线一期工程土建施工01合同段工程监控量测	吴耐明	北京建工集团有限责任公司	269.72	按本工程设计图纸要求
14	陈家祠神楼木构件数据处理	吴志群	北京大禹工坊建筑科技有限公司	20	2017.02.08-2017.05.31
15	北京地铁3号线一期工程土建施工02合同段施工监控量测工程	吴耐明	中铁十九局集团轨道交通工程有限公司	274.366	—
16	清代自来水厂建筑绘图	吴志群	北京大禹工坊建筑科技有限公司	4.5	2017.04.15-2017.05.15
17	百万庄房屋测绘	吴耐明	个人	0.1	—
18	京沪高速铁路客站设备三维建模	丁延辉	中国铁道科学研究院电子计算技术研究所	9.98	2017.06.01-2017.12.31
19	北京市怀柔新城03街区HR00-0003-6019地块，HR00-0003-6020地块安置房项目第三方监测	吴耐明	北京城建勘测设计研究院有限责任公司	18	2016.11.20-2018.12.20
20	世园村一期A地块基坑工程第三方监测项目	吴耐明	北京城建勘测设计研究院有限责任公司	20	2017.07.15-2018.07.14
21	故宫养性殿测绘（预立项）	吴志群	北京大禹工坊建筑科技有限公司	15	—
22	雄安数字化（预立项）	吴耐明	北京建大资产经营管理有限公司（暂定）	70	—

续表

序号	项目名称	负责人	建设单位	合同经费（万元）	起止时间
23	中国民生银行总部基地 A、B、C、D、E 栋建筑物房产面积测绘	吴耐明	建设综合勘察研究设计院有限公司	12.9	2014.06.01-2016.10.28
24	中关村移动智能服务创新园（上地元中心）项目基坑工程第三方监测项目	吴耐明	北京城建勘测设计研究院有限责任公司	16	2017.06.14-2018.06.13
25	云冈石窟第 9、10 窟与五华洞窟檐列柱数据处理	吴志群	山西云冈数字科技有限公司	30	—
26	天津滨海新区轨道交通 B1 线 BIM（地面三维环境）建模服务	丁延辉	北京城建勘测设计研究院有限责任公司	28	2017.06.13-2017.12.13
27	延庆地质公园恐龙足迹项目-三维信息采集	吴志群	北京市勘察设计研究院有限公司	20	2017.05.31-2017.09.15
28	故宫斋宫三维激光扫描测绘	吴志群	北京建筑大学	7	—
29	云冈石窟三维消防管线系统	丁延辉	山西云冈数字科技有限公司	7	2017.01.01-2017.03.01
30	明十三陵长陵祾恩殿数字化	吴志群	山西云冈数字科技有限公司	40	2017.01.03-2017.04.03
31	银山塔林佛觉大禅师塔数字化	吴志群	山西云冈数字科技有限公司	20	2017.01.03-2017.04.03
32	云冈石窟第 9、10 窟与五华洞窟檐列柱数据采集	吴志群	山西云冈数字科技有限公司	30	2017.01.03-2022.01.03
33	云冈石窟第二十窟西立佛虚拟修复	吴志群	山西云冈数字科技有限公司	30	2017.01.03-2017.03.01
34	德州市德百温泉度假村假山溶洞景观工程局部表面积测量项目	吴志群	北京城建勘测设计研究院有限责任公司	18	自乙方进场开始数据采集之日起40 日内履行完毕
35	北京市化工职业病防治院院内树木测绘	吴耐明	北京市化工职业病防治院	1.1	2017.08.16-2017.08.19
36	大栅栏煤东片区 7 条胡同立面现状绘制项目三维激光扫描测绘	吴志群	北京建工建筑设计研究院	7	2017.08.25-2017.11.26
37	北京地铁 12 号线工程土建施工 13 标段施工监测合同	吴耐明	中铁十五局集团有限公司北京地铁 12 号线工程土建施工 13 合同段项目经理部	94.0687	2017.09.01-2019.12.31
38	通州燃灯塔三维激光扫描变形监测	吴志群	北京城建勘测设计研究院有限责任公司	64	—
39	宁郡王府藻井三维模型制作材料采购	吴志群	北京建筑大学	3.5	2017.10.23-2017.11.20

续表

序号	项目名称	负责人	建设单位	合同经费（万元）	起止时间
40	促进高校内涵发展定额项目-国家杰出青年基金配套（2017年）	吴志群	北京建筑大学	15.5	—
41	河南嵩山少林寺塔林数据采集及处理	吴志群	北京建工建筑设计研究院	30	2017.10.26-2017.12.30
42	大兴校区校园虚拟漫游展示开发	吴志群	北京建筑大学	5.6188	2017.10.24-2017.11.10
43	德州市德百温泉度假村假山溶洞景观工程局部表面积测量分包合同	吴志群	北京城建勘测设计研究院有限责任公司	4.8	自乙方进场开始数据采集之日起40日内履行完毕
44	科研楼竣工测绘（预立项）	吴耐明	北京华星勘察新技术公司	9.9188	—
45	云冈石窟第20窟西立佛复原数字化信息采集	吴志群	山西云冈数字科技有限公司	30	2017.04.20-2017.12.01
46	丰台区梅园小区44#、45#商业楼房产测绘	吴耐明	航天万源实业公司	1.1	2017.12.07-2017.12.13
47	重庆建筑物复测	吴耐明	北京建达兴工程咨询有限公司	0.25	—
48	虚拟现实设备（单人）采购	吴志群	山西云冈数字科技有限公司	3.1066	—
49	地铁7号线东延工程01标段焦化厂站隧道横断面测绘	吴志群	中航勘察设计研究院有限公司	3	2017.12.12-2017.12.16
			合计：	1404.5769	

4. 财务工作

【主要数据】公司完成营业收入544万元，2017年预算指标1120万元。

5. 人力资源管理

【人员情况】2017年公司在职人员总数44人，高级3人，中级4人，初级14人，注册测绘工程师1人。

6. 文化建设

【公司宣传】2017年公司微信公众账号平台实时更新，制作公司宣传PPT、宣传册，实行走出去战略，开辟多渠道的公司宣传，扩大公司的知名度。

2017年参加建筑文化行业内展会、VR行业内活动，打开企业和产品推广新途径。

【创新管理】年初及年中分别召开经营管理工作会，部门负责人参与研讨公司发展，为公司的发展献言建策，提升管理团队的经营和管理意识。

【文体活动】公司组织篮球赛、羽毛球赛，积极参加体育活动，让员工走出去。

【技能大赛】组织首届技能演讲比赛，突出形式创新、技术创新、行业创新的特色，鼓励广大员工立足本职岗位、争做工作创新的先锋和乐于奉献的楷模，加强企业文化建设，推动事业发展，培养技能型、科技型、创新型人才。

7. 对外交流

【协会活动】4月公司参加北京测绘学会组织的定向越野比赛,并获优胜奖。

【项目参赛】2017年公司积极申报行业内奖项,主要获奖情况:

(1)"大钟寺白塔寺建筑群扫描"项目,获测绘科技进步三等奖;

(2)"宁夏海原七营北嘴城址、柳州城址地形测绘"项目,获测绘科技进步三等奖。

【科技成果转化】2017年科技成果转化情况:

(1)成立文化遗产虚拟博物馆、未来城市设计虚拟现实实验室,以文保大数据为内容支撑,VR技术为实现手段,成功研发多人互动及单人体验VR产品,实现科技与文保的融合;

(2)成功申报《建方工程测量数据处理系统》、《建方馆藏文物虚拟展示管理系统》、《建方三维管网信息管理系统》、《建方文物保护建筑三维信息管理系统》等10项软件著作权;

(3)公司主要技术人员参与研发了《一种定量测量砂岩质文物表面风化速度的方法》,并获得国家技术发明专利。

8. 产学研工作

北京北建大科技有限公司以学校为依托,与学校形成天然的产学研联盟,与学校优势互补,助力产学研用齐发展。

(1)VR多人互动解决方案助力北京建筑大学本科教学工作审核评估,获专家组一行高度称赞;

(2)VR多人互动解决方案参加博士后高峰论坛,与会专家对产品高度认可;

(3)与学校高精尖中心、测绘学院、建筑学院等合作,联合参加上海建筑博览会、第十七届中国国际建设博览会、中华传统建筑文化博览会,获得业内专家学者和大众的一致好评;

(4)代表云冈石窟保护与发展关键技术研究团队探讨三维激光扫描及VR技术在石窟寺保护中的应用;

(5)与学校网信中心合作,为大学生提供创客空间虚拟现实创新方案;

(6)与学校环能学院形成合作机制,成立研究小组,就新技术与专业相结合的应用与研发方面深度合作;

(7)与建筑学院绿色建筑实验室联合共建,在绿色节能建筑研究、实验室设备共享等方面达成一致;

(8)与建筑学院教师在古建筑日常保养维修信息管理方面进行合作研究;

(9)领导班子成员应邀在非物质文化传承培训班上作报告,并组织学员参观公司虚拟现实实验室,为非遗传承贡献力量;

(10)与测绘与城市空间信息学院联合共建"现代城市测绘国家测绘地理信息局重点实验室""代表性建筑与古建筑数据库教育部工程研究中心""建筑遗产精细重构与健康监测北京市重点实验室"。同时与测绘学院教授合作开发测绘自动化采集、处理软件"云平台"App,拓展软件研发与代理推广新业务;

(11)助力校园建设,根据学校资后处要求对学校科贸楼进行房产测绘、规划验收测绘,对西城校区进行边界测绘,周边拆除界限放样测绘,为西城校区发展规划提供数据支持。

(四)北京建工远大市政建筑工程公司

1. 公司概况

北京建工远大建设工程有限公司，系北京建筑大学直属企业，于1993年成立，具有房屋建筑工程施工总承包贰级、市政公用工程施工总承包叁级、装修装饰专业承包贰级、钢结构工程贰级、防水工程专业承包贰级、古建筑工程施工叁级、特种作业施工以及文物保护工程施工壹级资质。

本公司以建筑大学专家教授和高新技术为依托，拥有雄厚的专业人才，资金和技术实力，现有工程技术人员数十人，中高级职称42人，项目经理25人，其中一级注册建造师12人，二级注册建造师13人，机械设备近千万元。

自公司成立以来，先后承建各类住宅建筑、工业厂房、公共建筑、学校建筑、大型商贸市场，以及市政道路、桥梁、给排水、热力燃气管道防水工程和绿化工程。作为学校所属企业，我公司多年来一直作为学校学生生产和管理实习的主工基地，同时也一直作为学校教师和科研人员的科研成果推广、应用、开发的产学研基地。

公司成立至今，始终坚持诚信为本、信誉至上的经营理念，秉承质量第一、安全为重的工作标准，使公司业务规模不断地扩大。围绕"以人为本"的宗旨，不断的引进人才、培养人才，适时增强公司的人才队伍建设。

2. 管理工作

【概述】2017年远大公司在资产公司的领导下，公司按照年初确定的各项工作目标，以市场开拓为主，以强化内部管理为铺，公司全年呈平稳发展态势，顺利完成年初制订的各项工作计划，取得了良好的社会效益和经济效益。

【召开管理工作会】6月份成功召开了合作项目部管理会议，会议上认真宣贯营改增管理以及公司的财务制度和审计规定，严格内部费用开支报销管理，严控工程款的拨付程序，坚持层层审批经理签字制度，全年未发生任何财务票据不真实、程序不符合规定情况，通过严格控制，财务监管能力明显提升。

【三标管理体系认证审核】12月份公司通过质量、环境和职业健康安全管理体系的换版及再认证工作，在认证过程中管理资料齐全，无重大不符合项的存在，得到外审专家的一致好评，预示着公司管理水平稳步提升。

【管理制度的完善】2017年，加强制度建设，为公司规范管理保驾护航。在原有制度的前提下按照国家新标准新规范增加了《安全生产管理制度》《安全考核管理制度》，同时完善《绩效考核管理制度》《薪酬管理制度》，绩效考核的内容上侧重可量化指标的比重，将产值、安全、质量与绩效挂钩，实施安全质量一票否决制。通过制度的完善，做到有功有奖，有过必有罚的管理模式，从而激发员工工作积极性。

【新技术的应用】2017年，在行管楼施工中我们积极推行了"复合土钉墙支护技术""高强钢筋应用技术""大直径钢筋直螺纹连接技术""管线综合布置技术""新型模板支撑体系""深基坑施工监测技术"等"建设部10项新技术"中的6大项11小项，从而确保了工程的质量。

【资质的提升】2017年，基于原有资质的核查工作之后，顺利完成古建筑施工三级资质和特种作业（结构补强）工程施工专业资质。增项资质让我们承接的工程领域不断拓宽，为企业创造更多经济效益。

3. 经营工作

【概述】2017年，远大公司坚持内外兼顾、上下共担的原则，在保质保量的完成学校内部工程建设的前提下，积极承揽社会工程。公司立足巩固学校内部市场，在完成学校内部工程建设的同时，积极参加社会工程的承揽力度，拓展外省市市场，扩大企业的社会知名度。2017年，古建业务项目得到飞速发展，业务市场扩展到贵州贵阳市、晴隆市，承建了国家级重点项目甲秀楼、二十四道拐工程项目，施工合同额共计1400万元，两项工程项目的承接是远大公司走专业化发展道路，走出校园的一个良好开端。

4. 人力资源工作

【概述】2017年远大公司职工参加建造师、八大员、古建专业人员、三体系管理培训、特种作业人员培训以及党风廉政建设等各类培训工作，所参加的外部培训均并已考取相应的岗位证书，截至年底远大员工为62人。

5. 财务工作

【概述】合同额1.5亿元，完成总产值1.5亿元。

（五）北京致用恒力建筑材料检测有限公司

1. 公司概况

北京致用恒力建筑材料检测有限公司（简称致用恒力）于2006年9月注册成立，前身为北京建工学院中建新力材料检测所。公司隶属北京建筑大学，是学校的校办企业和对外服务的窗口，也是北京市高校中唯一具有建设工程检测资质的校办检测机构。北京建筑大学为公司提供了得天独厚的人才、资金、地域、设备和环境的优势，这个优势为公司科学、准确、公正、规范地进行检测工作提供了保障，十余年的公正检测使公司成为工程建设方首选的试验检测单位。自1996年至今公司承检单位工程项目3150余个，总建筑面积达1800万平方米。公司所承揽的主要项目类型有：地铁、古建及部分房建。

2. 管理工作

2017年，继续执行公司《人力资源管理办法》《市场经营管理办法》《固定资产管理制度》《印章使用审批制度》、《财务管理制度》《奖惩管理制度》，由于公司经营面临下滑，从2017年3月召开了全体员工大会，决定：下调员工月绩效保底工资（从原定的1500元调至1000元）。制度办法均得到了很好的落实。

3. 经营工作

公司保持"巩固扩大房建市场、稳固加强古建市场、开拓新兴市场"的经营战略指导下，房建检测市场保持稳定，其中（古建收入占总收入的20%，地铁收入占总收入的20%，房建收入占总收入的60%）。

2017年签订及延续的经营收入类项目合同27项，本年度没有签订较大项目，其中较大项目还是2016年的延续项目：

序号	项目名称	负责人	建设单位	合同经费（万元）	起止时间
1	混凝土框架	赵建勋	清华大学基建规划处	35.26	2016.03-2018.03
2	武夷花园南区TZ0505-32地块地下室、住宅楼、配电室工程	严新兵	北京建工集团有限责任公司	172.11	2015.09-2018.12
3	朝阳奥运村文化创意大厦配套设施	赵建勋	中国建筑第二工程局有限公司	—	2015.11-2017.10

4. 人力资源工作

2017年由于公司经营工作进入待调整状态，公司部分员工相继离职，公司也没有招收新员工入职。2017年年末公司在职员工10名（不含5名劳务人员），从目前业务量来看，现有员工基本能满足公司业务需要。

5. 财务工作

2017年公司实际收入402.96万元，营业税金及附加4.69万元，净利润3.01万元，上交各类费用49.1万元。2017年度收入与2016年度收入基本持平。

（六）北京建达兴工程咨询有限公司

1. 公司概况

北京建达兴工程咨询有限公司（以下简称建达兴公司）成立于2011年4月，隶属于北京建筑大学，专业从事工程咨询、工程建设全过程项目管理、造价咨询和招标代理业务。公司员工均具有中、高级职称及国家相关专业执业资格，是一家知识密集型咨询管理公司。

公司依托于北京建筑大学的专业化优势及深厚的行业人脉资源，可提供规划咨询、可行性研究、项目建议书、工程造价咨询、设计管理、全过程项目管理等一条龙服务的专业工程咨询。公司具有国家发改委颁发的工程咨询丙级资质，北京市建委颁发的造价咨询乙级资质和招标代理暂定级资质。

公司先后承接了北京建筑大学大兴新校区（一、二期）、北京信息科技大学新校区、北京理工大学国防科技园、中国石油大学行政办公楼、北京中医药大学良乡新校区、首都师范大学南校区行政教学楼、北京舞蹈学院学生宿舍综合楼、北京电影学院摄影棚、图书馆等项目的前期咨询、项目管理和造价咨询服务。

公司一贯秉承"开拓、创新、专业、诚信"的企业精神，遵循"以口碑获得信赖，以信赖创造价值"的经营方针，牢固树立"建达兴咨询"管理品牌。希望通过我们专业咨询、精心管理，为客户带来了良好的经济效益和社会效益。

2. 管理工作

【概述】建达兴公司一直以来都将管理放在突出位置，作为极重要的工作来抓，2017年，公司围绕着完善内部管理，强化执行力这一中心思想开展各项工作，通过强化绩效考核、规范制度、完善管理、强化责任等方法进一步提高执行力和工作效率，促进了管理团队建设和各项工作的落实。

完成公司组织机构调整。建达兴公司将原来的总工办、工程管理部、前期经营部的前期部分进行合并，重组成项目管理办公室，全面负责建达兴公司的项目管理工作和两公司（建达兴及其子公司建达兴业）体系运行工作。独立后的经营部负责两公司（建达兴及其子公司建达兴业）的经营管理工作。建大兴业公司增设招标代理部，开展招标代理业务。

"三标"体系运行情况。2017年度，完成了建大兴业公司三标体系子证书认证工作；完成两公司三标体系管理手册、程序文件的换版认证工作。

企业资质。企业资质维护与升级是公司2017年度的重点工作之一。先后完成建大兴业公司招标代理暂定级资质和造价咨询乙级资质延续，造价咨询甲级资质申报工作。由于国家发改委暂定了工程咨询资质的审批，建达兴的工程咨询资质工作暂停。

3. 经营工作

【概述】2017 年，公司加强了经营管理，完善了经营激励机制。经营工作逐渐开始走向市场，取得了第一次在公开市场上的中标、第一次获得全过程造价咨询项目、第一次开展招标代理业务、第一次开展 PPP 咨询业务、第一次进入电力行业开展咨询业务等成绩。

回款情况。2017 年度建达兴公司计划回款 735 万元，实际回款 719.5 万元，完成占比 97.9%；建大兴业公司计划回款 140 万元，实际回款 207.06 万元，完成占比 148.2%。

新签合同。2017 年度建达兴公司计划新签合同 853 万元，实签合同 989.96 万元，完成占比 116%；建大兴业公司计划新签合同 255 万元，实签合同 298.26 万元，完成占比 116.9%。

2017 年度公司向学校上交 35 万元，确保国有资产保值增值。

4. 人力资源工作

【概述】健全和完善人力资源管理的相关机制，逐步加大了项目绩效与个人绩效的影响值，员工队伍基本稳定，高素质经营人才招聘力度有待提高。

5. 财务工作

【概述】2017 年较好地完成了财务核算、纳税申报、预、决算编制等管理工作，充分发挥了核算、监督职能。对公司财务状况、经营成果、现金流量进行了动态分析和预测，进一步加强了公司财务动态监测管理工作。

2017 年主要数据如下：

建达兴公司收入 669 万元；利润总额－116 万元；净利润－116 万元；上缴税费 71 万元，其中：增值税 38 万元，个人所得税 28 万元，企业所得税 0 元，城建税 2 万元；上缴管理费 35 万元。

建大兴业公司收入 201 万元；利润总额－22 万元；净利润－22 万元；上缴税费 17 万元，其中：增值税 8 万元，个人所得税 8 万元，企业所得税 0 元，城建税 0 元；上缴管理费 3 万元。

6. 文化建设工作

加强文化建设，关心员工身心健康，通过组织员工健身锻炼、体检，及生日送祝福等活动，构筑共同的价值观念。进而增强企业的凝聚力、执行力和创造力，达到提升企业核心竞争力的目的。

（七）北京建广嘉业房地产开发有限公司

1. 公司概况

北京建广嘉业房地产开发有限公司成立于 2011 年，隶属于北京建筑大学，由北京建筑大学全资企业北京建工广厦资产经营管理中心、北京建工京精大房工程建设监理公司、北京建工建筑设计研究院、北京建工远大市政建筑工程公司四家企业投资筹建。公司业务范围涵盖房地产开发，销售商品房，投资管理，项目投资，物业管理，工程技术咨询，租赁建筑设备，承办展览展示，设计、制作、代理、发布广告，家居装饰及设计，仓储服务等业务。

2. 管理工作

【概述】依托于北京建筑大学的教学、科研资源，拥有强大的校友团队及国内外知名专家教授团队。凭借北京建筑大学搭设的交流平台，通过社会服务与各省市建立了良好的社会关系，形成了经验丰富、技术过硬、专业齐全，具有较高科研及开发建设水平，富有创新精神的经营团队。10月份，公司人员发生变动，原办公室的行政管理、物业管理、薪资管理、社保保险等行政办公事宜转交到项目部，为此，项目部人员进行分工调整后，对以上事宜进行了妥善处理，使原有的行政办公工作得到顺利交接。

12月22日，公司召开了董事会及股东会，全体董事讨论了下任总经理的提名，确定由张宝忠担任总经理一职，并决议确定股东分红方案。

3. 经营工作

（1）疏解非首都核心区功能——配合"万荣天地"疏解

为了贯彻北京"四个核心"建设，落实北京市政府和西城区政府疏解动批市场要求，在祖维中书记和王建宾副书记的领导下，学校组织对"万荣天地"商户的疏解工作，公司相关人员积极介入动批疏解工作，依托动批其他市场的疏解经验，提出许多具有建设性的建议，在西城区政府、法院、银行、公证处等部门的大力协助下，同"万荣天地"市场方工作人员一起，出色完成了疏解商户的决定性过程，圆满实现了6月28日闭市的战略目标。

（2）大科园建设

① 实验3号楼租赁合同起草、修改

根据学校安排，公司负责实验3号楼租赁合同的起草和编制。经与物业公司相关人员反复沟通，对租赁合同的条款及内容进行了修改和完善，并在资后处刘蔚书记的指导下进行了更进一步的完善，最终形成了租赁合同的初始稿件。

② 大科园一期房屋调查统计

为了了解和掌握大科园一期范围内现有房屋的使用状况，为大科园建设发展提供基础资料，根据领导安排，公司对体育楼、科研楼、实验6号楼、实验4号楼、实验甲4号楼、实验2号楼、实验甲2号楼、实验1号楼、办公楼等房屋进行了调查及核实工作，对房屋的现有使用状况进行了了解。对能否为大科园提供多余的房屋，进行了结论性的总结。

③ 周边园区物业调查

为了制定合理的大科园房屋租赁价格，根据领导安排，公司对新华1949国际创意设计产业园、京仪科技孵化器、普天德胜大厦、外文文化创意园、中关村互联网文化创意产业园等产业园区和阳光大厦、金茂大厦、五栋大楼、金泰华云写字楼、宝蓝金融创新中心、中国建筑文化中心、腾达大厦、凯旋大厦等写字楼进行了调研，对园区的出租状况和价位有了比较细致的了解，为大科园租赁价格的合理确定奠定了基础。

④ 学宜宾馆及操场规划改造设计

根据大科园发展需要，对学宜宾馆和操场进行规划设计和改造，学宜宾馆需改造成为办公楼的结构，内部结构应由原有的小房间布局改造成为大开间结构，相应外立面风格与学校总体规划保持一致，周围外部小环境也要进行配套完善。为此，我们和设计院的设计人员一起，经过反复的研究和论证，经过2个月的努力，最终规划出3套改造方案供学校领导进行参考。

（3）项目开发

① 洋桥棚户区改造项目

本项目位于北京市丰台区洋桥地区。总占地面积约 3.5 公顷，地上物现有建筑面积约 3.6 万平方米。其中地块内有居民 630 户，建筑面积约 26000 平方米。企业拆迁主要是北京市小型动力机械有限责任公司，建筑面积约 10000 平方米。改造完成后，规划建筑面积 12.5 万平方米，其中地上约 8.96 万平方米，地下约 3.2 万平方米，容积率为 2.8。同时需要建设托幼等配套设施约 3000 平方米。

项目总投资预估算为 32.8 亿元，项目完成后可获得约 3.2 亿元的利润。应丰台区政府要求，需由国有开发企业进行对棚户区改造前期工作及改造实施主体进行一次性邀标。目前，此项目已经初步确定列入丰台区 2018 年棚户区改造实施项目计划。合作方：北京怡安泰宇经贸有限公司。

② 石景山区西下庄幼儿园项目

项目实施单位为北京市石景山区教育委员会。

石景山区西下庄幼儿园新建工程项目位于北京市石景山区八大处路，项目总用地面积约为 5196.8 平方米，总建筑面积约为 4382.96 平方米，地上建筑面积约为 3852.56 平方米，地下建筑面积约为 530.4 平方米。

项目地上建设内容总投资估算为 2009.45 万元，其中：工程费用 1554.03 万元，工程建设其他费 331.09 万元，预备费 124.32 万元。项目建设费用由承建方投资，在后期指定期限内自主运营，回收成本和获取利润。

本项目前期由于牵扯另外一家开发单位进行幼儿园的建设筹措已经历时四年，到目前没有结果，为此，石景山区教委正在协调该开发企业进行项目的交割工作。如何进行下一步的工作，还需根据协调结果进行安排。

③ 热力集团方庄供热厂改造项目

项目地点：北京东南三环外成寿寺。合作方为北京热力集团。项目占地 160 亩，产权为北京热力集团，用地性质为划拨。现在地块内为体育馆、宾馆和部分住宅。热力集团拟对本地块进行改造，拆除原有建筑物，改为建设自住房及保障房，规划建筑面积约为 40 万平方米。项目由热力集团提供用地，由承建单位提供全部资金并完成相关审批手续，建成后按约定比例进行利益分配。

④ 投资项目管理

2017 年，为了传承中国文化，使古老的建筑文化风貌及精髓得以保留和延续，公司对文化创意产业进行了投资，总投资额为 2123419.72 元，其中：砖雕传承人专访视频拍摄制作合同 289469.25 元；古建筑学院网站项目咨询设计合同 150000 元；建筑易学系列课程拍摄合同 133000 元；大学生活动中心改造概念设计协议 24000 元；北京建筑文化传承保护及开发合作协议 1596419.72 元。

（4）中国城市环境卫生协会建筑垃圾管理与资源化工作委员会的相关成果

① 6 月 25 日，委员会在北京召开了第二届第一次委员代表大会暨建筑垃圾与城市发展论坛。大会选举成立了以张大玉校长为主任、陈家珑为常务副主任、高振杰为秘书长的新一届常务委员会，并选举成立了第一届专家委员会。

② 推动了由张大玉副校长担任项目负责人的"十三五"国家重点专项《绿色建筑及建筑工业化》中单列《建筑垃圾资源化全产业链高效利用关键技术研究与应用》和《建筑

垃圾精准管控技术与示范》两个子项目工作的开展。

③ 根据工业和信息化部、住房城乡建设部的《建筑垃圾资源化利用行业规范条件》及《公告管理暂行办法》文件要求，受工信部的委托，开展了"建筑垃圾资源化利用行业规范企业的"的评审工作。

④ 承担了工信部的《建筑垃圾回收和再生利用产业支撑体系研究》工作和发改委的专项课题《建筑垃圾和公路路面废料资源化利用模式研究》。

⑤ 开展了能源基金会（美国）的项目《推进建筑垃圾回收和再生利用体系建立的实施路径及政策研究》工作。

⑥ 为河南省住房和城乡建设厅提供技术咨询服务，进行建筑垃圾"试点省"工作成效的第三方评估研究。

⑦ 开展了沧州市建筑垃圾资源化利用项目可行性研究，承担了玉溪市《玉溪市建筑垃圾资源化利用工作方案及其可行性论证技术咨询服务项目》。

⑧ 分别主编和修订了《建筑垃圾处理技术规范》与《固定式建筑垃圾处置技术规程》两个标准。

4. 人力资源工作

1~2月在编人员3人，3~10月在编4人（3月转入1人），11~12月在编3人（10月转出1人），学校编制内人员0人。

5. 财务工作

北京建广嘉业房地产开发有限公司2017年营业总收入498.34万元，成本费用总额509.87万元，利润总额－87.31万元，实现净利润－90.50万元，年上交税费共计40.02万元。

（八）北京北建大科技园发展有限公司

1. 公司概况

北京北建大科技园发展有限公司隶属于北京建筑大学，为学校全资控股子公司，股权结构为学校100%控股，已获批北京市大学科技园、北京市众创空间等称号，园区拥有北京市政府批准成立和支持的高水平国际化创新平台——北京"未来城市设计高精尖创新中心"。

北京北建大科技园发展有限公司主要从事的业务领域包括：科技企业的孵化、技术开发、技术咨询、技术服务、技术推广、技术转让、技术培训、组织文化艺术交流活动、承办展览展示、应用软件服务、软件开发、出租商业用房等。

2. 管理工作

【概述】公司主要为学校科技园建设服务，科技园占地4.6万平方米，分三期建设，总建筑面积3.2万平方米。建设方式为自主开发，融资模式现阶段主要为自筹资金。根据科技园建设发展要求，公司于2017年11月正式开展运营。

【管理工作】北京北建大科技园发展公司主要围绕科技园用房建设工作进行管理，承担创新创业培养、高新技术企业孵化、科技成果转化、行业技术培训交流等，改建完成已正式入驻园区的企业、机构有北京未来城市设计高精尖创新中心、中国青年创业社区、中国城市地下综合管廊产业联盟、装配式建筑研究实验室、中国建筑学会、多家高新技术企业以及在孵企业，盘活后土地性质和容积率没有变化。

【人力资源工作】 2017年，科技园公司员工为7人，教授级高工1人次，高级工程师1人次，工程师2人次，注册造价师1人次，注册物业管理师1人次，经济师2人次，二级建造师1人次。

3. 财务工作

2017年科技园公司收入总额174.27万元，成本费用132.15万元，实现净利润37.89万元。2017年新增实收资本150万元，购入固定资产3.5万元，年末转入全职人员两名。

三、服务型企业

（一）北京学宜宾馆有限公司

1. 公司概况

北京学宜宾馆有限公司，隶属于北京建大资产经营管理有限公司。1998年11月1日试营业，1999年9月21日正式取得接待国内外宾客的特级旅店资质。拥有经营性房23间客房，报告厅一处。马小华任公司总经理、法定代表人。

宾馆属于24小时营业的特种行业，服务和安全保障全覆盖，涉及的工种、班次较多，包括前台接待、客房、维修、夜班、安保、库管等。宾馆现有员工9人（不含委派的财务人员），其中高级服务师2人，中级服务师2人，中级工1人，大专及以上4人。

2. 管理工作

【概述】 2017年是宾馆有史以来面临的经营形势最为严峻的一年。宾馆领导班子多次召开会议，分析经营形势，针对诸多不利因素研究制定对策，最终取得了突出效果，宾馆业绩增加，任务超额完成。首先，"动批"的撤市，切断了宾馆的大半壁财源。面对这样的经营形势和不利因素，大家经过研究，统一了思想，采取了内部抱团取暖，各司其职，在搞好自己的本职工作的基础上，对外不放过任何一个创收的机会，主动迎客、引客，减少宾客进入学校的阻碍；尽可能改变旅店行业被挑选、被入住的被动局面，加大老客户国家文物局、黑龙江电视台、华章MBA培训班、鲁班教育培训机构的跟进；开拓与校计算中心的培训信息沟通；促进与兄弟单位物业公司、建友公司的多方位业务融合；散客减少，就加大报告厅的开发；主动接受保卫处的管理，主动融合与保安队、海岸车辆管理的关系；并适当地调整客房销售价格，用以冲抵消化"洗衣厂"、自来水公司等价格上涨的成本因素。继续做好常规的运行管理工作。宾馆前台住房收入统计表（即日报表）仍坚持三方审核签字，通过日报表、月报表的填写审核，整个宾馆的收入情况、客房使用情况，一目了然，这得益于中心财务的精心指导；安保部每日坚持做好安全巡查并认真填写巡查日志。严格执行财务纪律，严控不必要的开支。

【常规管理工作】

（1）继续作好前台收款工作，严控现金风控，选择品德好的同志担任此项工作。制定严格的制度。宾馆长期以来，始终坚持前台《日报表》三方审核、四人签字的管理办法，即前台填写销售记录，客房部经理从工作量角度进行核对（客房部的清扫间数，必须对应有一份前台的收入），再由第三人监督审核后签字，出纳收款签字。宾馆每天的收入情况、客房使用情况，均一目了然。

（2）继续作好客房卫生清洁的管理工作；针对客房装修日趋陈旧的现状，继续加大清洁工作的管理力度，定期检查客房卫生。强调精细服务，努力为宾客提供一个清洁优雅的住宿环境。

（3）继续作好安保、设备的巡检工作；进一步强化全员安全生产意识，每日专人巡查变电箱、污水井、锅炉房、燃气表房、总机、烟感报警器等设备，若发现隐患，立即组织人员抢修。并坚持填写每日巡查记录，确保宾客人身及财产安全，确保宾馆财产安全且无事故。

（4）规范化会议服务工作，从全场布置到场中服务。每接一个会议订单，就是一个小的工程。强调"精细服务"。

（5）继续做好精打细算，严控各项开支的工作。

（6）继续强调以服务大局为己任，扎实提高自身综合素质，打造和谐团队。

3. 财务工作

本年度实现经营性产值209万元，完成预算收入165万元的127%，人均净产值20.9万元（按10人计算），完成上缴学校35.11万元，超额14.89万元，交纳税金50.77万元，净利润36.11万元。

（二）北京北建大物业管理有限公司

1. 公司概况

北京北建大物业管理有限公司（以下简称物业公司）成立于2015年6月28日，是由北京建工远大建设工程有限公司出资设立的，注册资金100万元，法定代表人张宪亭。公司隶属于北京建筑大学，依托北京建筑大学的专业化优势，提供专业的物业服务。公司下设综合办公室、质量管理部、经营开发部、财务部四个职能部室及各物业项目管理部，物业项目管理部按照业务职能划分为工程、环境、安保、客服四个中心。在提供常规物业服务的同时，积极拓展经营服务范围，先后开展了车辆运输服务、会务服务、康体健身服务等一系列项目。

2. 管理工作

【概述】公司自成立后，立足学校，沿着学校大后勤大保障深化改革的道路不断进取，在完成学校后勤物业保障工作的基础上，在制度建设、队伍建设、经营拓展、文化建设和党组织建设等方面扎实工作，锐意进取，随着一系列制度、标准的落地和实施，物业公司迈出了规范管理、流程管理和细节服务的第一步，企业各项管理工作逐步走向正轨。公司结合物业企业特点及自身发展方向，制订了"以人为本、亲情服务，规范管理，树立品牌"的十六字质量方针。

【组织架构】公司在成立之初在充分考虑未来2～3年发展规划的基础上，结合物业管理特点，对公司刚成立时设计的公司组织架构进行了调整和重构，通过对公司架构的完善，公司将实现物业管理项目化的管理模式，为公司未来承接大兴校区物业服务、西城校区大科园物业服务、居民楼物业服务及其他物业项目奠定组织架构基础。

【制度建设】公司在成立之初开展了集中的制度建设工作。各部门负责人，详细梳理了本部门的各项工作，并在此基础上编制了完备的各项工作制度和岗位职责，这个制度将成为公司未来高效运转的制度保障。其中，新的薪酬体系在经理办公会讨论后，经过试运行，实现了原后勤集团到物业公司薪酬的顺利过渡。新的薪酬体系较原后勤集团薪酬体系，发生了质的改变，结合岗位工作性质、工作特点及社会行业薪酬水平，对原薪酬体制进行了大刀阔斧的改革。新制定的薪酬体系，突出绩效管理，强调工作的量与质，不但实现了同岗同酬、奖勤罚懒、多劳多得的薪酬原则，同时也兑现了公司成立时向员工们提出的工资收入普涨的承诺。

3. 经营工作

【概述】 公司目前承接北京建筑大学西城校区物业管理、大兴校区部分楼宇物业管理和学校附属住宅物业管理。

【引进商贸】 公司通过从社会引进高品质服务合作伙伴的方式，已经基本搭建起一个较为完整和高层次的校内经营服务体系。小麦公社、水果店、理发店、图文社等商贸点的开业及升级，为西城校区师生员工构建了一个方便舒适的校园经营服务圈。咖啡店的入驻将成为西城校区文化建设、休闲服务的新核心。

4. 人力资源工作

【概述】 公司以薪酬体系做保障，企业文化做引导，采取对外引进、对内培养的方式，逐步构建了公司新的管理队伍。目前公司中层干部队伍，先后从外引进3人，从内培养选拔2人，他们与原有人员共同组成物业公司管理与服务的中层干部队伍。目前这支管理团队老、中、青梯队合理，专业突出，关系融洽，已经基本实现了公司队伍建设的第一步工作。公司成立以来，高层领导先后通过专业学习培训、员工代表座谈、专题问题讨论、一线岗位调研、参与一线工作等多种方式与一线员工做近距离沟通交流，使大家从内心认同企业。

【人才招聘】 为打造一支专业化、规范化的物业工作队伍，公司先后与"前程无忧"、"58同城"签订网站招聘协议，加大力度引进专业化物业人员。

5. 财务工作

【主要数据】 2017年全年实现营业收入92.11万元，自成立至年底净亏损71.37万元；上交税费3.82万元，其中营业税2.99万元；资产总额1515.96万元。

6. 文化建设

【概述】 公司在创立之初，就确定了规范管理、树立品牌，以人为本、亲情服务十六字方针的管理与服务理念。这一理念将作为公司企业文化建设的核心内容，融进企业管理与服务行为中。公司启动了网站及公众微信号建设；公司对外宣传公告栏及LED屏也已投入使用并定期更新；公司还每月组织当月过生日员工举办生日会，彼此沟通了感情，使每位在外务工者找到了家的感觉。今后公司也将在其他方面不断丰富和完善企业文化内涵建设，使其真正成为鼓舞士气、团结队伍、推崇正能量的有力武器。逐步形成物业公司自己的具有凝聚力、感召力和使命感的企业文化。

7. 支部党建工作

【概述】 党支部秉承"守正笃实、无怠无荒"的宗旨，以"讲实际、重实效、办实事"为工作原则，以建设"学习型、服务型、实效型"的团队为奋斗目标，积极开展各项活动。

【党员实践活动】 党支部自成立以来，先后开展了清擦垃圾箱、捡拾烟头、深入车队调研、参观焦庄户抗战遗址活动、参加新薪酬工资说明会等活动。这些活动的开展激发了党员的爱国热情，拉近了党组织和群众的距离，帮助群众解决了工作和生活中遇到的难题和困难，受到员工的一致好评。

【党员教育活动】党支部陆续开展了中国共产党的指导思想、互联网＋、大数据与物业服务、中国共产党廉洁自律准则和纪律处分条例、习近平视察"八一"学校讲话等学习教育活动，和物业企业相关法律知识培训，还观看了"反腐倡廉"主题记录片活动。党员在线学习100％完成。

（常瑜　杨举　祖维中）

第十六章　2017 年学校十大新闻

【**首位博士研究生毕业获工学博士学位，重点学科建设取得新进展，为"双一流"建设奠定坚实基础**】6 月 30 日，服务国家特殊需求"建筑遗产保护理论与技术博士人才培养项目"首位博士研究生毕业获工学博士学位，成为我校学科建设的里程碑。

精心组织和参加全国第四轮学科评估，在教育部公布的学科评估结果中，参评的 8 个工学学科全部上榜，整体呈现稳中有升，其中 3 个学科进入 B 类，5 个学科进入 C 类。

【**牵头成立"一带一路"建筑类大学国际联盟，形成开放办学新格局**】10 月 10 日，"一带一路"建筑类大学国际联盟成立大会在我校成功举行，19 个国家 44 所高校加入联盟，为培养高素质国际化人才搭建平台，市委书记蔡奇给予高度评价。

2017 年，获批北京市首批"一带一路"国家人才培养基地，进入北京市外国留学生奖学金和"一带一路"奖学金院校行列；中法合作办学经验在中法高级别人文交流机制第四次会议专题论坛上做典型发言。

【**全面学习宣传贯彻党的十九大精神**】10 月 27 日，学校召开学习宣传贯彻党的十九大精神动员部署会，传达学习宣传贯彻党的十九大精神。按照市委书记蔡奇提出的"七个环节""五个结合""六个学"的要求，党委制定详细工作方案，着力在"五个聚焦"和学懂弄通做实上下功夫，迅速掀起了学习宣传贯彻党的十九大精神的热潮。

【**顺利完成本科教学工作审核评估入校检查工作，人才培养成果丰硕**】11 月 13 日至 16 日，教育部本科教学工作审核评估专家组入校考察。专家组一致认为，学校办学定位和人才培养目标与国家建设及首都经济发展建设的适应度高，学校的十三五发展目标、长远办学目标和人才培养总目标符合学校办学实际。

学校获批成为推荐优秀应届本科毕业生免试攻读研究生普通高等学校；获北京市高等教育教学成果一等奖 2 项、二等奖 8 项；建筑学入选北京市一流专业，环境工程完成专业认证；荣获教育部"全国实践育人创新创业基地"，获评北京市深化创新创业教育改革示范高校和"北京市众创空间"称号；学生参加第十五届全国"挑战杯"大赛总成绩位列市属高校第二名，首次获得首都"挑战杯"竞赛优胜杯；学校田径队连续 12 年获得首都高校学生田径运动会乙组团体冠军。

【**高标准完成《北京普通高校党建和思想政治工作基本标准》入校检查工作，以评促建不断提升党建和思想政治工作水平**】11 月 28 日，学校接受《北京普通高等学校党建和思想政治工作基本标准》入校检查，检查组对学校党建和思想政治工作给予了高度评价。

全面贯彻落实全国和北京高校思想政治工作会议精神，召开学校思想政治工作会，研究制定学校实施方案，明确整改措施 72 条；扎实推进"两学一做"学习教育常态化制度化，推动全面从严治党向纵深发展。

【**北京建筑大学第一次党员代表大会胜利召开**】12 月 25 日至 26 日，中国共产党北京建筑大学第一次党员代表大会胜利召开。王建中同志代表学校上届党委作题为《以党的十

九大精神为指引 加快建设国内一流、国际知名、具有鲜明建筑特色的高水平、开放式、创新型大学》的报告,选举产生了新一届党委委员和纪委委员。大会提出到2020年,建成教学研究型大学,实现"两高"办学布局目标;到2035年,基本建成"国内一流、国际知名、具有鲜明建筑特色的高水平、开放式、创新型大学";到21世纪中叶,全面建成"国内一流、国际知名、具有鲜明建筑特色的高水平、开放式、创新型大学"。

【**科技创新成果再创新高,基础研究能力显著提升**】加大体制机制改革和政策先行先试力度,相关做法纳入"市属项目承担单位落实28条政策措施典型案例"。创办国内首家"中国建筑思想文化研究院",稳步推进大型多功能振动台阵实验室建设项目。新增国家科技计划(基金)43项,其中作为项目负责人承担"十三五"国家重点研发计划项目"建筑垃圾资源化全产业链高效利用关键技术研究与应用",主持承担"十三五"国家重点研发计划课题4项,国家自然科学基金获批项目继续保持建筑类高校前列;科研经费保持稳定增长;新增企事业委托项目217项,超过7成服务北京城市建设和经济社会发展;授权发明专利翻倍增长;获得省部级科技奖励4项。

【**人才队伍建设稳步推进,教师在国家级、市级人才培养工程中捷报频传**】首个"大土木工程与地下建筑工程"教育部创新团队顺利通过培育验收,并获滚动支持。2个科研团队入选北京市教委高水平创新团队建设计划,1人当选"北京学者",1人入选国家"万人计划"领军人才,1人入选百千万人才工程北京市级人选,5人入选北京市教委长城学者培养计划,9人入选北京市教委青年拔尖人才培育计划;"海聚工程"入选人数及项目类型再创新高;2名教师荣获第十三届北京市高等学校教学名师奖和"北京高校第十届青年教师教学基本功大赛"理工类B组一等奖;获评教育部教育管理信息化应用优秀案例,信息化大学建设步入全国高校先进行列。

【**发挥北京"未来城市设计高精尖创新中心"优势,服务国家和北京市重大需求**】北京"未来城市设计高精尖创新中心"全面发挥城市建设高端智库的学术引领和科技服务作用,成立雄安创新研究院,在西城校区打造总部基地,建立健全制度体系和工作机制,设立11个重点研发机构,组建9个研究团队,先后承担了服务北京城市副中心、雄安新区、北京新机场钢结构工程等项目27项,相关工作获得市委书记蔡奇批示肯定。

【**全面完成学校承担的疏解非首都功能各项任务,打造两校区舒适高雅的校园环境**】全面完成学校承担的疏解非首都功能各项任务,为北京市推进"疏解整治促提升"专项任务做出重大贡献。扎实推动两校区并重发展和协同发展,完成大兴校区综合楼、体育馆等工程建设,以及西城校区教学4、5号楼,实验3号楼、科研楼升级改造和品质提升等工程项目。

第十七章 毕业生名单

一、2017年北京建筑大学博士硕士毕业名单

2016/2017学年第二学期（2017年6月）毕业博士研究生名单

序号	学号	姓名	专业	学院	年级	毕（结）业结论
1	1108131301	戚军	建筑学	建筑与城市规划学院	2013	毕业

2016/2017学年第一学期（2017年1月）毕业硕士研究生名单

序号	学号	姓名	所在学科	学院	年级	毕（结）业结论	备注
1	1108330013009	石琳	城乡规划学	建筑与城市规划学院	2013	毕业	
2	1108510013015	贾昊	建筑学	建筑与城市规划学院	2013	毕业	
3	1108521313059	王美伦	建筑与土木工程	土木与交通工程学院	2013	毕业	
4	1108140313009	孟祥挺	市政工程	环境与能源工程学院	2013	毕业	
5	1107760213013	王庆	环境工程	环境与能源工程学院	2013	毕业	
6	1108523913001	肖虎	项目管理	经济与管理工程学院	2013	毕业	
7	1108130213012	刘浩源	建筑学	建筑与城市规划学院	2013	毕业	结业证换发毕业证

2016/2017学年第二学期（2017年6月）毕业硕士研究生名单

序号	学号	姓名	所在学科	年级	学院	毕（结）业结论
1	2108130014001	刘洋	建筑学	2014	建筑与城市规划学院	毕业
2	2108130014002	陈亚童	建筑学	2014	建筑与城市规划学院	毕业
3	2108130014003	潘玥	建筑学	2014	建筑与城市规划学院	毕业
4	2108130014004	锡望	建筑学	2014	建筑与城市规划学院	毕业
5	2108130014005	孙铁男	建筑学	2014	建筑与城市规划学院	毕业
6	2108130014006	孟庆玮	建筑学	2014	建筑与城市规划学院	毕业
7	2108130014007	王在书	建筑学	2014	建筑与城市规划学院	毕业
8	2108130014008	袁拯	建筑学	2014	建筑与城市规划学院	毕业
9	2108130014009	王琛	建筑学	2014	建筑与城市规划学院	毕业
10	2108130014010	牛亚庆	建筑学	2014	建筑与城市规划学院	毕业
11	2108130014011	程峰	建筑学	2014	建筑与城市规划学院	毕业
12	2108130014012	王天娇	建筑学	2014	建筑与城市规划学院	毕业

续表

序号	学号	姓名	所在学科	年级	学院	毕(结)业结论
13	2108130014013	裴海路	建筑学	2014	建筑与城市规划学院	毕业
14	2108130014014	张笑轩	建筑学	2014	建筑与城市规划学院	毕业
15	2108130014015	邢晨燕	建筑学	2014	建筑与城市规划学院	毕业
16	2108130014016	俞晨驹	建筑学	2014	建筑与城市规划学院	毕业
17	2108130014017	杨叶	建筑学	2014	建筑与城市规划学院	毕业
18	2108130014018	严思远	建筑学	2014	建筑与城市规划学院	毕业
19	2108130014019	姚博健	建筑学	2014	建筑与城市规划学院	毕业
20	2108130014020	张霓珂	建筑学	2014	建筑与城市规划学院	毕业
21	2108131114001	王奇	建筑遗产保护	2014	建筑与城市规划学院	毕业
22	2108330014001	王天一	城乡规划学	2014	建筑与城市规划学院	毕业
23	2108330014002	何泰然	城乡规划学	2014	建筑与城市规划学院	毕业
24	2108330014003	董硕	城乡规划学	2014	建筑与城市规划学院	毕业
25	2108330014004	王永祥	城乡规划学	2014	建筑与城市规划学院	毕业
26	2108330014005	陈楷	城乡规划学	2014	建筑与城市规划学院	毕业
27	2108330014006	王一统	城乡规划学	2014	建筑与城市规划学院	毕业
28	2108330014007	王惠婷	城乡规划学	2014	建筑与城市规划学院	毕业
29	2108330014008	王煦立	城乡规划学	2014	建筑与城市规划学院	毕业
30	2108330014009	邓啸骢	城乡规划学	2014	建筑与城市规划学院	毕业
31	2108330014010	陈钰麒	城乡规划学	2014	建筑与城市规划学院	毕业
32	2108340014001	刘玲	风景园林学	2014	建筑与城市规划学院	毕业
33	2108340014002	周晔	风景园林学	2014	建筑与城市规划学院	毕业
34	2108340014004	杨莹	风景园林学	2014	建筑与城市规划学院	毕业
35	2108340014005	李晨卉	风景园林学	2014	建筑与城市规划学院	毕业
36	2108340014006	祁远晴	风景园林学	2014	建筑与城市规划学院	毕业
37	2108340014007	刘丽君	风景园林学	2014	建筑与城市规划学院	毕业
38	2108340014008	安一冉	风景园林学	2014	建筑与城市规划学院	毕业
39	2108340014009	韩聪	风景园林学	2014	建筑与城市规划学院	毕业
40	2108510014001	王江滨	建筑学	2014	建筑与城市规划学院	毕业
41	2108510014002	徐丹	建筑学	2014	建筑与城市规划学院	毕业
42	2108510014003	田雨	建筑学	2014	建筑与城市规划学院	毕业
43	2108510014004	祖艳青	建筑学	2014	建筑与城市规划学院	毕业
44	2108510014005	王肖艳	建筑学	2014	建筑与城市规划学院	毕业
45	2108510014007	苏毅	建筑学	2014	建筑与城市规划学院	毕业
46	2108510014008	赵骏飞	建筑学	2014	建筑与城市规划学院	毕业
47	2108510014009	李楠	建筑学	2014	建筑与城市规划学院	毕业

续表

序号	学号	姓名	所在学科	年级	学院	毕(结)业结论
48	2108510014010	赵伟	建筑学	2014	建筑与城市规划学院	毕业
49	2108510014011	张秋艳	建筑学	2014	建筑与城市规划学院	毕业
50	2108510014012	孙培真	建筑学	2014	建筑与城市规划学院	毕业
51	2108510014013	李尚	建筑学	2014	建筑与城市规划学院	毕业
52	2108510014014	耿云楠	建筑学	2014	建筑与城市规划学院	毕业
53	2108510014015	刘迪	建筑学	2014	建筑与城市规划学院	毕业
54	2108510014018	关剑	建筑学	2014	建筑与城市规划学院	毕业
55	2108510014019	杨靖雯	建筑学	2014	建筑与城市规划学院	毕业
56	2108510014020	肖冰	建筑学	2014	建筑与城市规划学院	毕业
57	2108510014021	卢春双	建筑学	2014	建筑与城市规划学院	毕业
58	2108510014022	王妍	建筑学	2014	建筑与城市规划学院	毕业
59	2108510014023	陈志杰	建筑学	2014	建筑与城市规划学院	毕业
60	2108510014024	王晓健	建筑学	2014	建筑与城市规划学院	毕业
61	2108510014025	陈大威	建筑学	2014	建筑与城市规划学院	毕业
62	2108510014026	曲悦	建筑学	2014	建筑与城市规划学院	毕业
63	2108510014027	吴文聪	建筑学	2014	建筑与城市规划学院	毕业
64	2108510014028	郭亚男	建筑学	2014	建筑与城市规划学院	毕业
65	2108510014029	于江	建筑学	2014	建筑与城市规划学院	毕业
66	2108510014030	钱诗婧	建筑学	2014	建筑与城市规划学院	毕业
67	2108510014031	衡秋歌	建筑学	2014	建筑与城市规划学院	毕业
68	2108510014033	杨威	建筑学	2014	建筑与城市规划学院	毕业
69	2108510014034	任炜	建筑学	2014	建筑与城市规划学院	毕业
70	2108510014035	敬晓博	建筑学	2014	建筑与城市规划学院	毕业
71	2108510014036	李取奇	建筑学	2014	建筑与城市规划学院	毕业
72	2108510014037	阳金辰	建筑学	2014	建筑与城市规划学院	毕业
73	2108510014038	魏立志	建筑学	2014	建筑与城市规划学院	毕业
74	2108510014039	杜彬	建筑学	2014	建筑与城市规划学院	毕业
75	2108510014040	孙若宸	建筑学	2014	建筑与城市规划学院	毕业
76	2108510014041	王错	建筑学	2014	建筑与城市规划学院	毕业
77	2108510014042	马跃跃	建筑学	2014	建筑与城市规划学院	毕业
78	2108510014043	龚联	建筑学	2014	建筑与城市规划学院	毕业
79	2108510014044	刘丽晶	建筑学	2014	建筑与城市规划学院	毕业
80	2108510014045	祝晨琪	建筑学	2014	建筑与城市规划学院	毕业
81	2108510014046	宋凯丽	建筑学	2014	建筑与城市规划学院	毕业
82	2108510014047	马邝	建筑学	2014	建筑与城市规划学院	毕业

续表

序号	学号	姓名	所在学科	年级	学院	毕(结)业结论
83	2108510014048	吴少敏	建筑学	2014	建筑与城市规划学院	毕业
84	2108510014049	楚东旭	建筑学	2014	建筑与城市规划学院	毕业
85	2108510014050	张明	建筑学	2014	建筑与城市规划学院	毕业
86	2108510014051	于超	建筑学	2014	建筑与城市规划学院	毕业
87	2108510014052	陈召	建筑学	2014	建筑与城市规划学院	毕业
88	2108510014053	张林	建筑学	2014	建筑与城市规划学院	毕业
89	2108530014001	仲金玲	城市规划	2014	建筑与城市规划学院	毕业
90	2108530014002	邓美然	城市规划	2014	建筑与城市规划学院	毕业
91	2108530014003	李静岩	城市规划	2014	建筑与城市规划学院	毕业
92	2108530014004	梁晓东	城市规划	2014	建筑与城市规划学院	毕业
93	2108530014005	宋鑫宇	城市规划	2014	建筑与城市规划学院	毕业
94	2108530014006	刘娟	城市规划	2014	建筑与城市规划学院	毕业
95	2108530014009	杨慧祎	城市规划	2014	建筑与城市规划学院	毕业
96	2108530014010	梁晓航	城市规划	2014	建筑与城市规划学院	毕业
97	2108530014011	高佳璐	城市规划	2014	建筑与城市规划学院	毕业
98	2108530014012	陈思成	城市规划	2014	建筑与城市规划学院	毕业
99	2108530014013	顾志明	城市规划	2014	建筑与城市规划学院	毕业
100	2113050014001	卢坤	设计学	2014	建筑与城市规划学院	毕业
101	2113050014002	闫卓远	设计学	2014	建筑与城市规划学院	毕业
102	2113050014003	高金桃	设计学	2014	建筑与城市规划学院	毕业
103	2113050014004	李萌萌	设计学	2014	建筑与城市规划学院	毕业
104	2113050014005	卓媛媛	设计学	2014	建筑与城市规划学院	毕业
105	2113050014006	孙玲	设计学	2014	建筑与城市规划学院	毕业
106	2113050014007	王广伟	设计学	2014	建筑与城市规划学院	毕业
107	2113050014008	付甜甜	设计学	2014	建筑与城市规划学院	毕业
108	2113050014009	赵方舟	设计学	2014	建筑与城市规划学院	毕业
109	2113050014010	程婉晴	设计学	2014	建筑与城市规划学院	毕业
110	2113050014011	曹明璐	设计学	2014	建筑与城市规划学院	毕业
111	2113050014012	张婧嬅	设计学	2014	建筑与城市规划学院	毕业
112	2113050014013	邹乐	设计学	2014	建筑与城市规划学院	毕业
113	2113050014014	喻雪	设计学	2014	建筑与城市规划学院	毕业
114	2113050014015	谭营营	设计学	2014	建筑与城市规划学院	毕业
115	2113050014016	冯超	设计学	2014	建筑与城市规划学院	毕业
116	2113050014017	张月	设计学	2014	建筑与城市规划学院	毕业
117	1108130213003	李紫临	建筑学	2013	建筑与城市规划学院	毕业

续表

序号	学号	姓名	所在学科	年级	学院	毕(结)业结论
118	2108140114001	章良兵	岩土工程	2014	土木与交通工程学院	毕业
119	2108140214001	王宗洋	结构工程	2014	土木与交通工程学院	毕业
120	2108140214002	段言彪	结构工程	2014	土木与交通工程学院	毕业
121	2108140214004	李莉	结构工程	2014	土木与交通工程学院	毕业
122	2108140214005	吴超垚	结构工程	2014	土木与交通工程学院	毕业
123	2108140214006	崔明珠	结构工程	2014	土木与交通工程学院	毕业
124	2108140214007	张品	结构工程	2014	土木与交通工程学院	毕业
125	2108140214008	刘寅枫	结构工程	2014	土木与交通工程学院	毕业
126	2108140214009	王健	结构工程	2014	土木与交通工程学院	毕业
127	2108140214010	周京京	结构工程	2014	土木与交通工程学院	毕业
128	2108140214011	司博旸	结构工程	2014	土木与交通工程学院	毕业
129	2108140214012	闫少杰	结构工程	2014	土木与交通工程学院	毕业
130	2108140214013	宋春月	结构工程	2014	土木与交通工程学院	毕业
131	2108140214014	王洪森	结构工程	2014	土木与交通工程学院	毕业
132	2108140214015	陈鹏	结构工程	2014	土木与交通工程学院	毕业
133	2108140214016	马丽盟	结构工程	2014	土木与交通工程学院	毕业
134	2108140214017	谢龙	结构工程	2014	土木与交通工程学院	毕业
135	2108140614001	司旭龙	桥梁与隧道工程	2014	土木与交通工程学院	毕业
136	2108140614002	张广达	桥梁与隧道工程	2014	土木与交通工程学院	毕业
137	2108230114001	赵岩	道路与铁道工程	2014	土木与交通工程学院	毕业
138	2108230114002	韩昊岳	道路与铁道工程	2014	土木与交通工程学院	毕业
139	2108230114003	石越峰	道路与铁道工程	2014	土木与交通工程学院	毕业
140	2108230114004	李鹏飞	道路与铁道工程	2014	土木与交通工程学院	毕业
141	2108230314001	王至言	交通运输规划与管理	2014	土木与交通工程学院	毕业
142	2108230314002	李东岳	交通运输规划与管理	2014	土木与交通工程学院	毕业
143	2108230314003	刘若鸿	交通运输规划与管理	2014	土木与交通工程学院	毕业
144	2108521314001	金鑫	建筑与土木工程	2014	土木与交通工程学院	毕业
145	2108521314002	王佳俊	建筑与土木工程	2014	土木与交通工程学院	毕业
146	2108521314003	王波	建筑与土木工程	2014	土木与交通工程学院	毕业
147	2108521314004	李鹏程	建筑与土木工程	2014	土木与交通工程学院	毕业
148	2108521314006	郭峰	建筑与土木工程	2014	土木与交通工程学院	毕业
149	2108521314007	李显	建筑与土木工程	2014	土木与交通工程学院	毕业
150	2108521314008	范磊	建筑与土木工程	2014	土木与交通工程学院	毕业
151	2108521314009	柴林林	建筑与土木工程	2014	土木与交通工程学院	毕业
152	2108521314010	高海静	建筑与土木工程	2014	土木与交通工程学院	毕业

续表

序号	学号	姓名	所在学科	年级	学院	毕(结)业结论
153	2108521314012	张一捷	建筑与土木工程	2014	土木与交通工程学院	毕业
154	2108521314013	师航祺	建筑与土木工程	2014	土木与交通工程学院	毕业
155	2108521314014	杨晨威	建筑与土木工程	2014	土木与交通工程学院	毕业
156	2108521314015	胡敏军	建筑与土木工程	2014	土木与交通工程学院	毕业
157	2108521314016	杨丽民	建筑与土木工程	2014	土木与交通工程学院	毕业
158	2108521314018	乔伟栋	建筑与土木工程	2014	土木与交通工程学院	毕业
159	2108521314020	汤优	建筑与土木工程	2014	土木与交通工程学院	毕业
160	2108521314021	周梦杰	建筑与土木工程	2014	土木与交通工程学院	毕业
161	2108521314022	郑金贤	建筑与土木工程	2014	土木与交通工程学院	毕业
162	2108521314023	李兴	建筑与土木工程	2014	土木与交通工程学院	毕业
163	2108521314024	袁非凡	建筑与土木工程	2014	土木与交通工程学院	毕业
164	2108521314025	吴志明	建筑与土木工程	2014	土木与交通工程学院	毕业
165	2108521314026	石彩华	建筑与土木工程	2014	土木与交通工程学院	毕业
166	2108521314027	冯焕东	建筑与土木工程	2014	土木与交通工程学院	毕业
167	2108521314028	王娟	建筑与土木工程	2014	土木与交通工程学院	毕业
168	2108521314029	戈壁	建筑与土木工程	2014	土木与交通工程学院	毕业
169	2108521314030	孟颖	建筑与土木工程	2014	土木与交通工程学院	毕业
170	2108521314031	孙菲	建筑与土木工程	2014	土木与交通工程学院	毕业
171	2108521314032	梁孟羽	建筑与土木工程	2014	土木与交通工程学院	毕业
172	2108521314034	刘佳	建筑与土木工程	2014	土木与交通工程学院	毕业
173	2108521314035	李庆垒	建筑与土木工程	2014	土木与交通工程学院	毕业
174	2108521314036	魏畅毅	建筑与土木工程	2014	土木与交通工程学院	毕业
175	2108521314037	崔周勋	建筑与土木工程	2014	土木与交通工程学院	毕业
176	2108521314038	宁广	建筑与土木工程	2014	土木与交通工程学院	毕业
177	2108521314039	田佳磊	建筑与土木工程	2014	土木与交通工程学院	毕业
178	2108521314040	丁明聪	建筑与土木工程	2014	土木与交通工程学院	毕业
179	2108521314041	邹明	建筑与土木工程	2014	土木与交通工程学院	毕业
180	2108521314043	黄宝栋	建筑与土木工程	2014	土木与交通工程学院	毕业
181	2108521314044	王海波	建筑与土木工程	2014	土木与交通工程学院	毕业
182	2108521314045	刘鹏	建筑与土木工程	2014	土木与交通工程学院	毕业
183	2108521314046	王煦	建筑与土木工程	2014	土木与交通工程学院	毕业
184	2108521314048	费晨超	建筑与土木工程	2014	土木与交通工程学院	毕业
185	2108521314050	赵阳	建筑与土木工程	2014	土木与交通工程学院	毕业
186	2108521314051	李光耀	建筑与土木工程	2014	土木与交通工程学院	毕业
187	2108521314052	刘亚楠	建筑与土木工程	2014	土木与交通工程学院	毕业

续表

序号	学号	姓名	所在学科	年级	学院	毕(结)业结论
188	2108521314053	宋浩	建筑与土木工程	2014	土木与交通工程学院	毕业
189	2108521314054	王会新	建筑与土木工程	2014	土木与交通工程学院	毕业
190	2108521314055	王文婷	建筑与土木工程	2014	土木与交通工程学院	毕业
191	2108521314056	白英博	建筑与土木工程	2014	土木与交通工程学院	毕业
192	2108521314057	冯红达	建筑与土木工程	2014	土木与交通工程学院	毕业
193	2108521314058	王超	建筑与土木工程	2014	土木与交通工程学院	毕业
194	2108521314060	李洋	建筑与土木工程	2014	土木与交通工程学院	毕业
195	2108521314061	刘鹏	建筑与土木工程	2014	土木与交通工程学院	毕业
196	2108521314062	马京华	建筑与土木工程	2014	土木与交通工程学院	毕业
197	2108521314063	刘冉	建筑与土木工程	2014	土木与交通工程学院	毕业
198	2108521314064	张志平	建筑与土木工程	2014	土木与交通工程学院	毕业
199	2108521314065	王承金	建筑与土木工程	2014	土木与交通工程学院	毕业
200	2108521314066	魏钱钰	建筑与土木工程	2014	土木与交通工程学院	毕业
201	2108521314067	闫浩	建筑与土木工程	2014	土木与交通工程学院	毕业
202	2108521314068	盛伟严	建筑与土木工程	2014	土木与交通工程学院	毕业
203	2108521314069	肖翔	建筑与土木工程	2014	土木与交通工程学院	毕业
204	2108521314070	魏越	建筑与土木工程	2014	土木与交通工程学院	毕业
205	2108521314072	贾沁林	建筑与土木工程	2014	土木与交通工程学院	毕业
206	2108521314073	严志强	建筑与土木工程	2014	土木与交通工程学院	毕业
207	2108521315032	张世刚	建筑与土木工程	2015	土木与交通工程学院	毕业
208	1108521313010	刘翔	建筑与土木工程	2013	土木与交通工程学院	毕业
209	1108521313027	许仲	建筑与土木工程	2013	土木与交通工程学院	毕业
210	2108521314042	张春磊	建筑与土木工程	2014	土木与交通工程学院	毕业
211	2107760114001	徐道鑫	环境科学	2014	环境与能源工程学院	毕业
212	2107760114002	张佳	环境科学	2014	环境与能源工程学院	毕业
213	2107760114003	邱丽佳	环境科学	2014	环境与能源工程学院	毕业
214	2107760114004	贾蒙蒙	环境科学	2014	环境与能源工程学院	毕业
215	2107760214001	王二松	环境工程	2014	环境与能源工程学院	毕业
216	2107760214002	王杰	环境工程	2014	环境与能源工程学院	毕业
217	2107760214003	王明秀	环境工程	2014	环境与能源工程学院	毕业
218	2107760214005	付振	环境工程	2014	环境与能源工程学院	毕业
219	2107760214006	王耀堂	环境工程	2014	环境与能源工程学院	毕业
220	2107760214007	程熙	环境工程	2014	环境与能源工程学院	毕业
221	2107760214008	孙一僮	环境工程	2014	环境与能源工程学院	毕业
222	2108130414001	陈启超	建筑技术科学	2014	环境与能源工程学院	毕业

续表

序号	学号	姓名	所在学科	年级	学院	毕(结)业结论
223	2108131114003	吴文洪	建筑遗产保护	2014	环境与能源工程学院	毕业
224	2108131114004	周坤朋	建筑遗产保护	2014	环境与能源工程学院	毕业
225	2108131114005	仝贺	建筑遗产保护	2014	环境与能源工程学院	毕业
226	2108131114006	李芸	建筑遗产保护	2014	环境与能源工程学院	毕业
227	2108131114008	侯嘉琳	建筑遗产保护	2014	环境与能源工程学院	毕业
228	2108131114009	郑利鹏	建筑遗产保护	2014	环境与能源工程学院	毕业
229	2108131114010	任艳芝	建筑遗产保护	2014	环境与能源工程学院	毕业
230	2108131114011	刘畅	建筑遗产保护	2014	环境与能源工程学院	毕业
231	2108131114012	刘宇	建筑遗产保护	2014	环境与能源工程学院	毕业
232	2108140314001	周厚田	市政工程	2014	环境与能源工程学院	毕业
233	2108140314002	郭栋	市政工程	2014	环境与能源工程学院	毕业
234	2108140314003	苏雪莹	市政工程	2014	环境与能源工程学院	毕业
235	2108140314004	程琳	市政工程	2014	环境与能源工程学院	毕业
236	2108140314005	王鑫	市政工程	2014	环境与能源工程学院	毕业
237	2108140314006	周鹏	市政工程	2014	环境与能源工程学院	毕业
238	2108140314007	翟羽佳	市政工程	2014	环境与能源工程学院	毕业
239	2108140314008	蔡志文	市政工程	2014	环境与能源工程学院	毕业
240	2108140314009	魏智刚	市政工程	2014	环境与能源工程学院	毕业
241	2108140314010	杜婷婷	市政工程	2014	环境与能源工程学院	毕业
242	2108140314011	秦全城	市政工程	2014	环境与能源工程学院	毕业
243	2108140314012	张婧	市政工程	2014	环境与能源工程学院	毕业
244	2108140414001	饶阳	供热、供燃气、通风及空调工程	2014	环境与能源工程学院	毕业
245	2108140414002	苑亚	供热、供燃气、通风及空调工程	2014	环境与能源工程学院	毕业
246	2108140414003	王梦圆	供热、供燃气、通风及空调工程	2014	环境与能源工程学院	毕业
247	2108140414004	郭海豹	供热、供燃气、通风及空调工程	2014	环境与能源工程学院	毕业
248	2108140414005	赵金姊	供热、供燃气、通风及空调工程	2014	环境与能源工程学院	毕业
249	2108140414006	杨茜	供热、供燃气、通风及空调工程	2014	环境与能源工程学院	毕业
250	2108140414007	阴元博	供热、供燃气、通风及空调工程	2014	环境与能源工程学院	毕业
251	2108140414008	马兆康	供热、供燃气、通风及空调工程	2014	环境与能源工程学院	毕业
252	2108140414009	褚赛	供热、供燃气、通风及空调工程	2014	环境与能源工程学院	毕业
253	2108140414010	王世政	供热、供燃气、通风及空调工程	2014	环境与能源工程学院	毕业
254	2108140414011	张磊	供热、供燃气、通风及空调工程	2014	环境与能源工程学院	毕业
255	2108140414012	王策	供热、供燃气、通风及空调工程	2014	环境与能源工程学院	毕业
256	2108140414013	刘旭海	供热、供燃气、通风及空调工程	2014	环境与能源工程学院	毕业
257	2108140414014	张帅	供热、供燃气、通风及空调工程	2014	环境与能源工程学院	毕业

续表

序号	学号	姓名	所在学科	年级	学院	毕(结)业结论
258	2108140414015	纪迎迎	供热、供燃气、通风及空调工程	2014	环境与能源工程学院	毕业
259	2108140414016	肖慧鹏	供热、供燃气、通风及空调工程	2014	环境与能源工程学院	毕业
260	2108140414017	王婧璇	供热、供燃气、通风及空调工程	2014	环境与能源工程学院	毕业
261	2108140414018	朱德润	供热、供燃气、通风及空调工程	2014	环境与能源工程学院	毕业
262	2108140414019	李敬波	供热、供燃气、通风及空调工程	2014	环境与能源工程学院	毕业
263	2108140414020	郑开明	供热、供燃气、通风及空调工程	2014	环境与能源工程学院	毕业
264	2108140414021	贾方晶	供热、供燃气、通风及空调工程	2014	环境与能源工程学院	毕业
265	2108521314074	王志明	建筑与土木工程（供热、供燃气、通风及空调工程方向）	2014	环境与能源工程学院	毕业
266	2108521314075	高朋	建筑与土木工程（供热、供燃气、通风及空调工程方向）	2014	环境与能源工程学院	毕业
267	2108521314076	徐艳秋	建筑与土木工程（市政工程方向）	2014	环境与能源工程学院	毕业
268	2108521314077	于水静	建筑与土木工程（供热、供燃气、通风及空调工程方向）	2014	环境与能源工程学院	毕业
269	2108521314078	杜可心	建筑与土木工程（供热、供燃气、通风及空调工程方向）	2014	环境与能源工程学院	毕业
270	2108521314079	范菁菁	建筑与土木工程（供热、供燃气、通风及空调工程方向）	2014	环境与能源工程学院	毕业
271	2108521314080	刘华	建筑与土木工程（供热、供燃气、通风及空调工程方向）	2014	环境与能源工程学院	毕业
272	2108521314081	杨东升	建筑与土木工程（供热、供燃气、通风及空调工程方向）	2014	环境与能源工程学院	毕业
273	2108521314082	程冬冬	建筑与土木工程（供热、供燃气、通风及空调工程方向）	2014	环境与能源工程学院	毕业
274	2108521314083	张晓晖	建筑与土木工程（供热、供燃气、通风及空调工程方向）	2014	环境与能源工程学院	毕业
275	2108521314084	徐怡	建筑与土木工程（市政工程方向）	2014	环境与能源工程学院	毕业
276	2108521314085	黄俊杰	建筑与土木工程（市政工程方向）	2014	环境与能源工程学院	毕业
277	2108521314086	段茜	建筑与土木工程（市政工程方向）	2014	环境与能源工程学院	毕业
278	2108521314087	黄静岩	建筑与土木工程（市政工程方向）	2014	环境与能源工程学院	毕业
279	2108521314088	尹伟齐	建筑与土木工程（市政工程方向）	2014	环境与能源工程学院	毕业
280	2108521314089	杨童童	建筑与土木工程（市政工程方向）	2014	环境与能源工程学院	毕业
281	2108521314090	王振	建筑与土木工程（市政工程方向）	2014	环境与能源工程学院	毕业
282	2108521314091	代一帆	建筑与土木工程（市政工程方向）	2014	环境与能源工程学院	毕业

续表

序号	学号	姓名	所在学科	年级	学院	毕(结)业结论
283	2108521314092	范登云	建筑与土木工程（市政工程方向）	2014	环境与能源工程学院	毕业
284	2108521314093	辛波	建筑与土木工程（市政工程方向）	2014	环境与能源工程学院	毕业
285	2108521314094	刘斌	建筑与土木工程（供热、供燃气、通风及空调工程方向）	2014	环境与能源工程学院	毕业
286	2108521314095	柴梦	建筑与土木工程（供热、供燃气、通风及空调工程方向）	2014	环境与能源工程学院	毕业
287	2108521314096	栗博	建筑与土木工程（供热、供燃气、通风及空调工程方向）	2014	环境与能源工程学院	毕业
288	2108521314097	周晶晶	建筑与土木工程（供热、供燃气、通风及空调工程方向）	2014	环境与能源工程学院	毕业
289	2108521314098	赵文君	建筑与土木工程（供热、供燃气、通风及空调工程方向）	2014	环境与能源工程学院	毕业
290	2108521314099	秦颖颖	建筑与土木工程（供热、供燃气、通风及空调工程方向）	2014	环境与能源工程学院	毕业
291	2108521314100	尹朝辉	建筑与土木工程（供热、供燃气、通风及空调工程方向）	2014	环境与能源工程学院	毕业
292	2108521314101	秦浩宇	建筑与土木工程（供热、供燃气、通风及空调工程方向）	2014	环境与能源工程学院	毕业
293	2108521314102	张雪	建筑与土木工程（供热、供燃气、通风及空调工程方向）	2014	环境与能源工程学院	毕业
294	2108521314103	张微	建筑与土木工程（供热、供燃气、通风及空调工程方向）	2014	环境与能源工程学院	毕业
295	2108521314104	李雪薇	建筑与土木工程（供热、供燃气、通风及空调工程方向）	2014	环境与能源工程学院	毕业
296	2108521314105	郭嘉羽	建筑与土木工程（供热、供燃气、通风及空调工程方向）	2014	环境与能源工程学院	毕业
297	2108521314106	赵兴	建筑与土木工程（供热、供燃气、通风及空调工程方向）	2014	环境与能源工程学院	毕业
298	2108521314107	殷明昊	建筑与土木工程（供热、供燃气、通风及空调工程方向）	2014	环境与能源工程学院	毕业
299	2108521314108	牛九玲	建筑与土木工程（供热、供燃气、通风及空调工程方向）	2014	环境与能源工程学院	毕业
300	2108521314109	姚越欣	建筑与土木工程（供热、供燃气、通风及空调工程方向）	2014	环境与能源工程学院	毕业

续表

序号	学号	姓名	所在学科	年级	学院	毕(结)业结论
301	2108521314110	安小然	建筑与土木工程（供热、供燃气、通风及空调工程方向）	2014	环境与能源工程学院	毕业
302	2108521314111	孙永宽	建筑与土木工程（供热、供燃气、通风及空调工程方向）	2014	环境与能源工程学院	毕业
303	2108521314114	李琛	建筑与土木工程（市政工程方向）	2014	环境与能源工程学院	毕业
304	2108521314115	杨博	建筑与土木工程（市政工程方向）	2014	环境与能源工程学院	毕业
305	2108521314116	刘栓	建筑与土木工程（市政工程方向）	2014	环境与能源工程学院	毕业
306	2108521314118	卢超	建筑与土木工程（市政工程方向）	2014	环境与能源工程学院	毕业
307	2108521314119	邹子介	建筑与土木工程（市政工程方向）	2014	环境与能源工程学院	毕业
308	2108521314120	陈豪杰	建筑与土木工程（供热、供燃气、通风及空调工程方向）	2014	环境与能源工程学院	毕业
309	2108522914001	王琦	环境工程	2014	环境与能源工程学院	毕业
310	2108522914002	董堃	环境工程	2014	环境与能源工程学院	毕业
311	2108522914003	张文文	环境工程	2014	环境与能源工程学院	毕业
312	2108522914004	张新勃	环境工程	2014	环境与能源工程学院	毕业
313	2108522914005	王家元	环境工程	2014	环境与能源工程学院	毕业
314	2108522914008	韩强	环境工程	2014	环境与能源工程学院	毕业
315	2108522914010	许怀奥	环境工程	2014	环境与能源工程学院	毕业
316	2108522914012	冯潇雅	环境工程	2014	环境与能源工程学院	毕业
317	1107760213014	耿潇	环境工程	2013	环境与能源工程学院	毕业
318	2108110114001	韦雅云	控制理论与控制工程	2014	电气与信息工程学院	毕业
319	2108110114002	李白玉	控制理论与控制工程	2014	电气与信息工程学院	毕业
320	2108110114003	刘月骁	控制理论与控制工程	2014	电气与信息工程学院	毕业
321	2108110114004	鲍飞	控制理论与控制工程	2014	电气与信息工程学院	毕业
322	2108110114005	郭晓冉	控制理论与控制工程	2014	电气与信息工程学院	毕业
323	2108110114006	张平安	控制理论与控制工程	2014	电气与信息工程学院	毕业
324	2108110114007	李经强	控制理论与控制工程	2014	电气与信息工程学院	毕业
325	2108110114008	郝玉娟	控制理论与控制工程	2014	电气与信息工程学院	毕业
326	2108230214001	张聪蕾	交通信息工程及控制	2014	电气与信息工程学院	毕业
327	2108521314122	王竹颖	建筑与土木工程（建筑电气与智能化方向）	2014	电气与信息工程学院	毕业
328	2108521314123	仇克坤	建筑与土木工程（建筑电气与智能化方向）	2014	电气与信息工程学院	毕业
329	2108521314124	王明松	建筑与土木工程（建筑电气与智能化方向）	2014	电气与信息工程学院	毕业

续表

序号	学号	姓名	所在学科	年级	学院	毕(结)业结论
330	2108521314125	刘云辉	建筑与土木工程（建筑电气与智能化方向）	2014	电气与信息工程学院	毕业
331	2108521314126	沈小云	建筑与土木工程（建筑电气与智能化方向）	2014	电气与信息工程学院	毕业
332	2108521314127	任欣毅	建筑与土木工程（建筑电气与智能化方向）	2014	电气与信息工程学院	毕业
333	2108521314128	李升一	建筑与土木工程（建筑电气与智能化方向）	2014	电气与信息工程学院	毕业
334	2108521314129	安册册	建筑与土木工程（建筑电气与智能化方向）	2014	电气与信息工程学院	毕业
335	2108521314130	张志春	建筑与土木工程（建筑电气与智能化方向）	2014	电气与信息工程学院	毕业
336	2108521314131	郭亮	建筑与土木工程（建筑电气与智能化方向）	2014	电气与信息工程学院	毕业
337	2108521314132	黄宜平	建筑与土木工程（建筑电气与智能化方向）	2014	电气与信息工程学院	毕业
338	2108521314133	夏磊	建筑与土木工程（建筑电气与智能化方向）	2014	电气与信息工程学院	毕业
339	2108521314134	李铁纯	建筑与土木工程（建筑电气与智能化方向）	2014	电气与信息工程学院	毕业
340	2108521314135	张二雨	建筑与土木工程（建筑电气与智能化方向）	2014	电气与信息工程学院	毕业
341	2108521314136	霍志杰	建筑与土木工程（建筑电气与智能化方向）	2014	电气与信息工程学院	毕业
342	2108521314137	吕财	建筑与土木工程（建筑电气与智能化方向）	2014	电气与信息工程学院	毕业
343	2108521314138	赵云凤	建筑与土木工程（建筑电气与智能化方向）	2014	电气与信息工程学院	毕业
344	2108523914001	何乐	项目管理	2014	经济与管理工程学院	毕业
345	2108524014001	吴向向	物流工程	2014	经济与管理工程学院	毕业
346	2108524014002	刘洋	物流工程	2014	经济与管理工程学院	毕业
347	2112010014001	孟桂芹	管理科学与工程	2014	经济与管理工程学院	毕业
348	2112010014002	刘辰星	管理科学与工程	2014	经济与管理工程学院	毕业
349	2112010014003	王祥云	管理科学与工程	2014	经济与管理工程学院	毕业
350	2112010014004	刘晨	管理科学与工程	2014	经济与管理工程学院	毕业

续表

序号	学号	姓名	所在学科	年级	学院	毕(结)业结论
351	2112010014005	高玉娟	管理科学与工程	2014	经济与管理工程学院	毕业
352	2112010014007	苏艳飞	管理科学与工程	2014	经济与管理工程学院	毕业
353	2112020214001	丛娇娇	企业管理	2014	经济与管理工程学院	毕业
354	2112020214002	刘帅	企业管理	2014	经济与管理工程学院	毕业
355	2112020214003	何北	企业管理	2014	经济与管理工程学院	毕业
356	2112020214004	尹莉丽	企业管理	2014	经济与管理工程学院	毕业
357	2112020414001	李蕊	技术经济及管理	2014	经济与管理工程学院	毕业
358	2112020414002	崔启明	技术经济及管理	2014	经济与管理工程学院	毕业
359	2112510014001	杨琳	工商管理	2014	经济与管理工程学院	毕业
360	2112510014002	魏云峥	工商管理	2014	经济与管理工程学院	毕业
361	2112510014008	吴越	工商管理	2014	经济与管理工程学院	毕业
362	2112510015002	于涛	工商管理	2015	经济与管理工程学院	毕业
363	2112510015003	高东京	工商管理	2015	经济与管理工程学院	毕业
364	2112510015004	曹激	工商管理	2015	经济与管理工程学院	毕业
365	2112510015006	杨晓恬	工商管理	2015	经济与管理工程学院	毕业
366	1112510013010	左卓敏	工商管理	2013	经济与管理工程学院	毕业
367	1112510013018	丁爱平	工商管理	2013	经济与管理工程学院	毕业
368	2108131114013	王晨阳	建筑遗产保护	2014	测绘与城市空间信息学院	毕业
369	2108160114001	张建广	大地测量学与测量工程	2014	测绘与城市空间信息学院	毕业
370	2108160114002	姜浩	大地测量学与测量工程	2014	测绘与城市空间信息学院	毕业
371	2108160114003	宋子超	大地测量学与测量工程	2014	测绘与城市空间信息学院	毕业
372	2108160114004	徐永智	大地测量学与测量工程	2014	测绘与城市空间信息学院	毕业
373	2108160114005	马朝帅	大地测量学与测量工程	2014	测绘与城市空间信息学院	毕业
374	2108160214001	孙萌鑫	摄影测量与遥感	2014	测绘与城市空间信息学院	毕业
375	2108160214002	刘姗	摄影测量与遥感	2014	测绘与城市空间信息学院	毕业
376	2108160214003	陈旭	摄影测量与遥感	2014	测绘与城市空间信息学院	毕业
377	2108160214004	张旭	摄影测量与遥感	2014	测绘与城市空间信息学院	毕业
378	2108160214005	成渊昀	摄影测量与遥感	2014	测绘与城市空间信息学院	毕业
379	2108160314001	姜利利	地图制图学与地理信息工程	2014	测绘与城市空间信息学院	毕业
380	2108160314002	艾立萍	地图制图学与地理信息工程	2014	测绘与城市空间信息学院	毕业
381	2108160314003	谭艳萍	地图制图学与地理信息工程	2014	测绘与城市空间信息学院	毕业
382	2108160314004	翟聪聪	地图制图学与地理信息工程	2014	测绘与城市空间信息学院	毕业
383	2108160314005	张陈峰	地图制图学与地理信息工程	2014	测绘与城市空间信息学院	毕业
384	2108160314006	黄兵	地图制图学与地理信息工程	2014	测绘与城市空间信息学院	毕业
385	2108160314007	姚远	地图制图学与地理信息工程	2014	测绘与城市空间信息学院	毕业

续表

序号	学号	姓名	所在学科	年级	学院	毕(结)业结论
386	2108160314008	高旭翔	地图制图学与地理信息工程	2014	测绘与城市空间信息学院	毕业
387	2108160314009	张冲	地图制图学与地理信息工程	2014	测绘与城市空间信息学院	毕业
388	2108521514001	苏超威	测绘工程	2014	测绘与城市空间信息学院	毕业
389	2108521514002	董杨	测绘工程	2014	测绘与城市空间信息学院	毕业
390	2108521514004	彭江帆	测绘工程	2014	测绘与城市空间信息学院	毕业
391	2108521514005	尹建英	测绘工程	2014	测绘与城市空间信息学院	毕业
392	2108521514006	尹琴丽	测绘工程	2014	测绘与城市空间信息学院	毕业
393	2108521514007	何曙光	测绘工程	2014	测绘与城市空间信息学院	毕业
394	2108521514008	谢振雷	测绘工程	2014	测绘与城市空间信息学院	毕业
395	2108521514009	李梓豪	测绘工程	2014	测绘与城市空间信息学院	毕业
396	2108521514010	陈永峰	测绘工程	2014	测绘与城市空间信息学院	毕业
397	2108521514011	王鹏宇	测绘工程	2014	测绘与城市空间信息学院	毕业
398	2108521514012	耿丹	测绘工程	2014	测绘与城市空间信息学院	毕业
399	2108521514013	杨帆	测绘工程	2014	测绘与城市空间信息学院	毕业
400	2108521514014	杜永葛	测绘工程	2014	测绘与城市空间信息学院	毕业
401	2108521514015	张晓龙	测绘工程	2014	测绘与城市空间信息学院	毕业
402	2108521514016	徐曼	测绘工程	2014	测绘与城市空间信息学院	毕业
403	2108521514017	叶梦轩	测绘工程	2014	测绘与城市空间信息学院	毕业
404	2108521514018	冯亚飞	测绘工程	2014	测绘与城市空间信息学院	毕业
405	2108521514019	程宏宇	测绘工程	2014	测绘与城市空间信息学院	毕业
406	2108521514020	王泽臻	测绘工程	2014	测绘与城市空间信息学院	毕业
407	2108521514021	杨军星	测绘工程	2014	测绘与城市空间信息学院	毕业
408	2108521514022	赵焰	测绘工程	2014	测绘与城市空间信息学院	毕业
409	2108110214001	白永亮	检测技术与自动化装置	2014	机电与车辆工程学院	毕业
410	2108230414001	钱盈	载运工具运用工程	2014	机电与车辆工程学院	毕业
411	2108230414002	秦震	载运工具运用工程	2014	机电与车辆工程学院	毕业
412	2108230414003	王雯雯	载运工具运用工程	2014	机电与车辆工程学院	毕业
413	2108230414004	武慧杰	载运工具运用工程	2014	机电与车辆工程学院	毕业
414	2108230414005	陈忠伟	载运工具运用工程	2014	机电与车辆工程学院	毕业
415	2108523614001	蔡晓菲	工业工程	2014	机电与车辆工程学院	毕业
416	2108523614002	徐林	工业工程	2014	机电与车辆工程学院	毕业
417	2108523614003	谢永浩	工业工程	2014	机电与车辆工程学院	毕业
418	2108523614004	王丁玎	工业工程	2014	机电与车辆工程学院	毕业

续表

序号	学号	姓名	所在学科	年级	学院	毕(结)业结论
419	2108524014004	尹凤凤	物流工程	2014	机电与车辆工程学院	毕业
420	2108524014005	徐萧异	物流工程	2014	机电与车辆工程学院	毕业
421	2108524014006	侯妍君	物流工程	2014	机电与车辆工程学院	毕业
422	2113050014018	王琪	设计学	2014	文法学院	毕业
423	2113050014019	李美艳	设计学	2014	文法学院	毕业
424	2113050014020	吴婷	设计学	2014	文法学院	毕业
425	2113050014021	钟康弘	设计学	2014	文法学院	毕业
426	2103520015001	张鹏	社会工作	2015	文法学院	毕业
427	2103520015002	曾洁	社会工作	2015	文法学院	毕业
428	2103520015003	张佳佳	社会工作	2015	文法学院	毕业
429	2103520015004	柳若静	社会工作	2015	文法学院	毕业
430	2107010414001	王丹	应用数学	2014	理学院	毕业
431	2107010414002	崔栋利	应用数学	2014	理学院	毕业
432	2107010414003	冯鸽	应用数学	2014	理学院	毕业
433	2107010414004	张敏	应用数学	2014	理学院	毕业
434	2107010414005	刘潇丽	应用数学	2014	理学院	毕业
435	2107010514001	韦宵宵	运筹学与控制论	2014	理学院	毕业
436	2107010514002	庞凯立	运筹学与控制论	2014	理学院	毕业
437	2107010514003	陈方媛	运筹学与控制论	2014	理学院	毕业
438	1113050013017	陈青海	设计学	2013	建筑与城市规划学院	结业

二、2017年北京建筑大学博士硕士学位名单

北京建筑大学2016/2017学年第二学期（2017年6月）
授予毕业研究生博士学位名单

专业：建筑学

序号	学号	姓名	性别	学位类别	学位证书编号
1	110813021301	戚军	男	工学博士学位	1001622017000001

北京建筑大学2016/2017学年第一学期（2017年1月）
授予毕业研究生硕士学位名单

专业：环境工程

序号	学号	姓名	性别	学位类别	学位证书编号
1	1107760213013	王庆	女	理学硕士学位	1001632017000001

专业：市政工程

序号	学号	姓名	性别	学位类别	学位证书编号
1	1108140313009	孟祥挺	男	工学硕士学位	1001632017000002

专业：城乡规划学

序号	学号	姓名	性别	学位类别	学位证书编号
1	1108330013009	石琳	女	工学硕士学位	1001632017000003

专业：建筑学

序号	学号	姓名	性别	学位类别	学位证书编号
1	1108130213012	刘浩源	男	建筑学硕士专业学位	1001632017010001
2	1108510013015	贾昊	男	建筑学硕士专业学位	1001632017010002

专业：建筑与土木工程

序号	学号	姓名	性别	学位类别	学位证书编号
1	1108521313059	王美伦	女	工程硕士专业学位	1001632017010003

专业：项目管理

序号	学号	姓名	性别	学位类别	学位证书编号
1	1108523913001	肖虎	男	工程硕士专业学位	1001632017010004

北京建筑大学 2016/2017 学年第二学期（2017 年 6 月）
授予毕业研究生硕士学位名单

专业：设计学

序号	学号	姓名	性别	学位类别	学位证书编号
1	2113050014001	卢坤	男	艺术学硕士学位	1001632017000159
2	2113050014002	闫卓远	男	艺术学硕士学位	1001632017000160
3	2113050014003	高金桃	女	艺术学硕士学位	1001632017000161
4	2113050014004	李萌萌	女	艺术学硕士学位	1001632017000162
5	2113050014005	卓媛媛	女	艺术学硕士学位	1001632017000163
6	2113050014006	孙玲	女	艺术学硕士学位	1001632017000164
7	2113050014007	王广伟	女	艺术学硕士学位	1001632017000165
8	2113050014008	付甜甜	女	艺术学硕士学位	1001632017000166
9	2113050014009	赵方舟	男	艺术学硕士学位	1001632017000167
10	2113050014010	程婉晴	女	艺术学硕士学位	1001632017000168
11	2113050014011	曹明璐	女	艺术学硕士学位	1001632017000169
12	2113050014012	张婧婵	女	艺术学硕士学位	1001632017000170
13	2113050014013	邹乐	男	艺术学硕士学位	1001632017000171
14	2113050014014	喻雪	女	艺术学硕士学位	1001632017000172
15	2113050014015	谭营营	女	艺术学硕士学位	1001632017000173

续表

序号	学号	姓名	性别	学位类别	学位证书编号
16	2113050014016	冯超	女	艺术学硕士学位	1001632017000174
17	2113050014017	张月	女	艺术学硕士学位	1001632017000175
18	2113050014018	王琪	女	艺术学硕士学位	1001632017000176
19	2113050014019	李美艳	女	艺术学硕士学位	1001632017000177
20	2113050014020	吴婷	女	艺术学硕士学位	1001632017000178
21	2113050014021	钟康弘	男	艺术学硕士学位	1001632017000179

专业：应用数学

序号	学号	姓名	性别	学位类别	学位证书编号
1	2107010414001	王丹	女	理学硕士学位	1001632017000005
2	2107010414002	崔栋利	女	理学硕士学位	1001632017000006
3	2107010414003	冯鸽	女	理学硕士学位	1001632017000007
4	2107010414004	张敏	女	理学硕士学位	1001632017000008
5	2107010414005	刘潇丽	女	理学硕士学位	1001632017000009

专业：运筹学与控制论

序号	学号	姓名	性别	学位类别	学位证书编号
1	2107010514001	韦宵宵	女	理学硕士学位	1001632017000010
2	2107010514002	庞凯立	女	理学硕士学位	1001632017000011
3	2107010514003	陈方媛	女	理学硕士学位	1001632017000012

专业：环境科学

序号	学号	姓名	性别	学位类别	学位证书编号
1	2107760114001	徐道鑫	男	理学硕士学位	1001632017000013
2	2107760114002	张佳	女	理学硕士学位	1001632017000014
3	2107760114003	邱丽佳	女	理学硕士学位	1001632017000015
4	2107760114004	贾蒙蒙	女	理学硕士学位	1001632017000016

专业：环境工程

序号	学号	姓名	性别	学位类别	学位证书编号
1	2107760214001	王二松	男	理学硕士学位	1001632017000017
2	2107760214002	王杰	女	理学硕士学位	1001632017000018
3	2107760214003	王明秀	女	理学硕士学位	1001632017000019
4	2107760214005	付振	男	理学硕士学位	1001632017000020
5	2107760214006	王耀堂	男	理学硕士学位	1001632017000021
6	2107760214007	程熙	男	理学硕士学位	1001632017000022
7	2107760214008	孙一僮	女	理学硕士学位	1001632017000023
8	1107760213014	耿潇	男	理学硕士学位	1001632017000004

专业：控制理论与控制工程

序号	学号	姓名	性别	学位类别	学位证书编号
1	2108110114001	韦雅云	女	工学硕士学位	1001632017000024
2	2108110114002	李白玉	女	工学硕士学位	1001632017000025
3	2108110114003	刘月骁	男	工学硕士学位	1001632017000026
4	2108110114004	鲍飞	男	工学硕士学位	1001632017000027
5	2108110114005	郭晓冉	女	工学硕士学位	1001632017000028
6	2108110114006	张平安	男	工学硕士学位	1001632017000029
7	2108110114007	李经强	男	工学硕士学位	1001632017000030
8	2108110114008	郝玉娟	女	工学硕士学位	1001632017000031

专业：检测技术与自动化装置

序号	学号	姓名	性别	学位类别	学位证书编号
1	2108110214001	白永亮	男	工学硕士学位	1001632017000032

专业：建筑技术科学

序号	学号	姓名	性别	学位类别	学位证书编号
1	2108130414001	陈启超	男	工学硕士学位	1001632017000033

专业：建筑遗产保护

序号	学号	姓名	性别	学位类别	学位证书编号
1	2108131114001	王奇	男	工学硕士学位	1001632017000034
2	2108131114003	吴文洪	男	工学硕士学位	1001632017000035
3	2108131114004	周坤朋	男	工学硕士学位	1001632017000036
4	2108131114005	仝贺	男	工学硕士学位	1001632017000037
5	2108131114006	李芸	女	工学硕士学位	1001632017000038
6	2108131114008	侯嘉琳	女	工学硕士学位	1001632017000039
7	2108131114009	郑利鹏	男	工学硕士学位	1001632017000040
8	2108131114010	任艳芝	女	工学硕士学位	1001632017000041
9	2108131114011	刘畅	男	工学硕士学位	1001632017000042
10	2108131114012	刘宇	女	工学硕士学位	1001632017000043
11	2108131114013	王晨阳	男	工学硕士学位	1001632017000044

专业：岩土工程

序号	学号	姓名	性别	学位类别	学位证书编号
1	2108140114001	章良兵	男	工学硕士学位	1001632017000045

专业：结构工程

序号	学号	姓名	性别	学位类别	学位证书编号
1	2108140214001	王宗洋	男	工学硕士学位	1001632017000046
2	2108140214002	段言彪	男	工学硕士学位	1001632017000047
3	2108140214004	李莉	女	工学硕士学位	1001632017000048
4	2108140214005	吴超垚	男	工学硕士学位	1001632017000049
5	2108140214006	崔明珠	女	工学硕士学位	1001632017000050
6	2108140214007	张品	男	工学硕士学位	1001632017000051
7	2108140214008	刘寅枫	男	工学硕士学位	1001632017000052
8	2108140214009	王健	男	工学硕士学位	1001632017000053
9	2108140214010	周京京	女	工学硕士学位	1001632017000054
10	2108140214011	司博旸	男	工学硕士学位	1001632017000055
11	2108140214012	闫少杰	男	工学硕士学位	1001632017000056
12	2108140214013	宋春月	女	工学硕士学位	1001632017000057
13	2108140214014	王洪森	男	工学硕士学位	1001632017000058
14	2108140214015	陈鹏	男	工学硕士学位	1001632017000059
15	2108140214016	马丽盟	女	工学硕士学位	1001632017000060
16	2108140214017	谢龙	男	工学硕士学位	1001632017000061

专业：市政工程

序号	学号	姓名	性别	学位类别	学位证书编号
1	2108140314001	周厚田	男	工学硕士学位	1001632017000062
2	2108140314002	郭栋	男	工学硕士学位	1001632017000063
3	2108140314003	苏雪莹	女	工学硕士学位	1001632017000064
4	2108140314004	程琳	女	工学硕士学位	1001632017000065
5	2108140314005	王鑫	女	工学硕士学位	1001632017000066
6	2108140314006	周鹏	男	工学硕士学位	1001632017000067
7	2108140314007	翟羽佳	女	工学硕士学位	1001632017000068
8	2108140314008	蔡志文	男	工学硕士学位	1001632017000069
9	2108140314009	魏智刚	男	工学硕士学位	1001632017000070
10	2108140314010	杜婷婷	女	工学硕士学位	1001632017000071
11	2108140314011	秦全城	男	工学硕士学位	1001632017000072
12	2108140314012	张婧	女	工学硕士学位	1001632017000073

专业：供热、供燃气、通风及空调工程

序号	学号	姓名	性别	学位类别	学位证书编号
1	2108140414001	饶阳	女	工学硕士学位	1001632017000074
2	2108140414002	苑亚	男	工学硕士学位	1001632017000075
3	2108140414003	王梦圆	女	工学硕士学位	1001632017000076

续表

序号	学号	姓名	性别	学位类别	学位证书编号
4	2108140414004	郭海豹	男	工学硕士学位	1001632017000077
5	2108140414005	赵金姊	女	工学硕士学位	1001632017000078
6	2108140414006	杨茜	女	工学硕士学位	1001632017000079
7	2108140414007	阴元博	男	工学硕士学位	1001632017000080
8	2108140414008	马兆康	男	工学硕士学位	1001632017000081
9	2108140414009	褚赛	女	工学硕士学位	1001632017000082
10	2108140414010	王世政	男	工学硕士学位	1001632017000083
11	2108140414011	张磊	男	工学硕士学位	1001632017000084
12	2108140414012	王策	男	工学硕士学位	1001632017000085
13	2108140414013	刘旭海	男	工学硕士学位	1001632017000086
14	2108140414014	张帅	男	工学硕士学位	1001632017000087
15	2108140414015	纪迎迎	女	工学硕士学位	1001632017000088
16	2108140414016	肖慧鹏	男	工学硕士学位	1001632017000089
17	2108140414017	王婧璇	女	工学硕士学位	1001632017000090
18	2108140414018	朱德润	男	工学硕士学位	1001632017000091
19	2108140414019	李敬波	男	工学硕士学位	1001632017000092
20	2108140414020	郑开明	男	工学硕士学位	1001632017000093
21	2108140414021	贾方晶	女	工学硕士学位	1001632017000094

专业：桥梁与隧道工程

序号	学号	姓名	性别	学位类别	学位证书编号
1	2108140614001	司旭龙	男	工学硕士学位	1001632017000095
2	2108140614002	张广达	男	工学硕士学位	1001632017000096

专业：大地测量学与测量工程

序号	学号	姓名	性别	学位类别	学位证书编号
1	2108160114001	张建广	男	工学硕士学位	1001632017000097
2	2108160114002	姜浩	男	工学硕士学位	1001632017000098
3	2108160114003	宋子超	男	工学硕士学位	1001632017000099
4	2108160114004	徐永智	男	工学硕士学位	1001632017000100
5	2108160114005	马朝帅	男	工学硕士学位	1001632017000101

专业：摄影测量与遥感

序号	学号	姓名	性别	学位类别	学位证书编号
1	2108160214001	孙萌鑫	男	工学硕士学位	1001632017000102
2	2108160214002	刘姗	女	工学硕士学位	1001632017000103
3	2108160214003	陈旭	女	工学硕士学位	1001632017000104

续表

序号	学号	姓名	性别	学位类别	学位证书编号
4	2108160214004	张旭	男	工学硕士学位	1001632017000105
5	2108160214005	成渊昀	男	工学硕士学位	1001632017000106

专业：地图制图学与地理信息工程

序号	学号	姓名	性别	学位类别	学位证书编号
1	2108160314001	姜利利	女	工学硕士学位	1001632017000107
2	2108160314002	艾立萍	女	工学硕士学位	1001632017000108
3	2108160314003	谭艳萍	女	工学硕士学位	1001632017000109
4	2108160314004	翟聪聪	女	工学硕士学位	1001632017000110
5	2108160314005	张陈峰	男	工学硕士学位	1001632017000111
6	2108160314006	黄兵	男	工学硕士学位	1001632017000112
7	2108160314007	姚远	女	工学硕士学位	1001632017000113
8	2108160314008	高旭翔	男	工学硕士学位	1001632017000114
9	2108160314009	张冲	女	工学硕士学位	1001632017000115

专业：道路与铁道工程

序号	学号	姓名	性别	学位类别	学位证书编号
1	2108230114001	赵岩	男	工学硕士学位	1001632017000116
2	2108230114002	韩昊岳	男	工学硕士学位	1001632017000117
3	2108230114003	石越峰	男	工学硕士学位	1001632017000118
4	2108230114004	李鹏飞	男	工学硕士学位	1001632017000119

专业：交通信息工程及控制

序号	学号	姓名	性别	学位类别	学位证书编号
1	2108230214001	张聪蕾	女	工学硕士学位	1001632017000120

专业：交通运输规划与管理

序号	学号	姓名	性别	学位类别	学位证书编号
1	2108230314001	王至言	女	工学硕士学位	1001632017000121
2	2108230314002	李东岳	女	工学硕士学位	1001632017000122
3	2108230314003	刘若鸿	女	工学硕士学位	1001632017000123

专业：载运工具运用工程

序号	学号	姓名	性别	学位类别	学位证书编号
1	2108230414001	钱盈	女	工学硕士学位	1001632017000124
2	2108230414002	秦震	男	工学硕士学位	1001632017000125
3	2108230414003	王雯雯	女	工学硕士学位	1001632017000126
4	2108230414004	武慧杰	男	工学硕士学位	1001632017000127
5	2108230414005	陈忠伟	男	工学硕士学位	1001632017000128

专业：城乡规划学

序号	学号	姓名	性别	学位类别	学位证书编号
1	2108330014001	王天一	男	工学硕士学位	1001632017000129
2	2108330014002	何泰然	女	工学硕士学位	1001632017000130
3	2108330014003	董硕	男	工学硕士学位	1001632017000131
4	2108330014004	王永祥	男	工学硕士学位	1001632017000132
5	2108330014005	陈楷	男	工学硕士学位	1001632017000133
6	2108330014006	王一统	男	工学硕士学位	1001632017000134
7	2108330014007	王惠婷	女	工学硕士学位	1001632017000135
8	2108330014008	王煦立	女	工学硕士学位	1001632017000136
9	2108330014009	邓啸骢	男	工学硕士学位	1001632017000137
10	2108330014010	陈钰麒	女	工学硕士学位	1001632017000138

专业：风景园林学

序号	学号	姓名	性别	学位类别	学位证书编号
1	2108340014001	刘玲	女	工学硕士学位	1001632017000139
2	2108340014002	周晔	女	工学硕士学位	1001632017000140
3	2108340014004	杨莹	女	工学硕士学位	1001632017000141
4	2108340014005	李晨卉	女	工学硕士学位	1001632017000142
5	2108340014006	祁远晴	女	工学硕士学位	1001632017000143
6	2108340014007	刘丽君	女	工学硕士学位	1001632017000144
7	2108340014008	安一冉	女	工学硕士学位	1001632017000145
8	2108340014009	韩聪	女	工学硕士学位	1001632017000146

专业：管理科学与工程

序号	学号	姓名	性别	学位类别	学位证书编号
1	2112010014001	孟桂芹	女	管理学硕士学位	1001632017000147
2	2112010014002	刘辰星	女	管理学硕士学位	1001632017000148
3	2112010014003	王祥云	女	管理学硕士学位	1001632017000149
4	2112010014004	刘晨	女	管理学硕士学位	1001632017000150
5	2112010014005	高玉娟	女	管理学硕士学位	1001632017000151
6	2112010014007	苏艳飞	男	管理学硕士学位	1001632017000152

专业：企业管理

序号	学号	姓名	性别	学位类别	学位证书编号
1	2112020214001	丛娇娇	女	管理学硕士学位	1001632017000153
2	2112020214002	刘帅	男	管理学硕士学位	1001632017000154
3	2112020214003	何北	男	管理学硕士学位	1001632017000155
4	2112020214004	尹莉丽	女	管理学硕士学位	1001632017000156

专业：技术经济及管理

序号	学号	姓名	性别	学位类别	学位证书编号
1	2112020414001	李蕊	女	管理学硕士学位	1001632017000157
2	2112020414002	崔启明	女	管理学硕士学位	1001632017000158

专业：建筑学

序号	学号	姓名	性别	学位类别	学位证书编号
1	2108130014001	刘洋	女	建筑学硕士专业学位	1001632017010039
2	2108130014002	陈亚童	女	建筑学硕士专业学位	1001632017010040
3	2108130014003	潘玥	男	建筑学硕士专业学位	1001632017010041
4	2108130014004	锡望	男	建筑学硕士专业学位	1001632017010042
5	2108130014005	孙轶男	女	建筑学硕士专业学位	1001632017010043
6	2108130014006	孟庆玮	男	建筑学硕士专业学位	1001632017010044
7	2108130014007	王在书	男	建筑学硕士专业学位	1001632017010045
8	2108130014008	袁拯	男	建筑学硕士专业学位	1001632017010046
9	2108130014009	王琛	女	建筑学硕士专业学位	1001632017010047
10	2108130014010	牛亚庆	男	建筑学硕士专业学位	1001632017010048
11	2108130014011	程峰	男	建筑学硕士专业学位	1001632017010049
12	2108130014012	王天娇	女	建筑学硕士专业学位	1001632017010050
13	2108130014013	裴海路	女	建筑学硕士专业学位	1001632017010051
14	2108130014014	张笑轩	女	建筑学硕士专业学位	1001632017010052
15	2108130014015	邢晨燕	女	建筑学硕士专业学位	1001632017010053
16	2108130014016	俞晨驹	男	建筑学硕士专业学位	1001632017010054
17	2108130014017	杨叶	女	建筑学硕士专业学位	1001632017010055
18	2108130014018	严思远	男	建筑学硕士专业学位	1001632017010056
19	2108130014019	姚博健	男	建筑学硕士专业学位	1001632017010057
20	2108130014020	张霓珂	女	建筑学硕士专业学位	1001632017010058
21	2108510014001	王江滨	男	建筑学硕士专业学位	1001632017010059
22	2108510014002	徐丹	女	建筑学硕士专业学位	1001632017010060
23	2108510014003	田雨	男	建筑学硕士专业学位	1001632017010061
24	2108510014004	祖艳青	女	建筑学硕士专业学位	1001632017010062
25	2108510014005	王肖艳	女	建筑学硕士专业学位	1001632017010063
26	2108510014007	苏毅	男	建筑学硕士专业学位	1001632017010064
27	2108510014008	赵骏飞	男	建筑学硕士专业学位	1001632017010065
28	2108510014009	李楠	女	建筑学硕士专业学位	1001632017010066
29	2108510014010	赵伟	男	建筑学硕士专业学位	1001632017010067
30	2108510014011	张秋艳	女	建筑学硕士专业学位	1001632017010068
31	2108510014012	孙培真	女	建筑学硕士专业学位	1001632017010069

续表

序号	学号	姓名	性别	学位类别	学位证书编号
32	2108510014013	李尚	男	建筑学硕士专业学位	1001632017010070
33	2108510014014	耿云楠	女	建筑学硕士专业学位	1001632017010071
34	2108510014015	刘迪	女	建筑学硕士专业学位	1001632017010072
35	2108510014018	关剑	男	建筑学硕士专业学位	1001632017010073
36	2108510014019	杨靖雯	女	建筑学硕士专业学位	1001632017010074
37	2108510014020	肖冰	女	建筑学硕士专业学位	1001632017010075
38	2108510014021	卢春双	女	建筑学硕士专业学位	1001632017010076
39	2108510014022	王妍	女	建筑学硕士专业学位	1001632017010077
40	2108510014023	陈志杰	女	建筑学硕士专业学位	1001632017010078
41	2108510014024	王晓健	男	建筑学硕士专业学位	1001632017010079
42	2108510014025	陈大威	男	建筑学硕士专业学位	1001632017010080
43	2108510014026	曲悦	女	建筑学硕士专业学位	1001632017010081
44	2108510014027	吴文聪	女	建筑学硕士专业学位	1001632017010082
45	2108510014028	郭亚男	女	建筑学硕士专业学位	1001632017010083
46	2108510014029	于江	男	建筑学硕士专业学位	1001632017010084
47	2108510014030	钱诗婧	女	建筑学硕士专业学位	1001632017010085
48	2108510014031	衡秋歌	女	建筑学硕士专业学位	1001632017010086
49	2108510014033	杨威	男	建筑学硕士专业学位	1001632017010087
50	2108510014034	任炜	男	建筑学硕士专业学位	1001632017010088
51	2108510014035	敬晓博	女	建筑学硕士专业学位	1001632017010089
52	2108510014036	李取奇	男	建筑学硕士专业学位	1001632017010090
53	2108510014037	阳金辰	男	建筑学硕士专业学位	1001632017010091
54	2108510014038	魏立志	男	建筑学硕士专业学位	1001632017010092
55	2108510014039	杜彬	女	建筑学硕士专业学位	1001632017010093
56	2108510014040	孙若宸	男	建筑学硕士专业学位	1001632017010094
57	2108510014041	王锴	男	建筑学硕士专业学位	1001632017010095
58	2108510014042	马跃跃	男	建筑学硕士专业学位	1001632017010096
59	2108510014043	龚联	男	建筑学硕士专业学位	1001632017010097
60	2108510014044	刘丽晶	女	建筑学硕士专业学位	1001632017010098
61	2108510014045	祝晨琪	男	建筑学硕士专业学位	1001632017010099
62	2108510014046	宋凯丽	女	建筑学硕士专业学位	1001632017010100
63	2108510014047	马邝	男	建筑学硕士专业学位	1001632017010101
64	2108510014048	吴少敏	男	建筑学硕士专业学位	1001632017010102
65	2108510014049	楚东旭	男	建筑学硕士专业学位	1001632017010103
66	2108510014050	张明	男	建筑学硕士专业学位	1001632017010104
67	2108510014051	于超	男	建筑学硕士专业学位	1001632017010105

续表

序号	学号	姓名	性别	学位类别	学位证书编号
68	2108510014052	陈召	男	建筑学硕士专业学位	1001632017010106
69	2108510014053	张林	女	建筑学硕士专业学位	1001632017010107
70	1108130213003	李紫临	女	建筑学硕士专业学位	1001632017010005

专业：城市规划硕士

序号	学号	姓名	性别	学位类别	学位证书编号
1	2108530014001	仲金玲	女	城市规划硕士专业学位	1001632017010272
2	2108530014002	邓美然	女	城市规划硕士专业学位	1001632017010273
3	2108530014003	李静岩	女	城市规划硕士专业学位	1001632017010274
4	2108530014004	梁晓东	男	城市规划硕士专业学位	1001632017010275
5	2108530014005	宋鑫宇	女	城市规划硕士专业学位	1001632017010276
6	2108530014006	刘娟	女	城市规划硕士专业学位	1001632017010277
7	2108530014009	杨慧祎	女	城市规划硕士专业学位	1001632017010278
8	2108530014010	梁晓航	女	城市规划硕士专业学位	1001632017010279
9	2108530014011	高佳璐	女	城市规划硕士专业学位	1001632017010280
10	2108530014012	陈思成	男	城市规划硕士专业学位	1001632017010281
11	2108530014013	顾志明	男	城市规划硕士专业学位	1001632017010282

专业：建筑与土木工程

序号	学号	姓名	性别	学位类别	学位证书编号
1	2108521315032	张世刚	男	工程硕士专业学位	1001632017010232
2	2108521314001	金鑫	男	工程硕士专业学位	1001632017010108
3	2108521314002	王佳俊	男	工程硕士专业学位	1001632017010109
4	2108521314003	王波	男	工程硕士专业学位	1001632017010110
5	2108521314004	李鹏程	男	工程硕士专业学位	1001632017010111
6	2108521314006	郭峰	男	工程硕士专业学位	1001632017010112
7	2108521314007	李显	男	工程硕士专业学位	1001632017010113
8	2108521314008	范磊	男	工程硕士专业学位	1001632017010114
9	2108521314009	柴林林	女	工程硕士专业学位	1001632017010115
10	2108521314010	高海静	男	工程硕士专业学位	1001632017010116
11	2108521314012	张一捷	男	工程硕士专业学位	1001632017010117
12	2108521314013	师航祺	男	工程硕士专业学位	1001632017010118
13	2108521314014	杨晨威	男	工程硕士专业学位	1001632017010119
14	2108521314015	胡敏军	男	工程硕士专业学位	1001632017010120
15	2108521314016	杨丽民	男	工程硕士专业学位	1001632017010121
16	2108521314018	乔伟栋	男	工程硕士专业学位	1001632017010122
17	2108521314020	汤优	女	工程硕士专业学位	1001632017010123

续表

序号	学号	姓名	性别	学位类别	学位证书编号
18	2108521314021	周梦杰	男	工程硕士专业学位	1001632017010124
19	2108521314022	郑金贤	男	工程硕士专业学位	1001632017010125
20	2108521314023	李兴	男	工程硕士专业学位	1001632017010126
21	2108521314024	袁非凡	男	工程硕士专业学位	1001632017010127
22	2108521314025	吴志明	男	工程硕士专业学位	1001632017010128
23	2108521314026	石彩华	女	工程硕士专业学位	1001632017010129
24	2108521314027	冯焕东	男	工程硕士专业学位	1001632017010130
25	2108521314028	王娟	女	工程硕士专业学位	1001632017010131
26	2108521314029	戈壁	男	工程硕士专业学位	1001632017010132
27	2108521314030	孟颖	女	工程硕士专业学位	1001632017010133
28	2108521314031	孙菲	女	工程硕士专业学位	1001632017010134
29	2108521314032	梁孟羽	女	工程硕士专业学位	1001632017010135
30	2108521314034	刘佳	男	工程硕士专业学位	1001632017010136
31	2108521314035	李庆垒	男	工程硕士专业学位	1001632017010137
32	2108521314036	魏畅毅	男	工程硕士专业学位	1001632017010138
33	2108521314037	崔周勋	男	工程硕士专业学位	1001632017010139
34	2108521314038	宁广	男	工程硕士专业学位	1001632017010140
35	2108521314039	田佳磊	男	工程硕士专业学位	1001632017010141
36	2108521314040	丁明聪	男	工程硕士专业学位	1001632017010142
37	2108521314041	邹明	男	工程硕士专业学位	1001632017010143
38	2108521314042	张春磊	男	工程硕士专业学位	1001632017010321
39	2108521314043	黄宝栋	男	工程硕士专业学位	1001632017010144
40	2108521314044	王海波	男	工程硕士专业学位	1001632017010145
41	2108521314045	刘鹏	男	工程硕士专业学位	1001632017010146
42	2108521314046	王煦	男	工程硕士专业学位	1001632017010147
43	2108521314048	费晨超	男	工程硕士专业学位	1001632017010148
44	2108521314050	赵阳	男	工程硕士专业学位	1001632017010149
45	2108521314051	李光耀	男	工程硕士专业学位	1001632017010150
46	2108521314052	刘亚楠	男	工程硕士专业学位	1001632017010151
47	2108521314053	宋浩	男	工程硕士专业学位	1001632017010152
48	2108521314054	王会新	男	工程硕士专业学位	1001632017010153
49	2108521314055	王文婷	女	工程硕士专业学位	1001632017010154
50	2108521314056	白英博	男	工程硕士专业学位	1001632017010155
51	2108521314057	冯红达	男	工程硕士专业学位	1001632017010156
52	2108521314058	王超	女	工程硕士专业学位	1001632017010157
53	2108521314060	李洋	男	工程硕士专业学位	1001632017010158

续表

序号	学号	姓名	性别	学位类别	学位证书编号
54	2108521314061	刘鹏	男	工程硕士专业学位	1001632017010159
55	2108521314062	马京华	男	工程硕士专业学位	1001632017010160
56	2108521314063	刘冉	女	工程硕士专业学位	1001632017010161
57	2108521314064	张志平	女	工程硕士专业学位	1001632017010162
58	2108521314065	王承金	男	工程硕士专业学位	1001632017010163
59	2108521314066	魏钱钰	女	工程硕士专业学位	1001632017010164
60	2108521314067	闫浩	男	工程硕士专业学位	1001632017010165
61	2108521314068	盛伟严	男	工程硕士专业学位	1001632017010166
62	2108521314069	肖翔	男	工程硕士专业学位	1001632017010167
63	2108521314070	魏越	女	工程硕士专业学位	1001632017010168
64	2108521314072	贾沁林	男	工程硕士专业学位	1001632017010169
65	2108521314073	严志强	男	工程硕士专业学位	1001632017010170
66	2108521314074	王志明	男	工程硕士专业学位	1001632017010171
67	2108521314075	高朋	男	工程硕士专业学位	1001632017010172
68	2108521314076	徐艳秋	女	工程硕士专业学位	1001632017010173
69	2108521314077	于水静	女	工程硕士专业学位	1001632017010174
70	2108521314078	杜可心	男	工程硕士专业学位	1001632017010175
71	2108521314079	范菁菁	女	工程硕士专业学位	1001632017010176
72	2108521314080	刘华	女	工程硕士专业学位	1001632017010177
73	2108521314081	杨东升	男	工程硕士专业学位	1001632017010178
74	2108521314082	程冬冬	男	工程硕士专业学位	1001632017010179
75	2108521314083	张晓晖	男	工程硕士专业学位	1001632017010180
76	2108521314084	徐怡	女	工程硕士专业学位	1001632017010181
77	2108521314085	黄俊杰	女	工程硕士专业学位	1001632017010182
78	2108521314086	段茜	女	工程硕士专业学位	1001632017010183
79	2108521314087	黄静岩	男	工程硕士专业学位	1001632017010184
80	2108521314088	尹伟齐	男	工程硕士专业学位	1001632017010185
81	2108521314089	杨童童	女	工程硕士专业学位	1001632017010186
82	2108521314090	王振	男	工程硕士专业学位	1001632017010187
83	2108521314091	代一帆	男	工程硕士专业学位	1001632017010188
84	2108521314092	范登云	男	工程硕士专业学位	1001632017010189
85	2108521314093	辛波	男	工程硕士专业学位	1001632017010190
86	2108521314094	刘斌	男	工程硕士专业学位	1001632017010191
87	2108521314095	柴梦	女	工程硕士专业学位	1001632017010192
88	2108521314096	栗博	男	工程硕士专业学位	1001632017010193
89	2108521314097	周晶晶	女	工程硕士专业学位	1001632017010194

续表

序号	学号	姓名	性别	学位类别	学位证书编号
90	2108521314098	赵文君	男	工程硕士专业学位	1001632017010195
91	2108521314099	秦颖颖	女	工程硕士专业学位	1001632017010196
92	2108521314100	尹朝辉	男	工程硕士专业学位	1001632017010197
93	2108521314101	秦浩宇	男	工程硕士专业学位	1001632017010198
94	2108521314102	张雪	女	工程硕士专业学位	1001632017010199
95	2108521314103	张微	女	工程硕士专业学位	1001632017010200
96	2108521314104	李雪薇	女	工程硕士专业学位	1001632017010201
97	2108521314105	郭嘉羽	女	工程硕士专业学位	1001632017010202
98	2108521314106	赵兴	女	工程硕士专业学位	1001632017010203
99	2108521314107	殷明昊	男	工程硕士专业学位	1001632017010204
100	2108521314108	牛九玲	女	工程硕士专业学位	1001632017010205
101	2108521314109	姚越欣	女	工程硕士专业学位	1001632017010206
102	2108521314110	安小然	女	工程硕士专业学位	1001632017010207
103	2108521314111	孙永宽	男	工程硕士专业学位	1001632017010208
104	2108521314114	李琛	男	工程硕士专业学位	1001632017010209
105	2108521314115	杨博	男	工程硕士专业学位	1001632017010210
106	2108521314116	刘栓	男	工程硕士专业学位	1001632017010211
107	2108521314118	卢超	男	工程硕士专业学位	1001632017010212
108	2108521314119	邹子介	男	工程硕士专业学位	1001632017010213
109	2108521314120	陈豪杰	男	工程硕士专业学位	1001632017010214
110	2108521314122	王竹颖	女	工程硕士专业学位	1001632017010215
111	2108521314123	仇克坤	男	工程硕士专业学位	1001632017010216
112	2108521314124	王明松	男	工程硕士专业学位	1001632017010217
113	2108521314125	刘云辉	男	工程硕士专业学位	1001632017010218
114	2108521314126	沈小云	女	工程硕士专业学位	1001632017010219
115	2108521314127	任欣毅	女	工程硕士专业学位	1001632017010220
116	2108521314128	李升一	男	工程硕士专业学位	1001632017010221
117	2108521314129	安册册	女	工程硕士专业学位	1001632017010222
118	2108521314130	张志春	男	工程硕士专业学位	1001632017010223
119	2108521314131	郭亮	男	工程硕士专业学位	1001632017010224
120	2108521314132	黄宜平	女	工程硕士专业学位	1001632017010225
121	2108521314133	夏磊	男	工程硕士专业学位	1001632017010226
122	2108521314134	李铁纯	男	工程硕士专业学位	1001632017010227
123	2108521314135	张二雨	男	工程硕士专业学位	1001632017010228
124	2108521314136	霍志杰	男	工程硕士专业学位	1001632017010229
125	2108521314137	吕财	男	工程硕士专业学位	1001632017010230

续表

序号	学号	姓名	性别	学位类别	学位证书编号
126	2108521314138	赵云凤	女	工程硕士专业学位	1001632017010231
127	2208521314003	朱恺飞	男	工程硕士专业学位	1001632017010301
128	2208521314015	杨立双	男	工程硕士专业学位	1001632017010302
129	2208521314026	向斌	男	工程硕士专业学位	1001632017010303
130	2208521314070	靳超	男	工程硕士专业学位	1001632017010304
131	2208521314073	杨震	男	工程硕士专业学位	1001632017010305
132	2208521314077	申樟虹	女	工程硕士专业学位	1001632017010306
133	1108521313010	刘翔	男	工程硕士专业学位	1001632017010006
134	1108521313027	许仲	男	工程硕士专业学位	1001632017010007
135	2208521313001	张凡伟	男	工程硕士专业学位	1001632017010290
136	2208521313003	戛岩	男	工程硕士专业学位	1001632017010291
137	2208521313007	赵越	女	工程硕士专业学位	1001632017010292
138	2208521313059	丁佳	女	工程硕士专业学位	1001632017010294
139	2208521313071	封宗兴	男	工程硕士专业学位	1001632017010295
140	2208521313083	刘新	女	工程硕士专业学位	1001632017010296
141	2208521313099	刘保生	男	工程硕士专业学位	1001632017010297
142	2208521313102	张亮	男	工程硕士专业学位	1001632017010298
143	2208521313111	李智	男	工程硕士专业学位	1001632017010299
144	2208521313116	霍然	男	工程硕士专业学位	1001632017010300
145	1208521312009	蔡淼	男	工程硕士专业学位	1001632017010010
146	1208521312024	段连旭	男	工程硕士专业学位	1001632017010011
147	1208521312041	韩友强	男	工程硕士专业学位	1001632017010012
148	1208521312051	焦洋	男	工程硕士专业学位	1001632017010013
149	1208521312053	康俊儒	男	工程硕士专业学位	1001632017010014
150	1208521312063	李建宁	男	工程硕士专业学位	1001632017010015
151	1208521312114	王丹	女	工程硕士专业学位	1001632017010016
152	1208521312120	王木子	女	工程硕士专业学位	1001632017010017
153	1208521312130	武军	男	工程硕士专业学位	1001632017010018
154	1208521312142	杨慧丽	女	工程硕士专业学位	1001632017010019
155	1208521312148	尹航	女	工程硕士专业学位	1001632017010020
156	1208521312150	袁婷婷	女	工程硕士专业学位	1001632017010021
157	1208521312152	于亚男	女	工程硕士专业学位	1001632017010022
158	1208521312153	张海艳	女	工程硕士专业学位	1001632017010023
159	1243011411021	杜静	女	工程硕士专业学位	1001632017010032
160	1243011411057	王平	女	工程硕士专业学位	1001632017010033
161	1243011411068	颜谨	男	工程硕士专业学位	1001632017010034

专业：测绘工程

序号	学号	姓名	性别	学位类别	学位证书编号
1	2108521514001	苏超威	男	工程硕士专业学位	1001632017010233
2	2108521514002	董杨	女	工程硕士专业学位	1001632017010234
3	2108521514004	彭江帆	男	工程硕士专业学位	1001632017010235
4	2108521514005	尹建英	男	工程硕士专业学位	1001632017010236
5	2108521514006	尹琴丽	女	工程硕士专业学位	1001632017010237
6	2108521514007	何曙光	男	工程硕士专业学位	1001632017010238
7	2108521514008	谢振雷	男	工程硕士专业学位	1001632017010239
8	2108521514009	李梓豪	男	工程硕士专业学位	1001632017010240
9	2108521514010	陈永峰	男	工程硕士专业学位	1001632017010241
10	2108521514011	王鹏宇	男	工程硕士专业学位	1001632017010242
11	2108521514012	耿丹	女	工程硕士专业学位	1001632017010243
12	2108521514013	杨帆	男	工程硕士专业学位	1001632017010244
13	2108521514014	杜永葛	男	工程硕士专业学位	1001632017010245
14	2108521514015	张晓龙	男	工程硕士专业学位	1001632017010246
15	2108521514016	徐曼	女	工程硕士专业学位	1001632017010247
16	2108521514017	叶梦轩	男	工程硕士专业学位	1001632017010248
17	2108521514018	冯亚飞	男	工程硕士专业学位	1001632017010249
18	2108521514019	程宏宇	男	工程硕士专业学位	1001632017010250
19	2108521514020	王泽臻	男	工程硕士专业学位	1001632017010251
20	2108521514021	杨军星	男	工程硕士专业学位	1001632017010252
21	2108521514022	赵焰	男	工程硕士专业学位	1001632017010253

专业：环境工程

序号	学号	姓名	性别	学位类别	学位证书编号
1	2108522914001	王琦	男	工程硕士专业学位	1001632017010254
2	2108522914002	董堃	男	工程硕士专业学位	1001632017010255
3	2108522914003	张文文	女	工程硕士专业学位	1001632017010256
4	2108522914004	张新勃	男	工程硕士专业学位	1001632017010257
5	2108522914005	王家元	男	工程硕士专业学位	1001632017010258
6	2108522914008	韩强	男	工程硕士专业学位	1001632017010259
7	2108522914010	许怀奥	男	工程硕士专业学位	1001632017010260
8	2108522914012	冯潇雅	女	工程硕士专业学位	1001632017010261

专业：工业工程

序号	学号	姓名	性别	学位类别	学位证书编号
1	2108523614001	蔡晓菲	女	工程硕士专业学位	1001632017010262
2	2108523614002	徐林	男	工程硕士专业学位	1001632017010263

续表

序号	学号	姓名	性别	学位类别	学位证书编号
3	2108523614003	谢永浩	男	工程硕士专业学位	1001632017010264
4	2108523614004	王丁玎	女	工程硕士专业学位	1001632017010265

专业：物流工程

序号	学号	姓名	性别	学位类别	学位证书编号
1	2108524014001	吴向向	男	工程硕士专业学位	1001632017010267
2	2108524014002	刘洋	男	工程硕士专业学位	1001632017010268
3	2108524014004	尹凤凤	女	工程硕士专业学位	1001632017010269
4	2108524014005	徐萧异	男	工程硕士专业学位	1001632017010270
5	2108524014006	侯妍君	女	工程硕士专业学位	1001632017010271

专业：项目管理

序号	学号	姓名	性别	学位类别	学位证书编号
1	2108523914001	何乐	男	工程硕士专业学位	1001632017010266
2	2208523914006	张梦泽	男	工程硕士专业学位	1001632017010320
3	2208523913004	胡君	男	工程硕士专业学位	1001632017010307
4	2208523913005	李梦尧	女	工程硕士专业学位	1001632017010308
5	2208523913014	杨景涛	男	工程硕士专业学位	1001632017010309
6	2208523913016	刘亚楠	男	工程硕士专业学位	1001632017010310
7	2208523913017	王巍	男	工程硕士专业学位	1001632017010311
8	2208523913025	谢萍	女	工程硕士专业学位	1001632017010312
9	2208523913027	张雅琦	女	工程硕士专业学位	1001632017010313
10	2208523913039	王申	女	工程硕士专业学位	1001632017010314
11	2208523913040	孙玉厚	男	工程硕士专业学位	1001632017010315
12	2208523913041	刘纯	男	工程硕士专业学位	1001632017010316
13	2208523913048	白玉茹	女	工程硕士专业学位	1001632017010317
14	2208523913051	武超	男	工程硕士专业学位	1001632017010318
15	2208523913052	高玮	女	工程硕士专业学位	1001632017010319
16	1208523912023	董昱含	女	工程硕士专业学位	1001632017010024
17	1208523912028	范文辉	男	工程硕士专业学位	1001632017010025
18	1208523912048	黄克非	男	工程硕士专业学位	1001632017010026
19	1208523912090	芦毅	男	工程硕士专业学位	1001632017010027
20	1208523912117	王峰	男	工程硕士专业学位	1001632017010028
21	1208523912125	王伟	男	工程硕士专业学位	1001632017010029
22	1208523912141	许欣	女	工程硕士专业学位	1001632017010030
23	1208523912158	张小银	男	工程硕士专业学位	1001632017010031

专业：工商管理硕士

序号	学号	姓名	性别	学位类别	学位证书编号
1	2112510015002	于涛	男	工商管理硕士专业学位	1001632017010286
2	2112510015003	高东京	男	工商管理硕士专业学位	1001632017010287
3	2112510015004	曹激	女	工商管理硕士专业学位	1001632017010288
4	2112510015006	杨晓恬	女	工商管理硕士专业学位	1001632017010289
5	2112510014001	杨琳	女	工商管理硕士专业学位	1001632017010283
6	2112510014002	魏云峥	男	工商管理硕士专业学位	1001632017010284
7	2112510014008	吴越	男	工商管理硕士专业学位	1001632017010285
8	1112510013010	左卓敏	女	工商管理硕士专业学位	1001632017010008
9	1112510013018	丁爱平	女	工商管理硕士专业学位	1001632017010009

专业：社会工作硕士

序号	学号	姓名	性别	学位类别	学位证书编号
1	2103520015001	张鹏	男	社会工作硕士专业学位	1001632017010035
2	2103520015002	曾洁	女	社会工作硕士专业学位	1001632017010036
3	2103520015003	张佳佳	女	社会工作硕士专业学位	1001632017010037
4	2103520015004	柳若静	女	社会工作硕士专业学位	1001632017010038

北京建筑大学 2017/2018 学年第一学期（2017 年 12 月）
授予硕士学位研究生名单

专业：建筑学

序号	学号	姓名	性别	学位类别	学位证书编号
1	2108510014032	何佳	男	建筑学硕士专业学位	1001632017010376

专业：环境工程

序号	学号	姓名	性别	学位类别	学位证书编号
1	1208522912036	桂继欢	女	工程硕士专业学位	1001632017010357
2	1208522912056	梁建雄	男	工程硕士专业学位	1001632017010358
3	1208522912070	刘海琛	女	工程硕士专业学位	1001632017010359

专业：建筑与土木工程

序号	学号	姓名	性别	学位类别	学位证书编号
1	2208521314001	杨永峰	男	工程硕士专业学位	1001632017010387
2	2208521314050	丁岚	女	工程硕士专业学位	1001632017010388
3	2208521314076	杨瀚	男	工程硕士专业学位	1001632017010389
4	2208521313015	杨智睿	男	工程硕士专业学位	1001632017010380
5	2208521313026	李井彬	男	工程硕士专业学位	1001632017010381
6	2208521313052	刘凯	男	工程硕士专业学位	1001632017010382

续表

序号	学号	姓名	性别	学位类别	学位证书编号
7	2208521313073	王晓迪	女	工程硕士专业学位	1001632017010383
8	2208521313080	于欣	男	工程硕士专业学位	1001632017010384
9	2208521313093	邓天骄	女	工程硕士专业学位	1001632017010385
10	2208521313115	张祥	男	工程硕士专业学位	1001632017010386
11	1208521312003	朱江	女	工程硕士专业学位	1001632017010322
12	1208521312006	卜一	男	工程硕士专业学位	1001632017010323
13	1208521312008	蔡婧	女	工程硕士专业学位	1001632017010324
14	1208521312014	陈建	女	工程硕士专业学位	1001632017010325
15	1208521312015	陈家严	女	工程硕士专业学位	1001632017010326
16	1208521312029	冯冲	男	工程硕士专业学位	1001632017010327
17	1208521312031	冯玉香	女	工程硕士专业学位	1001632017010328
18	1208521312035	高媛	女	工程硕士专业学位	1001632017010329
19	1208521312037	郭睿	男	工程硕士专业学位	1001632017010330
20	1208521312042	郝杰	女	工程硕士专业学位	1001632017010331
21	1208521312043	郝学	女	工程硕士专业学位	1001632017010332
22	1208521312044	衡立松	男	工程硕士专业学位	1001632017010333
23	1208521312060	李春营	男	工程硕士专业学位	1001632017010334
24	1208521312064	李军	男	工程硕士专业学位	1001632017010335
25	1208521312065	李丽霞	女	工程硕士专业学位	1001632017010336
26	1208521312066	李鹿	男	工程硕士专业学位	1001632017010337
27	1208521312075	刘宁	男	工程硕士专业学位	1001632017010338
28	1208521312077	刘倩	女	工程硕士专业学位	1001632017010339
29	1208521312081	刘旋	男	工程硕士专业学位	1001632017010340
30	1208521312085	刘洲	男	工程硕士专业学位	1001632017010341
31	1208521312088	李勇会	男	工程硕士专业学位	1001632017010342
32	1208521312089	罗溪婧	女	工程硕士专业学位	1001632017010343
33	1208521312091	马英华	女	工程硕士专业学位	1001632017010344
34	1208521312094	逄律	女	工程硕士专业学位	1001632017010345
35	1208521312101	尚晶	女	工程硕士专业学位	1001632017010346
36	1208521312104	宋嘉伟	男	工程硕士专业学位	1001632017010347
37	1208521312105	宋文	男	工程硕士专业学位	1001632017010348
38	1208521312115	王大伟	男	工程硕士专业学位	1001632017010349
39	1208521312135	谢扬飚	男	工程硕士专业学位	1001632017010350
40	1208521312143	杨利	男	工程硕士专业学位	1001632017010351
41	1208521312147	叶琳	女	工程硕士专业学位	1001632017010352
42	1208521312154	张海云	女	工程硕士专业学位	1001632017010353

续表

序号	学号	姓名	性别	学位类别	学位证书编号
43	1208521312156	张蕾	女	工程硕士专业学位	1001632017010354
44	1208521312157	张蓉	女	工程硕士专业学位	1001632017010355
45	1208521312164	周可	男	工程硕士专业学位	1001632017010356

专业：工商管理

序号	学号	姓名	性别	学位类别	学位证书编号
1	2112510015010	安志红	女	工商管理硕士专业学位	1001632017010378
2	2112510015013	孙晓晖	男	工商管理硕士专业学位	1001632017010379
3	2112510014006	吴婷	女	工商管理硕士专业学位	1001632017010377

专业：项目管理

序号	学号	姓名	性别	学位类别	学位证书编号
1	1208523912018	崔瑶	女	工程硕士专业学位	1001632017010360
2	1208523912026	杜滨	男	工程硕士专业学位	1001632017010361
3	1208523912055	李昂	男	工程硕士专业学位	1001632017010362
4	1208523912059	李长萍	女	工程硕士专业学位	1001632017010363
5	1208523912087	李映雪	女	工程硕士专业学位	1001632017010364
6	1208523912110	田慧玲	女	工程硕士专业学位	1001632017010365
7	1208523912119	王民营	男	工程硕士专业学位	1001632017010366
8	1208523912124	王砲	男	工程硕士专业学位	1001632017010367
9	1208523912127	王月	女	工程硕士专业学位	1001632017010368
10	1208523912136	邢亚	男	工程硕士专业学位	1001632017010369
11	1208523912138	薛庆喜	男	工程硕士专业学位	1001632017010370
12	1208523912146	姚婷婷	女	工程硕士专业学位	1001632017010371
13	1208523912151	岳旸	女	工程硕士专业学位	1001632017010372
14	1208523912160	赵磊磊	男	工程硕士专业学位	1001632017010373
15	1208523912163	周刚	男	工程硕士专业学位	1001632017010374
16	1208523912180	王博	男	工程硕士专业学位	1001632017010375
17	2208523913034	吴楠	男	工程硕士专业学位	1001632017010390
18	2208523913037	李鑫	女	工程硕士专业学位	1001632017010391
19	2208523913042	谭笑	男	工程硕士专业学位	1001632017010392
20	2208523913054	张云涛	女	工程硕士专业学位	1001632017010393

专业：供热、供燃气、通风及空调工程

序号	学号	姓名	性别	学位类别	学位证书编号
1	1308521312001	王旭朝	男	工学硕士（同等学力）	1001632017020001

三、2017年北京建筑大学本科毕业生（结业生）名单

北京建筑大学 2016/2017 学年本科学生毕业（结业）名单

序号	姓名	性别	专业名称	班级	毕（结）业结论
1	王云鹏	男	无机非金属材料工程	材131	毕业
2	姜伟豪	男	无机非金属材料工程	材131	毕业
3	李翰诚	男	无机非金属材料工程	材131	毕业
4	韩曦	女	无机非金属材料工程	材131	毕业
5	潘硕	男	无机非金属材料工程	材131	毕业
6	王曾蕙	女	无机非金属材料工程	材131	毕业
7	夏鑫鹏	男	无机非金属材料工程	材131	毕业
8	苏昶	男	无机非金属材料工程	材131	毕业
9	王璐翟	女	无机非金属材料工程	材131	毕业
10	王震	男	无机非金属材料工程	材131	毕业
11	魏重阳	男	无机非金属材料工程	材131	毕业
12	刘晨辉	男	无机非金属材料工程	材131	毕业
13	苏胜奇	男	无机非金属材料工程	材131	毕业
14	李琦	男	无机非金属材料工程	材131	毕业
15	李紫翼	男	无机非金属材料工程	材131	毕业
16	侯玉晨	男	无机非金属材料工程	材131	毕业
17	李根	男	无机非金属材料工程	材131	毕业
18	李鹏辉	男	无机非金属材料工程	材131	毕业
19	孙悫	男	无机非金属材料工程	材131	毕业
20	王梦尧	男	无机非金属材料工程	材131	毕业
21	杨楠	男	无机非金属材料工程	材131	毕业
22	王梦宇	女	无机非金属材料工程	材131	毕业
23	何津	男	无机非金属材料工程	材131	毕业
24	吴冰寒	男	无机非金属材料工程	材131	毕业
25	张志伟	男	无机非金属材料工程	材131	毕业
26	黄泽轩	男	无机非金属材料工程	材131	毕业
27	邓海旺	男	无机非金属材料工程	材131	毕业
28	刘强	男	无机非金属材料工程	材131	毕业
29	廖明峰	男	无机非金属材料工程	材131	结业
30	郑东昊	男	无机非金属材料工程	材131	毕业
31	王胤明	男	无机非金属材料工程	材131	毕业
32	韦永平	男	无机非金属材料工程	材131	毕业
33	甫尔开提江·约买尔	男	无机非金属材料工程	材131	结业

续表

序号	姓名	性别	专业名称	班级	毕（结）业结论
34	郭聪楠	男	测绘工程	测131	毕业
35	付天宇	男	测绘工程	测131	毕业
36	王尧天	男	测绘工程	测131	毕业
37	昝露洋	男	测绘工程	测131	毕业
38	赵松雪	男	测绘工程	测131	毕业
39	赵雪婷	女	测绘工程	测131	毕业
40	邢晨	男	测绘工程	测131	毕业
41	张默頔	男	测绘工程	测131	毕业
42	陈雷	男	测绘工程	测131	毕业
43	沈建飞	男	测绘工程	测131	毕业
44	张尧	男	测绘工程	测131	毕业
45	李星辉	男	测绘工程	测131	毕业
46	苏煜东	男	测绘工程	测131	毕业
47	卜可名	女	测绘工程	测131	毕业
48	江国鑫	男	测绘工程	测131	毕业
49	李家鸿	男	测绘工程	测131	毕业
50	王响	男	测绘工程	测131	毕业
51	杨婉鑫	女	测绘工程	测131	毕业
52	陈伟新	男	测绘工程	测131	毕业
53	洛桑搭庆	男	测绘工程	测131	毕业
54	李奇宸	女	测绘工程	测131	毕业
55	剌怡璇	女	测绘工程	测131	毕业
56	胡晓枫	男	测绘工程	测131	毕业
57	王崇宁	男	测绘工程	测131	毕业
58	谢焦义	男	测绘工程	测131	毕业
59	孙帅印	男	测绘工程	测131	毕业
60	张丹璐	女	测绘工程	测131	毕业
61	刘培原	男	测绘工程	测131	毕业
62	木热扎提江·米吉提	男	测绘工程	测131	毕业
63	库迪来提·阿迪力	男	测绘工程	测131	毕业
64	魏朴童	男	测绘工程	测132	毕业
65	刘宏涛	男	测绘工程	测132	毕业
66	刘依依	女	测绘工程	测132	毕业
67	王莹	女	测绘工程	测132	毕业

续表

序号	姓名	性别	专业名称	班级	毕（结）业结论
68	张可心	男	测绘工程	测132	毕业
69	郑铭轩	男	测绘工程	测132	毕业
70	赵世豪	男	测绘工程	测132	毕业
71	王曳	男	测绘工程	测132	毕业
72	石增宇	男	测绘工程	测132	毕业
73	刘小尧	男	测绘工程	测132	毕业
74	彭健坤	男	测绘工程	测132	毕业
75	冯仲泽	男	测绘工程	测132	毕业
76	马琳琳	女	测绘工程	测132	毕业
77	晏萌	男	测绘工程	测132	毕业
78	高蕊	女	测绘工程	测132	毕业
79	李若鹏	男	测绘工程	测132	毕业
80	钟涛	男	测绘工程	测132	毕业
81	邵银星	女	测绘工程	测132	毕业
82	衣鹏军	男	测绘工程	测132	毕业
83	郑任泰	女	测绘工程	测132	毕业
84	方佳铭	男	测绘工程	测132	毕业
85	潘兴楠	男	测绘工程	测132	毕业
86	陈锐	男	测绘工程	测132	毕业
87	潘炜琳	女	测绘工程	测132	毕业
88	任建提	男	测绘工程	测132	毕业
89	厚贵彬	男	车辆工程	车131	毕业
90	陈梦溪	女	车辆工程	车131	毕业
91	孙博旸	男	车辆工程	车131	毕业
92	杨梦晗	男	车辆工程	车131	毕业
93	彭钰哲	男	车辆工程	车131	毕业
94	李超	男	车辆工程	车131	毕业
95	郝志男	男	车辆工程	车131	毕业
96	董豫	男	车辆工程	车131	毕业
97	刘怡轩	男	车辆工程	车131	毕业
98	郭宁	女	车辆工程	车131	毕业
99	何瑞	男	车辆工程	车131	毕业
100	苗硕	男	车辆工程	车131	毕业
101	潘玮琦	男	车辆工程	车131	毕业
102	赵建平	男	车辆工程	车131	毕业
103	张奕	男	车辆工程	车131	毕业

续表

序号	姓名	性别	专业名称	班级	毕（结）业结论
104	秦鑫	男	车辆工程	车131	毕业
105	徐鹏	男	车辆工程	车131	毕业
106	曹灿	男	车辆工程	车131	毕业
107	王健	男	车辆工程	车131	毕业
108	张杰	男	车辆工程	车131	毕业
109	付明明	男	车辆工程	车131	毕业
110	孙田	男	车辆工程	车131	毕业
111	陈洋	男	车辆工程	车131	毕业
112	廖星创	男	车辆工程	车131	毕业
113	杨勇	男	车辆工程	车131	毕业
114	张俊杰	男	车辆工程	车131	毕业
115	米尔扎提·买买提	男	车辆工程	车131	毕业
116	田沛航	男	车辆工程	车132	毕业
117	韩嘉轩	男	车辆工程	车132	毕业
118	敖姝婷	女	车辆工程	车132	毕业
119	杨磊	男	车辆工程	车132	毕业
120	赵宇桐	男	车辆工程	车132	毕业
121	李兆年	男	车辆工程	车132	毕业
122	杨益宁	男	车辆工程	车132	毕业
123	周晨阳	男	车辆工程	车132	毕业
124	李祥宇	男	车辆工程	车132	毕业
125	秦亚伟	男	车辆工程	车132	毕业
126	付红伟	男	车辆工程	车132	毕业
127	卢旭	男	车辆工程	车132	毕业
128	刘一铄	男	车辆工程	车132	毕业
129	王一然	女	车辆工程	车132	毕业
130	刘鑫	男	车辆工程	车132	毕业
131	曹泽治	男	车辆工程	车132	毕业
132	郭子豪	男	车辆工程	车132	毕业
133	国锋	男	车辆工程	车132	毕业
134	谢明昭	男	车辆工程	车132	毕业
135	牛汉杰	男	车辆工程	车132	毕业
136	梁文光	男	车辆工程	车132	毕业
137	安晓东	男	车辆工程	车132	毕业
138	卢术娟	女	车辆工程	车132	毕业

续表

序号	姓名	性别	专业名称	班级	毕（结）业结论
139	孔裕	男	车辆工程	车132	毕业
140	罗力敏	女	车辆工程	车132	毕业
141	陈杰	男	车辆工程	车132	毕业
142	钟尚宏	男	车辆工程	车132	毕业
143	唐天磊	男	车辆工程	车132	毕业
144	田祎阳	男	车辆工程	车132	毕业
145	陈思凯	男	车辆工程	车132	毕业
146	耶斯包拉提	男	车辆工程	车132	结业
147	梁辰	男	地理信息科学	地131	毕业
148	马怡然	女	地理信息科学	地131	毕业
149	景晨亮	男	地理信息科学	地131	毕业
150	张柯	女	地理信息科学	地131	毕业
151	胡银博	男	地理信息科学	地131	毕业
152	刘彦冬	男	地理信息科学	地131	毕业
153	王斯佳	女	地理信息科学	地131	毕业
154	李思琦	女	地理信息科学	地131	毕业
155	于梦忱	女	地理信息科学	地131	毕业
156	方书玮	女	地理信息科学	地131	毕业
157	董佳臣	男	地理信息科学	地131	毕业
158	卢永欢	男	地理信息科学	地131	毕业
159	王玥	男	地理信息科学	地131	毕业
160	王宁	男	地理信息科学	地131	毕业
161	纪相禹	男	地理信息科学	地131	毕业
162	孙玉燕	女	地理信息科学	地131	毕业
163	赵明	男	地理信息科学	地131	毕业
164	刘洋	男	地理信息科学	地131	毕业
165	费宇龙	男	地理信息科学	地131	毕业
166	冼庆孝	男	地理信息科学	地131	毕业
167	黄俐	男	地理信息科学	地131	毕业
168	李嘉榆	男	地理信息科学	地131	毕业
169	姚云潇	男	地理信息科学	地131	毕业
170	王晨阳	男	地理信息科学	地131	毕业
171	白少博	男	地理信息科学	地131	毕业
172	李洋洋	男	地理信息科学	地131	毕业
173	张天璞	男	地理信息科学	地131	毕业
174	郑皓元	男	地理信息科学	地131	毕业

续表

序号	姓名	性别	专业名称	班级	毕（结）业结论
175	谷明岩	男	地理信息科学	地131	毕业
176	刘思琦	女	地理信息科学	地131	毕业
177	王思琪	女	地理信息科学	地131	毕业
178	李鹏亮	男	地理信息科学	地131	毕业
179	鲍东东	男	地理信息科学	地131	毕业
180	张月	女	地理信息科学	地131	毕业
181	毛霈宁	男	地理信息科学	地131	毕业
182	罗伟	男	地理信息科学	地131	毕业
183	韩晓	女	地理信息科学	地132	毕业
184	董庆豪	男	地理信息科学	地132	毕业
185	谢宇浩	男	地理信息科学	地132	毕业
186	郭小刚	男	地理信息科学	地132	毕业
187	郑鑫	男	地理信息科学	地132	毕业
188	潘笑	女	地理信息科学	地132	毕业
189	胡京燕	女	地理信息科学	地132	毕业
190	冯昭阳	男	地理信息科学	地132	毕业
191	卢雨桐	女	地理信息科学	地132	毕业
192	杨潇	女	地理信息科学	地132	毕业
193	韩锐	男	地理信息科学	地132	毕业
194	张超	男	地理信息科学	地132	毕业
195	黄垚鑫	男	地理信息科学	地132	毕业
196	王绮	女	地理信息科学	地132	毕业
197	马崧荣	男	地理信息科学	地132	毕业
198	周洪林	男	地理信息科学	地132	毕业
199	辛超	男	地理信息科学	地132	毕业
200	任建彤	男	地理信息科学	地132	毕业
201	李升阳	男	地理信息科学	地132	毕业
202	吕帆	女	地理信息科学	地132	毕业
203	马超群	男	地理信息科学	地132	毕业
204	乔杨腾	男	地理信息科学	地132	毕业
205	马艳红	男	地理信息科学	地132	毕业
206	张首贤	男	地理信息科学	地132	毕业
207	尉文昌	男	地理信息科学	地132	毕业
208	宋青	女	地理信息科学	地132	毕业
209	刘云飞	女	地理信息科学	地132	毕业
210	赵政帆	男	地理信息科学	地132	毕业

续表

序号	姓名	性别	专业名称	班级	毕（结）业结论
211	潘正华	男	地理信息科学	地132	毕业
212	刘以豪	男	电气工程及其自动化	电气131	毕业
213	武仲麒	男	电气工程及其自动化	电气131	毕业
214	田煜	女	电气工程及其自动化	电气131	毕业
215	冯时	男	电气工程及其自动化	电气131	毕业
216	邓谱佑	男	电气工程及其自动化	电气131	结业
217	刘星	男	电气工程及其自动化	电气131	毕业
218	马可天	女	电气工程及其自动化	电气131	毕业
219	陈钰	男	电气工程及其自动化	电气131	毕业
220	吕明佳	男	电气工程及其自动化	电气131	毕业
221	郭嘉威	男	电气工程及其自动化	电气131	毕业
222	曹越	男	电气工程及其自动化	电气131	毕业
223	王嘉玥	女	电气工程及其自动化	电气131	毕业
224	刘晓博	男	电气工程及其自动化	电气131	毕业
225	张秉楠	男	电气工程及其自动化	电气131	毕业
226	孙林	男	电气工程及其自动化	电气131	毕业
227	刘铁良	男	电气工程及其自动化	电气131	毕业
228	张慧	女	电气工程及其自动化	电气131	毕业
229	张新宇	男	电气工程及其自动化	电气131	毕业
230	屈恒	男	电气工程及其自动化	电气131	毕业
231	陈永超	男	电气工程及其自动化	电气131	毕业
232	来庆龙	男	电气工程及其自动化	电气131	毕业
233	肖彦凌	男	电气工程及其自动化	电气131	毕业
234	张庆雷	男	电气工程及其自动化	电气131	毕业
235	龙波	男	电气工程及其自动化	电气131	毕业
236	周润生	男	电气工程及其自动化	电气131	毕业
237	何胜鱼	女	电气工程及其自动化	电气131	毕业
238	张波	男	电气工程及其自动化	电气131	毕业
239	李根	男	电气工程及其自动化	电气131	毕业
240	高子旭	男	电气工程及其自动化	电气131	毕业
241	刘明康	男	电气工程及其自动化	电气131	毕业
242	毛顺峰	男	电气工程及其自动化	电气131	毕业
243	张文鑫	男	电气工程及其自动化	电气131	毕业
244	扎西根培	男	电气工程及其自动化	电气131	毕业
245	张昊阳	男	电气工程及其自动化	电气131	毕业
246	刘申秋	男	电气工程及其自动化	电气132	毕业

续表

序号	姓名	性别	专业名称	班级	毕（结）业结论
247	李昱	女	电气工程及其自动化	电气132	毕业
248	杨光	男	电气工程及其自动化	电气132	毕业
249	杨翰文	男	电气工程及其自动化	电气132	毕业
250	张昊清	男	电气工程及其自动化	电气132	毕业
251	赵翼	男	电气工程及其自动化	电气132	毕业
252	敬舒奇	男	电气工程及其自动化	电气132	毕业
253	王聪	男	电气工程及其自动化	电气132	毕业
254	晨晨	女	电气工程及其自动化	电气132	毕业
255	田昊	男	电气工程及其自动化	电气132	毕业
256	宋嘉琚	男	电气工程及其自动化	电气132	毕业
257	滕玥	女	电气工程及其自动化	电气132	毕业
258	陈旭	男	电气工程及其自动化	电气132	毕业
259	侯杨	男	电气工程及其自动化	电气132	毕业
260	李思琦	男	电气工程及其自动化	电气132	毕业
261	尚旭东	男	电气工程及其自动化	电气132	毕业
262	赵焕钧	男	电气工程及其自动化	电气132	毕业
263	于振兴	男	电气工程及其自动化	电气132	毕业
264	韩帅	男	电气工程及其自动化	电气132	毕业
265	郭斌	男	电气工程及其自动化	电气132	毕业
266	付润豪	男	电气工程及其自动化	电气132	毕业
267	刘卓然	男	电气工程及其自动化	电气132	毕业
268	李云霏	女	电气工程及其自动化	电气132	毕业
269	郭晓航	女	电气工程及其自动化	电气132	毕业
270	张成林	男	电气工程及其自动化	电气132	毕业
271	李恺元	男	电气工程及其自动化	电气132	毕业
272	侯斐	男	电气工程及其自动化	电气132	毕业
273	刘世松	男	电气工程及其自动化	电气132	毕业
274	许权	男	电气工程及其自动化	电气132	毕业
275	王锦	男	电气工程及其自动化	电气132	毕业
276	万挺	男	电气工程及其自动化	电气132	毕业
277	蒋昊宸	男	电气工程及其自动化	电气132	毕业
278	蔡福佳	男	电气工程及其自动化	电气132	毕业
279	张绍峰	男	电气工程及其自动化	电气132	结业
280	努尔夏提·努尔艾力	男	电气工程及其自动化	电气132	毕业

续表

序号	姓名	性别	专业名称	班级	毕（结）业结论
281	努尔夏提·帕尔哈提	男	电气工程及其自动化	电气132	毕业
282	麦麦提艾力·麦麦提萨迪克	男	电气工程及其自动化	电气132	毕业
283	达娃色珍	女	电气工程及其自动化	电气132	毕业
284	戴范	男	电气工程及其自动化	电气132	毕业
285	吴鹏程	男	电子信息科学与技术	电子131	毕业
286	焦启轩	男	电子信息科学与技术	电子131	毕业
287	李磊	男	电子信息科学与技术	电子131	毕业
288	李闯奇	男	电子信息科学与技术	电子131	毕业
289	刘泽松	男	电子信息科学与技术	电子131	毕业
290	胡智恒	男	电子信息科学与技术	电子131	毕业
291	赵鑫	男	电子信息科学与技术	电子131	毕业
292	徐欣	男	电子信息科学与技术	电子131	毕业
293	朱骏铭	男	电子信息科学与技术	电子131	毕业
294	刘博洋	男	电子信息科学与技术	电子131	毕业
295	付豪	男	电子信息科学与技术	电子131	毕业
296	王常宝	男	电子信息科学与技术	电子131	毕业
297	吕世豪	男	电子信息科学与技术	电子131	毕业
298	王继伟	男	电子信息科学与技术	电子131	毕业
299	刘涵宇	男	电子信息科学与技术	电子131	毕业
300	宋佳锋	男	电子信息科学与技术	电子131	毕业
301	赵建	男	电子信息科学与技术	电子131	毕业
302	李振楠	男	电子信息科学与技术	电子131	毕业
303	田佳伟	男	电子信息科学与技术	电子131	毕业
304	杨楠	男	电子信息科学与技术	电子131	毕业
305	陈家天	男	电子信息科学与技术	电子131	毕业
306	杨天元	男	电子信息科学与技术	电子131	毕业
307	刘宇聪	男	电子信息科学与技术	电子131	毕业
308	李东卉	女	电子信息科学与技术	电子131	毕业
309	曾树畅	男	电子信息科学与技术	电子131	毕业
310	王硕	男	电子信息科学与技术	电子131	毕业
311	高洪培	女	电子信息科学与技术	电子131	毕业
312	熊力	男	电子信息科学与技术	电子131	毕业
313	热奥安·叶留拜	女	电子信息科学与技术	电子131	毕业

续表

序号	姓名	性别	专业名称	班级	毕（结）业结论
314	于沐野	男	能源与动力工程	动力131	毕业
315	刘孔阳	男	能源与动力工程	动力131	毕业
316	李诚智	男	能源与动力工程	动力131	毕业
317	张文鑫	男	能源与动力工程	动力131	毕业
318	周文彬	男	能源与动力工程	动力131	毕业
319	曹蕊	女	能源与动力工程	动力131	毕业
320	胡锦东	男	能源与动力工程	动力131	毕业
321	袁欣然	男	能源与动力工程	动力131	毕业
322	刘怿朋	男	能源与动力工程	动力131	毕业
323	吴一桐	男	能源与动力工程	动力131	毕业
324	刘阳	男	能源与动力工程	动力131	毕业
325	刘明轩	男	能源与动力工程	动力131	毕业
326	郑品秋	女	能源与动力工程	动力131	毕业
327	张佳洧	男	能源与动力工程	动力131	毕业
328	张鑫	男	能源与动力工程	动力131	毕业
329	曹紫薇	女	能源与动力工程	动力131	毕业
330	陈旭	男	能源与动力工程	动力131	毕业
331	曹琦	男	能源与动力工程	动力131	毕业
332	朱林峰	男	能源与动力工程	动力131	毕业
333	李杰	男	能源与动力工程	动力131	毕业
334	白洋	男	能源与动力工程	动力131	毕业
335	宋雨薇	女	能源与动力工程	动力131	毕业
336	孙超	男	能源与动力工程	动力131	毕业
337	胡文豪	男	能源与动力工程	动力131	毕业
338	李汉青	男	能源与动力工程	动力131	毕业
339	张豪	男	能源与动力工程	动力131	毕业
340	陈军	男	能源与动力工程	动力131	毕业
341	达瓦扎西	男	能源与动力工程	动力131	毕业
342	徐银玲	女	能源与动力工程	动力131	毕业
343	刘琳琛	男	热能与动力工程	动力131	毕业
344	罗紫晋	男	能源与动力工程	动力131	毕业
345	刘孟涵	女	法学	法131	毕业
346	翟思培	女	法学	法131	毕业
347	于笑滢	女	法学	法131	毕业
348	王尧	男	法学	法131	毕业
349	张奂梅	女	法学	法131	毕业

续表

序号	姓名	性别	专业名称	班级	毕（结）业结论
350	马丽	女	法学	法131	毕业
351	张云	男	法学	法131	毕业
352	赵晔彤	女	法学	法131	毕业
353	高枫宇	男	法学	法131	毕业
354	吴霞	女	法学	法131	毕业
355	康佳琳	女	法学	法131	毕业
356	冯宇溪	男	法学	法131	毕业
357	王智群	男	法学	法131	结业
358	金雪培	女	法学	法131	毕业
359	刘高原	女	法学	法131	毕业
360	王超	男	法学	法131	毕业
361	万家琛	男	法学	法131	毕业
362	杨莲婷	女	法学	法131	毕业
363	刘畅	女	法学	法131	毕业
364	刘静雯	女	法学	法131	毕业
365	蔺德智	男	法学	法131	毕业
366	尤瑞菲	女	法学	法131	毕业
367	陈源祖	男	法学	法131	毕业
368	杨合健	男	法学	法131	毕业
369	唐雨薇	女	法学	法131	毕业
370	钱锐	女	法学	法131	毕业
371	张希	男	法学	法131	毕业
372	常瑜	女	法学	法131	毕业
373	方玮蓉	女	法学	法131	毕业
374	郝爱雪	女	法学	法131	毕业
375	吴欣昀	女	法学	法131	毕业
376	周兆林	男	法学	法131	毕业
377	郭元衡	女	法学	法131	毕业
378	李艾格	女	法学	法131	毕业
379	阿依谢姆古丽·吾斯曼	女	法学	法131	毕业
380	巴丽根·努尔别克	女	法学	法131	毕业
381	李依杉	女	法学	法132	毕业
382	王诗琪	女	法学	法132	毕业
383	杨韶华	女	法学	法132	毕业

续表

序号	姓名	性别	专业名称	班级	毕（结）业结论
384	周志凯	男	法学	法132	毕业
385	温鑫	女	法学	法132	毕业
386	杜玮钰	女	法学	法132	毕业
387	安雨	女	法学	法132	毕业
388	王心斋	男	法学	法132	毕业
389	高雨琪	女	法学	法132	毕业
390	张继然	女	法学	法132	毕业
391	刘晟远	男	法学	法132	毕业
392	陈绍良	男	法学	法132	毕业
393	顾鑫悦	女	法学	法132	毕业
394	李锶泽	女	法学	法132	毕业
395	叶苗	男	法学	法132	毕业
396	文卓琳	女	法学	法132	毕业
397	陈帅	女	法学	法132	毕业
398	刘雅玮	男	法学	法132	毕业
399	李佳航	男	法学	法132	毕业
400	沈诚	男	法学	法132	毕业
401	肖琬祺	女	法学	法132	毕业
402	伍榜霞	女	法学	法132	毕业
403	刘著帼	女	法学	法132	毕业
404	方橄宾	男	法学	法132	毕业
405	文嘉程	男	法学	法132	毕业
406	刘细妹	女	法学	法132	毕业
407	冉芳芳	女	法学	法132	毕业
408	张博杰	男	法学	法132	毕业
409	陈瑾	女	法学	法132	毕业
410	宋佳琪	女	法学	法132	毕业
411	陈科睿	女	法学	法132	毕业
412	陆学晶	女	法学	法132	毕业
413	龙蕾蕾	女	法学	法132	毕业
414	古丽菲亚·马尔坦	女	法学	法132	毕业
415	木拉丁·吐鲁洪	男	法学	法132	毕业
416	刘凯	男	工业工程	工业131	毕业
417	李吉涛	男	工业工程	工业131	毕业

续表

序号	姓名	性别	专业名称	班级	毕（结）业结论
418	吴迪	男	工业工程	工业131	毕业
419	李贞强	男	工业工程	工业131	毕业
420	郭思	女	工业工程	工业131	毕业
421	杨雨曦	男	工业工程	工业131	毕业
422	徐晓龙	男	工业工程	工业131	毕业
423	王子鑫	女	工业工程	工业131	毕业
424	刘思蕊	女	工业工程	工业131	毕业
425	王文浩	男	工业工程	工业131	毕业
426	王婧潇	女	工业工程	工业131	毕业
427	杨琛	男	工业工程	工业131	毕业
428	段维耀	男	工业工程	工业131	毕业
429	耿石磊	男	工业工程	工业131	毕业
430	高晓童	男	工业工程	工业131	毕业
431	丁磊	男	工业工程	工业131	毕业
432	王维思	女	工业工程	工业131	毕业
433	高闯	男	工业工程	工业131	毕业
434	王雅祺	女	工业工程	工业131	毕业
435	李云鹤	男	工业工程	工业131	毕业
436	金铭	男	工业工程	工业131	毕业
437	汪光新	男	工业工程	工业131	毕业
438	林涛声	男	工业工程	工业131	毕业
439	王平辉	男	工业工程	工业131	毕业
440	张益溢	男	工业工程	工业131	毕业
441	马小龙	男	工业工程	工业131	毕业
442	比拉力江·艾合买提江	男	工业工程	工业131	毕业
443	余明	男	公共事业管理	公管131	毕业
444	徐瑶萦	女	公共事业管理	公管131	毕业
445	程宇华	男	公共事业管理	公管131	结业
446	杨新雨	男	公共事业管理	公管131	毕业
447	陈旭	男	公共事业管理	公管131	毕业
448	刘辰玥	男	公共事业管理	公管131	毕业
449	王琛琪	女	公共事业管理	公管131	毕业
450	孙鹤文	女	公共事业管理	公管131	毕业
451	茹晔	女	公共事业管理	公管131	毕业
452	赵雨萌	女	公共事业管理	公管131	毕业

续表

序号	姓名	性别	专业名称	班级	毕（结）业结论
453	巫明蔚	女	公共事业管理	公管131	结业
454	王尊	男	公共事业管理	公管131	毕业
455	张立阳	男	公共事业管理	公管131	毕业
456	徐可	男	公共事业管理	公管131	毕业
457	冯志成	男	公共事业管理	公管131	毕业
458	张雪莹	女	公共事业管理	公管131	毕业
459	任艳	女	公共事业管理	公管131	毕业
460	郑阳	女	公共事业管理	公管131	毕业
461	赵梦瑶	女	公共事业管理	公管131	毕业
462	武轾	男	公共事业管理	公管131	毕业
463	赵雨彤	女	公共事业管理	公管131	毕业
464	徐云熙	女	公共事业管理	公管131	毕业
465	邢路鑫	男	公共事业管理	公管131	毕业
466	栾双	女	公共事业管理	公管131	毕业
467	刘冬琦	男	公共事业管理	公管131	毕业
468	桂金浩	男	公共事业管理	公管131	毕业
469	钟智颖	女	公共事业管理	公管131	毕业
470	宾向阳	男	公共事业管理	公管131	毕业
471	林柯岚	女	公共事业管理	公管131	毕业
472	傅雅寒	女	公共事业管理	公管131	毕业
473	苗田田	女	公共事业管理	公管131	毕业
474	魏迪	女	公共事业管理	公管131	毕业
475	龚奇胜	男	公共事业管理	公管131	毕业
476	李智	男	公共事业管理	公管131	毕业
477	陆智淳	男	公共事业管理	公管131	毕业
478	李丽燕	女	公共事业管理	公管131	毕业
479	林昱充	男	公共事业管理	公管131	结业
480	范斯恒	男	公共事业管理	公管131	毕业
481	赵嘉祺	男	公共事业管理	公管132	毕业
482	张钰峰	男	公共事业管理	公管132	毕业
483	安月桐	女	公共事业管理	公管132	毕业
484	王俣衡	男	公共事业管理	公管132	毕业
485	吴凡	男	公共事业管理	公管132	毕业
486	任春晖	男	公共事业管理	公管132	毕业
487	陈川	女	公共事业管理	公管132	毕业
488	林尚蓉	女	公共事业管理	公管132	毕业

续表

序号	姓名	性别	专业名称	班级	毕（结）业结论
489	李康华	女	公共事业管理	公管132	毕业
490	孔馨悦	女	公共事业管理	公管132	毕业
491	王雨	女	公共事业管理	公管132	毕业
492	杜威	男	公共事业管理	公管132	毕业
493	王俊宇	男	公共事业管理	公管132	毕业
494	吴思宇	女	公共事业管理	公管132	毕业
495	肖洋	男	公共事业管理	公管132	毕业
496	谭思捷	女	公共事业管理	公管132	毕业
497	丁一	男	公共事业管理	公管132	毕业
498	魏婷	女	公共事业管理	公管132	毕业
499	邢正	男	公共事业管理	公管132	毕业
500	王蕊	女	公共事业管理	公管132	结业
501	赵明明	女	公共事业管理	公管132	毕业
502	李妍	女	公共事业管理	公管132	毕业
503	张堉雯	女	公共事业管理	公管132	毕业
504	刘佳仪	女	公共事业管理	公管132	毕业
505	张力	男	公共事业管理	公管132	毕业
506	陈玲玲	女	公共事业管理	公管132	毕业
507	徐军楠	女	公共事业管理	公管132	毕业
508	邓诗依	女	公共事业管理	公管132	毕业
509	甘旦	男	公共事业管理	公管132	毕业
510	张尧	男	公共事业管理	公管132	毕业
511	黄微	女	公共事业管理	公管132	毕业
512	张馨匀	女	公共事业管理	公管132	毕业
513	周储君	男	公共事业管理	公管132	毕业
514	刘佳奇	女	公共事业管理	公管132	毕业
515	杨照	女	公共事业管理	公管132	毕业
516	丽娜·木拉提	女	公共事业管理	公管132	毕业
517	赵濛濛	女	历史建筑保护工程	古建131	毕业
518	史佳卉	女	历史建筑保护工程	古建131	毕业
519	甘宇鹏	男	历史建筑保护工程	古建131	毕业
520	兰梦宁	女	历史建筑保护工程	古建131	毕业
521	吉舟	男	历史建筑保护工程	古建131	毕业
522	张怀誉	女	历史建筑保护工程	古建131	毕业
523	徐浩涵	男	历史建筑保护工程	古建131	毕业
524	房瑞	男	历史建筑保护工程	古建131	毕业

续表

序号	姓名	性别	专业名称	班级	毕（结）业结论
525	李哲文	女	历史建筑保护工程	古建131	毕业
526	田瑨	男	历史建筑保护工程	古建131	毕业
527	吕金池	男	历史建筑保护工程	古建131	毕业
528	赵菲	女	历史建筑保护工程	古建131	毕业
529	丁佳昕	女	历史建筑保护工程	古建131	毕业
530	贾文博	男	历史建筑保护工程	古建131	毕业
531	侯玮琳	女	历史建筑保护工程	古建131	毕业
532	庄洁	女	历史建筑保护工程	古建131	毕业
533	王昊玥	女	历史建筑保护工程	古建131	毕业
534	段祎男	女	历史建筑保护工程	古建131	毕业
535	杨琨	男	历史建筑保护工程	古建131	毕业
536	赵泽源	男	历史建筑保护工程	古建131	毕业
537	赵博新	男	历史建筑保护工程	古建131	毕业
538	杨柳溪	女	历史建筑保护工程	古建131	毕业
539	王玥淇	女	工程管理	管131	毕业
540	陈康靖	男	工程管理	管131	毕业
541	徐画格	女	工程管理	管131	毕业
542	张小林	男	工程管理	管131	毕业
543	曹羽佳	女	工程管理	管131	毕业
544	李文	女	工程管理	管131	毕业
545	刘健捷	男	工程管理	管131	毕业
546	黄鑫地	男	工程管理	管131	毕业
547	周霭琳	女	工程管理	管131	毕业
548	张雨霏	女	工程管理	管131	毕业
549	康亮	男	工程管理	管131	毕业
550	郑昕	女	工程管理	管131	毕业
551	陈欣阳	女	工程管理	管131	毕业
552	李子安	女	工程管理	管131	毕业
553	韩艾瑾	女	工程管理	管131	毕业
554	赵宇	男	工程管理	管131	毕业
555	苏相	女	工程管理	管131	毕业
556	张爽	女	工程管理	管131	毕业
557	郭晓乐	男	工程管理	管131	毕业
558	张丹	女	工程管理	管131	毕业
559	程曼	女	工程管理	管131	毕业
560	刘子舟	男	工程管理	管131	毕业

续表

序号	姓名	性别	专业名称	班级	毕（结）业结论
561	郑红豆	女	工程管理	管131	毕业
562	王坤	男	工程管理	管131	毕业
563	王一然	女	工程管理	管131	毕业
564	赵研	男	工程管理	管131	毕业
565	李涛	男	工程管理	管131	毕业
566	张国栋	男	工程管理	管131	毕业
567	王洪琴	女	工程管理	管131	毕业
568	杨文杰	男	工程管理	管131	毕业
569	吴越	男	工程管理	管131	毕业
570	李钟琪	女	工程管理	管131	毕业
571	曾麟雅	女	工程管理	管131	毕业
572	谢盛宇	男	工程管理	管131	毕业
573	凌小鹏	男	工程管理	管131	毕业
574	罗艺鑫	男	工程管理	管131	毕业
575	张勇	男	工程管理	管131	毕业
576	王绎强	男	工程管理	管131	毕业
577	李艳英	女	工程管理	管131	毕业
578	欧色拉姆	女	工程管理	管131	毕业
579	央珍	女	工程管理	管131	毕业
580	马文瑞	男	工程管理	管131	毕业
581	陈胜男	女	工程管理	管131	毕业
582	覃智昭	男	工程管理	管131	毕业
583	刘琦	男	工程管理	管131	毕业
584	郝欣宇	男	工程管理	管131	毕业
585	李金	女	工程管理	管131	毕业
586	常铁洋	男	工程管理	管131	毕业
587	顾颖超	女	工程管理	管131	毕业
588	任卉	女	工程管理	管131	毕业
589	梁程光	男	工程管理	管131	毕业
590	孙晓彤	女	工程管理	管132	毕业
591	闫皓然	男	工程管理	管132	毕业
592	李佳玉	女	工程管理	管132	毕业
593	李丹	女	工程管理	管132	毕业
594	王子元	男	工程管理	管132	毕业
595	邵铭	女	工程管理	管132	毕业
596	孙欣睿	女	工程管理	管132	毕业

续表

序号	姓名	性别	专业名称	班级	毕（结）业结论
597	王钰宸	男	工程管理	管132	毕业
598	庄戈平	男	工程管理	管132	毕业
599	解昊天	男	工程管理	管132	毕业
600	李梦竹	女	工程管理	管132	毕业
601	刘爽	女	工程管理	管132	毕业
602	张雅欣	女	工程管理	管132	毕业
603	王茜	女	工程管理	管132	毕业
604	王磊	男	工程管理	管132	毕业
605	郭辰飞	女	工程管理	管132	毕业
606	冯亚兴	男	工程管理	管132	毕业
607	刘慧颖	女	工程管理	管132	毕业
608	赵一泽	女	工程管理	管132	毕业
609	李若瑶	女	工程管理	管132	毕业
610	马文博	男	工程管理	管132	毕业
611	汤炀	男	工程管理	管132	毕业
612	李童	女	工程管理	管132	毕业
613	林晓荻	女	工程管理	管132	毕业
614	刘畅	男	工程管理	管132	毕业
615	李格	女	工程管理	管132	毕业
616	汤思远	男	工程管理	管132	毕业
617	张思琦	男	工程管理	管132	毕业
618	夏峰	男	工程管理	管132	毕业
619	李停停	男	工程管理	管132	毕业
620	杨志鸿	男	工程管理	管132	毕业
621	陈育琼	女	工程管理	管132	毕业
622	薛佳敏	女	工程管理	管132	毕业
623	郭银飞	男	工程管理	管132	毕业
624	马海啸	男	工程管理	管132	毕业
625	白博文	男	工程管理	管132	毕业
626	李潇	男	工程管理	管132	毕业
627	张帆	男	工程管理	管132	结业
628	赵月	女	工程管理	管132	毕业
629	王泽强	男	工程管理	管132	毕业
630	陈文富	男	工程管理	管132	毕业
631	魏斌	女	工程管理	管132	毕业
632	董颖	女	工程管理	管132	毕业

续表

序号	姓名	性别	专业名称	班级	毕(结)业结论
633	罗健	男	工程管理	管132	毕业
634	马伟	男	工程管理	管132	毕业
635	杨茗宇	男	工程管理	管132	毕业
636	杨胜江	男	工程管理	管132	毕业
637	席卉	女	工程管理	管132	毕业
638	加沙尔·卡日甫汗	男	工程管理	管132	毕业
639	张文佳	男	工程管理	管133	毕业
640	牛森	男	工程管理	管133	毕业
641	李硕	女	工程管理	管133	毕业
642	王艺璇	女	工程管理	管133	毕业
643	邢梦芊	女	工程管理	管133	毕业
644	姚佳	男	工程管理	管133	毕业
645	唐建华	女	工程管理	管133	毕业
646	张丽华	女	工程管理	管133	毕业
647	朱潇然	男	工程管理	管133	毕业
648	燕阳	男	工程管理	管133	毕业
649	魏洁	女	工程管理	管133	毕业
650	刘振民	男	工程管理	管133	毕业
651	李园	女	工程管理	管133	毕业
652	魏昕悦	女	工程管理	管133	毕业
653	万百照	男	工程管理	管133	毕业
654	林春晓	男	工程管理	管133	毕业
655	卢欢	女	工程管理	管133	毕业
656	史颖超	女	工程管理	管133	毕业
657	郭鹏英	女	工程管理	管133	毕业
658	班国校	男	工程管理	管133	毕业
659	栾明晖	男	工程管理	管133	毕业
660	李文倩	女	工程管理	管133	毕业
661	白晗霜	女	工程管理	管133	毕业
662	李梦瑶	女	工程管理	管133	毕业
663	刘子瑜	男	工程管理	管133	毕业
664	徐宁	女	工程管理	管133	毕业
665	周斌	男	工程管理	管133	毕业
666	李淑贤	女	工程管理	管133	毕业
667	白美倩	女	工程管理	管133	毕业

续表

序号	姓名	性别	专业名称	班级	毕(结)业结论
668	崔浩	男	工程管理	管133	毕业
669	韩东双	女	工程管理	管133	毕业
670	纪晓宇	女	工程管理	管133	毕业
671	刘月娜	女	工程管理	管133	毕业
672	苏莹莹	女	工程管理	管133	毕业
673	苑玉霞	女	工程管理	管133	毕业
674	赵欣	女	工程管理	管133	毕业
675	赵星晨	女	工程管理	管133	毕业
676	李凤娟	女	工程管理	管133	毕业
677	李思诺	女	工程管理	管133	毕业
678	刘敬杰	女	工程管理	管133	毕业
679	苏云	女	工程管理	管133	毕业
680	安治华	男	工程管理	管134	毕业
681	哈佳	男	工程管理	管134	毕业
682	陈阵	男	工程管理	管134	毕业
683	郭建安	男	工程管理	管134	毕业
684	贾智鹏	女	工程管理	管134	毕业
685	王嘉	女	工程管理	管134	毕业
686	李梅凤	女	工程管理	管134	毕业
687	王雅男	女	工程管理	管134	毕业
688	鲁丹丹	女	工程管理	管134	毕业
689	李清慧	女	工程管理	管134	毕业
690	贾卿	男	工程管理	管134	毕业
691	赵盟盟	女	工程管理	管134	毕业
692	吴棒棒	男	工程管理	管134	毕业
693	晁可	女	工程管理	管134	毕业
694	张晓敏	女	工程管理	管134	毕业
695	王阿维	女	工程管理	管134	毕业
696	钱蓉蓉	女	工程管理	管134	毕业
697	沈汝燕	女	工程管理	管134	毕业
698	刘悦	女	工程管理	管134	毕业
699	段环明	女	工程管理	管134	毕业
700	于刚	男	工程管理	管134	毕业
701	李帅	男	工程管理	管134	毕业
702	吕利娜	女	工程管理	管134	毕业
703	孙丽莹	女	工程管理	管134	毕业

续表

序号	姓名	性别	专业名称	班级	毕（结）业结论
704	张琦	女	工程管理	管134	毕业
705	牛雅男	女	工程管理	管134	毕业
706	李坤鹏	男	工程管理	管134	毕业
707	王星昆	男	工程管理	管134	毕业
708	刘丽娜	女	工程管理	管134	毕业
709	张楠楠	女	工程管理	管134	毕业
710	解宇佳	女	工程管理	管134	毕业
711	刘文	男	工程管理	管134	毕业
712	雍昊	男	工程管理	管134	毕业
713	杨威	男	工程管理	管134	毕业
714	李林凤	女	工程管理	管134	毕业
715	柳宁	男	工程管理	管134	毕业
716	付勇乐	男	工程管理	管134	毕业
717	赵童鑫	女	工程管理	管134	毕业
718	夏志明	男	工程管理	管134	毕业
719	陈军	男	工程管理	管134	毕业
720	李冬霞	女	工程管理	管134	毕业
721	周秋彤	女	城市规划	规121	毕业
722	李双	女	城市规划	规121	毕业
723	李雪	女	城市规划	规121	毕业
724	姚瑭琦	女	城市规划	规121	毕业
725	王秋晨	女	城市规划	规121	毕业
726	侯壮	男	城市规划	规121	毕业
727	王一雅	女	城市规划	规121	毕业
728	尹陌	女	城市规划	规121	毕业
729	郭昊天	男	城市规划	规121	毕业
730	张宇琪	女	城市规划	规121	毕业
731	杨子烨	男	城市规划	规121	毕业
732	吴双	男	城市规划	规121	毕业
733	张斌炜	女	城市规划	规121	毕业
734	李昭然	女	城市规划	规121	毕业
735	邹若晗	女	城市规划	规121	毕业
736	李瑞	男	城市规划	规121	毕业
737	杨烨	女	城市规划	规121	毕业
738	胡濒月	女	城市规划	规121	毕业
739	王筱雅	女	城市规划	规121	毕业

续表

序号	姓名	性别	专业名称	班级	毕（结）业结论
740	张琼	男	城市规划	规121	毕业
741	王樾	女	城市规划	规122	毕业
742	徐岩	男	城市规划	规122	毕业
743	杨秋惠	女	城市规划	规122	毕业
744	柴铭	女	城市规划	规122	毕业
745	纪旭	男	城市规划	规122	毕业
746	曹天恒	男	城市规划	规122	毕业
747	周雪婷	女	城市规划	规122	毕业
748	高媛媛	女	城市规划	规122	毕业
749	宋宇宁	男	城市规划	规122	毕业
750	闫蕊	女	城市规划	规122	毕业
751	罗京明	女	城市规划	规122	毕业
752	李颖欣	女	城市规划	规122	毕业
753	董雨倩	女	城市规划	规122	毕业
754	宋泽宇	男	城市规划	规122	毕业
755	王晓雯	女	城市规划	规122	毕业
756	张玉奇	男	城市规划	规122	毕业
757	孙浩杰	男	城市规划	规122	毕业
758	冀开元	男	城市规划	规122	毕业
759	庄小推	男	城市规划	规122	毕业
760	王润	女	城市规划	规122	毕业
761	丁黎	女	城市规划	规122	毕业
762	秦亚莘	男	城市规划	规122	毕业
763	邸彬	女	环境工程	环工131	毕业
764	李心怡	女	环境工程	环工131	毕业
765	荣婷	女	环境工程	环工131	毕业
766	王宣凯	男	环境工程	环工131	毕业
767	孔嘉伟	女	环境工程	环工131	毕业
768	刘依依	女	环境工程	环工131	毕业
769	李翼	女	环境工程	环工131	毕业
770	李媛媛	女	环境工程	环工131	毕业
771	冉毅	男	环境工程	环工131	毕业
772	周静怡	女	环境工程	环工131	毕业
773	闫旭颖	女	环境工程	环工131	毕业
774	杨天尧	男	环境工程	环工131	毕业
775	刘亚奇	男	环境工程	环工131	毕业

续表

序号	姓名	性别	专业名称	班级	毕（结）业结论
776	宋琛	男	环境工程	环工131	毕业
777	薛睿	男	环境工程	环工131	毕业
778	田珺玮	女	环境工程	环工131	毕业
779	金易伟	男	环境工程	环工131	毕业
780	赵源源	女	环境工程	环工131	毕业
781	项超鹏	男	环境工程	环工131	毕业
782	陈建平	男	环境工程	环工131	毕业
783	邹倩雯	女	环境工程	环工131	毕业
784	王鸿毅	男	环境工程	环工131	毕业
785	杨骏	男	环境工程	环工131	毕业
786	罗绚	女	环境工程	环工131	毕业
787	褚雅君	女	环境工程	环工131	毕业
788	石梦瑶	女	环境工程	环工131	毕业
789	高梦华	女	环境工程	环工131	毕业
790	王子健	男	环境工程	环工131	结业
791	米爽	女	环境工程	环工131	毕业
792	马莉燕	女	环境工程	环工131	毕业
793	焦彦慧	女	环境工程	环工131	毕业
794	郭瑞	女	环境工程	环工131	毕业
795	苏亚男	女	环境工程	环工131	结业
796	孙建	男	环境工程	环工131	毕业
797	卢林	男	环境工程	环工131	毕业
798	贺佳琪	女	环境科学	环科131	毕业
799	方远	男	环境科学	环科131	毕业
800	杨梦洁	女	环境科学	环科131	毕业
801	田洛怡	女	环境科学	环科131	毕业
802	王紫珺	女	环境科学	环科131	毕业
803	杨萌	女	环境科学	环科131	毕业
804	崔爽	男	环境科学	环科131	毕业
805	王艺璇	女	环境科学	环科131	毕业
806	郑雅文	女	环境科学	环科131	毕业
807	李金	女	环境科学	环科131	毕业
808	崔蕊	女	环境科学	环科131	毕业
809	刘翌晨	男	环境科学	环科131	毕业
810	王跃	男	环境科学	环科131	毕业
811	陈希	女	环境科学	环科131	毕业

续表

序号	姓名	性别	专业名称	班级	毕（结）业结论
812	崔禹迟	男	环境科学	环科131	毕业
813	石梦童	男	环境科学	环科131	毕业
814	徐翠雪	女	环境科学	环科131	毕业
815	吴岩	男	环境科学	环科131	毕业
816	徐嵩	男	环境科学	环科131	毕业
817	韩悦	女	环境科学	环科131	毕业
818	陈凯琦	男	环境科学	环科131	毕业
819	廖宇	男	环境科学	环科131	毕业
820	张贤巍	男	环境科学	环科131	毕业
821	余治丞	男	环境科学	环科131	毕业
822	刘殿威	男	环境科学	环科131	毕业
823	于浩淼	男	环境科学	环科131	结业
824	迪拉拉·塔依尔	女	环境科学	环科131	毕业
825	蔡明秀	女	环境设计	环设131	毕业
826	马珊	女	环境设计	环设131	毕业
827	张蕊	女	环境设计	环设131	毕业
828	刘佳蕊	女	环境设计	环设131	毕业
829	张乐情	女	环境设计	环设131	毕业
830	莘辰	女	环境设计	环设131	毕业
831	刘璐	女	环境设计	环设131	毕业
832	方桢晰	女	环境设计	环设131	毕业
833	牛天胜荣	男	环境设计	环设131	毕业
834	张祺忱	男	环境设计	环设131	毕业
835	乔御阳	男	环境设计	环设131	毕业
836	孔令奇	男	环境设计	环设131	毕业
837	王溢晟	男	环境设计	环设131	毕业
838	孙卫圣	男	环境设计	环设131	毕业
839	孟寰	男	环境设计	环设131	毕业
840	卢凌恺	男	环境设计	环设131	毕业
841	陈娜	女	环境设计	环设131	毕业
842	汤博文	男	环境设计	环设131	毕业
843	张绍婷	女	环境设计	环设131	毕业
844	马蓓	女	环境设计	环设131	毕业
845	齐国安	男	环境设计	环设131	毕业
846	舒心荷	女	环境设计	环设131	毕业
847	马逸飞	男	环境设计	环设131	毕业

续表

序号	姓名	性别	专业名称	班级	毕（结）业结论
848	尤昀	男	环境设计	环设131	毕业
849	张竞攀	女	环境设计	环设131	毕业
850	石子豪	男	机械工程	机131	毕业
851	杜桐	男	机械工程	机131	毕业
852	吴涵	女	机械工程	机131	毕业
853	蔡超	男	机械工程	机131	毕业
854	范云鹏	男	机械工程	机131	毕业
855	程殷达	男	机械工程	机131	毕业
856	蓝华青	男	机械工程	机131	毕业
857	康恒瑀	男	机械工程	机131	毕业
858	李柯葵	男	机械工程	机131	毕业
859	王连杰	男	机械工程	机131	毕业
860	王择华	男	机械工程	机131	毕业
861	赵垒诺	男	机械工程	机131	毕业
862	王凯	男	机械工程	机131	毕业
863	王子龙	男	机械工程	机131	毕业
864	张继尧	男	机械工程	机131	毕业
865	兰雨涛	男	机械工程	机131	毕业
866	李文浩	男	机械工程	机131	毕业
867	曾国旗	男	机械工程	机131	毕业
868	何映桥	女	机械工程	机131	毕业
869	杨亚楠	男	机械工程	机131	毕业
870	袁星	男	机械工程	机131	毕业
871	许旭	男	机械工程	机131	毕业
872	张长山	男	机械工程	机131	毕业
873	章晟	男	机械工程及自动化	机131	结业
874	伊力扎提·迪力夏提	男	机械工程	机131	毕业
875	尼加提·肖开提	男	机械工程	机131	毕业
876	亚库甫·于散	男	机械工程	机131	毕业
877	鲍岩	男	机械工程	机132	毕业
878	孙富耕	男	机械工程	机132	毕业
879	邱天阳	男	机械工程	机132	毕业
880	路昊阳	男	机械工程	机132	毕业
881	关森	女	机械工程	机132	毕业
882	卢云飞	男	机械工程	机132	毕业

续表

序号	姓名	性别	专业名称	班级	毕（结）业结论
883	张宝庚	男	机械工程	机132	毕业
884	严晨皓	男	机械工程	机132	毕业
885	李浩然	男	机械工程	机132	毕业
886	龚蕤	男	机械工程	机132	毕业
887	王海瑞	男	机械工程	机132	毕业
888	胡子硕	男	机械工程	机132	毕业
889	崔晓飞	男	机械工程	机132	结业
890	于啸宇	男	机械工程	机132	毕业
891	孙德源	男	机械工程	机132	毕业
892	谢鹏	男	机械工程	机132	毕业
893	任磊	男	机械工程	机132	毕业
894	石将从	男	机械工程	机132	毕业
895	薛宏鑫	男	机械工程	机132	毕业
896	熊国燕	女	机械工程	机132	毕业
897	王谦	男	机械工程	机132	毕业
898	张朝荃	男	机械工程	机132	毕业
899	何伟	男	机械工程	机132	毕业
900	吕建行	男	机械工程及自动化	机132	毕业
901	甘露	男	机械工程及自动化	机132	毕业
902	李西	男	计算机科学与技术	计131	毕业
903	刘博洋	男	计算机科学与技术	计131	毕业
904	吴晨	男	计算机科学与技术	计131	毕业
905	丁启凡	男	计算机科学与技术	计131	毕业
906	彭倩怡	女	计算机科学与技术	计131	毕业
907	王西月	女	计算机科学与技术	计131	毕业
908	卢宇峰	男	计算机科学与技术	计131	毕业
909	许兆一	男	计算机科学与技术	计131	毕业
910	刘峥	男	计算机科学与技术	计131	毕业
911	蔡俊琦	男	计算机科学与技术	计131	毕业
912	吴文瀚	男	计算机科学与技术	计131	毕业
913	程翀	女	计算机科学与技术	计131	毕业
914	侯一爽	男	计算机科学与技术	计131	毕业
915	杨腾	男	计算机科学与技术	计131	毕业
916	朱奇伟	男	计算机科学与技术	计131	毕业
917	张磊	男	计算机科学与技术	计131	毕业
918	李壮	男	计算机科学与技术	计131	毕业

续表

序号	姓名	性别	专业名称	班级	毕（结）业结论
919	杨倩	女	计算机科学与技术	计131	毕业
920	马静伟	女	计算机科学与技术	计131	毕业
921	韦立	男	计算机科学与技术	计131	毕业
922	于贤杰	男	计算机科学与技术	计131	毕业
923	吕俊锋	男	计算机科学与技术	计131	毕业
924	次仁它杰	男	计算机科学与技术	计131	毕业
925	蔡宗辉	男	计算机科学与技术	计131	毕业
926	王杰	男	计算机科学与技术	计131	毕业
927	王玉荣	女	计算机科学与技术	计131	毕业
928	付小瑞	男	计算机科学与技术	计131	毕业
929	陈浩	男	计算机科学与技术	计131	毕业
930	张婷	女	计算机科学与技术	计131	毕业
931	黄一峰	男	计算机科学与技术	计131	毕业
932	朴一名	男	计算机科学与技术	计131	结业
933	艾力江·亚森	男	计算机科学与技术	计131	结业
934	刘施祎	男	计算机科学与技术	计131	毕业
935	色拍尔·麦合苏木	男	计算机科学与技术	计131	毕业
936	艾力·杰力力	男	计算机科学与技术	计131	毕业
937	努尔艾力·吐尔洪	男	计算机科学与技术	计131	毕业
938	马楠	女	计算机科学与技术	计131	毕业
939	朱静雯	女	建筑学	建121	毕业
940	王志达	男	建筑学	建121	毕业
941	屈煜魁	男	建筑学	建121	毕业
942	陈博闻	男	建筑学	建121	毕业
943	张薇萌	女	建筑学	建121	毕业
944	刘益清	女	建筑学	建121	毕业
945	尹煜	男	建筑学	建121	毕业
946	肖迪	女	建筑学	建121	毕业
947	徐华宇	女	建筑学	建121	毕业
948	于可欣	女	建筑学	建121	毕业
949	郭瑞	男	建筑学	建121	毕业
950	李枭洋	男	建筑学	建121	毕业
951	赵放	男	建筑学	建121	毕业
952	魏家磊	男	建筑学	建121	毕业

续表

序号	姓名	性别	专业名称	班级	毕（结）业结论
953	陈文皓	男	建筑学	建121	毕业
954	周秉泽	男	建筑学	建121	毕业
955	朱鸿妹	女	建筑学	建121	毕业
956	单思聪	女	建筑学	建121	毕业
957	林月菲	女	建筑学	建121	毕业
958	成源	男	建筑学	建121	毕业
959	薛羚玥	女	建筑学	建121	毕业
960	宋杨欣	女	建筑学	建122	毕业
961	邱博	男	建筑学	建122	毕业
962	高杉	女	建筑学	建122	毕业
963	谭云依	女	建筑学	建122	毕业
964	李天月	女	建筑学	建122	毕业
965	王天一	男	建筑学	建122	毕业
966	李伊飞	男	建筑学	建122	毕业
967	陈飞澔	男	建筑学	建122	毕业
968	王风雅	女	建筑学	建122	毕业
969	杨泽圣	男	建筑学	建122	毕业
970	卢帆	女	建筑学	建122	毕业
971	赵宇轩	男	建筑学	建122	毕业
972	陈妍梦	女	建筑学	建122	毕业
973	鲁浩	男	建筑学	建122	毕业
974	杨秉宏	男	建筑学	建122	毕业
975	李永阳	男	建筑学	建122	毕业
976	张瀚水	女	建筑学	建122	毕业
977	张婧瑶	女	建筑学	建122	毕业
978	刘燕	女	建筑学	建122	毕业
979	杨亚兵	男	建筑学	建122	毕业
980	左黛钧	女	建筑学	建122	毕业
981	张嘉显	男	建筑电气与智能化	建电131	毕业
982	韩雨忱	女	建筑电气与智能化	建电131	毕业
983	闫鑫	男	建筑电气与智能化	建电131	毕业
984	刘浩	男	建筑电气与智能化	建电131	毕业
985	王子涵	男	建筑电气与智能化	建电131	毕业
986	查宇楠	男	建筑电气与智能化	建电131	毕业
987	程思捷	男	建筑电气与智能化	建电131	毕业
988	徐芳勤	女	建筑电气与智能化	建电131	毕业

续表

序号	姓名	性别	专业名称	班级	毕(结)业结论
989	陈祎婷	女	建筑电气与智能化	建电131	毕业
990	韩子厚	男	建筑电气与智能化	建电131	毕业
991	郭子豪	男	建筑电气与智能化	建电131	毕业
992	项乾	男	建筑电气与智能化	建电131	毕业
993	李东辉	男	建筑电气与智能化	建电131	毕业
994	刘晓晖	女	建筑电气与智能化	建电131	毕业
995	李霖天	男	建筑电气与智能化	建电131	毕业
996	周浩然	男	建筑电气与智能化	建电131	毕业
997	李明获	男	建筑电气与智能化	建电131	毕业
998	昝日潇	男	建筑电气与智能化	建电131	毕业
999	杜凯霏	女	建筑电气与智能化	建电131	毕业
1000	韩俊俊	女	建筑电气与智能化	建电131	毕业
1001	杨瀚霆	男	建筑电气与智能化	建电131	毕业
1002	张凤慧	男	建筑电气与智能化	建电131	毕业
1003	杨帅	男	建筑电气与智能化	建电131	毕业
1004	李敏	男	建筑电气与智能化	建电131	毕业
1005	陆剑锋	男	建筑电气与智能化	建电131	毕业
1006	王浩	男	建筑电气与智能化	建电131	毕业
1007	袁飞	男	建筑电气与智能化	建电131	毕业
1008	陈宸	男	建筑电气与智能化	建电131	毕业
1009	邵鹏楠	男	建筑电气与智能化	建电131	毕业
1010	黄钰淇	女	建筑电气与智能化	建电131	毕业
1011	汤瑞	男	建筑电气与智能化	建电131	毕业
1012	林青宇	男	建筑电气与智能化	建电131	毕业
1013	汪苏林	男	建筑电气与智能化	建电132	毕业
1014	王子奇	男	建筑电气与智能化	建电132	毕业
1015	陆东元	女	建筑电气与智能化	建电132	毕业
1016	贾哲	男	建筑电气与智能化	建电132	毕业
1017	丁柯婧	女	建筑电气与智能化	建电132	毕业
1018	吴思奇	女	建筑电气与智能化	建电132	毕业
1019	梁书彤	男	建筑电气与智能化	建电132	毕业
1020	余昆	男	建筑电气与智能化	建电132	毕业
1021	马瑞东	女	建筑电气与智能化	建电132	毕业
1022	鲁希炜	男	建筑电气与智能化	建电132	毕业
1023	张晨曦	男	建筑电气与智能化	建电132	毕业
1024	买宗宇	男	建筑电气与智能化	建电132	毕业

续表

序号	姓名	性别	专业名称	班级	毕（结）业结论
1025	董万雨	男	建筑电气与智能化	建电 132	结业
1026	侯东革	男	建筑电气与智能化	建电 132	毕业
1027	李爱佳	男	建筑电气与智能化	建电 132	毕业
1028	张华琰	男	建筑电气与智能化	建电 132	毕业
1029	于佳圆	女	建筑电气与智能化	建电 132	毕业
1030	王满丽	女	建筑电气与智能化	建电 132	毕业
1031	梅瀚元	男	建筑电气与智能化	建电 132	毕业
1032	朱天璋	男	建筑电气与智能化	建电 132	毕业
1033	李创异	男	建筑电气与智能化	建电 132	毕业
1034	吴磊	男	建筑电气与智能化	建电 132	毕业
1035	伍晓晖	女	建筑电气与智能化	建电 132	毕业
1036	刘超	男	建筑电气与智能化	建电 132	毕业
1037	覃彬	男	建筑电气与智能化	建电 132	毕业
1038	李梦婕	女	建筑电气与智能化	建电 132	毕业
1039	杜小鹏	男	建筑电气与智能化	建电 132	毕业
1040	马英正	男	建筑电气与智能化	建电 132	毕业
1041	阿尔法特·阿不都外力	男	建筑电气与智能化	建电 132	毕业
1042	云旦平措	男	建筑电气与智能化	建电 132	毕业
1043	阿卜杜凯尤木·米吉提	男	建筑电气与智能化	建电 132	毕业
1044	谷雨	男	建筑电气与智能化	建电 132	毕业
1045	邓从	女	交通工程	交通 131	毕业
1046	薛镜	女	交通工程	交通 131	毕业
1047	常迪	男	交通工程	交通 131	毕业
1048	王乐	男	交通工程	交通 131	结业
1049	刘琳	女	交通工程	交通 131	毕业
1050	焦凌希	男	交通工程	交通 131	毕业
1051	吕言	男	交通工程	交通 131	毕业
1052	李清璇	女	交通工程	交通 131	毕业
1053	冯诚	女	交通工程	交通 131	毕业
1054	赵欣然	男	交通工程	交通 131	毕业
1055	谢继欣	男	交通工程	交通 131	毕业
1056	秦天熙	男	交通工程	交通 131	毕业
1057	高宏伟	男	交通工程	交通 131	毕业
1058	彭玉玺	男	交通工程	交通 131	毕业

续表

序号	姓名	性别	专业名称	班级	毕（结）业结论
1059	王臣	男	交通工程	交通131	毕业
1060	王荣伟	男	交通工程	交通131	毕业
1061	张立帆	男	交通工程	交通131	毕业
1062	洪思睿	男	交通工程	交通131	毕业
1063	康磊	男	交通工程	交通131	毕业
1064	宋超	男	交通工程	交通131	毕业
1065	赵可可	男	交通工程	交通131	毕业
1066	陶城	男	交通工程	交通131	毕业
1067	刘思杨	男	交通工程	交通131	毕业
1068	黎晓璐	女	交通工程	交通131	毕业
1069	冯旭松	男	交通工程	交通131	毕业
1070	闫少鹏	男	交通工程	交通131	毕业
1071	姚嘉宇	男	交通工程	交通131	毕业
1072	张星星	男	交通工程	交通131	毕业
1073	海云飞	男	建筑环境与能源应用工程	暖131	毕业
1074	陈一新	女	建筑环境与能源应用工程	暖131	毕业
1075	孙明远	男	建筑环境与能源应用工程	暖131	毕业
1076	关超乾	男	建筑环境与能源应用工程	暖131	结业
1077	李淼	女	建筑环境与能源应用工程	暖131	毕业
1078	郑昕莹	女	建筑环境与能源应用工程	暖131	毕业
1079	赵凯	男	建筑环境与能源应用工程	暖131	毕业
1080	赵子辰	女	建筑环境与能源应用工程	暖131	毕业
1081	李琪	女	建筑环境与能源应用工程	暖131	毕业
1082	翟宇昕	女	建筑环境与能源应用工程	暖131	毕业
1083	程翰	男	建筑环境与能源应用工程	暖131	毕业
1084	王子康	男	建筑环境与能源应用工程	暖131	毕业
1085	张鳍跃	女	建筑环境与能源应用工程	暖131	毕业
1086	邓京	女	建筑环境与能源应用工程	暖131	毕业
1087	张笑宇	男	建筑环境与能源应用工程	暖131	毕业
1088	谢维豪	男	建筑环境与能源应用工程	暖131	毕业
1089	马艳良	男	建筑环境与能源应用工程	暖131	毕业
1090	孙爽	女	建筑环境与能源应用工程	暖131	毕业
1091	徐欣彤	女	建筑环境与能源应用工程	暖131	毕业
1092	赵欢	女	建筑环境与能源应用工程	暖131	毕业
1093	刘颖	女	建筑环境与能源应用工程	暖131	毕业
1094	王可欣	女	建筑环境与能源应用工程	暖131	毕业

续表

序号	姓名	性别	专业名称	班级	毕（结）业结论
1095	陈一宁	女	建筑环境与能源应用工程	暖131	毕业
1096	刘焕	男	建筑环境与能源应用工程	暖131	毕业
1097	朱逸轩	男	建筑环境与能源应用工程	暖131	毕业
1098	李奕皓	男	建筑环境与能源应用工程	暖131	毕业
1099	李然	女	建筑环境与能源应用工程	暖131	毕业
1100	史向照	男	建筑环境与能源应用工程	暖131	毕业
1101	黄南雄	男	建筑环境与能源应用工程	暖131	毕业
1102	段唯希	男	建筑环境与能源应用工程	暖131	毕业
1103	叶子	男	建筑环境与能源应用工程	暖131	毕业
1104	常淑杰	男	建筑环境与能源应用工程	暖131	毕业
1105	赵祎	女	建筑环境与能源应用工程	暖131	毕业
1106	周晓琴	女	建筑环境与能源应用工程	暖131	毕业
1107	宝旭辉	男	建筑环境与能源应用工程	暖131	毕业
1108	彭玺蓉	女	建筑环境与能源应用工程	暖131	毕业
1109	盖丽苹	女	建筑环境与能源应用工程	暖131	毕业
1110	李璀	女	建筑环境与能源应用工程	暖131	毕业
1111	傲腾	男	建筑环境与能源应用工程	暖131	毕业
1112	张依依	女	建筑环境与能源应用工程	暖131	毕业
1113	陈宇轩	男	建筑环境与能源应用工程	暖132	毕业
1114	齐宇	女	建筑环境与能源应用工程	暖132	毕业
1115	刘子琛	男	建筑环境与能源应用工程	暖132	毕业
1116	张乾	女	建筑环境与能源应用工程	暖132	毕业
1117	杨弘益	男	建筑环境与能源应用工程	暖132	毕业
1118	李思佳	女	建筑环境与能源应用工程	暖132	毕业
1119	杜宏旻	男	建筑环境与能源应用工程	暖132	毕业
1120	汪顿	女	建筑环境与能源应用工程	暖132	毕业
1121	张宇璇	女	建筑环境与能源应用工程	暖132	毕业
1122	刘浩宇	男	建筑环境与能源应用工程	暖132	毕业
1123	朱安博	女	建筑环境与能源应用工程	暖132	毕业
1124	王艺霖	女	建筑环境与能源应用工程	暖132	毕业
1125	蔡宇	男	建筑环境与能源应用工程	暖132	毕业
1126	侯志敏	男	建筑环境与能源应用工程	暖132	毕业
1127	安雯	女	建筑环境与能源应用工程	暖132	毕业
1128	申曈	女	建筑环境与能源应用工程	暖132	毕业
1129	高英博	男	建筑环境与能源应用工程	暖132	毕业
1130	翟洪宝	男	建筑环境与能源应用工程	暖132	毕业

续表

序号	姓名	性别	专业名称	班级	毕（结）业结论
1131	巩一凡	女	建筑环境与能源应用工程	暖132	毕业
1132	冯晓平	女	建筑环境与能源应用工程	暖132	毕业
1133	贾梦琦	女	建筑环境与能源应用工程	暖132	毕业
1134	张佳宁	女	建筑环境与能源应用工程	暖132	毕业
1135	姜金楠	女	建筑环境与能源应用工程	暖132	毕业
1136	岳效姣	女	建筑环境与能源应用工程	暖132	毕业
1137	曹忆婕	女	建筑环境与能源应用工程	暖132	毕业
1138	刘陈琳	女	建筑环境与能源应用工程	暖132	毕业
1139	刘琪	男	建筑环境与能源应用工程	暖132	毕业
1140	郭修文	男	建筑环境与能源应用工程	暖132	毕业
1141	杨雪	女	建筑环境与能源应用工程	暖132	毕业
1142	刘嘉炜	男	建筑环境与能源应用工程	暖132	毕业
1143	蓝云成	男	建筑环境与能源应用工程	暖132	毕业
1144	曾锦雯	女	建筑环境与能源应用工程	暖132	毕业
1145	夏浪	男	建筑环境与能源应用工程	暖132	毕业
1146	吴寿勋	男	建筑环境与能源应用工程	暖132	毕业
1147	邢凯泽	男	建筑环境与能源应用工程	暖132	毕业
1148	孟存轩	男	建筑环境与能源应用工程	暖132	毕业
1149	王嘉麟	女	建筑环境与能源应用工程	暖132	毕业
1150	张瑞畋	女	建筑环境与能源应用工程	暖132	毕业
1151	王艺儒	女	建筑环境与能源应用工程	暖132	毕业
1152	李赟	女	工商管理	商131	毕业
1153	冯驿惟	女	工商管理	商131	毕业
1154	李航	男	工商管理	商131	毕业
1155	李睿雪	女	工商管理	商131	毕业
1156	赵加宁	女	工商管理	商131	毕业
1157	曹心言	女	工商管理	商131	毕业
1158	马新蕊	女	工商管理	商131	毕业
1159	张璋	女	工商管理	商131	毕业
1160	赵丹奕	女	工商管理	商131	毕业
1161	佟天宇	男	工商管理	商131	毕业
1162	吕雨情	女	工商管理	商131	毕业
1163	朱晓林	男	工商管理	商131	毕业
1164	刘达悦	男	工商管理	商131	毕业
1165	邢明鸣	女	工商管理	商131	毕业
1166	崔建平	女	工商管理	商131	毕业

续表

序号	姓名	性别	专业名称	班级	毕（结）业结论
1167	爨玲	女	工商管理	商131	毕业
1168	易明宇	男	工商管理	商131	毕业
1169	李玲	女	工商管理	商131	毕业
1170	舒如燕	女	工商管理	商131	毕业
1171	梁彦超	男	工商管理	商131	毕业
1172	旦增罗布	男	工商管理	商131	毕业
1173	尼玛占堆	男	工商管理	商131	毕业
1174	汪雪儿	女	工商管理	商131	毕业
1175	张一然	女	工商管理	商131	毕业
1176	曲依梦	女	工商管理	商131	结业
1177	李艳梅	女	工商管理	商131	毕业
1178	张雪涵	女	工商管理	商131	毕业
1179	张新青	女	工商管理	商131	毕业
1180	高月	女	工商管理	商131	毕业
1181	张博涵	男	工商管理	商131	结业
1182	李逸凡	女	工商管理	商131	毕业
1183	陈围	女	工商管理	商131	毕业
1184	阿尔脑·叶克本	男	工商管理	商131	毕业
1185	特列克·塔拉甫别克	男	工商管理	商131	毕业
1186	吾米提·阿不都热衣木	男	工商管理	商131	毕业
1187	才旺尼玛	男	工商管理	商131	毕业
1188	贾晓舟	女	工商管理	商131	毕业
1189	赵倩晨	女	工商管理	商132	毕业
1190	寇鑫钰	女	工商管理	商132	毕业
1191	尹佳音	女	工商管理	商132	毕业
1192	王智	男	工商管理	商132	毕业
1193	黄悦	女	工商管理	商132	毕业
1194	董世杰	男	工商管理	商132	毕业
1195	孙冉	女	工商管理	商132	毕业
1196	高文静	女	工商管理	商132	毕业
1197	刘玥	女	工商管理	商132	毕业
1198	王添泽	男	工商管理	商132	毕业
1199	田紫嫣	女	工商管理	商132	毕业
1200	朱云飞	男	工商管理	商132	毕业

续表

序号	姓名	性别	专业名称	班级	毕（结）业结论
1201	胡一鹏	男	工商管理	商132	毕业
1202	高嵩	女	工商管理	商132	毕业
1203	高垚淼	女	工商管理	商132	毕业
1204	张冲	男	工商管理	商132	毕业
1205	林文平	女	工商管理	商132	毕业
1206	王金刚	男	工商管理	商132	毕业
1207	高博	男	工商管理	商132	毕业
1208	张文狄	女	工商管理	商132	毕业
1209	林海霞	女	工商管理	商132	毕业
1210	宁依依	女	工商管理	商132	毕业
1211	梁言	女	工商管理	商132	毕业
1212	丁瑞	男	工商管理	商132	毕业
1213	万晓璇	女	工商管理	商132	毕业
1214	陈琪瑶	女	工商管理	商132	毕业
1215	彭鑫	女	工商管理	商132	毕业
1216	梁东军	女	工商管理	商132	毕业
1217	胡金荣	女	工商管理	商132	毕业
1218	武一鸣	女	工商管理	商132	毕业
1219	池洋	女	工商管理	商132	毕业
1220	郭佳	女	工商管理	商132	毕业
1221	陈悦	女	工商管理	商132	毕业
1222	韩嘉澍	女	工商管理	商132	毕业
1223	朱思	女	工商管理	商132	毕业
1224	易晓东	男	工商管理	商132	毕业
1225	阿卜力克木·艾尼	男	工商管理	商132	毕业
1226	沙拉木·阿不力米提	男	工商管理	商132	毕业
1227	普珍	女	工商管理	商132	毕业
1228	阿卜杜热合曼·艾麦提	男	工商管理	商132	结业
1229	艾阳迪	男	社会工作	社131	毕业
1230	何祚	女	社会工作	社131	毕业
1231	张佳欣	女	社会工作	社131	毕业
1232	陈之吉	女	社会工作	社131	毕业
1233	刘蕊	女	社会工作	社131	毕业

续表

序号	姓名	性别	专业名称	班级	毕（结）业结论
1234	李畅	女	社会工作	社131	毕业
1235	晁嘉	女	社会工作	社131	毕业
1236	梁姗	女	社会工作	社131	毕业
1237	张小艺	女	社会工作	社131	毕业
1238	李月萌	女	社会工作	社131	毕业
1239	邵希言	女	社会工作	社131	毕业
1240	左明康	男	社会工作	社131	毕业
1241	任怡	女	社会工作	社131	毕业
1242	朱瑞兴	女	社会工作	社131	毕业
1243	魏诗萌	女	社会工作	社131	毕业
1244	杨典	男	社会工作	社131	毕业
1245	巴然	女	社会工作	社131	毕业
1246	周奕霏	女	社会工作	社131	毕业
1247	张研	女	社会工作	社131	毕业
1248	年治洁	女	社会工作	社131	毕业
1249	张姝柔梓	女	社会工作	社131	毕业
1250	刘瑜	男	社会工作	社131	毕业
1251	于贝贝	女	社会工作	社131	毕业
1252	吴玮	女	社会工作	社131	毕业
1253	程媛	女	社会工作	社131	毕业
1254	李晨	女	社会工作	社131	毕业
1255	鹿尧	男	社会工作	社131	毕业
1256	严涵潇	女	社会工作	社131	毕业
1257	王慧	女	社会工作	社131	毕业
1258	郭姝婷	女	社会工作	社131	毕业
1259	李娴静	女	社会工作	社131	毕业
1260	阿布力肯木·阿布力米提	男	社会工作	社131	毕业
1261	马杉	女	社会工作	社132	毕业
1262	李坤希	女	社会工作	社132	毕业
1263	李卓然	男	社会工作	社132	毕业
1264	于洋	男	社会工作	社132	毕业
1265	谢玥铭	女	社会工作	社132	毕业
1266	杨琳	女	社会工作	社132	毕业
1267	曾鑫	男	社会工作	社132	毕业
1268	李珍妮	女	社会工作	社132	毕业

续表

序号	姓名	性别	专业名称	班级	毕(结)业结论
1269	张赢政	女	社会工作	社132	毕业
1270	白珂	女	社会工作	社132	毕业
1271	王玥琪	女	社会工作	社132	毕业
1272	石雪桐	女	社会工作	社132	毕业
1273	崔丽媛	女	社会工作	社132	毕业
1274	王婉晨	女	社会工作	社132	毕业
1275	丁海婷	女	社会工作	社132	毕业
1276	徐紫薇	女	社会工作	社132	毕业
1277	姜晓	女	社会工作	社132	毕业
1278	连锦怡	女	社会工作	社132	毕业
1279	彭菲	女	社会工作	社132	毕业
1280	常景辉	女	社会工作	社132	毕业
1281	庞军山	男	社会工作	社132	毕业
1282	侯静男	男	社会工作	社132	毕业
1283	姚奉雪	女	社会工作	社132	毕业
1284	胡逾婧	女	社会工作	社132	毕业
1285	孙剑龙	男	社会工作	社132	毕业
1286	彭钰	女	社会工作	社132	毕业
1287	黄嘉慧	女	社会工作	社132	毕业
1288	刘馨彤	女	社会工作	社132	毕业
1289	代雨珊	女	社会工作	社132	毕业
1290	罗辉	男	社会工作	社132	毕业
1291	胡建梅	女	社会工作	社132	毕业
1292	丁真	女	社会工作	社132	毕业
1293	罗发燕	女	社会工作	社132	毕业
1294	张頔宸	女	社会工作	社132	毕业
1295	郜梦寒	女	给排水科学与工程	水131	毕业
1296	杨宗玥	男	给排水科学与工程	水131	毕业
1297	朱子聪	男	给排水科学与工程	水131	毕业
1298	曾琳	女	给排水科学与工程	水131	毕业
1299	刘炫圻	女	给排水科学与工程	水131	毕业
1300	张敬玉	女	给排水科学与工程	水131	毕业
1301	成宇	男	给排水科学与工程	水131	毕业
1302	侯依林	男	给排水科学与工程	水131	毕业
1303	刘伟端	男	给排水科学与工程	水131	毕业
1304	赵金	女	给排水科学与工程	水131	毕业

续表

序号	姓名	性别	专业名称	班级	毕(结)业结论
1305	姚迪	男	给排水科学与工程	水131	毕业
1306	张月	男	给排水科学与工程	水131	毕业
1307	贾宇辉	男	给排水科学与工程	水131	毕业
1308	王思然	女	给排水科学与工程	水131	毕业
1309	毕梦昕	女	给排水科学与工程	水131	毕业
1310	贺赫	女	给排水科学与工程	水131	毕业
1311	康文强	男	给排水科学与工程	水131	毕业
1312	马崐翔	男	给排水科学与工程	水131	毕业
1313	赵晨	男	给排水科学与工程	水131	毕业
1314	朱彦儒	女	给排水科学与工程	水131	毕业
1315	陈晓琳	女	给排水科学与工程	水131	毕业
1316	张心	女	给排水科学与工程	水131	毕业
1317	张慧鑫	男	给排水科学与工程	水131	毕业
1318	华铁	男	给排水科学与工程	水131	毕业
1319	秦嘉琦	男	给排水科学与工程	水131	毕业
1320	罗姝清	女	给排水科学与工程	水131	毕业
1321	曾俊	男	给排水科学与工程	水131	毕业
1322	张棣杰	男	给排水科学与工程	水131	毕业
1323	黄明阳	男	给排水科学与工程	水131	毕业
1324	徐庆龙	男	给排水科学与工程	水131	毕业
1325	彭超	男	给排水科学与工程	水131	毕业
1326	廖正浩	男	给排水科学与工程	水131	毕业
1327	董堃	男	给排水科学与工程	水131	毕业
1328	王英杰	男	给排水科学与工程	水131	毕业
1329	白明辉	男	给排水科学与工程	水131	毕业
1330	黄瑞星	男	给排水科学与工程	水131	毕业
1331	覃紫琪	女	给排水科学与工程	水131	毕业
1332	吕华东	男	给排水科学与工程	水131	毕业
1333	杨进	男	给排水科学与工程	水131	毕业
1334	王磊	男	给排水科学与工程	水131	毕业
1335	王鹏远	男	给排水科学与工程	水131	毕业
1336	夏绪强	男	给排水科学与工程	水131	毕业
1337	杜欧文	女	给排水科学与工程	水131	毕业
1338	邓鑫	男	给水排水工程	水131	毕业
1339	封雷	男	给水排水工程	水131	毕业
1340	蒋承志	男	给排水科学与工程	水131	毕业

续表

序号	姓名	性别	专业名称	班级	毕（结）业结论
1341	李博	男	给排水科学与工程	水132	毕业
1342	孙晓博	男	给排水科学与工程	水132	毕业
1343	董易成	男	给排水科学与工程	水132	毕业
1344	刘歆宜	女	给排水科学与工程	水132	毕业
1345	闫旭	男	给排水科学与工程	水132	毕业
1346	宛晴	女	给排水科学与工程	水132	毕业
1347	梁迪	女	给排水科学与工程	水132	毕业
1348	赵思维	男	给排水科学与工程	水132	毕业
1349	李浩宇	男	给排水科学与工程	水132	毕业
1350	马一博	男	给排水科学与工程	水132	毕业
1351	李紫昀	女	给排水科学与工程	水132	毕业
1352	马晓飞	女	给排水科学与工程	水132	毕业
1353	张小蒙	男	给排水科学与工程	水132	毕业
1354	赵亮	男	给排水科学与工程	水132	毕业
1355	侯舒玮	女	给排水科学与工程	水132	毕业
1356	缐昀林	男	给排水科学与工程	水132	毕业
1357	杜立明	男	给排水科学与工程	水132	毕业
1358	杨浩	男	给排水科学与工程	水132	毕业
1359	徐梦宇	女	给排水科学与工程	水132	毕业
1360	郭旭晨	男	给排水科学与工程	水132	毕业
1361	佟琦欣	女	给排水科学与工程	水132	毕业
1362	罗志超	男	给排水科学与工程	水132	结业
1363	刘博	女	给排水科学与工程	水132	毕业
1364	白鹏凯	男	给排水科学与工程	水132	毕业
1365	周亚鹏	男	给排水科学与工程	水132	毕业
1366	菅小洵	男	给排水科学与工程	水132	毕业
1367	高呈	男	给排水科学与工程	水132	毕业
1368	隋荻艾	女	给排水科学与工程	水132	毕业
1369	叶嘉洲	男	给排水科学与工程	水132	毕业
1370	王逸飞	男	给排水科学与工程	水132	毕业
1371	夏蒙蒙	女	给排水科学与工程	水132	毕业
1372	陈琳琳	女	给排水科学与工程	水132	毕业
1373	刘森	男	给排水科学与工程	水132	毕业
1374	张昕喆	男	给排水科学与工程	水132	毕业
1375	薛志意	男	给排水科学与工程	水132	毕业
1376	王嗣禹	男	给排水科学与工程	水132	毕业

续表

序号	姓名	性别	专业名称	班级	毕（结）业结论
1377	韦经杰	男	给排水科学与工程	水132	毕业
1378	张元元	女	给排水科学与工程	水132	毕业
1379	罗亮宽	男	给排水科学与工程	水132	毕业
1380	靳苑馨	女	给排水科学与工程	水132	毕业
1381	四郎次仁	男	给排水科学与工程	水132	毕业
1382	陆婧	女	给排水科学与工程	水132	毕业
1383	王子赫	男	给排水科学与工程	水132	毕业
1384	吴迪	男	给排水科学与工程	水132	毕业
1385	张柏茼	女	给水排水工程	水132	毕业
1386	廖先翙	男	给水排水工程	水132	毕业
1387	褚伯文	男	给排水科学与工程	水133	毕业
1388	田炜懿	女	给排水科学与工程	水133	毕业
1389	穆雨杉	女	给排水科学与工程	水133	毕业
1390	张静怡	女	给排水科学与工程	水133	毕业
1391	车天石	男	给排水科学与工程	水133	毕业
1392	张涵东	男	给排水科学与工程	水133	毕业
1393	董俊	女	给排水科学与工程	水133	毕业
1394	朱洋墨	女	给排水科学与工程	水133	毕业
1395	闵宁	女	给排水科学与工程	水133	毕业
1396	王丹阳	女	给排水科学与工程	水133	毕业
1397	宣孟委	女	给排水科学与工程	水133	毕业
1398	刘圣伊	女	给排水科学与工程	水133	毕业
1399	肖遥	男	给排水科学与工程	水133	毕业
1400	姜陶	女	给排水科学与工程	水133	毕业
1401	杨治宇	男	给排水科学与工程	水133	毕业
1402	陈子豪	男	给排水科学与工程	水133	毕业
1403	周意人	男	给水排水工程	水133	毕业
1404	孙一然	男	给水排水工程	水122	毕业
1405	靳雅墨	男	给水排水工程	水122	毕业
1406	郭欣培	女	给水排水工程	水122	毕业
1407	张宵	男	给水排水工程	水122	毕业
1408	卜凌珅	女	给水排水工程	水122	毕业
1409	潘凌子	女	给水排水工程	水122	毕业
1410	王孝宇	男	给水排水工程	水122	毕业
1411	何月	男	土木工程	土131	毕业
1412	孙亚峥	女	土木工程	土131	毕业

续表

序号	姓名	性别	专业名称	班级	毕(结)业结论
1413	何北	男	土木工程	土131	毕业
1414	杨竹青	男	土木工程	土131	毕业
1415	凌彤	男	土木工程	土131	毕业
1416	耿攀	男	土木工程	土131	毕业
1417	赵雷	男	土木工程	土131	毕业
1418	赵秋燚	男	土木工程	土131	毕业
1419	马诗恺	女	土木工程	土131	毕业
1420	李晨旸	男	土木工程	土131	毕业
1421	宗子豪	男	土木工程	土131	毕业
1422	乔旋	女	土木工程	土131	毕业
1423	王泽金	男	土木工程	土131	毕业
1424	曹鑫磊	男	土木工程	土131	毕业
1425	崔仁杰	男	土木工程	土131	毕业
1426	穆林雨	男	土木工程	土131	毕业
1427	刘博	男	土木工程	土131	毕业
1428	张晓龙	男	土木工程	土131	毕业
1429	曲超月	女	土木工程	土131	毕业
1430	刘瑞琪	男	土木工程	土131	毕业
1431	司圣炎	女	土木工程	土131	毕业
1432	张旷	男	土木工程	土131	毕业
1433	王美玲	女	土木工程	土131	毕业
1434	司政	男	土木工程	土131	毕业
1435	蒋鸿宇	男	土木工程	土131	毕业
1436	侯颖昭	男	土木工程	土131	毕业
1437	刘玲	女	土木工程	土131	毕业
1438	普布占堆	男	土木工程	土131	毕业
1439	李广	男	土木工程	土131	毕业
1440	杨进财	男	土木工程	土131	毕业
1441	马钊	男	土木工程	土131	毕业
1442	金晨	男	土木工程	土131	毕业
1443	马芸	女	土木工程	土131	毕业
1444	王燕	女	土木工程	土131	毕业
1445	温爱萍	女	土木工程	土131	毕业
1446	郭丹	女	土木工程	土131	毕业
1447	张晓惠	女	土木工程	土131	毕业
1448	冯小南	女	土木工程	土131	毕业

续表

序号	姓名	性别	专业名称	班级	毕（结）业结论
1449	吴莹	女	土木工程	土131	毕业
1450	王尉	男	土木工程	土131	毕业
1451	王啸楠	男	土木工程	土131	毕业
1452	陈雯	女	土木工程	土131	毕业
1453	包芸芸	女	土木工程	土131	毕业
1454	郝路	男	土木工程	土132	毕业
1455	孙化璇	女	土木工程	土132	毕业
1456	刘晗	男	土木工程	土132	毕业
1457	张安	男	土木工程	土132	毕业
1458	曹奇	男	土木工程	土132	毕业
1459	宋楷	男	土木工程	土132	毕业
1460	邓世浩	男	土木工程	土132	毕业
1461	丁欣	女	土木工程	土132	毕业
1462	屈雨浓	男	土木工程	土132	毕业
1463	岳凡	男	土木工程	土132	毕业
1464	涂方海	男	土木工程	土132	毕业
1465	刘建辉	男	土木工程	土132	毕业
1466	彭宇	女	土木工程	土132	毕业
1467	王博	男	土木工程	土132	毕业
1468	齐雨萌	男	土木工程	土132	毕业
1469	时雨莘	女	土木工程	土132	毕业
1470	赵鹏程	男	土木工程	土132	毕业
1471	李全刚	男	土木工程	土132	毕业
1472	段瑞春	男	土木工程	土132	毕业
1473	程枭	男	土木工程	土132	毕业
1474	刘泓廷	男	土木工程	土132	毕业
1475	万江北	男	土木工程	土132	毕业
1476	欧阳建新	男	土木工程	土132	毕业
1477	黄山山	女	土木工程	土132	毕业
1478	于德旺	男	土木工程	土132	毕业
1479	张新成	男	土木工程	土132	毕业
1480	卢嘉茗	女	土木工程	土132	毕业
1481	朱莉娜	女	土木工程	土132	毕业
1482	伍校材	男	土木工程	土132	毕业
1483	李偲瑜	女	土木工程	土132	毕业
1484	黄羚峰	男	土木工程	土132	毕业

续表

序号	姓名	性别	专业名称	班级	毕(结)业结论
1485	刘锴鑫	男	土木工程	土132	毕业
1486	胡邦国	男	土木工程	土132	毕业
1487	章金鹏	男	土木工程	土132	毕业
1488	刘运韬	男	土木工程	土132	结业
1489	许飞飞	男	土木工程	土132	毕业
1490	杨冬雪	女	土木工程	土132	毕业
1491	袁姣姣	女	土木工程	土132	毕业
1492	薛岩松	男	土木工程	土132	毕业
1493	付思年	男	土木工程	土132	毕业
1494	王自谦	男	土木工程	土132	毕业
1495	曹金朝	男	土木工程	土132	毕业
1496	修洋	男	土木工程	土132	毕业
1497	覃春园	女	土木工程	土132	毕业
1498	杜晖	男	土木工程	土132	毕业
1499	王羽佳	女	土木工程	土133	毕业
1500	李嘉妹	女	土木工程	土133	毕业
1501	姚昊成	男	土木工程	土133	毕业
1502	张凯翔	男	土木工程	土133	毕业
1503	何雨墨	男	土木工程	土133	毕业
1504	吴思宁	男	土木工程	土133	毕业
1505	崔琛	男	土木工程	土133	毕业
1506	杨旭	女	土木工程	土133	毕业
1507	王珊	女	土木工程	土133	毕业
1508	晋兴	男	土木工程	土133	毕业
1509	梁伟	男	土木工程	土133	毕业
1510	杨弼宇	男	土木工程	土133	毕业
1511	孙宇	男	土木工程	土133	毕业
1512	杨楠	男	土木工程	土133	毕业
1513	王丰	男	土木工程	土133	毕业
1514	张泽名	男	土木工程	土133	毕业
1515	傅磊	男	土木工程	土133	结业
1516	邵钰淘	男	土木工程	土133	毕业
1517	唐付宁	男	土木工程	土133	毕业
1518	李建成	男	土木工程	土133	毕业
1519	郑家顺	男	土木工程	土133	毕业
1520	车晨阳	男	土木工程	土133	毕业

续表

序号	姓名	性别	专业名称	班级	毕（结）业结论
1521	杨佳昊	男	土木工程	土133	毕业
1522	朱振坤	男	土木工程	土133	毕业
1523	任佳丽	女	土木工程	土133	毕业
1524	苏妮	女	土木工程	土133	毕业
1525	曲博	男	土木工程	土133	毕业
1526	柏亚	男	土木工程	土133	毕业
1527	张浩然	男	土木工程	土133	毕业
1528	杨东超	男	土木工程	土133	毕业
1529	李琴琴	女	土木工程	土133	毕业
1530	史婉茹	女	土木工程	土133	毕业
1531	郑淑芹	女	土木工程	土133	毕业
1532	郭啸秋	男	土木工程	土133	毕业
1533	田继林	男	土木工程	土133	毕业
1534	王新宇	女	土木工程	土133	毕业
1535	席锋仪	男	土木工程	土134	毕业
1536	黄颖	女	土木工程	土134	毕业
1537	隆源	男	土木工程	土134	毕业
1538	张佳琪	女	土木工程	土134	毕业
1539	付彬	男	土木工程	土134	毕业
1540	沈豪	男	土木工程	土134	毕业
1541	刘文	男	土木工程	土134	毕业
1542	方启霄	男	土木工程	土134	毕业
1543	林海鹏	男	土木工程	土134	毕业
1544	杨新河	男	土木工程	土134	毕业
1545	黄新晨	男	土木工程	土134	毕业
1546	栗文硕	男	土木工程	土134	毕业
1547	张蕊	女	土木工程	土134	毕业
1548	黄赫	男	土木工程	土134	毕业
1549	王玏	女	土木工程	土134	毕业
1550	张笑天	男	土木工程	土134	毕业
1551	马新颖	女	土木工程	土134	毕业
1552	黄东	男	土木工程	土134	毕业
1553	刘凯	男	土木工程	土134	毕业
1554	张泽伟	男	土木工程	土134	毕业
1555	孙仕琦	男	土木工程	土134	毕业
1556	朱顺杰	男	土木工程	土134	毕业

续表

序号	姓名	性别	专业名称	班级	毕（结）业结论
1557	韦梦阳	男	土木工程	土134	毕业
1558	郭瑞	女	土木工程	土134	毕业
1559	蒋平安	男	土木工程	土134	毕业
1560	张毅格	男	土木工程	土134	毕业
1561	麦成林	男	土木工程	土134	毕业
1562	潘小花	女	土木工程	土134	毕业
1563	陈晨	男	土木工程	土134	毕业
1564	李振兴	男	土木工程	土134	毕业
1565	周政道	男	土木工程	土134	毕业
1566	罗佳昊	男	土木工程	土134	毕业
1567	胡旭昕	男	土木工程	土134	毕业
1568	赵永龙	男	土木工程	土134	毕业
1569	朱彤	男	土木工程	土134	毕业
1570	赵雪松	男	土木工程	土134	毕业
1571	司梦迪	男	土木工程	土134	结业
1572	郭想	男	土木工程	土134	毕业
1573	魏青青	女	土木工程	土134	毕业
1574	杨超	男	土木工程	土134	结业
1575	陆泉	男	土木工程	土134	毕业
1576	杨兆南	男	土木工程	土134	毕业
1577	杨焱茜	女	土木工程	土134	毕业
1578	郝徐靖	男	土木工程	土134	毕业
1579	郝祯	女	土木工程	土135	毕业
1580	焦鑫瑶	女	土木工程	土135	毕业
1581	任思捷	男	土木工程	土135	毕业
1582	周京佳	男	土木工程	土135	毕业
1583	李秋阳	男	土木工程	土135	毕业
1584	王童	男	土木工程	土135	毕业
1585	李杉杉	男	土木工程	土135	毕业
1586	孙累	男	土木工程	土135	毕业
1587	李鹏飞	女	土木工程	土135	毕业
1588	李紫薇	女	土木工程	土135	毕业
1589	黄飞	男	土木工程	土135	毕业
1590	李根	男	土木工程	土135	毕业
1591	高喜进	男	土木工程	土135	毕业
1592	牛亮	男	土木工程	土135	毕业

续表

序号	姓名	性别	专业名称	班级	毕（结）业结论
1593	徐少晨	男	土木工程	土135	毕业
1594	王书棋	男	土木工程	土135	毕业
1595	周儒刚	男	土木工程	土135	毕业
1596	杨煌	男	土木工程	土135	毕业
1597	石明	男	土木工程	土135	毕业
1598	徐杏	女	土木工程	土135	毕业
1599	李欣桐	女	土木工程	土135	毕业
1600	刘崇治	男	土木工程	土135	毕业
1601	文闻	男	土木工程	土135	毕业
1602	田秉育	男	土木工程	土135	毕业
1603	管保睿	男	土木工程	土135	毕业
1604	李小刚	男	土木工程	土135	毕业
1605	齐绪尧	男	土木工程	土135	结业
1606	张振	男	土木工程	土135	毕业
1607	闫开开	女	土木工程	土135	毕业
1608	杨偲	男	土木工程	土135	毕业
1609	刘洋	女	土木工程	土135	毕业
1610	马君瑶	女	土木工程	土135	毕业
1611	闫建宇	男	土木工程	土135	毕业
1612	郭腾飞	男	土木工程	土135	毕业
1613	樊慧	女	土木工程	土135	毕业
1614	钟文伟	男	土木工程	土135	毕业
1615	董伟伦	男	土木工程	土136	毕业
1616	李苑格	女	土木工程	土136	毕业
1617	张萌	女	土木工程	土136	毕业
1618	杨璨	女	土木工程	土136	结业
1619	张博涵	男	土木工程	土136	毕业
1620	田碧鑫	男	土木工程	土136	毕业
1621	张雪仪	女	土木工程	土136	毕业
1622	刘昭远	男	土木工程	土136	毕业
1623	张博宏	男	土木工程	土136	毕业
1624	肖迪	男	土木工程	土136	毕业
1625	姜鉴恒	男	土木工程	土136	毕业
1626	张豪	男	土木工程	土136	毕业
1627	刘文豪	男	土木工程	土136	毕业
1628	徐梦熊	男	土木工程	土136	毕业

续表

序号	姓名	性别	专业名称	班级	毕（结）业结论
1629	姚鑫航	男	土木工程	土136	毕业
1630	李琳	女	土木工程	土136	毕业
1631	焦露恒	男	土木工程	土136	毕业
1632	李新元	男	土木工程	土136	毕业
1633	肖戎	男	土木工程	土136	毕业
1634	郭晨伟	男	土木工程	土136	毕业
1635	赵致论	男	土木工程	土136	毕业
1636	于海同	女	土木工程	土136	毕业
1637	李书飞	男	土木工程	土136	毕业
1638	张佩佩	女	土木工程	土136	毕业
1639	张建彬	男	土木工程	土136	毕业
1640	程琪珉	女	土木工程	土136	毕业
1641	张建安	男	土木工程	土136	毕业
1642	田韵	女	土木工程	土136	毕业
1643	赵旸	男	土木工程	土136	毕业
1644	旦增吉拉	女	土木工程	土136	结业
1645	李世伟	男	土木工程	土136	毕业
1646	张宇辰	男	土木工程	土136	毕业
1647	孙昊麟	男	土木工程	土136	毕业
1648	吴建华	男	土木工程	土136	毕业
1649	郭彩星	女	土木工程	土136	毕业
1650	刘佳伟	男	土木工程	土136	毕业
1651	张京	男	土木工程	土136	毕业
1652	王国炜	男	土木工程	土136	毕业
1653	劳石	男	土木工程	土136	毕业
1654	严付星	男	土木工程	土136	毕业
1655	李嘉博	男	土木工程	土137	毕业
1656	苗靓	女	土木工程	土137	毕业
1657	孟德禹	男	土木工程	土137	毕业
1658	王芺子	女	土木工程	土137	毕业
1659	王心	女	土木工程	土137	毕业
1660	梁凌子	女	土木工程	土137	毕业
1661	徐响语	男	土木工程	土137	毕业
1662	梁磊	男	土木工程	土137	毕业
1663	张东旭	男	土木工程	土137	毕业
1664	杨帆	男	土木工程	土137	毕业

续表

序号	姓名	性别	专业名称	班级	毕（结）业结论
1665	彭博	男	土木工程	土137	毕业
1666	刘玉峰	男	土木工程	土137	毕业
1667	朱清泽	男	土木工程	土137	毕业
1668	周楷程	男	土木工程	土137	毕业
1669	张鹏	男	土木工程	土137	毕业
1670	曹东利	男	土木工程	土137	毕业
1671	张振威	男	土木工程	土137	毕业
1672	刘羽	女	土木工程	土137	毕业
1673	刘畅	男	土木工程	土137	毕业
1674	原海龙	男	土木工程	土137	毕业
1675	谢聪聪	女	土木工程	土137	毕业
1676	王登风	男	土木工程	土137	毕业
1677	朱蒙清	男	土木工程	土137	毕业
1678	朱少卿	男	土木工程	土137	毕业
1679	蓝群力	女	土木工程	土137	毕业
1680	肖清兰	女	土木工程	土137	毕业
1681	黄锋	男	土木工程	土137	毕业
1682	宋礼潇	男	土木工程	土137	毕业
1683	杜龙	男	土木工程	土137	毕业
1684	程浩	男	土木工程	土137	毕业
1685	李秋燕	女	土木工程	土137	毕业
1686	王浩然	男	土木工程	土137	毕业
1687	朱健	男	土木工程	土137	毕业
1688	李平	女	土木工程	土137	毕业
1689	王宁	男	土木工程	土137	毕业
1690	刘云贺	男	土木工程	土137	毕业
1691	韩彦龙	男	土木工程	土137	毕业
1692	郑宇彤	男	土木工程	土138	毕业
1693	杨笑	女	土木工程	土138	毕业
1694	孙宏杨	男	土木工程	土138	毕业
1695	李朔	男	土木工程	土138	毕业
1696	焦玉海	男	土木工程	土138	毕业
1697	王瑶	女	土木工程	土138	毕业
1698	韩旭	男	土木工程	土138	毕业
1699	张宇晗	男	土木工程	土138	毕业
1700	周天翼	男	土木工程	土138	毕业

续表

序号	姓名	性别	专业名称	班级	毕(结)业结论
1701	张林峰	男	土木工程	土138	毕业
1702	杨志男	男	土木工程	土138	毕业
1703	任新宇	男	土木工程	土138	毕业
1704	胡娜	女	土木工程	土138	毕业
1705	李广兵	男	土木工程	土138	毕业
1706	刘阳	女	土木工程	土138	毕业
1707	邵晓	男	土木工程	土138	毕业
1708	沈晨鹏	男	土木工程	土138	毕业
1709	向晨	男	土木工程	土138	毕业
1710	王利	女	土木工程	土138	毕业
1711	洪勇	男	土木工程	土138	毕业
1712	黄芮	男	土木工程	土138	毕业
1713	陈木森	男	土木工程	土138	毕业
1714	邓全祥	男	土木工程	土138	毕业
1715	余承运	男	土木工程	土138	毕业
1716	郭锐	男	土木工程	土138	毕业
1717	马小杰	男	土木工程	土138	毕业
1718	李斌	男	土木工程	土138	毕业
1719	武岳	男	土木工程	土138	毕业
1720	何方方	男	土木工程	土138	毕业
1721	吴申潇	男	土木工程	土138	毕业
1722	郑东伟	男	土木工程	土138	毕业
1723	张梦鸽	女	土木工程	土138	毕业
1724	唐京铎	男	信息与计算科学	信131	毕业
1725	邹季炜	男	信息与计算科学	信131	毕业
1726	李剑	男	信息与计算科学	信131	毕业
1727	桑雅	女	信息与计算科学	信131	毕业
1728	安世杰	男	信息与计算科学	信131	毕业
1729	王浩	男	信息与计算科学	信131	毕业
1730	孙莹璠	女	信息与计算科学	信131	毕业
1731	刘毅隆	男	信息与计算科学	信131	毕业
1732	白兆鑫	男	信息与计算科学	信131	毕业
1733	孔僖	女	信息与计算科学	信131	毕业
1734	秦磊	男	信息与计算科学	信131	毕业
1735	林蕾	女	信息与计算科学	信131	毕业
1736	柴海波	男	信息与计算科学	信131	毕业

续表

序号	姓名	性别	专业名称	班级	毕(结)业结论
1737	呆梦凯	男	信息与计算科学	信131	毕业
1738	甄诚	男	信息与计算科学	信131	毕业
1739	王涛	男	信息与计算科学	信131	毕业
1740	张雷	男	信息与计算科学	信131	毕业
1741	张秋妍	女	信息与计算科学	信131	毕业
1742	王宏远	男	信息与计算科学	信131	毕业
1743	胡硕	男	信息与计算科学	信131	毕业
1744	刘冠男	男	信息与计算科学	信131	毕业
1745	张丽芝	女	信息与计算科学	信131	毕业
1746	梁开荣	女	信息与计算科学	信131	毕业
1747	孙博	男	信息与计算科学	信131	毕业
1748	王泓智	男	信息与计算科学	信131	毕业
1749	张宇唐	男	信息与计算科学	信131	毕业
1750	李若万	男	信息与计算科学	信131	毕业
1751	隋怡心	女	信息与计算科学	信131	毕业
1752	温雪岐	女	信息与计算科学	信131	毕业
1753	李靖	女	信息与计算科学	信131	毕业
1754	周盈海	男	信息与计算科学	信131	毕业
1755	孟宪国	男	信息与计算科学	信131	毕业
1756	吴世铮	男	信息与计算科学	信131	毕业
1757	杨沛超	男	信息与计算科学	信131	毕业
1758	布阿依夏木·尼亚孜	女	信息与计算科学	信131	毕业
1759	赵世雨	女	市场营销	营131	毕业
1760	崔艺馨	女	市场营销	营131	毕业
1761	裴聪	女	市场营销	营131	毕业
1762	孙帅声	男	市场营销	营131	毕业
1763	杜鸿轩	男	市场营销	营131	毕业
1764	李冠华	男	市场营销	营131	毕业
1765	余淼	女	市场营销	营131	毕业
1766	李萌	女	市场营销	营131	毕业
1767	谭洵	女	市场营销	营131	毕业
1768	周悦	女	市场营销	营131	毕业
1769	赵晨星	男	市场营销	营131	毕业
1770	张婧瑶	女	市场营销	营131	毕业
1771	刘钟骏	男	市场营销	营131	毕业

续表

序号	姓名	性别	专业名称	班级	毕（结）业结论
1772	韩思琪	女	市场营销	营131	毕业
1773	宋思晨	女	市场营销	营131	毕业
1774	刘燚	男	市场营销	营131	毕业
1775	韩璐	女	市场营销	营131	毕业
1776	胡震	男	市场营销	营131	毕业
1777	尚嘉缘	女	市场营销	营131	毕业
1778	赵丰	男	市场营销	营131	毕业
1779	田卓颖	女	市场营销	营131	毕业
1780	王玥	女	市场营销	营131	毕业
1781	叶孜	女	市场营销	营131	毕业
1782	皮燕	女	市场营销	营131	毕业
1783	敖天娇	女	市场营销	营131	毕业
1784	汪春铭	女	市场营销	营131	毕业
1785	常雨崧	男	市场营销	营131	毕业
1786	徐若溪	男	市场营销	营131	毕业
1787	邢云康	男	市场营销	营131	毕业
1788	谢石华	男	市场营销	营131	毕业
1789	赵安	女	市场营销	营132	毕业
1790	李小羽	女	市场营销	营132	毕业
1791	芦帆	男	市场营销	营132	毕业
1792	王睿	女	市场营销	营132	毕业
1793	王茜	女	市场营销	营132	毕业
1794	何康	女	市场营销	营132	毕业
1795	刘硕	女	市场营销	营132	毕业
1796	孙聪	女	市场营销	营132	毕业
1797	张睿	女	市场营销	营132	毕业
1798	陈庆	男	市场营销	营132	毕业
1799	于璐昊	男	市场营销	营132	毕业
1800	张洋	女	市场营销	营132	毕业
1801	李冬	女	市场营销	营132	毕业
1802	张玉慧	女	市场营销	营132	毕业
1803	季文通	男	市场营销	营132	毕业
1804	臧蕾	女	市场营销	营132	毕业
1805	赵琪	女	市场营销	营132	毕业
1806	蔡喆	女	市场营销	营132	毕业
1807	姚期瑞	男	市场营销	营132	毕业

续表

序号	姓名	性别	专业名称	班级	毕（结）业结论
1808	李历娟	女	市场营销	营132	毕业
1809	龙姗珺	女	市场营销	营132	毕业
1810	田文涛	男	市场营销	营132	毕业
1811	张丹	女	市场营销	营132	毕业
1812	艾孜买提·艾尔肯	男	市场营销	营132	毕业
1813	伊巴代提古丽·塞麦提	女	市场营销	营132	毕业
1814	贾斌	女	自动化	自131	毕业
1815	刘若诚	男	自动化	自131	毕业
1816	张天驰	男	自动化	自131	毕业
1817	杜浩然	男	自动化	自131	毕业
1818	尹子安	女	自动化	自131	毕业
1819	蔚文彬	男	自动化	自131	毕业
1820	吴宜暄	女	自动化	自131	毕业
1821	王业成	男	自动化	自131	毕业
1822	朱京涛	男	自动化	自131	毕业
1823	高天艺	女	自动化	自131	毕业
1824	石岱宗	男	自动化	自131	毕业
1825	李胜华	男	自动化	自131	毕业
1826	刘师源	女	自动化	自131	毕业
1827	蒲辰宇	男	自动化	自131	毕业
1828	徐萌	男	自动化	自131	毕业
1829	杨云慧	女	自动化	自131	毕业
1830	郑迪乔	男	自动化	自131	毕业
1831	马翼涛	男	自动化	自131	毕业
1832	边成琛	男	自动化	自131	毕业
1833	赵翔康	男	自动化	自131	毕业
1834	臧昆	男	自动化	自131	毕业
1835	艾德智	男	自动化	自131	毕业
1836	加措	男	自动化	自131	毕业
1837	沈顺成	男	自动化	自131	毕业
1838	成磊	男	自动化	自131	毕业

续表

序号	姓名	性别	专业名称	班级	毕（结）业结论
1839	王照波	男	自动化	自131	毕业
1840	王文正	男	自动化	自131	毕业
1841	周旭	男	自动化	自132	毕业
1842	朱思博	女	自动化	自132	毕业
1843	徐绍功	男	自动化	自132	毕业
1844	郑天鹤	女	自动化	自132	毕业
1845	郭志伟	男	自动化	自132	毕业
1846	韩清政	男	自动化	自132	毕业
1847	张雪晶	女	自动化	自132	毕业
1848	董博晨	男	自动化	自132	毕业
1849	付达伟	男	自动化	自132	毕业
1850	王啸天	男	自动化	自132	毕业
1851	王笑焓	女	自动化	自132	毕业
1852	徐可	男	自动化	自132	毕业
1853	佟艺	女	自动化	自132	毕业
1854	贾昊霖	男	自动化	自132	毕业
1855	王宇奇	男	自动化	自132	毕业
1856	王鹏跃	女	自动化	自132	毕业
1857	李洋	男	自动化	自132	毕业
1858	袁静斌	男	自动化	自132	毕业
1859	刘子谋	男	自动化	自132	毕业
1860	袁崇岚	男	自动化	自132	毕业
1861	段亚磊	男	自动化	自132	毕业
1862	陈维东	男	自动化	自132	毕业
1863	李力伟	男	自动化	自132	毕业
1864	张疆辉	男	自动化	自132	毕业
1865	马宁	男	自动化	自132	毕业
1866	臧云昊	男	自动化	自132	毕业
1867	王镛	男	自动化	自132	毕业
1868	王思佳	女	建筑学		毕业
1869	冯潮远	男	建筑学		毕业
1870	马睿	女	历史建筑与保护工程		毕业
1871	杨媛露	女	历史建筑与保护工程		毕业

四、2017年北京建筑大学继续教育学院毕业生名单

北京建筑大学成人高等教育 2017 届春季毕业生名单

序号	班级	姓名	性别	专业	学制	学历	备注
1	土木本 11	邵念黔	男	土木工程	5	本科	毕业
2	土木本 12	王微微	女	土木工程	5	本科	毕业
3	土木本 12	陈立军	男	土木工程	5	本科	毕业
4	土木本 12	仲金金	男	土木工程	5	本科	毕业
5	土木本 12	刘明轩	男	土木工程	5	本科	毕业
6	土木本 12	王平	男	土木工程	5	本科	毕业
7	土木本 12	赵忠友	男	土木工程	5	本科	毕业
8	土木本 12	刘文霞	女	土木工程	5	本科	毕业
9	土木本 12	宋路野	男	土木工程	5	本科	毕业
10	土木本 12	张小平	男	土木工程	5	本科	毕业
11	土木本 12	秦越	男	土木工程	5	本科	毕业
12	土木本 12	李海洋	男	土木工程	5	本科	毕业
13	土木本 12	谢树磊	男	土木工程	5	本科	毕业
14	土木本 12	邢峰森	男	土木工程	5	本科	毕业
15	土木本 12	邓于鹏	男	土木工程	5	本科	毕业
16	土木本 12	彭东平	男	土木工程	5	本科	毕业
17	土木本 12	祁小斌	男	土木工程	5	本科	毕业
18	土木本 12	陈雷	男	土木工程	5	本科	毕业
19	土木本 12	马宁	男	土木工程	5	本科	毕业
20	土木本 12	张江伟	男	土木工程	5	本科	毕业
21	土木本 12	胡灵燕	女	土木工程	5	本科	毕业
22	土木本 12	靳雪堃	男	土木工程	5	本科	毕业
23	土木本 12	孙雪飞	女	土木工程	5	本科	毕业
24	土木本 12	赵清臣	男	土木工程	5	本科	毕业
25	土木本 12	钱广胜	男	土木工程	5	本科	毕业
26	土木本 12	祝佳	女	土木工程	5	本科	毕业
27	土木本 12	张雅东	男	土木工程	5	本科	毕业
28	土木本 12	郭建章	男	土木工程	5	本科	毕业
29	土木本 12	张亮	男	土木工程	5	本科	毕业
30	土木本 12	陈威	男	土木工程	5	本科	毕业
31	土木本 12	李涛	男	土木工程	5	本科	毕业
32	土木本 12	郭飒爽	女	土木工程	5	本科	毕业
33	土木本 12	邹艺	女	土木工程	5	本科	毕业

续表

序号	班级	姓名	性别	专业	学制	学历	备注
34	土木本12	王淼	男	土木工程	5	本科	毕业
35	土木本12	宋爱民	男	土木工程	5	本科	毕业
36	土木本12	刘颖	女	土木工程	5	本科	毕业
37	土木本12	杨海清	男	土木工程	5	本科	毕业
38	土木本12	陈京	女	土木工程	5	本科	毕业
39	土木本12	杨朝悦	男	土木工程	5	本科	毕业
40	土木本12	刘立伟	男	土木工程	5	本科	毕业
41	土木本12	周旎晗	女	土木工程	5	本科	毕业
42	土木本12	张嫚丽	女	土木工程	5	本科	毕业
43	土木本12	徐文斌	男	土木工程	5	本科	毕业
44	土木本12	武铮	男	土木工程	5	本科	毕业
45	土木本12	崔森森	男	土木工程	5	本科	毕业
46	土木本12	胡小敏	女	土木工程	5	本科	毕业
47	土木本12	孙海星	男	土木工程	5	本科	毕业
48	土木本12	张海洪	男	土木工程	5	本科	毕业
49	土木本12	张树程	男	土木工程	5	本科	毕业
50	土木本12	梁静	女	土木工程	5	本科	毕业
51	土木本12	梁秀英	女	土木工程	5	本科	毕业
52	土木本12	罗峻峰	男	土木工程	5	本科	毕业
53	土木本12	范壮生	男	土木工程	5	本科	毕业
54	土木本12	李其祥	男	土木工程	5	本科	毕业
55	土木本12	高记伟	男	土木工程	5	本科	毕业
56	土木本12	吴鹏	男	土木工程	5	本科	毕业
57	土木本12	李铭	男	土木工程	5	本科	毕业
58	城规升本13	王秀娟	女	城市规划	3	本科	毕业
59	城规升本13	唐云龙	男	城市规划	3	本科	毕业
60	城规升本13	易钟敏	男	城市规划	3	本科	毕业
61	城规升本13	郭荣宽	男	城市规划	3	本科	毕业
62	城规升本13	郭宏华	男	城市规划	3	本科	毕业
63	城规升本14	韩荣荣	女	城市规划	3	本科	结业
64	城规升本14	孙凤娟	女	城市规划	3	本科	毕业
65	城规升本14	俞诚海	男	城市规划	3	本科	毕业
66	城规升本14	张学会	女	城市规划	3	本科	毕业
67	城规升本14	王亚男	女	城市规划	3	本科	毕业
68	城规升本14	高亚男	女	城市规划	3	本科	毕业
69	城规升本14	栗娇娇	女	城市规划	3	本科	毕业

续表

序号	班级	姓名	性别	专业	学制	学历	备注
70	城规升本 14	张露平	女	城市规划	3	本科	毕业
71	城规升本 14	雒晓波	女	城市规划	3	本科	毕业
72	城规升本 14	杨东方	男	城市规划	3	本科	毕业
73	城规升本 14	杨犇	女	城市规划	3	本科	毕业
74	城规升本 14	高鑫	男	城市规划	3	本科	毕业
75	城规升本 14	史衍平	男	城市规划	3	本科	毕业
76	城规升本 14	王琮	男	城市规划	3	本科	毕业
77	城规升本 14	田海涛	女	城市规划	3	本科	毕业
78	城规升本 14	冯霞	女	城市规划	3	本科	毕业
79	城规升本 14	孙蕊	女	城市规划	3	本科	毕业
80	城规升本 14	王光	男	城市规划	3	本科	毕业
81	城规升本 14	邢星	女	城市规划	3	本科	毕业
82	城规升本 14	於雅洁	女	城市规划	3	本科	毕业
83	城规升本 14	黄伟	男	城市规划	3	本科	毕业
84	城规升本 14	张亚峰	男	城市规划	3	本科	毕业
85	城规升本 14	袁慧琳	女	城市规划	3	本科	毕业
86	城规升本 14	朱琳琳	女	城市规划	3	本科	毕业
87	城规升本 14	高迎春	女	城市规划	3	本科	毕业
88	城规升本 14	李立娟	女	城市规划	3	本科	毕业
89	城规升本 14	韦艳珊	女	城市规划	3	本科	毕业
90	城规升本 14	杨加龙	男	城市规划	3	本科	毕业
91	城规升本 14	李淑红	女	城市规划	3	本科	毕业
92	城规升本 14	马睿轩	男	城市规划	3	本科	毕业
93	城规升本 14	赵建南	女	城市规划	3	本科	毕业
94	城规升本 14	祖智慧	女	城市规划	3	本科	毕业
95	城规升本 14	关亚清	女	城市规划	3	本科	毕业
96	城规升本 14	方剑	男	城市规划	3	本科	毕业
97	城规升本 14	王洪娟	女	城市规划	3	本科	毕业
98	城规升本 14	贾玉霞	女	城市规划	3	本科	毕业
99	城规升本 14	孙宇	男	城市规划	3	本科	毕业
100	城规升本 14	傅英琦	男	城市规划	3	本科	毕业
101	城规升本 14	崔文一	男	城市规划	3	本科	毕业
102	城规升本 14	杨德艳	女	城市规划	3	本科	毕业
103	城规升本 14	孟庆亮	男	城市规划	3	本科	毕业
104	城规升本 14	杨柏	女	城市规划	3	本科	毕业
105	城规升本 14	徐宁	女	城市规划	3	本科	毕业

续表

序号	班级	姓名	性别	专业	学制	学历	备注
106	城规升本14	王琪	男	城市规划	3	本科	毕业
107	城规升本14	肖源懋	男	城市规划	3	本科	毕业
108	城规升本14	俞光耀	男	城市规划	3	本科	毕业
109	城规升本14	于艳庆	女	城市规划	3	本科	毕业
110	城规升本14	刘春丽	女	城市规划	3	本科	毕业
111	城规升本14	王丽明	女	城市规划	3	本科	毕业
112	城规升本14	于海云	女	城市规划	3	本科	毕业
113	城规升本14	任玲	女	城市规划	3	本科	毕业
114	城规升本14	刘光泽	男	城市规划	3	本科	毕业
115	城规升本14	王磊	女	城市规划	3	本科	毕业
116	城规升本14	郭军	男	城市规划	3	本科	毕业
117	城规升本14	方永靓	男	城市规划	3	本科	毕业
118	城规升本14	刘朝霞	女	城市规划	3	本科	毕业
119	城规升本14	张伟	男	城市规划	3	本科	毕业
120	城规升本14	李莱	男	城市规划	3	本科	毕业
121	城规升本14	辛鑫	女	城市规划	3	本科	毕业
122	城规升本14	夏海双	女	城市规划	3	本科	毕业
123	城规升本14	李建伟	男	城市规划	3	本科	毕业
124	城规升本14	王晓丽	女	城市规划	3	本科	毕业
125	城规升本14	宫力明	男	城市规划	3	本科	毕业
126	城规升本14	刘建晨	男	城市规划	3	本科	毕业
127	城规升本14	朱新亮	男	城市规划	3	本科	毕业
128	城规升本14	张涛	男	城市规划	3	本科	毕业
129	城规升本14	魏金亚	男	城市规划	3	本科	毕业
130	城规升本14	王大鹏	男	城市规划	3	本科	毕业
131	城规升本14	尹永强	男	城市规划	3	本科	毕业
132	城规升本14	丁奎元	男	城市规划	3	本科	毕业
133	城规升本14	王雪川	男	城市规划	3	本科	毕业
134	工管升本13-1	尹晓坤	男	工程管理	3	本科	毕业
135	工管升本13-1	孙然	男	工程管理	3	本科	毕业
136	工管升本13-1	于越	男	工程管理	3	本科	毕业
137	工管升本13-1	王兆柱	男	工程管理	3	本科	毕业
138	工管升本13-1	包苏日娜	女	工程管理	3	本科	毕业
139	工管升本13-1	章晓明	男	工程管理	3	本科	毕业
140	工管升本13-2	杨新建	男	工程管理	3	本科	毕业
141	工管升本13-2	董文康	男	工程管理	3	本科	毕业

续表

序号	班级	姓名	性别	专业	学制	学历	备注
142	工管升本13-2	陈相凯	男	工程管理	3	本科	毕业
143	工管升本13-2	曹思	女	工程管理	3	本科	毕业
144	工管升本13-2	白爽	男	工程管理	3	本科	毕业
145	工管升本13-2	李婷	女	工程管理	3	本科	毕业
146	工管升本13-2	贾云凯	男	工程管理	3	本科	毕业
147	工管升本13-2	王鹏	男	工程管理	3	本科	毕业
148	工管升本14-1	王艳	女	工程管理	3	本科	毕业
149	工管升本14-1	杨丽霞	女	工程管理	3	本科	毕业
150	工管升本14-1	胡艳苗	女	工程管理	3	本科	毕业
151	工管升本14-1	苑玉芳	女	工程管理	3	本科	毕业
152	工管升本14-1	李春雪	女	工程管理	3	本科	毕业
153	工管升本14-1	郝丽娟	女	工程管理	3	本科	毕业
154	工管升本14-1	高利飞	女	工程管理	3	本科	毕业
155	工管升本14-1	曹玲玲	女	工程管理	3	本科	毕业
156	工管升本14-1	孙小北	女	工程管理	3	本科	毕业
157	工管升本14-1	杨培	男	工程管理	3	本科	毕业
158	工管升本14-1	刘双强	男	工程管理	3	本科	毕业
159	工管升本14-1	李春艳	女	工程管理	3	本科	毕业
160	工管升本14-1	何玉涛	女	工程管理	3	本科	毕业
161	工管升本14-1	程铮	女	工程管理	3	本科	毕业
162	工管升本14-1	刘丹	女	工程管理	3	本科	毕业
163	工管升本14-1	王艳昌	女	工程管理	3	本科	毕业
164	工管升本14-1	李莹	女	工程管理	3	本科	毕业
165	工管升本14-1	李志远	男	工程管理	3	本科	毕业
166	工管升本14-1	崔涵宇	女	工程管理	3	本科	毕业
167	工管升本14-1	杨娟	女	工程管理	3	本科	毕业
168	工管升本14-1	张佳	女	工程管理	3	本科	毕业
169	工管升本14-1	李梦洋	女	工程管理	3	本科	毕业
170	工管升本14-1	王秀玲	女	工程管理	3	本科	毕业
171	工管升本14-1	张艺洁	女	工程管理	3	本科	毕业
172	工管升本14-1	祁伟花	女	工程管理	3	本科	毕业
173	工管升本14-1	刘伯岩	男	工程管理	3	本科	毕业
174	工管升本14-1	杨思恩	女	工程管理	3	本科	毕业
175	工管升本14-1	荣晓兵	男	工程管理	3	本科	毕业
176	工管升本14-1	张云平	女	工程管理	3	本科	毕业
177	工管升本14-1	赵颖慧	女	工程管理	3	本科	毕业

续表

序号	班级	姓名	性别	专业	学制	学历	备注
178	工管升本 14-1	刘雪阳	男	工程管理	3	本科	毕业
179	工管升本 14-1	康为	男	工程管理	3	本科	毕业
180	工管升本 14-1	陈忠威	男	工程管理	3	本科	毕业
181	工管升本 14-1	张楠	男	工程管理	3	本科	毕业
182	工管升本 14-1	吴振霞	女	工程管理	3	本科	毕业
183	工管升本 14-1	袁文琴	女	工程管理	3	本科	毕业
184	工管升本 14-1	李玉	女	工程管理	3	本科	毕业
185	工管升本 14-1	刘湘婷	女	工程管理	3	本科	毕业
186	工管升本 14-1	贾晓茹	女	工程管理	3	本科	毕业
187	工管升本 14-1	王欢	女	工程管理	3	本科	毕业
188	工管升本 14-1	李聪	男	工程管理	3	本科	毕业
189	工管升本 14-1	李葳兰	女	工程管理	3	本科	毕业
190	工管升本 14-1	淮春芳	女	工程管理	3	本科	毕业
191	工管升本 14-1	窦新玲	女	工程管理	3	本科	毕业
192	工管升本 14-1	王超	女	工程管理	3	本科	毕业
193	工管升本 14-1	韩淑荣	女	工程管理	3	本科	毕业
194	工管升本 14-1	周洁	女	工程管理	3	本科	毕业
195	工管升本 14-1	张赛	女	工程管理	3	本科	毕业
196	工管升本 14-1	王魁	男	工程管理	3	本科	毕业
197	工管升本 14-1	王文君	男	工程管理	3	本科	毕业
198	工管升本 14-1	刘京	男	工程管理	3	本科	毕业
199	工管升本 14-1	奚澍臻	女	工程管理	3	本科	毕业
200	工管升本 14-1	冯金香	女	工程管理	3	本科	毕业
201	工管升本 14-1	王通	男	工程管理	3	本科	毕业
202	工管升本 14-1	乔敬超	男	工程管理	3	本科	毕业
203	工管升本 14-1	谷晓妍	女	工程管理	3	本科	毕业
204	工管升本 14-1	宋敏	女	工程管理	3	本科	毕业
205	工管升本 14-1	张可欣	女	工程管理	3	本科	毕业
206	工管升本 14-1	潘芳芳	女	工程管理	3	本科	毕业
207	工管升本 14-1	齐峥	女	工程管理	3	本科	毕业
208	工管升本 14-1	李威浩	男	工程管理	3	本科	毕业
209	工管升本 14-1	邢昊	男	工程管理	3	本科	毕业
210	工管升本 14-2	陈文斌	男	工程管理	3	本科	毕业
211	工管升本 14-2	刘佳	女	工程管理	3	本科	毕业
212	工管升本 14-2	张军平	女	工程管理	3	本科	毕业
213	工管升本 14-2	李娟	女	工程管理	3	本科	毕业

续表

序号	班级	姓名	性别	专业	学制	学历	备注
214	工管升本 14-2	沈从武	男	工程管理	3	本科	毕业
215	工管升本 14-2	赵新雪	女	工程管理	3	本科	毕业
216	工管升本 14-2	赵星辰	男	工程管理	3	本科	毕业
217	工管升本 14-2	白玄	男	工程管理	3	本科	毕业
218	工管升本 14-2	史华	女	工程管理	3	本科	毕业
219	工管升本 14-2	曹美	女	工程管理	3	本科	毕业
220	工管升本 14-2	潘亚颖	女	工程管理	3	本科	毕业
221	工管升本 14-2	尚志远	男	工程管理	3	本科	毕业
222	工管升本 14-2	李晓宁	女	工程管理	3	本科	毕业
223	工管升本 14-2	李婉莹	女	工程管理	3	本科	毕业
224	工管升本 14-2	李建成	男	工程管理	3	本科	毕业
225	工管升本 14-2	徐若楠	女	工程管理	3	本科	毕业
226	工管升本 14-2	王铮荣	男	工程管理	3	本科	毕业
227	工管升本 14-2	陈燕霞	女	工程管理	3	本科	毕业
228	工管升本 14-2	白宁娟	女	工程管理	3	本科	毕业
229	工管升本 14-2	李楠	女	工程管理	3	本科	毕业
230	工管升本 14-2	臧建国	男	工程管理	3	本科	毕业
231	工管升本 14-2	王墨吟	女	工程管理	3	本科	毕业
232	工管升本 14-2	郝温馨	女	工程管理	3	本科	毕业
233	工管升本 14-2	黄朋	男	工程管理	3	本科	毕业
234	工管升本 14-2	孙宗博	男	工程管理	3	本科	毕业
235	工管升本 14-2	王晨颖	女	工程管理	3	本科	毕业
236	工管升本 14-2	张有维	女	工程管理	3	本科	毕业
237	工管升本 14-2	程剑超	男	工程管理	3	本科	毕业
238	工管升本 14-2	何丽	女	工程管理	3	本科	毕业
239	工管升本 14-2	王鹏亮	男	工程管理	3	本科	毕业
240	工管升本 14-2	徐建文	男	工程管理	3	本科	毕业
241	工管升本 14-2	刘培基	男	工程管理	3	本科	毕业
242	工管升本 14-2	相然	女	工程管理	3	本科	毕业
243	工管升本 14-2	刘吉祥	男	工程管理	3	本科	毕业
244	工管升本 14-2	孟庆新	女	工程管理	3	本科	毕业
245	工管升本 14-2	贾小雪	女	工程管理	3	本科	毕业
246	工管升本 14-2	赵永格	女	工程管理	3	本科	毕业
247	工管升本 14-2	张彤	男	工程管理	3	本科	毕业
248	工管升本 14-2	王振宇	男	工程管理	3	本科	毕业
249	工管升本 14-2	李新生	男	工程管理	3	本科	毕业

续表

序号	班级	姓名	性别	专业	学制	学历	备注
250	工管升本 14-2	丁珊珊	女	工程管理	3	本科	毕业
251	工管升本 14-2	房立新	女	工程管理	3	本科	毕业
252	工管升本 14-2	刘羽	女	工程管理	3	本科	毕业
253	工管升本 14-2	张苹	女	工程管理	3	本科	毕业
254	工管升本 14-2	姜冬梅	女	工程管理	3	本科	毕业
255	工管升本 14-2	高俊	男	工程管理	3	本科	毕业
256	工管升本 14-2	王海峰	男	工程管理	3	本科	毕业
257	工管升本 14-2	江红	女	工程管理	3	本科	毕业
258	工管升本 14-2	孙嘉志	男	工程管理	3	本科	毕业
259	工管升本 14-2	杨彩艳	女	工程管理	3	本科	毕业
260	工管升本 14-2	蒋义鹏	男	工程管理	3	本科	毕业
261	工管升本 14-2	孙坡	男	工程管理	3	本科	毕业
262	工管升本 14-2	高超	女	工程管理	3	本科	毕业
263	工管升本 14-2	尹亚丽	女	工程管理	3	本科	毕业
264	工管升本 14-2	王化兵	男	工程管理	3	本科	毕业
265	工管升本 14-2	赵倩	女	工程管理	3	本科	毕业
266	工管升本 14-2	魏立楠	女	工程管理	3	本科	毕业
267	工管升本 14-2	石林涛	男	工程管理	3	本科	毕业
268	工管升本 14-2	苑金香	女	工程管理	3	本科	毕业
269	工管升本 14-2	陶阳阳	女	工程管理	3	本科	毕业
270	工管升本 14-2	曹捷静	女	工程管理	3	本科	毕业
271	环设升本 13	金永维	男	建筑环境与设备工程	3	本科	毕业
272	环设升本 13	董佳楠	男	建筑环境与设备工程	3	本科	毕业
273	环设升本 13	岳超	男	建筑环境与设备工程	3	本科	毕业
274	环设升本 14	李宁	男	建筑环境与设备工程	3	本科	毕业
275	环设升本 14	杨志光	男	建筑环境与设备工程	3	本科	毕业
276	环设升本 14	徐伟	男	建筑环境与设备工程	3	本科	毕业
277	环设升本 14	张小鹏	男	建筑环境与设备工程	3	本科	毕业
278	环设升本 14	汪纯安	男	建筑环境与设备工程	3	本科	毕业
279	环设升本 14	李书军	男	建筑环境与设备工程	3	本科	毕业
280	环设升本 14	何雷	男	建筑环境与设备工程	3	本科	毕业
281	环设升本 14	刘飞	男	建筑环境与设备工程	3	本科	毕业
282	环设升本 14	杨月新	女	建筑环境与设备工程	3	本科	毕业
283	环设升本 14	李寅	男	建筑环境与设备工程	3	本科	毕业
284	环设升本 14	曹纪永	男	建筑环境与设备工程	3	本科	毕业
285	环设升本 14	黄聪	男	建筑环境与设备工程	3	本科	毕业

续表

序号	班级	姓名	性别	专业	学制	学历	备注
286	环设升本 14	王凤磊	男	建筑环境与设备工程	3	本科	毕业
287	环设升本 14	李西会	男	建筑环境与设备工程	3	本科	毕业
288	环设升本 14	李亚兰	女	建筑环境与设备工程	3	本科	毕业
289	环设升本 14	张鹏	男	建筑环境与设备工程	3	本科	毕业
290	环设升本 14	张泽辉	男	建筑环境与设备工程	3	本科	毕业
291	环设升本 14	金凤	女	建筑环境与设备工程	3	本科	毕业
292	环设升本 14	靳磊	男	建筑环境与设备工程	3	本科	毕业
293	环设升本 14	吴建廷	男	建筑环境与设备工程	3	本科	毕业
294	环设升本 14	任永志	男	建筑环境与设备工程	3	本科	毕业
295	环设升本 14	董海龙	男	建筑环境与设备工程	3	本科	毕业
296	环设升本 14	胡晶晶	女	建筑环境与设备工程	3	本科	毕业
297	环设升本 14	付兴超	男	建筑环境与设备工程	3	本科	毕业
298	环设升本 14	赵楠	男	建筑环境与设备工程	3	本科	毕业
299	环设升本 14	马建华	男	建筑环境与设备工程	3	本科	毕业
300	环设升本 14	李雪松	男	建筑环境与设备工程	3	本科	毕业
301	环设升本 14	姜蕾	女	建筑环境与设备工程	3	本科	毕业
302	环设升本 14	刘京	男	建筑环境与设备工程	3	本科	毕业
303	环设升本 14	刘冰	女	建筑环境与设备工程	3	本科	毕业
304	环设升本 14	倪华	男	建筑环境与设备工程	3	本科	毕业
305	环设升本 14	王小予	女	建筑环境与设备工程	3	本科	毕业
306	环设升本 14	刘学文	男	建筑环境与设备工程	3	本科	毕业
307	环设升本 14	郝德权	男	建筑环境与设备工程	3	本科	毕业
308	环设升本 14	李宏伟	男	建筑环境与设备工程	3	本科	毕业
309	环设升本 14	张超	男	建筑环境与设备工程	3	本科	毕业
310	环设升本 14	吴愿愿	男	建筑环境与设备工程	3	本科	毕业
311	环设升本 14	顾曦	男	建筑环境与设备工程	3	本科	毕业
312	环设升本 14	张晓燕	女	建筑环境与设备工程	3	本科	毕业
313	环设升本 14	王健	男	建筑环境与设备工程	3	本科	毕业
314	环设升本 14	徐晓东	女	建筑环境与设备工程	3	本科	毕业
315	环设升本 14	宋亚明	男	建筑环境与设备工程	3	本科	毕业
316	环设升本 14	欧阳志玲	男	建筑环境与设备工程	3	本科	毕业
317	环设升本 14	付思帆	女	建筑环境与设备工程	3	本科	毕业
318	环设升本 14	王倩	女	建筑环境与设备工程	3	本科	毕业
319	环设升本 14	王洁	女	建筑环境与设备工程	3	本科	毕业
320	环设升本 14	赵旭红	女	建筑环境与设备工程	3	本科	毕业
321	环设升本 14	王胜杰	女	建筑环境与设备工程	3	本科	毕业

续表

序号	班级	姓名	性别	专业	学制	学历	备注
322	环设升本14	林涛	男	建筑环境与设备工程	3	本科	毕业
323	环设升本14	罗燕	女	建筑环境与设备工程	3	本科	毕业
324	环设升本14	柴嘉宾	男	建筑环境与设备工程	3	本科	毕业
325	环设升本14	左振	男	建筑环境与设备工程	3	本科	毕业
326	环设升本14	李林丛	女	建筑环境与设备工程	3	本科	毕业
327	环设升本14	温海波	男	建筑环境与设备工程	3	本科	毕业
328	环设升本14	宗杨杨	女	建筑环境与设备工程	3	本科	毕业
329	环设升本14	逯宇	男	建筑环境与设备工程	3	本科	毕业
330	环设升本14	单子芳	男	建筑环境与设备工程	3	本科	毕业
331	环设升本14	赵琳	女	建筑环境与设备工程	3	本科	毕业
332	环设升本14	郑旭	男	建筑环境与设备工程	3	本科	毕业
333	环设升本14	刘平	女	建筑环境与设备工程	3	本科	毕业
334	环设升本14	王立志	男	建筑环境与设备工程	3	本科	毕业
335	环设升本14	王飞燕	女	建筑环境与设备工程	3	本科	毕业
336	环设升本14	安素娟	女	建筑环境与设备工程	3	本科	毕业
337	环设升本14	孙雪峰	男	建筑环境与设备工程	3	本科	毕业
338	环设升本14	温娜	女	建筑环境与设备工程	3	本科	毕业
339	环设升本14	刘良	男	建筑环境与设备工程	3	本科	毕业
340	环设升本14	宛海田	男	建筑环境与设备工程	3	本科	毕业
341	环设升本14	王倩宇	男	建筑环境与设备工程	3	本科	毕业
342	环设升本14	顾心月	女	建筑环境与设备工程	3	本科	毕业
343	环设升本14	王子超	男	建筑环境与设备工程	3	本科	毕业
344	环设升本14	杨羽腾	男	建筑环境与设备工程	3	本科	毕业
345	环设升本14	屈爽	女	建筑环境与设备工程	3	本科	毕业
346	环设升本14	蔡国庆	男	建筑环境与设备工程	3	本科	毕业
347	环设升本14	魏小乐	女	建筑环境与设备工程	3	本科	毕业
348	环设升本14	刘新	男	建筑环境与设备工程	3	本科	毕业
349	环设升本14	尚诗峰	男	建筑环境与设备工程	3	本科	毕业
350	环设升本14	张璐	女	建筑环境与设备工程	3	本科	毕业
351	环设升本14	褚雅超	男	建筑环境与设备工程	3	本科	毕业
352	环设升本14	郭鑫宇	男	建筑环境与设备工程	3	本科	毕业
353	环设升本14	侯东盟	男	建筑环境与设备工程	3	本科	毕业
354	土木升本12-1	路金昶	男	土木工程	3	本科	毕业
355	土木升本12-1	王海燕	女	土木工程	3	本科	毕业
356	土木升本12-2	曹晨萱	女	土木工程	3	本科	毕业
357	土木升本13-1	桑丹	女	土木工程	3	本科	毕业

续表

序号	班级	姓名	性别	专业	学制	学历	备注
358	土木升本13-1	朱芮欣	女	土木工程	3	本科	毕业
359	土木升本13-1	赵岩	男	土木工程	3	本科	毕业
360	土木升本13-1	于礼新	男	土木工程	3	本科	毕业
361	土木升本13-1	曹黎明	男	土木工程	3	本科	毕业
362	土木升本13-1	王伟	男	土木工程	3	本科	毕业
363	土木升本13-1	朱逸	男	土木工程	3	本科	毕业
364	土木升本13-1	李阳	男	土木工程	3	本科	毕业
365	土木升本13-2	陈红	女	土木工程	3	本科	毕业
366	土木升本13-2	张世群	男	土木工程	3	本科	毕业
367	土木升本13-2	冯永昌	男	土木工程	3	本科	毕业
368	土木升本14-1	白京红	女	土木工程	3	本科	毕业
369	土木升本14-1	杜巍	女	土木工程	3	本科	毕业
370	土木升本14-1	刘鑫鑫	女	土木工程	3	本科	毕业
371	土木升本14-1	王敏	女	土木工程	3	本科	毕业
372	土木升本14-1	多曼	女	土木工程	3	本科	毕业
373	土木升本14-1	樊利	男	土木工程	3	本科	毕业
374	土木升本14-1	王超	男	土木工程	3	本科	毕业
375	土木升本14-1	尹晓晴	女	土木工程	3	本科	毕业
376	土木升本14-1	李阳	男	土木工程	3	本科	毕业
377	土木升本14-1	徐忠欢	男	土木工程	3	本科	毕业
378	土木升本14-1	陈于东	男	土木工程	3	本科	毕业
379	土木升本14-1	康兴起	女	土木工程	3	本科	毕业
380	土木升本14-1	闫果浩	男	土木工程	3	本科	毕业
381	土木升本14-1	牟天宇	女	土木工程	3	本科	毕业
382	土木升本14-1	尹璐	男	土木工程	3	本科	毕业
383	土木升本14-1	朱英杰	女	土木工程	3	本科	毕业
384	土木升本14-1	甘长亮	男	土木工程	3	本科	毕业
385	土木升本14-1	王建宇	男	土木工程	3	本科	毕业
386	土木升本14-1	魏山	男	土木工程	3	本科	毕业
387	土木升本14-1	白小明	男	土木工程	3	本科	毕业
388	土木升本14-1	张雨	男	土木工程	3	本科	毕业
389	土木升本14-1	王磊	男	土木工程	3	本科	毕业
390	土木升本14-1	陈孟	女	土木工程	3	本科	毕业
391	土木升本14-1	张玉洁	女	土木工程	3	本科	毕业
392	土木升本14-1	赵硕	男	土木工程	3	本科	毕业
393	土木升本14-1	盛锡鑫	男	土木工程	3	本科	毕业

续表

序号	班级	姓名	性别	专业	学制	学历	备注
394	土木升本 14-1	张艺林	男	土木工程	3	本科	毕业
395	土木升本 14-1	刘宇晴	女	土木工程	3	本科	毕业
396	土木升本 14-1	孟海名	男	土木工程	3	本科	毕业
397	土木升本 14-1	韩玉龙	男	土木工程	3	本科	毕业
398	土木升本 14-1	陈领阁	女	土木工程	3	本科	毕业
399	土木升本 14-1	张婷	女	土木工程	3	本科	毕业
400	土木升本 14-1	薛鹏飞	男	土木工程	3	本科	毕业
401	土木升本 14-1	李鹏	男	土木工程	3	本科	毕业
402	土木升本 14-1	高萍生	男	土木工程	3	本科	毕业
403	土木升本 14-1	张小伟	男	土木工程	3	本科	毕业
404	土木升本 14-1	任静	女	土木工程	3	本科	毕业
405	土木升本 14-1	傅经纬	男	土木工程	3	本科	毕业
406	土木升本 14-1	于清华	女	土木工程	3	本科	毕业
407	土木升本 14-1	刘畅	男	土木工程	3	本科	毕业
408	土木升本 14-1	王慧	女	土木工程	3	本科	毕业
409	土木升本 14-1	张强	男	土木工程	3	本科	毕业
410	土木升本 14-1	任杰	男	土木工程	3	本科	毕业
411	土木升本 14-1	胡宇宁	男	土木工程	3	本科	毕业
412	土木升本 14-1	孙茂昇	男	土木工程	3	本科	毕业
413	土木升本 14-1	李安宁	男	土木工程	3	本科	毕业
414	土木升本 14-1	刘微微	女	土木工程	3	本科	毕业
415	土木升本 14-1	闫东伟	男	土木工程	3	本科	毕业
416	土木升本 14-1	陈艳影	女	土木工程	3	本科	毕业
417	土木升本 14-1	宋友东	男	土木工程	3	本科	毕业
418	土木升本 14-1	杨娟	女	土木工程	3	本科	毕业
419	土木升本 14-1	袁海军	男	土木工程	3	本科	毕业
420	土木升本 14-1	宁义伟	男	土木工程	3	本科	毕业
421	土木升本 14-1	张园园	女	土木工程	3	本科	毕业
422	土木升本 14-1	陈永超	男	土木工程	3	本科	毕业
423	土木升本 14-1	王宏	女	土木工程	3	本科	毕业
424	土木升本 14-1	金夕	女	土木工程	3	本科	毕业
425	土木升本 14-1	谢素霞	女	土木工程	3	本科	毕业
426	土木升本 14-1	张楷	男	土木工程	3	本科	毕业
427	土木升本 14-1	刘聪	女	土木工程	3	本科	毕业
428	土木升本 14-1	张朋伟	男	土木工程	3	本科	毕业
429	土木升本 14-1	张建峰	男	土木工程	3	本科	毕业

续表

序号	班级	姓名	性别	专业	学制	学历	备注
430	土木升本 14-1	王童	男	土木工程	3	本科	毕业
431	土木升本 14-1	王华	男	土木工程	3	本科	毕业
432	土木升本 14-1	侯立成	男	土木工程	3	本科	毕业
433	土木升本 14-1	李倩倩	女	土木工程	3	本科	毕业
434	土木升本 14-1	王梦	女	土木工程	3	本科	毕业
435	土木升本 14-1	王丽敏	女	土木工程	3	本科	毕业
436	土木升本 14-1	刘东宁	男	土木工程	3	本科	毕业
437	土木升本 14-1	仇忠	男	土木工程	3	本科	毕业
438	土木升本 14-1	郑晶晶	女	土木工程	3	本科	毕业
439	土木升本 14-1	徐佳	女	土木工程	3	本科	毕业
440	土木升本 14-1	姜林林	男	土木工程	3	本科	毕业
441	土木升本 14-1	曹凯	男	土木工程	3	本科	毕业
442	土木升本 14-1	张方圆	女	土木工程	3	本科	毕业
443	土木升本 14-1	张泽	女	土木工程	3	本科	毕业
444	土木升本 14-1	苏星杰	男	土木工程	3	本科	毕业
445	土木升本 14-1	高强	男	土木工程	3	本科	毕业
446	土木升本 14-2	时赛	男	土木工程	3	本科	毕业
447	土木升本 14-2	周欢	男	土木工程	3	本科	毕业
448	土木升本 14-2	李树成	男	土木工程	3	本科	毕业
449	土木升本 14-2	曾阳	女	土木工程	3	本科	毕业
450	土木升本 14-2	尹姣	女	土木工程	3	本科	毕业
451	土木升本 14-2	裴云峰	男	土木工程	3	本科	毕业
452	土木升本 14-2	赵武辉	男	土木工程	3	本科	毕业
453	土木升本 14-2	范泽红	男	土木工程	3	本科	毕业
454	土木升本 14-2	吴琼	女	土木工程	3	本科	毕业
455	土木升本 14-2	李靖骅	男	土木工程	3	本科	毕业
456	土木升本 14-2	应旻汐	男	土木工程	3	本科	毕业
457	土木升本 14-2	梁俊	男	土木工程	3	本科	毕业
458	土木升本 14-2	王涛	男	土木工程	3	本科	毕业
459	土木升本 14-2	姚晓敏	女	土木工程	3	本科	毕业
460	土木升本 14-2	张杨	男	土木工程	3	本科	毕业
461	土木升本 14-2	段旭辉	男	土木工程	3	本科	毕业
462	土木升本 14-2	张新	男	土木工程	3	本科	毕业
463	土木升本 14-2	刘洋	男	土木工程	3	本科	毕业
464	土木升本 14-2	王玉伦	男	土木工程	3	本科	毕业
465	土木升本 14-2	刘守强	男	土木工程	3	本科	毕业

续表

序号	班级	姓名	性别	专业	学制	学历	备注
466	土木升本14-2	张欣悦	女	土木工程	3	本科	毕业
467	土木升本14-2	管玉超	女	土木工程	3	本科	毕业
468	土木升本14-2	张微	女	土木工程	3	本科	毕业
469	土木升本14-2	郝金珠	女	土木工程	3	本科	毕业
470	土木升本14-2	杨继琼	女	土木工程	3	本科	毕业
471	土木升本14-2	马志	男	土木工程	3	本科	毕业
472	土木升本14-2	李彦	女	土木工程	3	本科	毕业
473	土木升本14-2	贾超	男	土木工程	3	本科	毕业
474	土木升本14-2	王爽	女	土木工程	3	本科	毕业
475	土木升本14-2	董建伟	男	土木工程	3	本科	毕业
476	土木升本14-2	史均会	男	土木工程	3	本科	毕业
477	土木升本14-2	陈剑	男	土木工程	3	本科	毕业
478	土木升本14-2	曾友圣	男	土木工程	3	本科	毕业
479	土木升本14-2	李华	女	土木工程	3	本科	毕业
480	土木升本14-2	吴金镇	男	土木工程	3	本科	毕业
481	土木升本14-2	王昆	女	土木工程	3	本科	毕业
482	土木升本14-2	潘翔	男	土木工程	3	本科	毕业
483	土木升本14-2	孙丽伟	女	土木工程	3	本科	毕业
484	土木升本14-2	李方玉	女	土木工程	3	本科	毕业
485	土木升本14-2	王凯	男	土木工程	3	本科	毕业
486	土木升本14-2	徐子佳	女	土木工程	3	本科	毕业
487	土木升本14-2	孙涌涛	男	土木工程	3	本科	毕业
488	土木升本14-2	冯丽	女	土木工程	3	本科	毕业
489	土木升本14-2	王新宇	女	土木工程	3	本科	毕业
490	土木升本14-2	赵飞龙	男	土木工程	3	本科	毕业
491	土木升本14-2	李洪伟	男	土木工程	3	本科	毕业
492	土木升本14-2	杨俊丽	女	土木工程	3	本科	毕业
493	土木升本14-2	韩静	女	土木工程	3	本科	毕业
494	土木升本14-2	张羽	女	土木工程	3	本科	毕业
495	土木升本14-2	赵红勇	男	土木工程	3	本科	毕业
496	土木升本14-2	白天宇	男	土木工程	3	本科	毕业
497	土木升本14-2	王露	女	土木工程	3	本科	毕业
498	土木升本14-2	王其杰	男	土木工程	3	本科	毕业
499	土木升本14-2	李亚楠	女	土木工程	3	本科	毕业
500	土木升本14-2	陈洋	男	土木工程	3	本科	毕业
501	土木升本14-2	于婷婷	女	土木工程	3	本科	毕业

续表

序号	班级	姓名	性别	专业	学制	学历	备注
502	土木升本14-2	杨光照	男	土木工程	3	本科	毕业
503	土木升本14-2	杨金岳	男	土木工程	3	本科	毕业
504	土木升本14-2	张磊	男	土木工程	3	本科	毕业
505	土木升本14-2	朱娜	女	土木工程	3	本科	毕业
506	土木升本14-2	张铁威	男	土木工程	3	本科	毕业
507	土木升本14-2	于灏毅	男	土木工程	3	本科	毕业
508	土木升本14-2	宋北平	女	土木工程	3	本科	毕业
509	土木升本14-2	孙明星	男	土木工程	3	本科	毕业
510	土木升本14-2	孙逊	女	土木工程	3	本科	毕业
511	土木升本14-2	张欣	女	土木工程	3	本科	毕业
512	土木升本14-2	王亚元	男	土木工程	3	本科	毕业
513	土木升本14-2	王伟	男	土木工程	3	本科	毕业
514	土木升本14-2	张爽	女	土木工程	3	本科	毕业
515	土木升本14-2	孟德峣	男	土木工程	3	本科	毕业
516	土木升本14-2	韩双双	女	土木工程	3	本科	毕业
517	土木升本14-2	贺彩灵	女	土木工程	3	本科	毕业
518	土木升本14-2	尹冰洁	女	土木工程	3	本科	毕业
519	土木升本14-2	付鹏涛	男	土木工程	3	本科	毕业
520	土木升本14-2	周慧云	女	土木工程	3	本科	毕业
521	土木升本14-2	梁剑锋	男	土木工程	3	本科	毕业
522	土木升本14-2	陈彦森	男	土木工程	3	本科	毕业
523	土木升本14-2	岳宾	女	土木工程	3	本科	毕业
524	土木升本14-2	谢春雨	女	土木工程	3	本科	毕业
525	土木升本14-2	朱伟	男	土木工程	3	本科	毕业
526	土木升本14-2	杜龙龙	男	土木工程	3	本科	毕业
527	土木升本14-2	张建平	男	土木工程	3	本科	毕业
528	土木升本14-2	杨宝	男	土木工程	3	本科	毕业
529	造价13	王莹	女	工程造价	4	专科	毕业
530	造价13	魏成周	男	工程造价	4	专科	毕业
531	造价13	王金华	男	工程造价	4	专科	毕业
532	造价13	秦国华	男	工程造价	4	专科	毕业
533	造价13	蔡晓花	女	工程造价	4	专科	毕业
534	造价13	范二女	女	工程造价	4	专科	毕业
535	造价13	武杨	女	工程造价	4	专科	毕业
536	造价13	黄强	男	工程造价	4	专科	毕业
537	造价13	周磊	男	工程造价	4	专科	毕业

续表

序号	班级	姓名	性别	专业	学制	学历	备注
538	造价13	曹亚男	女	工程造价	4	专科	毕业
539	造价13	田骏	男	工程造价	4	专科	毕业
540	造价13	王宇	女	工程造价	4	专科	毕业
541	造价13	薛书文	女	工程造价	4	专科	毕业
542	暖通13	赵亚涛	男	供热通风与空调工程技术	4	专科	毕业
543	暖通13	王一超	男	供热通风与空调工程技术	4	专科	毕业
544	暖通13	张仁	男	供热通风与空调工程技术	4	专科	毕业
545	暖通13	孟洪江	男	供热通风与空调工程技术	4	专科	毕业
546	暖通13	李琳	女	供热通风与空调工程技术	4	专科	毕业
547	暖通13	任志刚	男	供热通风与空调工程技术	4	专科	毕业
548	暖通13	高永昌	男	供热通风与空调工程技术	4	专科	毕业
549	建工11	陈兵	男	建筑工程技术	4	专科	毕业
550	建工12-1	李娟	女	建筑工程技术	4	专科	毕业
551	建工12-1	陈茜	女	建筑工程技术	4	专科	毕业
552	建工12-1	包勇田	男	建筑工程技术	4	专科	毕业
553	建工12-1	李昊阅	女	建筑工程技术	4	专科	毕业
554	建工12-1	周怡	男	建筑工程技术	4	专科	毕业
555	建工12-1	邱绍如	女	建筑工程技术	4	专科	毕业
556	建工12-1	王晨	男	建筑工程技术	4	专科	毕业
557	建工12-2	秦维泽	男	建筑工程技术	4	专科	毕业
558	建工13	于超	男	建筑工程技术	4	专科	毕业
559	建工13	郭艳红	女	建筑工程技术	4	专科	毕业
560	建工13	房志辉	男	建筑工程技术	4	专科	毕业
561	建工13	柴英琴	女	建筑工程技术	4	专科	毕业
562	建工13	吴伟	男	建筑工程技术	4	专科	毕业
563	建工13	程亮	男	建筑工程技术	4	专科	毕业

北京建筑大学成人高等教育2017届夏季毕业生名单

序号	班级	姓名	性别	专业	学制	学历	备注
1	土木本12	李海昆	男	土木工程	5	本科	毕业
2	土木本12	李伟伟	男	土木工程	5	本科	毕业
3	土木本12	韩丹	女	土木工程	5	本科	毕业
4	土木本12	杨光	男	土木工程	5	本科	毕业
5	土木本12	闫巍	女	土木工程	5	本科	毕业
6	土木本12	赵红伟	男	土木工程	5	本科	毕业
7	土木本12	李文强	男	土木工程	5	本科	毕业

续表

序号	班级	姓名	性别	专业	学制	学历	备注
8	土木本 12	王建伟	男	土木工程	5	本科	毕业
9	土木升本 14-1	张宇雷	男	土木工程	3	本科	毕业
10	土木升本 14-1	李梦蛟	男	土木工程	3	本科	毕业
11	土木升本 14-1	刘颖然	女	土木工程	3	本科	毕业
12	土木升本 14-2	谢文姣	女	土木工程	3	本科	毕业
13	土木升本 14-2	佟海悦	女	土木工程	3	本科	毕业
14	工管升本 14-2	张慧	女	工程管理	3	本科	毕业
15	工管升本 14-2	贾晨	男	工程管理	3	本科	毕业
16	工管升本 14-2	张浩	男	工程管理	3	本科	毕业
17	环设升本 14	郑海洋	男	建筑环境与设备工程	3	本科	毕业
18	造价 12	张维玮	男	工程造价	4	专科	毕业
19	暖通 13	张宏	男	供热通风与空调工程技术	4	专科	毕业

五、2017年北京建筑大学继续教育学院本科毕业生获得学士学位名单

北京建筑大学 2016/2017 学年第一学期授予成人教育
本科毕业生学士学位名单

专业：城市规划

序号	学号	姓名	性别	学位类别	学位证书号
1	20131621052	唐云龙	男	工学学士学位	1001642017020001
2	20131621110	李向阳	女	工学学士学位	1001642017020002
3	20141621001	孙凤娟	女	工学学士学位	1001642017020003
4	20141621002	俞诚海	男	工学学士学位	1001642017020004
5	20141621004	张学会	女	工学学士学位	1001642017020005
6	20141621005	王亚男	女	工学学士学位	1001642017020006
7	20141621006	高亚男	女	工学学士学位	1001642017020007
8	20141621007	栗娇娇	女	工学学士学位	1001642017020008
9	20141621009	张露平	女	工学学士学位	1001642017020009
10	20141621010	雒晓波	女	工学学士学位	1001642017020010
11	20141621011	杨东方	男	工学学士学位	1001642017020011
12	20141621012	杨犇	女	工学学士学位	1001642017020012
13	20141621013	高鑫	男	工学学士学位	1001642017020013
14	20141621015	王琮	男	工学学士学位	1001642017020014
15	20141621019	王光	男	工学学士学位	1001642017020015
16	20141621021	邢星	女	工学学士学位	1001642017020016
17	20141621022	於雅洁	女	工学学士学位	1001642017020017

续表

序号	学号	姓名	性别	学位类别	学位证书号
18	20141621023	黄伟	男	工学学士学位	1001642017020018
19	20141621024	张亚峰	男	工学学士学位	1001642017020019
20	20141621027	高迎春	女	工学学士学位	1001642017020020
21	20141621031	韦艳珊	女	工学学士学位	1001642017020021
22	20141621032	杨加龙	男	工学学士学位	1001642017020022
23	20141621037	赵建南	女	工学学士学位	1001642017020023
24	20141621038	祖智慧	女	工学学士学位	1001642017020024
25	20141621041	方剑	男	工学学士学位	1001642017020025
26	20141621042	王洪娟	女	工学学士学位	1001642017020026
27	20141621043	贾玉霞	女	工学学士学位	1001642017020027
28	20141621044	孙宇	男	工学学士学位	1001642017020028
29	20141621048	崔文一	男	工学学士学位	1001642017020029
30	20141621049	杨德艳	女	工学学士学位	1001642017020030
31	20141621052	徐宁	女	工学学士学位	1001642017020031
32	20141621053	王琪	男	工学学士学位	1001642017020032
33	20141621056	于艳庆	女	工学学士学位	1001642017020033
34	20141621062	任玲	女	工学学士学位	1001642017020034

专业：土木工程

序号	学号	姓名	性别	学位类别	学位证书号
1	20110311058	柴进	男	工学学士学位	1001642017020035
2	20110311104	卿莉娟	女	工学学士学位	1001642017020036
3	20120311003	陈立军	男	工学学士学位	1001642017020037
4	20120311007	仲金金	男	工学学士学位	1001642017020038
5	20120311011	刘明轩	男	工学学士学位	1001642017020039
6	20120311015	刘文霞	女	工学学士学位	1001642017020040
7	20120311016	宋路野	男	工学学士学位	1001642017020041
8	20120311021	谢树磊	男	工学学士学位	1001642017020042
9	20120311025	邢峰森	男	工学学士学位	1001642017020043
10	20120311033	祁小斌	男	工学学士学位	1001642017020044
11	20120311044	孙雪飞	女	工学学士学位	1001642017020045
12	20120311049	赵清臣	男	工学学士学位	1001642017020046
13	20120311063	陈威	男	工学学士学位	1001642017020047
14	20120311078	刘颖	女	工学学士学位	1001642017020048
15	20120311080	陈京	女	工学学士学位	1001642017020049
16	20120311095	徐文斌	男	工学学士学位	1001642017020050

续表

序号	学号	姓名	性别	学位类别	学位证书号
17	20120311101	崔森森	男	工学学士学位	1001642017020051
18	20120311105	胡小敏	女	工学学士学位	1001642017020052
19	20120311117	张海洪	男	工学学士学位	1001642017020053
20	20120311127	范壮生	男	工学学士学位	1001642017020054
21	20120311136	李铭	男	工学学士学位	1001642017020055
22	20130321067	易涛	男	工学学士学位	1001642017020056
23	20140321001	白京红	女	工学学士学位	1001642017020057
24	20140321002	杜巍	女	工学学士学位	1001642017020058
25	20140321004	王敏	女	工学学士学位	1001642017020059
26	20140321006	多曼	女	工学学士学位	1001642017020060
27	20140321007	樊利	男	工学学士学位	1001642017020061
28	20140321009	王超	男	工学学士学位	1001642017020062
29	20140321010	尹晓晴	女	工学学士学位	1001642017020063
30	20140321012	徐忠欢	男	工学学士学位	1001642017020064
31	20140321014	康兴起	女	工学学士学位	1001642017020065
32	20140321015	闫果浩	男	工学学士学位	1001642017020066
33	20140321018	牟天宇	女	工学学士学位	1001642017020067
34	20140321019	尹璐	男	工学学士学位	1001642017020068
35	20140321020	朱英杰	女	工学学士学位	1001642017020069
36	20140321027	白小明	男	工学学士学位	1001642017020070
37	20140321028	张雨	男	工学学士学位	1001642017020071
38	20140321029	王磊	男	工学学士学位	1001642017020072
39	20140321031	陈孟	女	工学学士学位	1001642017020073
40	20140321047	张小伟	男	工学学士学位	1001642017020074
41	20140321048	任静	女	工学学士学位	1001642017020075
42	20140321051	刘畅	男	工学学士学位	1001642017020076
43	20140321059	孙茂昇	男	工学学士学位	1001642017020077
44	20140321065	刘微微	女	工学学士学位	1001642017020078
45	20140321067	陈艳影	女	工学学士学位	1001642017020079
46	20140321068	宋友东	男	工学学士学位	1001642017020080
47	20140321069	杨娟	女	工学学士学位	1001642017020081
48	20140321075	袁海军	男	工学学士学位	1001642017020082
49	20140321077	宁义伟	男	工学学士学位	1001642017020083
50	20140321082	王宏	女	工学学士学位	1001642017020084
51	20140321083	金夕	女	工学学士学位	1001642017020085
52	20140321094	刘聪	女	工学学士学位	1001642017020086

续表

序号	学号	姓名	性别	学位类别	学位证书号
53	20140321095	张朋伟	男	工学学士学位	1001642017020087
54	20140321096	张建峰	男	工学学士学位	1001642017020088
55	20140321124	郑晶晶	女	工学学士学位	1001642017020089
56	20140321130	张方圆	女	工学学士学位	1001642017020090
57	20130322083	曾阳	女	工学学士学位	1001642017020091
58	20130323036	尹姣	女	工学学士学位	1001642017020092
59	20140322001	裴云峰	男	工学学士学位	1001642017020093
60	20140322003	赵武辉	男	工学学士学位	1001642017020094
61	20140322004	范泽红	男	工学学士学位	1001642017020095
62	20140322005	吴琼	女	工学学士学位	1001642017020096
63	20140322006	李靖骅	男	工学学士学位	1001642017020097
64	20140322009	梁俊	男	工学学士学位	1001642017020098
65	20140322010	王涛	男	工学学士学位	1001642017020099
66	20140322011	姚晓敏	女	工学学士学位	1001642017020100
67	20140322012	张杨	男	工学学士学位	1001642017020101
68	20140322013	段旭辉	男	工学学士学位	1001642017020102
69	20140322014	张新	男	工学学士学位	1001642017020103
70	20140322020	管玉超	女	工学学士学位	1001642017020104
71	20140322021	张微	女	工学学士学位	1001642017020105
72	20140322026	马志	男	工学学士学位	1001642017020106
73	20140322027	李彦	女	工学学士学位	1001642017020107
74	20140322034	董建伟	男	工学学士学位	1001642017020108
75	20140322037	陈剑	男	工学学士学位	1001642017020109
76	20140322041	吴金镇	男	工学学士学位	1001642017020110
77	20140322048	王凯	男	工学学士学位	1001642017020111
78	20140322060	赵飞龙	男	工学学士学位	1001642017020112
79	20140322064	杨俊丽	女	工学学士学位	1001642017020113
80	20140322076	王露	女	工学学士学位	1001642017020114
81	20140322091	张磊	男	工学学士学位	1001642017020115
82	20140322094	朱娜	女	工学学士学位	1001642017020116
83	20140322096	于灏毅	男	工学学士学位	1001642017020117
84	20140322098	孙明星	男	工学学士学位	1001642017020118
85	20140322103	王亚元	男	工学学士学位	1001642017020119
86	20140322105	王伟	男	工学学士学位	1001642017020120
87	20140322112	韩双双	女	工学学士学位	1001642017020121
88	20140322126	岳宾	女	工学学士学位	1001642017020122

专业：建筑环境与设备工程

序号	学号	姓名	性别	学位类别	学位证书号
1	20131321011	李宁	男	工学学士学位	1001642017020123
2	20141321001	杨志光	男	工学学士学位	1001642017020124
3	20141321002	徐伟	男	工学学士学位	1001642017020125
4	20141321007	汪纯安	男	工学学士学位	1001642017020126
5	20141321008	李书军	男	工学学士学位	1001642017020127
6	20141321009	何雷	男	工学学士学位	1001642017020128
7	20141321010	刘飞	男	工学学士学位	1001642017020129
8	20141321013	曹纪永	男	工学学士学位	1001642017020130
9	20141321016	王凤磊	男	工学学士学位	1001642017020131
10	20141321019	李亚兰	女	工学学士学位	1001642017020132
11	20141321020	张鹏	男	工学学士学位	1001642017020133
12	20141321021	张泽辉	男	工学学士学位	1001642017020134
13	20141321023	靳磊	男	工学学士学位	1001642017020135
14	20141321024	吴建廷	男	工学学士学位	1001642017020136
15	20141321026	董海龙	男	工学学士学位	1001642017020137
16	20141321029	胡晶晶	女	工学学士学位	1001642017020138
17	20141321031	付兴超	男	工学学士学位	1001642017020139
18	20141321033	马建华	男	工学学士学位	1001642017020140
19	20141321039	倪华	男	工学学士学位	1001642017020141
20	20141321042	刘学文	男	工学学士学位	1001642017020142
21	20141321048	顾曦	男	工学学士学位	1001642017020143
22	20141321052	宋亚明	男	工学学士学位	1001642017020144
23	20141321063	柴嘉宾	男	工学学士学位	1001642017020145
24	20141321069	宗杨杨	女	工学学士学位	1001642017020146

专业：工程管理

序号	学号	姓名	性别	学位类别	学位证书号
1	20131121013	李丽	女	管理学学士学位	1001642017020147
2	20131121045	孟醒	女	管理学学士学位	1001642017020148
3	20131121053	叶秀平	女	管理学学士学位	1001642017020149
4	20131121058	李振中	男	管理学学士学位	1001642017020150
5	20131121077	王健	男	管理学学士学位	1001642017020151
6	20131121087	谢兰	女	管理学学士学位	1001642017020152
7	20131121089	苗海英	女	管理学学士学位	1001642017020153
8	20131121100	潘树伟	男	管理学学士学位	1001642017020154

续表

序号	学号	姓名	性别	学位类别	学位证书号
9	20131121112	付云阳	男	管理学学士学位	1001642017020155
10	20131121124	曹燕	女	管理学学士学位	1001642017020156
11	20141121004	杨丽霞	女	管理学学士学位	1001642017020157
12	20141121005	胡艳苗	女	管理学学士学位	1001642017020158
13	20141121009	郝丽娟	女	管理学学士学位	1001642017020159
14	20141121010	高利飞	女	管理学学士学位	1001642017020160
15	20141121013	孙小北	女	管理学学士学位	1001642017020161
16	20141121015	刘双强	男	管理学学士学位	1001642017020162
17	20141121020	程铮	女	管理学学士学位	1001642017020163
18	20141121021	刘丹	女	管理学学士学位	1001642017020164
19	20141121026	崔涵宇	女	管理学学士学位	1001642017020165
20	20141121029	张佳	女	管理学学士学位	1001642017020166
21	20141121030	李梦洋	女	管理学学士学位	1001642017020167
22	20141121059	李玉	女	管理学学士学位	1001642017020168
23	20141121063	王欢	女	管理学学士学位	1001642017020169
24	20141121099	张可欣	女	管理学学士学位	1001642017020170
25	20141122001	李娟	女	管理学学士学位	1001642017020171
26	20141122002	沈从武	男	管理学学士学位	1001642017020172
27	20141122004	赵星辰	男	管理学学士学位	1001642017020173
28	20141122006	白玄	男	管理学学士学位	1001642017020174
29	20141122010	曹美	女	管理学学士学位	1001642017020175
30	20141122016	李婉莹	女	管理学学士学位	1001642017020176
31	20141122021	陈燕霞	女	管理学学士学位	1001642017020177
32	20141122035	黄朋	男	管理学学士学位	1001642017020178
33	20141122040	王晨颖	女	管理学学士学位	1001642017020179
34	20141122041	张有维	女	管理学学士学位	1001642017020180
35	20141122043	何丽	女	管理学学士学位	1001642017020181
36	20141122044	王鹏亮	男	管理学学士学位	1001642017020182
37	20141122052	赵永格	女	管理学学士学位	1001642017020183
38	20141122058	房立新	女	管理学学士学位	1001642017020184
39	20141122065	高俊	男	管理学学士学位	1001642017020185
40	20141122067	王海峰	男	管理学学士学位	1001642017020186
41	20131122032	焦扬	女	管理学学士学位	1001642017020187

北京建筑大学2016/2017学年第二学期授予成人教育本科毕业生学士学位名单

专业：土木工程

序号	学号	姓名	性别	学位类别	学位证书号
1	20120311014	赵忠友	男	工学学士学位	1001642017020201
2	20120311027	李海昆	男	工学学士学位	1001642017020202
3	20140322049	谢文姣	女	工学学士学位	1001642017020203
4	20140322067	韩静	女	工学学士学位	1001642017020204
5	20140322117	付鹏涛	男	工学学士学位	1001642017020205

专业：工程管理

序号	学号	姓名	性别	学位类别	学位证书号
1	20141121017	何玉涛	女	管理学学士学位	1001642017020206
2	20141121038	杨思恩	女	管理学学士学位	1001642017020207
3	20141121105	李威浩	男	管理学学士学位	1001642017020208